"十三五"国家重点出版物出版规划项目
中国城市规划设计研究院学术研究成果

中国城市群的类型和布局

Classification and Distribution of China's City Clusters

王凯 陈明 等著

中国建筑工业出版社

审图号：GS（2018）6889号

图书在版编目（CIP）数据

中国城市群的类型和布局／王凯，陈明等著. —北京：中国建筑工业出版社，2018.6

ISBN 978-7-112-22099-1

Ⅰ. ① 中… Ⅱ. ① 王… ② 陈… Ⅲ. ① 城市群–研究–中国 Ⅳ. ① F299.21

中国版本图书馆CIP数据核字（2018）第077420号

责任编辑：石枫华　兰丽婷
版式设计：锋尚设计
责任校对：张　颖

中国城市群的类型和布局
王凯　陈明　等著
*
中国建筑工业出版社出版、发行（北京海淀三里河路9号）
各地新华书店、建筑书店经销
北京锋尚制版有限公司制版
北京富诚彩色印刷有限公司印刷
*
开本：850×1168毫米　1/16　印张：26　字数：506千字
2019年3月第一版　2019年3月第一次印刷
定价：258.00元
ISBN 978-7-112-22099-1
　　（31977）

中国城市群的
Classification and
Distribution of   类型和布局
China's City Clusters

序

　　城市群是一个国家和地区经济社会发展和城镇化进入高级阶段的产物。过去一百多年世界城镇化的历史表明，城市群是世界主要大国参与全球竞争、优化城镇发展格局、完善公共政策的重要载体。我国自1978年改革开放以来，伴随城镇化的快速发展，城市群已经成为我国城镇化的主要地域空间，在国家经济与社会发展中发挥着举足轻重的作用。据不完全统计，我国近20个城市群，人口已占全国的58%左右，GDP已占全国的67%左右。

　　中央高度重视城市群的发展问题。2006年在国家"十一五"规划中就提出"将城市群作为推进城镇化的主体形态"，国家"十二五"、"十三五"规划以及2014年公布的《国家新型城镇化规划》中，都把促进城市群的发展作为国家重大的公共政策。特别是党的十九大提出"以城市群为主体构建大、中、小城市和小城镇协调发展的城镇格局"，为今后一段时期推进城市群的重点工作，指明了方向。

　　实现城市群的健康有序发展，既是重大的政策问题，也是重大的科学问题，多年来地理界、规划界以及社会各方面专家对城市群进行了潜心研究。本书是国家"十二五"重点科技支撑项目"城镇群类型识别与空间增长质量评价关键技术研究"的主要成果，由中国城市规划设计研究院、中国科学院地理科学与资源研究所共同完成。研究在借鉴国内外城市群发展经验和规律的基础上，对涉及城市群的概念、范围、类型、空间布局等重要问题，进行了新的系统性研究，对未来我国城镇群的发展趋势作了预测判断。我认为，这是一份高质量的研究成果，有理论上的创新，也有重要的现实意义。

党的十九大制定了我国实现两个"一百年"中国梦的路线图，新时代中国特色社会主义现代化建设进入了关键时期，城市群就是实现梦想、引领发展的"排头兵"。在现阶段国家建设"一带一路"、促进区域协调、落实"五大"发展理念的攻坚时期，城市群就是夯实基础、优化格局的"领头羊"。希望业界持续关注城市群发展问题，不懈探索城市群发展规律，科学谋划城市群空间布局，在新时代的征程中，为国家规划建设事业作出新的贡献。

住房和城乡建设部副部长
2018年3月20日

前言

　　城市群是经济社会发展的核心载体。早在2006年出台的国家"十一五"规划中，就明确提出要把"城市群作为推进城镇化的主体形态"。在之后的国家"十二五"、"十三五"规划以及《国家新型城镇化规划》中，都重申和强调了城市群发展的重要性。特别是在党的十九大报告中，明确提出将城市群作为"构建大、中、小城市和小城镇协调发展的主体"。对城市群的表述由以往的"主体形态"升级为"主体"，说明城市群已经突破了物质空间规划的范畴，进入了综合性的公共政策领域，也代表了中央对城市群地位和作用的新认识。

　　当然，城市群在规划和研究过程中，也面临着许多难题需要突破，如城市群缺乏明确的标准和范围，科学内涵也不清晰，使得城市群规划范围的确定比较随意，争议也比较多，严重影响规划的科学性和实施性。在与国外同行进行相关的学术交流时，由于对城市群缺乏理论共识和基础，经常产生歧义，影响合作效果。此外，由于对城市群发展质量缺乏系统性的评价和研究，导致无法对城市群发展和城镇化质量进行前瞻性的引导和调控。

　　针对上述问题，国家"十二五"科技支撑计划"城镇群类型识别和空间增长质量评价关键技术研究"（2012BAJ15B01）予以立项并开展重点研究。课题由中国城市规划研究院副院长、教授级高级城市规划师王凯博士担任负责人，中国城市规划设计研究院区域规划研究所副所长、研究员陈明博士担任执行负责人，中国城市规划设计研究院、中国科学院地理科学与资源研究所等单位的40多位专家学者参加了课题的研究工作。经过课题组6年的辛勤努力，在三个方面取得了比较显著的研究进展：

　　一是完善了城市群的识别标准。本次研究将都市区作为城市群的基本单元，建立了都市区－联合都市区－准都市连绵区－都市连绵区的界定标准，认为城市群是"联合都市区及以上的地域组合单元"。研究还在我国各县区经济增长、人口流动和城镇化水平预测的基础上，提出了2030年我国城市群的主要类型和空间布局。

　　二是对城市群发展质量进行系统的评价。研究利用国内外最新的模型方法，对城市群的经济绩效、用地变化、公共服务、基础设施和公共安全进行逐项评价，并用熵值法、主成分法和德尔菲法，对各分项的评价结果进行了集成，形成我国城市群发展质量的综合评价。特别是针对我国高速铁路在城市群中迅速发展的局面，研究了高铁网络对城市群空间格局、时空变化和场强格局的影响。

三是结合"流"空间的最新方法和数据，从形态和功能的角度，对我国典型城市群的"多中心"程度、城市之间的联系，以及功能和用地的匹配状况，进行了初步的探索。

全书分为总报告和专题报告两部分内容。总报告全面梳理了国内外城市群发展、演化和认识的过程，系统评价了我国城市群发展的质量，预测了我国城市群发展的趋势，提出了推动我国城市群健康发展的政策措施。专题报告针对课题重点、难点问题，进行相对系统的研究。此次经整理出版的专题报告有6个，分别是我国城市群的经济绩效及其演化机制研究、我国城市群的生态环境问题研究、我国城市群的交通与空间结构问题研究、我国城市群的安全风险问题研究、我国城市群的"流"空间研究和我国城市群的空间演化与布局预测研究。

参与总报告和专题报告撰写的主要同志有：中国城市规划设计研究院王凯副院长，区域规划研究所副所长陈明，研究中心主任研究员张莉博士、城市规划师王玉虎、周璇、史旭敏，水务与工程分院副总工程师莫罹博士、高级城市规划师王巍巍、高级工程师陈志芬博士、邹亮博士和周广宇博士，交通分院副总工程师全波、工程师于鹏，经营管理处城市规划师王婷琳，风景分院高级工程师顾晨洁；中国科学院地理科学与资源研究所副研究员黄金川博士，博士生林浩曦、刘洁；江苏省城乡规划设计研究院城市规划师、南京大学硕士蒋金亮；中咨数据有限公司规划师、中国科学院遥感与数字地球研究所硕士许清；华南理工大学建筑学院副系主任赵渺希教授。

总报告和专题报告撰写分工如下：

总报告由王凯和陈明负责。第一章和第二章由王凯、陈明撰写；第三章第一节由陈明撰写，第二节由莫罹和王巍巍撰写，第三节由陈明、蒋金亮撰写，第四节由全波、王玉虎、于鹏撰写，第五节由陈志芬、邹亮撰写，第六节由王婷琳撰写。第四章第一节由陈明、张莉撰写，第二节由张莉、史旭敏撰写，第三节由陈明撰写。总报告由陈明完成统稿工作。

我国城市群的经济绩效及其演化机制研究，由陈明、黄金川和林浩曦撰写。

我国城市群的生态环境问题研究，由莫罹、王巍巍、周广宇和顾晨洁撰写。

我国城市群的交通与空间结构问题研究，由全波、王玉虎、于鹏和许清撰写。

我国城市群的安全风险问题研究，由陈志芬和邹亮撰写。

我国城市群的"流"空间研究，由周璇、赵渺希撰写。

我国城市群的空间演化与布局预测研究，由张莉负责，张莉、陈明、史旭敏、黄金川、黄匡时、林浩曦、刘洁撰写。

全书由王凯和陈明负责最后的审定工作。

在课题研究过程中，中国城市规划设计研究院的许多同志做了大量工作。住房城乡建设部城乡规划司张兵副司长（原任中国城市规划设计研究院总规划师）牵头组织完成了长三角历史城镇专题研究，历史文化名城研究所高级城市规划师杨开、康新宇、汤芳菲，学术信息中心石亚男博士参与研究；学术信息中心副主任徐辉，在劳动力流动、就业规模预测和城市群发展政策等方面进行了分析；科技促进处高级规划师徐颖，承担了城市群铁路和公路交通的大量前期分析工作；住房与住区研究所高世明博士，研究中心城市规划师周亚杰，博士后工作站李惟科博士（现任职中国国际工程咨询公司），进行了城市群公共服务和基础设施的前期研究工作；研究中心城市规划师王晓君对城市群管治进行了前期研究工作；区域规划研究所主任研究员陈睿博士、主任工程师孙建欣、水务与工程分院副总规划师莫罹博士，进行了城市群分类指引和政策建议的部分前期研究工作。在此对他们的辛勤工作表示衷心的感谢。受书稿篇幅所限，他们的有些研究成果没有充分体现在本书中，在此也深表歉意。

在书稿撰写过程中，中国城市规划设计研究院许多同事，结合自己的规划实践和案例研究，或者为本书撰写了部分内容，或者提供了极有价值的指导意见。上海分院高级规划师张佶、区域规划研究所城市规划师邵丹，为本书撰写了欧盟NUTS统计专栏，邵丹还为本书撰写了关中城市群外围城市出行行为分析的专栏；深圳分院总规划师罗彦博士撰写了北部湾城市群发展政策建议，并修改完善了珠三角城市群发展的政策建议；住房与住区研究所高级规划师陈烨撰写了武汉城市群的政策建议；区域规划研究所所长高静、城市规划师曹培灵，分别撰写了黔中和滇中城市群发展的政策建议；研究中心主任研究员张莉博士撰写了山西中部城市群发展的政策建议；村镇规划研究所高级规划师许顺才撰写了长株潭城市群发展建议；历史文化名城研究所高级规划师胡晓华撰写了中原城市群发展建议。此外，西部分院总规划师陈怡星针对成渝城市群的发展问题，信息中心徐辉副主任针对环鄱阳湖城市群的发展问题，水务与工程分院周霞博士针对中原城市群的生态环境问题，提出了极富洞见的建议。大家的这些工作提升了全书价值，在此表示诚挚的谢意。

在课题研究过程中，许多专家和领导悉心指导、出谋划策。在此，诚挚感谢北京大学周一星教授，南京大学崔功豪教授，住房城乡建设部原总规划师陈为邦教授，住房城乡建设部科学技术委员会常务副主任李秉仁，住房城乡建设部专家委员会副主任委员程振华教授，中国城市规划学会副理事长兼秘书长石楠教授，清华大学毛其智教授和顾朝林教授，中国人民大学叶裕民教授和孙久文教授，国家发改委宏观经济研究院国土所所长史育龙研究员，南京大学张京祥教授，国务院发展研究中心刘云中研究员，中国土地勘测规划院副总规划师邓红蒂研究员和邹晓云研究员，中国生产力促进中心协会何革华副秘书长，中国科学院地理科学与资源研究所方创琳研究员、梁涛研究员，中国科学院遥感与数字地球研究所李强子研究员，中国农业大学张超教授，北京大学曹广忠副教授，沈阳大学魏建兵教授，北京交通大学董晓峰教授，北京清华同衡规划设计研究院副总规划师张险峰，江苏省城镇化和城乡规划研究中心副主任陈晓卉。

中国城市规划设计研究院科技委的许多专家为成果的进一步修改和完善提出了宝贵的建议。在此，对院科技委主任王静霞教授，院副总规划师靳东晓、官大雨、张菁、孔令斌、孔彦鸿等领导、专家表示深深的感谢。

还有许多领导、同事和同学，为课题的申报、组织和完成，付出了大量心血。在此，对中国城市规划设计研究院杨保军院长、邵益生书记，院副总规划师詹雪红（原生产经营处处长）和陈萍同志，原财务处孙莉莉处长和王芃同志，研究中心殷会良主任、王玉虎和张欣同志，历史文化名城研究所鞠德东副所长，水务分院张全院长和王佳卓所长，经营管理处王婷琳等同志，表示感谢。感谢在我院实习的北京大学王洁玉同学、首都经贸大学刘凯斯博士、西南交通大学周雨霏同学为研究付出的努力。

最后，特别感谢住房城乡建设部建筑节能与科技司郭理桥副司长、韩爱兴副司长、陈新处长、姚秋实同志和冯建华博士，国家科技部社会发展司陈其针副处长、刘冠男同志，中国21世纪议程管理中心张巧显处长、谢尚群博士，对课题组的信任和支持，以及对研究工作高效而有序的组织和推进。对中国建筑工业出版社编辑石枫华博士和兰丽婷同志为全书付梓出版所付出的辛苦努力，表示感谢。感谢我院区域规划所苏心同志为规范图件付出的努力。

篇幅所限，不能将许多专家和同志的贡献详尽列出，在此一并致谢！

由于结集和出版较为仓促，书中一定存在着不足和错误之处，还请广大的同行和读者批评指正。

课题组

2018年2月

中国城市群的
Classification and
Distribution of　类型和布局
China's City Clusters

目录

I

总报告
General
Report

城市群的形成和发展，是城镇化、工业化和社会经济发展到一定阶段后的产物，是自然地理、历史传统、人口流动、技术进步和规划建设等综合作用的结果。从世界主要发达国家的发展进程来看，城市群在参与国际竞争、优化功能布局、实施公共政策等方面发挥着不可替代的突出作用。我国人多地少、自然环境条件差异大，在人口稠密、适宜城镇发展的地区，城镇发展的群体化特征也愈益显著。随着市场经济的不断推进，城镇之间的经济联系日益增强，交通通信信息网络逐步完善，国家区域协调发展政策深化，城市群也在不断发展壮大。

由于城市群战略地位重要性，世界各国对城市群开展了持续性的研究工作。欧盟以彼得·霍尔领衔的8个巨型城市区域的研究，美国区域规划学会开展的"美国2050战略"研究，都是近年来突出的代表。在我国，中央和地方各级政府对城市群的规划和建设高度关注。国家"十一五"规划中明确提出以城市群作为推进我国城镇化的主体空间形态，并把推进城市群的形成和发展，作为新时期国家重大的战略性工作。在学术界，以长三角、珠三角和京津冀为代表的城市群研究持续深化，在"大数据"和遥感影像数据的支持下，对城市群研究的新理论和新方法层出不穷，有力地推动了学术创新和技术进步。

由于城市群的研究现实意义强、学科涉及广、政策要求高，因此对研究团队的能力和水平提出了很高的期望。虽然国内城市群研究和规划的成果很多，但对事关城市群长远发展的许多重点问题并没有形成统一认识，这无形中也增加了研究的难度。此次研究，我们团队仅从经济社会发展和规划建设的角度，在充分借鉴国内外同行研究成果的基础上，提出我国城市群的界定标准、类型划分和空间布局；从经济发展水平、公共服务配置、基础设施建设、生态环境现状、风险安全评估等角度，对我国典型的城市群进行综合性的评价。另外，我们还从国家发展的总体趋势出发，预测了国家2030年城市群的布局，对如何推动我国城市群的健康发展提出建议。

一、国外城市群识别研究的新认识

（一）城市群学术概念的演化具有阶段性

1. 西方早期的城市郊区化现象，是培育城市群概念的摇篮

19世纪末，英国学者霍华德在其《明日的田园城市》（*Garden Cities of Tomorrow*）一书中提出了"城镇群体"（Town Cluster）一词，主张将城市周围地域的城镇纳入城市规划的考虑范围，这一般被认为是国际上最早提出的与城市群相类似的概念。在随后不久的1915年，格迪斯（Geddes）在其《进化中的城市——城市规划与城市研究导论》（*Cities in Evolution—An Introduction to the Town Planning Movement and to the Study Of Civics*）中敏锐地记录了他的观察，即沿着交通沿线，巨大的城市群落（Communities）已经形成，一系列的组合城市已经形成[1]。应该说，西方国家早期工业化的这种图景，与后来加拿大地理学家麦吉（McGee）20世纪六七十年代在东南亚国家中看到的现象有异曲同工之处。麦吉观察到，在东南亚国家人口密集的地区，经常会看到沿着交通廊道城乡功能混杂、基础设施滞后、人员往来密切、用地高度混合的地域现象，他把这种城乡混合现象命名为"Desa-Kota"。

2. 城市迅猛发展的区域化格局，是催生城市群研究的温床

随着都市区域的持续扩张，其边界变得模糊不清，使得"特大区域"成为一种新的地理尺度。1957年，美国城市地理学家戈特曼（Jean Gottmann）发表了《大城市连绵区：美国东北海岸的城市化》（*Megalopolis: the Urbanization of the Northeastern Seaboard*）的文章[2]，开创性地提出了"Megalopolis"的概念。此后，对城市群的研究成为西方发达国家的重要领域。在该论文中，他对1942年初到美国时"从波士顿到华盛顿一带大城市沿着海岸线高密度分布的现象"印象深刻，认为这一区域准确的是从"新罕布什尔州的希尔斯布鲁县到弗吉尼亚州的菲尔法克斯县之间的范围，……该区域的东北—西南主轴线大约长600英里（约966公里），1950年的时候居住着3000万左右的居民"。他认为，规模这样巨大的大都市带，显然是一连串的都市区（Metropolitan Area，简称MA）通过集聚（Coalescence）作用形成的。在1961年时，戈特曼又从人口规模和人口密度两个指标提出了Megalopolis的界定标准：即总人口不低于2500万人、人口密度不低于250人/平方公里。从此以后，一系列与Megalopolis概念相似的学术词汇大量涌

[1] ［英］帕特里克·盖迪斯著，李浩等译：《进化中的城市-城市规划与城市研究导论》，中国建筑工业出版社，2012年，第40-44页。

[2] 戈特曼著，李浩、陈晓燕译：大城市连绵区：美国东北海岸的城市化[J]。国际城市规划，2009年增刊，第305-311页。

现，如Urban Agglomeration、Urban Cluster、Metropolitan Coordinating Region、Metropolitan Interlocking Region、Extended Metropolitan Region、Mega-Urban Region、Extended Metropolitan Region等等。在日本，大都市圈、大都市带具有类似的内涵特征。

3. 经济全球化的不断深化，是激发城市群研究的引擎

经济全球化推动了生产要素在全球范围内的重新布局，也加剧了世界城市和区域之间的竞争。汇聚区域的整体力量参与全球竞争，成为许多国家和国际组织高度关注的重大发展战略。1999年，欧洲空间发展展望（European Spatial Development Perspective，ESDP）正式公布，其提出的"蓝色香蕉"地区，是一个人口超过7000万人，虽不邻接但足够邻近而且联系密切的、超级的、多中心的全球"巨型城市区域"（Mega-City Region）。这些区域^{（总报告图1-1）}，被认为是欧盟力图在全球市场中获得更强竞争力的新的竞争单元。

在日本2008年公布的"第一次国土形成规划"（国内有时也称为"六全综"）

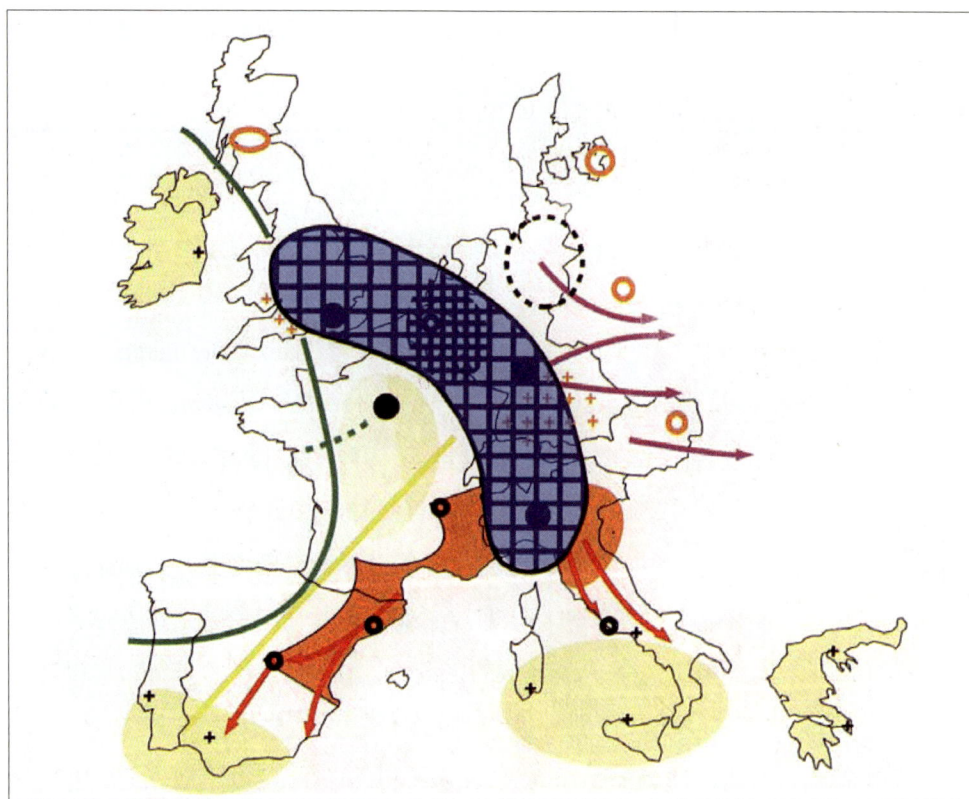

总报告图1-1 欧盟"蓝色香蕉"发展区

注 "蓝色香蕉"发展区是欧盟发展的核心地区，大部分人口在20万以上的城市都集中在该地区。

图片来源 Toward an American Spatial Development Perspective, University of Pennsylvania, Department of Planning, Spring 2004

中，也对推动8个"广域地方计划区域"的发展给予了高度的关注。"首都圈"作为其中最重要的"广域地方计划区域"，人口达到了4240万人，经济规模与法国、意大利相当，域内包括多个人口不小于30万人口的中央指定市，是日本应对全球竞争、进行国际交往、参与东亚城市功能整合的主要地区。此外，中国的珠江三角洲、长江三角洲这样的"巨型城市区域"也给西方国家的政策制定者以强烈的冲击。

鉴于上述全球竞争的最新态势，特别是受欧盟ESDP的启发，美国对其自身的特大区域（Megaregion）的发展，也给予了前所未有的关注。2009年，美国区域规划学会（Regional Planning Association，RPA）开展了"美国2050发展战略"的研究，就是对全球以"特大区域"为代表的竞争新格局的积极回应。研究将美国特大区域的地域空间，从传统的东北海岸地区、大湖地区，扩展到9个新兴的巨型城市区域。希望通过各层级的生产和供应链在巨型城市地区的展开，来创新发展模式，从而使这些地区能够与欧亚新兴的城市网络抗衡，进而提高美国在全球的竞争力。

（二）都市区是从学术角度研究城市群的基本单元

由于各个国家和地区在行政管理、土地管理、城乡管理、通勤方式上有很大的差别，导致城市无论是从行政单元角度，还是从物质形态和建成区角度，都无法描述城市功能上的实际范围，国别间的比较分析更是无从谈起。因此，通过都市区而不是从行政、形态等角度来界定城市范围，对城市群和城市发展模式的比较分析是研究的基础前提。

从学术角度看，都市区是城市规模和城市经济发展到一定规模之后，聚集于城市的非农产业活动及功能对周围地域的影响力不断增大，使一定范围内的地域与中心城市能够保持密切的社会经济联系，从而形成具有一体化倾向的城市功能地域。由于城市群是由空间邻近的都市区通过相互作用形成的，因此都市区是各国特别是发达国家从学术角度研究城市群的基本地域单元。尽管各国"都市区"的名称不同，且随着经济社会的发展，具体的界定标准也有所差异，但其本质内涵都是一致的，都是用来反映城市的功能性地域范围。

1. 核心统计区是美国城市群研究的重要基础

（1）核心统计区是识别城市群的重要"底图"

城市群（Megaregions）的概念在美国的普及较晚。20世纪60~70年代，詹姆斯·皮卡德识别出全美有21个人口超过100万、人口密度超过每平方英里205人（约

❶ 中国城市规划设计研究院译：美国2050年国家发展战略No.2（内部讨论稿），第2页。

79人/平方公里）的城市群，这一概念才逐步推广❶。20世纪80年代，他预测这21个区域将会融合为10～15个更大的区域。20世纪90年代起，宾夕法尼亚大学城市与规划系、弗吉尼亚科技大学的都市研究所等机构，大力推动城市群标准的系统化，美国区域规划协会2009年正式发布的"美国2050战略"中，对城市群的认定就是以他们的研究作为基础的。

在"美国2050战略"中，先期对全美3077个县开展评价，这是识别美国城市群的重要基础性工作。研究根据各县现状人口和就业规模、人口和就业增长量以及连接度来为各县排序，具体指标包括5个（各指标权重相同，如满足一个就获得1分）：

1）该县属于某个核心统计区（Core Based Statistical Areas，CBSA）的一部分。

2）2000年普查中，人口密度超过200人/平方英里（77.2人/平方公里）。

3）预计人口增长率超过15%，且2025年预计增加的人口总量超过1000人。

4）2000～2025年，每平方英里的人口预计增加超过50人（每平方公里预计超过19人）。

❷ 中国城市规划设计研究院译：美国2050年国家发展战略No.2（内部讨论稿），第2页。

5）预计就业率超过15%，且2025年预计新增的工作岗位超过2万个❷。

由于核心统计区是决定各县评分的重要指标之一，因此也是城市群评价的重要基础性工作。

（2）核心统计区是在都市区的基础上形成的

CBSA的概念是在1910年提出的都市地区（Metropolitan District，MD）基础上，经过多次修订和完善，于2000年正式提出的。CBSA与1910年提出的都市地区、1950年提出标准都市区（Standard Metropolitan Area，MSA）、1959年提出标准都市统计区（Standard Metropolitan Statistical Area，SMSA）、1983年提出都市统计区（Metropolitan Statistical Area，MSA）、1990年提出都市区（Metropolitan Area，MA）等一脉相承，都是为了收集、测量和公布联邦统计数据，提供统一的标准。

❸ 张莉：城市群基本单元与概念体系（内部讨论稿），中国城市规划设计研究院，2012年。

2010年新修订的CBSA❸，将其认定为"人口超过1万的城市区域以及用通勤量表征的与城市区域之间具有密切社会经济联系的外围县"（总报告表1-1）。根据这一标准，美国2013年共有929个CBSA（总报告图1-2）。

（3）基于CBSA的美国各县评价结果

依据"美国2050战略"对县建立的评价标准，在美国3077个县中，有1743个县属于CBSA；有454个县满足人口密度的标准，其中的451个县还属于CBSA；有1543个县满足人口的预期增长，有459个县满足人口密度变化的预期，有503个县满足就业增长的预期。最终，形成了覆盖全美范围分县统计的分数值（总报告图1-3）。

条目	说明
人口	CBSA必须有一个人口至少5万的城市化地区（Urbanized Area），或人口至少1万的城市聚集区（Urban Cluster）
中心县	至少有50%的人口居住在1万人以上的城市地域（Urban Areas）；或县界内至少5000人居住在一个1万人以上的城市地域（Urban Areas）内；或中心县与特定的城市地域相连，能够度量出往来于潜在外围县的通勤人口
外围县	至少25%的居民在CBSA的中心县工作，或者至少25%的就业人口居住在CBSA的中心县
县合并	当某一CBSA的中心县满足另一CBSA的外围县标准件，二者合并为一个新的CBSA
CBSAs合并	毗连的CBSA之间的就业通勤率达到15%以上，可合并为联合统计区（Combined Statistical Area，CSA）。合并后原CBSA统计上仍相对独立
命名规则	CBSA以其主要城市命名。存在多个主要城市时，则第二、第三主要城市的名字也在CBSA名称中
审视更新	美国行政管理与预算局将于2018年根据2011～2015年通勤就业调查预测数据重审现有CBSA的合理性

注　1　美国的城市化地区（Urbanized Area）和城市聚集区（Urban Cluster）统称为城市地域（Urban Areas），相当于高密度的城市核心区加外围密度较低的地区 ❶。根据统计标准，一个城市地域（Urban Area）必须至少包括2500人，至少1500人住在集体住宿（Institutional Group Quarters❷）以外。
2　一个县只能划定在一个 CBSA 中。如果一个县既符合某个 CBSA 中心县的资格，也符合另一个CBSA 外围县的条件，它应划入满足中心县条件的 CBSA。如果一个县满足成为多个 CBSA 外围县的条件，它被划入通勤联系最强的那个 CBSA。CBSA 的县必须毗邻，如果不与其他县毗邻，将不会划入该 CBSA。

资料来源　转引自刘玉博、李鲁、张学良：超越城市行政边界的都市经济区划分：先发国家实践及启示，城市规划学刊，2016年第5期，有改动。

❶ 美国认定的城市地区（Urban Area），是指包括一个密集居住的普查地段和/或普查街区的满足人口密度最小需要的核心与周边毗邻的人口密度较低的城市地域。

❷ "Institutional Group Quarters"指非正常住宅，包括监狱、医院、学校宿舍、军事基地等。

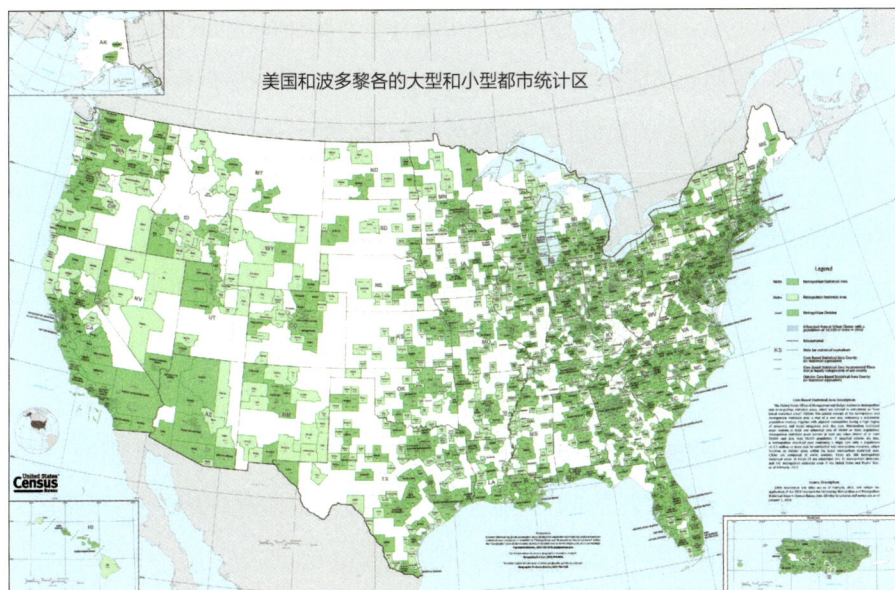

总报告图 1-2　2013 年美国 929 个 CBSA（Core Based Statistical Areas）

图片来源　https://en.wikipedia.org/wiki/Core-based_statistical_area#/media/

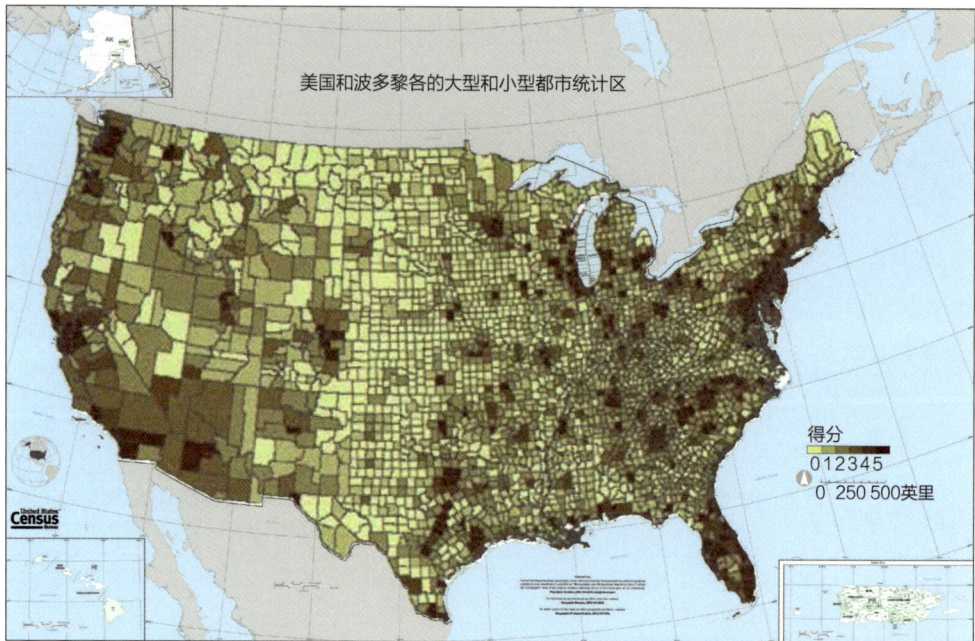

美国和波多黎各的大型和小型都市统计区

总报告图1-3 美国各县的分数值

图片来源 美国2050年国家发展战略No.2（内部讨论稿）第5页. 中国城市规划设计研究院译

2. 欧盟的城市群研究以"功能性城市地域"为基础单元

在欧盟的资助下，彼得·霍尔领导的团队2003～2005年系统研究了（项目简称POLYNET）欧盟的8个城市群（Mega-City Region，MCR）。研究认为[1]，不同程度的多中心是城市群的重要特征，但确定"多中心"程度的依据，不应该是地理形态或者是行政单元，而应该基于功能性城市地域（Functional Urban Region，FUR）。FUR的概念，在本质上与美国长期使用的都市统计区（Metropolitan Statistical Area，MSA）是一致的，即基于功能来定义城市范围，包括一个根据最低标准来界定的核心，同时有一个根据到核心的最低日常通勤活动来界定的郊区环。

（1）核心

以地域单位统计命名法（Nomenclature of Territorial Units for Statistics，NUTS）中的NUTS5[2]为单元为基础，每公顷拥有7位或更多就业者，而且每个NUTS5单元或者临接的数个NUTS5单元内最少具有2万个就业者。

（2）环

利用NUTS5，在可能的地方，基于有10%或更多的常住劳动力日常通勤到核心的标准来定义环。在那些通勤前往多个核心的地区，将其分配给最多通勤人员前往的核心。

（3）城市群（MCR）

根据邻近的功能性城市区域来定义，从而近似于美国使用的联合（以前合并过）大都市统计区的概念。邻近是唯一标准。在构成的功能性城市区域之间可能

❶ 彼得·霍尔，凯西·佩恩. 多中心大都市——来自欧洲巨型城市区域的经验[M]. 罗震东等译. 北京：中国建筑工业出版社，2010：1-28。

❷ 在欧盟，NUTS分为5个层级，从尺度最大的NUTS1，到尺度最小的NUTS5。在正式出版的统计资料中，NUTS5通常是最小的地域单元。

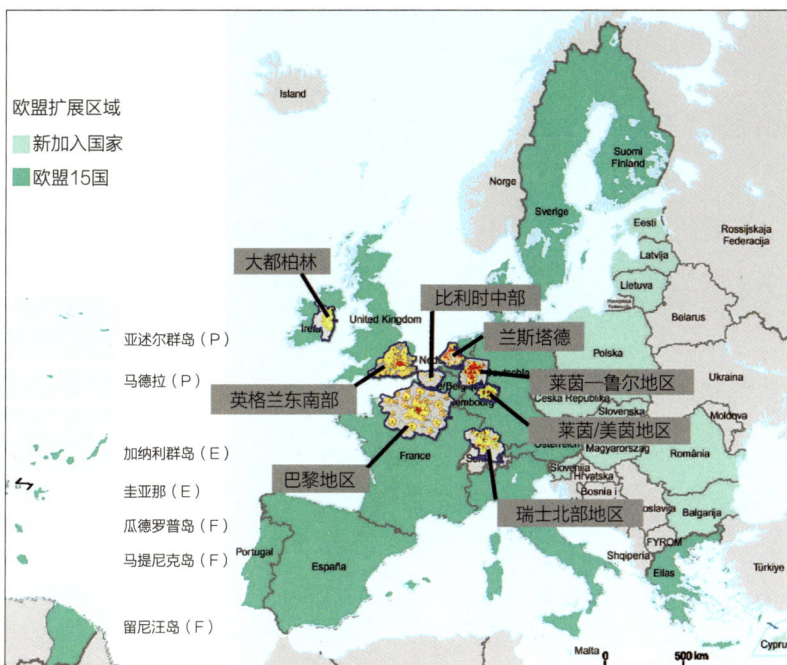

总报告图 1-4　POLYNET 研究确定的 8 个城市群

存在交互的功能性联系，也可能没有。这不能形成定义的基础，因为仅在分析的
过程中出现。

　　根据初步确定的8个城市群的研究地域范围^{（总报告图1-4）}，面积从最小的大都柏
林城市群的7814平方公里，到面积最大的巴黎城市群的43019平方公里不等。从
每个城市群包括的功能性城市地域（FUR）来看，大多数的城市群由5～20个FUR
构成。英格兰东南部城市群包括的FUR最多，达到51个。其次是巴黎城市群，包
括了30个FUR。最少的大都柏林城市群，只包括了1个FUR。从城市群的人口密度
来看，最高的莱茵鲁尔城市群达到1000人/平方公里，最低的大都柏林城市群只有
200人/平方公里^{（总报告图1-5）}。

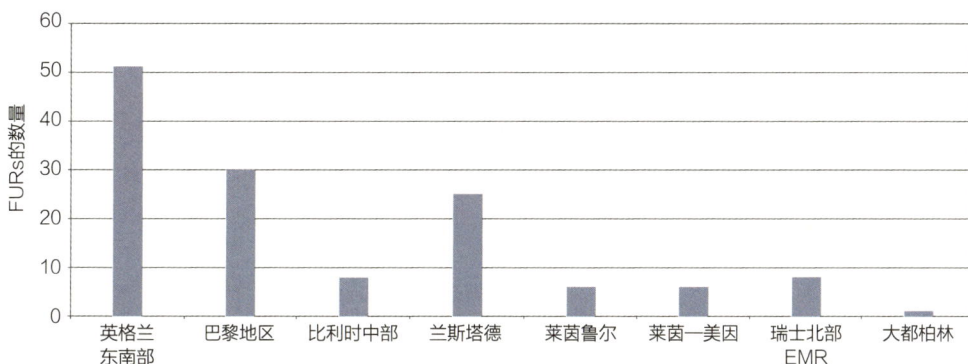

总报告图 1-5　欧盟 8 个城市群中 FUR 的数量

图片来源　彼得·霍尔，凯西·佩恩. 多中心大都市—来自欧洲巨型城市区域的经验[M]. 罗震东等译. 北京：
　　　　　　中国建筑工业出版社，2010：22

欧盟 NUTS 统计的新进展

NUTS是欧盟设定的标准统计区。NUTS的分层主要从三个方面的考虑：

一是收集、发展和协调欧盟的区域统计。

二是对区域进行社会经济分析。如NUTS1是主要的社会经济区，NUTS2是区域政策的基本区，NUTS3是特定区域问题的诊断分析小区域。

三是实施欧盟的区域政策框架。在2003年之前，NUTS曾分为5个层级，从NUTS 1 到NUTS 5。前3个层级是成员国区域层面的，后两个层级涉及地方行政管理范围。2003年以后，逐步立法废除了NUTS4和NUTS5两个层级，将其并入了NUTS1~NUTS3中，当然有些地方会沿用原来的叫法。

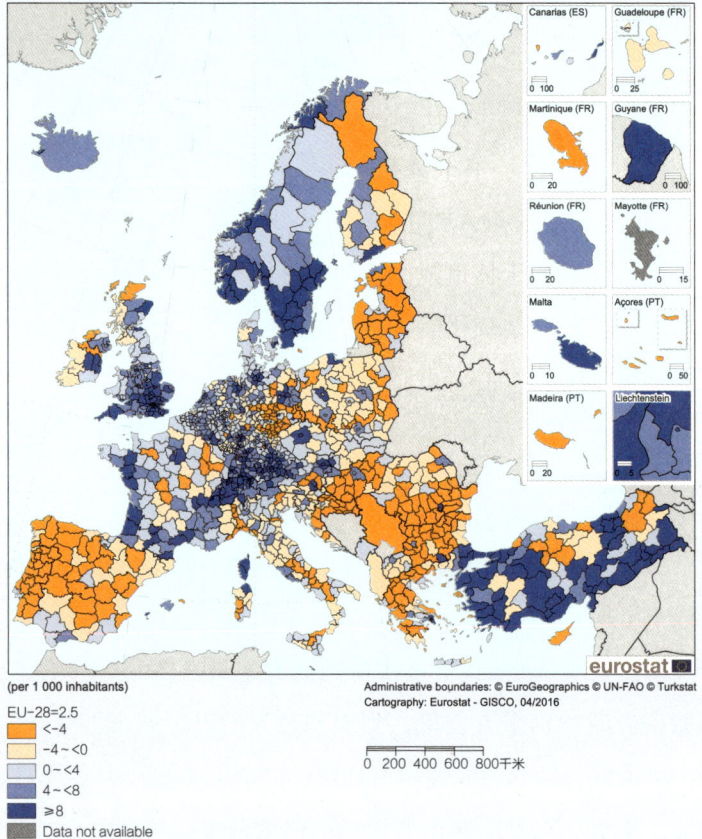

专栏图 1-1　欧盟的 NUTS3 分区

2015年1月开始实施的NUTS中，将欧盟划分为98个NUTS1、276个NUTS2和1342个NUTS3。NUTS的划分标准主要考虑三个方面：

一是人口规模。其中，NUTS1的人口规模为300万~700万人，NUTS2的人口规模为80万~300万人，NUTS3的人口规模为15万~80万人。

二是行政区划。出于可操作的考虑，NUTS一般情况下是与行政层级对应的，当然有时也包括一些行政区域的聚合。

三是综合地理单元。地理单元的功能应该是综合的，要排除那些功能单一的地理单元，如农区、矿区和景区等。

以伦敦为例，NUTS 1是大伦敦的概念；NUTS 2分为内伦敦西片、内伦敦东片、外伦敦东部和东北片、外伦敦南片、外伦敦西部和西北片；NUTS 3是21个单元，伦敦一共有33个行政

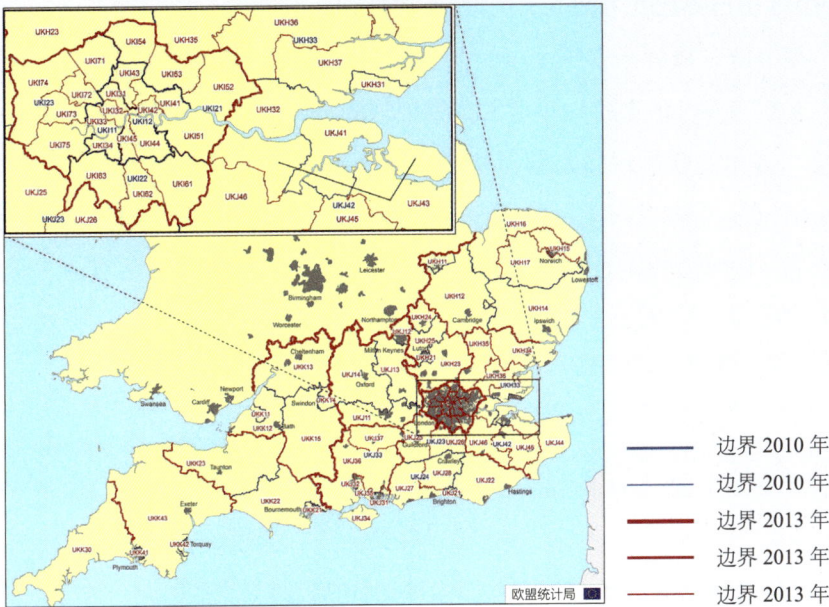

图例：
- 边界 2010 年
- 边界 2010 年
- 边界 2013 年
- 边界 2013 年
- 边界 2013 年

欧盟统计局

专栏图 1-2　英国伦敦的 NUTS 分类

区，有些行政区整合在一起，比如金融城和Camden整合为一个单元。

　　以法国为例，法国行政区划分为22个大区（région）、96个省（département），不包括海外省和海外领地。与此对应，NUTS1共8个，由若干大区合并而成；NUTS2共22个，与大区范围是完全对应的；NUTS3共96个，与省范围是完全对应的。2016年法国进行了行政区划调整（奥朗德提案），将22个大区合并为13个，合并方案与NUTS1差别很大。

欧盟统计局

专栏图 1-3　法国的 NUTS 分类与行政区划

图片来源 http://ec.europa.eu/eurostat/web/nuts/principles-and-characteristics；

[资料来源：张佶，邵丹. 对NUT的基本认识和延伸讨论（内部讨论稿）. 中国城市规划设计研究院，2017年]

3. 都市区是日本国土和区域规划的重要基础

日本"都市区"概念来自于美国，并在五次《国土综合开发法/全国综合开发计划》中逐渐完善。依据2010年日本普查报告的定义，都市区由一个或多个中心城市以及与其相关联的周边市町村构成。中心城市的界定标准为：中央指定市（Designated City）或人口超过50万的其他城市；外围市町村的界定标准为：15岁以上居民中，1.5%及以上比例去中心市就学或工作。以中央指定市为中心城市形成的都市区被称为主都市区（Major Metropolitan Area），其余被称为大都市区（Metropolitan Area）。另外，若两个或多个中心城市的外围市町村相互交叉，则它们将被合并为同一都市区。根据2014年6月日本统计数据，日本现有10个主都市区、4个大都市区，共覆盖69.18%的人口和22.44%的国土面积[1]。其中，10个主都市区面积占全国的18.4%，但聚集了全国65.2%的人口。关东、中京和近畿三大主都市区，以占全国9%的国土面积，聚集了全国51%的人口^{（总报告表1-2）}。

❶ 刘玉博，李鲁，张学良. 超越城市行政边界的都市经济区划分：先发国家实践及启示. 城市规划学刊，2016（5）：86-91。

日本主都市区的人口和面积　　　　　　　　　总报告表 1-2

地域	2010年人口（万人）	面积（万平方公里）	人口占全国比例（%）	面积占比全国比例（%）
主都市区	8355	6.93	62.5	18.4
中心市	3536	1.22	27.6	3.2
周边市町村	4819	5.71	37.6	15.1
前三大主都市区	6537	3.41	51.0	9.0
中心市	2575	0.41	20.1	1.1
周边市町村		3.00	30.9	7.9
全国	12806	37.8	100%	100%

资料来源 刘玉博，李鲁，张学良. 超越城市行政边界的都市经济区划分：先发国家实践及启示. 城市规划学刊，2016（5）：89。有改动。

日本的都市区概念虽然来自美国，但由于人口密度、居住方式的差别，日本对中心城市的定义、外围地区与中心城市的通勤要求，与西方其他发达国家并不相同。为了更好地进行国际比较和研究，日本官方还使用一种"城市就业区"（Urban Employment Area）的空间统计范围。城市就业区与都市区类似，都是由中心城市与周边满足一定通勤率的外围市町村构成。在城市就业区中，拥有人口超过5万的密集居住区为中心城市的就业区就称为大都市就业区（Metropolitanemployment Area），拥有人口在1万～5万的密集居住区为中心城市的就业区就称为小都市就业区（Micropolitian Employment Area）；外围市町村定义为与中心城市保持10%或以上的劳动通勤率。根据日本学者金本良嗣的研究，2010年日本共有233个城市就业区，其中东京、大阪和名古屋三大城市就业区包括了15

个中心城市，聚集了5259.8万人，占全国人口比重的41.1%。从界定标准来看，与日本都市区相比，日本的城市就业区与美国、欧盟的都市区的概念更为接近。

● 根据东京大学空间信息科学中心数据整理，http://www.csis.u-tokyo.ac.jp/UEA/uea_code_e.htm。

（三）城市群范围的确定是定量与定性综合分析的结果

1. 流动空间带来城市群边界的模糊化

流动空间推动了"集中基础上的分散化"，给城市功能和空间尺度带来了深刻的变化。一方面，金融、广告、咨询、设计、媒体、信息等创新创意产业高速和融合发展，使"面对面"高强度、高频次讨论交流的需求愈益强烈，生产性服务在核心城市的核心区块的聚集程度越来越高；另一方面，在功能的重组过程中，教育、娱乐、休闲、运动、展览展示、研发和后台服务等专门化的次区域中心布局更加分散、发展更加蓬勃。虽然城市的等级依然清晰可辨，但"城市网络"的特色更加鲜明。这种区域功能的重组不完全是近域扩散的，有时候会体现出远距离、跨越式的"漂移"，打破了传统意义上的各种行政边界的范围，从而导致确定城市群"功能边界"的工作更加困难。

全球"城市区域"的形成，使城市间的联系更加复杂。在萨森、弗里德曼世界城市研究的基础上，泰勒、斯科特、霍尔等专家通过"流"的研究，认为全球"城市区域"取代"全球城市"，成为控制和建立全球经济网络的主要空间载体。这种巨大的全球城市区域，是以高度全球化下的经济联系为基础，由全球城市及其腹地内经济实力较雄厚的二级大中城市扩展联合而形成的独特空间现象。这种"流"的联系，虽然在区域内城市之间存在，但与区域以外的世界其他城市区域的联系更加紧密。如伦敦、纽约、巴黎、东京之间的联系，远远超过它们与其区内城市的联系。正因如此，霍尔认为，"对于巨型城市区域，任何的边界划定事实上证明都是武断的"。

2. 定性研究是确定美国11个城市群的重要工作过程

在"美国2050战略"中，城市群边界的最终确定，是在对各县综合指标评分^{（总报告图1-3）}的基础上，由两个工作小组通过独立的工作过程，相互校验和讨论形成的。

在第一个工作小组中，除了给研究人员提供较大的美国各县的分数值分布图以外，还提供了美国分水岭、生态区域等几种地图。然后，让每个研究人员根据自己的专业知识，以及他们参观和学习都市区的经验，解释空间上的集聚原因，并在硫酸纸上绘制出自己认为的城市群的合理边界。将许多研究人员所绘制的边界叠加起来之后，图示就更加清晰，城市群的边界也就更加稳定。

在第二个工作小组中，采用航拍和卫星影像对第一个工作小组形成的城市群边界进行修正，最终形成更加准确的城市群边界。这部分的工作非常有用，往往

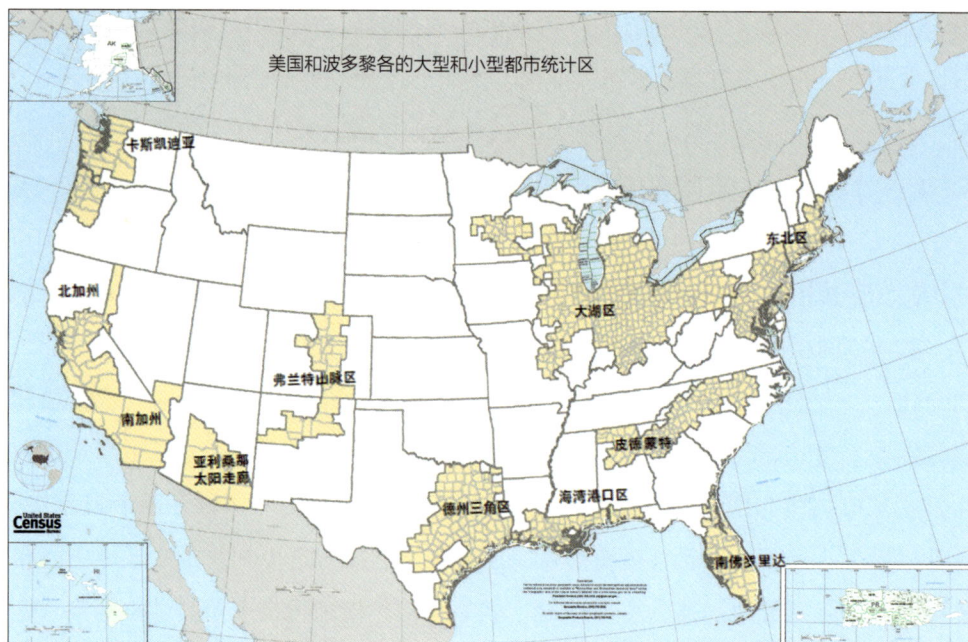

美国和波多黎各的大型和小型都市统计区

总报告图1-6 美国11个城市群的分布

图片来源 美国2050年国家发展战略No.2（内部讨论稿），第7页. 中国城市规划设计研究院译

可以根据山脉、水体和开放空间等自然特征识别出区域之间的自然屏障。通过这两种方法的结合，最终形成了美国11个城市群的边界^{（总报告图1-6）}。

在识别出的美国11个城市群中，虽然在规模形态、人口密度、增长潜力等方面差异明显^{（总报告表1-3）}，但它们都具有相互联系的人口和就业聚集中心，共享相同的交通网络、文化和环境特征。

美国11个城市群的基本情况 **总报告表1-3**

城市群名称	县的总数	面积（万平方公里）	2000年人口（万人）	预测到2025年的增长百分比	平均分数
南加利福尼亚州	10	16.05	2186	31%	3.90
南佛罗里达	42	9.93	1469	45%	3.89
北加利福尼亚州	31	12.41	1272	36%	3.71
东北区域	142	16.04	4956	17%	3.55
皮德蒙特	121	15.42	1486	38%	2.96
亚利桑那州阳光走廊	8	12.64	454	62%	2.88
卡斯凯迪亚	34	12.23	740	38%	2.79
弗兰特山脉区	30	14.71	473	44%	2.79
海湾港口区	75	15.42	1175	35%	2.35
德州三角地带	101	22.1	1613	46%	2.27
大湖区	388	53.21	5377	24%	2.22
合计（占全美比例）	31%	26%	74%		2.69

资料来源 美国2050年国家发展战略No.2（内部讨论稿），第6页. 中国城市规划设计研究院译. 有改动。

城市群是美国经济发展和人口的主要集聚地区。11个城市群面积合计为200万平方公里，占据全美国总面积的26%，但2000年聚集的人口达到2.07亿人，占美国总人口的74%。当然，11个城市群也还有着比较大的差别，总体上可以分为三类[1]：

第一类是西部快速增长的城市群，包括亚利桑那州阳光走廊、弗兰特山脉区和卡斯凯迪亚3个城市群。它们的区域面积和现状人口规模都比较小，但增长速度快，城市群内部联系密切。它们的县平均得分为2.8，表明有着较高的就业和人口增长率，也是CBSA的一部分，但人口密度较小，没有达到现状或未来人口密度的标准。

第二类是中部、东部地区成熟的城市群，包括东北区域和大湖区两个城市群。他们包括许多面积广阔但增长缓慢的县，有着较强的内部联系和历史渊源，面临着共同的困难和挑战。两大城市群总人口占美国的1/3，群内许多工业城市在20世纪中叶经历了人口流失的阵痛。尽管如此，这些区域的经济和文化在美国地位突出，纽约、芝加哥、华盛顿等区域中心城市同时也是全球的金融、文化和政治中心。

第三类是其他6个城市群，混合了第一类和第二类城市群的特征。它们在规模上和成熟度上界于第一类和第二类城市群之间，是美国预期增长较快的主要地区。当然，这6个城市群之间的差异也是比较显著的。其中，南加利福尼亚州、南佛罗里达州和北加利福尼亚州获得了最高的分数，因为他们具有成熟的中心、快速发展的边缘区域以及相对较高的密度。

3. 合理变通是欧盟确定城市群的重要工作

为使欧盟不同国别的城市群横向可比，需要对定量分析识别的功能性城市地域（FUR）进行合理"拆分"、适当变更标准，等等。这些工作虽然是定性的，但对城市群的识别来说同样是必不可少的。以大都柏林城市群为例，其完全被都柏林市及其郊区所主导，如果按照其他城市群的标准来衡量，它只有1个FUR，并不满足城市群的最低要求。但是，大都柏林地区又是欧盟政策文件以及学术界普遍认可的一个城市群。因此，研究打破了常规，允许这一较大的FUR包括了9个额外的原始的FUR，包括维克罗、巴尔布里根、邓多克等，而且也没有使用邻近的标准（总报告图1-7）。再以巴黎城市群为例（总报告图1-8），在定量分析过程中，生成了一个非常大的中央FUR（巴黎）和7个较小的邻近的FUR（另有4个稍微邻近），但在距离巴黎约100公里的地方有不少于18个非邻近的FUR。因此，城市群的范围是通过改变邻近的规划而划定的[2]。

[1] 中国城市规划设计研究院译：美国2050年国家发展战略No.2（内部讨论稿），第7页。

[2] 彼得·霍尔，凯西·佩恩. 多中心大都市——来自欧洲巨型城市区域的经验[M]. 罗震东等译. 北京：中国建筑工业出版社，2010: 28。

总报告图 1-7 大都柏林城市群的地方机构与城市中心

图片来源 彼得·霍尔，凯西·佩恩. 多中心大都市——来自欧洲巨型城市区域的经验[M]. 罗震东等译. 北京：中国建筑工业出版社，2010：185

总报告图 1-8 巴黎城市群 1999 年通勤状况

图片来源 彼得·霍尔，凯西·佩恩. 多中心大都市——来自欧洲巨型城市区域的经验[M]. 罗震东等译. 北京：中国建筑工业出版社，2010：41

二、我国城市群认定划分的新研究

（一）城市群使学术术语实现了"本土化"和"通俗化"

我国和城市群相关的概念众多且较为混乱。据不完全统计，与城市群类似的概念包括城镇群、大都市经济圈、都市连绵区、（大）城市连绵区、城镇密集区、城市集群、（大）都市圈、（大）城市圈、巨型城市地区等。尽管每个概念的名称不同，但都表达了对一种新地域空间界定的尝试，即日益扩展的城市区域相互连接成片并形成集群发展的区域形态。另外，前些年城市规划界还做过一轮以"大"命名的城市发展战略，如"大北京"、"大广州"、"大西安"、"大南京"等战略规划，其规划和研究的范围，往往也是指中心城区与周边联系密切的城镇、乡村地区需要协调发展的地域空间。

城市群概念多与译名不统一直接相关。我国对城市群的研究，始于1983年于洪俊、宁越敏在《城市地理概论》一书中，首次用"巨大城市带"（Megalopolis）的译名，向国内介绍戈特曼的学术思想。同样是引进戈特曼的学术思想，周一星1986年使用的是"大都市带"的概念，叶舜赞在1988年使用了"大城市连绵区"的译名，严重敏、张务栋1988年使用的是"大城市集群区"的译名[1]。此外，还有许多学者从日本引入"都市"的概念，用都市取代城市这个国人更加熟悉的语汇，导致了都市圈、都市带、大都市圈、大都市带等概念也在国内逐步普及。以后，姚士谋在1992年又提出过"城市群"这样类似的概念，使得学术术语更加难以统一了。

国家政策文件使"城市群"术语得到普及。在国家"十一五"规划出台之前，"城市群"虽然在众多学术术语中占据一席之地，但因学术定义不严谨，学术界对其认可程度不高。在2006年出台的国家"十一五"规划中，明确提出要把"城市群作为推进城镇化的主体形态"，这是"城市群"第一次出现在国家级的官方政策性文件中，并不断出现在后续的政策性文件中。"城市群"言简意赅、通俗易懂，虽然官方并没有对城市群进行科学的界定，但学术界以约定俗成的方式逐步接受了城市群这个概念，相关的学术争论日渐平息。

[1] 我国大城市连绵区的规划与建设问题研究项目组. 中国大城市连绵区的规划与建设[M]. 北京：中国建筑工业出版社，2014：460。

（二）都市区应是夯实我国城市群研究的基础性工作

1. 我国有必要建立都市区统计标准

虽然城市群的概念已经普及，但我们认为，借鉴发达国家的经验，从都市区角度来研究城市的功能区域，仍然具有很强的现实意义，而且也是夯实城市群规划和研究的重要基础性工作。

与城市群只能出现在特定的区域不同，都市区可以分布的范围更广。特别是随着我国交通基础设施和机动化的快速推动，城市功能的不断提升，中心城区与外围区县的联系不断增强，满足一定通勤率要求的都市区已经普遍存在。对绝大部分城市来说，加强自身都市区的规划建设与管理，其合理性和紧迫性，要比城市群强得多。而且，与动辄进行县改区等行政区划调整相比，通过都市区来研究和构建城市的功能区域，使国内外的城市功能地域可以进行科学的对比和分析，也可以在稳定行政区划的基础上，探索出更加合理的规划和管理政策，避免城市与区域概念的混乱。

专栏2

我国学者建立的都市区识别标准

当前，尽管发达国家对都市区的统计和研究已经非常成熟，但因为国内至今还没有出台官方的统计标准，不同研究团体对都市区的界定，远未达成共识，导致指标的选取仍有一定差异。通过对代表性成果进行汇总分析不难发现，对"中心市"的识别方式多以总人口或市区非农业人口进行限定；对外围县是否纳入都市区的衡量标准集中在外围县"非农产值比重"和"非农就业比重"两个指标。当然，宁越敏等人将外围县"城市化水平"也纳入考量范围，而黄金川等人则在"城市化率"的基础之上又增加了"人均GDP"、"人口密度"两个指标来进一步限定外围县。判定中心市与外围县是否属于同一都市区的基本原则，是二者在空间上是否直接或间接邻接。

采用"中心市＋外围县"识别的指标和标准汇总 专栏表2-1

研究者	时间（年）	识别指标及标准				其他指标或条件
		中心城市/市区人口规模（万）	外围县与中心市位置关系	外围县非农产值比（％）	外围县非农就业比（％）	
孙胤社	1992	总人口≥20	毗邻且包围	—	—	联系强度大
胡序威	1998	市区非农人口≥20	直接或间接毗邻	≥75	≥60	归属依行政区划而定
阎小培等	1997	市区非农人口≥20	—	≥75		

研究者	时间（年）	识别指标及标准				其他指标或条件
		中心城市/市区人口规模（万）	外围县与中心市位置关系	外围县非农产值比（%）	外围县非农就业比（%）	
宁越敏等	1998	市区非农人口≥20	直接或间接毗邻	≥75	≥60	归属依行政区划而定
周一星等	2000	市区非农人口≥20	直接或间接毗邻	≥75	≥60	归属依行政区划而定
宁越敏	2011	市区总人口≥50	—	—	—	市辖县城市化水平≥60%
黄金川等	2014	市辖区≥20或县级市城区≥30	直接或间接毗邻	≥80%	≥60	城市化率≥40%；人均GDP≥15000元/人；人口密度≥200人/km²

2. 都市区在我国已经实现了广泛分布

都市区标准的确定，与经济发展水平、人口密度及其布局、交通设施和通勤能力等密切相关。由于我国没有对通勤的官方统计数据，研究在充分借鉴发达国家经验以及国内学者研究的基础上，以2010年数据为基础，通过多轮校核，提出了我国中心市和外围县的标准（总报告表2-1）。

都市区中心市与外围县识别标准　　　　总报告表 2-1

指标	中心市（设区市）	指标	中心市（不设区市）	指标	外围县
常住总人口	≥20万	常住总人口	≥50万	非农产值比例	≥75%
净迁移人口比	≥−5%	净迁移人口比	≥−5%	非农就业比例	≥50%
城镇化率	≥50%	城镇人口	≥20万	人口密度	≥150人/km²
—	—	—	—	人均GDP	≥15000元/人

其中，设区中心市（一般为地级及以上城市）的市区常住人口规模不小于20万人、城镇化水平不低于50%；不设区中心市（一般为县级市）常住人口规模不小于50万人、城镇人口规模不小于20万人。两类城市的净迁移人口比率均不小于-5%。另外，都市区还应包括至少两个邻接的县级单元，且其中至少有一个中心市，或者至少有一个等级较高的中心市（省会及以上级别城市的市辖区。这类城市一般在近郊区发育有卫星城，其中心城区与卫星城的关系类似于都市区的核心－外围关系）。

根据指标体系，对全国657个市和1627个县的发育程度进行识别。结果表明，全国有中心市304个单元，外围县188个单元，合计为492个单元。对该识别结果按照都市区标准进行筛选，共计识别出405个单元，得到全国都市区识别结果(总报告图2-1)。

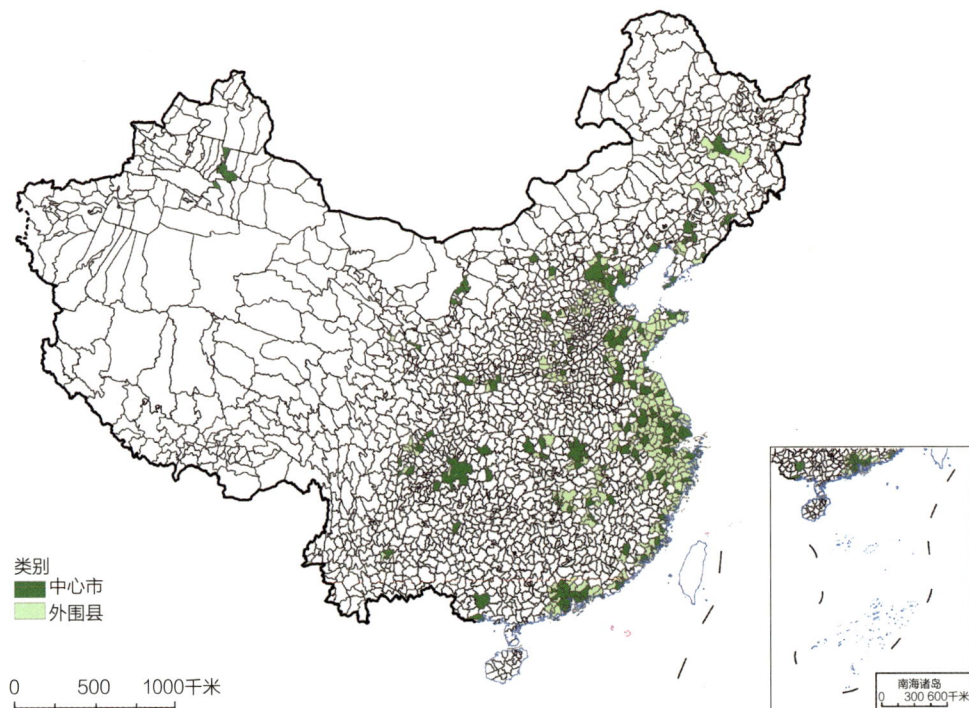

类别
■ 中心市
■ 外围县

0   500   1000千米

南海诸岛
0 300 600千米

总报告图 2-1　我国都市区识别的最终结果

专栏3

大数据可以助推我国建立以通勤为基础的"都市区"

在发达国家进行的都市区统计中，通勤指标是重要的指标之一。由于我国官方一直没有公布过通勤数据，因此对都市区研究，只能通过其他间接指标来替代，准确性和说服力都有待加强。随着"大数据"的迅速生成和应用，对城市之间通勤的统计已经水到渠成。近期，百度公司在其百度地图开放平台发布的《中国城市群出行分析报告》，主要依据定位和人口大数据，对京津冀、长三角、珠三角三个城市群的居民出行情况进行了分析。

从城市群的居民城内与城际出行来看，京津冀的比例为40.3∶1，长三角比例为34.3∶1，珠三角比例为17.8∶1，说明珠三角城市群居民往来比较密切，区域融合发展的程度较高。

统计还表明，每48个河北廊坊的工作人口中有一个会去北京上班，仅三河市燕郊镇就有30万人在北京工作。其中，居住在廊坊北三县（香河、三河、大厂）的通勤人口占了廊坊－北京通勤人口的80%以上。居住在廊坊的去北京通勤居民的工作地点以通州、朝阳、大兴和海淀等毗邻地区为主，其中通州占50%以上，朝阳占20%左右。

在长三角城市群，苏州与上海的通勤关系最为密切，其中昆山通勤人口约占80%，太仓通勤人口约占20%。他们在上海的工作地点以嘉定和青浦为主，其中嘉定通勤人口约占70%，青浦通勤人口约占22%。

在珠三角城市群，广州与佛山的通勤关系最为密切，同城化水平全国领先。从佛山到广州通勤的人多居住在南海区（约占80%）；从佛山到广州通勤的人多工作在荔湾、越秀、白云、番禺等区，合计占到75%左右。

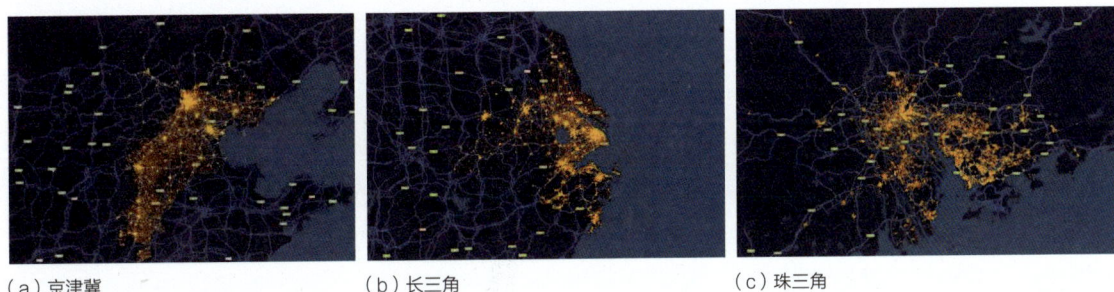

| （a）京津冀 | （b）长三角 | （c）珠三角 |

专栏图 3-1　三大城市群的出行分析

[资料来源：百度地图开放平台——中国城市群出行分析报告[R]. 有改动。其中，通勤人口的比例由于未获得原始数据，根据文中附图估算]

（三）我国基于都市区视角研究的城市群具有多种类型

研究认为，都市区是组成城市群的基本地理单元，如^{（总报告图2-2）}所示。一定数量的都市区邻接，是识别判断城市群必要条件。联合都市区及以上的地域组合单元，就可以构成城市群。相关概念及门槛标准见^{（总报告表2-2）}。

不同等级城市群界定标准　　　　　总报告表 2-2

指标 类别	区县 单元数 （个）	百万人口以上 大城市个数 （个）	中心城市 人口规模 （万人）	总人口 （万人）	人口密度 （人/km²）	经济密度 （万元/km²）
联合都市区	≥4	—	—	—	—	—
准都市连绵区	≥8	≥2	≥300	≥1500	≥500	≥2500
都市连绵区	≥8	≥2	≥1000	≥2000	≥500	≥4000

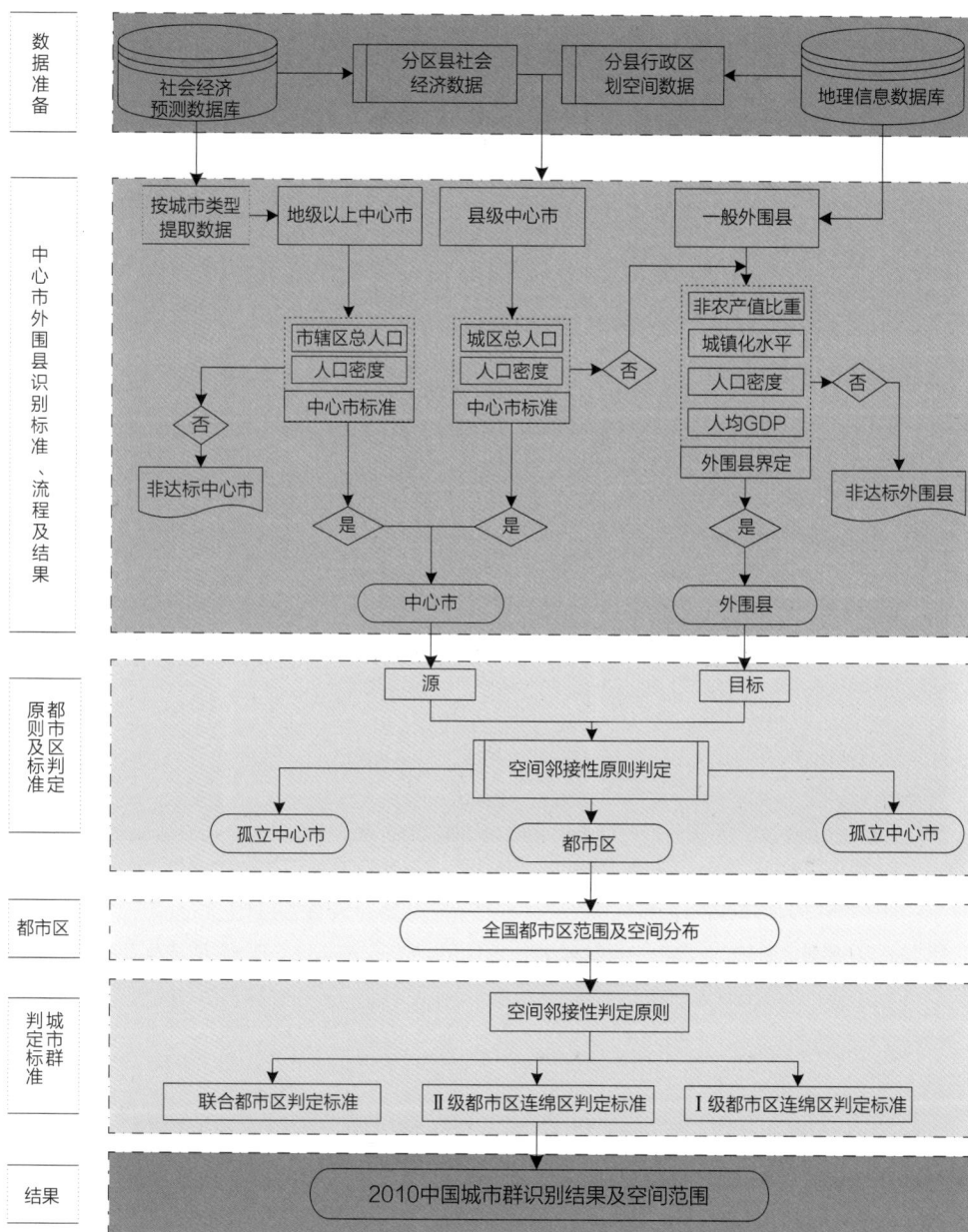

左侧纵向标签（从上到下）：
数据准备 | 中心市外围县识别标准、流程及结果 | 原都市区标则及判定准 | 都市区 | 判定城市群标准 | 结果

数据准备层：
社会经济预测数据库 → 分区县社会经济数据 → 分县行政区划空间数据 ← 地理信息数据库

中心市外围县识别标准、流程及结果层：
按城市类型提取数据 → 地级以上中心市　县级中心市　一般外围县

市辖区总人口 / 人口密度 / 中心市标准 → 否 → 非达标中心市
城区总人口 / 人口密度 / 中心市标准 → 否

非农产值比重 / 城镇化水平 / 人口密度 / 人均GDP → 外围县界定 → 否 → 非达标外围县

是 → 中心市　　是 → 外围县

源　　目标
空间邻接性原则判定
孤立中心市　　都市区　　孤立中心市

全国都市区范围及空间分布

空间邻接性判定原则
联合都市区判定标准　　Ⅱ级都市区连绵区判定标准　　Ⅰ级都市区连绵区判定标准

2010中国城市群识别结果及空间范围

总报告图 2-2　基于都市区识别的城市群标准界定

1. 联合都市区

至少包括两个彼此邻接的都市区，即至少包含两个完整的核心－边缘结构。识别判定标准为至少包含4个区县单元且其中至少有2个中心市，或至少包含3个区县单元且其中至少有1个高等级城市。

2. 都市连绵区

联合都市区包含的区县单元数量不少于8个，且其中至少有两个100万人口以上的大城市。根据规模和要素集中程度，又可将其分为都市连绵区和准都市连绵区两类。其中，都市连绵区的标准是至少有1个人口规模≥1000万的中心城市，人口密度≥500人/平方公里，人口规模≥2000万，经济密度≥4000万元/平方公里；准都市连绵区的标准是人口密度≥500人/平方公里，人口规模≥1500万，经济密度≥2500万元/平方公里。

以识别得到的都市区作为统计单元，汇总相关数据，确定出我国2010年共有20个城市群^{（总报告表2-3、总报告图2-3）}。其中，3个为都市连绵区，7个为准都市连绵区，10个为联合都市区。

我国城市群的类型和基本指标　　　　　　　总报告表 2-3

| 类别 | 城市群名称 | 城市群等级划分判定指标 | | | | | 城市群经济社会发展水平指标 | | | |
		百万以上人口城市数（个）	城市个数（个）	常住人口（万）	人口密度（人/平方公里）	经济密度（万元/平方公里）	行政区域面积（平方公里）	2010年GDP（亿元）	城镇人口（万人）	人均GDP（元/人）	城镇化率（%）
都市连绵区	京津冀	6	34	5393	1113	5871	4.86	28453	4010	52760	74.4
	长江三角洲	39	136	15415	790	4116	19.53	80367	10258	52135	66.5
	珠江三角洲	10	30	6836	1215	6271	5.63	35281	5519	51607	80.7
合计（3）		55	200	27645	922	4804	30.00	144101	19787	52126	71.6
准都市连绵区	山东半岛	15	34	4247	728	4081	5.83	23801	2619	56039	61.7
	海峡西岸	7	22	2253	812	3321	2.77	9210	1478	40879	65.6
	成都	4	13	1640	1096	3836	1.50	5741	1136	35003	69.3
	武汉	2	9	1502	859	3045	1.75	5322	1080	35429	71.9
	淮海	11	15	1963	844	2727	2.32	6340	1112	32302	56.7
	辽东半岛	6	8	1415	1269	6843	1.11	7624	1218	53900	86.1
	中原	3	15	1462	1121	4425	1.30	5771	977	39480	66.9
合计（7）		48	116	14482	873	3846	16.59	63809	9622	44063	66.4
联合都市区	环鄱阳湖	3	17	1110	422	1239	2.63	3259	620	29354	55.9
	长株潭	3	11	1054	698	3548	1.51	5361	766	50852	72.7
	关中	2	5	908	1506	4978	0.60	3000	668	33044	73.6
	冀南	1	4	343	1052	3919	0.33	1279	250	37255	72.8
	晋中	1	4	463	1048	3698	0.44	1633	380	35302	82.0
	哈尔滨	1	4	819	379	1354	2.16	2926	581	35716	70.9
	重庆	2	3	1765	605	1858	2.92	5422	1177	30718	66.7
	滇中	1	3	420	672	2488	0.62	1554	363	37019	86.6
	北部湾	1	3	410	388	1264	1.06	1334	303	32551	74.0
	银川平原	1	3	230	360	1494	0.64	954	207	41554	90.0
合计（10）		16	57	7521	583	2070	12.91	2.67	5314	35526	70.7

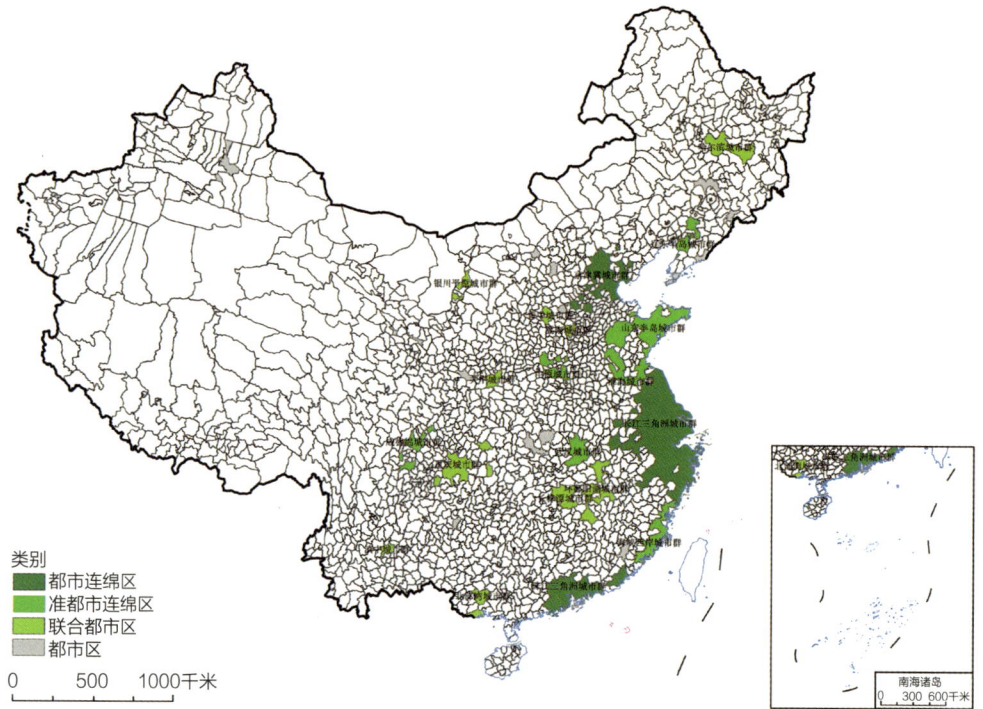

总报告图 2-3　基于发育程度视角界定的中国城市群空间范围

类别
- 都市连绵区
- 准都市连绵区
- 联合都市区
- 都市区

0　　500　　1000千米

南海诸岛
0　300　600千米

　　除了上述识别出的20个城市群以外，我国还有18个比较重要的大都市区^{（总报告表2-4）}。
按照我们此次基于都市区研究的角度，它们或者没有与周边的城市群邻接，或者经
济社会发展指标还没有达到城市群的标准，但它们是我国非常重要的都市区，在相
关区域的发展中发挥着不可替代的突出作用。其中有些都市区，在国家出台的城市
群规划和区域政策中，往往也被纳入到城市群的规划和研究范围，如辽宁的大连、
锦州，吉林的长春，陕西的宝鸡，内蒙古的呼和浩特，新疆的乌鲁木齐等。

我国主要的大都市区　　　　　　　　　　　　　　　总报告表 2-4

大都市区名称	城市群等级划分判定指标				城市群经济社会发展水平指标				
	百万以上人口城市数（个）	城市个数（个）	常住人口（万人）	人口密度（人/平方公里）	经济密度（万元/平方公里）	行政区域面积（万平方公里）	2010年GDP（亿元）	城镇人口（万人）	人均GDP（元）	城镇化率（%）
湖北宜昌	2	3	306	431	1490	0.71	1060	217	34610	70.9
福建龙岩	0	2	103	198	874	0.52	453	60	44219	58.2
河南安阳	1	2	178	1883	5209	0.09	493	139	27664	77.8
山西阳泉	0	2	106	538	1459	0.20	287	73	27127	68.8
山西大同	1	2	206	662	1032	0.31	322	153	15593	74.0

大都市区名称	城市群等级划分判定指标					城市群经济社会发展水平指标				
	百万以上人口城市数（个）	城市个数（个）	常住人口（万人）	人口密度（人/平方公里）	经济密度（万元/平方公里）	行政区域面积（万平方公里）	2010年GDP（亿元）	城镇人口（万人）	人均GDP（元）	城镇化率（%）
辽宁锦州	1	2	206	774	2386	0.27	635	159	30816	77.2
辽宁丹东	0	2	149	527	1958	0.28	555	107	37174	71.4
吉林通化	0	2	113	348	1185	0.32	383	98	34023	87.1
吉林长春	2	2	529	753	3299	0.70	2316	375	43805	70.9
湖北荆门	1	2	166	250	614	0.66	407	87	24571	52.3
青海西宁	1	2	130	1285	3758	0.10	381	120	29252	92.5
山西长治	0	2	99	1073	3167	0.92	293	76	29522	76.6
陕西宝鸡	1	2	190	440	1311	0.43	565	103	29764	54.5
甘肃兰州	1	1	263	1642	5027	0.16	805	244	30622	92.8
贵州贵阳	1	1	303	1225	2930	0.25	726	252	23921	83.0
辽宁大连	1	1	409	1767	13071	0.23	3020	390	73891	95.5
内蒙古呼和浩特	1	1	198	1027	6123	0.19	1181	150	59640	75.6
新疆乌鲁木齐	1	1	303	317	1130	0.96	1079	285	35632	94.2
合计（18）	15	32	3956	610	2308	6.48	14960	3087	37814	78.0

专栏 4

国内外界定城市群的主要研究

以城市群为代表的城市密集、经济社会发展水平高的地区，一直是学术界研究的重点地区。自戈特曼提出相关概念后，如何从定量角度认定这些区域，一直是政府和学术界关注的热点。除"美国2050战略研究"以及欧盟POLYNET进行系统研究以外，国内还有学者也发布过相关的研究成果，如周一星、姚士谋、邹德慈、胡序威、宁越敏和方创琳等。

学者或机构	定量指标	地域名称，发布年代
戈特曼	1. 区域内有比较密集的城市。 2. 有相当多的大城市形成各自的都市区，中心城市与都市区外围的县有着密切的社会经济联系。 3. 有联系方便的交通走廊把这些核心城市联结起来，使各个都市区首尾相连没有间隔，都市区之间也有着密切的社会经济联系。 4. 人口规模在2500万人以上。 5. 是国家的核心区域，具有国际交往枢纽的作用	Megalopolis，1961年
周一星	1. 有2个以上人口超过100万的特大城市作为区域发展极，且其中至少1个城市有相对较高的对外开放度，具备国际性城市的典型特征。 2. 有相当规模和技术水平领先的大型海港（年货运吞吐量大于1亿吨）和空港，并有多条固定国际航线运营。 3. 有多重现代运输方式叠加而成的综合交通走廊，区内各级发展极与走廊间有便捷的陆上连接。 4. 有数量较多的中小城市，且多个都市区沿交通走廊相连，总人口规模达2500万以上，人口密度达700人/平方公里。 5. 都市连绵区的各个组成城市间、都市区的内部中心市和外围县间均存在着较为密切的经济社会联系	都市连绵区，1991年
姚士谋	1. 城市群区域总人口应在2400万与3000万人之间。 2. 城市群内至少有3个特大/超级城市。 3. 城市人口比例应不低于37%。 4. 城镇人口比例高于40%。 5. 城镇人口的省区的占比高于55%。 6. 城市群的五个规模等级结构相对完整。 7. 公路网络密度应处于2000~2500公里/万平方公里，铁路网络密度应处于350~550公里/万平方公里。 8. 社会消费品零售总额占全省的比例高于45%。 9. 流动人口占省区比例高于65%。 10. 工业总产值占省区的比例高于75%	超大型城市群，1992年
孙胤社	1. 中心城市人口规模需在20万人以上。 2. 周围县符合下列条件之一也被划入：①中心城市完全被县域所包围；②与中心城市联系强度大于一定界值（P_0）的县；③联系强度虽达不到界值P_0，但被已确定为大都市区的县完全包围的县	大都市区，1992年
胡序威	1. 至少具有2个以上人口超过百万的特大城市作为增长极，且其中至少一个具有相对较高的对外开放度和明显的国际城市特征。 2. 具有相当规模和领先技术水平的大型海港和空港，并有多条国际航线运营。 3. 区域内存在由多种现代运输方式叠加而成的综合性交通走廊，各发展极与交通走廊联系便捷。 4. 众多中小城市沿交通走廊密集分布，总人口规模不低于2500万，人口密度达200人/平方公里。 5. 都市区内中心市与外围县之间、都市区之间均存在密切的社会经济联系	都市连绵区，1998年

学者或机构	定量指标	地域名称，发布年代
建设部《全国城镇体系规划》（2006～2020年）	1. 核心城市指标。至少拥有一座特大城市，其城市人口规模200万以上、地区生产总值500亿元以上，是规划二级以上的交通枢纽，是国家主要的科技文化城市。 2. 社会发展水平指标。所辖地域行政单元非农产业比重大于70%或者非农就业人员比重大于65%，或者地区城镇化水平高于45%，并且年人均生产总值达到800美元/人以上。 3. 通勤指标。区内城镇与最近的中心城市的交通通勤在2小时范围以内。 4. 密度指标为辅助判断指标	城镇群，2006年
邹德慈、王凯等	至少应有2个百万人口以上的特大城市，城镇密度应达到40个/万平方公里以上，人口密度应达到350人/平方公里以上的大中小城镇呈连绵状分布的高度城市化地带	大城市连绵区，2008年
方创琳	1. 大城市个数≥3个，同时不超过20个；至少有一个城镇人口>100万的特大或超大城市。 2. 城市群总人口规模≥2000万，且城镇人口规模≥1000万。 3. 人均GDP>3000美元/年，工业化发展处于中后期。 4. 经济密度>500万元/平方公里，经济外向度>30%。 5. 高度发达的综合运输通道基本形成，铁路网密度介于250～350公里/万平方公里，公路网密度介于2000～2500公里/万平方公里。 6. 非农业产值比例>70%，非农业劳动力比例>60%。 7. 城市化水平>50%。 8. 中心城市GDP的中心度>45%，具有跨省际的城市功能。 9. 外围地区到中心市的通勤人数占总人口比例>15%。 10. 紧密层到中心市的通勤时间<0.5小时，发车频率在10分钟左右，即0.5小时经济圈；中间层到中心市的通勤时间<1小时，发车频率在20分钟左右，即1小时经济圈；外围圈到中心市的通勤时间<2小时，发车频率在30分钟以上，即2小时经济圈	城市群，2009年

资料来源 根据各学者的相关研究成果整理。

专栏5

从市场角度看待中国城市群的范围

　　中国是个区域差异很大的市场。对企业而言，从消费角度来看待各地市场的差异，采取不同的销售策略，是非常重要的。因此，麦肯锡（中国）在2009年发布了《一个国家，多个市场——用麦肯锡图解的城市群来针对中国的消费者》的研究报告。报告从产业构成、政府政策、人口特征和消费者偏好等4个维度，提出了22个城市群的布局和范围。每个城市群包括1～2个核心城市，外围城市到核心城市的距离不超过300公里，而且每个城市群的GDP的比重要超过全国的1%。它们由以京津冀和上海为代表的7个特大型城市群，以辽中南、厦门－福州为代表的10个大型城市群，以南宁、南昌为代表的5个小型城市群构成。

我们把中国分为22个城市群，到2015年，这22个城市群将占中国城市GDP的92%

截至2009年6月1日

城市群名称 （城市数量，个）	城市群 总DGP	中心城市 GDP
超大型城市群		
京津冀（37）	10.8%	7.9%
上海（19）	10.8%	6.2%
山东半岛（67）	9.0%	2.1%
杭州（38）	6.7%	1.6%
广州（24）	6.6%	2.6%
南京（27）	4.8%	1.8%
深圳（2）	4.3%	2.9%
大型城市群		
辽中南（30）	4.3%	2.4%
厦门－福州（42）	4.2%	1.4%
长江中下游（42）	4.0%	1.8%
中原（40）	3.8%	0.7%
长春－哈尔滨（36）	3.6%	1.6%
成都（29）	3.2%	1.6%
合肥（29）	2.8%	0.8%
长株潭（28）	2.2%	0.8%
关中（15）	1.9%	1.2%
重庆（6）	1.8%	1.5%
小型城市群		-------
南宁（28）	1.8%	0.3%
南昌（22）	1.7%	0.6%
太原（19）	1.4%	0.5%
呼和浩特（10）	1.3%	0.4%
昆明（16）	1.1%	0.5%

考虑到中国的飞速变化，宏观经济、人口特征和消费数据每年更新两次
资料来源：麦肯锡"解读中国、麦肯锡分析"

0　　500　　1000千米

专栏图 5-1　麦肯锡（中国）确定的中国 22 个城市群

1. 产业结构

　　除考虑城市群的三次产业结构外，还考虑了城市间产业和贸易的一体化程度。如研究了产业价值链在城市间的分布情况（企业集团与零部件供应商的分布），企业总部与分支机构在群内的分布等。产业结构和经济联系决定了城市群的人口构成、收入水平，并最终决定了城市群内消费者的偏好和行为。

2. 政府政策

　　政府通过规划、基础设施、产业政策和人口政策，可以加速推进城市群的形成。跨市的基础设施建设和开发项目也加强了城市之间的经济和交通联系。如呼和浩特城市群以打造"亚洲乳业之都"的产业政策，吸引越来越多的人到该行业就业，从而获得类似的工资水平，并有可能形成最终类似的消费偏好。

3. 人口特征

当地人口和外来人口的比例、年龄构成、收入水平以及家庭储蓄率都是用来定义城市群的关键因素。中国城市化的进程对各个城市群的影响千差万别，因而形成了各城市群的个性差异。深圳有86%的人口来自外省，但73%的广州居民是本地"土著"，主要讲广东话。深圳比广州"年轻"很多：55%的深圳居民年龄为20～34岁，而这个年龄层的人口只占广州居民人口总数的35%。19%的广州居民年龄在49岁以上，而在深圳这一比例只有7%。

4. 消费者偏好

中国各城市群消费者的行为存在很大差异。例如，52%的上海城市群消费者青睐名牌产品，而这一比例在厦门－福州城市群（包括潮州、汕头、石狮等城市）中只有36%。消费者对产品特性的偏好也很不一样。例如，深圳城市群的消费者青睐轻、薄的数码相机，而广州城市群的消费者偏爱有大显示屏的机型。不同城市群中的消费者对媒体的偏好也大相径庭。例如，中原城市群（包括郑州、洛阳、开封等城市）中95%的消费者喜欢看中央台，而62%的上海城市群消费者喜欢看本市的电视节目。

在城市群的形成过程中，各因素之间互相影响，形成一种良性循环：政府政策塑造产业结构，产业结构影响人口构成，人口构成又被反映在消费者行为中。时间一长，这些因素增强了城市间的联系，并促使特定城市群内的消费者行为逐渐趋同。

[资料来源：根据Mckinsey China: One Country, Many Markets—Targeting the Chinese Consumer with Mckinsey ClusterMap, 2009 Annual Chinese Consumer Study整理]

（四）我国城市群地位突出、内涵丰富

1. 城市群的经济作用日益突出

（1）城市群是我国经济建设的主阵地

截至2014年底，我国以京津冀、长三角和珠三角为代表的三大城市群，常住人口占全国的15.2%，GDP总量18.94万亿元，占全国的32.85%[1]。三大城市群已经成为带动国家发展、参与国际竞争的重点区域。中西部以省会城市为核心的城市群发展速度加快，长江中游的三大城市群与中原、成都、重庆、关中等地的城市群已成为带动中西部地区发展的重要增长极。上述城市群总人数达1.04亿人，占中西部地区总人数的14.23%；GDP总量达6.04万亿，占中西部地区GDP的25.92%。以中原城市群为例，2013年末GDP总量达到0.68万亿元、聚集了1305万人口，分别占河南省的22.98%、13.87%；人口密度达1121人/平方公里，是我国人口密度最大的区域之一。特别是国家经济进入转型期后，城市群凭借其良好的经济社会发

[1] 数据来源：城市群的范围为课题研究范围，数据来自统计年鉴。如未特殊说明，全书表格、图片和全国开头的统计数据中未包含香港特别行政区、澳门特别行政区和台湾地区。

展基础、科研与创新能力、劳动力与人才集聚规模，日益成为新设国家新区和制度创新的主要基地。据不完全统计，我国以长江新区、湘江新区、西咸新区等为代表的10多个国家级新区以及以天津、上海、广州和厦门等为代表的4个自由贸易区，都是选址在我国的城市群地区。

（2）城市群是我国参与全球资源配置的主力军

2015年，我国对外非金融类直接投资达到1180亿美元，对外直接投资存量超过1万亿美元。如果包括企业在境外利润再投资和通过第三地的投资，我国实际上已成为资本净输出国，这是我国由经贸大国迈向经贸强国的重要标志。从世界范围看，跨国公司一直是推动区域和全球经济一体化、深化分工与合作的主要力量。我国进入福布斯2000强的企业❶是推动全球经济深度融合、体现大国世界经济控制能力的先行者。2014年，中国大陆的福布斯2000强企业数量从25个增加到234个（总报告图2-4），全球占比从1.2%上升到11.7%❷，成为全球仅次于美国、入榜企业数量排名第二位的国家。这234家企业，遍布我国18个城市群的51个城市，其中京津冀城市群有136家企业、长三角城市群有26家企业、珠三角城市群有27家企业。这些企业对内通过优化产业链布局和资源整合，提高城市群的整体竞争能力和资源使用效率；对外通过跨国并购、重组和绿地投资，既可利用国际市场、人才、技术和资源增强我国的经济发展能力，又可推动全球经济的可持续发展，展

❶ 福布斯全球2000强的排名依据是企业收入、利润、资产和市值这4项指标的综合得分，而且4项指标的权重相同。

❷ 唐子来等，全球视野下的中国城市体系（内部讨论稿），2016年。

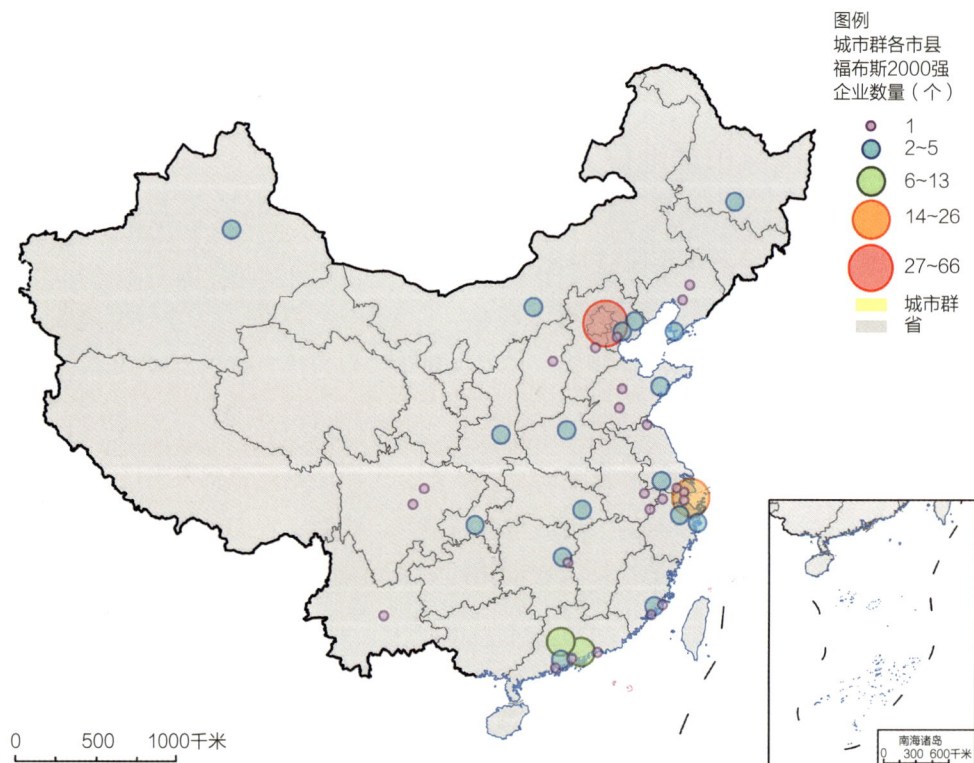

总报告图2-4　2014年福布斯2000强中国企业数的城市群分布

示中国软实力，实现合作共赢❶。

（3）城市群是我国深化开放的主枢纽

继"世界工厂"之后，我国城市群在全球资本服务体系和生产性服务业中的地位开始大幅提升，这将为服务贸易的大发展奠定坚实基础。按照GaWC❷全球城市网络连接度排名中，北京的排名已上升至第8位，拥有的全球财富500强总部数量位居世界第1，拥有GaWC175企业总部7家，全球排名第6位。2005～2015年，GaWC175企业在我国10个代表性城市群设置的分支机构数量由579家大幅度上升至954家〔总报告图2-5〕。这些广泛布局在城市群中的GaWC175分支机构，既是我国城市群深度融入世界经济网络的象征，也是"贴身"学习金融、法律、咨询、会计、广告等高端生产性服务业国际规则的机会，更是推动我国城市群率先实现服务贸易高端化、推动国家经济转型的发动机。

2. 城市群的范围具有动态性和模糊性

（1）城市群的政策属性决定了其范围的灵活性

我国城市群是承载国家区域政策、落实城市化主体形态的主要空间，因此是一种重要的政策规划区，具有公共政策的属性。这种属性决定了他与学术研究意义上的城市群，既有联系，又有区别。作为学术研究的城市群，要有科学、严谨的定义，因此范围和边界是比较严谨和明确的。但作为政策规划区的城市群，是

❶ 唐子来等，全球视野下的中国城市体系（内部讨论稿），2016年。

❷ GaWC在全球城市网络排名中，主要采用了175家全球高端生产性服务业跨国公司的分支机构设置数据。这175家跨国企业中，包括75家金融企业，25家会计师事务所，25家法律事务所，25家广告企业和25家咨询公司。

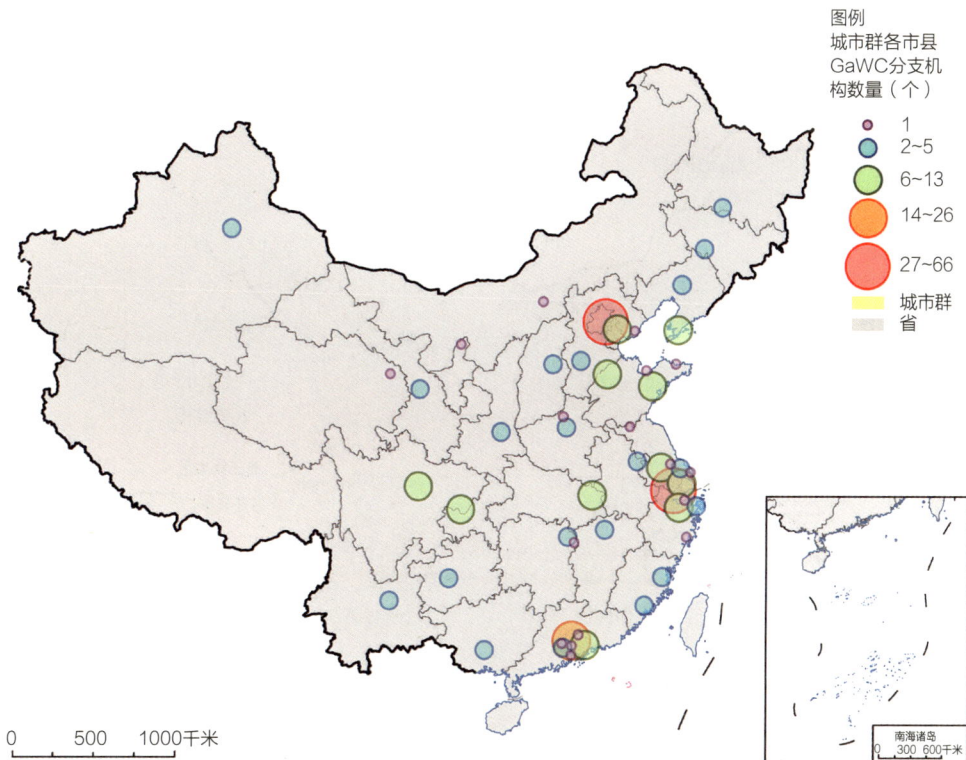

总报告图 2-5　GaWC175 企业在我国城市群的分布

落实相关战略政策的空间载体，也是政府之间博弈、妥协和达成共识的结果，因此其范围往往是弹性和灵活的。以国家"十二五"^(总报告图2-6)、"十三五"规划为例，如果我们把"十二五"规划确定的城市化地区看作是城市群的话，两个"五年"规划中的城市群范围和边界已经有了很大的变化。如"十二五"规划中曾提及的冀中南城市群，在"十三五"规划中，已经并入了京津冀城市群。在"十二五"规划中提及的关中−天水城市群，在"十三五"规划中只提及关中城市群，甘肃天水已经划出城市群的范围。另外，"十二五"规划中提及的皖江城市带，在"十三五"规划中已经明确划入长江三角洲城市群的范围。再如京津冀城市群，其历史上就曾经历过京津唐、京津冀北和京津冀的发展和变化。在20世纪80年代，国家计委开展的地区性国土规划中，将京津唐作为一个政策区进行规划编制，范围只包括北京、天津、唐山和廊坊4个城市。在2010年国家发改委编制的《京津冀都市圈区域规划》中，规划的地域范围扩大到了涵盖北京、天津两个直辖市和河北省的石家庄、秦皇岛、唐山、廊坊、保定、沧州、张家口、承德等8个地级市，这是河北省相关城市持续争取的结果。2014年以来，伴随着中央高度关注京津冀的协同发展问题，在2014年编制完成的《京津冀协同发展规划纲要》

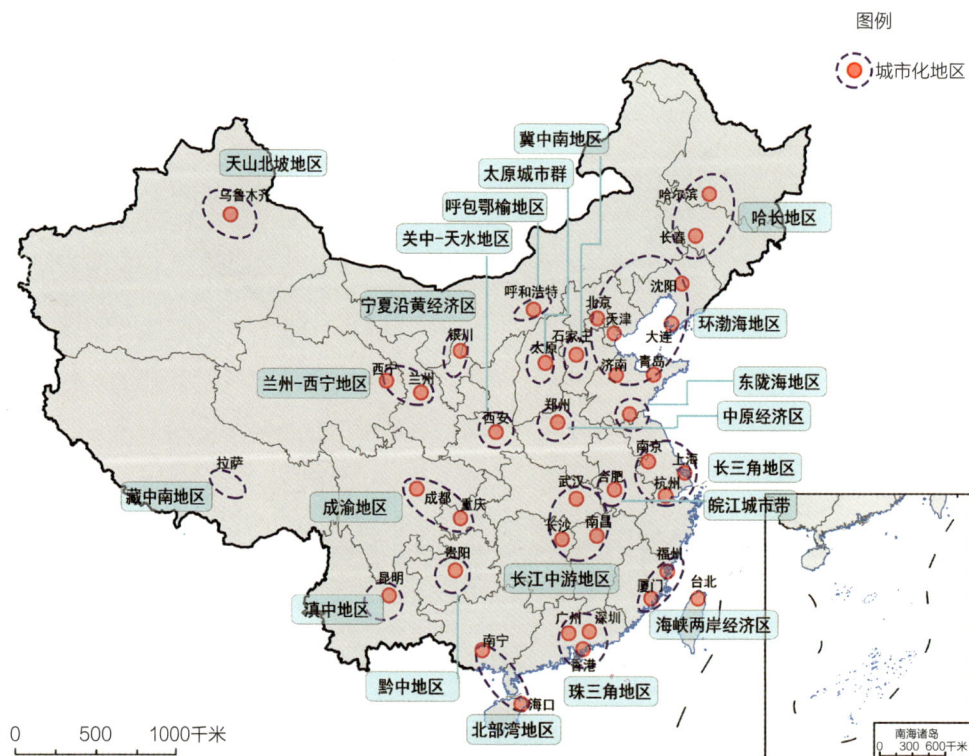

总报告图 2-6　国家"十二五"规划中确定的城市化地区

中，将河北全省纳入到规划范围。再如长三角城市群，其规划范围也经历了从20世纪90年代的"1＋15"（上海及苏南和浙北的15个城市），到21世纪初"两省一市"（上海及江苏、浙江两省全部行政辖区），再到2016年确定的三省一市共26个城市的变迁❶。

（2）技术进步和经济发展决定了城市群边界的拓展性

技术进步决定了城市群边界的扩张性，这也是其作为区域所必备的重要特征。工业革命以来交通、通信和能源技术的不断进步，使城市与周边的联系越来越密切，城市发展的区域化、区域发展的城市化态势日益显著，推动了城市群规划和研究的迅猛发展。此外，技术进展也推动区域的核心功能不断向中心城市集聚，中心城市发展活力越来越强、影响的地域范围越来越广，也促进了区域边界的不断外扩。如交通方式变革带来时空距离的改变，使经济社会交往的半径不断扩大，自然会推动城市群范围的扩大。通信方式的革命，使企业的产业链布局、办公场所选址的灵活性不断提高，支撑企业在更广域的空间范围内统筹布局，提高了更广阔区域的经济和人员联系，进而导致城市群的边界向外拓展。消费经济的崛起和创新创意产业发展，使城市群外围的农村地区、生态地区、休闲地区和景观地区与核心区域的联系日益密切，"非农化"压力凸显，将其纳入到城市群范围进行统筹规划和管理的要求也越发迫切，这也在某种程度推动了城市群外围边界的扩张。

（3）城市群的文化属性决定了其边界的模糊性

按照文化地理的认识，人是文化的主要载体，而人是可移动的。人的文化水平越高，其移动的平均距离和频率也就越高，这是人口迁移的基本规律。另外，不同教育背景、不同阶层的人又是在区域里混居的，人们的思想观念、行为准则千差万别，在复杂的人群中概括出区域共同的特征是十分艰难的❷，因此文化区界线是渐变的、模糊的，有宽阔的过渡地带，分布是"插花式"的，有时候还存在着犬牙交错的文化岛。城市群作为城市化地区，人们移动和混居的特征更加突出，其边界线理应具备宜粗不宜细、宜简不宜繁、宜少不宜多的文化地理区划特点。

3. 城市群具有丰富的文化内涵

（1）城市群文化具有系统性和地域整体性

我国幅员辽阔、历史悠久、地域差异十分明显，中原文化、江南文化、齐鲁文化、巴蜀文化、岭南文化、关中文化等区域文化各具特色，城市群承载着区域共同的历史和文化记忆。城市群是区域经济、社会、人口的集中承载地区，在不同的历史时期，在不同的空间层级上，由于内部一直存在着社会经济和文化上的

❶ 2016年，由国家发改委与住房和城乡建设部联合编制的《长江三角洲城市群发展规划》中，确定的规划范围为三省一市（江苏、浙江、安徽和上海）中的共26个城市，他们分别为：上海，江苏省的南京、无锡、常州、苏州、南通、盐城、扬州、镇江、泰州，浙江省的杭州、宁波、嘉兴、湖州、绍兴、金华、舟山、台州，安徽省的合肥、芜湖、马鞍山、铜陵、安庆、滁州、池州、宣城。

❷ 胡兆亮，阿尔斯朗，琼达等. 中国文化地理概述[M]. 北京：北京大学出版社，2015：206。

密切交往，使得城市群拥有高度认同的区域文化和区域心理。这种文化上的同质性，往往也是界定城市群的重要特征之一。如长三角城市群的许多城市，在春秋战国时期是吴国和越国的领地，是吴越文化的核心区。在农耕文明时期，太湖流域是发展经济的风水宝地。"仓廪实而知礼节，衣食足而知荣辱"，殷实的农耕经济成为文化发展的物质基础[1]。宋室南迁后，大批拥有先进技术和文化的中原人迁移江南，使得长三角成为全国政治、经济、文化的集聚重心，"人文之盛，冠于天下"，而且这种历史积淀绵延至今。

❶ 胡兆亮，阿尔斯朗，琼达等.中国文化地理概述[M]. 北京：北京大学出版社，2015。

珠三角城市群的发展历程，集中体现了岭南文化的突出作用，总报告图2-7为珠三角历史文化名城、名镇、名村分布。岭南地区有漫长的海岸线和众多岛屿，是海上丝绸之路的起点，因此得领海外风气之先，成为我国近代新文化、新思潮和革新运动的主要策源地，戊戌变法、辛亥革命、北伐等影响中国近现代发展的重大事件，都能看到岭南文化在吸收海外先进文化基础上，矢志不渝地为救国图存作出的突出贡献。我国改革开放初期设立的4大经济特区中的3个（深圳、珠海和汕头）都地处岭南文化的重地珠三角城市群。它们在改革开放初期，为国家在招商引资、土地市场、物价改革、证券市场、劳动用工等方面的改革进行了有益的尝试和探索。

总报告图 2-7　珠三角历史文化名城、名镇、名村分布

图片来源　中国城市规划设计研究院，《珠江三角洲全域规划（2014～2020年）》，2015年，第55页

（2）城市群文化内部呈现多样性

城市群由于地域广阔，各片区在演化历史、职能分工、发展阶段、地域特征等方面往往存在很大的差异，这种差异造就了城市群内部存在许多的文化亚区，"和而不同"是城市群文化的普遍现象。

京津冀城市群，从元大都定都，到明王朝的天子守国门，再到今天的首都北京，这里是整个中国的政治核心，也是传统中原文明与北方草原文明分界线的地区。在整个区域中，不管是地形地貌、聚落格局还是民风民俗，都存在巨大的差异性。从海河流域的平原农业发展，到西北山区的峰峦起伏，再到北部草原的一马平川，复杂多变的地理环境造就了这一地区不同的聚落发展肌理，展现了不同文明传统的演化路径。以其内部长城文化带、运河文化带、太行山前文化带、桑干河－永定河史前文化带等四个文化亚区为例，长城沿线军镇、边塞和多民族交往融合的文化底蕴丰厚，运河文化亚区体现出南北交融、多元交会、包容统一的浓厚色彩。太行山前文化带的驿道、陉关、名城名镇名村等历史遗存灿若星辰，商周以来至少有110个古国在此荟萃，其密集程度在全国也是首屈一指，是河北省最重要的文明发祥地。桑干河－永定河史前文化带，以北京猿人为代表，是史前人类文明的重要摇篮。总报告图2-8为京津冀城市群内部文化的差异性。

在长三角城市群的内部，太湖流域人们依水而生、依水而居，形成了精耕细作的生产方式和细巧精致的人文性格。小桥流水、枕河人家，可谓"秀美灵动江南地"。而长江以北，则更多地体现了"淮扬文化"和"汉韵楚风"的文化特点❶。近现代以来，以上海、宁波等为代表的海派文化、儒商精神，在东西方文化的交融过程中，又形成了精明、多元、开新等鲜明的精神特质。再如成渝城市群内部，以成都为代表的蜀文化和以重庆为中心的巴文化，两大地域文化的外在特征和精神内涵也有很大的差别。自李冰父子修建都江堰以来，成都平原成为沃野千里、水旱从人的"天府之国"，蜀文化呈现出休闲安逸、精神富足、文化灿烂的典型特点。巴渝大地则因地形险峻、生计艰辛，使巴文化呈现出阳刚十足、悍勇勤奋的外在特征。这种历史上沉淀、浓缩形成的"基因"，是新世纪以来成都休闲消费文化引领全国、重庆生产制造业强势崛起的重要历史渊源。

（3）中心城市是城市群文化塑造的核心

一方面，城市群的核心城市是区域发展的组织者和推动者，凝聚着区域文化的关键积淀，是其他城市争相学习和模仿的对象，在文化上是对内对外辐射的焦点，往往是城市群文化和精神气质塑造的引领者。另一方面，城市群内各城市的功能组织、职能分工是围绕着中心城市进行的。它们通过承担中心城市的某些功能，既密切了与中心城市的联系，也在更广域的空间上支撑着中心城市更加全面、

❶ 吴良镛，毛其智. 城镇化进程中的城市文化研究[M]. 北京：中国建筑工业出版社，2013：306。

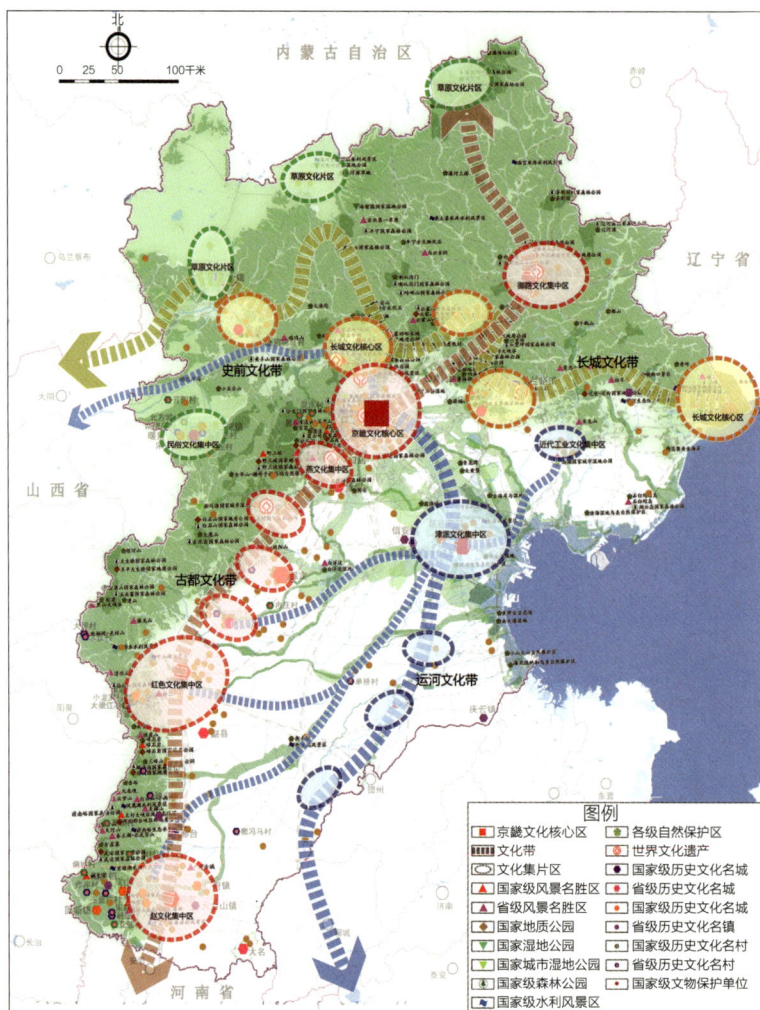

总报告图 2-8　京津冀城市群内部文化的差异性

图片来源　中国城市规划设计研究院，《河北省空间发展战略研究（2015～2030年）》，内部讨论稿

协调的发展，从而使城市群彰显区域整体的文化魅力。如京津冀城市群同属京畿重地，地缘相接、人缘相亲、地域一体、文化一脉，历史渊源深厚，并逐步形成围绕首都分工协作的京畿文化圈，其首都文化、学术文化、艺术文化等始终引领着京畿地区的发展。从北京自身来讲，其是"首善之区"，是中华民族文化的中心，为人文荟萃之渊薮，在世界城市史上有着杰出的地位，是维系全体中国人民的精神纽带。改革开放后又渗透多样化的色彩，反映新时代的中华文化，理应建设成为一个"巨大的艺术品"❶。北侧地处内蒙古高原与华北平原交融地的张家口、南侧身为直隶首府守护京师南门的保定、东侧居长城边郡之咽喉的山海关等城镇，是拱卫京畿的军事防线，军镇文化特色突出。承德分担了首都民族事务处理职能，清朝皇帝在此接受藏臣朝见，建立了与京城相联的御路文化，发展为藏传佛教圣地。天津一方面作为"卫城"，是拱卫京都的海上安全门户；另一方面，也是南方

❶ 吴良镛 等. 京津冀地区城乡空间发展规划研究（二期报告）. 北京：清华大学出版社，2006：133。

粮食物资通过运河源源不断北抵京畿地区的码头重镇，与通州一样因此兴盛。随着时代的变迁，这些城市的发展又不断地体现出时代和地方特色。如天津依托区域出海口的交通区位优势，逐步发展为繁荣的商业与港口城市，在津派文化的发展上独树一帜。

总报告图2-9为京津冀城市群空间结构示意图。

语言是文化最重要的载体之一。如果将方言区的拓展看作是核心城市文化影响力扩张的重要表现，那么西安在引领关中城市群文化的发展上，作用也很突出。自元代陕西行政区划相对稳定的700年以来，以西安为中心的关中方言（属中原官话区）的范围不断扩大。向北，关中方言逐步侵蚀到原本属晋语区的陕北黄土高原地区，使陕北地区方言中的晋语特点，由北向南逐渐削弱；向南，关中方言沿秦岭东西两侧南下，使陕西汉中的西南官话区范围不断缩小❶。这种现象，在某种程度上体现出西安在区域文化塑造过程中的核心作用。

（4）城市群文化具有深刻的时代烙印

与文化所具有的普遍特征一样，城市群文化也深受科技技术进步、不同文明碰撞交流、生产生活方式变化等的影响，使其文化体现历史变迁与时代特色。当今，随着全球化的不断渗透与深化，城市群作为多种社会与意识形态高度聚集的空间，各种新思想和新文化在高强度的相互碰撞过程中不断涌现，成为各种制度和文化创新的源空间。

❶ 周振鹤. 中国历史政治地理十六讲[M]. 北京，中华书局，2016: 213。

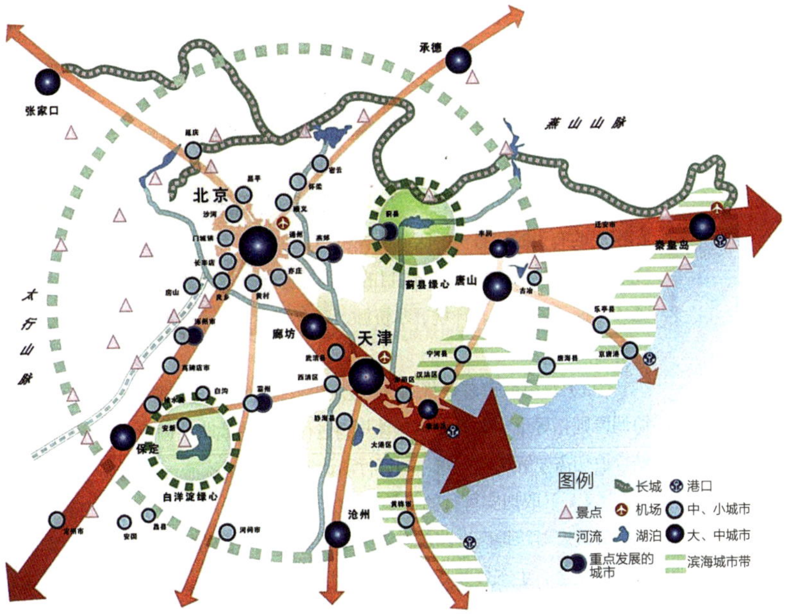

总报告图 2-9　京津冀城市群空间结构示意图

图片来源　吴良镛等. 京津冀地区城乡空间发展规划研究[M]. 北京：清华大学出版社，2002

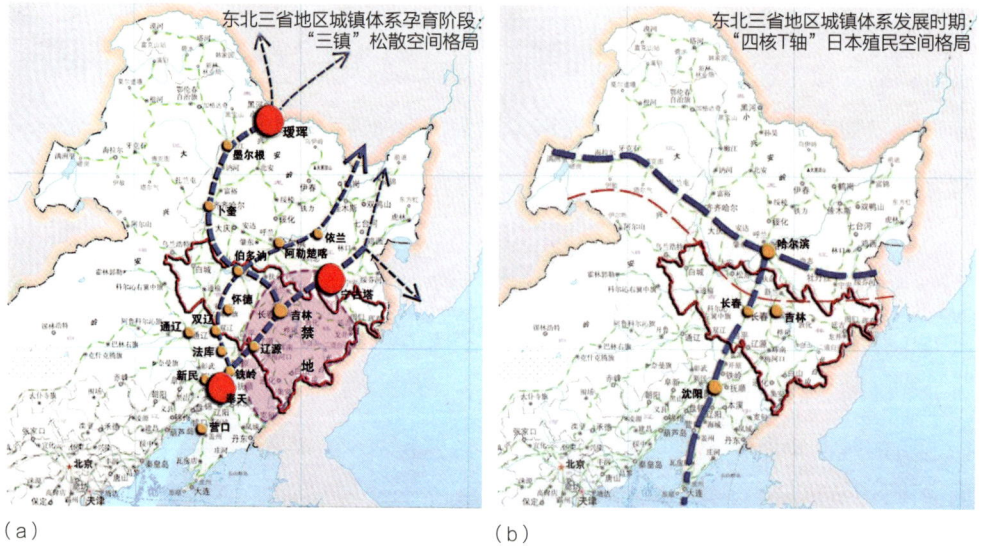

（a）   （b）

总报告图 2-10 清末我国东北城镇格局（a）与日本占领时期我国东北城镇格局（b）

注 本图底图为今国界。

图片来源 周干峙，邵益生. 东北地区有关水土资源配置、生态与环境保护和可持续发展的若干战略问题
研究[M]. 北京：科学出版社，2007：34-35

以地处我国东北的哈尔滨城市群和辽中南城市群为例，在历史上很长一段时期，它们都是我国北方游牧民族生活的家园，寂寥辽阔、胸襟豁达、不拘礼法的草原文化曾经兴盛一时。如总报告图2-10所示，自清末光绪三十年（1904年）柳条边开禁后，山东、河北等关内大批农民进入东北拓荒垦殖，农耕文明逐步替代草原文化，成为占据城市群主导地位的文明形态。但与长江流域几千年的农耕文明相比，东北的农耕文明历史只有100多年，而且东北地区由于地广人稀、人地关系相对宽松，东北的农耕文明缺乏精耕细作的历史传承，也没有种养殖业、手工业、商业等家庭精细化分工与合作的天然土壤。随着1903年中东铁路开通和1906年满铁公司成立，俄、日两国对东北的矿产资源进行掠夺式开发，也开启了哈尔滨城市群、辽中南城市群近代工业化和城镇化的进程。在被日本侵占期间（1931～1945年），两大城市群都开启了大规模的工业化和城市建设，重工业生产能力超过日本本土，成为远东最大的矿业和制造业基地，工业和城市文明在全国占据领先地位。中华人民共和国成立以后，以"一五"时期大规模的建设为标志，两大城市群中的许多城市，如沈阳、大连、哈尔滨、齐齐哈尔、鞍山、抚顺、阜新等，都是国家156个重点项目的布局重点，也使这两大城市群成为计划经济的重镇。长期的计划经济体制下，东北的思维方式、政府管理模式、经济运行规则、社会交往方式、动员和调动资源的能力与计划经济高度契合，并取得了巨大的成功。计划经济结束后，过去的成功经历，反而成为转型发展的沉重包袱。

再以新中国的发展历程来看，中华人民共和国成立以后长期实施的计划经济和思想禁锢，极大地窒息了各地城市群的文化创新和独特个性，在持续不断的政治运动和思想高压下，使各地文明积淀和传统文化的"隐身"和消亡。自改革开放以来，随着国家以经济建设为中心，各城市群在地域特色逐步恢复的同时，"创新冒险"、"敢为天下先"等商业文明和市场经济的影响日益扩大，在推动各地城市群经济快速崛起的同时，也使许多地方出现过度追求短视经济回报、忽视生态环境、文化自觉自信消失、文化的空间载体遭遇大规模破坏的严重后果。进入新世纪特别是经济发展进入新常态以来，各城市群普遍重视文化和创新在地域发展中的核心作用。许多城市群的中心城市通过"退二进三"来提升老城的价值，也关注到了民俗文化、文化创意、科技创新在城市群发展中的突出作用，特色街区和特色小城镇如雨后春笋般地涌现，北京的杨梅竹斜街、杭州的南宋御街、浙江的乌镇等都是其中比较好的例子。城市旧城的更新，也与创意园区的发展、休闲娱乐空间的塑造、历史文化的保护结合得越发紧密。武汉的楚河汉街、北京的南锣鼓巷、深圳的南山科技园、浙江的梦想小镇等都是其中突出的代表。

（5）城市群文化兼具物质与精神双重属性

任何一个城市群文化的发展，既是一个持续的物质环境建设过程，也是一个长久的精神沉淀过程，城市群的各种文化要素都是通过物质形态和非物质形态代代相传下去的，因此城市群文化也是物质文化和精神文化的结合❶。

城市群往往有共同的精神属性。城市群内部的城镇和乡村联系紧密，因此，在特定的地域范围内和共同的自然地理环境中，任何一个单体的历史性城镇或乡村，其周边"环境"中分布有众多具有文化相似性的历史性城镇和乡村，以及广大的农业空间。它们有相通的精神活动与习俗传统❷，有着相似的精神面貌和道德水平，共同形成了一种特别的"文化板块"和区域形象。城市群这种在精神层面上的共同性，是文化与其自然环境、生产生活方式、经济形式、语言环境、社会组织、意识形态、价值观念等长期相互作用的结果。在福建海峡西岸城市群，以泉州、漳州、厦门三地为代表的闽南文化，是首个设立的国家级文化生态保护实验区。在建筑文化上，其富于特色的"古大厝"民居建筑形式，是传统闽南古民居与中国域外建筑艺术合璧的杰作；"拍胸舞"、"骑竹马"、舞龙舞狮、"搏饼"等节庆娱乐风俗独树一帜；另外，以闽南菜、"工夫茶"等饮食生活习俗，以惠安女服饰为代表的服饰习俗，遵循汉族传统的周礼"六礼"的结婚习俗，以"妈祖"为代表的民间宗教文化，以闽南语为代表的方言语系等，都是海西城市群文化在精神层面的典型体现。

❶ 中国城市规划设计研究院. 城市发展规律——知与行 [M]. 北京：中国建筑工业出版社，2016：86。

❷ 当然，本地人往往更容易罗列出这些精神活动、习俗传统、乃至方言土语之间的细微差别之处。

城市群文化的物质属性是其物态的、直观的、可感知的显性标识。它们是城市群文化最直接、最有效的体现，如由山形水系形成的自然环境，由历史名城名镇名村、传统村落、驿道、运河、长城、古代水利设施等有形的历史文化遗存等。特别是在经历了大规模城乡建设、历史文化遗存遭受破坏至碎片化的当代，城市群物质文化因为有实物和活态文化的存在而显得弥足珍贵。在长三角城市群，太湖自然水域、溇港圩田、桑基鱼塘以及众多市镇与村庄共同组织的城乡聚落系统依然存在，尤其是在沿太湖的农业地区，诸多集镇村庄与溇港水系之间形成的独特空间组织模式。京杭大运河主航道上的枢纽城镇和以水系支线网络联系起来的大量基层节点村镇，形成了规模等级分明、功能高度关联的城乡聚落体系。在这一过程中，运河航道与漕运状况的变迁影响着周边城镇的发育与兴衰，运河城镇聚落的空间分布与功能地位在不同的历史时期呈现出不同的特征。他们所蕴含的水乡居民的生活方式和社会网络，形成了一个具有极高历史文化和景观生态价值的系统[1]。

城市群的物质文化和精神文化相互影响、相互作用，物质文化是精神文化的体现，精神文化又决定物质文化，只有将物质文化和精神文化结合成为有机的整体，才能形成独特的、有魅力的城市群个性。需要注意的是，无论是物质文化还是精神文化，都不能脱离历史文化、地域特色和区域现状，三者相辅相成才能相得益彰[2]。

（五）"大数据"带来城市群研究新手段

随着技术的进步和大数据海量的生成和积累，通过"大数据"来深化区域认识，分析区域联系、功能组织、关系网络分布等，展现出独特的优势。从"流"空间对区域进行研究和分析，发达国家虽然起步早，但中国正在迎头赶上并实现超越。因为中国持续快速的经济社会发展和物质空间建设，给城乡规划的实践与创新提供了广阔的舞台，也使"大数据"在城市群的规划、研究和分析中，不断地拓展和深入。

1. 商务流视角下的城市群联系分析

企业联系是一种包含资金流、信息流、人流、物流等的集成流，是商务流的重要组成。从珠三角城市群2001～2012年企业关联网络变化看[3]，核心城市广州与深圳的联系在不断扩大，它们的首位性明显，是企业联系网络中的主中心；东莞的发展势头显现，已经成为企业联系网络中的二级中心。东莞除了与深圳、广州联系密切外，与佛山、惠州、中山、珠海等城市的企业联系也比较紧密；中山、惠州与核

❶ 张兵等，长江三角洲历史城镇研究（内部讨论稿），中国城市规划设计研究院，2016。

❷ 中国城市规划设计研究院.城市发展规律——知与行[M].北京：中国建筑工业出版社，2016：88。

❸ 企业关联网络，是以国家工商总局的注册企业数据库为基础进行研究的。

心城市的联系地位上升，它们除了与广州、深圳两大核心城市联系很强以外，与其他非核心城市也有较强的企业联系；汕头、珠海的网络节点地位降低，与深圳、广州两个核心城市的联系程度都在减弱，但两个城市的情况也有所差异。汕头由于远离珠三角核心区，仅与广州和东莞有一定强度的联系，与其他城市的企业联系强度都比较低。珠海与深圳、广州联系大过与中山、东莞的联系，说明珠海与中山的合作关系并不显著。当然，珠海在企业联系网络中的这种特殊表现，可能与其毗邻澳门的区位有关，但澳门并未纳入此次研究范围，在一定程度上可能会导致数据的偏差。

从相对地位来看，最大的变化是深圳取代广州成为企业关联网络的主中心。佛山、东莞与深圳的联系都得到强化，特别是东莞，其与深圳的联系量远超出与广州的联系量。中山、惠州与深圳的企业联系强度也逐渐超过了广州。其他的变化包括：中山、惠州相对地位上升，珠海、汕头地位相对下降；云浮、博罗、增城、河源相对地位上升，而清远、肇庆、龙门相对地位下降。当然，从层级来看，各城市在2001年和2012年的变化不大，如广州、深圳仍位于第一层级，佛山、东莞为第二层级，中山、珠海、惠州、汕头在第三层级。

按照POLYNET的多中心指数来测算，珠三角城市群2012年的多中心度指数明显高于2001年多中心度指数。这说明，从企业功能联系看，2001年网络还是广州、深圳"双核"格局明显，但到了2012年，随着深圳中心地位的强化，珠三角网络化、多中心格局的趋势增强（总报告图2-11）。从企业数据来看，2001年时，广州具有的省会政治优势，使得企业总部在广州集聚的数量超过深圳。但到了2012年，深圳由于区位、政策和创新人才等方面的优势，吸引了更多企业落户，加上深圳本土企业的不断成长壮大，使深圳集聚的企业总部已经超过广州。企业关联网络的这种"内在"变化，已经体现为深圳在世界城市体系和全球创新基地的地位大幅度上升。

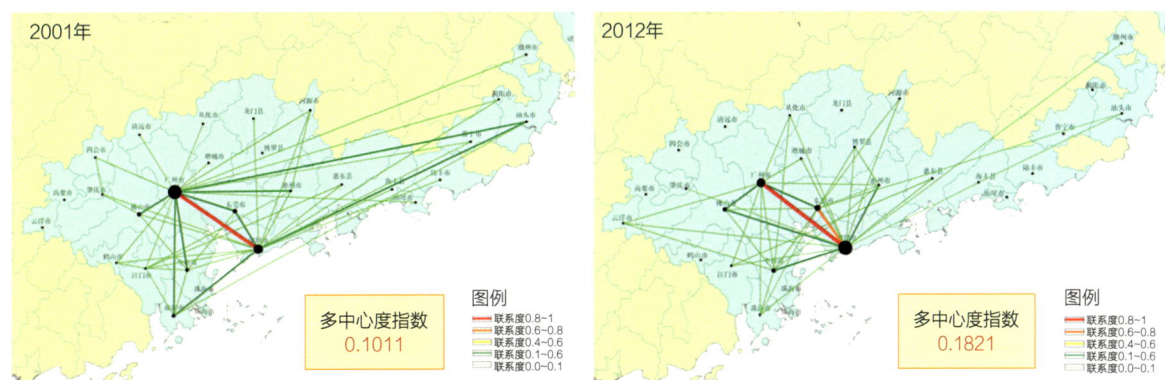

总报告图 2-11　2001 年和 2012 年珠三角城市群企业关联网络

从产业关联角度看京津冀城市群的问题

　　京津冀城市群内部的产业联系与长三角和珠三角城市群相比，还有很大的差距。目前，北京创新成果在天津、河北的创新成果转化数量和规模明显偏弱，远不如北京在长三角与珠三角的转移规模；广大冀中南地区、张家口、承德地区与京津之间的产业关联薄弱，石家庄、唐山、邯郸等区域二级中心城市综合服务能力弱，在承接京津的创新要素和投资方面存在明显的"短板"。河北许多城市的产城分离现象突出，不仅不利于产业转型升级，也阻碍了城市功能的进一步提升。北京、天津的新城普遍缺乏就业岗位支撑与综合服务配套，职住分离现象突出。

　　从生产性服务业格局看，北京的金融业和科研技术行业的就业规模和就业比例在京津冀城市群中占绝对优势，而且这种优势还在不断得到强化。值得注意的是，对比2000年和2010年行业从业情况，京津冀地区的金融业和科研技术的职能有从北京向天津中心城区、石家庄中心城区延伸的趋势，两地在京津冀全域中的行业就业比例有明显提升，呈现出一定程度的集聚提升态势。

　　在二级中心城市呈现集聚提升的总体态势中，各个中心城市的行业与职能发展仍有差距：在科技、商务等高端行业上，在天津和石家庄的职能聚集主要通过承接源自北京的职能转移来实现，而其中投资的重点指向天津，石家庄则相对较少。近年来，信息技术、商务、科学

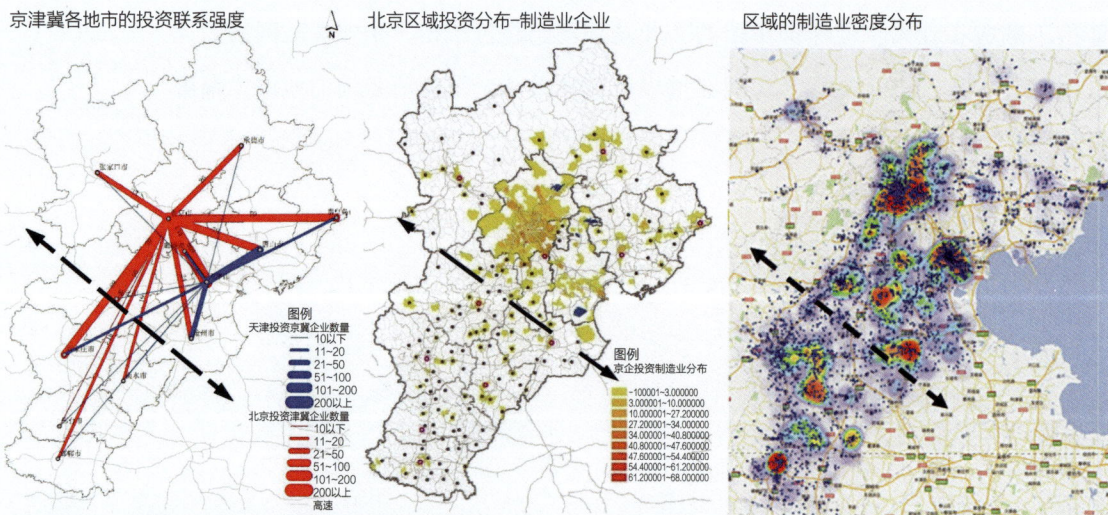

京津冀各地市的投资联系强度　　北京区域投资分布-制造业企业　　区域的制造业密度分布

专栏图 6-1　京津地区的产业联系空间断裂分析

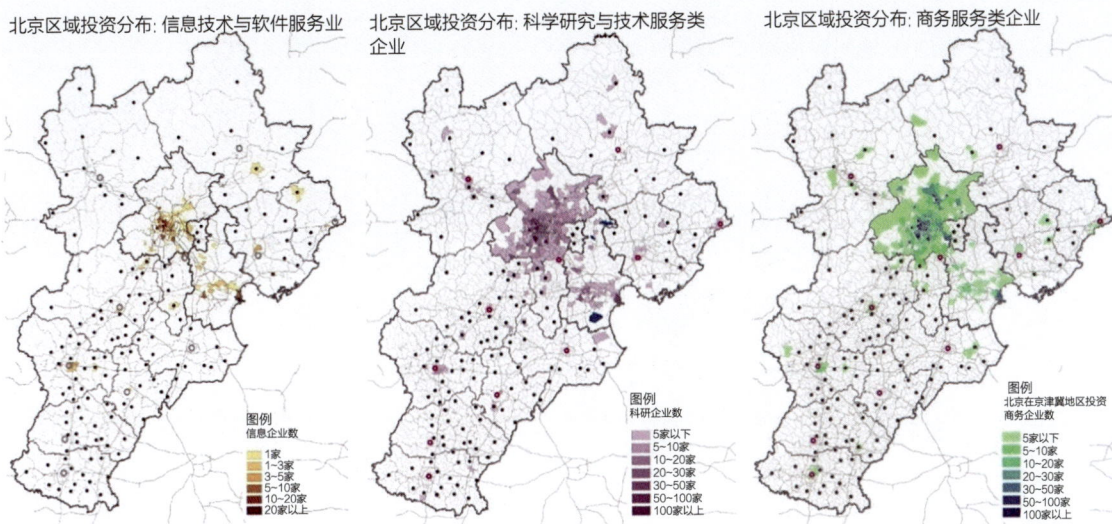

北京区域投资分布：信息技术与软件服务业　北京区域投资分布：科学研究与技术服务类企业　北京区域投资分布：商务服务类企业

专栏图 6-2　北京区域三类行业的企业投资分布

研究等高端行业目前较多的是北京内部的扩散，天津主城于家堡等核心区接受转移数量较多，石家庄则很少。

[资料来源　中国城市规划设计研究院，《京津冀城乡规划（2015～2030年）》（内部讨论稿），第25页]

2.　通信流视角下的城市群联系分析

（1）珠三角城市群已经呈现出很强的内部联系

电信通话话务量是两个城市间远程通信业务量的直接反映，能真实地反映城市间通信流量，一定程度上代表了城市间的社会和商务联系程度❶。从珠三角城市群电信"流"内部关联网络来看，各城市联系总量中，广州位于第一层级；深圳、东莞、佛山位于第二层级；中山等城市位于第三层级。从各城市首位和次位联系地来看，主要联系地以广州、深圳、佛山为主。关联网络中联系度最强是深圳—东莞、广州—佛山之间的电信联系，其次为广州—深圳、广州—东莞之间的电信联系。很明显的看出，广州、深圳中心性突出，外围城市的离散度较高（总报告图2-12）。

从珠三角城市群电信"流"对外关联网络来看，深圳的对外联系总量大于广州，二者比值约为1：0.8。对外联系度最大省份为湖南和湖北。广州和深圳作为"门户城市"，充分体现对外联接国内其他省份、对内辐射区域腹地的"两个扇面"作用（总报告图2-13）。

❶ 本次研究，以珠三角城市群21个市2012年电信业务流量（固话电信用户量占92.33%，移动电信用户量占14.17%）为基础数据，统计两城市之间的电信有效话务量，分析得出珠三角地区基于电信通话往来的通信"流"对内对外关联网络。

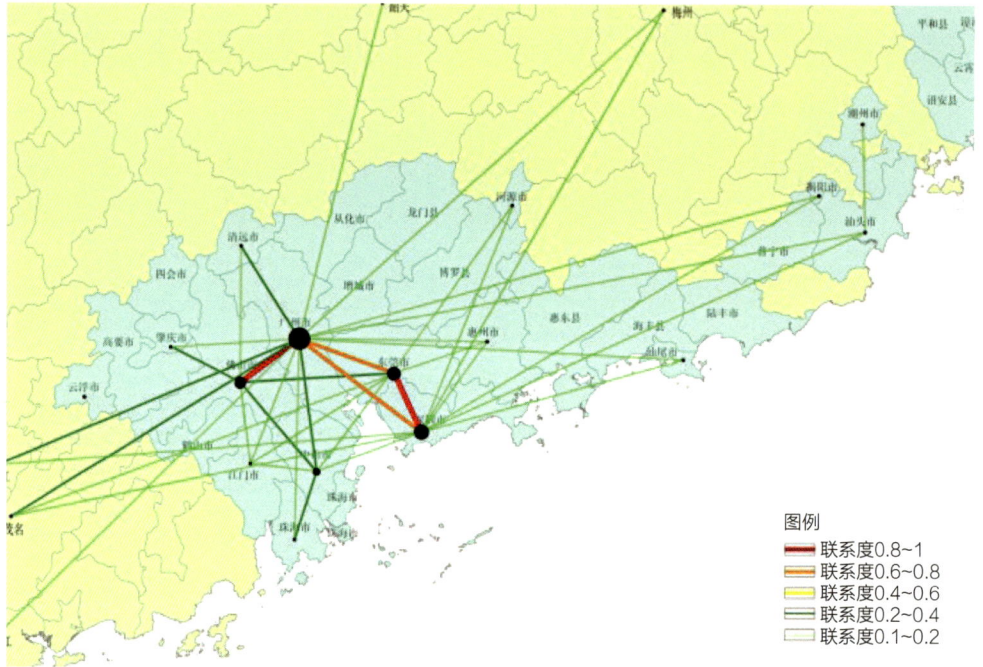

图例
联系度0.8~1
联系度0.6~0.8
联系度0.4~0.6
联系度0.2~0.4
联系度0.1~0.2

总报告图2-12 珠三角城市群电信"流"内部关联网络

对外联系度

湖南	1.95
湖北	1.24
广西	1.05
江西	1.03
浙江	0.96
四川	0.94
河南	0.80
上海	0.80
福建	0.74
江苏	0.66
陕西	0.65
北京	0.62
山东	0.45
重庆	0.40
辽宁	0.36
安徽	0.35
贵州	0.30
河北	0.26
云南	0.23
海南	0.21
黑龙江	0.20
吉林	0.15
山西	0.15
新疆	0.13
甘肃	0.13
天津	0.11
内蒙古	0.10
宁夏	0.04
青海	0.03
西藏	0.01

对内联系度

广州	890204.01	1.00
深圳	625040.18	0.70
东莞	578978.36	0.65
佛山	544079.13	0.61
中山	284629.83	0.32
茂名	144877.29	0.16
珠海	139925.05	0.16
惠州	137857.89	0.15
江门	133228.99	0.15
湛江	131487.61	0.15
汕头	125144.76	0.14
清远	113888.99	0.13
肇庆	110505.16	0.12
韶关	90018.51	0.10
河源	88603.35	0.10
梅州	85467.98	0.10
揭阳	84963.58	0.10
汕尾	77834.24	0.09
阳江	73949.46	0.08
云浮	68170.17	0.08
潮州	63499.37	0.07

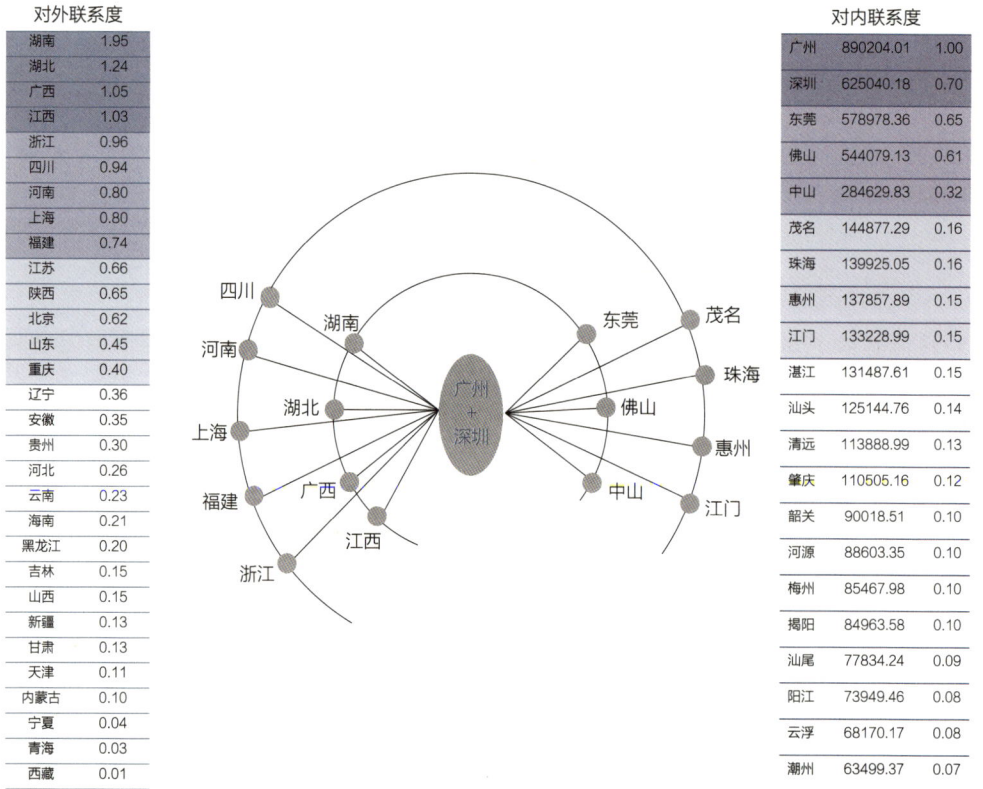

总报告图2-13 珠三角城市群核心城市对外与对内联系的"两个扇面"

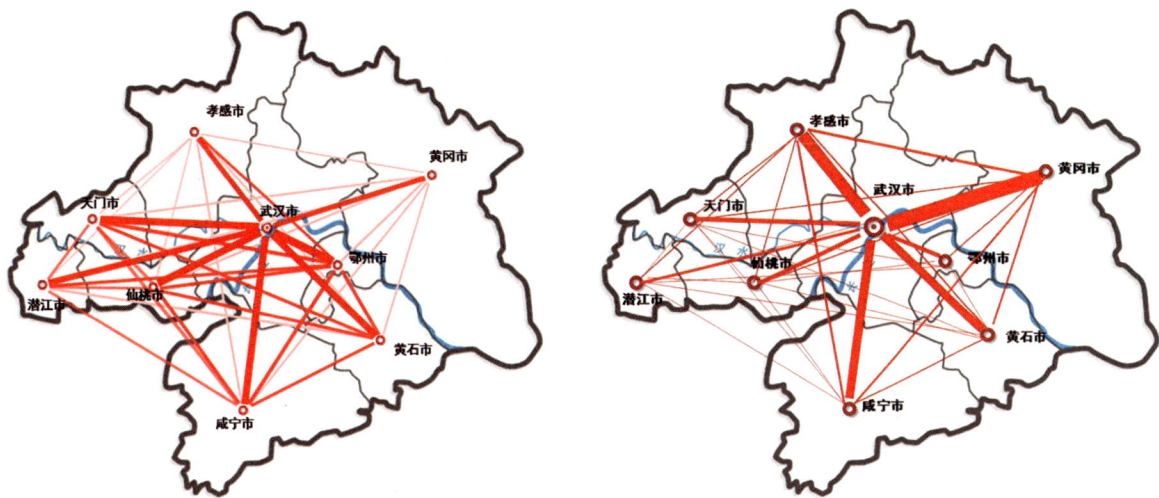

总报告图2-14 武汉城市群总话务量（左）与个体话务量分布图（右）

图片来源 中国城市规划设计研究院，"武汉2050"战略规划，"流动空间视角的武汉城市圈城市间关系研究"专题，2013年

（2）武汉城市群的内部关联尚不密切

从武汉城市群话务总量的情况看^{（总报告图2-14）}，武汉市处于绝对的第一位；黄冈市、孝感市由于人口规模大，也具有较强的联系强度，其次是黄石和咸宁市；鄂州、天门、仙桃和潜江市由于人口规模相对较小，话务总量最少。剔除城市人口规模对信息流的影响后，武汉中心性明显，与8个城市之间的联系都很强；8个城市相互之间的联系总体上呈现出低水平均衡状态；东南部的鄂州、咸宁两市与武汉间联系最为紧密，其次是黄石和西部仙桃、天门、潜江三市，而东北部的黄冈、孝感与武汉间的联系最弱。扣除武汉之后，从区域间的二级联系来看，鄂州、咸宁在8市中具有相对活跃的区域联系。黄石与西部仙桃、潜江和天门三市次之，孝感、黄冈在8市中的联系最弱。

通过在湖北全省内部进行测算，武汉城市群的内聚效应并不明显。群内的城市除了与武汉以外，城市相互之间没有形成紧密联系，城市圈内部城市间的联系强度甚至小于8个城市和湖北省域西部城市间的联系强度。

武汉城市群的外部联系主要集中在东南沿海地区^{（总报告图2-15）}，包括广东、浙江、上海、江苏、福建等地区，与周边省份间并没有因为地理邻近而产生很强的联系。但是，如果将电信联系区分成"拨入"和"拨出"，还是能够看出武汉具有一定的承东启西作用。从武汉城市群主动联系的对象看，主要包括北京在内的经济发达区域；从主动联系武汉城市群的对象看，除了东南沿海经济发达地区外，河南、湖南、重庆等周边省市都"榜上有名"。可见，武汉城市群在全国来看，是具有一定中心性的。

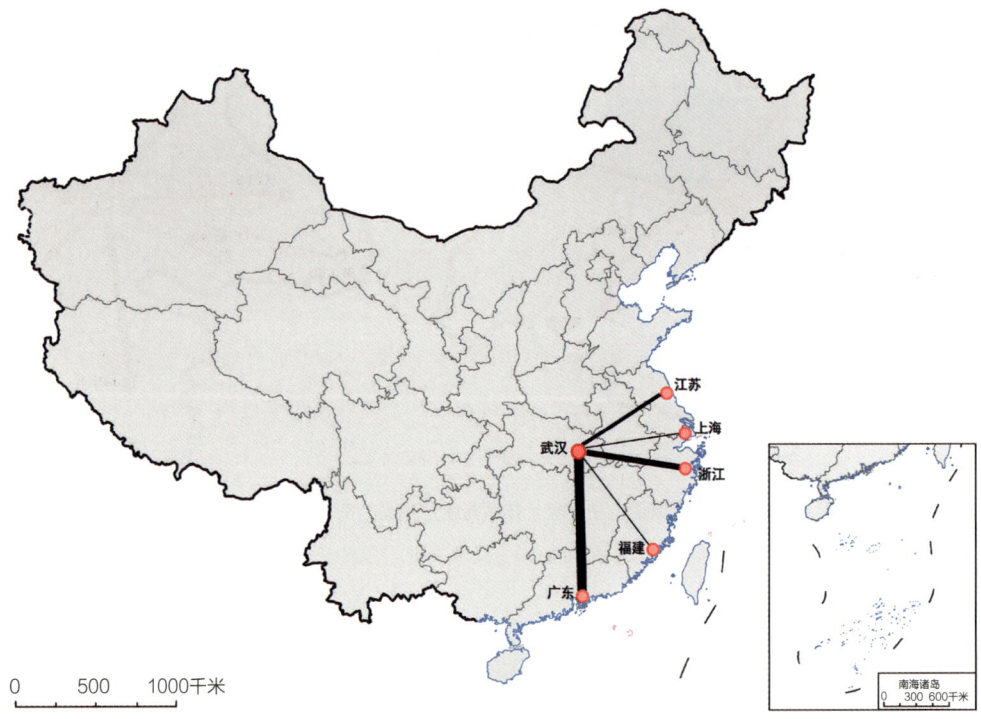

从武汉城市群拨出到各省（直辖市、自治区）的话务总量降序排布（取前五位）

（a）拨出总量

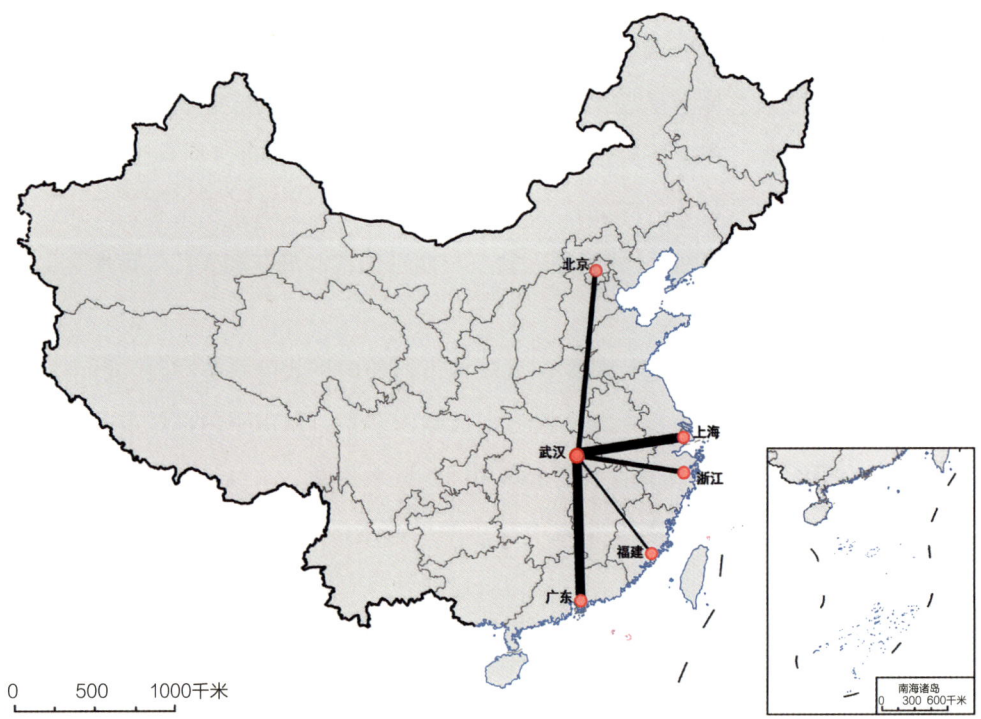

从武汉城市群拨出到各省（直辖市、自治区）的人均话务量降序排布（取前五位）

（b）人均拨出量

总报告图 2-15 武汉城市群对外话务联系强度

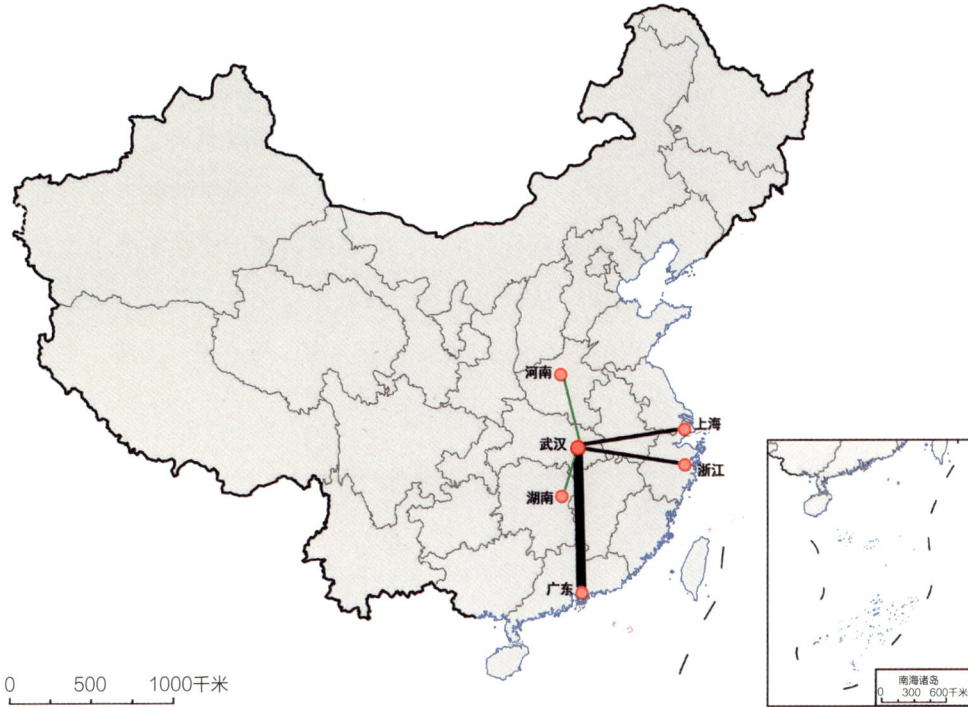

从各省（直辖市、自治区）拨入到武汉城市群的话务总量降序排布（取前五位）

（c）拨入总量

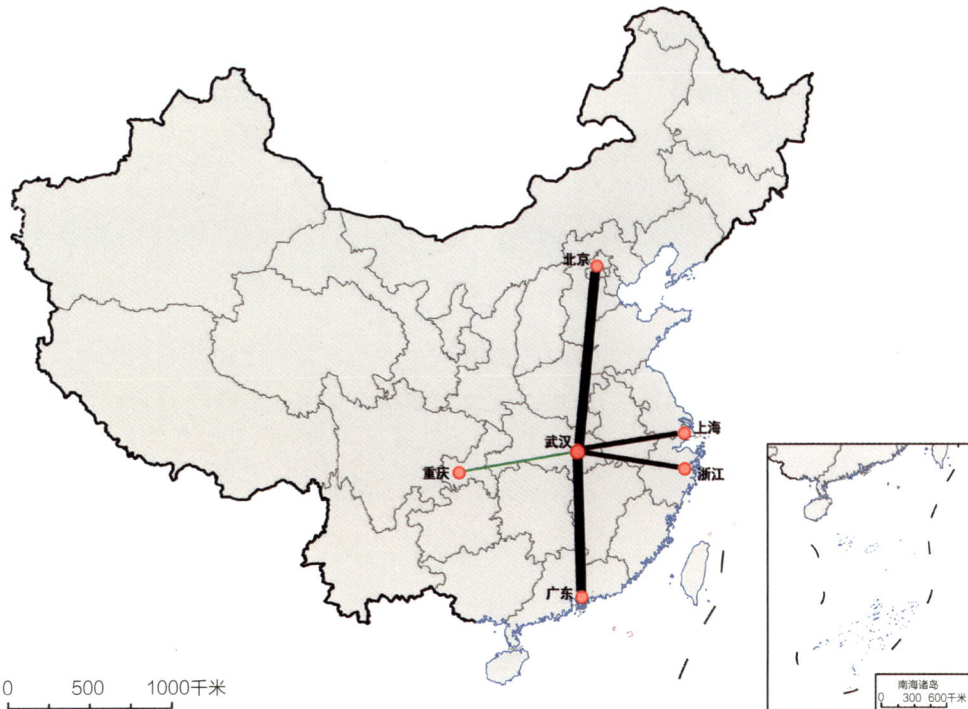

从各省（直辖市、自治区）拨入到武汉城市群的人均话务量降序排布（取前五位）

（d）人均拨入总量

总报告图 2-15　武汉城市群对外话务联系强度（续）

图片来源　同总报告图2-14

（3）京津冀城市群有两个相对独立的联系圈层

如总报告图2-16所示，通过手机信令对京津冀的出行进行分析后发现（仅限联通用户数据分析），相比长三角和珠三角城市群，京津冀城市群间的联系比较弱。目前，京津冀城市群呈现两个比较明显的联系圈层，即以北京、天津为中心的京津联系圈层和以石家庄为中心的冀中南联系圈层。两个圈层的联系分裂带位于保定—沧州一线。从石家庄的出行行为来看，它与周边城市的联系处于主要层级，与京津的联系位于次要层级。从数据来看，石家庄与保定、邢台的联系量在10万人次以上，与北京、衡水的联系量在5万～10万人次，与沧州、天津、张家口的联系量只有1万～5万人次。

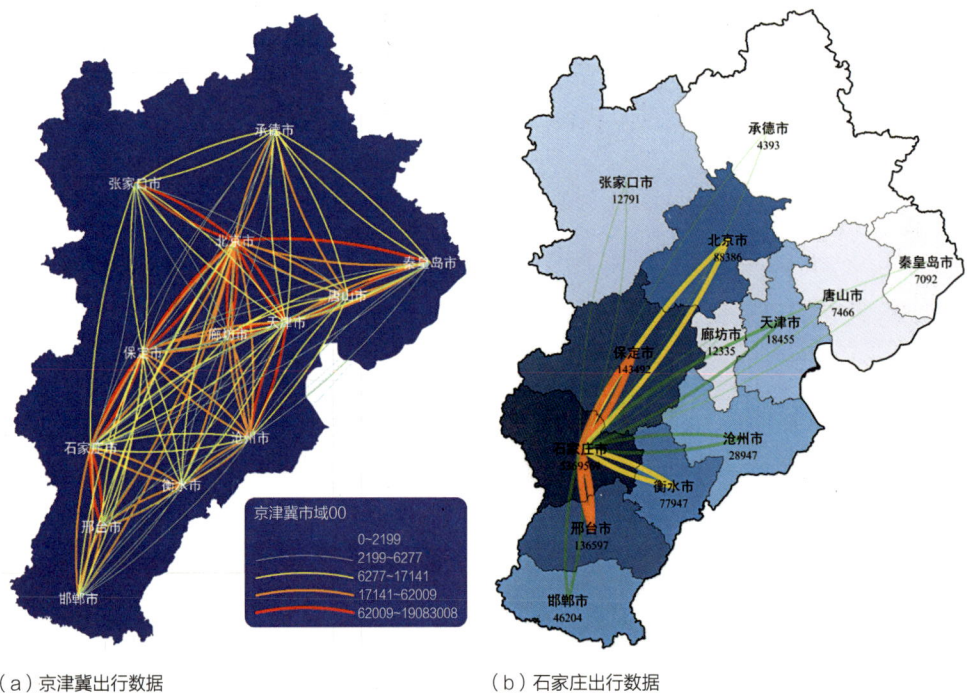

（a）京津冀出行数据　　　　　　　　　　　　（b）石家庄出行数据

总报告图2-16　基于手机信令数据的京津冀7日出行量

资料来源：中国城市规划设计研究院，《石家庄都市区综合交通规划（2015～2030年）》（内部讨论稿）

专栏7

渭南：关中城市群外围城市的出行行为分析

关中城市群规模较小，仅有西安、咸阳两个人口规模超百万的中心城市，核心区由这两个都市区联合而成。渭南市临渭区距离西安市中心50公里，是渭南地级市政府驻地，现状人口规模约50万人，是西安都市区内较为典型的外围城市。

对2016年7月连续两周的手机信令数据研究表明，临渭区出行方向排序依次为渭南市蒲城县、华县，西安市未央区、临潼区、新城区。如果将西安中心城六区（含新城区、碑林区、莲湖区、雁塔区、灞桥区、未央区）视为整体，则出行量总和超过蒲城县，是渭南市区主要的出行方向。

省域面积：20.58万平方公里
关-天经济区：7.98万平方公里
关中城市群：7.5万平方公里
核心区：1.76万平方公里
都市区：0.44万平方公里

关中-天水经济区
关中城市群
关中城市群核心区
核心区都市区

专栏图 7-1　渭南市在各区域中的位置

进一步研究通勤行为可以发现，跨行政区的通勤模式已并非罕见。手机信令数据可以将个人出行OD识别为多个停留时段，并把前一个停留时段的停留点作为出行起点，记录出行开始时间，同理计算出一次出行的起讫点和时间长度。假设用户白天在固定地点工作，夜间在家休息，并据此转化为判别标准，则可以估计出在西安工作、渭南居住的人口规模约13.7万人，反之在渭南工作、西安居住的人口规模也高达7.9万人（根据2013年陕西省第三次经

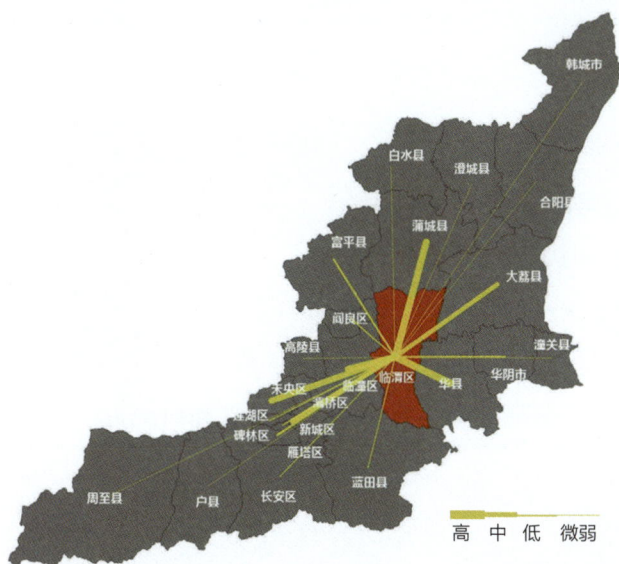

高　中　低　微弱

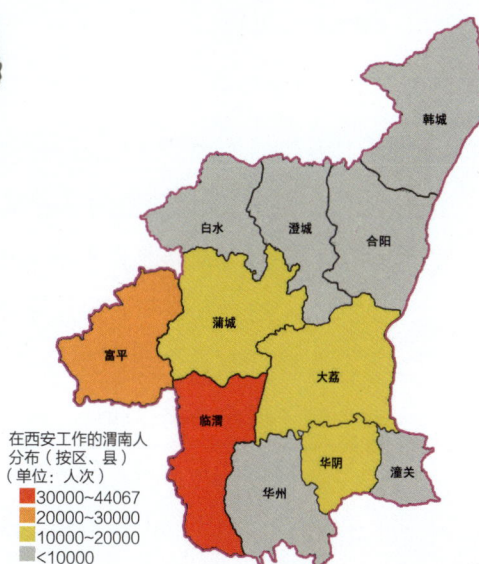

在西安工作的渭南人分布（按区、县）
（单位：人次）
30000~44067
20000~30000
10000~20000
<10000

专栏图 7-2　渭南市临渭区与西安、渭南两市区县联系强度示意图　专栏图 7-3　在西安工作、渭南居住的人口区县分布

济普查数据，渭南市非农产业从业人员97.96万人）。通过手机数据比对还发现，跨市通勤的主要模式为周通勤。从空间分布来看，在西安工作的渭南人主要来自临渭区，人口规模约4.4万人，占渭南各县区在西安工作人数的32%。邻近渭南的临潼、阎良成为渭南人工作地的首选。

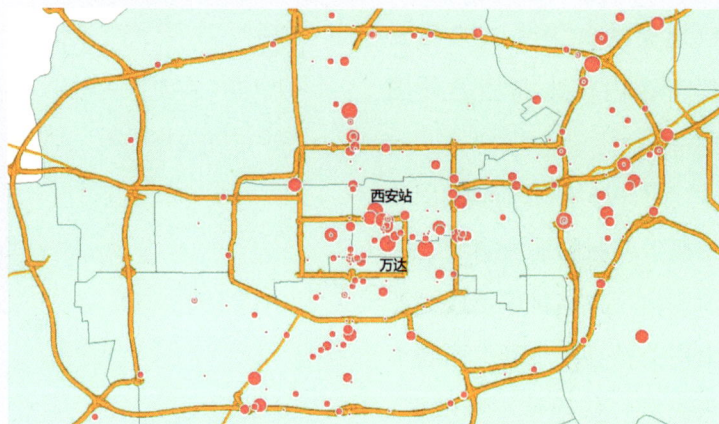

专栏图 7-4　周末渭南人在西安的分布密度图及人口来源

与工作日不同，周末手机信令数据在某种程度上可以反映西安和渭南在娱乐和消费上的联系。周末渭南人在西安市聚集的主要地区为西安站商圈、西北轻工市场商圈以及西安北站附近。人口来源以邻近的临渭区、富平县为主，大荔县、蒲城县次之。与通勤行为相比，消费行为的邻近性特征更加突出。

渭南既是西安大都市区的边缘城市，也是地级市政府驻地，其在区域组织中的角色具有"承上启下"的特点。目前在全部人群中，跨行政区的通勤和消费比重还不是很高，受面板数据的局限，尚无法判定未来这种方式是否将成为趋势。从区县间差异来看，距离仍然是影响出行行为的主要因素，但经济活动强度、经济结构、行政区划亦是重要的影响因素。

[资料来源：邵丹，关中城市群核心—外围城市联系的实证研究——基于西安渭南的分析（内部讨论稿），中国城市规划设计研究院，2018年]

3. 交通流视角下的城市群联系分析

（1）京津冀城市群高速公路客货运OD数据分析

通过2015年石家庄通过高速公路与周边地区联系的日OD统计[总报告图2-17]，石家庄的高速公路联系以辐射周边地区为主，与京津的联系不够密切。从客运来看，其与保定、邢台、衡水联系最强，分别占24.5%、19.0%和14.9%，与北京和天津的联系只占其份额的4%和3.5%。从货运来看，其与客运的特征有很大的不同，石家庄与山西阳泉、省内的保定、邢台联系最强，特别是与山西阳泉的联系占33%，与保定和邢台的联系分别达到13.6%和10.9%，但与京、津的联系均不到5%。

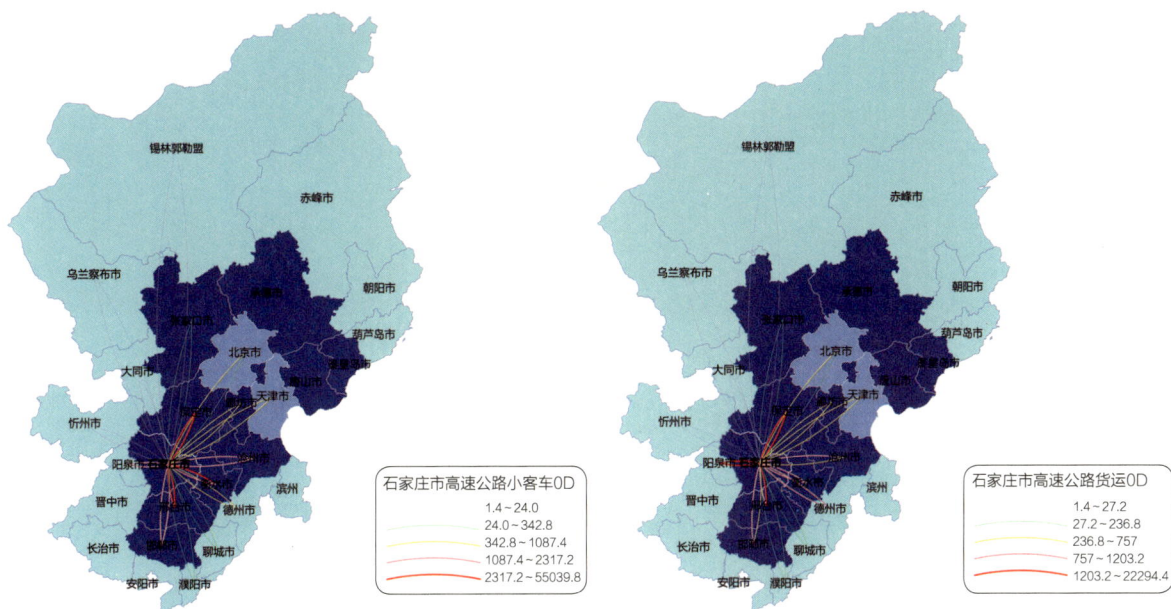

总报告图 2-17 石家庄对外高速公路小汽车日 OD 联系（左）与货车日 OD 联系（右）

图片来源 中国城市规划设计研究院，《石家庄都市区综合交通规划（2015～2030年）》（内部讨论稿）

（2）珠三角城市群轨道交通出行分析

以珠三角内城际区域轨道交通为载体、以区域轨道交通站点每日经停次数作为替代性动态数据^{（总报告表2-5、总报告图2-18）}，可以表明城际客流联系强度，进而体现珠三角城市间的功能联系❶。从轨道交通"流"的关联网络来看，第一层级为广州，第二层级为深圳，第三层级为惠州、中山、东莞、珠海和河源。受轨道交通走向限制，许多城市因为缺乏线路出现联系量为0的情况，但实际上，城际间联系可能是通过公路等其他交通方式实现，特别是临近城市之间的交通联系。因此，基于铁路班次的交通数据目前还难以反映出真实的空间经济流动情况。

❶ 铁路交通车组在各城市每日经停次数数据来自中国铁路时刻网（www.shike.org.cn），对珠三角区域中火车线路经停车次数据逐一统计（数据版本：2013年7月29日）。

珠三角城市群各城市联系总量以及首位和次位联系地　　总报告表 2-5

城市	总和	联系度	城市	首位联系地	次位联系地
广州市	331	1.00	广州市	深圳	中山、珠海
深圳市	185	0.56	深圳市	广州	惠州
			东莞市	惠州	广州
惠州市	90	0.27	佛山市	广州	肇庆

城市	总和	联系度	城市	首位联系地	次位联系地
中山市	66	0.20	中山市	广州	珠海
东莞市	65	0.20	惠州市	河源	东莞
珠海市	64	0.19	汕头市	揭阳	潮州
河源市	63	0.19	珠海市	中山	广州
佛山市	50	0.15	江门市	广州	
肇庆市	50	0.15	肇庆市	广州	佛山
揭阳市	20	0.06	清远市	广州	深圳
汕头市	19	0.06	潮州市	揭阳	汕头
江门市	18	0.05	揭阳市	潮州、汕头	广州、惠州
清远市	18	0.05	河源市	东莞	深圳

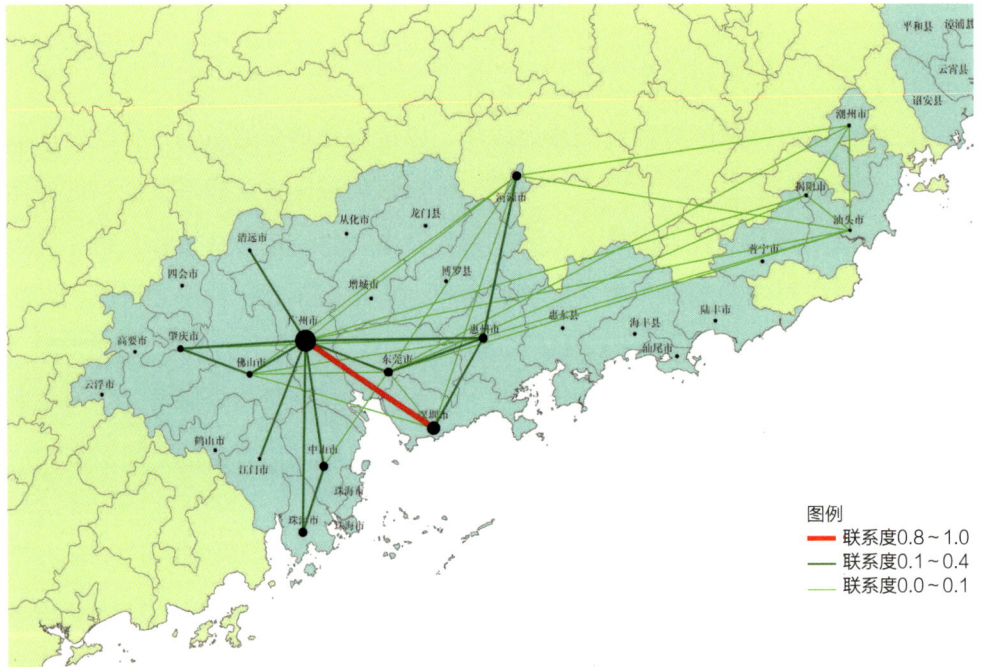

总报告图 2-18　珠三角城市群铁路交通"流"内部关联网络

4. 小结

"大数据"在丰富区域分析手段、深化对城市群的认识、加强人的行为分析等方面已经发挥了巨大作用。但是，与国家相关部门正式公布的统计数据不同，"大数据"

属于非官方数据，难以成为规划编制和公共政策的直接依据。另外，不同来源、不同机构和不同群体生成的"大数据"，往往有一定"偏差"，即使用于同一区域的分析，也经常形成相左的结论。因此，利用"大数据"在城市群的研究中，要避免"以偏概全"，应当利用多个来源的数据，小心验证、反复纠偏，这样才能充分发挥好"大数据"的作用。

在珠三角城市群的研究中，除了使用电信话务、轨道交通和企业关联数据外，还使用了百度搜索引擎进行了大数据分析❶。这四种基于不同数据获得的空间联系"流"的网络，可以给我们提供不同的观察视角。基于电信数据的通信"流"是两个城市间远程通信业务量的直接反映，能最真实地反映两个城市间通信流量，一定程度代表了城市间的商务联系程度；基于企业关联数据的经济"流"反映的是企业总部与分支的联系，是具有上下层级属性的商务联系关系，一定程度代表了城市间经济活动的空间联系；基于铁路数据得出的交通"流"利用两城市间高铁班次数据的分析来代替商务出行流，通过交通往来的连通性一定程度上代表了城市间的通勤流或人流；基于百度搜索获取的两城市间的搜索数据量进行的分析，反映的是城市综合关注度的关联程度，一定程度上可以综合地反映城市间各个方面（包括经济、社会、文化、交通等）的联系程度。

从网络等级来看，四种方法的网络等级总趋势一致，具体排名稍有出入。从四者综合的联系度来看，广州、深圳为第一等级，东莞为第二等级，佛山、中山、惠州为第三等级。与综合联系度拟合程度最高的为大数据联系量和通信联系量的等级排位^{（总报告表2-6）}。

从四种"流"的空间关联网络结构看^{（总报告图2-19、总报告表2-7）}，首位城市、城市间最大联系、中心性和离散度、紧密型核心城市网络不尽相同。总体来看，基于百度搜索的大数据"流"可以较好地综合其他三种方法，因此更能表达整体的空间联系情况。

将四种流的空间经济网络叠合后进行分析^{（总报告图2-20）}，从网络内部的联系强度来看，广州和深圳之间的联系最为紧密，"五边形"区域联系最强。其中东北角三角形联系最强，西南角联系较弱，表明东莞在第二层级中较强的中心带动作用。从层级上来看，广州、深圳的双中心格局明显，是网络中的第一层级中心；东莞、佛山、中山是第二层级中心；惠州、汕头、珠海、江门为网络中的第三层级中心。

❶ 基于互联网网络海量数据，通过百度搜索引擎进行大数据分析。搜索引擎收集了因特网上几千万到几十亿个网页并对网页中的每一个词（即关键词）进行索引，当用户查找某个关键词的时候，所有在页面内容中包含了该关键词的网页都将作为搜索结果被搜出来。本次对珠三角城市群的研究，是在2013年7月20日，对城市群内各城市名称进行百度词条搜索，并根据任意两城市之间的搜索数据条数进行了统计分析，具体的分析过程可参见本书"流"空间专题。

城市	企业联系量	数据联系量	通信联系量	交通联系量	综合联系度
广州	3269	176620000	890204	331	3.51
深圳	6430	169950000	625040	185	3.22
东莞	2207	158090000	578978	65	2.09
佛山	862	123844000	544079	50	1.60
中山	770	107220000	284630	66	1.25
惠州	401	93880000	137858	90	1.02
珠海	374	83371000	139925	64	0.88
汕头	259	85725000	125145	19	0.72
肇庆	21	72792000	110505	50	0.69
河源	32	67127000	88603	63	0.67
江门	61	81060000	133229	18	0.67
揭阳	29	68392000	84964	20	0.55
清远	19	69233000	113889		0.52
潮州	29	68891000	63499	17	0.52
汕尾	6	65689000	77834		0.46
云浮	102	61432000	68170		0.44
增城	41	48105000			0.28
从化	17	41223000			0.24
博罗	53	39576000			0.23
惠东	17	35408000			0.20
鹤山	11	34592000			0.20
普宁	6	34306000			0.20
高要	25	33386000			0.19
四会	7	30695000			0.17
龙门	4	28467000			0.16
陆丰	5	27973000			0.16
海丰	3	27733000			0.16

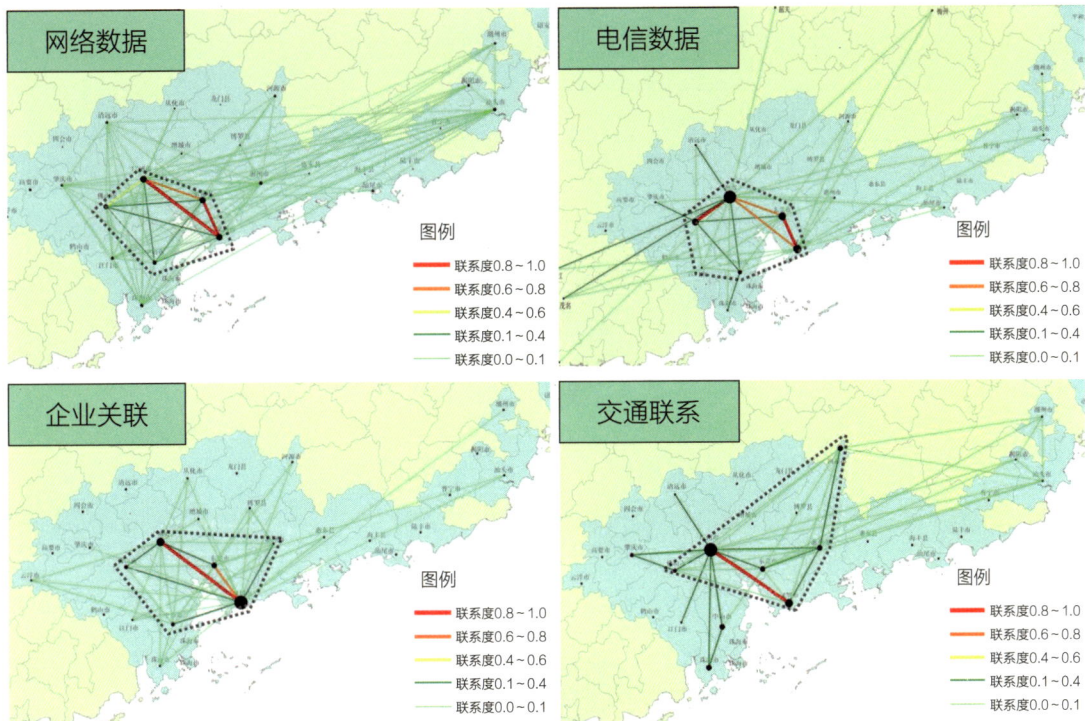

総报告图 2-19　珠三角城市群四种不同"流"的空间关联网络对比

珠三角城市群四种"流"的空间关联网络结构对比　　　　总报告表 2-7

	首位城市	城市间最大联系	中心性和离散度	紧密型核心城市网络	解释判断
大数据"流"	广州、深圳、东莞	广州—深圳	• 广州、深圳、东莞、佛山、中山中心性显著； • 惠州的中心性明显； • 其他城市与核心城市的网络均衡化程度高	广州、深圳、东莞、佛山、中山5个城市间内部联系紧密，之间形成了较为均衡的网络关系	较为综合地反映了各个方面的城市空间联系，网络结构最均衡最全面
通信"流"	广州	深圳—东莞、广州—佛山	• 广州中心性显著；深圳、东莞中心性明显； • 外围城市离散程度较高	广州、深圳、东莞、佛山、中山、江门6个城市间内部联系紧密，之间形成了较为均衡的网络关系	真实地反映了城市间实际通信流量，但广州与深圳之间联系并不突出，显示出通信联系反映内容的局限性
经济"流"	深圳	广州—深圳	• 深圳中心性显著；广州、东莞中心性明显； • 其他城市与核心城市之间网络较为均衡	深圳、广州、东莞、佛山、中山、惠州6个城市间内部联系紧密，之间形成了较为均衡的网络关系	反映的是城市间企业层级网络，深圳企业网络集聚明显超过广州，反映其在经济联系上的重要性
交通"流"	广州	广州—深圳	• 广州中心性显著； • 惠州的中心性明显	广州、深圳、东莞、惠州、佛山、河源6个城市内部联系紧密	广州在交通联系上的中心地位，而深圳的交通中心性受区位和线路影响，连通性较弱，但是深圳和广州的联系量还是最高

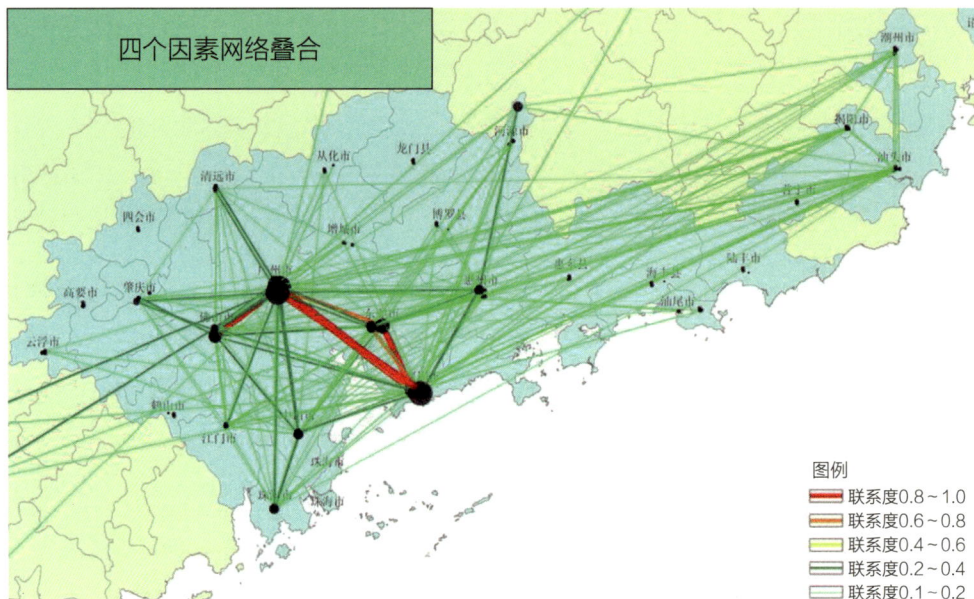

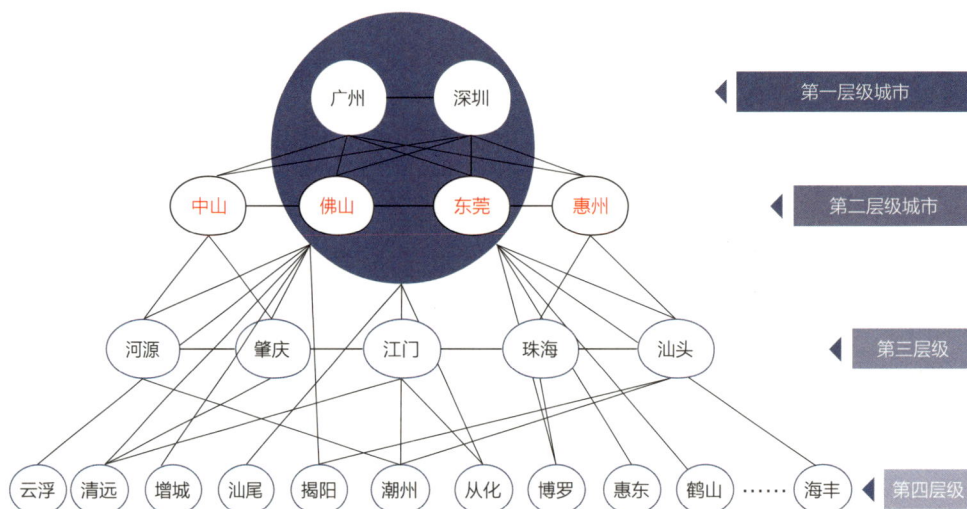

总报告图 2-20 珠三角城市群四种不同"流"的空间关联网络综合及网络结构抽象

三、我国城市群质量评价的新视角

　　评价城市群发展质量具有重要的现实意义。城市群是我国经济和社会发展的核心地区，推动城市群的健康发展，事关国家现代化事业的全局。进入21世纪以来，我国经济社会发展进入"黄金期"。即使遭遇2008年严重的国际金融危机，但我国在世界范围内经济和政治实力急速崛起的势头仍在持续，城市群在其中发挥了战略性作用。但不可忽视的是，伴随经济的快速发展，我国城市群的生态环境问题、公共安全问题、民生保障等问题也引起了普遍的关注。科学合理地评价我国城市群的发展质量，有利于正确认识城市群的"短版"和不足，提高公共政策制定水平，促进城市群转型发展。

本次研究从经济绩效、生态环境、公共服务、基础设施和安全风险五个方面，对城市群的发展进行了系统研究。这些内容的设置，既考虑了经济发展、基础设施等事关城市群长远竞争力的因素，也考虑到了公共服务、生态格局和公共安全这些事关民生和可持续发展的关键指标。在分项评价的基础上，结合熵值法、主成分法和德尔菲法，对五个专项的评价结果进行集成，最终形成我国城市群发展质量和水平的整体评价^{（总报告图3-1）}。

合理确定评价对象可以事半功倍地推进工作。本次研究选取了13个有代表性的城市群进行质量评价^{（总报告图3-2）}。这13个城市群，在地域分布上兼顾了东、中、西部和东北，空间尺度相对合理，尽量做到外围包络线完整。13个城市群共涉及89个直辖市和地级市的市区，以及192个县区（包括县级市）^{（总报告表3-1）} ❶，总面积64.4万平方公里，占全国面积的4.6%。2000～2010年，这13个城市群总人口从3.11亿增加到4.11亿，占全国人口比例由24.7%上升至29.9%；城市常住人口从1.87亿增加到2.87亿，占全国比例由60.1%上升至69.8%；地区生产总值从4.5万亿上升至23.1万亿，占全国比例从45.4%上升至56.5%。2013年，13个城市群地区生产总值更是大幅上涨至36.8万亿，占全国比例达到62.6%。可见，无论从人口规模、地区生产总值占比，还是地形地貌、生态环境的多样性来看，这13个城市群是我国经济社会发展的"缩影"，基本可以反映国家的总体发展状况。

❶ 研究未包括我国香港特别行政区、澳门特别行政区和台湾地区。

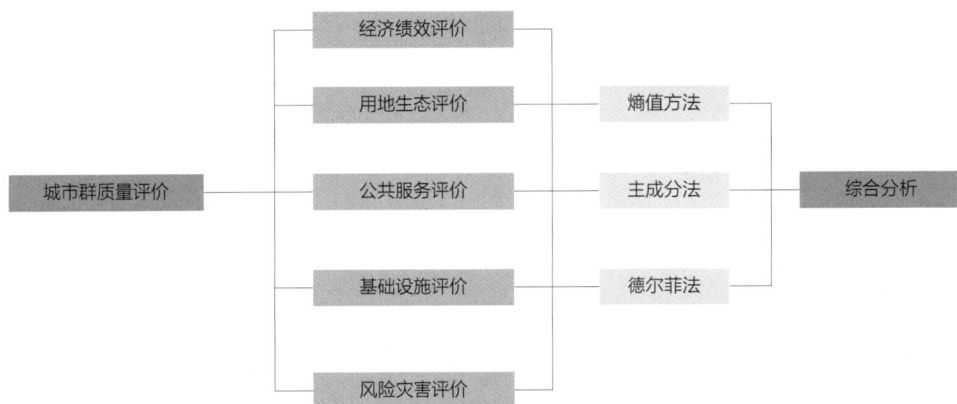

总报告图 3-1　我国城市群质量评价技术框架

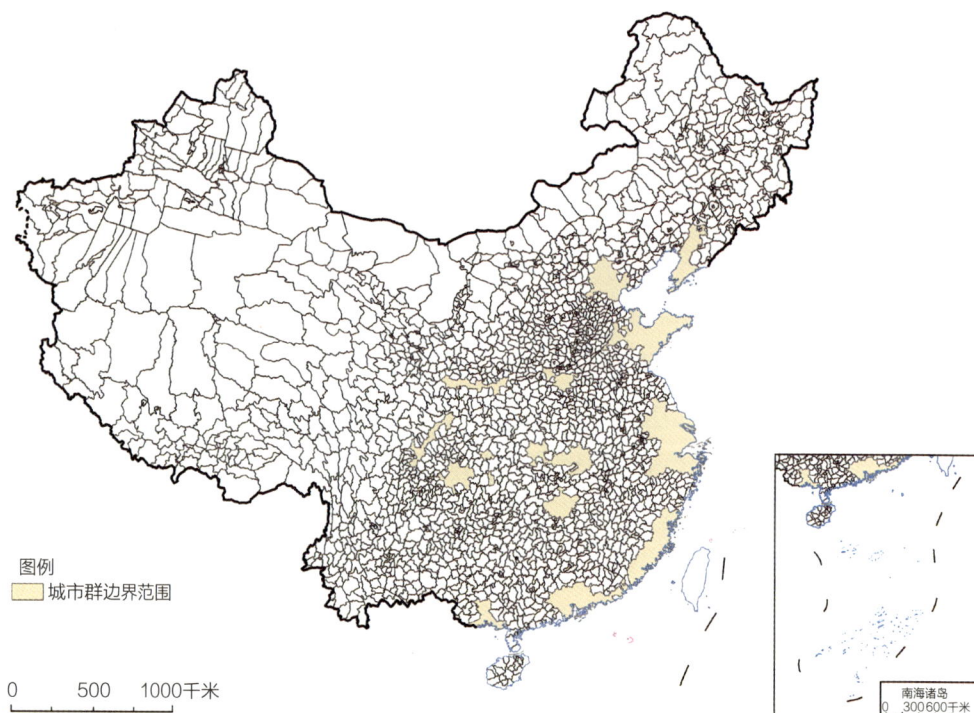

总报告图 3-2　我国 13 个城市群的空间分布

我国 13 个城市群的基本概况　　　　　　　　　　总报告表 3-1

城市群	地域面积（万平方公里）	2010年人口规模（万人）	2013年地区生产总值（亿元）	行政辖区
京津冀城市群	37040	3254	44839	北京市区、密云县、延庆县、保定市区、定兴县、满城县、高碑店市、徐水县、涿州市、霸州市、大厂县、固安县、廊坊市区、三河市、香河县、永清县、唐山市区、天津市区、蓟县、静海县、宁河县
长三角城市群	104158	7944	95900	上海市区、南京市区、溧水县、海安县、海门市、南通市、启东市、无锡市区、宜兴市、马鞍山市区、金坛市、溧阳市、常州市区、高淳县、淳安县、富阳市、杭州市区、建德市、临安市、桐庐县、安吉县、长兴县、岱山县、舟山市区、如东县、如皋市、常熟市、昆山市、张家港市、苏州市区、太仓市、吴江市、姜堰市、靖江市、泰兴市、泰州市区、兴化市、江阴市、宝应县、高邮市、江都市、扬州市区、仪征市、丹阳市、句容市、扬中市、镇江市区、崇明县、嵊泗县、德清县、湖州市区、海宁市、海盐县、嘉善县、嘉兴市区、平湖市、桐乡市、慈溪市、奉化市、宁波市区、宁海县、象山县、余姚市、上虞市、绍兴县、绍兴市区、嵊州市、新昌县、诸暨市
珠三角城市群	101270	3806	60060	潮州市区、东莞市区、佛山市区、从化市、广州市区、增城市、河源市区、博罗县、惠东县、惠州市区、龙门县、鹤山市、江门市区、普宁市、揭阳市区、清远市区、汕头市区、海丰县、陆丰市、汕尾市、深圳市区、云浮市区、高要市、四会市、肇庆市区、中山市区、珠海市区
山东半岛城市群	73592	4071	34373	胶南市、胶州市、即墨市、莱西市、青岛市区、平度市、莒县、日照市区、五莲县、安丘市、昌乐县、邹平县、东营市区、广饶县、垦利县、利津县、济南市区、济阳县、平阴县、商河县、章丘市、昌邑市、高密市、临朐县、青州市、寿光市、潍坊市区、诸城市、荣成市、乳山市、威海市区、文登市、海阳市、莱阳市、莱州市、龙口市、蓬莱市、栖霞市、烟台市区、招远市、桓台县、沂源县、淄博市区

城市群	地域面积（万平方公里）	2010年人口规模（万人）	2013年地区生产总值（亿元）	行政辖区
海西城市群	66757	2591	17371	福安市、福鼎市、古田县、宁德市区、屏南县、寿宁县、霞浦县、柘荣县、周宁县、莆田市区、仙游县、安溪县、长乐市、福清市、福州市区、连江县、罗源县、闽侯县、闽清县、永泰县、德化县、惠安县、晋江市、金门县、南安市、泉州市区、石狮市、永春县、厦门市区、长泰县、云霄县、华安县、龙海市、南靖县、平和县、漳浦县、漳州市区、诏安县
武汉城市群	86492	2057	19623	武汉市区、鄂州市区、大冶市、黄石市区、荆门市区、荆州市区、潜江市区、天门市区、赤壁市、咸宁市区、仙桃市区、汉川市、孝感市区、云梦县、当阳市、宜昌市区、宜都市、远安县、黄冈市区
中原城市群	14101	1315	10706	孟州市、济源市区、开封市区、洛阳市区、孟津县、长葛市、禹州市、登封市、巩义市、新密市、荥阳市、新郑市、郑州市区、中牟县
长株潭城市群	23623	1367	11664	长沙市、区长沙县、浏阳市、宁乡县、望城县、娄底市区、韶山市、湘潭市区、湘潭县、湘乡市、汨罗市、醴陵市、株洲市区、株洲县、上栗县
辽中南城市群	41854	1953	22560	抚顺市区、灯塔市、辽阳市区、鞍山市区、海城市、本溪市区、大连市区、瓦房店市、普兰店市、庄河市、沈阳市区、盖州市、营口市区、大石桥市
关中城市群	26919	1275	10093	西安市区、渭南市区、高陵县、天水市区、宝鸡市区、扶风县、眉县、岐山县、武功县、咸阳市区、兴平市
成都城市群	28893	1303	13339	成都市区、郫县、双流县、德阳市区、广汉市、广元市区、眉山市区、彭山县、江油市、绵阳市区、都江堰市、罗江县
重庆城市群	26960	1774	12657	重庆市区、璧山县、荣昌县、铜梁县
北部湾城市群	12650	619	4817	北海市区、合浦县、防城港市区、南宁市区、钦州市区
合计	644309	33328	358364	

注 1 人口规模为 2010 年数据，根据《第六次全国人口普查》数据进行计算。
  2 地区生产总值数据，根据 2014 年度《中国城市统计年鉴》和《中国县域统计年鉴》相关数据进行计算。

（一）我国城市群的经济发展绩效突出

1. 我国城市群投入产出效率普遍得到提高

如果将城市群投入产出效率狭义地看作是"用最小的生产要素的投入，最大程度地获取经济的增长"，那么，定量评价城市群生产要素投入的规模和水平以及由此实现的经济产出，就是此次研究的核心。

城市群	2000年			2010年			2013年	2000~2010年	2010~2013年
	GDP（亿元）	总人口（万人）	城市人口（万人）	GDP（亿）	总人口（万人）	城市人口（万人）	GDP（亿元）	经济增速（%）	
京津冀城市群	4912	2951	2088	27792	4299	3302	44839	18.9%	17.3%
长三角城市群	13401	7107	4415	69828	10240	7235	95900	17.9%	11.2%
珠三角城市群	6768	4158	2966	39706	6484	5337	60060	19.4%	14.8%
山东半岛城市群	5527	3958	1934	26187	4414	2554	34373	16.8%	9.5%
海西城市群	3213	2401	1078	11579	2862	1707	17732	13.7%	15.3%
武汉城市群	2373	2248	1374	8941	2402	1579	19623	14.2%	30.0%
中原城市群	1242	1211	620	6057	1473	906	10706	17.2%	20.9%
长株潭城市群	1228	1257	526	6903	1314	830	11664	18.8%	19.1%
辽中南城市群	3121	1978	1443	14194	2195	1750	22560	16.4%	16.7%
关中城市群	965	1041	649	4552	1362	866	10094	16.8%	30.4%
成都城市群	1297	1180	714	6486	1587	1105	13339	17.5%	27.2%
重庆城市群	888	1175	653	6674	1754	1155	12657	22.3%	23.8%
北部湾城市群	407	464	267	2141	669	412	4817	18.1%	31.0%
合计	45344	31131	18726	231040	41055	28741	358364	—	—

注　数据来源为历年《中国城市统计年鉴》、《中国县域统计年鉴》、第五次及第六次全国人口普查。因全国人口普查与统计年鉴人口数据的口径不一致，故 2013 年城市群人口数并未纳入比较。各年份 GDP 均为当年价格，经济增速均为名义增速。

城市群	2000年投入产出指标					2010年投入产出指标				
	资本（亿元）	土地（平方公里）	劳动（万人）	创新（万元）	GDP（亿元）	资本（亿元）	土地（平方公里）	劳动（万人）	创新（万元）	GDP（亿元）
京津冀城市群	10440	4526	2216	77109	18143	51818	6401	3076	2314659	34847
长三角城市群	22424	8001	4377	100339	48902	125629	11939	6146	3849783	87474
珠三角城市群	10191	5267	3494	45632	28412	47724	5635	4631	1784198	51275
山东半岛城市群	5109	6239	2089	35677	25325	49825	8182	2533	497407	34948
海西城市群	3139	2309	1214	7212	14343	18287	2472	1681	224775	16079
武汉城市群	4919	1517	1574	7830	10305	20276	1727	1681	213842	12468
中原城市群	1706	1354	973	9792	5255	14610	1729	1181	181490	8134
长株潭城市群	4393	560	937	3186	5292	14910	706	1077	193593	9542
辽中南城市群	3345	3411	1152	18492	13556	35608	3964	1338	496850	18956
关中城市群	1470	1335	874	1716	4602	14351	1376	1473	76961	6498
成都城市群	2168	671	823	1505	6008	15969	802	1228	144010	9239
重庆城市群	1545	389	823	6883	4432	14693	599	1667	178968	9910
北部湾城市群	416	498	326	1288	1793	5383	561	468	34073	2949

本次研究选取的投入要素有4项，分别为资本投入、土地投入、劳动投入和创新投入，产出要素选取城市群的生产总值数据^{（总报告表3-3）}。其中，资本投入是各城市群历年全社会固定资产投资的累计值，当然要通过合理折算来消除价格指数对实际投资水平的影响；土地投入是为支撑城市群经济增长所投放的城乡建设用地规模，包括城镇建设用地、独立工业园区和农村非农建设用地，采用国家基础地理信息中心《全球30m分辨率的地表覆盖数据成果》（Globe-Land30）2000年和2010年两期建设用地的遥感影像数据^{（总报告图3-3）}；劳动投入数据采用了各城市群劳动力就业规模数据；创新投入受数据获取来源所限，采用了各城市群地级以上城市的科学事业经费的支出。总报告表3-3为相关投入产出要素的基础数据，总报告图3-4为数据的预处理过程。

模型则选取了基于DEA的Malmquist生产率指数法，运用DEAP2.1软件，对城市群的综合技术效率进行计算和分析，以各城市群的产出为权重计算出2000年、2005年和2010年城市群综合技术效率的加权平均值^{（总报告表3-4）}，并对城市群的投入产出效率和全要素生产率（TFP）进行了深入的研究。

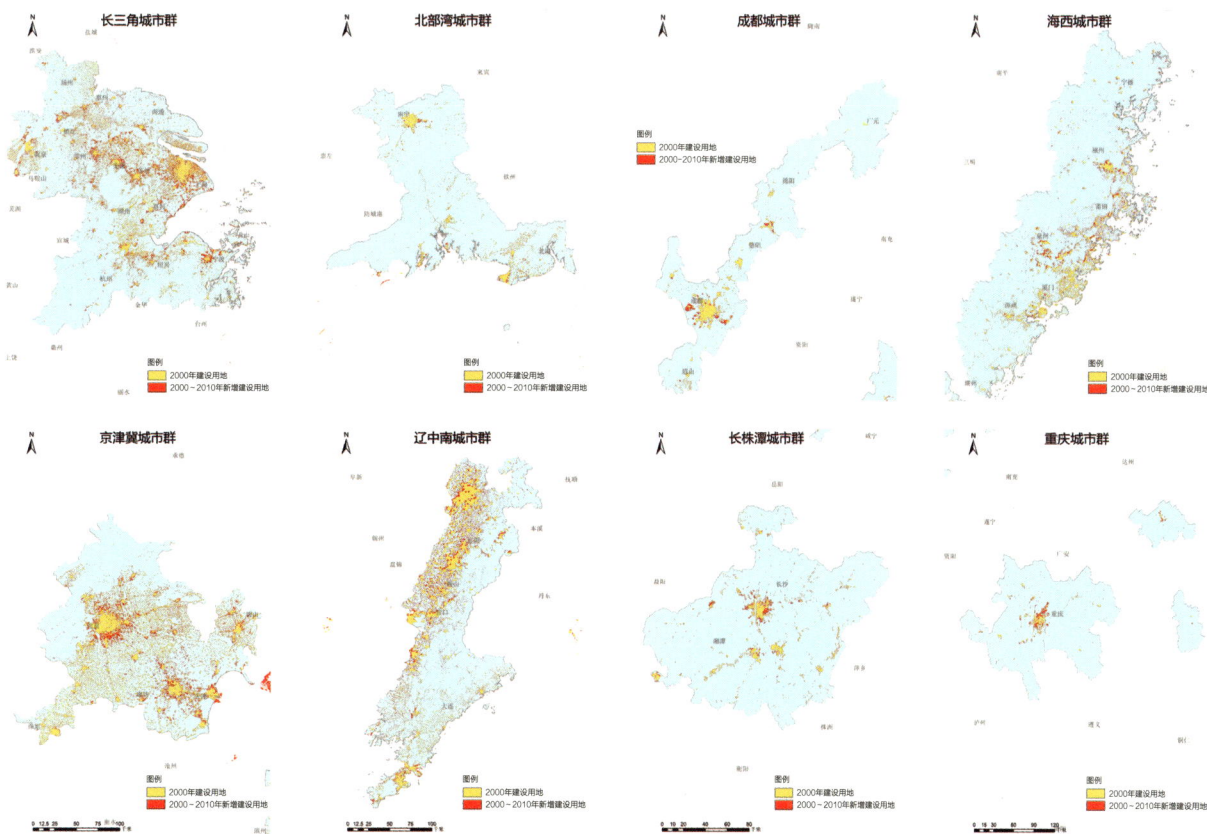

总报告图 3-3　城市群 2000 年、2010 年建设用地遥感影像解译

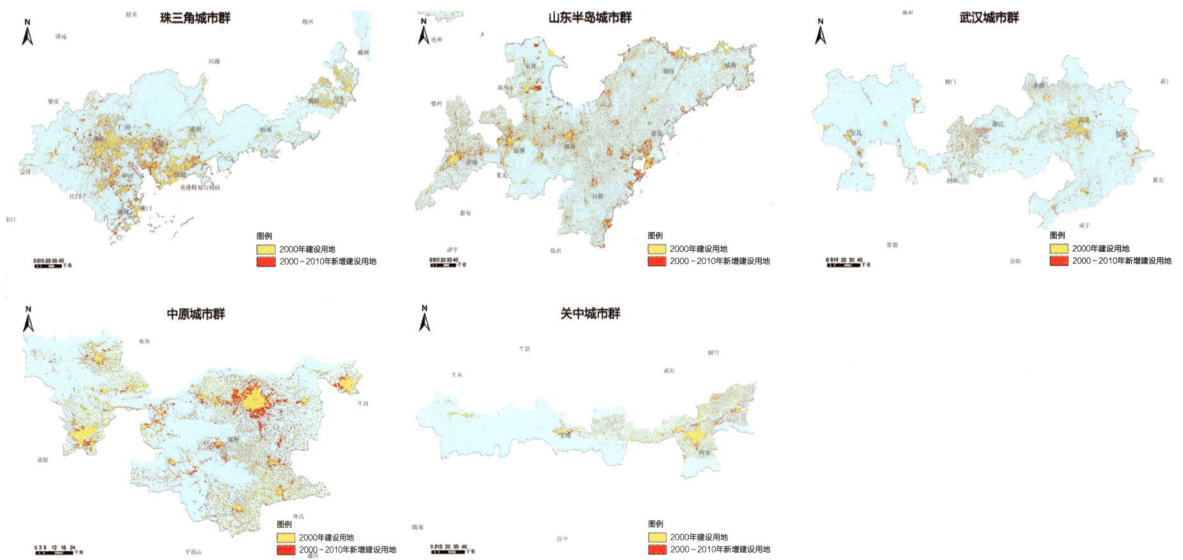

珠三角城市群　山东半岛城市群　武汉城市群

中原城市群　关中城市群

总报告图 3-3　城市群 2000 年、2010 年建设用地遥感影像解译（续）

注　黄色图斑为 2000 年建设用地，橙色图斑为 2000 ～ 2010 年新增建设用地

总报告图 3-4　投入产出指标体系构建与数据处理流程

城市群综合技术效率　　　　　　　　　　　　**总报告表 3-4**

综合技术效率	2000年	2005年	2010年
京津冀城市群	0.691	0.824	0.864
长三角城市群	0.971	1	1
珠三角城市群	0.799	1	1
山东半岛城市群	1	1	1

综合技术效率	2000年	2005年	2010年
海西城市群	1	1	1
武汉城市群	0.827	0.898	0.872
中原城市群	0.667	1	0.699
长株潭城市群	0.995	1	1
辽中南城市群	0.973	0.975	1
关中城市群	0.948	1	0.976
成都城市群	1	1	1
重庆城市群	1	1	1
北部湾城市群	0.93	0.885	1
加权平均值	0.909	0.942	0.970

专栏8

DEA 和 Malmquist 生产率指数法

数据包络分析方法（Data Envelopment Analysis，DEA方法）是著名的运筹学家Charnes A、Cooper W和Rhodes E等人在1978年提出的。它以相对效率为基础，通过比较决策单元（Decision Marketing Units，DMU）偏离DEA前沿面的程度来评价其相对有效性。DEA方法可依据投入产出指标测度某时间截面经济发展效率，因此是处理多投入和多产出决策单元效率问题的有效方法。DEA方法的优点是可以排除主观因素和量纲差异对评价的影响，比较适合城市群等复杂经济系统的投入产出效率评价。当然，也存在两个不足：一是各时间截面的投入产出效率根据不同生产前沿面计算，由此生成的是相对效率，导致各城市群只能在同一时间点进行比较，不同时间点的投入产出效率不可比；二是由于评价的生产函数边界是确定的，因此所有的随机扰动项都被看成是效率因素，使评价结果容易受极值的影响。

Malmquist生产率由瑞典经济学家Malmquist S在1953年最早提出。Caves等学者在1982年将其应用于生产效率变化的测算，但由于当时并未提供测度距离函数的方法，研究更多停留在理论上的探讨。直到Fare R等学者在1994年将其与数据包络分析理论结合，才使该方法得以广泛应用。借助基于DEA的Malmquist生产率指数方法进行一阶差分对TFP进行分解和深化，可对各城市群投入产出效率的历史演化作更深入的分析，还可大大减轻数据质量对计算结果的影响，在统计数据质量不高的情况下具有重要的现实意义。

基于DEA方法的Malmquist生产率指数，可计算出城市群投入产出效率的历史变化情况（TFP变化指数），综合反映城市群要素资源的配置和利用水平、规模集聚水平以及生产技术在某时间段内的变化情况等。TFP变化指数主要包括效率和技术水平（量）的变化。效率水平又可分为纯技术效率变化指数、规模效率变化指数和综合技术效率变化指数，纯技术效率变化指数表征城市群要素资源配置效率的变化，规模效率变化指数表征城市群的集聚效应所带来的效率提高，综合技术效率变化指数则总体反映城市群要素资源配置和规模集聚效率的变化。技术水平（量）的变化主要以技术变化指数表征，可揭示出城市群生产技术进步的情况。上述各分解指数共同组成TFP变化指数，具体关系如下：

TFP变化指数=综合技术效率变化指数×技术变化指数=纯技术效率变化指数×规模效率变化指数×技术变化指数。所有指数的比较均以1为分界线，大于1则效率上升，小于1则效率下降。

❶ 综合技术效率是指城市群最优规模时投入要素的生产效率，能全面反映城市群要素资源的配置、利用和规模集聚水平。综合技术效率为1，表明其要素资源处于有效配置和合理利用状态，竞争能力强，还表明城市群的生产技术、规模集聚水平和经营管理水平合理高效。综合技术效率低于1，表明该城市群存在不同程度的投入要素未得到充分利用的情况，综合技术效率的值越小，表明投入利用越不充分。

总体来看，2000～2010年，我国城市群综合技术效率进步显著，城市群投入要素的资源配置、利用和规模集聚等效率提升明显。以2000年为例，城市群平均综合技术效率达到最优水平的90.9%，但其中只有海西、重庆、山东半岛和成都四个城市群综合技术效率达到了DEA效率最优，京津冀、珠三角和中原城市群甚至低于最优水平的80%。到了2005年和2010年，城市群平均综合技术效率分别达到最优水平的94.2%和97.0%，而且达到DEA效率最优的城市群数量增加到了9个。特别是到了2010年，除中原城市群不尽如意，其他城市群均达到了最优水平的85%及以上。2000～2010年的10年间，海西、重庆、山东半岛和成都四个城市群一直保持着DEA效率最优，珠三角城市群的综合技术效率在2005年和2010年均达到DEA最优，京津冀城市群的综合技术效率也稳步上升至最优水平的86.4%。

2. 我国各城市群的综合技术效率差异缩小

从2000年、2005年和2010年三个时段城市群综合技术效率❶看，虽然东部地区城市群综合技术效率领先，但中、西部城市群提升的更快。在2000年时，我国东部、西部城市群综合技术效率较高，但在中部地区形成了效率的"洼地"，京津冀、中原和辽中南城市群的效率也相对较低。到了2010年，全国城市群的综合技术效率差距收窄，东部在保持高效率的同时发展得更加均衡，中、西部与东部的差距显著缩小_{（总报告图3-5）}。

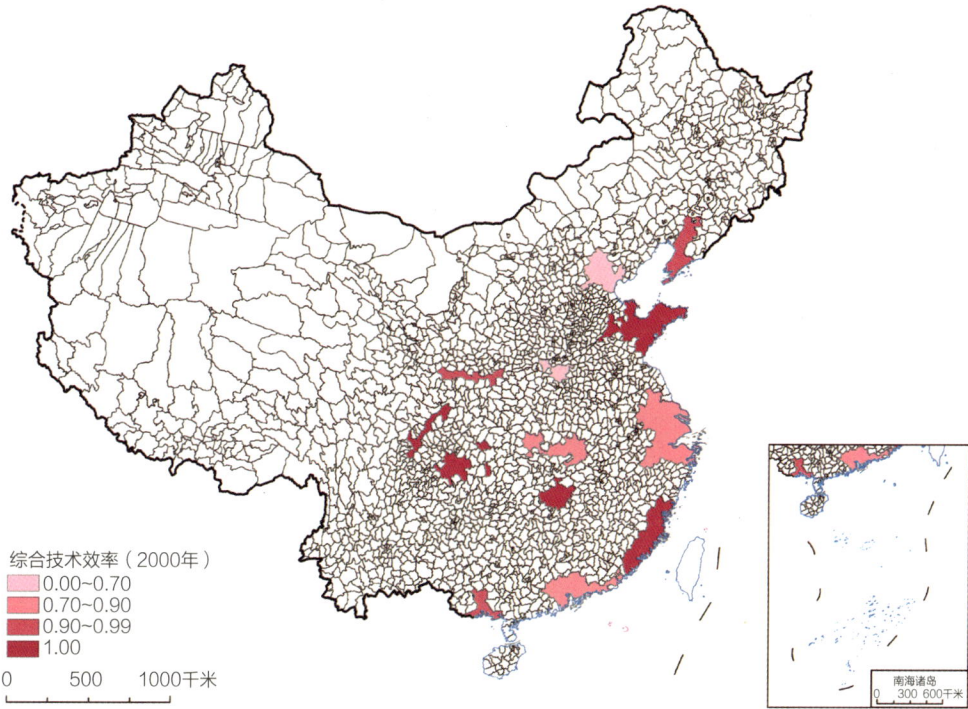

综合技术效率（2000年）
☐ 0.00~0.70
☐ 0.70~0.90
☐ 0.90~0.99
☐ 1.00

0 500 1000千米

南海诸岛
0 300 600千米

（a）2000年

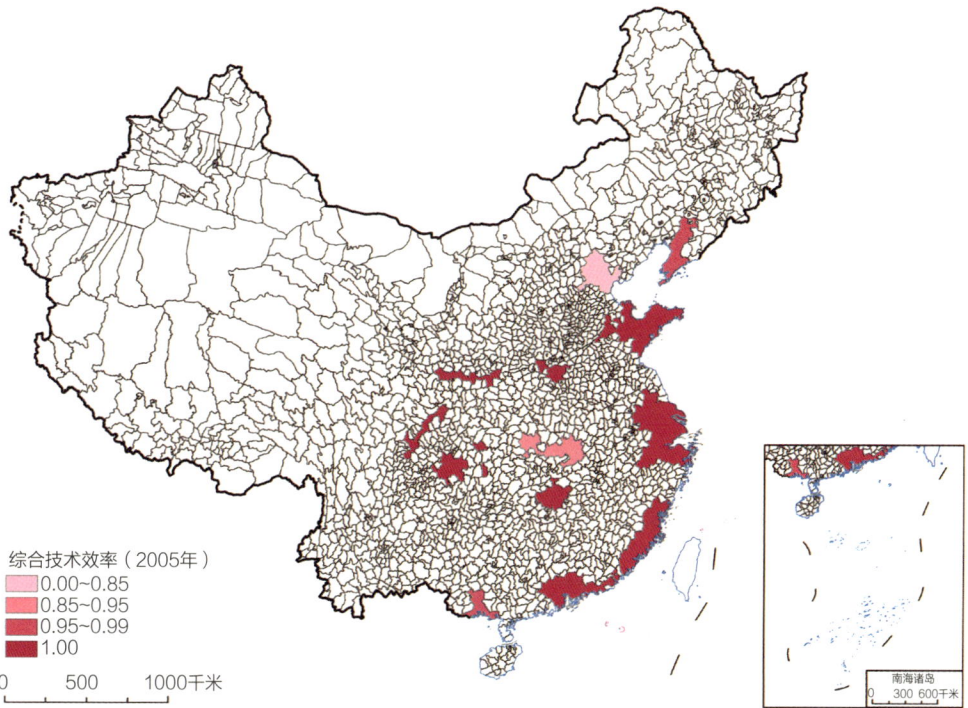

综合技术效率（2005年）
☐ 0.00~0.85
☐ 0.85~0.95
☐ 0.95~0.99
☐ 1.00

0 500 1000千米

南海诸岛
0 300 600千米

（b）2005年

总报告图 3-5　城市群综合技术效率空间分布

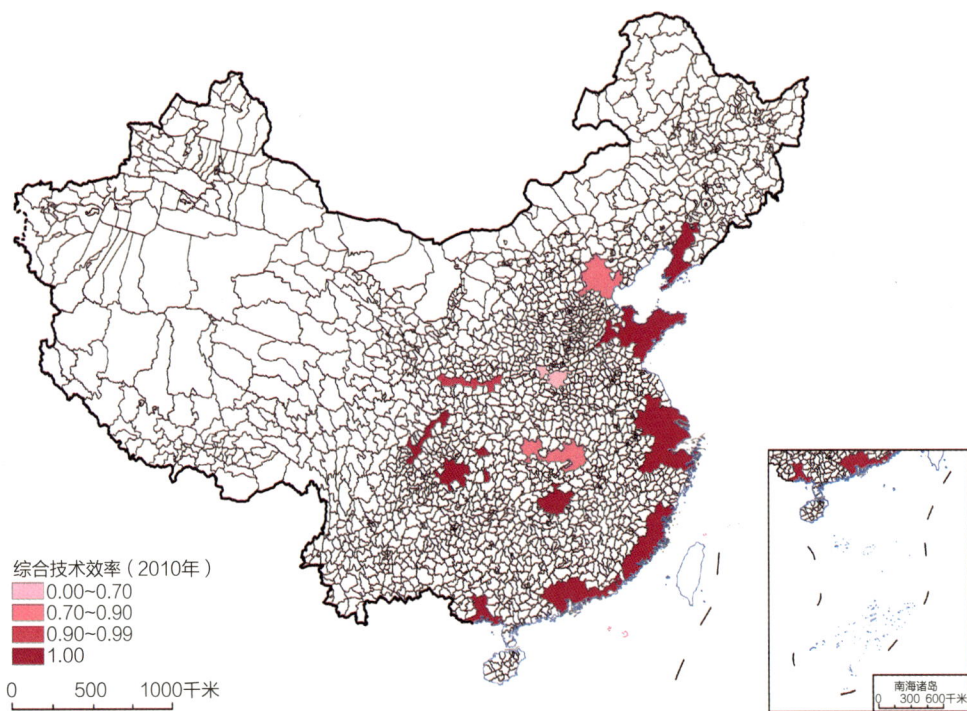

综合技术效率（2010年）
- 0.00~0.70
- 0.70~0.90
- 0.90~0.99
- 1.00

0　　500　1000千米

南海诸岛
0　300　600千米

（c）2010年

总报告图3-5　城市群综合技术效率空间分布（续）

专栏9

京津冀城市群产业发展："断崖式"落差还是市场化配置资源？

　　京津冀城市群与我国其他城市群相比，可能是经济社会发展差距最大的地区。北京是全国甚至全球极具影响力的创新城市。以中关村为代表的创新主体，已经呈现出多元化、复合化特征。中产村的创新团队，包括了以400多家科研院所为代表的"国家队"，以孵化器、产业联盟等为代表的服务机构，还有以创新工场、36氪等为代表的个体团队。中关村还汇聚了国家专项资金、风投、私募、金融资本、天使投资等各渠道资金，对企业的支持可以涵盖初始研发、初创期、成长期、成熟期等各个环节。目前，中关村已经实现了跨区域科技创新园区链布局，保定·中关村创新中心、天津滨海－中关村科技园、中关村河北曹妃甸高新技术成果转化基地、河北承德节能环保及大数据产业集聚园区、石家庄（正定）中关村集成电路产业基地等，已经成为京津冀协同创新的重要平台和载体❶。

　　天津与同类城市比较，投资占GDP的比例最高，消费带动能力明显低于上海和北京。尽管近年来天津创新投入不断增加，高科技产业产值增加较快，但与北京、上海、深圳等城市相比，在创新方面仍有较大差距。从天津产业布局来看，海河以北的园区"大项目"带动明显，海河以南的园

❶ 赵淑兰.协同发展京津冀，跨区布局中关村.经济日报，2017年1月25日，第10版。

[资料来源: 本专栏图片均引自《天津空间发展战略研究（2015~2030年）》，中国城市规划设计研究院，2015年]

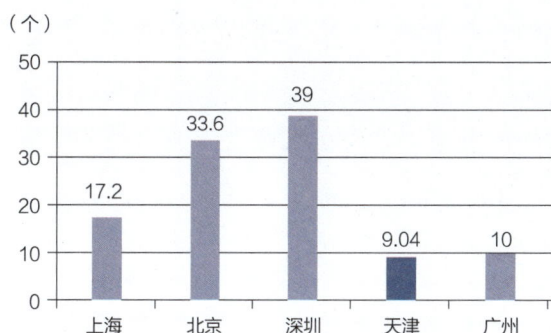

专栏图 9-1　我国代表性城市万人专利拥有数量

专栏图 9-2　天津主要产业园区布局

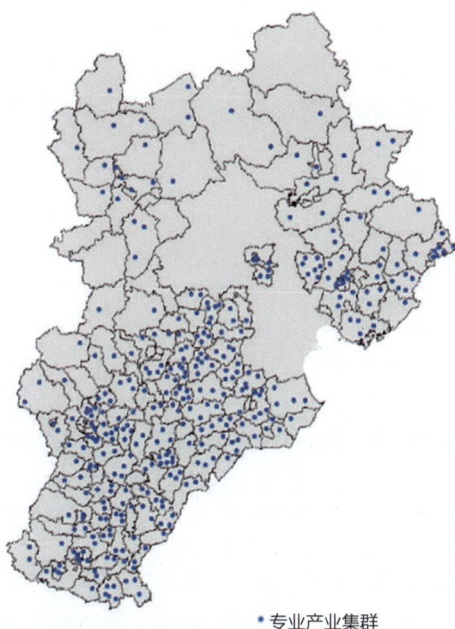

专栏图 9-3　京津冀专业产业集群

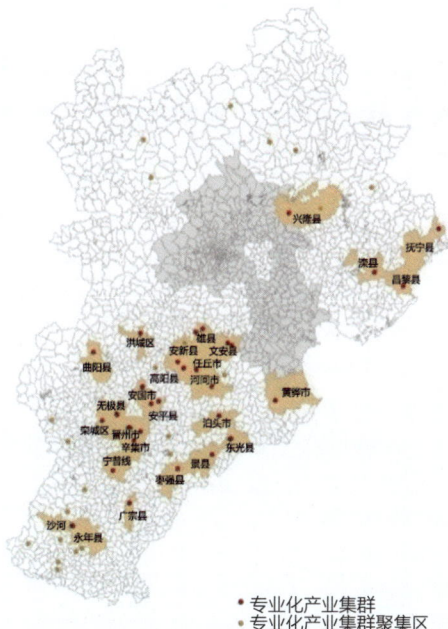

专栏图 9-4　河北省专业化产业集群主要县区布局

区民营中小企业聚集显著。从产业类型来看，北部以航空航天、重型装备制造业为主，国有大型企业、科研机构和人才聚集，是未来的高端制造业发展走廊；南部以电子信息、生物医药制造为主，企业机制灵活，自主创新能力强，而且就业与居住密度整体高于北部园区，未来成为创新发展走廊的潜力较大❶。

河北产业集群在镇村基层单元的集聚态势显著。京津冀342个专业产业集群中，绝大部分布局在冀中南和冀东的镇村地区。当然，近年来企业由镇村向县镇的转移态势显现，虽然劳动密集型产业仍在农

❶ 中国城市规划设计研究院.天津空间发展战略研究（2015~2030）.2015.

村广泛分布，但资金密集型产业越来越倾向于分布在县镇及以上区域。从2000年到2010年，2/3的行业在乡镇区域的就业比例增幅超过10%，增速明显高于城市和农村。河北的产业集群中，虽然不乏安平丝网、贾家口电缆、高阳纺织、辛集皮毛、安国中药材等这些行业集中度很高的产业，但大部分产业集群的企业布局散、弱、小，环境基础设施建设不足，污染严重。而且，大部分小微企业在盈亏平衡点附近生存，无力承担搬迁、技术升级和环境成本。在京津冀环境约束不断加强的背景下，河北的基层工业化模式虽然表现出了较强的发展活力，但也需要在镇乡集聚的传统路径基础上，实现全面的升级与转型。

3. 技术进步对城市群的经济发展贡献率逐年下降

2000～2010年，13个城市群平均技术变化指数（0.945）和平均TFP变化指数（0.950）均小于1，而平均综合技术效率变化指数（1.006）、平均纯技术效率变化指数（1.002）和平均规模效率变化指数（1.004）均略大于1。除个别年份外，技术变化指数小于1，说明城市群生产技术进步的贡献不断减弱。从综合技术效率变化指数看，除个别年份外基本都略大于1，说明城市群的相对技术效率整体有所提高。纯技术效率变化指数与综合技术效率变化指数变化情况相似，说明城市群内部资源要素配置水平有所改善，带动了整体经济发展效率的提升。另外，历年规模效率变化指数也普遍大于1，说明城市群的经济发展逐步向最优规模靠近^{（总报告表3-5）}。

城市群 Malmquist 生产率指数（2000～2010 年）　　　　　　总报告表 3-5

年份	综合技术效率变化指数	技术变化指数	纯技术效率变化指数	规模效率变化指数	TFP变化指数
2000～2001	0.985	1.005	0.973	1.012	0.990
2001～2002	1.048	0.884	1.050	0.999	0.927
2002～2003	1.001	0.905	1.001	1.000	0.906
2003～2004	1.026	1.002	1.007	1.020	1.029
2004～2005	1.013	0.901	1.012	1.001	0.912
2005～2006	0.957	0.996	0.971	0.986	0.953
2006～2007	1.035	0.904	1.010	1.025	0.936
2007～2008	1.007	0.977	1.007	1.000	0.984
2008～2009	0.985	0.929	0.992	0.993	0.915
2009～2010	1.001	0.945	0.999	1.002	0.946
平均值	1.006	0.945	1.002	1.004	0.950

值得注意的是技术变化指数出现的反常情况。该指数主要反映技术进步程度。从理论和实践上，城市群的技术水平一般不存在退步的情况，因此该指数不应该小于1。但是，现实中由于边际生产效率递减、生产函数的边界性、管理协调能力不佳等原因，可能会造成技术相对退步的现象。因此，技术变化指数小于1说明，城市群生产技术进步的贡献低于技术效率、规模效率等的贡献。

具体来看，各城市群Malmquist生产率指数及其各分解指数差异较大（总报告表3-6）。从城市群TFP变化指数空间分布看（总报告图3-6），长三角、京津冀和珠三角三大城市群生产率变化指数最高，其余沿海的城市群表现一般，中部地区的城市群TFP变化指数基本位于中游水平，北部湾城市群和关中城市群表现最差。这说明，2000～2010年，13个城市群整体生产效率变化差异较大，东、中、西部呈现梯级下降趋势，这与我国区域经济发展的总体格局是相似的。

制约城市群TFP增长的主导影响因素是技术变化指数。2000～2010年，导致城市群TFP变化指数显著下降的主要原因，是生产技术进步的贡献远低于技术效率、规模效率等的贡献。当然，纯技术效率变化指数和规模效率变化指数的微升，说明我国城市群在现有生产技术水平下，资源配置和规模集聚效率水平有了一定程度的提高。

城市群 Malmquist 生产率指数一览表　　　　　　总报告表 3-6

城市群	综合技术效率变化指数	技术变化指数	纯技术效率变化指数	规模效率变化指数	TFP变化指数
京津冀城市群	1.023	1.051	1.024	0.999	1.075
长三角城市群	1.003	1.046	1.000	1.004	1.049
珠三角城市群	1.023	1.003	1.002	1.022	1.026
山东半岛城市群	1.000	0.914	1.000	1.001	0.913
海西城市群	1.000	0.900	1.000	1.001	0.899
武汉城市群	1.005	0.941	0.991	1.015	0.945
中原城市群	1.005	0.882	1.008	0.998	0.886
长株潭城市群	1.000	0.968	1.000	1.001	0.967
辽中南城市群	1.003	0.980	1.000	1.004	0.982
关中城市群	1.003	0.844	1.001	1.003	0.847
成都城市群	1.000	0.948	1.000	1.001	0.947
重庆城市群	1.000	0.970	1.000	1.001	0.969
北部湾城市群	1.007	0.838	1.000	1.008	0.844
平均值	1.006	0.945	1.002	1.004	0.950

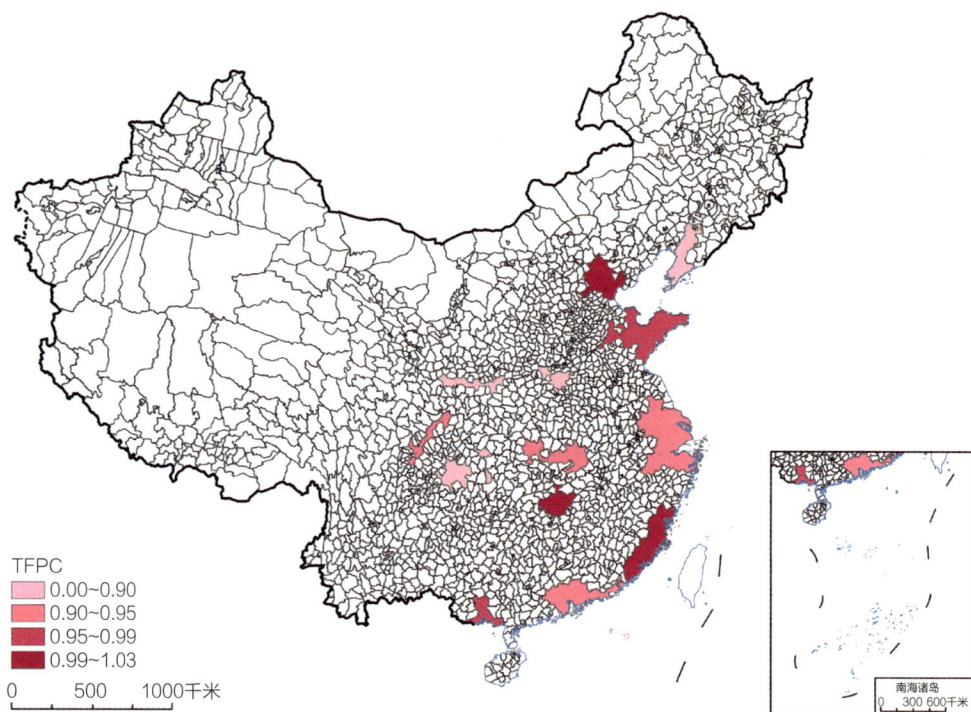

TFPC
- 0.00~0.90
- 0.90~0.95
- 0.95~0.99
- 0.99~1.03

0　500　1000千米

南海诸岛
0　300 600千米

总报告图3-6　城市群全要素生产率变化指数空间分布

　　总之，2000～2010年，长三角、珠三角和京津冀三大城市群表现最好，TFP变化指数均大于1，而TFP变化指数较低的是中原城市群（0.882）、关中城市群（0.843）和北部湾城市群（0.840）。长三角、珠三角和京津冀城市群的良好表现源于较高的技术变化指数，表明此三个城市群生产技术水平的增长要远高于其他城市群，这与其相对较高的科技研发投入等相关。而其他城市群的TFP变化指数均小于1，是由于研究投入较少、技术水平提升滞缓，在一定程度上抵消了规模效率与纯技术效率的正向作用，最终使TFP变化指数下降。

专栏10

对中国经济增长的诠释：基于全要素生产率（TFP）的视角

　　通过对150个有关中国全要素增长率研究的综合分析，Tian和Yu认为，从1978年以来，TFP提高对中国经济增长的年度贡献率为2个百分点，且东部地区比西部地区增长更快。Bosworth和Collins（2007）的研究显示，1978～2004年间物质资本和TFP对中国GDP增长的贡献分别为3.2和3.8个百分点，而1993～2004年间这一贡献分别为4.2和4.0个百分点。其中TFP对工业的贡献超过了其他行业。1978～2004年间，资本和TFP对工业增长的贡献率分别为2.2和4.4个百分点，而1993~2004年间则为3.2和6.2个百分点。农业生产在1978~2009年间保持了年均4.5%的增长率，TFP的年均增长率达到2%。农业发展得益于市场化、所有制改革、土地节约技术以及作物多样化（从谷物到价值更高的肉类和蔬菜类产品）。Chen、Jefferson和Zhang（2011）指出，绝大多数制造业的TFP在1981~2008年均实现了较快增长，特别是电气和非电气机械、办公设备以及通信行业从前沿技术变化中受益最多。同时，金属和非金属行业、塑料、橡胶、化工和造纸行业的生产率也实现了较快的增长。1999~2004年期间，机械类和机动车行业的TFP增长最为强劲（年均增长2.71%到2.83%），玻璃、黏土产品和造纸行业同样显示出较强增长势头。

根据Kujis（2011年）最新估算，中国TFP增长在1995年与2009年间下降到2.7%，而资本对增长贡献的比重上升到5.5个百分点。服务业TFP增长同样从1978~2004年的1.9%降低到1993~2004年间的0.9%。不断上升的增量资本－产出比表明，中国当前资本支出收益率在不断递减，通过大量注入资本而实现增长的空间正在快速减小。此外，对需求结构的再平衡也将导致投资比重下降。与此同时，由产业间资源转移带来的生产率提高将逐渐减缓，中国经济结构转型也将进入新阶段。在大多数高收入国家，1995~2009年间全要素生产率年均增长不超过2%。韩国和爱尔兰是例外，年均增速分别达到2.7%和3.1%，但2005~2009年已分别下降到2.6%和1.3%。

中国经济增长来源　　　　　　　　　　　专栏表 10-1

时间	产出	就业	人均产出	要素贡献			
				物质资本	土地	教育	全要素生产率
1978~2004年	9.3	2.0	7.3	3.2	0.0	0.2	3.8
1993~2004年	9.7	1.2	8.5	4.2	0.0	0.2	4.0

资料来源 本专栏表格均引自Bosworth, Barry, and Susan M.Collins.2007. "Accounting for Growth:Comparing China and India." Working Paper 12943, National Bureau of Economics, Cambridge, MA.。

中国工业和服务业增长来源　　　　　　　　专栏表 10-2

时间	产出	就业	人均产出	要素贡献		
				物质资本	教育	全要素生产率
工业						
1978~2004年	10.0	3.1	7.0	2.2	0.2	4.4
1993~2004年	11.0	1.2	9.8	3.2	0.2	6.2
服务业						
1978~2004年	10.7	5.8	4.9	2.7	0.2	1.9
1993~2004年	9.8	4.7	5.1	3.9	0.2	0.9

国际比较为如何不断提高生产率提供了三条经验：一是持续重视制造业所能带来的优势，只要这些中国企业能够快速跟上技术变化，并最大程度地提高效率，制造行业的技术追赶将产生最高的回报。这些行业包括电气机械、办公和计算机设备、制药、航空、机动车和非电气机械。中国在上述行业的技术水平上已经实现了快速的提升，这些行业也是研发活动最密集的行业。二是利用信息通信技术来驱动服务业的技术追赶和创新，这有可能在未来发挥更为重要的作用，因为服务业在GDP中的比重将很快超过工业。这将激励银行、保险、零售、房地产、物流、数据服务、医疗和教育行业的企业开展创新，特别是医疗和教育这两个重要且不断增长的行业更是有比较大的创新空间。三是降低企业进入、扩张和退出市场的各种壁垒，通过加强竞争刺激经济生产率的提高。

[资料来源: 世界银行，国务院发展研究中心联合课题组. 2030年的中国：建设现代、和谐、有创造力的社会[M]. 北京: 中国财政经济出版社，2013：176-179. 有改动]

专栏 11

珠三角城市群的制造业与服务业空间布局结构

《珠江三角洲全域规划（2014～2020年）》，以2014年珠三角183万家企业数据库为基础，研究了制造业和服务业的空间布局特点。从制造业企业的分布看，它们在珠江口湾区东西两岸呈现环状布局，外围的惠州、江门、肇庆城区有一定数量的分布，而外围县（县级市）制造业企业数量较少。专业创新服务业（主要包括文化、艺术、法律、金融、中介等为企业创新提供专业支撑的服务业类型）主要集中在各市中心城区，科技创新服务功能（主要指研发、设计、科研等与企业创新活动密切相关的服务业类型）主要集中在城区外围以及高新技术产业开发区内。从创新功能的分布来看，广州、深圳中心城区是珠三角重要的创新服务中心，而珠海、佛山、东莞、中山等珠江口湾区城市的创新服务功能也有一定程度的发育。

规划提出，应通过优化珠三角产业现状布局，构建"两环一带"的产业空间布局结构。其中，"两环"指湾区创新服务环、外围先进制造环，"一带"主要指西岸先进装备制造产业带。

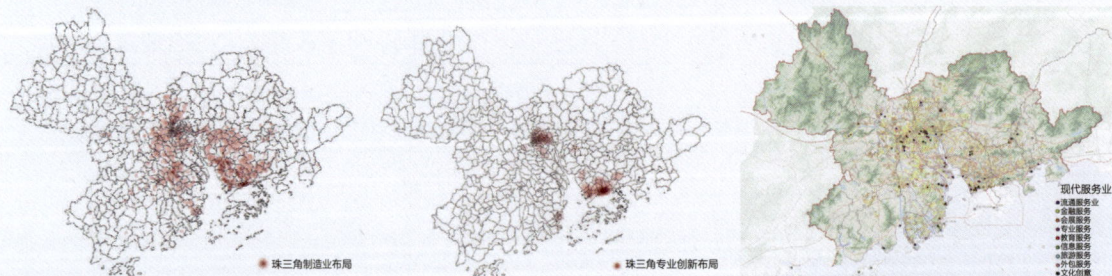

专栏图 11-1 珠三角制造业布局　　专栏图 11-2 珠三角专业创新布局　　专栏图 11-3 珠三角科技创新布局

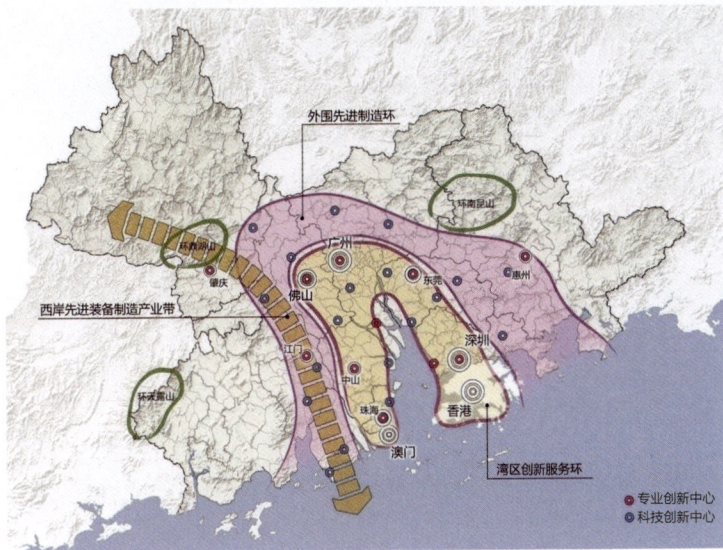

专栏图 11-4 珠三角"两环一带"的产业空间布局结构

1. 湾区创新服务环

以广州和深圳为两大核心,以环湾区的广州南沙新区、深圳前海深港现代服务业合作区、珠海横琴新区三大国家级新区和广州知识城、深圳空港新城、佛山中德服务区、东莞水乡特色经济区、中山翠亨新区等重大平台为依托,大力发展现代金融、现代物流、现代商贸、科技服务、商务会展、服务外包、文化创意、信息服务、总部经济等现代服务业,构筑珠三角世界级城市群的高端服务和科技研发等功能高度密集核心湾区。

2. 外围先进制造环

珠江东岸地区以广州高新区、广州经开区、广州国际生物岛、东莞水乡特色经济区、松山湖高新技术产业园区、深圳国家低碳城、深圳生物基因产业发展基地、惠州仲恺高新技术产业园区为主要载体,加速创新科技成果产业化,探索国际合作发展模式,集中优势资源,促进重点领域和优势区域率先发展。惠州环大亚湾新区要加强滨海港口设施建设,形成具有世界级规模和强大创新能力的石化产业基地。

珠江西岸地区依托各市园区重点发展生物医药、节能环保、新能源、新材料等战略性新兴产业,强化传统优势制造业的技术升级和改造。以粤桂合作试验区、肇庆新区、佛山高新区和各工业园区、中山市各专业镇为依托,加快工业转型升级,构建优势互补、协同配套、联动发展的复合产业发展走廊。大广海湾经济区要打造海洋经济综合发展示范区,珠海高栏港地区要加强与江门银洲湖、广海湾的联系,依托网络化的疏港快速交通体系,推动清洁能源、精细石油化工和港口物流产业的发展。

3. 西岸先进装备制造产业带

以佛山高新区、珠海高栏港经济区、中山火炬高新区、江门高新区、肇庆高新区和江门大广海湾经济区为主要载体，大力发展先进装备制造业，提高本土创新能力，完善产业链。重点发展佛山智能装备、汽车制造和节能环保装备制造业，珠海船舶、海洋工程以及通用航空装备制造业，中山临港工程装备业、风电装备产业、卫星装备产业，江门轨道交通装备制造业，肇庆汽车关键零部件、高端装备配套件，优化产业组织结构，推动西岸形成以大型企业和优势产品为龙头、中小企业和配套产品为基础，产业链完整、产业集群发达的先进装备制造业发展走廊。

[资料来源：中国城市规划设计研究院，《珠江三角洲全域规划（2014~2020年）》，2014年]

（二）我国城市群的生态环境退化显著

城市群是由人工物质环境和自然生态环境组成的复杂巨系统。本次研究着重从土地覆被和环境质量两方面，对我国13个城市群2000~2010年的生态环境质量变化进行评价和分析。其中，土地覆被主要从城市群的用地组成、景观格局、生态服务价值角度，对城市群的生态系统进行研究；环境系统则主要从水和大气的污染物排放、处理能力及环境质量等方面进行研究和评价^{（总报告图3-7）}。在上述研究的基础上，通过对评价指标归一化处理，最终获得城市群2000~2010年生态环境质量变化综合评价。

1. 我国城市群的土地覆被具有很大的差异性

本次研究，将我国城市群的用地首先按生态用地、耕地和城乡建设用地三个类型进行识别和统计，见总报告图3-8。

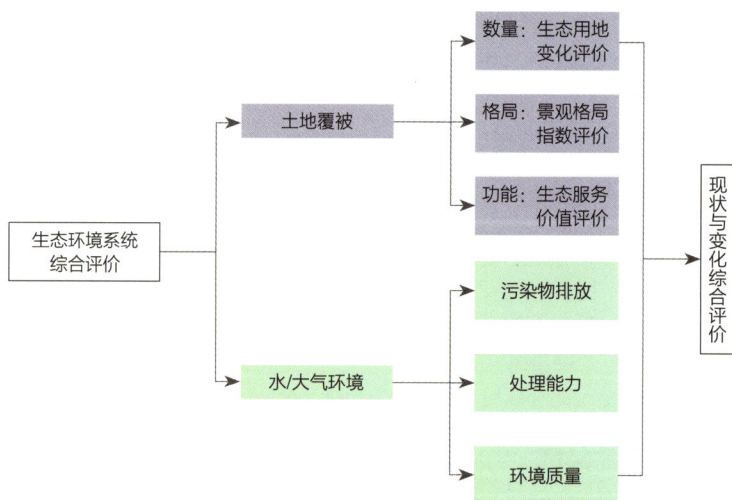

总报告图 3-7　城市群生态环境系统评价的研究思路

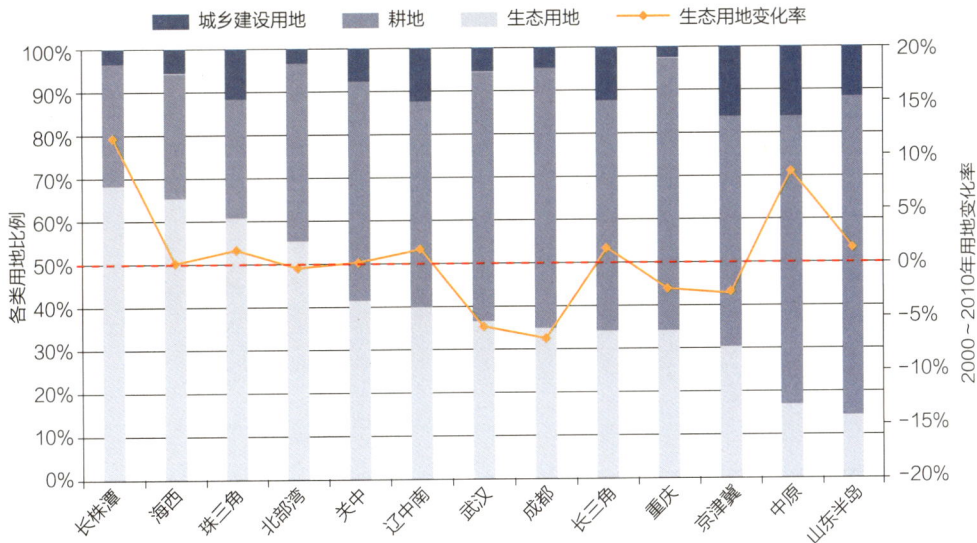

总报告图 3-8　2010 年城市群用地类型构成及 2000 ~ 2010 年生态用地变化率

从用地类型的构成看，2010年13个城市群生态用地的占比平均约为40%。但受气候条件、地理特征、人类开发利用程度的影响，各城市群生态用地的比例范围为14% ~ 68%，差异很大。其中，长株潭、海西、珠三角、北部湾城市群的生态用地比例超过50%，长株潭城市群生态用地比例甚至达到68%；山东半岛和中原城市群生态用地比例最低，不足20%。

从耕地所占的比例看，2010年我国13个城市群的耕地占比平均为48%，各城市群耕地比例的范围为27% ~ 74%。其中，山东半岛、中原、重庆、成都四个城市群的耕地比例均超过60%，山东半岛城市群甚至达到74%；珠三角、长株潭和海西三个城市群，耕地所占比例最低，平均不足30%。

从城乡建设用地比例看，2010年13个城市群的城乡建设用地所占比例平均为12%。其中，中原、京津冀城市群城乡建设用地比例最高，超过16%。重庆、长株潭、北部湾三个城市群城乡建设用地的比例相对较低，不足4%。

从2000 ~ 2010年十年间城市群生态用地的变化来看，各城市群生态用地有增有减，绝大多数的变化幅度在10%以内，其中长株潭和中原城市群生态用地有较为明显的增长，武汉、成都、京津冀和重庆等4个城市群的生态用地有所减少。

总体来看，我国长江以南城市群生态用地比例相对较高，如长株潭、海西、珠三角、北部湾城市群，等等。

如总报告图3-9所示，从2000 ~ 2010年的十年间各城市群不同类型用地的（净）变化率来看，长三角城市群是用地变化率最为显著的地区，其次是山东半岛、长株潭、京津冀和珠三角等城市群，而关中和北部湾城市群用地变化

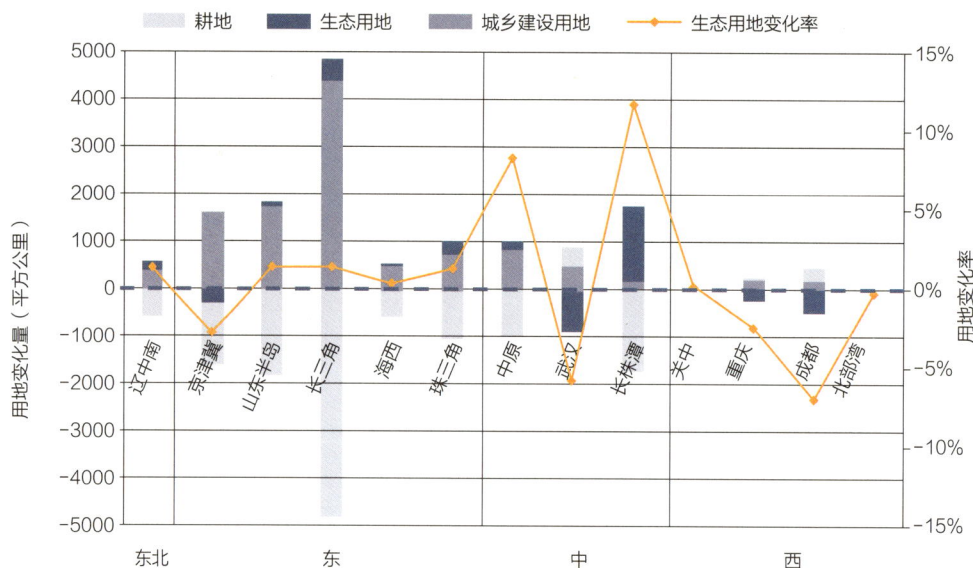

总报告图 3-9　2000～2010 年城市群不同类型用地变化分析图

较小。从城乡建设用地来看，各城市群城乡建设用地均呈现不同程度的增加，2000～2010年十年平均增幅接近30%，年平均增加近3%。其中长三角、山东半岛、京津冀、中原及珠三角等城市群建设用地增幅较大。从生态用地变化情况看，各城市群生态用地有增有减，长株潭城市群生态用地增加较多，而武汉、成都、京津冀、重庆等城市群生态用地减少较多。从耕地变化情况看，除武汉、成都及重庆等城市群外，其他城市群耕地均呈现不同程度的减少。

2. 我国城市群的景观多样性和生态服务价值普遍下降

对2010年城市群景观格局指数值进行归一化处理[1]后表明，各城市群的景观格局相差不显著，但稳定度相差较大（总报告表3-7）。如总报告图3-10所示，从2000～2010年的变化来看，多数城市群生态斑块数量降低，形状趋于简单和同质化，多样性和稳定度降低，这与人类对土地的利用方式密切相关。

❶ 限于遥感解译数据，对10个城市群的景观格局指数进行了计算和归一化处理。遥感解译数据可能与国土部门公布的统计数据有出入，研究结论仅供参考。

2010 年城市群景观格局归一化指数值　　　　　总报告表 3-7

城市群名称	形状指数	聚合度指数	多样性指数	稳定度指数
京津冀	0.95	1.01	1.20	0.60
长三角	1.36	1.04	1.16	0.68
武汉	1.14	0.99	1.02	1.10
中原	0.67	1.03	0.93	0.62
长株潭	1.18	0.89	0.91	1.50
辽中南	1.23	0.86	1.11	0.86
关中	0.80	1.09	0.89	1.08

城市群名称	形状指数	聚合度指数	多样性指数	稳定度指数
成都	0.76	1.04	0.92	1.13
重庆	1.12	0.98	0.93	1.29
北部湾	0.79	1.06	0.93	1.13

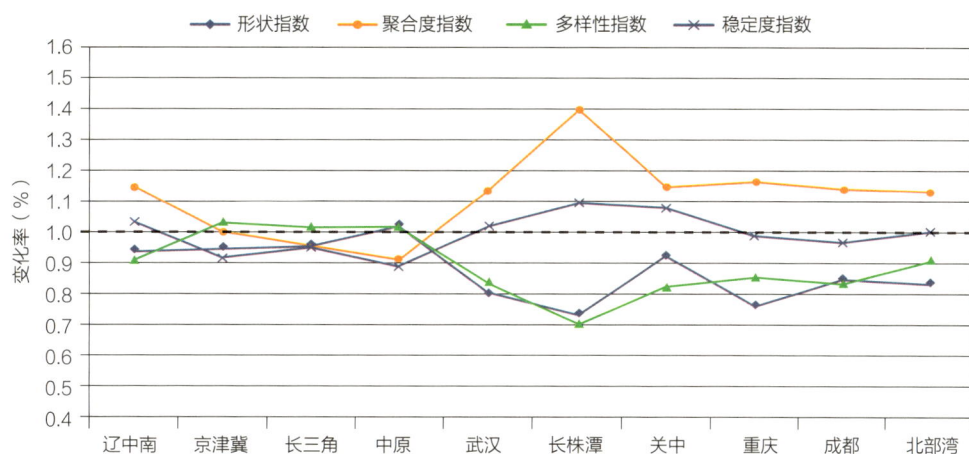

总报告图 3-10　2000 ~ 2010 年城市群景观格局指数变化率

如总报告图3-11所示，从单位面积生态服务价值看，2010年珠三角、长株潭、海西、北部湾等城市群较高，而中原、山东半岛较低；从2000 ~ 2010年的变化来看，多数城市群生态服务价值有所下降，其中山东半岛和武汉城市群降低得较为明显；少数城市群生态服务价值有所上升，特别是长株潭城市群上升得较为明显。

3. 我国大部分城市群水环境质量呈现恶化趋势

（1）排放强度

如总报告图3-12所示，从2010年各城市群主要城市的地均COD排放强度来看，长三角、珠三角和北部湾城市群的排放强度较高，而北京、福州及长沙的地均排放强度较低。从2000 ~ 2010年的变化来看，除汕头和深圳的地均排放强度有明显增加外，大多数城市的地均排放强度有所降低，其中北京、长沙、成都降低较为显著。

（2）处理能力

如总报告图3-13所示，从2000 ~ 2010年的变化来看，城市工业废水排放的平均达标率从85%增加到96%，其中广西北海、南宁等城市提高较多。2010年，各城市群主要城市的工业废水排放达标率均在84%以上，天津、烟台、厦门已达到100%，汕头、长沙等城市的工业废水排放达标率略低。

如总报告图3-14所示，2010年我国50%的城市生活污水处理率已经达到90%以上。从主要城市来看，汕头、沈阳、珠海等城市生活污水处理率不足80%。从

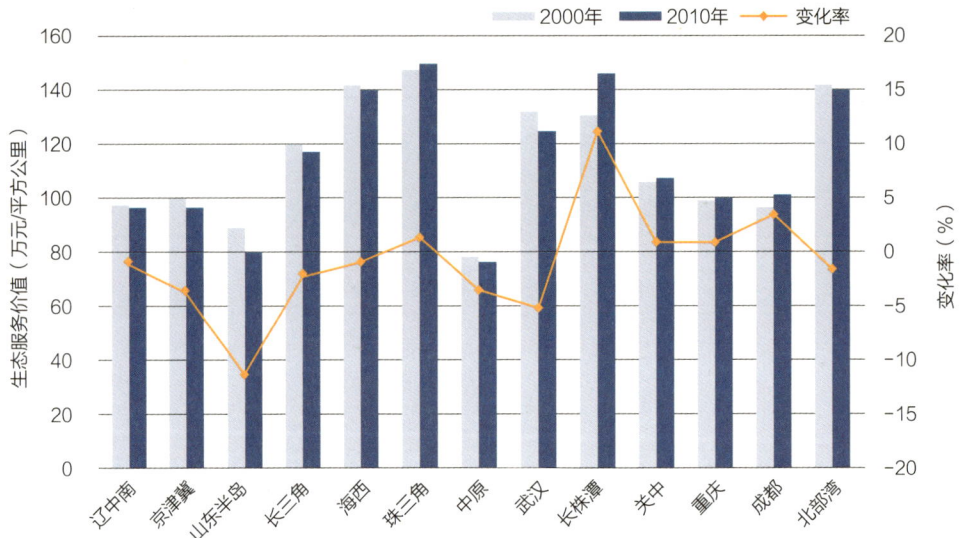

总报告图 3-11　2000 ～ 2010 年城市群生态服务价值及变化率

总报告图 3-12　2000 ～ 2010 年城市群主要城市地均 COD 排放强度及变化

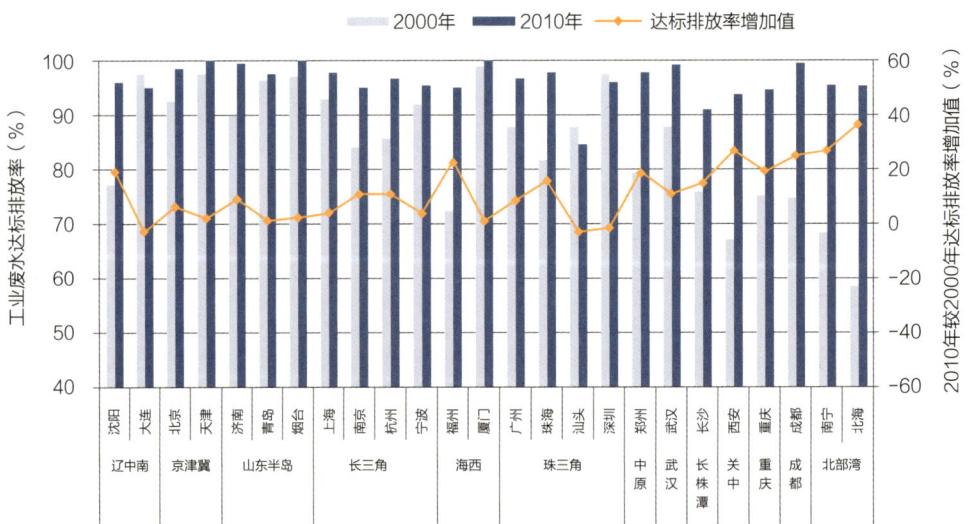

总报告图 3-13　2000 ～ 2010 年城市群主要城市工业废水排放达标率及变化

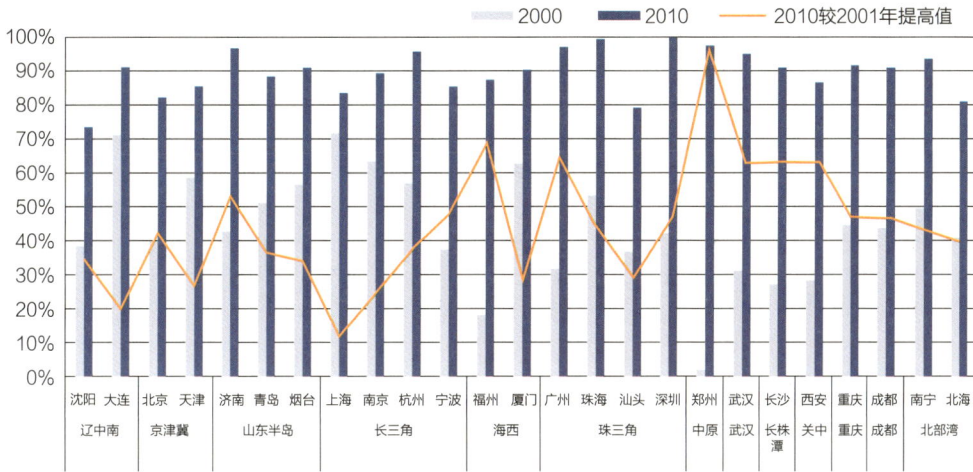

総报告图 3-14　2000～2010 年城市群主要城市生活污水处理率及变化分析

2000～2010年的变化看，主要城市平均污水处理率从44%提高到88%，其中，郑州、福州、广州、武汉、长沙和西安等城市污水处理率提高较快。

（3）水环境质量

2010年行政区（或流域）断面的水环境质量评价数据表明，我国北方城市群的水环境质量普遍较差。辽中南、山东半岛、中原、京津冀城市群的水环境总体质量，明显低于长江以南城市群的质量。这与我国北方降雨相对较少、水资源相对匮乏、地表水环境容量相对较小直接有关（总报告图3-15）。从2000～2010年水环境质

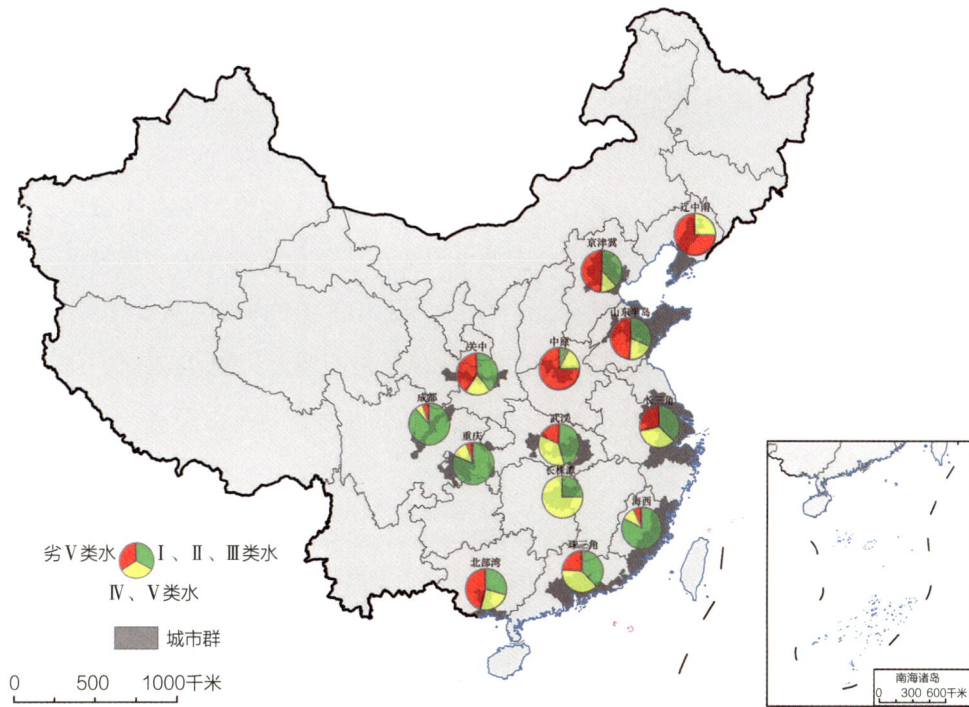

总报告图 3-15　2010 年城市群水环境质量分析图

量的变化看^(总报告图3-16)，重庆、关中和山东半岛城市群水环境质量有所改善，但珠三角、中原、长株潭等三个城市群的水环境质量下降最多。

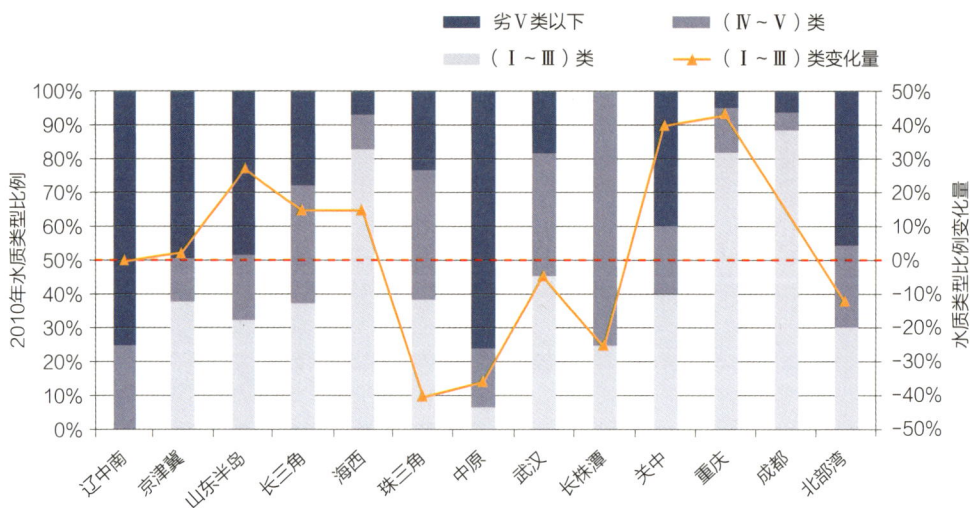

总报告图 3-16　2010 年城市群水质类型分析图

城市内河水系的质量状况

本次对水环境质量的研究，主要涉及流域性河流的水质状况。但对城市水环境品质影响最大的是城市内河水系的环境质量，由于我国城市内河水质长期缺乏环境监测数据资料，因此无法进行对比研究。

2015年为贯彻落实国家"水污染防治行动计划"，我国加快推进了城市黑臭水体整治工作，住房和城乡建设部与环境保护部联合发布了全国城市黑臭水体整治监管平台。根据该平台发布的地级市黑臭水体数量，可以大致了解到2017年13个城市群城市内部黑臭水体情况，间接反映了城市内河水系质量状况。沿海城市群城市黑臭水体质量问题最为突出，如珠三角、长三角、京津冀、山东半岛城市群。这些城市群规模较大、城镇化程度更高，经济产业布局密集，内河水系质量堪忧。

进一步比较各城市群流域与城市内河水系的水环境质量可以发现，两者的优劣排序有着较大的差异。流域水环境问题更集中于辽中南、中原、山东半岛等北方的城市群，其水环境质量主要受流域气候水文、水资源禀赋等条件的影响。城市群内部城市水环境更为突出的是珠三角、长三角、京津冀等经济发达的城市群。

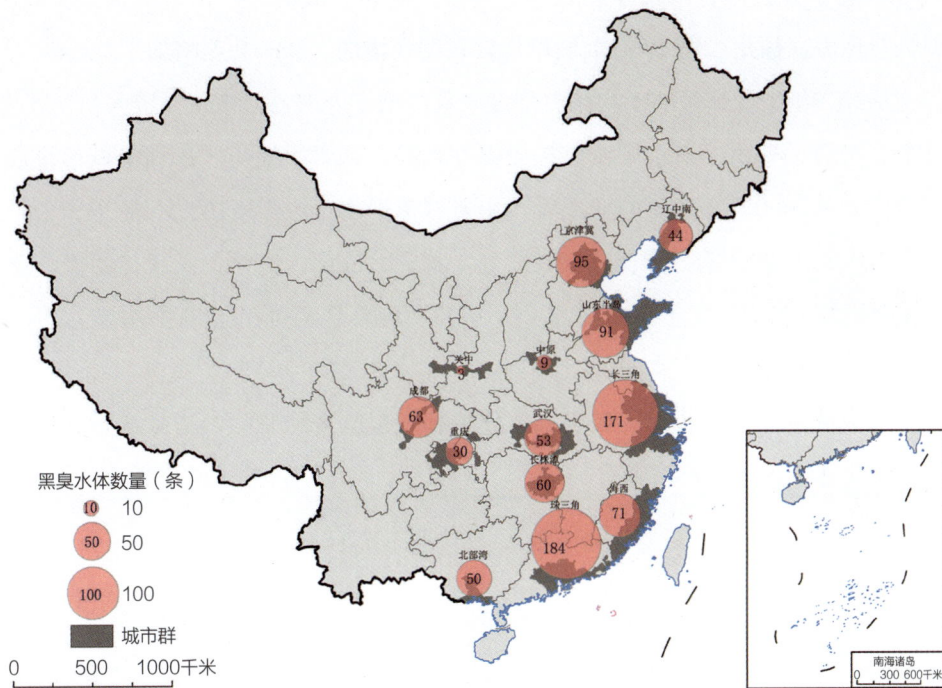

专栏图 12-1　2017 年城市群城市黑臭水体数量分布

4．我国城市群的大气环境质量喜忧参半

（1）排放强度

从 2010 年工业二氧化硫排放强度水平来看，除辽中南、山东半岛城市群外，其他城市群内各城市的地均排放强度水平有较大的差异^{（总报告图3-17）}。上海、厦门、珠海等城市排放强度较高，南宁、北京、长沙等城市排放强度较低。从 2000～2010 年的变化来看，主要城市平均的排放强度由 12.8 万吨/平方公里降低到

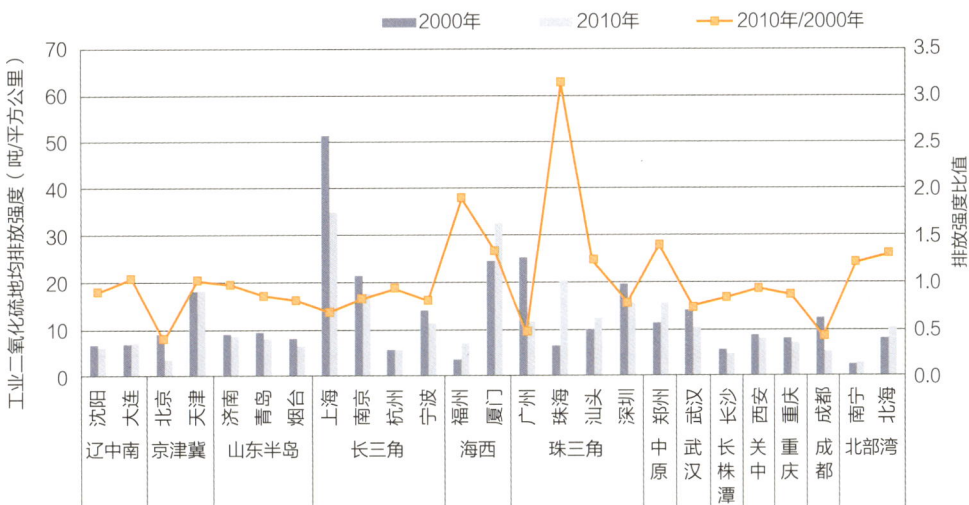

总报告图 3-17　2000～2010 年城市群主要城市工业二氧化硫地均排放强度及变化分析

11.6万吨/平方公里,降低了约10%。其中,北京、成都、广州等城市减少较大,但仍有珠海、福州、郑州等9个城市排放强度在增加,珠海甚至增加了2倍多。

从2010年工业烟尘的地均排放强度来看,城市群内各城市差异较大^(总报告图3-18)。其中,上海、郑州、南京等城市排放强度较高,烟台、福州、深圳等城市排放强度较低。从2000～2010年的变化看,主要城市平均排放强度由5.36吨/平方公里降低到2.49吨/平方公里,降低了50%以上。其中,成都、广州、武汉、西安、厦门等城市减排力度较大,但汕头、沈阳、宁波、珠海等4个城市仍有所增加。

(2)处理能力

选取城市群主要城市的工业二氧化硫和烟尘的去除率两个指标进行评价。从2010年工业二氧化硫去除率看^(总报告图3-19),宁波、南京、广州去除率较高,而郑州、

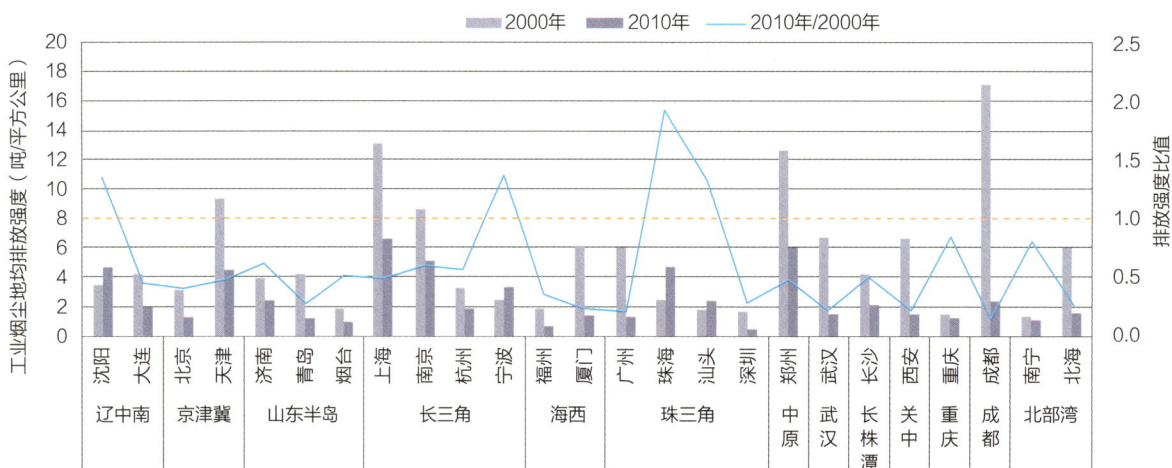

总报告图3-18 2000～2010年城市群主要城市工业烟尘地均排放强度及变化分析

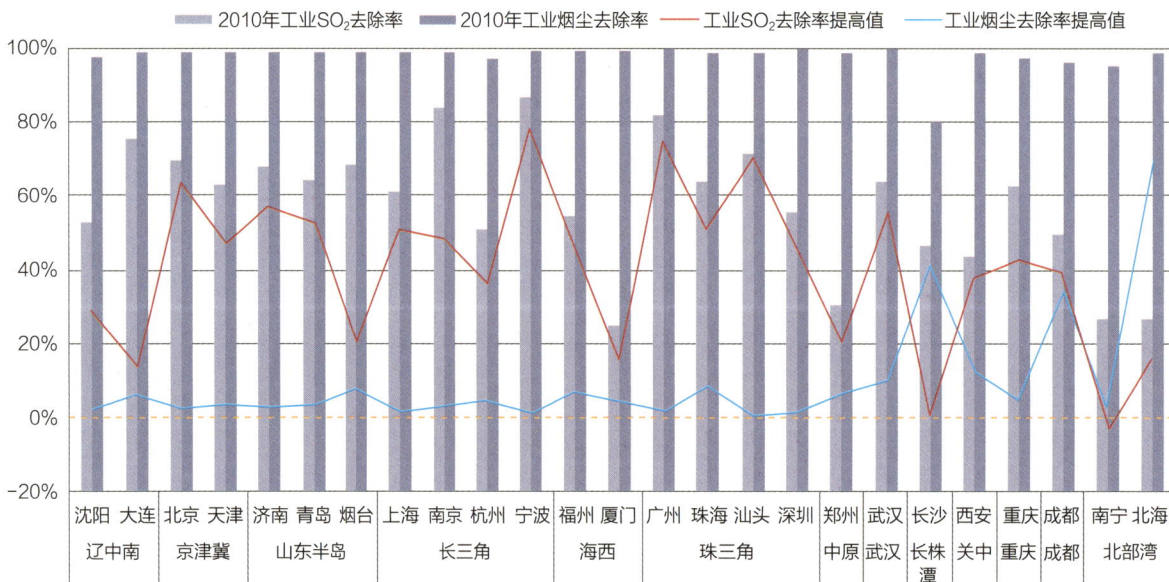

总报告图3-19 2000～2010年城市群主要城市工业二氧化硫和烟尘去除率及变化分析

南宁、北海、厦门等城市去除率较低。从工业烟尘去除率看，除长沙外其他城市都在95%以上。

从2000年到2010年的变化看，各城市工业二氧化硫平均去除率从18%增加到58%。其中，宁波、广州、汕头等城市提高较多，但南宁和长沙基本上没有变化。各城市工业烟尘平均去除率从88%增加到98%，北海、长沙、成都等城市提高较多。

（3）空气环境质量

选取主要城市的颗粒物PM_{10}、二氧化硫和二氧化氮等污染物浓度值，进行归一化处理[总报告图3-20]。2010年，福州、南宁和上海等城市空气质量较好，郑州、武汉、西安和天津等城市的空气质量较差。从2000~2010年的变化看[总报告图3-21]，主要城市颗粒物PM_{10}和二氧化硫浓度值平均下降50%和20%，但二氧化氮的浓度值平均上升了5%。长沙、北京和重庆等城市污染物浓度值降低幅度最大，空气质量的改善较为明显。南京、沈阳、武汉、杭州等城市空气质量没有改善。

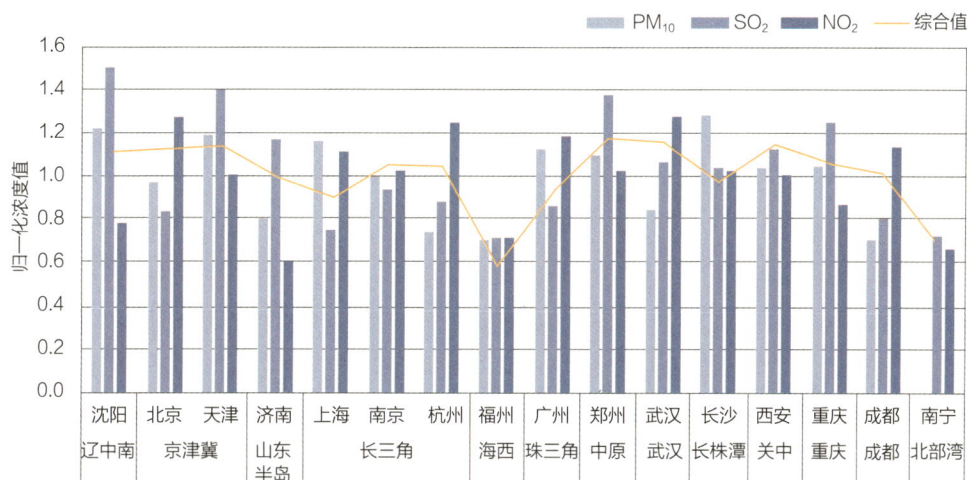

总报告图 3-20　2010 年城市群主要城市大气污染物浓度分析图

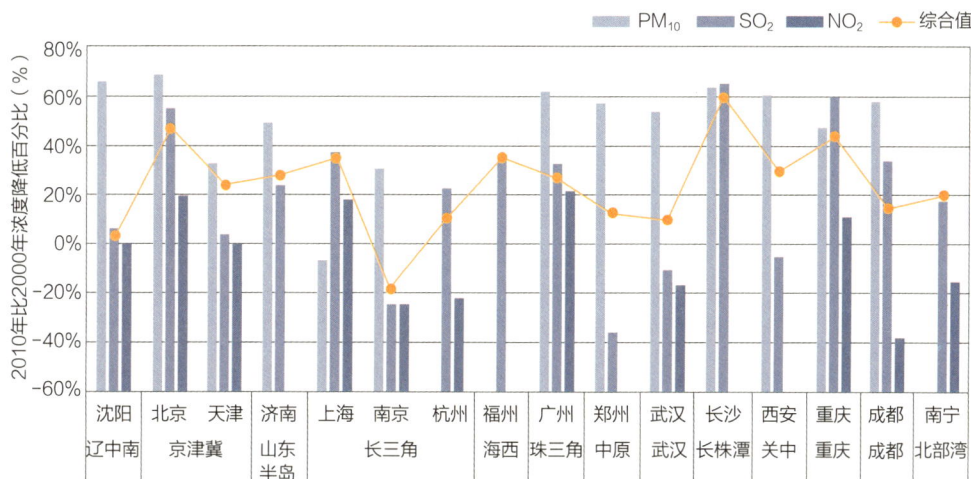

总报告图 3-21　2000 ~ 2010 年城市群主要城市大气污染物浓度降低幅度分析图

5. 我国城市群生态环境质量整体下降

❶ 其中，空气质量综合指数为归一化的空气污染物浓度综合指数的倒数。

研究选取生态用地比例、水环境质量（Ⅰ～Ⅲ类水质所占比例）和空气质量综合指数等三个代表性指标，对城市群生态环境质量进行综合评价❶。

从2010年各城市群生态环境现状看^{（总报告图3-22）}，海西城市群生态环境质量较优，成都和重庆城市群水环境质量较优，北部湾空气质量较优，长株谭和珠三角生态条件较优。武汉、关中和长三角城市群生态环境质量较好，而且各方面比较均衡。辽中南城市群的水环境质量较差，中原城市群总体生态环境较差。

从2000～2010年各城市群生态环境的变化看^{（总报告图3-23）}，空气质量普遍得到改善，其中长株潭、重庆、海西和京津冀改善尤其明显。重庆、关中和山东半岛城市群的水环境改善明显，但珠三角、中原和长株潭城市群的水环境降低较多。长株潭和中原城市群生态用地占比略有增加。

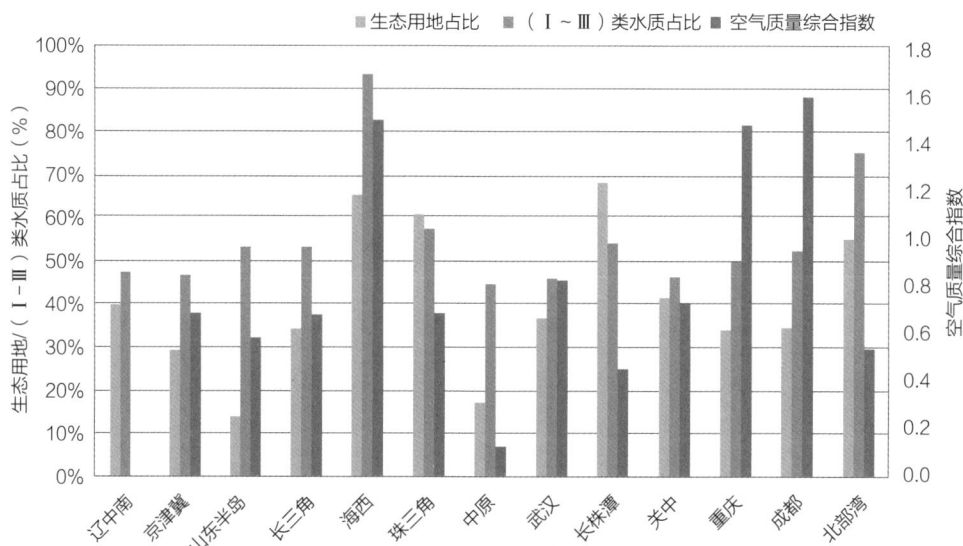

总报告图 3-22　2010 年城市群生态环境现状综合分析

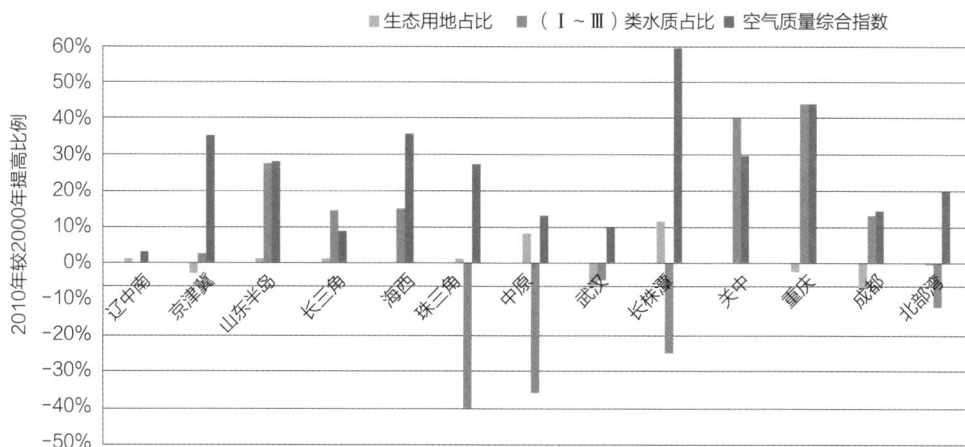

总报告图 3-23　2000～2010 年城市群生态环境改善综合分析

（三）我国城市群的公共服务差异巨大

合理评价城市群的公共服务水平，既要评估各类公共服务设施的总量供给、服务质量，也要分析其服务等级[1]和结构性矛盾，还要体现"区域性"公共产品的特点。为简化层次、突出重点，本次研究只选取了"三甲"医院、公共图书馆藏书量和教育支出三个有代表性的指标，来反映城市群的医疗卫生、文化和教育服务的水平。这三项指标，统计数据相对容易获取，而且也具有一定的区域服务职能。

1. 城市群高水平医疗机构配置不够合理

以常住人口平均拥有的"三甲"医院数量来评价城市群的医疗卫生服务水平_{（总报告表3-8）}，京津冀、珠三角、北部湾和关中城市群具有较高的医疗服务水平。其中北部湾城市群最高，每百万常住人口拥有"三甲"医院1.94个，京津冀和珠三角城市群分别达到1.75个和1.55个。长三角城市群、辽中南城市群、武汉城市群和成都城市群医疗卫生服务水平处于第二层级，如辽中南城市群每百万常住人口拥有"三甲"医院数量达到1.28个，长三角城市群达到0.97个。山东半岛城市群、中原城市群、重庆城市群、长株潭城市群和海峡西岸城市群医疗卫生服务水平总体比较低，位于第三层级。其中，山东半岛城市群医疗卫生服务水平最低，每百万常住人口只有0.34个"三甲"医院。

[1] 公共服务等级，指依据公共服务设施的服务对象和范围，可以分为社区级、城市片区级、城市级以及区域级等不同的等级。等级越高，其服务的范围和对象越广。

城市群 2010 年医疗卫生服务　　　　　总报告表 3-8

编号	名称	三甲医院数量（个）	医疗卫生服务水平（个/百万人）	医疗卫生服务均衡度
1	京津冀城市群	57	1.75	1.51
2	长三角城市群	77	0.97	0.76
3	珠三角城市群	59	1.55	2.02
4	山东半岛城市群	14	0.34	0.15
5	海西城市群	20	0.77	1.18
6	武汉城市群	29	1.41	1.08
7	中原城市群	9	0.68	0.58
8	长株潭城市群	9	0.68	0.72
9	辽中南城市群	25	1.28	0.78
10	关中城市群	21	1.65	0.78
11	成都城市群	16	1.23	0.79
12	重庆城市群	11	0.62	0.10
13	北部湾城市群	12	1.94	1.56

注　1　"三甲"医院数据，根据中国医院等级查询系统，加总获得。
　　2　医疗卫生服务水平，指每个"三甲"医院服务的常住人口数量。常住人口数据来自于"六普"人口统计数据。
　　3　医疗卫生服务均衡度数据，通过计算城市群内部各县区医疗服务水平的方差获取。

从城市群内"三甲"医院的布局看，京津冀城市群、珠三角城市群和北部湾城市群的不均衡程度较高。其中，珠三角城市群最不均衡，"三甲"医院主要分布在广州、佛山等核心城市，在外围城市分布的很少。辽中南城市群、中原城市群、关中城市群、成都城市群、武汉城市群、长株潭城市群、长三角城市群和海峡西岸城市群，其内部布局的差距处于中等程度。山东半岛城市群和重庆城市群高水平医疗机构布局相对均衡，内部差异较小。

总体来看，医疗卫生服务总体水平高的城市群，其内部的差异程度也较高。如京津冀、北部湾城市群整体医疗服务水平较高，但其内部差异也较大；山东半岛整体医疗服务水平较低，其内部差异也相对较低，呈现一种低水平的均衡状态。

专栏13

珠三角城市群"三甲"高水平医院的布局极不均衡

珠江三角洲城市群是我国经济社会最发达的区域之一，但从各城市"三甲"医院的分布情况看，其内部差异显著。2010年，珠三角全域共有"三甲"医院57个，其中有22个分布在广州市辖区，有9个分布在佛山市辖区，7个分布在东莞市辖区，6个分布在深圳市辖区，3个分布在中山市辖区，汕头和珠海的市辖区各有2个，肇庆市辖区、清远市辖区、揭阳市辖区、惠州市辖区、江门市辖区各1个，陆丰、博罗、四会、云浮、增城等14个县市还没有"三甲"医院。

从常住人口拥有的"三甲"医院数量看，东莞和广州的市辖区，均达到每百万人口3个以上，在全国都属于领先水平。深圳、珠海、中山、佛山的市辖区，每百万人口拥有的"三甲"医院数量也接近2个，远高于京津冀、北部湾、关中这些医疗服务水平全国领先的城市群。但是，珠三角城市群仍有14个县市、高达1660万常住人口，无法就近享用"三甲"医院高水平的医疗服务。推动高水平医疗服务的均等化，在珠三角仍然任重道远。

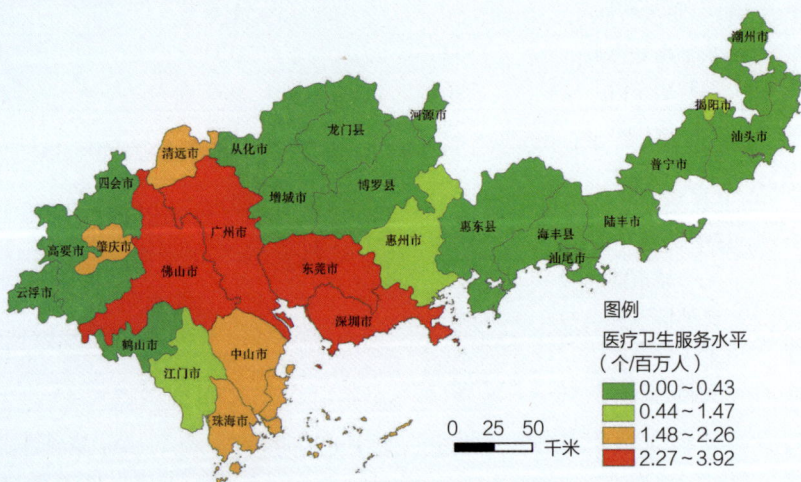

专栏图13-1　珠三角城市群内部医疗卫生服务水平

2. 各城市群教育支出水平尚不均衡

人均教育支出保持较高水准，是保障教育公平、提高教育质量的必要条件。因此，公共财政对教育的支出规模，可以部分体现教育服务水平。如总报告表3-9所示，从人均教育支出看，京津冀城市群、长三角城市群和珠三角城市群具有较高的教育服务水平，其中京津冀城市群最高，公共财政的人均教育支出达到2550元/年，珠三角和长三角城市群的人均教育支出也达到1500元/年以上。中原城市群、成都城市群和重庆城市群的教育水平也相对较高，公共财政的人均教育支出达到1000元/年以上。相对而言，辽中南城市群、山东半岛城市群、关中城市群、武汉城市群、长株潭城市群、北部湾城市群和海峡西岸城市群的人均教育支出较低。特别是武汉城市群，人均教育的支出在13个城市群中最低，只有694.6元/年。

城市群 2010 年教育服务水平评价　　　　　　　　　　总报告表 3-9

编号	城市群名称	教育支出（亿元）	教育服务水平 [元/（人·年）]	教育服务均衡度
1	京津冀城市群	829.8	2550.14	757727.57
2	长三角城市群	1234	1553.41	331940.88
3	珠三角城市群	608.6	1598.79	1396900.94
4	山东半岛城市群	383.8	942.84	54937.29
5	海西城市群	235.4	908.84	123738.14
6	武汉城市群	142.9	694.61	82164.82
7	中原城市群	149.5	1136.31	435916.54
8	长株潭城市群	102.1	774.52	85493.18
9	辽中南城市群	199.1	1019.55	50514.23
10	关中城市群	124.9	979.94	222480.03
11	成都城市群	158.7	1218.25	50756.04
12	重庆城市群	240.5	1355.65	11314.12
13	北部湾城市群	44.2	713.97	50200.09

注　1　教育支出数据，由《2011 年中国县（市）社会经济统计年鉴》获取的各县区教育支出数据，进行加总获得。
　　2　教育服务水平数据，由教育支出数据除以 2010 年当地常住人口数据获取。
　　3　教育服务均衡度数据，由城市群内部各区县人均教育服务水平数据求取方差获取。

城市群人均教育支出的水平高，并不表明城市群内部具有较高的公平性。总体来看，城市群的教育服务水平和其差异程度呈现出正相关关系。京津冀、长三角和珠三角整体教育服务水平较高，但其内部差异也较大。特别是珠三角城市群，在13个城市群中，其内部差异程度最高。关中城市群和海峡西岸城市群，其内部各县区教育差距也比较大。相对而言，辽中南城市群、山东半岛城市群、武汉城市群、成都城市群、重庆城市群、长株潭城市群和北部湾城市群，它们内部的教育差异程度较低，在教育公平性方面做得比较好。

海峡西岸城市群内部的教育服务水平差距显著

虽然中央政府一直通过加大转移支付力度来推进公平的义务教育，但我国各地方的教育投入差距仍然很大。2011年，北京每个初中学生的教育经费支出约为3.8万元，但同期河南省只有4600元。省内的差距同样显著，如2012年广东省小学平均教育经费支出为5600元/人，其中深圳市的平均支出为16000元/人，但省内的贫困县只有2000元/人❶。

福建海峡西岸城市群是我国经济比较发达的城市群，但其教育支出水平与其经济发展水平还不相称。从2010年人均教育支出来看，该城市群人均只有908.84元，在全国13个城市群中排在第10位，仅高于北部湾、长株潭和武汉3个城市群。从城市群内部差异看，海西城市群是全国教育最不均衡的区域之一。城市群37个县区中，只有厦门市辖区、福州市辖区、泉州市辖区、石狮市、晋江市、莆田市辖区和漳州市辖区的人均教育支出高于城市群的平均水平，其他30个县区均低于城市群的平均支出水平。特别是

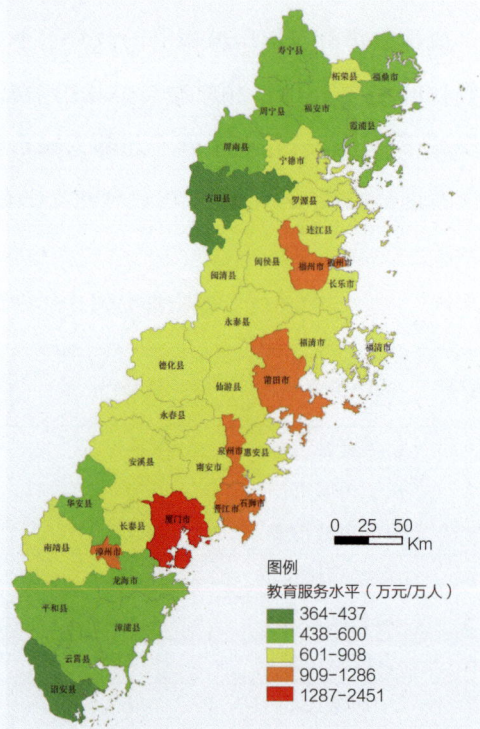

专栏图14-1　海西城市群教育支出水平

图例
教育服务水平（万元/万人）
- 364-437
- 438-600
- 601-908
- 909-1286
- 1287-2451

0　25　50 Km

❶ 世界银行、国务院发展研究中心. 中国：推进高效、包容、可持续的城镇化[M]. 北京：中国发展出版社. 2015: 237。

人均教育支出最高的厦门市，2010年其人均支出达到2450.96元/人，与全国人均教育支出最高的京津冀城市群持平。但人均教育支出水平最低的漳州市诏安县，年人均支出只有364.07元，仅及厦门的1/7，这充分说明城市群内部教育投入存在着很大的不均衡。

3. 各城市群馆藏图书水平仍需提升

本次研究仅以城市群公共图书馆藏书量指标，来分析各城市群文化服务水平，总报告表3-10为统计的城市群2010年馆藏书水平概况。研究表明，京津冀城市群、

长三角城市群和珠三角城市群具有较高的文化服务水平，其中京津冀城市群最高，公共图书馆藏书量达到1.94万册/万人。辽中南城市群、成都城市群、武汉城市群、长株潭城市群和北部湾城市群的文化服务水平也比较高，公共图书馆藏书量达到8000册/万人。相对而言，山东半岛城市群、中原城市群、关中城市群、重庆城市群和海峡西岸城市群较低，其中海峡西岸城市群文化服务水平最低，公共图书馆藏书量只有5130册/万人。

从城市群内部的差距看，京津冀城市群、珠三角城市群和长三角城市群内部文化服务差异程度较高，其中珠三角城市群最高，说明城市群的核心城市与外围经济欠发达县区的人均馆藏图书量差距较大。辽中南城市群、中原城市群、长株潭城市群、北部湾城市群和海峡西岸城市群，群内的差距相对较大。相对而言，山东半岛城市群、关中城市群、成都城市群、重庆城市群、武汉城市群差异较低，其中重庆城市群内部差异最低，反映出城市群内部在文化服务水平上有着较好的公平性。

城市群 2010 年馆藏书水平概况　　　　　总报告表 3-10

编号	城市群名称	公共图书馆藏书量（万册）	人均藏书水平（万册/万人）	文化服务均衡度
1	京津冀城市群	6294.7	19.35	133.19
2	长三角城市群	13389.6	16.86	201.66
3	珠三角城市群	6065.1	15.93	483.35
4	山东半岛城市群	2578.5	6.33	73.76
5	海西城市群	1329.2	5.13	86.37
6	武汉城市群	1588.9	7.73	21.89
7	中原城市群	913.6	6.95	27.84
8	长株潭城市群	1003.1	7.61	49.91
9	辽中南城市群	2677.9	13.71	77.56
10	关中城市群	729.9	5.73	14.18
11	成都城市群	1458.0	11.19	55.68
12	重庆城市群	1030.8	5.81	3.22
13	北部湾城市群	510.6	8.25	29.38

注　1　公共图书馆藏书量数据，取自 2011 年《中国城市统计年鉴》。
　　2　人均藏书水平数据，由公共图书馆藏书量除以当地 2010 年常住人口获得。
　　3　文化服务均衡度，由城市群内部各县区人均藏书量求取方差获得。

北部湾城市群的文化服务水平

文化服务设施配置不均衡，是制约我国经济社会全面协调可持续发展的重要矛盾之一。即使在北部湾这个经济欠发达的城市群，群内各城市公共图书馆藏书量也存在着巨大的差距。例如，广西壮族自治区首府南宁市的市辖区，公共图书馆藏书量人均指标达到15950册/万人。北海市辖区、防城港市辖区、钦州市辖区、合浦县分别只有5310册/万人、2870册/万人、1700册/万人和1450册/万人。指标最高的南宁市辖区和指标最低的钦州市辖区，差距达到了11倍。

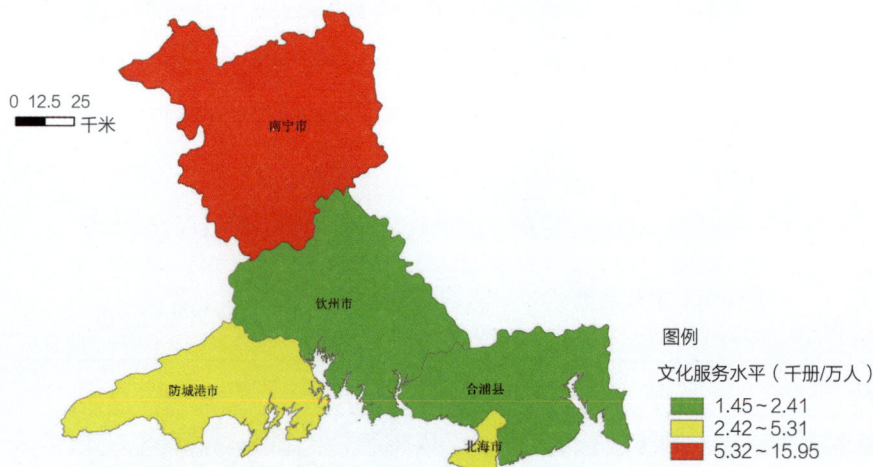

专栏图 15-1　北部湾城市群人均馆藏图书水平

4. 经济发展尚未推动群内公共服务均等化

① 本次研究的城市群总体公共服务水平，是通过熵值法，对医疗卫生、教育和文化服务三个方面的评价结果进行综合后获取。

研究表明，经济发展水平越高，城市群总体的公共服务水平就越高①，如我国京津冀、长三角和珠三角三大城市群，处于我国城市群公共服务综合水平的第一层级。辽中南、山东半岛、关中、成都、武汉和北部湾等城市群公共服务的综合水平，处于全国第二个层级上。相对而言，中原、重庆、长株潭和海峡西岸等4个城市群公共服务总体水平较低，其中重庆城市群最低，他们处在全国公共服务综合水平的第三个层级。

城市群总体公共服务的高水平，也会带来内部服务较大的差异性。如京津冀、长三角、珠三角和北部湾等4个城市群，其内部的公共服务水平差异较大，其中珠三角城市群内部的差异性最大。辽中南、中原、关中、成都、武汉、长株潭、海西等7个城市群，群内的公共服务差异程度适中。山东半岛和重庆两个城市群，群内的公共服务水平差异较小，公平性相对突出（总报告图3-24）。

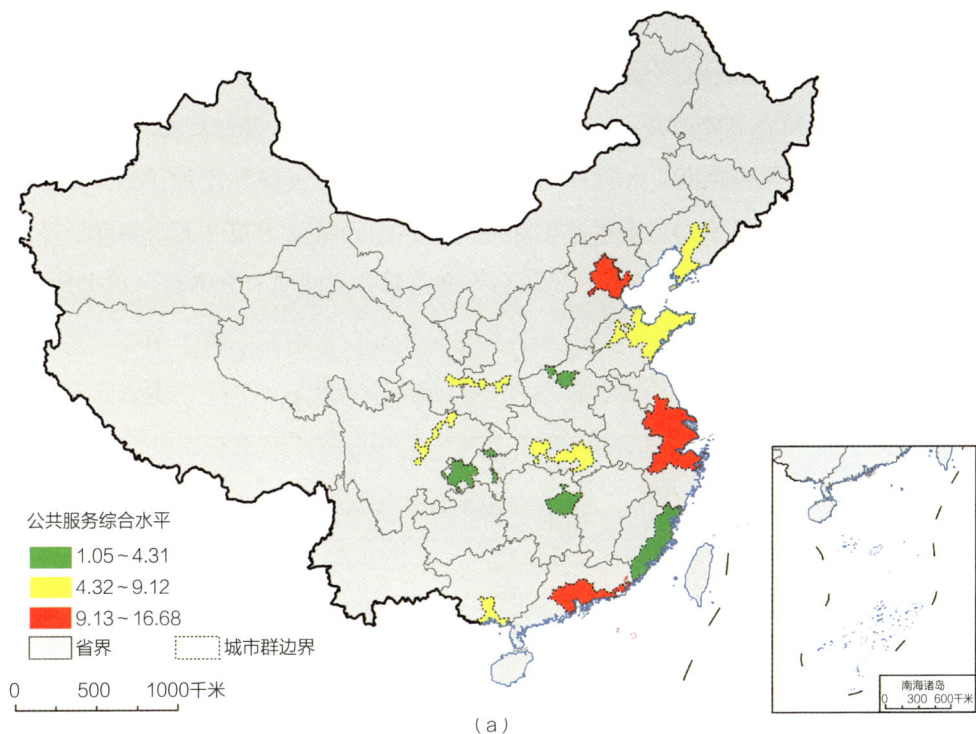

（a）

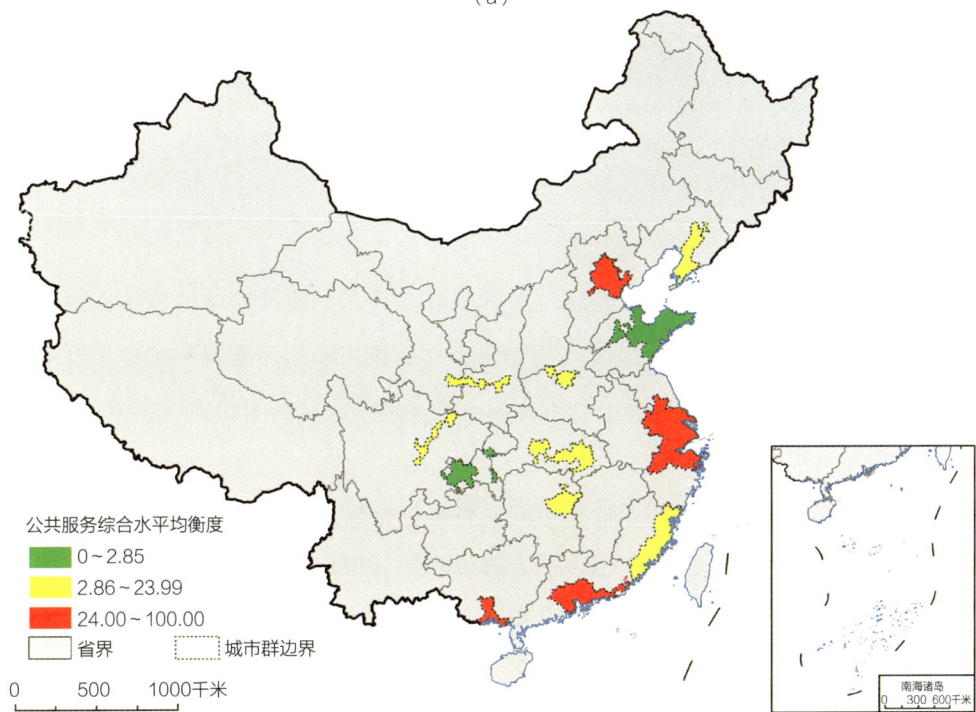

（b）

总报告图3-24　城市群基本公共服务综合水平（a）和差异度分布（b）

（四）我国城市群的交通支撑日趋增强

　　交通作为区域经济社会联系的纽带，是城市群空间建构的必要手段，直接影响着城市群空间的演变方式和发展方向。在我国，高速公路、高速铁路已经成为城市群对内对外联系的主要通道，在城市群经济和社会发展中的作用突出。

1. 城市群交通设施不断提升完善

（1）城市群公路网密度，与人口规模和经济发展水平密切相关

我国城市群的公路网，经过改革开放以来30多年的发展和完善，总体上已经形成与人口规模和经济发展水平基本相适应的结构和密度。按照人口密度、经济密度与公路网密度的关系与水平，可将13个城市群分为四类^{（总报告表3-11）}：

13 个城市群 2010 年公路网密度比较　　总报告表 3-11

城市群名称	人口密度（人/平方公里）	经济密度（万元/平方公里）	路网密度（米/平方公里）			
			高速	国道	省道	总密度
京津冀	819.0	6009.0	73.5	42.7	140.0	256.2
珠三角	793.4	7248.2	63.7	29.9	97.3	190.9
长三角	784.1	6290.8	56.1	21.9	80.8	158.8
中原	960.2	4170.2	62.4	30.8	110.7	204.0
成都	742.1	3131.3	53.2	32.2	36.1	121.5
山东半岛	559.3	3331.3	37.0	27.5	115.4	179.9
辽中南	600.0	3889.7	44.2	37.3	70.4	152.0
武汉	523.6	2026.9	40.3	24.1	68.7	133.1
关中	687.5	2114.6	44.6	34.8	48.1	127.5
重庆	616.7	1986.9	36.8	23.9	66.5	127.1
长株潭	595.5	2726.8	27.5	28.1	45.9	101.5
海西	482.0	1993.2	25.5	18.2	53.4	97.1
北部湾	352.2	1055.3	27.7	28.1	38.9	94.7

第一类为京津冀、长三角和珠三角城市群。其人口密度、经济密度、公路网密度在全国城市群中均达到高值。2010年，三大城市群人口密度800人/平方公里左右，经济密度大于6000万元/平方公里，相应高速公路网密度大于55米/平方公里，公路网总密度大于150米/平方公里。

第二类为中原城市群和成都城市群。其人口密度与第一类相当，经济密度处于全国城市群的中上等水平，2010年达到3000万～4000万元/平方公里。高速公路网密度大于50米/平方公里，公路网总密度大于120米/平方公里。

第三类为辽中南、山东半岛、武汉、长株潭、关中和重庆城市群。人口密度、经济密度均处于13个城市群中间水平，其2010年人口密度500～700人/平方公里，经济密度2000万～4000万元/平方公里，高速公路网密度35～45米/平方公里，公路网总密度120～150米/平方公里。

第四类为海西和北部湾城市群。人口密度、经济密度在13个城市群中排名靠后，2010年，人口密度小于500人/平方公里，经济密度1000万～2000万元/平方公里，高速公路网密度25～30米/平方公里，公路网总密度90～100米/平方公里。

（2）城市群高速铁路处于快速发展期，城市群之间水平差异明显

城市群高速铁路（简称高铁）❶发展迅猛。13个城市群县市区的高铁覆盖率平均达到了50.7%，车站密度平均达到了5.35座/万平方公里，车站百万人拥有率平均为0.81座。其中，车站数超过30座的有长三角、珠三角、武汉城市群，20～29座的城市群有山东半岛、成都、海西城市群，其中武汉城市群建成了目前国内最为发达的城际铁路网络^{（总报告表3-12）}。

❶ 本次研究所指的高速铁路包括三种类型：（1）列车设计运行时速250公里及以上（含预留）的客运专线；（2）高速化改造后，运行时速达到200公里及以上的既有线；（3）列车设计运行时速为200公里及以上的城际铁路。高速铁路相关数据截止到2014年12月。

13个城市群高速铁路服务水平　　　　总报告表3-12

城市群名称	面积（平方公里）	县市区数（个）	高铁车站数（座）	拥有高铁站的县市区数（个）	县市区高铁覆盖率	站点数（个/万平方公里）	站点数/（个/百万人）
京津冀	39727.20	21	17	7	33.3%	4.28	0.52
长三角	101310.02	69	55	28	40.6%	5.43	0.69
珠三角	47978.52	27	45	18	66.7%	9.38	1.18
山东半岛	72786.48	43	21	17	39.5%	2.89	0.52
海西	53742.61	38	26	21	55.3%	4.84	1.00
武汉	39278.70	19	38	14	73.7%	9.67	1.85
中原	13699.67	14	7	6	42.9%	5.11	0.53
长株潭	22952.74	15	7	7	46.7%	3.05	0.51
辽中南	32552.46	14	17	9	64.3%	5.22	0.87
关中	18539.43	11	5	4	36.4%	2.70	0.39
成都	17555.05	12	23	11	91.7%	13.10	1.77
重庆	28762.15	4	4	1	25.0%	1.39	0.23
北部湾	17581.20	5	6	5	100%	3.41	0.97
平均					50.7%	5.35	0.81

城市群间高铁发展水平差异显著。珠三角、辽中南、武汉、成都、北部湾等城市群的县市区高铁覆盖率达到了60%以上，但京津冀、山东半岛、关中、重庆等城市群的覆盖率不到40%。珠三角、武汉、成都等城市群的车站密度达到了9座/万平方公里以上，而山东半岛、关中、重庆等城市群的相应值低于3座。珠三角、武汉、成都等城市群的车站百万人拥有率在1.1座以上，而关中、重庆等城市群的相应值不及0.4座。

总体来看，关中、重庆城市群的各项高铁服务指标在13个城市群中垫底，而京津冀、山东半岛城市群高铁网发展也显著滞后，正成为一体化发展的短板。此外，长三角城市群虽然建成了相对发达的高速铁路网，但县市区高铁覆盖率仅40.6%，车站百万人口拥有率仅0.69座，远低于统计平均值，城际铁路网建设亟须加强。

2. 主要节点城市的布局影响城市群内部交通可达性

城市群交通可达性与高速公路、高速铁路的发展水平密切相关。高速公路、高速铁路使群内城市间的时空距离大大缩短，各城市间的经济社会联系日益紧密，并促使各行政区从相互分割走向区域融合，城市群内部的空间结构日趋成熟、稳定，空间紧凑度日益增大。

城市群交通可达性也与主要节点城市分布密切相关。主要节点城市是城市群空间组织的核心，联系便捷程度直接影响着周边地区的发展潜力。尤其是半小时时距圈的形成，将显著增强节点城市与周边地区的同城化态势，推动城市功能向周边拓展。如长三角城市群由于大中小城市体系完备且城市经济实力普遍较强，主要节点城市数量远超其他城市群，达到了16个。珠三角、山东半岛城市群主要节点城市数量分别达到8个、7个。京津冀城市群由于京津独大，其他城市的经济实力和人口聚集能力较弱，主要节点城市数量仅为4个。辽中南、海西、武汉城市群的主要节点城市数量为3~4个，而其他城市群的相应数量仅为1~2个^{（总报告表3-13）}。

本次研究以主要节点城市为源点，通过分析包含高速公路、高速铁路在内的

13个城市群主要节点城市分布　　　　　　　　　　　　总报告表 3-13

城市群名称	县市区数（个）	区域中心城市 2010年GDP>1000亿元且城市人口>100万人	具有区域性影响力的节点城市 2010年GDP>1000亿元	具有区域性影响力的节点城市 2010年城市人口>100万人	主要节点城市数（个）
京津冀	21	北京、天津、唐山		保定	4
长三角	69	上海、杭州、南京、宁波、苏州、无锡、常州、南通	昆山、江阴、张家港、常熟、吴江	扬州、湖州、镇江	16
珠三角	27	广州、深圳、佛山、东莞、中山、珠海、汕头		惠州、江门	8
山东半岛	43	济南、青岛、淄博、烟台	东营	潍坊、日照	7
海西	38	厦门、福州		泉州、莆田	4
武汉	19	武汉		宜昌、荆州	3
中原	14	郑州		洛阳	2
长株潭	15	长沙		株洲	2
辽中南	14	沈阳、大连、鞍山		抚顺	4
关中	11	西安		宝鸡	2
成都	12	成都		绵阳	2
重庆	4	重庆			1
北部湾	5	南宁		钦州	2

交通网络的0.5小时、1小时、2小时可达范围及占城市群面积的比例，从整体上研究各城市群的交通可达性水平^{（总报告表3-14）}。

2010 年 13 个城市群不同时距可达范围 ❶ 　　　总报告表 3-14

	可达范围（平方公里）			占总面积比例		
	0.5小时	1小时	2小时	0.5小时	1小时	2小时
京津冀	4070.94	19267.60	36632.85	10.3%	48.5%	92.3%
长三角	11630.90	43013.38	86381.78	11.5%	42.5%	85.3%
珠三角	8505.94	24277.43	42973.19	17.7%	50.5%	89.4%
山东半岛	5939.17	27986.72	68333.09	8.1%	38.3%	93.5%
武汉	2250.69	11369.70	34280.33	5.7%	28.9%	87.2%
中原	1659.54	6909.84	13443.63	12.1%	50.4%	98.1%
长株潭	1696.23	7021.40	18517.70	7.5%	31.0%	81.8%
辽中南	3203.91	12220.53	26079.04	9.9%	37.6%	80.2%
北部湾	1613.17	6764.47	15065.56	9.2%	38.4%	85.5%
成都	2073.36	7014.23	11601.71	11.8%	39.9%	66.0%
海西	4616.30	14199.01	31925.18	8.6%	26.4%	59.3%
关中	2705.47	7467.01	13398.51	14.6%	40.3%	72.3%
重庆	1278.81	5957.68	18552.25	4.4%	20.7%	64.4%
平均值				10.1%	38.2%	82.3%

❶ 含高速铁路、高速公路等网络的综合运算结果。

长三角、京津冀、珠三角、山东半岛是强可达性的大型城市群。这4个城市群主要节点城市数目较多，可以相对均衡地支撑城市群取得强可达性，0.5小时时距圈面积在4000平方公里以上，1小时时距圈面积在1.9万平方公里以上，而且在较大范围实现连绵成片。虽然这些城市群面积较大，但2小时时距圈面积比重仍然可以达到85%以上，形成对城市群的良好覆盖。总报告图3-25为山东半岛城市群交通可达性分布。

辽中南、中原、武汉、长株潭、北部湾是较高可达性的城市群。这4个城市群的主要节点城市2～4个，沿城市群主要轴线带状分布，相对均衡地支撑城市群取得较高的可达性。0.5小时、1小时时距圈围绕主要节点城市呈分散分布，其中辽中南、长株潭、北部湾城市群的1小时时距圈形成部分对接成片。2小时时距圈面积比重在80%以上，基本形成对城市群的良好覆盖。总报告图3-26为武汉城市群的交通可达性分布。

海西和成都城市群是可达性不均衡型的城市群。他们整体可达性水平较低，2小时时距圈覆盖面积比重在70%以下。在区域中部和外层形成明显的可达性差异，中部沿主要轴线在2～4个主要节点城市的支撑下，1小时时距圈形成连绵对接。总

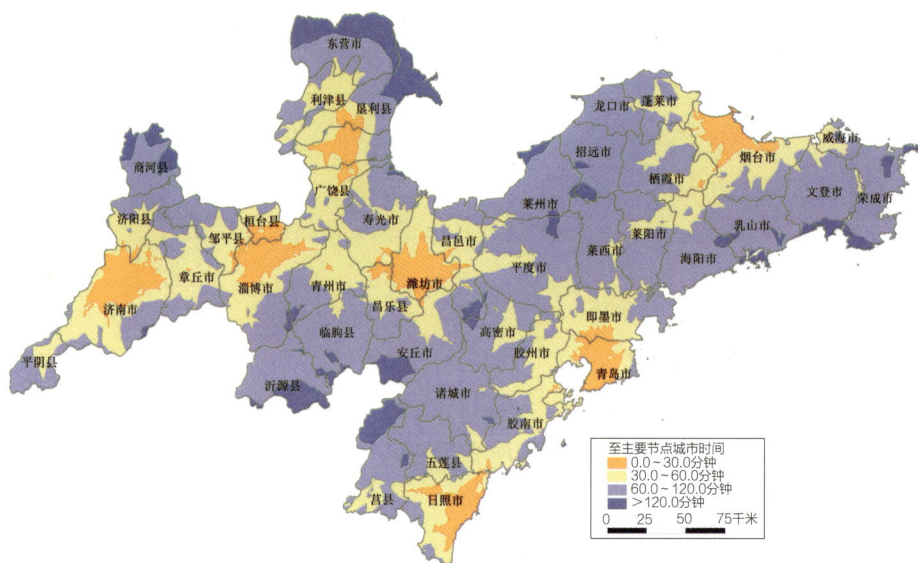

总报告图 3-25　山东半岛城市群交通可达性分布

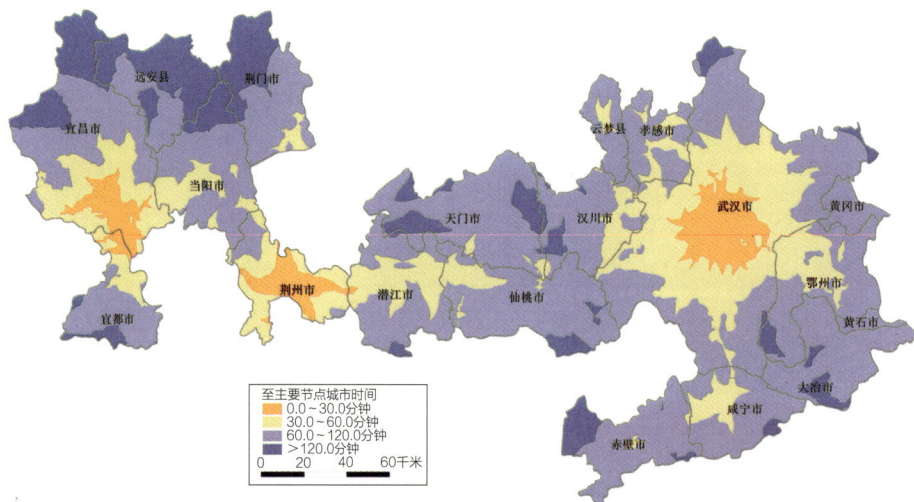

总报告图 3-26　武汉城市群的交通可达性分布

❶ 研究及分析
过程，参见相关
专题报告。各城
市群的核心城市
分别指：长三
角—上海、杭州、
南京；京津冀—
北京、天津；珠
三角—广州、深
圳；山东半岛—
青岛、济南；辽
中南—沈阳、大
连；海西—厦门、
福州；武汉—武
汉；长株潭—长
沙；中原—郑州；
重庆—重庆；成
都—成都；关
中—西安；北部
湾—南宁。

报告图3-27为成都城市群交通可达性分布。

　　重庆和关中是弱可达性的城市群。这两个城市群主要节点城市仅1～2个，对城市群的辐射带动能力明显不足，2小时时距圈面积比重不足72.5%。如重庆城市群交通可达性呈单中心圈层状分布，0.5小时、1小时、2小时时距圈覆盖面积比重在13个城市群中分别排名倒数第1、倒数第1、倒数第2，尤其是2小时时距圈难以覆盖东部的万州区和黔江区。总报告图3-28为重庆城市群交通可达性分布。

3. 高铁网络改善了大部分城市群的时空格局

　　由于核心城市是影响和控制城市群势力范围和场强格局的主要因素❶，因此，本次研究的重点，是分析高铁网络带来的以核心城市为中心的、1小时可达范围的

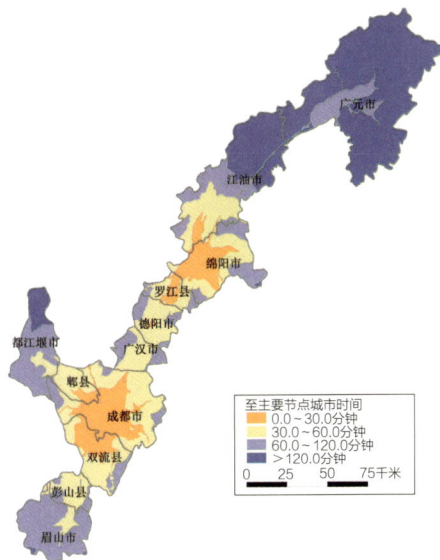

总报告图 3-27　成都城市群交通可达性分布

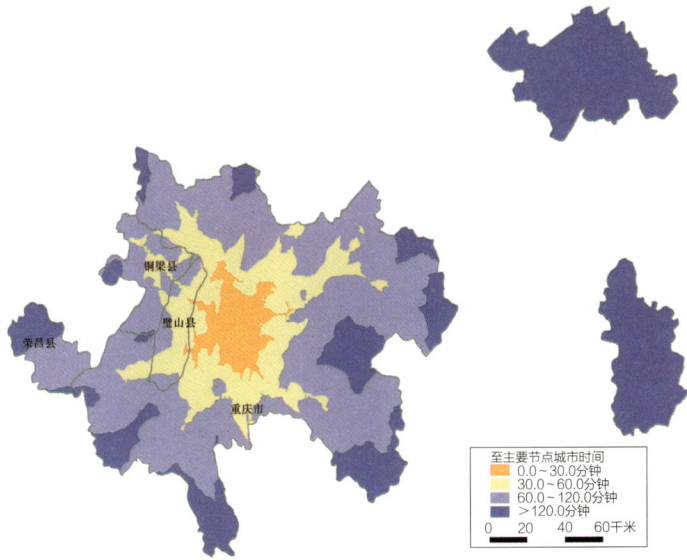

总报告图 3-28　重庆城市群交通可达性分布

变化，并由此带来的时空格局的变化。

高铁网络全域性地改善了长三角、京津冀、辽中南、长株潭和中原城市群的时空格局^{（总报告图3-29）}。以京津冀城市群为例，京津、京保、津唐等轴线上布局了时速350公里的高铁，使北京、天津的时距圈发生了明显变化。京津城际武清站地区成为京津轴线上0.5小时时距圈的飞地，使京津轴线1小时时距圈变宽。京津城际塘沽站使天津的0.5小时时距圈向东延伸。北京的1小时时距圈沿京广高铁向高碑店、定兴延伸，津秦高铁使唐山中心城区跨越式地纳入天津的1小时时距圈范围。

高铁网络明显改善了珠三角和武汉城市群核心区的时空格局^{（总报告图3-30）}。如武汉城市群在武汉至咸宁轴线上布局有京广高铁（时速350公里）、武咸城际，而在武汉至宜昌的长轴方向，汉宜线的设计时速为200公里（预留250公里）。由此高速铁路带来的时空格局变化主要体现在武汉周边的一些高铁站点附近，1小时时距圈将京广高铁上的咸宁、赤壁，汉宜线上的汉川、仙桃，汉丹线上的云梦纳入。同时，武黄城际、武冈城际的起止站为武汉站，而武汉站距离武汉城市中心14公里左右，相应制约了1小时时距圈向黄石方向的扩展。

高铁网络只改善了山东半岛、海西、成都和关中城市群核心城市都市区的时空格局^{（总报告图3-31）}。如山东半岛城市群济南和青岛的空间距离达到300公里，而胶济客专设计时速250公里（运营200公里），济南的1小时时距圈只能将胶济客专的淄博站附近地区纳入，青岛1小时时距圈只能将胶济客专的高密站、青烟威荣城际的莱西北站地区纳入。

高铁网络对重庆、北部湾城市群的时空格局改善不明显^{（总报告图3-32）}。重庆城市

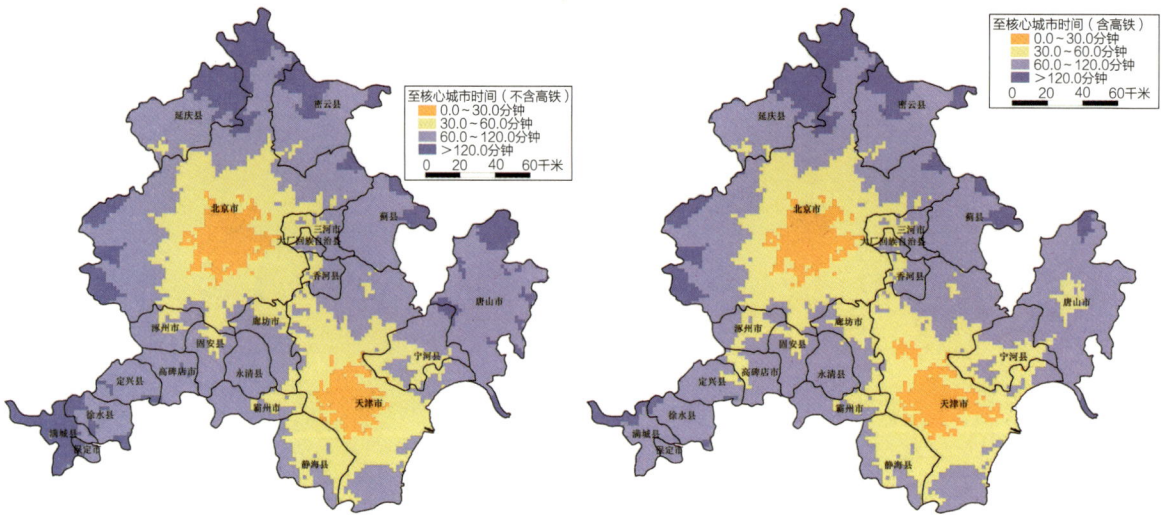

总报告图 3-29　京津冀城市群核心城市时距圈：公路网络（左）与含高铁网络（右）对比

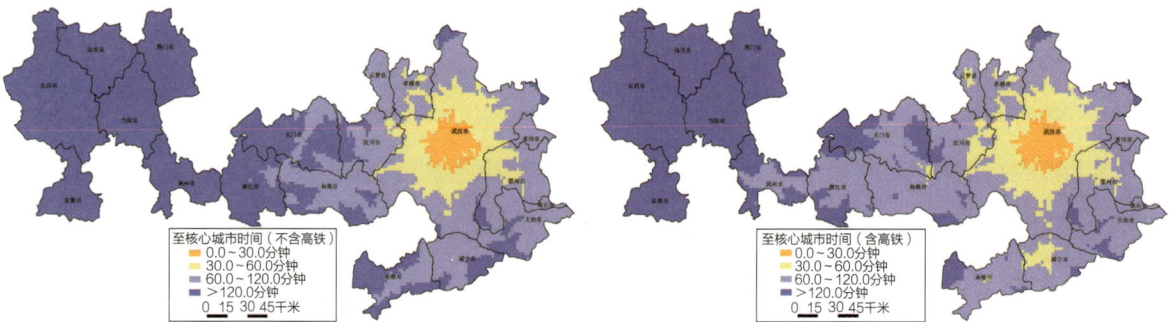

总报告图 3-30　武汉城市群核心城市时距圈分布：公路网络（左）与含高铁网络（右）对比

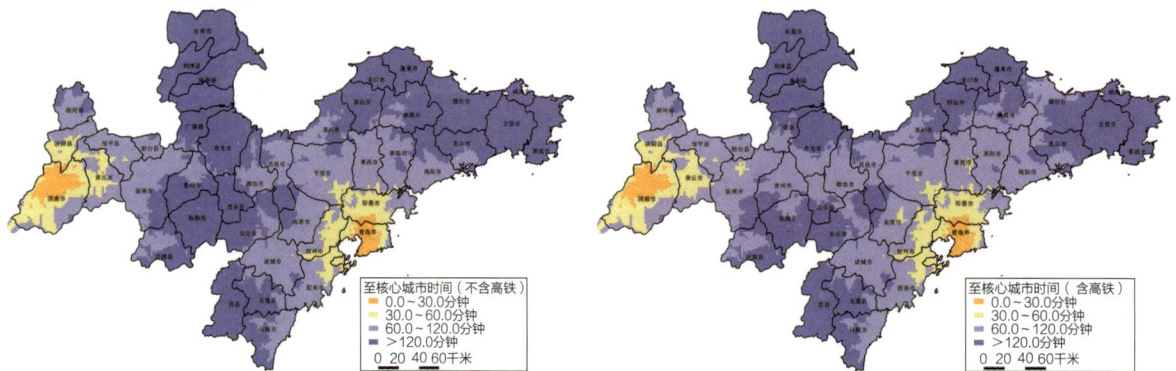

总报告图 3-31　山东半岛城市群核心城市时距圈：公路网络（左）与含高铁网络（右）对比

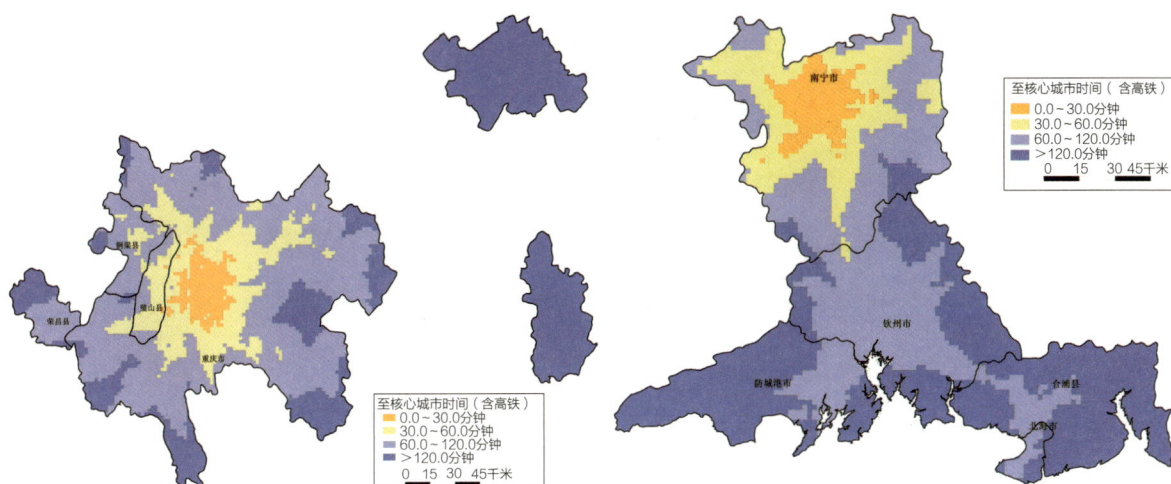

总报告图 3-32　重庆（左）、北部湾（右）城市群核心城市时距圈分布（含高铁网络）

群主要是利用既有线的高速化改造，时空格局的变化仅仅体现在零星的高铁站点地区上，即1小时时距圈范围在长寿北站、合川站附近地区扩大，同时将涪陵北站地区纳入。北部湾城市群虽然高铁网络较为发达，高铁站点覆盖城市群全部5个县市节点，但邕北线在南宁至钦州间无中间站点，导致南宁市区外半径80公里内没有站点，由此未能发挥高铁网络对1小时时距圈的改善效用。

4. 高铁网络提高了核心城市周边站点地区的场强格局

高铁网络提高了城市群空间一体化发育水平。从场强格局❶上看，不仅改善了城市群的时空格局，而且还提高了核心城市的辐射能级。在高速公路网络已促成城市群形成基本场强格局的情形下，高铁网络的作用是将核心城市半径60~100公里范围内的高铁站点地区纳入0.5~1小时时距圈。因此，只有高辐射能级的核心城市才能推动这些较远距离站点地区的场能显著提升。

❶ 场强格局及函数的构建研究，请参阅相关专题研究报告。

高铁网络使京津冀、长三角和珠三角城市群核心区域场强格局得到明显改善。以长三角城市群为例，围绕上海、杭州、南京三大核心城市，在增进沪杭、沪宁、杭甬等"之"字轴线功能发展的同时，宁杭轴线成为空间发育的新增长点^{（总报告图3-33）}。反映在城市群空间核心区域分布上，在沪宁轴线上形成上海—昆山—苏州连接成片；在沪杭轴线上，上海呈现向嘉善、杭州呈现向海宁扩展的态势。反映在扩展区域空间分布上，三大核心城市均扩展明显，上海至常州、上海至杭州的一体化潜力区域被充实；南京沿沪宁轴线逐步对接镇江；宁杭客专沿线站点地区场能普遍提升，尤其是杭州附近的德清与南京附近的溧水、溧阳变化明显。

高铁网络使辽中南、武汉、重庆城市群的核心城市周边部分高铁站点地区的场强格局得到改善。高铁网络对城市群扩展区域的分布产生局部变化，主要反映在核心城市周边的部分高铁站点上。如辽中南城市群普湾站地区场能提升，并由此带动

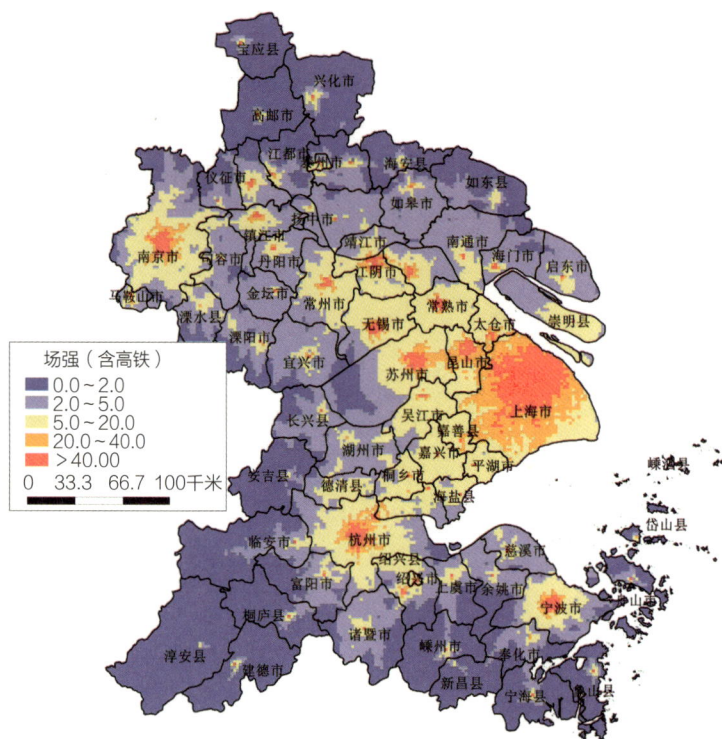

总报告图 3-33　长三角城市群场强空间格局（含高铁网络）

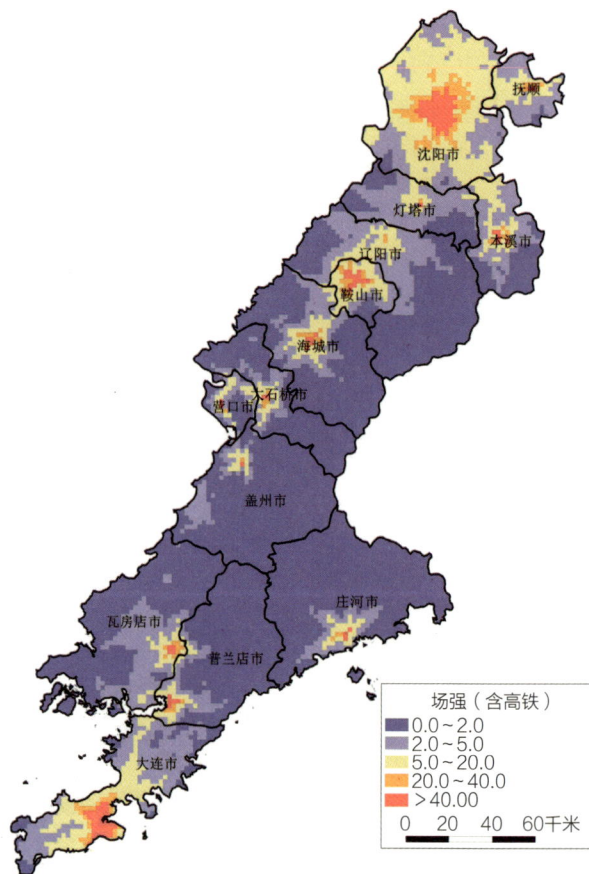

总报告图 3-34　辽中南城市群场强空间格局（含高铁网络）

大连至普兰店间形成连绵的一体化潜力发展带^{（总报告图3-34）}。武汉城市群围绕武汉在汉川站、华容南站、咸宁北站等高铁站点附近形成新的一体化潜力节点。重庆城市群虽然高铁网络极不发达，但重庆市区2010年GDP达4892亿元，反映在扩展区域空间分布上，距离重庆较近的长寿北站、合川站地区场能明显提升并向周边扩散。

高铁网络对其他城市群的场强空间格局影响不大。高铁网络虽然明显改善长株潭、中原城市群时空格局，但长沙、郑州等核心城市经济实力及辐射能级有限，导致场能格局变化不大。在既有发达的高速公路网络基础上，高铁网络给成都、山东半岛、关中、海西、北部湾等城市群带来的时空格局改善有限，相应场能格局的变化亦不显著。

（五）我国城市群的安全风险不容忽视

1. "仙台框架"体现了灾害风险管理新理念

2015年3月18日，日本仙台举办的第三次联合国世界减少灾害风险大会，通过了《2015～2030年仙台减少灾害风险框架》（简称"仙台框架"）。"仙台框架"与《2005～2015年兵库行动框架》相比，最重要的转变是强调"灾害风险管理"而非"灾害管理"，并提出"需要在灾害风险的各个维度（暴露程度、脆弱性、灾害特性）上更好地了解灾害风险"。

"仙台框架"充分继承和体现了综合减灾的理念，与我国正在实施的"以防为主、综合减灾"的战略相辅相成，并为我国开展综合减灾提供了诸多启示，如区域减灾要更加强调多灾种综合，要考虑灾害发展全过程，减少现有的、识别潜在的和防治新的灾害风险，要促进对多灾种灾害风险进行全面调查，要开展区域灾害风险评估和制图❶，等等。"仙台框架"还进一步强调了区域灾害风险评估对区域防灾减灾的重要意义。

2. 我国城市群先天具有较高的脆弱性

城市群脆弱性是指城市人口、经济和社会发展因灾受损的程度。总体来看，由于城市群人口密度、单位面积人均GDP和固定资产投资均较高，先天具有较高的脆弱性，因而灾害往往导致较高的人口和经济损失。同时，由于长期较高的固定资产建设投资，城市建筑和基础设施系统越来越庞杂，面临较高灾害损失的同时，其灾后恢复重建也将遭遇更多困境^{（总报告图3-35）}。

3. 我国城市群面临较高的灾害危险性

（1）地震是我国影响范围很广的灾种

根据《中国地震动参数区划图》GB 18306—2001、《建筑抗震设计规范》

❶ 范一大. 我国灾害风险管理的未来挑战——解读《2015～2030年仙台减轻灾害风险框架》[J]. 中国减灾，2015：18-21。

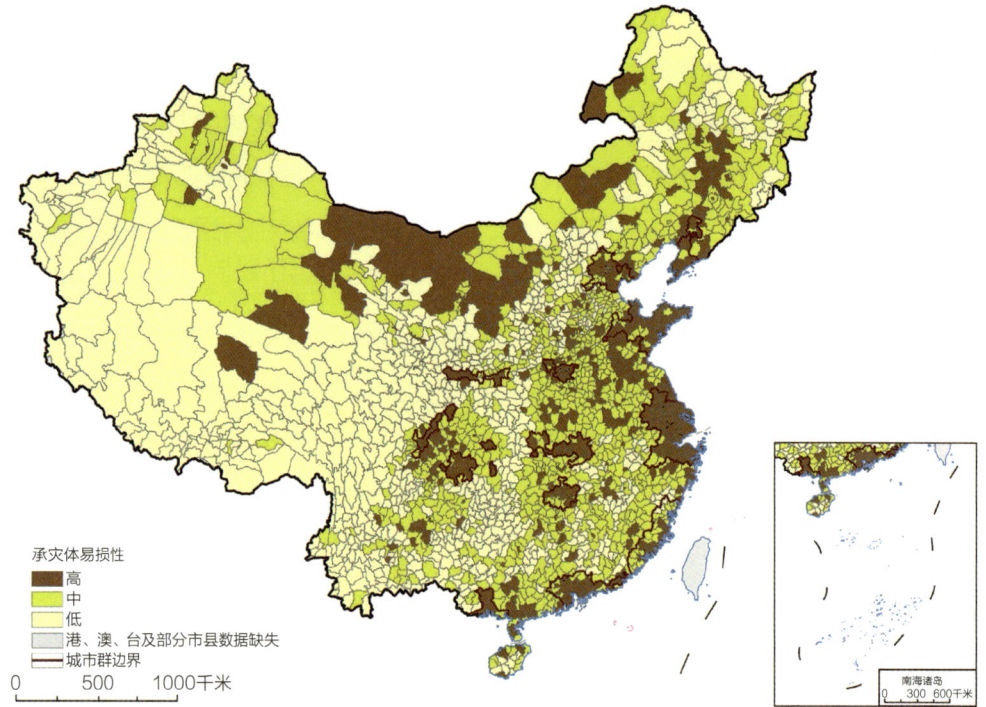

承灾体易损性
- 高
- 中
- 低
- 港、澳、台及部分市县数据缺失
- 城市群边界

0　　　500　　　1000千米

总报告图 3-35　全国各市县单元灾害易损性评价

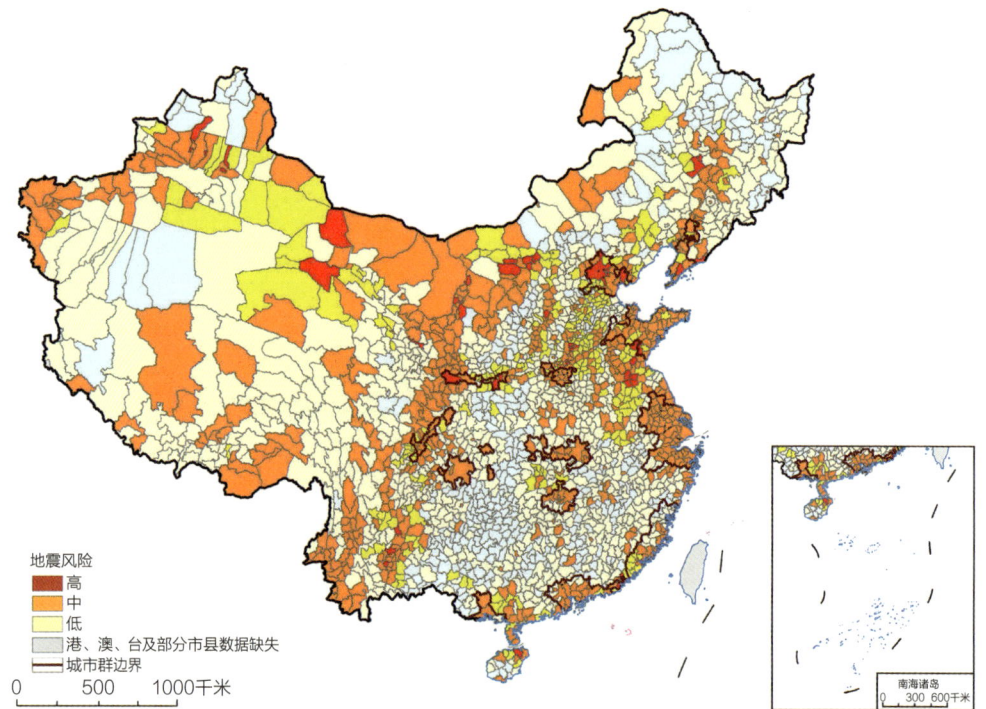

地震风险
- 高
- 中
- 低
- 港、澳、台及部分市县数据缺失
- 城市群边界

0　　　500　　　1000千米

总报告图 3-36　全国各市县地震灾害风险评估

　　中国城市群的类型和布局

（GB 50011—2010）确定的各区县抗震设防烈度，进行三个等级赋值：6度及以下的区域地震危险性为低，7度区域地震危险性为中，8度及以上区域地震危险性为高。叠加脆弱性，对全国市县地震风险等级划分后表明，地震是我国的主要灾害之一，在我国影响范围很广，13个城市群均处于地震风险较高的区域，其中京津冀、关中和辽中南等城市群处于地震高风险区域（总报告图3-36、总报告表3-15）。

地震灾害较高风险以上地区识别 总报告表 3-15

城市群	高	较高
京津冀	北京、三河、香河、唐山、廊坊	霸州、静海、延庆、保定、大厂、玉田、宁河、蓟县、天津
长三角		仅淳安、建德为中等，其余均为较高
珠三角	汕头	除惠来、龙门、从化、河源、海丰、汕尾、云浮、高要、四会、鹤山以外，其余均为较高
山东半岛	莒县	除高青、栖霞、昌乐、沂源、临朐、五莲以外，其余均为较高
海西	无	龙海、漳州、厦门、安溪、南安、泉州、晋江、龙狮、惠安、莆田、福清、长乐、福州、闽侯
武汉	无	除远安、当阳、孝感、云梦、赤壁、咸宁以外，其余均为较高
中原	无	除孟津以外，均为较高
长株潭	无	除湘乡、上栗、株洲、汨罗、湘潭、韶山以外，其余均为较高
辽中南	普兰店	除盖州、灯塔、抚顺以外，其余均为较高
关中	天水、西安	宝鸡、咸阳、高陵、渭南
成都	无	除彭山、眉山以外，其余均为较高
重庆	无	除铜梁以外，其余均为较高
北部湾	无	除合浦以外，其余均为较高

（2）长江流域和东南沿海的城市群面临洪涝灾害的高风险

对各区县100年一遇24小时降雨量、代表站100年一遇洪峰流量、主要防洪工程标准和城市排涝标准四个要素进行加权平均，并以加权平均值的高低，划分为高、中、低三个等级并叠加脆弱性。评价结果显示，长江流域和东南沿海是洪涝灾害高危险集中分布区，成都、重庆、武汉、长三角、海西、珠三角、北部湾等城市群均有大量城市面临洪涝灾害高危险性（总报告图3-37、总报告表3-16）。

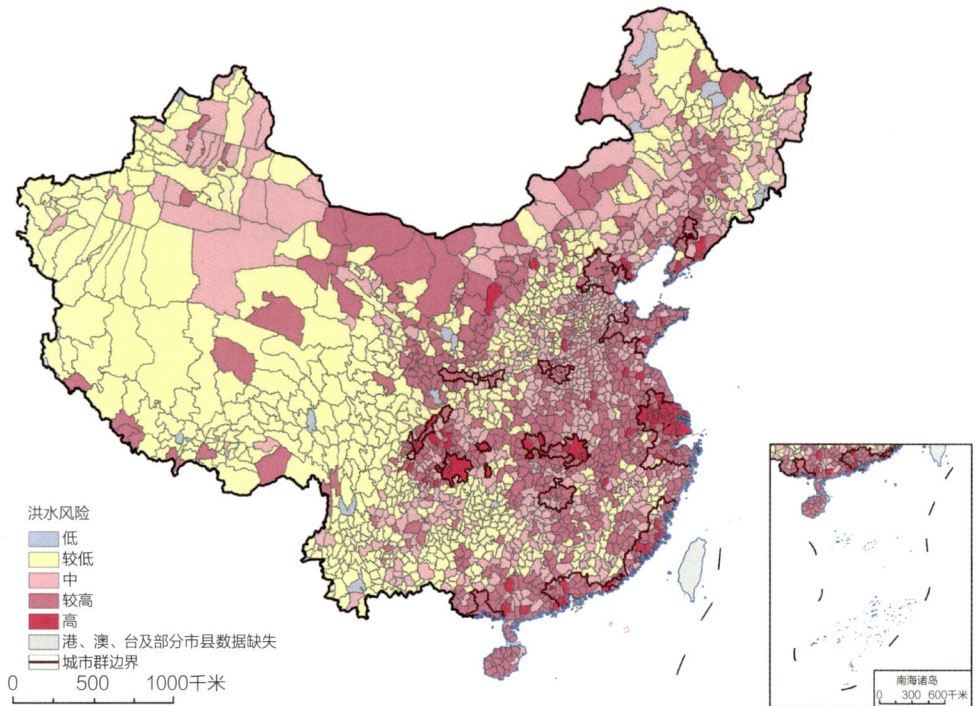

总报告图 3-37　全国各市县单元洪涝灾害风险评估

洪涝灾害较高风险以上地区识别　　　　　　总报告表 3-16

城市群	高	较高
京津冀	无	北京、三河、香河、廊坊、霸州、静海、满城、保定、唐山、蓟县、天津
长三角	仅安吉、淳安、建德为中等及以下，其余均为较高和高	
珠三角	广州、江门、中山、珠海、陆丰、普宁	除四会、从化、河源、海丰、汕尾均为较高
山东半岛	莱阳、诸城	除商河、济阳、高青、安乐、五莲、沂源、栖霞、临朐、安丘、为中等外，其余均为较高
海西	厦门、惠安、莆田、晋江、南安、福清、安溪、龙海、闽侯	漳州、华安、长泰、永春、泉州、德化、永泰、长乐、福州、连江、罗源、福安、云霄、平和、仙游、霞浦、柘荣
武汉	武汉、鄂州、汉川、大冶、宜昌、宜都、荆州、荆门、黄石	赤壁、咸宁、孝感、远安、当阳、枝江、潜江、天门、仙桃
中原	无	除孟津外，均为较高
长株潭	无	宁乡、望城、长沙市、长沙县、湘潭、株洲、浏阳、娄底、醴陵
辽中南	普兰店	大连、瓦房店、庄河、大石桥、营口、海城、鞍山、沈阳、本溪
关中	无	高天水、宝鸡、咸阳、高陵、西安
成都	成都、双流、郫县、新津、江油	绵阳、广汉、罗江、德阳、广元
重庆	重庆、璧山、荣昌	铜梁
北部湾	无	南宁、钦州、防城港、北海、合浦

长江流域洪涝高危险性背景分析

城市洪涝灾害危险性评价结果反映了我国洪涝灾害危险性的空间分布特征，而城市洪涝灾害危险性高与其所处的地理背景、气候背景和人文背景密切相关。以长江流域为例，流域面积大、流域内降水量大，人类活动影响加大产汇流速度以及全球气候变化、极端天气影响频繁等因素是长江流域洪水危险性高的主要致因。

长江是我国第一大河，全长6398公里。长江流域横跨中国东部、中部、西部三大经济区，流域范围涉及19个省、市、自治区，流域面积180.85万平方公里，约占全国陆域面积的18.8%。流域内自然地理条件多样，大地构造较为复杂，演变形成了多种地质－生态环境类型，这种特殊的地质构造轮廓是长江流域洪涝灾害的基础条件。

长江流域降水丰沛，平均年降水量达1067毫米，加之地域辽阔、地形复杂，季风气候十分典型，随着全球气候变化，气候因素成为影响长江流域洪涝灾害最活跃的自然因素，使得长江流域暴雨、干旱等异常天气现象频繁发生。气候变化对长江流域洪涝灾害的影响最主要的为降水分布的时空变化，尤其是影响长江中下游降水时空变化的气候因素最多，其中主要包括暖湿气流、温室效应和厄尔尼诺现象等。1998年、2016年的长江洪水均与赤道太平洋东部海域出现的强厄尔尼诺现象有关。

长江流域内人口众多，工农业生产频繁，据统计长江流域人口约占全国的1/3，工业产值约占全国的40%。人类活动对长江洪涝灾害的影响越来越大。随着城镇化加速，原有天然地貌的产汇流特性改变[专栏图16-1]，产流系数变大、汇流速度加快；部分河流渠化治理，致使长江支流洪水在短时间内集中汇入长江，进一步推高干流水位。长江中下游地区多年的填湖建楼、围湖造田、侵占蓄滞洪区等行为，使得湖泊调蓄能力减弱、洲滩民垸分蓄滞洪量减少，使洪水位居高不下。

2016年汛期，长江流域降雨集中、强度大，长江中下游地区发生区域性大洪水，部分支流发生特大洪水。受超强厄尔尼诺现象影响，梅雨期（6月18日～7月20日）长江流域内共发生6次明显的降雨过程、3次大的洪水过程，中下游干流监利以下江段全线超警戒水位。7月，受连续强降雨及下游河水顶托排水不畅影响，长江中下游干流附近城镇出现不同程度的内涝，渍水严重。武汉、南昌、南京等城市均出现"城区看海"，其中武汉城区大部分地段出现内涝，重要交通道路受阻造成拥堵；南昌市40多处路段因积水内涝出现严重拥堵，全市100多条公交线路停开或改道；南京市多个居民小区被淹，最高水深在1米以上。

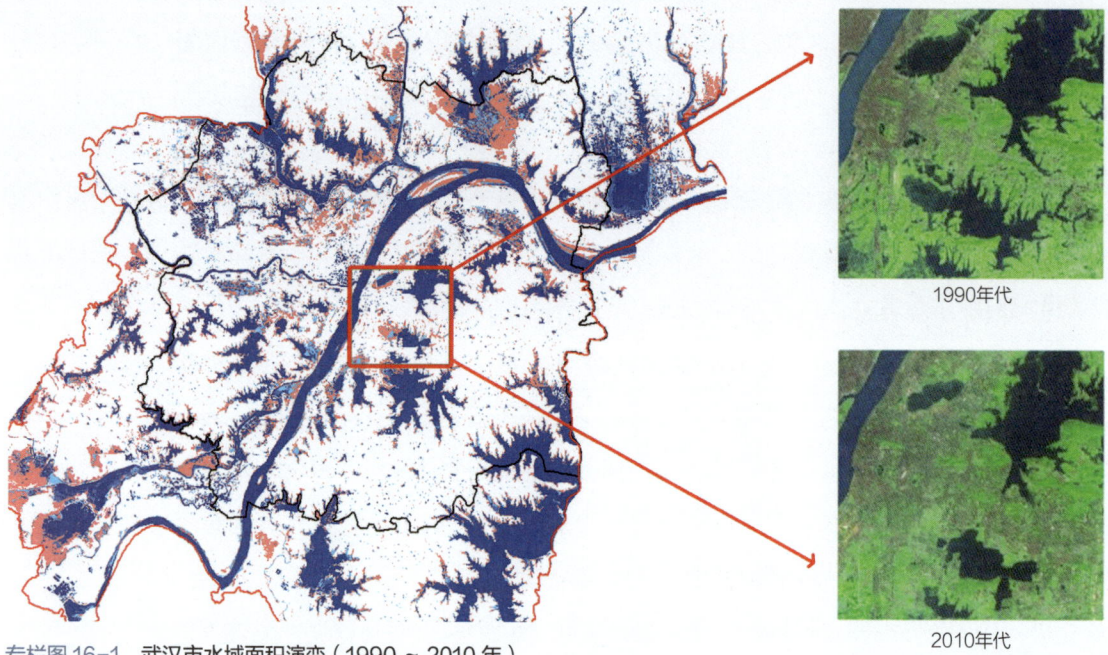

专栏图 16-1 武汉市水域面积演变（1990～2010 年）

[资料来源：中国城市规划设计研究院研究成果]

（3）我国城市群火灾的风险程度较高

我国西部新疆、青海、西藏、内蒙古、甘肃、宁夏等省区火灾风险普遍较高，这与这些区域的干燥度较高有关。东部地区东北和华北火灾风险也相对较高。13 个城市群全部处于火灾较高或高风险区^{（总报告图3-38、总报告表3-17）}。

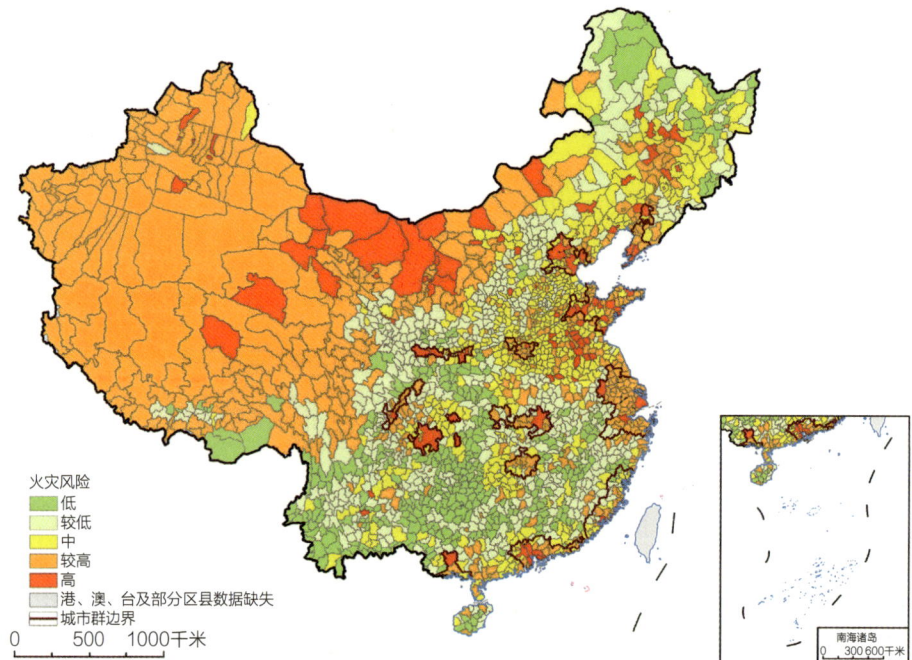

总报告图 3-38 全国各市县火灾风险评估

城市群	高	较高
京津冀	北京、天津、唐山	霸州、廊坊、保定、三河、香河、密云、玉田、蓟县、静海
长三角	仅淳安、建德为中等，其余均为较高和高	
珠三角	佛山、广州、东莞、中山、深圳	除惠来、龙门、从化、河源、海丰、汕尾、云浮、高要、四会、鹤山均为较高
山东半岛	济南、章丘、淄博、寿光、潍坊、平度、即墨、青岛、诸城、日照、烟台	除高青、商河、济阳、栖霞、昌乐、安丘、沂源、临朐、五莲，其余均为较高
海西	厦门	龙海、漳州、安溪、南安、泉州、晋江、惠安、莆田、福清、长乐、福州、闽侯
武汉	武汉	除远安、当阳、孝感、云梦、赤壁、咸宁，其余均为较高
中原	郑州	除孟津外，其余均为较高
长株潭	无	除湘乡、上栗、株洲、汨罗、湘潭、韶山，其余均为较高
辽中南	普兰店、沈阳、瓦房店、大连	除灯塔、抚顺，其余均为较高
关中	天水、西安、宝鸡、咸阳	高陵、渭南
成都	成都	除都江堰、彭山、眉山，其余均为较高
重庆	重庆	荣昌、璧山
北部湾	无	除合浦，其余均为较高

4. 我国城市群综合风险防控形势严峻

从高风险区分布来看，除长株潭城市群没有高风险区县外，其余城市群中海西和北部湾分别面临地震灾害和火灾一种灾害高风险影响，其余10个城市群至少面临一种高风险灾害，城市群综合风险防控形势严峻（总报告图3-39、总报告表3-18）。

城市群综合风险评估　　　　　　　　　　**总报告表 3-18**

城市群	洪水	火灾	地震	综合评价
京津冀	较高	高	高	2种高风险
长三角	高	高	较高	2种高风险
珠三角	高	高	较高	2种高风险
山东半岛	高	高	较高	2种高风险
海西	高	中	较高	1种高风险
武汉	高	高	较高	2种高风险
中原	较高	较高	较高	无高风险
长株潭	较高	较高	较高	无高风险
辽中南	高	高	高	3种高风险
关中	较高	高	高	2种高风险
成都	高	高	较高	2种高风险
重庆	高	高	较高	2种高风险
北部湾	较高	高	较高	1种高风险

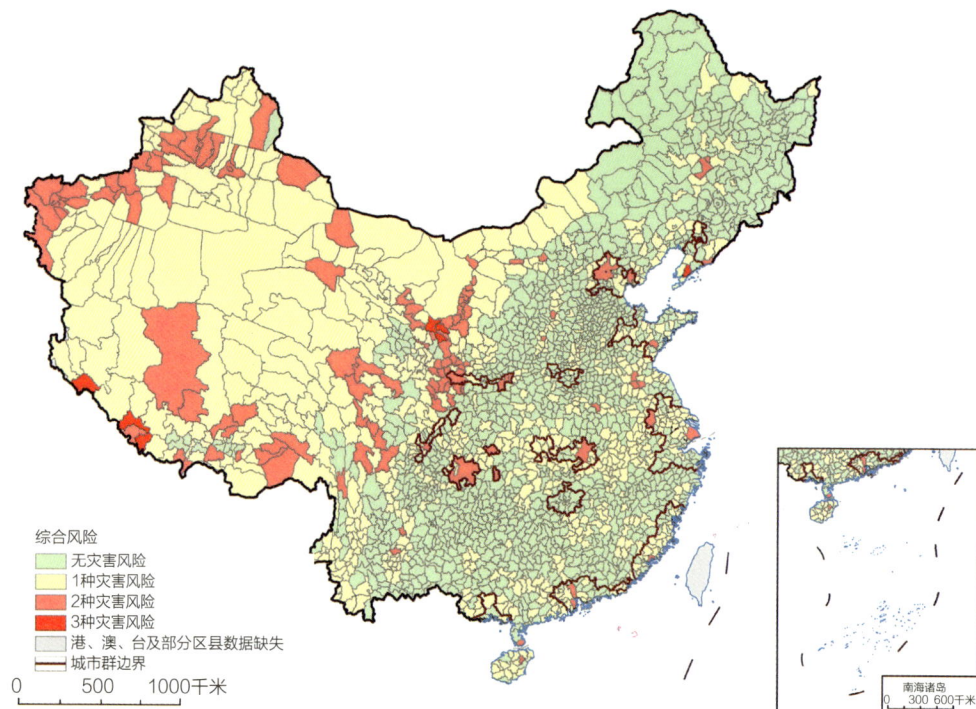

总报告图3-39 全国各区县单元灾害综合风险评估

（六）我国城市群的综合质量整体提高

通过熵值法、主成分分析法和德尔菲法三种方法，对我国城市群的经济发展绩效、生态环境变化、公共服务水平、交通设施水平、安全风险等5个分项评价进行综合，从而获得我国进入21世纪以来城市群总体发展质量的全面系统评价。

1. 熵值法综合评价结论

将经济绩效、生态环境、公共服务、基础设施和安全风险等5类异质指标进行标准化处理，分析各城市群所占该指标的比例，计算5项指标的熵值、差异系数和权重值，最终获取各城市群的综合得分^{（总报告表3-19）}。

13个城市群的熵值法综合得分　　　　总报告表 3-19

城市群	经济绩效	生态环境	公共服务	交通基础设施	安全风险	综合评价
长三角城市群	0.02	2.25	11.37	0.69	0.13	14.47
京津冀城市群	0.02	1.02	11.33	0.80	0.16	13.34
珠三角城市群	0.02	1.64	10.34	0.60	0.15	12.75

城市群	经济绩效	生态环境	公共服务	交通基础设施	安全风险	综合评价
辽中南城市群	0.02	1.18	6.22	0.58	0.14	8.14
北部湾城市群	0.02	3.07	4.41	0.45	0.15	8.10
关中城市群	0.02	1.43	5.40	0.53	0.18	7.56
成都城市群	0.02	1.12	4.83	0.81	0.15	6.93
武汉城市群	0.02	1.61	3.81	0.76	0.16	6.36
山东半岛城市群	0.02	1.35	3.44	0.71	0.14	5.66
长株潭城市群	0.02	1.59	2.58	0.60	0.18	4.97
中原城市群	0.02	0.78	2.94	1.02	0.14	4.91
海西城市群	0.02	2.54	0.83	0.60	0.19	4.18
重庆城市群	0.02	1.36	0.72	0.41	0.13	2.65

研究结果表明，我国13个城市群的综合发展质量，可分为三个梯队。

第一梯队为京津冀、长三角、珠三角等三大城市群。其综合得分均在12分以上，超出第二梯队得分50%以上。

第二梯队为辽中南、北部湾、关中、成都、武汉等5个城市群。其综合得分均在6分以上。

第三梯队为山东半岛、长株潭、中原、海西、重庆等5个城市群。重庆城市群排名垫底，得分仅为2.65分。

2. 主成分分析法综合评价结论

使用SPSS软件，对13个城市群5项指标进行多元统计分析。与熵值法相同，为使不同样本的同类指标可比，将异质指标进行了同质化处理（使用均值化法，对不同样本的同一指标取均值）（总报告表3-20）。

13个城市群的5项指标标准化得分 总报告表 3-20

	经济发展绩效	生态环境变化	公共服务水平	交通设施水平	安全风险
京津冀城市群	1.05	0.63	2.16	1.21	1.04
长三角城市群	1.07	1.39	2.17	1.05	0.84
珠三角城市群	1.04	1.02	1.97	0.90	0.99

	经济发展绩效	生态环境变化	公共服务水平	交通设施水平	安全风险
山东半岛城市群	0.98	0.83	0.66	1.08	0.93
海西城市群	0.95	1.58	0.16	0.91	1.23
武汉城市群	0.99	1.00	0.73	1.16	1.04
中原城市群	0.98	0.49	0.56	1.55	0.92
长株潭城市群	1.04	0.99	0.49	0.91	1.16
辽中南城市群	1.01	0.73	1.19	0.88	0.90
关中城市群	1.00	0.89	1.03	0.81	1.15
成都城市群	0.99	0.70	0.92	1.22	0.97
重庆城市群	0.95	0.84	0.14	0.62	0.86
北部湾城市群	0.93	1.91	0.84	0.68	0.96

❶ 本次研究表明，成分1、2、3累计占方差的88.037%，已能够有效描述整体特征，故确定成分个数为3。

指标相关性分析表明，经济绩效与公共服务、交通基础设施之间呈正相关关系，相关系数分别为0.799和0.296，与生态环境和安全风险呈负相关关系，相关系数分别为-0.316与-0.063。因此，经济绩效、公共服务与交通基础设施三个指标为一组同向指标，生态环境与安全风险为另一组同向指标，两组指标之间呈负相关关系，并确定成分个数为3❶。

13 个城市群主成分分析法的综合得分　　　　　总报告表 3-21

	因子1	因子2	因子3	因子系数1	主成分1	因子系数2	主成分2	因子系数3	主成分3	系数1	系数2	系数3	得分
长三角城市群	1.43	1.60	−0.42	1.46	2.09	1.16	1.85	0.94	−0.39	0.49	0.31	0.20	1.52
京津冀城市群	1.61	0.11	1.24	1.46	2.35	1.16	0.13	0.94	1.17	0.49	0.31	0.20	1.43
珠三角城市群	0.95	1.09	0.47	1.46	1.39	1.16	1.27	0.94	0.44	0.49	0.31	0.20	1.16
辽中南城市群	0.41	0.08	−0.91	1.46	0.59	1.16	0.09	0.94	−0.85	0.49	0.31	0.20	0.15
成都城市群	0.24	−1.00	−0.19	1.46	0.35	1.16	−1.16	0.94	−0.18	0.49	0.31	0.20	−0.22

	因子1	因子2	因子3	因子系数1	主成分1	因子系数2	主成分2	因子系数3	主成分3	系数1	系数2	系数3	得分
长株潭城市群	-0.57	-0.12	1.14	1.46	-0.83	1.16	-0.14	0.94	1.07	0.49	0.31	0.20	-0.23
武汉城市群	-0.20	-0.56	0.36	1.46	-0.30	1.16	-0.65	0.94	0.34	0.49	0.31	0.20	-0.28
山东半岛城市群	-0.02	-0.62	-0.67	1.46	-0.02	1.16	-0.71	0.94	-0.63	0.49	0.31	0.20	-0.36
中原城市群	0.61	-2.10	-0.44	1.46	0.89	1.16	-2.43	0.94	-0.42	0.49	0.31	0.20	-0.40
关中城市群	-0.89	-0.18	0.78	1.46	-1.30	1.16	-0.21	0.94	0.73	0.49	0.31	0.20	-0.55
北部湾城市群	-1.38	1.42	-0.89	1.46	-2.02	1.16	1.65	0.94	-0.84	0.49	0.31	0.20	-0.65
海西城市群	-1.55	0.25	1.44	1.46	-2.26	1.16	0.29	0.94	1.35	0.49	0.31	0.20	-0.75
重庆城市群	-0.65	0.03	-1.91	1.46	-0.95	1.16	0.04	0.94	-1.79	0.49	0.31	0.20	-0.81

结论表明，我国13个城市群发展质量综合结果可分为三个梯队。

第一梯队为长三角、京津冀、珠三角等三个城市群，平均得分在1分以上。

第二梯队为辽中南、长株潭、关中、成都、武汉、中原、山东半岛等7个城市群，平均得分在+0.5至-0.5之间。

第三梯队为北部湾、海西、重庆等3个城市群，平均得风低于-0.6分。其中重庆城市群得分最低，为-0.81。

3. 德尔菲法综合评价结论

此次研究，向中国城市规划设计研究院、中科院地理所、北京大学、南京大学、中国人民大学等机构的20位专家发放了调查问卷。问卷针对经济发展绩效、生态环境、公共服务、交通设施和安全风险等5类指标在城市群质量评价中的权重进行咨询^{（总报告表3-22）}。结果表明，经济发展绩效的权重最高，平均得分为0.24；公共服务水平和交通设施水平次之，得分0.21；生态环境权重为0.2；安全风险的权重最低，为0.14。

专家	经济发展绩效	生态环境	公共服务水平	交通设施水平	安全风险
1	20	24	16	18	22
2	15	20	30	25	10
3	18	25	20	15	22
4	16	23	18	22	21
5	23	18	21	22	16
6	30	10	20	25	15
7	30	25	20	20	5
8	20	25	20	20	15
9	40	15	20	20	5
10	30	15	20	25	10
11	15	20	25	25	15
12	25	15	25	20	15
13	30	25	10	25	10
14	20	20	20	20	20
15	20	20	20	20	20
16	20	25	20	20	15
17	20	15	30	25	10
18	25	15	25	25	10
19	24	18	19	19	20
20	35	20	18	15	12
平均值	23.8	19.7	20.9	21.3	14.4
权重	0.24	0.2	0.21	0.21	0.14

按照上述权重，对13个城市群的发展质量进行综合评价，结论见总报告表3-23。

城市群	经济绩效	生态环境	公共服务	交通基础设施	安全风险	综合评价得分
长三角城市群	1.07	1.39	2.17	1.05	0.84	1.33
京津冀城市群	1.05	0.63	2.16	1.21	1.04	1.23
珠三角城市群	1.04	1.02	1.97	0.90	0.99	1.20
北部湾城市群	0.93	1.91	0.84	0.68	0.96	1.05
武汉城市群	0.99	1.00	0.73	1.16	1.04	0.98
关中城市群	1.00	0.89	1.03	0.81	1.15	0.97
成都城市群	0.99	0.70	0.92	1.22	0.97	0.97
辽中南城市群	1.01	0.73	1.19	0.88	0.90	0.95
海西城市群	0.95	1.58	0.16	0.91	1.23	0.94

城市群	经济绩效	生态环境	公共服务	交通基础设施	安全风险	综合评价得分
长株潭城市群	1.04	0.99	0.49	0.91	1.16	0.91
中原城市群	0.98	0.49	0.56	1.55	0.92	0.91
山东半岛城市群	0.98	0.83	0.66	1.08	0.93	0.90
重庆城市群	0.95	0.84	0.14	0.62	0.86	0.68

我国13个城市群发展质量综合得分结果可分为三个梯队。

第一梯队为长三角、京津冀、珠三角等3大城市群，综合评分均高于1.2分。

第二梯队为北部湾、武汉、成都、关中、辽中南、海西等6个城市群，平均分高于0.94分。

第三梯队为中原、长株潭、山东、重庆等4个城市群，得分低于0.94分。其中，最低分为重庆城市群，得分只有0.68分。

4. 结论

综合熵值法、主成分分析法以及德尔菲法三种评价方法，既可以从整体上抵消系统性偏差和人为主观因素的影响（熵值法），又能从样本中选出最具代表性的主成分作为每个城市群评分的依据（主成分分析法），同时还能兼顾与利用专家意见（德尔菲法），最终形成对城市群整体与局部、主观与客观相统一的综合性评价结论，见总报告图3-40。研究认为，"我国长三角、京津冀和珠三角等3大城市群均处于第一梯队；重庆城市群、中原城市群和海西城市群的得分相对较低，处于第三梯队；其他城市群大部分属于第二梯队"。

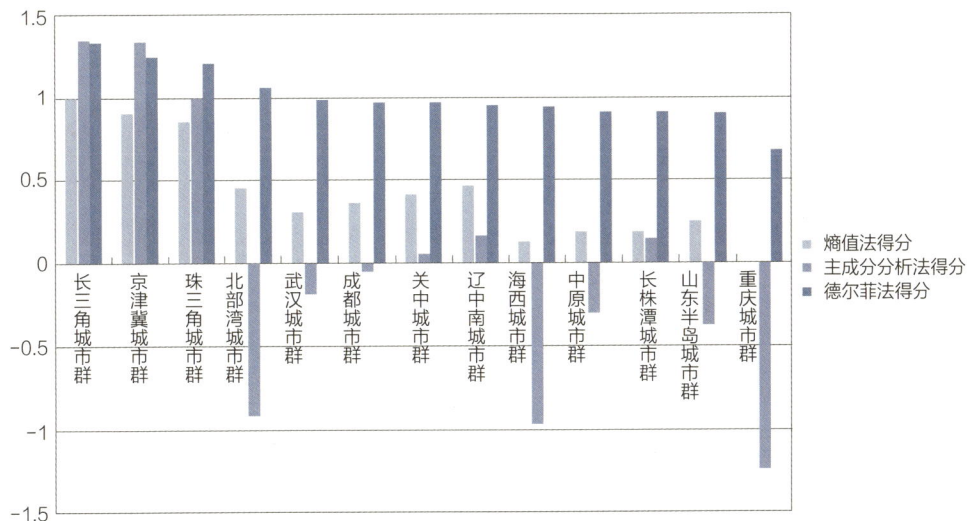

总报告图3-40 13个城市群的综合得分比较

注 主成分分析法和德尔菲法是原始得分值，熵值法的原始得分值介于2~14之间，跟另外两个方法差别较大，因此对熵值法得分进行了标准化处理，以便更好地展示在同一张图中。

四、我国城市群发展趋势的新判断

（一）我国城市群的发展前景仍然乐观

1. 逆全球化思潮涌现，但全球化"红利"尚存

近年来，发达国家制造业岗位和低端服务业岗位不断向发展中国家转移，导致低技能群体就业困难、收入下降，"反全球化"的力量不断增强。以美国为例，自20世纪80年代以来，受过大学和研究生以上教育的群体收入不断增长，但受高中及以下教育的群体，收入进入下降通道，制造业等蓝领岗位流失750万个以上。在1953年，美国25～54岁的壮年男性不工作的比例只有3%，2015年达到了12%[1]。在中低层民众"剥夺感"强烈、自感前途渺茫的社会氛围下，发达国家的保守主义力量不断积累，英国"脱欧"和美国特朗普当选总统，就是这一趋势的典型代表。

但从更长远的历史趋势看，全球化仍是推动城市群经济发展的重要力量。在资本流动、对外贸易、产业和技术转移仍有潜力可挖的背景下，广大发展中国家的城镇和人口密集地区，仍然具备不容小觑的增长潜力。特别是随着中国成为全球最大的商品贸易国、不断崛起的对外投资大国、全球仅次于美国的第二大经济体，中国的国际影响力剧增，中国对自由贸易的坚持，将是推动全球化和多边合作的中坚力量。

2. "一带一路"倡议，有利于我国拓展空间新格局

"一带一路"倡议，是我国应对新一轮国际秩序调整、统筹国内国际两个大局做出的重大战略决策。我国的整体发展布局，自然要顺应这个背景和格局，进行全面的资源部署和安排。我国未来的空间发展布局，需要强化与"一带一路"国家联系，保障国家的地缘政治安全，关注边疆和民族稳定，维护国家海洋权益，推动国家经济格局安全[2]。

对东亚、中亚和东南亚三大"扇面"进行"深耕细作"，是我国构建全方位开放格局的重要基础，也是支撑我国全球性大国的必由之路。因此，除了继续重视珠三角、长三角、京津冀三大沿海城市群外，要积极培育山东半岛、海峡西岸、北部湾、滇中、哈长、辽中南、呼包鄂、乌鲁木齐等这些对国家全方位开发开放具有战略作用的城市群和都市区；要支持成渝、黔中和关中平原等城市群在内陆开放格局中发挥更加凸显的作用[3]；要让霍尔果斯、瑞丽、三沙、拉萨、喀什、满

[1] 巴拉克·奥巴马，美国前方之路，财经，2016年10月，第98页。

[2] 陈明，读孙中山先生《建国方略》对空间规划的启示（内部讨论稿），2016年11月12日。

[3] 杨保军，陈怡星，吕晓蓓等."一带一路"战略的空间响应[J].城市规划学刊，2015（2）：6-22。

洲里等城市，在提供跨国服务、培育边疆文化、增加贸易交往等方面，发挥更加重要的前沿门户作用。

3. 人口流动规模趋稳，向大城市集聚特征显著

展望未来，全国总人口距离2030年前后的峰值仅有8000万的增长空间。在发达地区、重点城市人口继续吸引外来人口集聚的同时，越来越多经济活力不足的地区将出现人口负增长。具有较高生育率和较强生育意愿的省区，虽然会继续保持人口增长态势，但人口增长幅度将会放缓。

以经济发达地区为主导的外来务工人员就业格局将长期存在。虽然未来东部地区吸引的外来劳动力规模会出现稳中有降趋势，但是由于其庞大的存量基数，很难被中部和西部超越。中西部地区农民工进一步向省内县城和小城镇转移的潜力不大，向地级市和省会城市集聚的程度将逐渐加强。

专栏 17

我国人口流动新特征

改革开放以来，我国外出流动人口规模快速增长，从1980年代初的657万人，增加到2014年的2.53亿人。2015年和2016年，流动人口规模略有下降，分别为2.47亿人和2.45亿人❶。其中，外出农民工是我国流动人口的重要组成部分。全国农民工监测数据显示，2010年以来农民工总量和外出农民工数量仍然保持增加，但增长速度在

❶ 国家统计局，中华人民共和国2016年国民经济和社会发展统计公报，2017年2月28日，http://www.stats.gov.cn/tjsj/zxfb/201702/t20170228_1467424.html。

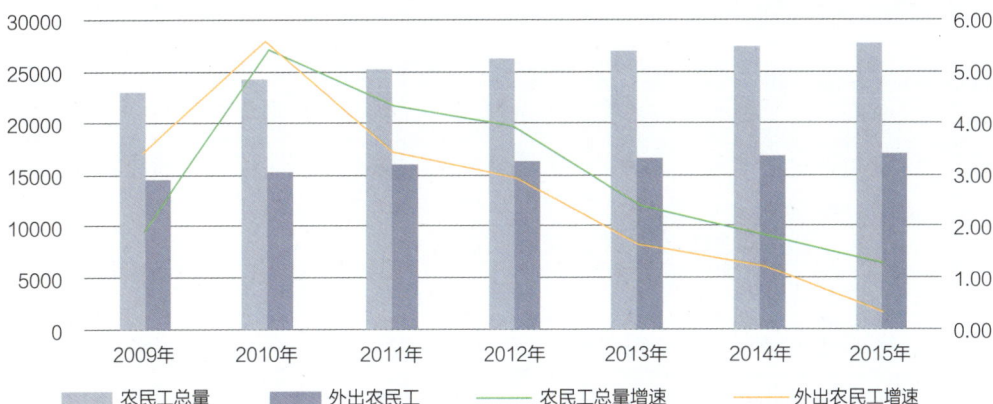

专栏图 17-1 我国农民工变化趋势

图片来源 本专栏图片根据国家统计局发布的《2009～2015年中国农民工监测报告》绘制

不断回落，2015年外出农民工数量仅增加了68万人。持续增长30多年的人口流动规模逐渐稳定，开始出现平稳下降的趋势。

从全国来看，外出农民工流动方向出现以下几方面变化：一是从跨省流动为主转向省内流动为主。跨省流动的外出农民工规模相对稳定，从2009年的7441万人增加到2015年的7745万人，比例从2009年的51.2%降低到2015年的45.9%；省内流动的外出农民工则从2009年的7000万人增加到2015年的9139万人，比例从48.8%提高到54.1%。二是地级市和省会城市占比呈现逐步提高的趋势，小城镇和直辖市占比则略有下降。跨省流动农民工中，向地级市和直辖市集聚的比例明显提高；省内流动的农民工以向小城镇集聚为主，2015年占省内流动农民工的45%，比例有逐步下降的趋势。三是广东、浙江、江苏、上海、北京等东部省市是外来农民工的主要流入地，四川、河南、安徽、湖南、湖北等中西部省区是主要的农民工净流出地。东部地区是流动人口的主要集聚地，但是在流动人口总量中的比重不断下降，中西部地区吸引农民工就业的比重在不断提高。

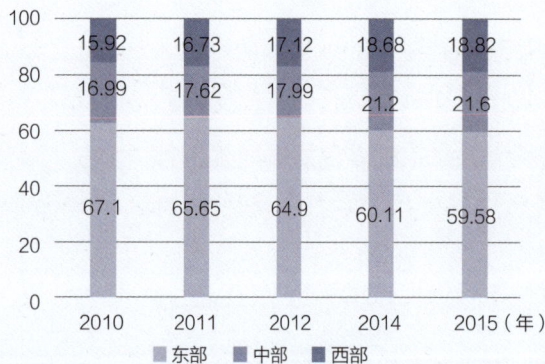

专栏图 17-2 我国农民工就业地分布

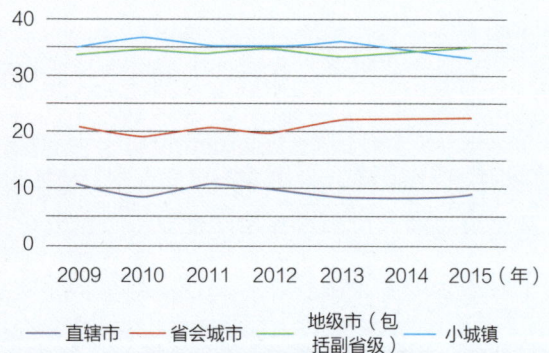

专栏图 17-3 我国外出农民工流向分布构成

4. 经济增速放缓，经济发展质量提高

● 世界银行，国务院发展研究中心联合课题组.2030年的中国——建设现代、和谐、有创造力的社会[M].中国财政经济出版社，2012。

根据世界银行和国务院发展研究中心的研究●，预计到2030年，全球经济25%的增量和20%的总产出来自中国。中国将超过美国成为世界最大的经济体，在世界贸易中的份额可能增加1倍，仍将可能是世界最大的债权国。从中国自身发展趋势看，预计GDP年均增长率将从2010～2015年的8.5%逐步下降到2025～2030年5%左右。增长放缓的原因主要有：

一是资源从农业向工业转移对经济增长的带动已基本实现；二是随着资本一

劳动比率的提高（目前中国的人均资本存量只有美国的8.7%），资本对经济增长的贡献度将不可避免地降低；三是劳动生产率的提高，尚无法弥补老龄化❶和劳动年龄人口规模减小带来的损失；四是全要素生产率的增长速度也会有所下降，这是与国际技术前沿差距减少的必然结果。

国内经济增长政策的主动调整，将提高我国的经济发展质量。如果能够成功转型，我国能矿工业和污染企业比例将下降，城乡居民收入差距2030年会缩小到2.4：1。劳动生产率提高所导致的工资水平上升，将继续推动中产阶层的迅速扩大，从而提高消费占GDP的比例。当然，城镇化的继续推动，也是我国提升全球竞争力的重要动力。

❶ 到2030年时，中国的老年人抚养比将达到挪威与荷兰目前的水平。

中国经济增长远景展望　　　　　　　　　　　　　　总报告表 4-1

	1995～2010年	2011～2015年	2016～2020年	2021～2025年	2026～2030年
GDP 潜在增长率（%）	9.9	8.6	7.0	5.9	5.0
就业增长率（%）	0.9	0.3	−0.2	−0.2	−0.4
劳动生产率的增长率（%）	8.9	8.3	7.1	6.2	5.5
经济结构（期末值）					
投资/GDP（%）	48.6	42	38	36	34
消费/GDP（%）	47.4	56	60	63	66
工业增加值/GDP（%）	46.7	43.8	41	38	34.6
服务业增加值/GDP（%）	43.1	47.6	51.6	56.1	61.1
农业就业占比（%）	36.7	30	23.7	18.2	12.5
服务业就业占比（%）	34.6	42	47.6	52.9	59

注　1995～2010 年数据栏为实际值，其他为预测值。

资料来源　世界银行，国务院发展研究中心联合课题组. 2030年的中国——建设现代、和谐、有创造力的社会[M]. 中国财政经济出版社，2012: 10。

此外，2030年全面完成的高铁网络、国家生态文明建设和环境治理不断加强和区域治理能力的提高，也会对城市群的发展带来正面影响。

（二）我国城市群2030年布局趋于均衡

1. 全国2030年人口与城镇化预测

根据中国人口与发展研究中心"基于城市规划视角的全国分县单元人口预测研究"[1]，未来总人口峰值年份将在2032年，人口峰值在14.5亿左右，全国城镇化水平达到70%左右。

各省人口变动差异较大，2020年前后将近1/3省份的常住人口进入负增长，2030年前将近七成的省份的常住人口进入负增长。无论从绝对量还是占比来看，东北地区的人口呈现下降趋势，东部地区和西部地区的总人口和占比都在上升，中部地区的人口尽管在持续增加，但是占比却在下降。

分县测算结果显示，与2010年相比，2030年常住人口变少的县有1478个，占全部县的51.6%；2020年城镇化率达到或超过50%的县有1605个；2030年城镇化率达到或超过50%的县有2233个，占全部县的78.0%^{（总报告图4-1）}。

2. 全国2030年经济发展格局预测

未来经济发展，是动力性指标和约束性指标综合作用的结果。其中，劳动力、资本、技术、现状经济基础是经济发展的动力性指标^{（总报告表4-2）}。按照主体功能区要求，将生态敏感区、粮食主产区等禁止开发、限制开发等因素，作为经济发展的约束性指标。另外，将交通可达性也作为经济发展的影响因素。

[1] 该研究依据《中华人民共和国行政区划简册政务版2015》的县级单元行政单元区划版图，对2010年第六次人口普查和2000年第五次人口普查数据进行归并和重组，确保人口数据和行政区划——对齐，然后采用分层人口预测法和小区域概率预测法对全国31个省份的2864个县级单元在2020年、2025年和2030年的户籍人口、常住人口、城镇人口和乡村人口进行了测算。

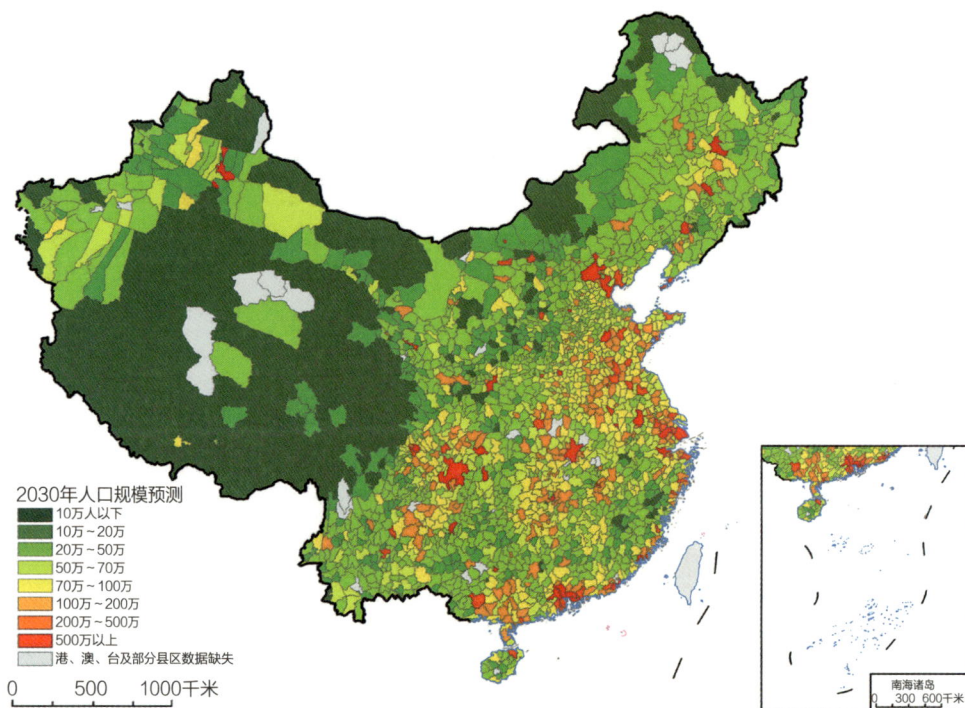

2030年人口规模预测
- 10万人以下
- 10万～20万
- 20万～50万
- 50万～70万
- 70万～100万
- 100万～200万
- 200万～500万
- 500万以上
- 港、澳、台及部分县区数据缺失

0　　500　　1000千米

南海诸岛
0　300　600千米

总报告图 4-1　2030 年全国分县区的人口规模预测

序号	指标名称	正负性	算法说明	数据来源
1	劳动力数量	+	2030年的劳动适龄人口数量预测（全国第六次人口普查0～44岁人口近似代替）	全国第六次人口普查
2	5年固定资产投资累计	+	2010～2015年固定资产投资累计折旧加总，折旧系数为0.9	《中国区域经济统计年鉴（2011～2016年）》
3	研发经费总额	+	按地区分大中型工业企业研究与试验发展（R&D）活动情况	《中国统计年鉴（2011～2016年）》
4	外来人口规模	+	本省其他县（市）、市区和外来人口迁入之和	全国第六次人口普查
5	基期GDP	+	基期年份的国内生产总值，反映经济增长的基础	《中国城市统计年鉴（2011～2016年）》、《中国区域经济统计年鉴（2011~2016年）》
6	交通可达性	+	最短旅行时间、加权平均旅行时间、经济潜能、日常可达性等	高德地图
7	限制开发指数	—	限制开发区的面积比例=限制开发区的面积/省域面积	全国主体功能区划图
8	地形约束指数	—	坡度（>8°）、海拔（划分等级）、地形复杂度	中国90mDEM数据

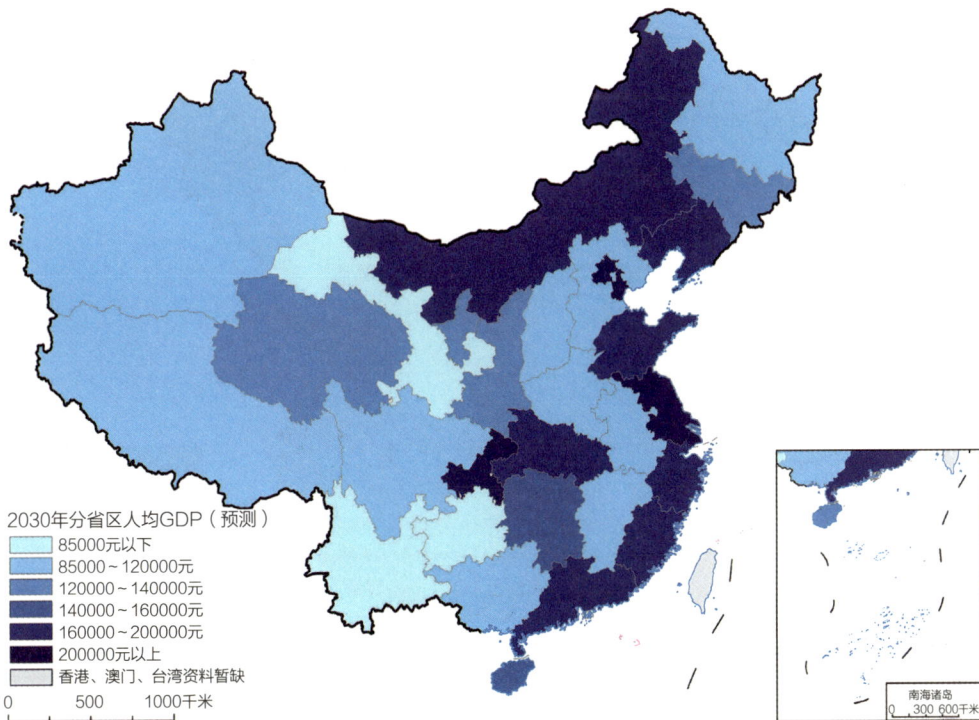

2030年分省区人均GDP（预测）
- 85000元以下
- 85000～120000元
- 120000～140000元
- 140000～160000元
- 160000～200000元
- 200000元以上
- 香港、澳门、台湾资料暂缺

0　500　1000千米

南海诸岛
0　300　600千米

总报告图 4-2　2030 年全国分省区的人均 GDP 预测

❶ 与世界银行和国务院发展研究中心对我国未来经济增长的预测相比，课题组对我国未来经济增长的研究更偏乐观，年均增长率约高1.5个百分点左右，达到6.5%左右。

通过构建柯布－道格拉斯生产函数，采用加权平均算法获取每个分析单元未来发展的综合潜力，对中国城市发展格局进行模拟。预测到2030年，我国人均GDP高于全国平均（人均GDP 117876元）的省份上升为16个，变异系数从0.436降为0.429，表明省际人均GDP差异有缩小趋势但不明显^{（总报告图4-2）}。

预测2010～2020年，县级市年平均增长率为7.47%。到2020年，其GDP总量达到213728亿元，占全国GDP总量的22.5%。副省级城市年平均增长率为7.36%，到2020年，经济总量为264297亿元，占全国GDP的27.8%。地级市年平均增长率为7.22%，到2020年其经济总量达到241571亿元，占全国GDP总量的25.4%。

预测2020～2030年，县级市GDP年平均增长率为6.54%，到2030年，其占全国经济总量的21.53%。地级市GDP年平均增长率为7.03%，到2030年，其占全国经济总量的25.48%。副省级城市GDP年平均增长率为7.01%，到2030年占全国经济总量的27.84%。2030年副省级市、地级市、县级市三者共占全国经济总量的74.96%，较2020年下降0.76个百分点❶^{（总报告图4-3）}

3. 我国2030年城市群布局预测

与2010年相比，2030年中国经济社会整体发展水平有了较大的提高，因此，对城市群的识别标准进行了合理调整。仍以都市区为基础，2030年城市群的识别标准中纳入了人口密度、城镇化率、人均和地均GDP指标^{（总报告表4-3）}。另外，主体

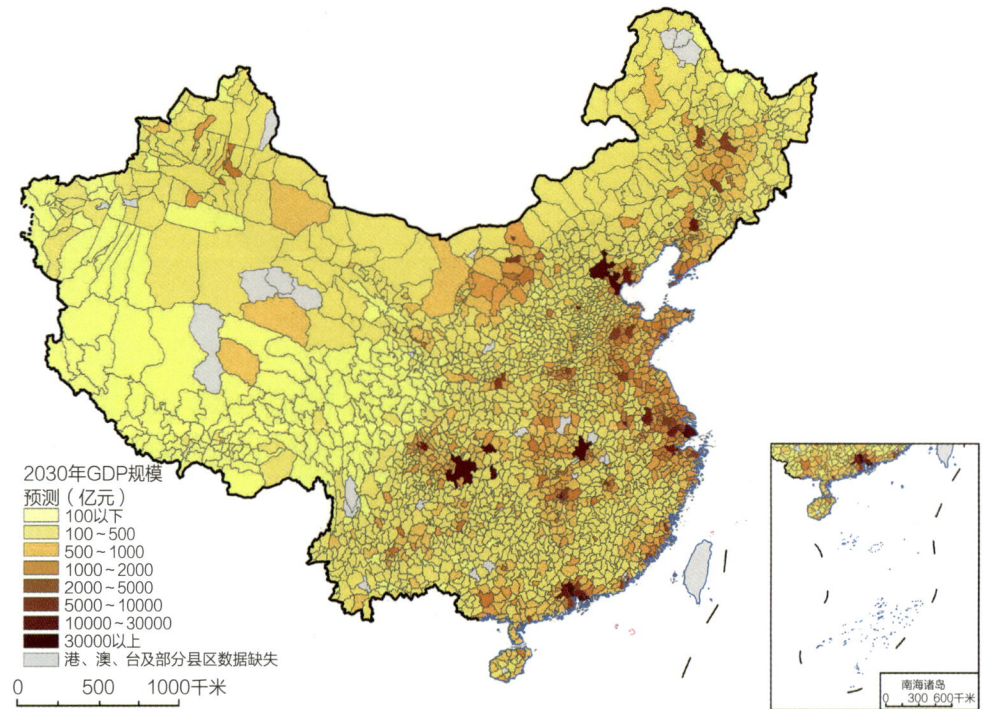

2030年GDP规模
预测（亿元）
100以下
100～500
500～1000
1000～2000
2000～5000
5000～10000
10000～30000
30000以上
港、澳、台及部分县区数据缺失

0   500   1000千米

南海诸岛
0 300 600千米

总报告图 4-3　2030 年全国分县区的经济规模预测

功能区也是重要的考虑因素，重点生态功能区不纳入城市群。与2010年识别标准相比^{（见总报告表2-1）}，人均GDP标准从15000元/人提高到70000元/人。此外，由于2030年全国大部分市县非农产值比例都在70%以上（预测），非农产值比例不再作为城市群识别的关键指标。

都市区中心市与外围县识别指标体系（2030年）　　　　　　总报告表4-3

指标	中心市（设区市）	指标	中心市（不设区市）	指标	外围县
常住总人口	≥20万	常住总人口	≥50万	主体功能区	非禁止建设区
人口密度	≥200人/平方公里	人口密度	≥200人/平方公里	人口密度	≥200人/平方公里
城镇化率	≥50%	城镇人口	≥20万	城镇化率	≥50%
人均GDP	≥70000元/人	人均GDP	≥70000元/人	人均GDP	≥70000元/人
地均GDP	≥2500万元/平方公里，中西部地区可放宽到1500万元/平方公里	地均GDP	≥2500万元/平方公里，中西部地区可放宽到1500万元/平方公里	地均GDP	≥2500万元/平方公里，中西部地区可放宽到1500万元/平方公里

中心市：设区市市辖区人口≥20万人的市辖区，或者不设区市的城镇人口≥50万人（一般是县级市）、人口密度≥200人/平方公里。

外围县：城镇化率≥50%，人均GDP≥70000元/人，人口密度≥200人/平方公里。

都市区：至少包括一个中心市。

联合都市区：至少包括2个彼此邻接的都市区。

都市连绵区：至少包括2个联合都市区，且包括一个200万人口以上的中心城市。其中，中心城市人口规模＜1000万，人口密度≥500人/平方公里，人口规模≥1500万，经济密度≥2500万元/平方公里为Ⅱ级都市连绵区；中心城市人口规模≥1000万，人口密度≥500人/平方公里，人口规模≥2000万，经济密度≥6000万元/平方公里的为Ⅰ级都市连绵区。

在上述定量分析的基础上，结合实际情况，对城市群2030年预测结果进行微调：涉及跨省级行政区划的城市群范围界定尽量慎重；结合密度、距离和分割三原则，调整部分明显不符合实际发展的城市群边界；适当考虑预测误差，在考虑实际行政管理以及城市群连绵发展的基础上，边界地区可在误差允许范围内适当微调；在识别过程中，中西部城市群和东部局部地区符合人均GDP、人口密度、经济密度、城镇化率、主体功能区中的4个以上条件即可做为都市区外围县。

预测到2030年，将形成20个城市群，包括5个Ⅰ级都市连绵区、7个Ⅱ级都市连绵区和8个联合都市区_{（总报告图4-4、总报告表4-4）}。其中，京津冀、长三角、珠三角、成渝、武汉五个城市群是Ⅰ级都市连绵区，山东半岛、海峡西岸、长株潭、辽中南、关中、中原和环鄱阳湖城市群是Ⅱ级都市连绵区，哈长、北部湾、呼包鄂、山西中部、滇中、黔中、兰西、宁夏沿黄等10个城市群是联合都市区。新疆和西藏仍不具备形成城市群的条件，人口密度是主要的限制因素。

2030年，预测中国20个城市群总面积达到130.4万平方公里，占全国陆域总面积的13.5%；GDP总量达到154.8万亿元，占全国75.2%的份额；人口总量达到8.97亿人，占全国75.2%的份额。其中，京津冀、长三角和珠三角三大城市群，以占全国4.5%的用地面积，集聚全国28%的总人口，创造全国37%的生产总值。

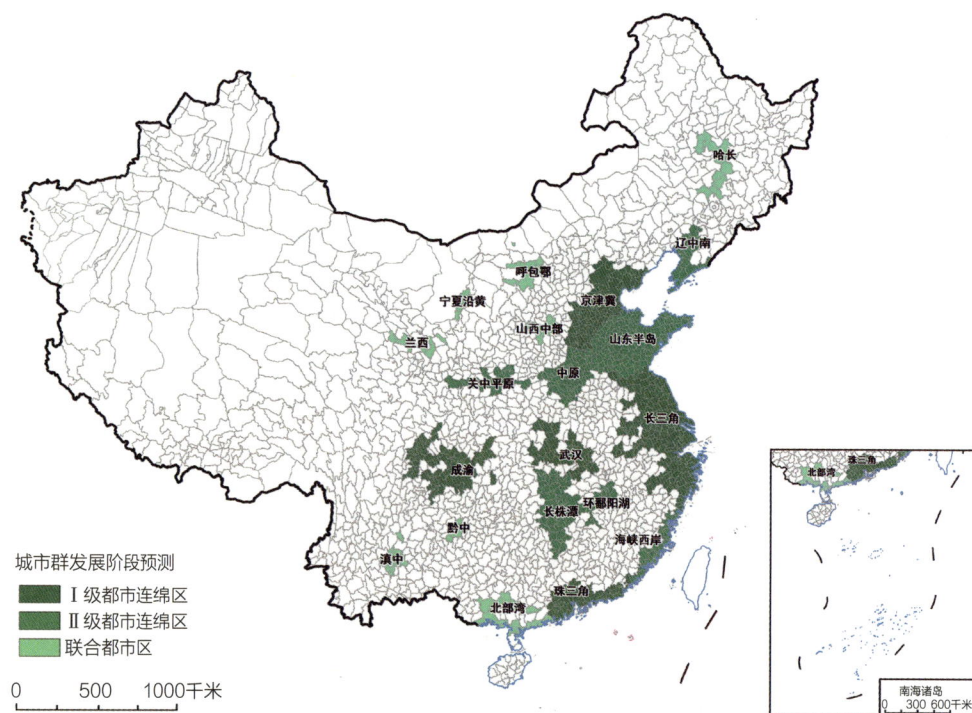

总报告图 4-4　2030 年中国城市群空间分布

	面积 （平方公里）	2030年人口 （万人）	2030年GDP （亿元）	2030年人口 占全国比例 （%）	2030年GDP占 全国比例（%）
京津冀城市群	128378.09	11146.36	187818.78	7.74%	9.12%
长三角城市群	240411.73	19600.17	401012.00	13.61%	19.48%
珠三角城市群	67990.52	9524.31	172525.00	6.61%	8.38%
成渝城市群	125543.66	7385.27	118892.00	5.13%	5.78%
武汉城市群	72102.62	4080.12	87440.00	2.83%	4.25%
山东半岛城市群	165468.90	10106.65	166356.00	7.02%	8.08%
中原城市群	66687.10	5299.04	68788.00	3.68%	3.34%
海峡西岸城市群	35898.40	3202.85	51407.00	2.22%	2.50%
环鄱阳湖城市群	29258.46	1513.27	22495.00	1.05%	1.09%
长株潭城市群	85676.27	4327.26	80182.00	3.00%	3.90%
辽中南城市群	46676.89	2300.80	46921.18	1.60%	2.28%
滇中城市群	17817.53	828.63	12339.00	0.58%	0.60%
关中平原城市群	41086.24	2308.07	26194.00	1.60%	1.27%
哈长城市群	49355.50	2035.87	29113.00	1.41%	1.41%
呼包鄂城市群	24759.55	824.90	18110.00	0.57%	0.88%
北部湾城市群	54537.30	2503.31	30500.00	1.74%	1.48%
宁夏沿黄城市群	11960.60	348.33	4489.00	0.24%	0.22%
山西中部城市群	13941.00	985.95	8298.00	0.68%	0.40%
兰西城市群	16640.40	651.69	7730.00	0.45%	0.38%
黔中城市群	10207.73	746.22	7086.00	0.52%	0.34%
合计	1304398.49	144013.85	2058345.08	62.3%	75.2%

（三）因地制宜，分类施策，推进城市群健康有序发展

1. 优化提升京津冀、长三角、珠三角、成渝、武汉五个I型都市连绵区，引领我国城市化的率先转型发展

京津冀、长三角和珠三角三大城市群一直是我国经济和社会发展的"排头兵"。三大城市群均应以建设全球最具竞争力和可持续发展的城市群为目标，在服务国家"一带一路"倡议和长江经济带战略大局中，发挥基础和核心作用，实现在全球价值链和产业分工体系中的位置大幅跃升。特别是京津冀城市群，作为"京畿之地，国之重器"，不仅代表着大国崛起时代的文化精粹，而且在制定全球规则、促进多边合作、提升国家影响力方面具有不可替代的核心作用[1]。武汉城市群和成渝城市群，是我国中、西部地区发展基础最好、发展潜力最大的城市群，完全有能力打造内陆开发开放新高地，引领区域率先实现现代化。

（1）京津冀城市群

京津冀在经过30多年快速发展后，面临着区域生态环境质量下降，资源过度开发，北京"大城市病"问题突出，跨界地区协调不顺和县域发展水平低下等突出问题。为此，中央高度重视京津冀协同发展工作，立足于把京津冀建设成为世界级城市群和把北京建设成为国际一流水平的和谐宜居之都的目标，通过疏解北京非首都职能、建设北京副中心和雄安新区，全面推动京津冀的协同发展。其重要任务是打造以首都为核心的世界级城市群，建设区域整体协同发展改革引领区、全国创新驱动经济增长新引擎和生态修复环境改善示范区。

以综合承载力分析为基础，构建区域生态安全格局，实现生态文明建设贯穿京津冀协同发展的全过程。按照"以水定城，以地定城，以气定形"的底线管控思路，合理确定区域的总人口与城镇开发总规模。按照"一区三带、多廊多心"的生态安全格局，建设太行山—燕山山脉的生态安全屏障，构建坝上高原生态防护带、渤海湾沿海生态保护带、京津保湿地生态过渡带，保护好水系生态廊道与环北京、天津等生态绿楔，同时建设以生态湿地、水源涵养区和生物多样性保护区为重点的生态绿心。推进以白洋淀生态修复、滨海滩涂保护、地下水超采区治理和海陆统筹污染防治体系为主的生态修复工程。

以协同发展、创新驱动为原则，构建首都为核心的世界级城市群，建立功能一体和谐宜居的现代城镇体系。积极推进非首都功能疏解，北京围绕建设全国政治中心、文化中心、国际交往中心、科技创新中心目标，实施"瘦身提质"战略，把科技创新、高水平的医疗、教育等公共服务资源和部分总部经济向河北倾斜，

[1] 中国城市规划设计研究院等，《京津冀城乡规划（2015～2030年）》专题研究，2015年。

积极培育北京通州副中心与雄安新区，建设"一核两翼"新格局。积极培育区域性次中心城市，提高石家庄、唐山、保定等区域中心城市的发展能级，补齐城市功能短板，提高城市宜居水平能力。培育一批就业能力强，综合承载力突出和文化特色鲜明的重点县城（县级市城区）和特色小城镇。打造轨道上的京津冀，以北京、天津、石家庄为中心，以客运专线、城际铁路为骨架，形成紧密连通周边主要城市的1小时可达交通圈；加强国际空港地区与京津两市及区域中心城市之间的便捷联系。

以提高区域空间品质为目标，建立区域一体、城乡统筹的空间管控制度，实现京津冀区域治理的创新示范。

加强跨省市重点地区的监控，重点对环首都地区（通州－北三县、北京新机场周边地区、北京与张承交界地区）、渤海湾区实施统筹管理，加强规划规模、开发边界、生态廊道和重大设施布局的管控；开展县市的新型城镇化试点工作，在本地城镇化发展、乡村地区环境综合治理、特色小城镇开发建设、园区统筹建设等方面加强综合改革配套；构建区域性能源安全保障体系和应对全球气候变化、突发自然灾害的区域性防灾减灾机制。

（2）长江三角洲城市群

以上海建设卓越全球城市为目标，充分发挥其在长三角的"龙头"和引领作用，推动一批城市建设成为世界城市。上海应在推动全球贸易自由化、支持人民币国际化、培育本土服务类跨国企业、集聚全球高水平人才定居等方面，发挥核心作用。南京、杭州、苏州、无锡、常州、宁波等城市，应立足自身的文化魅力、城市品质、人才优势、经济特色，全面提升城市在全球价值链的地位，极大地提高在全球城市体系中的地位和作用。

围绕上海全球"四个中心"建设，汇聚长三角城市群整体力量，统筹配置资源。充分发挥长三角科研创新资源丰富、产业集群密集、产业链配套完整、各类金融服务体系健全的优势，构建协同创新共同体，在长三角范围内合理布局总部、研发、科研、生产等功能。以资本为纽带，推动大小洋山、北仑、舟山等海港、空港、内河港口等的资源整合，完善综合交通枢纽体系，推动江海联运，实现跨区域基础设施的互联互通。

推动生态联保共治，确保长三角城市群生态安全底线。应加大河口和海湾典型生态系统保护力度，实施海洋生态整治修复工程，有效恢复受损的湿地、岸滩、海湾、海岛、河口、珊瑚礁等典型海洋生态系统，发挥农田的生态功能。推进长江、淀山湖、杭州湾、太湖、太浦河等跨界水体的联保共治，实施长江、太湖等流域以及杭州湾、黄海、东海滨海等地区的湿地修复治理❶。

❶ 国家发展和改革委员会、国家住房和城乡建设部：《长江三角洲城市群发展规划（2016～2020年）》，2016年。

（3）珠江三角洲城市群

珠三角城市群是我国传统的商业中心，也是海上丝绸之路重要的发源地。长期形成的商业传统、联系密切的海外市场网络，使珠三角城市群在新兴市场地区交往、开展"南南合作"方面具有巨大优势。同时，珠三角还是我国市民社会发展最完善的地区，有条件在全国率先实现治理体系和治理能力的现代化。

进一步打破行政樊篱，推动粤港澳大湾区深度合作发展，实施粤港澳服务贸易自由化，推动在人流、物流、资金流和信息流等方面的标准融合与协调，建设国际一流湾区。推进粤港创新圈、粤港创新和研发联盟建设。整合香港特别行政区在科技研发、金融服务、医疗、教育的资源优势，深圳的全球创新城市优势，广州在综合服务和商务商贸的中心优势，充分发挥澳门特别行政区独特的服务产业和葡语系国家的国际合作网络，以及遍布珠三角各城镇的制造业优势，使珠三角城市群的国际竞争力跨上新台阶。

"缝合"跨界地区，优化空间格局，拓展功能类型。推动"广佛肇+清远、云浮、韶关"、"深莞惠+汕尾、河源"、"珠中江+阳江"等三个新型都市区率先实现一体化，推动港深和广佛两个超级城市[1]内部的无缝链接和资源整合，推动珠江西岸先进装备制造产业带发展，全面提高珠三角城市群西岸地区的产业经济发展水平。优化开发三个"湾区"（环珠江口湾区、大亚湾和大广海湾），实现环三山（环南昆山、环天露山、环鼎湖山）地区生态功能向生态休闲、乡村旅游、新经济创新等功能的多元拓展[2]。

强化陆海统筹，进一步加强海岸线管理和沿海经济带规划建设，切实解决沿海产业布局不合理、海岸带开发利用方式粗放低效等问题，打造沿海经济带。深入实施创新驱动发展战略，完善区域协同创新体制机制，打造广深科技创新走廊。

全面改善"山、江、海"生态环境，积极实施生态"修复"。以多污染物联合减排为主线，全面推进大气污染综合防治。加强西江、北江、东江等的生态保护及工程治理，保障江河水系的"山—海"生态通道。大力推进淡水河、石马河、广佛跨界河等流域污染综合治理，全面完成黑臭水体整治任务。实施珠江口河口生态环境的保护，严控大规模的围海造地，加大红树林生境、候鸟栖息地等重要湿地、滩涂的保护力度，增加全区红树林面积[3]。

（4）成渝城市群

成渝城市群是中国广袤的西部大地上，人口资源、水资源和土地资源匹配最好的地区，是长江经济带的战略支撑，在国家西向开放、深度参与国际竞争与合

[1] 李郇，《空间一体化：港澳与珠三角的再融合》（内部讨论稿），2017年。

[2] 中国城市规划设计研究院，《珠江三角洲全域规划（2014~2020年）》主报告，347-358页。

[3] 广东省人民政府，《广东省国土规划（2006~2020年）》，63-69页。

作中，具有突出的战略地位。成都、重庆国家中心城市的建设，对完善全国城镇体系与格局，提高我国城市在世界城市体系中的地位和作用，意义重大。

遏制成、渝特大城市的过度膨胀，壮大二级节点城市，推动形成网络型的城镇体系。优化成都主城区、重庆主城区及天府新区建设和发展模式，避免成、渝因空间无序蔓延和功能过度集聚导致"大城市病"。绵阳、南充、宜宾、泸州、达州等许多二级城市，具备历史文化遗存和风景资源丰富、山水聚落独特的优势，应在保障城市安全的前提下，建设有历史记忆、文化脉络、地域风貌、民族特点的美丽宜居城市❶。

❶ 国家发展和改革委员会、国家住房和城乡建设部：《长江三角洲城市群发展规划（2016～2020年）》，2016年。

全面推进流域治理，大力实施生态移民，保障安全底线。成渝城市群地处我国长江上游，是维持一江清水的基础保障，生态屏障和生物多样性地位极为重要。要联合推动岷江、大渡河、沱江、涪江、嘉陵江等流域的污染治理，实现生态系统的修复。龙门山地质断裂带和四川盆地盆周山区地质灾害频发、人口密集，需要持续实施生态移民工程。

（5）武汉城市群

武汉城市群交通区位优越，位于国家长江经济带和京广发展轴的汇合处，是国家长江经济带战略的重要支点，位于长三角、珠三角、京津冀和成渝城市群四大城市群的地理中心，有能力在国家伟大复兴事业中发挥脊梁骨干作用。

武汉市是我国中部和长江中游地区唯一人口超千万人、地区生产总值超万亿元的城市，武汉建设国家中心城市，对支撑长江经济带发展，推动中西部地区供给侧结构性改革，构筑内陆开放平台、纵深拓展国家开放总体格局具有重要意义。

发挥武汉的辐射带动作用，构建网络化、多中心的城镇空间体系，由"一核独大"走向"协同共赢"。强化武汉国家中心城市的引领作用，引导一般功能向武汉大都市区和外围地区的扩散，避免武汉功能过度集聚。鄂州、黄冈、黄石、咸宁、孝感等次级中心城市，积极承载和提升区域职能，推动城市群的核心地区率先实现空间一体化发展。其他城市基于资源禀赋培育特色化功能发展，打造成为城市群特色型节点，培育休闲组织、产业集聚等特色化功能。

强化区域生态环境与廊道的共建共保。发挥大别山脉、幕府山脉和鄂东平原天然湿地群的生态屏障作用。严格控制自然保护区、水源保护区、湿地保护区等各类保护区，风景名胜区、森林公园、动植物园等郊野型公园，以及分蓄洪区等特殊生态空间。以武汉城市群山脉、水系为骨干，串联各类生态本底形成网络化的生态廊道。重点建设长江、汉江、府河、滠水、连山、梁子湖、西凉湖等区域生态走廊。

2. 重点培育山东半岛、中原、海峡西岸等七个II型都市连绵区，完善我国城市化的空间布局

这七个城市群在落实国家区域总体发展战略、优化国家开发开放格局中，发挥着不可替代的突出作用。山东半岛和中原城市群人口密集、历史积淀厚重，是中华民族悠久农耕文明的精华和代表，实现两大城市群的绿色和共享发展，具有标志性意义。海峡西岸城市群文化多元包容，是全球华人华侨的重要故乡，是海峡两岸同胞交往与合作的前沿，在祖国统一大业中发挥着不可替代的重要作用。环鄱阳湖和长株潭两个城市群交通便捷、经济和文化特色鲜明，是长江经济带和国家中部的重要"支点"，在国家中部崛起战略的作用尤为突出。辽中南是我国东北经济和社会发展水平最高的地区，对深化国家东北亚合作，推动环渤海经济一体化发展，意义重大。关中平原城市群是我国西北经济和社会发展水平最高的地区，对深化国家西向开放、实现中西部经济融合发展，作用突出。

（1）山东半岛城市群

在继续巩固城镇体系布局均衡优势的同时，不断提高半岛城市群的竞争力。山东半岛城市群县域经济发达、城市网络密集，就近就地城镇化特点突出，区域和城乡差距相对较小。要继续完善和推动县域城乡一体化发展，提高居民福祉水平。要加快济南和青岛两大都市区的功能提升和转型发展，充分依靠市场机制集聚优质资源、吸引优秀人才，不断提高两大核心城市的辐射和带动能力，使山东半岛城市群的国际竞争力大幅跃升。

充分发挥文化优势，使文化成为引领山东半岛城市群绵绵不绝的发展动力。山东历史文化荟萃，是中华文明的重要发祥地。自秦统一天下开始，齐鲁两种迥然不同的文化和经济形态之间开始融合碰撞。因封禅祭天而独具特色的泰山文化，以沂蒙精神为代表的红色文化，受中原文化影响的鲁西文化，因漕运盛兴而发祥的运河文化，古老的黄河文化，悠久的海洋文化，有能力使山东半岛城市群具备世界级的文化影响力。

遏制环境恶化态势，全面实施生态修复。对潍坊、淄博、聊城等重点地下水超采区，采取严格的限制政策。对已经形成地面塌陷、沉降以及由于地下水开采造成的咸水入侵的莱州湾南岸地区，执行严格的限采及水资源保育制度。对农业面源污染进行源头控制，削减氮、磷总量和农药用量，实施南四湖、东平湖湖区功能区划制度和养殖总量控制制度。加快淘汰落后产能和高能耗产业，提高清洁能源占比，治理鲁中和鲁西南地区的空气重污染区。强力整治莱州湾周边密布的各种化工企业，逐步恢复海洋及海岸带生态环境和核心生态资源❶。

❶ 中国城市规划设计研究院等.《山东省新型城市化规划（2013～2020年）》(内部讨论稿)，2014年。

（2）中原城市群

在"一带一路"的战略背景下，中原城市群应着眼国家现代化建设全局，发挥区域比较优势，强化创新驱动、开放带动和人才支撑，提升综合交通枢纽、产业创新中心地位，打造资源配置效率高、经济活力强、具有较强竞争力和影响力的国家级城市群[1]。

充分发挥城市群人口规模大的优势，将郑州国家中心城市建设、郑州大都市区发展和城市群二级节点城市培育有机结合起来，实现城镇格局的进一步优化。要不断提高郑州中心城区的区域服务功能，带动许昌、开封、新乡、焦作四市更高水平地集聚人口和资源，提高郑州大都市区的整体发展水平。促进安阳、鹤壁、濮阳、平顶山、漯河等二级城市发展，使其成为就近带动城镇化、实现现代化的重要载体。探索人口密集的传统农区新型城镇化建设的经验，强化空间管控，防止平原地区城市的无序蔓延。

实施严格的大气治理，扭转城市群空气质量不断恶化态势。中原城市群镇村工业发达、能源原材料工业比重大，导致工业排放强度高，空气污染严重。郑州是全国重要的综合交通枢纽和货运集散中心，大货车排放也成为空气污染的重要来源。郑州、新乡等作为京津冀污染传输通道上28个重点监控中的城市，要按照国家环保达标的总体治理要求，不断完善环境治理体制机制，并将其经验和做法向城镇群全面推广。

中原城市群必须高度重视流域的治理和生态修复。中原城市群污水排放量大，河流径流量小，部分河道断流干涸，导致河流污染严重，中水甚至污水成为生态补给的重要来源。要通过完善管网设施，不断提高污水处理能力和水平，提高水资源的循环利用。要依托太行山、伏牛山、黄河等重大生态要素，构筑绿色发展的生态屏障，保护并提升平原地区的生态环境。建设南水北调中线工程、明清黄河故道、淮河、黄河等主要的河流水系生态廊道，统筹推进流域综合治理、沿线防护林建设、自然保护区建设等各项工作。

（3）海峡西岸城市群

建立符合海峡西岸城市群资源特征和台海互动的产业体系，推动海峡两岸高度融合，更好发挥城市群在祖国统一大业中的"缝合"作用。海峡西岸城市群稀缺的土地和优美的岸线资源，不适合低成本、粗放式的工业发展道路。特别是沿海重化工业的布局，已经给罗源湾、兴化湾、三都湾等的湾区的水产养殖、海洋环境和岸线合理利用造成很大压力。要提升福州大都市区和厦漳泉大都市区的综合竞争力，充分利用平潭实验区的政策优势，充分对接台湾在金融、医疗、教育等服务领域所具有的明显优势，积极发展现代服务业，加速两岸在服务业的深入

[1] 国家发展和改革委员会，《中原城市群发展规划》（发改地区〔2016〕2817号），2016年12月。

① 中国城市规划设计研究院，《福建赶超台湾战略思考与建议》（内部讨论稿），2014年。

② 中国城市规划设计研究院，《美丽福建宜居环境建设总体规划（2014～2020年）》，2015年。

③ 中国城市规划设计研究院，《长株潭城市群区域规划（2008～2020年）》（内部讨论稿），2008年。

④ 轻度富营养化的低线数值为50，中度富营养化的低线数值为60，高度富营养化的低线数值为70。

⑤ 中国城市规划设计研究院、江西省住房城乡建设厅等，《环鄱阳湖生态城市群规划（2016～2030年）》（内部讨论稿），2016年。

合作。推动跨海通道建设，实现两岸城市全方位合作，构建海峡两岸城市群①。

深刻理解"赶超"战略内涵，转变价值取向，关注城市群发展效能、文明程度、制度创新、山水文化魅力等全方位内容。要通过彰显山水文化，实现"魅力"赶超，创建国家公园与美丽湾区体系。要凝聚两岸文化共识，两岸联手推动闽南文化、妈祖文化等的传承，联手建设海峡两岸风景名胜区、自然保护区、海岛，加强名城、名镇、名村和传统建筑保护的支持②。

（4）长株潭城市群

探索人口高密度和土地高价值地区"绿心"保护的体制机制，实现长株潭"组合"城市可持续发展。绿心地区位于长沙、株洲、湘潭三市交界的三角地带，是长株潭组团式城市结构的天然绿隔。避免绿心地区被城市发展和建设"蚕食"，充分发挥其在景观美化、调节气候、水源涵养、生物多样性保护等方面的作用，对防止三市城市"摊大饼"式的无序蔓延、发挥组合城市的竞争力，具有十分重要的意义。

以"北治气为主，南治水为主"的原则，加强大气环境和湘江综合治理③。长株潭城市群是我国酸雨危害最严重的地区之一，要持续推动能源的洁净化，大幅度减少二氧化硫的排放。长株潭城市群所在的湘江流域，是我国农田及水体重金属污染最严重的地区。沿江大量重金属污染危险固体废渣露天堆放，对湘江流域沿岸城市的供水安全形成巨大威胁。因此，要持续推进重金属污染农田的治理，去除湘江流域污染的底泥，降低发生重金属污染的风险。

（5）环鄱阳湖城市群

构建鄱阳湖水生态功能区体系功能，遏制水质继续下滑趋势。近年来，鄱阳湖地区的水质呈现逐年下降态势，湖区综合营养状态指数已经接近轻度富营养化的低线④，形势不容乐观。因此，要对赣江源、修河源、抚河源、信江源、饶河源、仙女湖、柘林湖等七个省级生态功能保护区，开展植树造林、水土保持、自然保护区建设、水源污染防治。对已划定的"五河"（即赣江、修河、抚河、信江、饶河）源头保护区，要全面整治排污口。要在滨湖控制发展带，开展湿地保护、农村环境综合整治、农业面源污染防治等工作。

要积极扶持鄱阳湖东岸人口规模大、相对贫困的粮食主产区。要以都昌、鄱阳、余干等以县（市）城区和重点镇作为城镇化发展的主要载体，鼓励发展就业吸纳能力高的制造业和农产品加工业。划定以滨湖生态农业为主，促进适度规模经营的高效生态农业示范区，鼓励土地流转和规模经营。培育一批滨湖田园风光县城和小城镇，实现田园观光农业、休闲旅游业与农业主题庄园的有效结合⑤。

（6）辽中南城市群

辽中南城市群是我国工业化和城市化的先发地区，工业和城市文明基础厚重，但高层次人才流失和接续产业发展能力不足，是城市群面临的主要挑战。

以沈阳、大连等核心城市都市区的发展为重点，提高经济开放水平，激发民间发展活力，集聚高水平人才，建设世界级的装备制造业基地；持续扶持鞍山、阜新、盘锦、抚顺、锦州等老工业基地转型，推动生态治理与恢复，彰显城市新形象；严格控制空间资源的新开发，盘活和消化沿海新城和新区的"存量"。

加强区域协作，治理辽河流域与近岸海域的严重污染问题。辽河、大辽河和大凌河污染严重，油田开发、农业围垦导致滨海河口湾湿地大幅减少，渤海岸线因为养殖、房地产开发、港口和新城新区建设，导致大量自然岸线人工化、生态系统脆弱。需要在国家层面加强环渤海区域生态共建与共治，统筹资源开发与生态保护，避免空间秩序的无序与混乱；继续完善沈阳、鞍山、抚顺、本溪、营口、辽阳、铁岭等城市在辽河流域治理的协同共治机制，推动生态的逐步恢复。

（7）关中平原城市群

关中平原城市群是我国丝绸之路经济带的起点，是"一带一路"东西交汇的重要支点，是中华民族文明的摇篮和强盛王朝的象征，是国家重要的科研教育和航空航天军工基地。关中平原城市群地处黄土高原和秦巴山区的渭河平原与台塬地带，生态相对脆弱，大气扩张条件相对不利。

以西安国家中心城市建设为重点，尽快扭转西安都市区在空间开发上的混乱和无序，走出彰显厚重中华文化、深度融和军民发展的创新道路。要改变当地封闭保守的传统观念，以改革促开放，持续推进市场化改革，集聚创新资源，推动科研成果、文创资源的市场转化和产品开发；要依托发达的高铁和城际铁路网络，在西安城区、西咸新区和渭南临渭区等西安都市区的核心范围，统筹配置自由贸易、仓储物流、教育研发、加工制造、休闲郊野、文化娱乐等功能区块，维护空间开发秩序，提高开发绩效。

以大气改善和渭河流域联防共治为目标，探索内陆型地区生态文明建设的新模式。对渭北工业走廊高耗能、高污染的园区和企业进行严格的综合整治和"关停并转"，推动关中平原大气环境的整体改善。以实现渭河流域"水清坡绿"为目标，探索经济相对欠发达地区上下游生态补偿的体制机制；通过在渭河黄河湿地、秦岭北麓、黄土台塬等生态保护地带发展城市的郊野休闲功能，实现关中平原城市群城市建设与生态保护的有机结合，实现人与自然和谐相处。

3. 积极扶持哈长、山西中部、兰西、呼包鄂等8个联合都市区，健全我国城市化的基础体系

这8个城市群在生态承载能力、经济发展基础、城镇体系布局、民族地域文化差异极大。自然地理格局和相对有限的人口总规模，决定了这8个城市群是以都市区为载体的"点状开发"为基本特征，并不会出现Ⅰ级、Ⅱ级都市连绵区那样城镇网络高度密集、城镇体系发育完善的空间格局。

（1）哈长城市群

哈长城市群是东北亚区域合作和对外开放的门户地带，也是我国老工业基地布局最集中、问题最突出的区域之一。当然，计划经济思维浓厚、城镇化整体进入成熟阶段、东北亚敏感的地缘政治，也是影响区域发展的重要因素。

重新评估国家针对东北地区振兴推出的一系列区域政策。我国现有的区域规划、政策和措施是快速工业化、城镇化和城市发展时期的产物，已经无法适应我国东北这样城镇化进入稳定阶段、区域人口不断流失、能矿资源陷入枯竭、大规模开发历史相对较短的气候寒冷地区。因此，需要在财政、税收、投资、产业、人口、规划建设等方面，以创新性的思维制定针对东北地区的区域政策。

以哈尔滨、长春等核心城市都市区的发展为重点，形成支撑东北经济发展的战略支撑。充分发挥核心城市人口规模大、市场发育程度高、产业结构多元、科教基础好、区域吸引力强的优势，带动中心城区外围县区、园区和卫星城镇的一体化发展，遏制东北人才不断流失的不利局面。

理性面对城市动力不断流失的现实，实现城市"精明收缩"。城市群内大量资源城市和工业基地，应通过收缩和集中人口、废弃工矿区生态修复、棚户区改造与盘活"空城鬼城"相结合等多种方式，降低城市公共服务和基础设施运维成本。要针对这类"收缩城市"，在城市规划、建设和管理上，探索新的技术方法和实施措施。

发挥东北地区独特的气候、文化、资源和生态优势，发展各种类型的特色小镇。两大城市群的冰雪、森林、草原、温泉、避暑、滨海湿地等自然资源，以及独具特色的开发历史、狩猎游牧文化、草原商路文化、规模作业农场、工业和战争遗址、国际异域风情，都与关内具有很强的差异性，有条件发展旅游、观光、休闲、体育、养生等高品质的特色小镇。

（2）呼包鄂城市群和宁夏沿黄城市群

呼包鄂城市群和宁夏沿黄城市群地处地广人稀的农牧交错、黄河灌区和河套平原，是国家重要的能源资源保障基地和工业基地。该区域也是黄河生态流域和沙漠化重要的防控地带，生态敏感脆弱，对华北平原和黄土高原的生态保障意义重大。

要坚持"点状开发"和"面域保护"的空间发展策略，以呼和浩特、包头、

鄂尔多斯和银川等中心城市的发展为重点，避免轴带式的、蔓延式的开发。要高度重视产业结构的多元化，将两个城市群纳入国家东北老工业基地振兴和山西资源型产业转型的政策体系中，使这些资源型城市处在成长期时就能提前谋划、从容布局接续产业，避免陷入资源枯竭时再考虑转型发展的问题。

加强对工业园区的管控，避免重化工业的无序扩张。两个城市群均存在着煤化工、能矿资源加工等各类园区，用地粗放、布局分散、耗水和污染严重、功能单一等问题，已经对脆弱的生态环境带来很大冲击。

加强区域统筹协调的力度，解决城市群内部因矿产资源分布不均，导致各县区（旗）在财政收入、基础设施和民生服务上的巨大差距问题，保证各县区都能够享受到资源所带来的"红利"。

（3）山西中部城市群

山西中部城市群是山西省社会经济发展的核心区，也是全国能源和历史文化资源富集区，长期陷入资源型产业比例过高、接续产业发展不足、生态环境历史欠账过多的困境，产业转型升级面临重大挑战。

要积极治理和恢复生态环境，改变资源型城市的对外形象。加强太行山、吕梁山等生态保护修复工程，继续推动汾河流域的环境治理，积极开展采煤沉陷区、煤矸石和粉煤灰的治理。大力实施能源的"清洁化"战略，坚持不懈地改善大气环境。充分挖掘城市的"山水林田湖坡"等各类资源，形成山水生态和郊野田园休闲空间，建设城市郊野绿道、登山健身步道，全面提升人居环境品质，增强城市的吸引力。

应扶持和鼓励城市群大力发展接续产业，改变对资源型产业的过度依赖。强化太原中心城市地位，集中力量建设太原都市区，使其成为国家能源服务及创新中心，全国重要先进制造业基地和文化旅游基地，率先完成并引领城市群的产业转型和升级。依托城市群丰富的古城古镇、名村、"大院"、古建文物等高品质的文化和旅游资源，完善旅游服务体系，打造世界级的旅游目的地。强化与京津冀、中原及关中等周边地区联系，完善市场服务和创业创新体系，推动先进制造业基地的建设。

（4）兰西城市群

兰西城市群是我国"胡焕庸线"以西人口规模最大的聚集区，也是各民族守望相助、和谐共融的聚居地区。在中华民族的形成和认同过程中，它发挥过极其重要的作用。兰西城市群所在的河湟谷地是高寒牧区和黄土峁梁之间非常稀缺的宜居平原，对服务青藏高原、促进民族团结、稳固国家生态屏障具有很强的战略支撑作用。

以建设兰州和西宁两个中心城市为重点，提高兰西城市群整体发展水平。由于两个省会城市都对本省居民具有非常强烈的吸引力，因此要通过公共服务供给、完善基础设施、提高城市管理服务水平等各种方式，提高城市宜居宜业水平，充实和完善两个城市的商贸消费和休闲养生功能；要充分发挥两个城市多民族长期聚居融合、文化多元包容的优势，建设具有独特民族文化的魅力城市，推动兰州、西宁走出有独特的创新型道路。另外，由于河湟谷地耕地资源珍稀，要节约集约利用土地，择优选择兰西沿线的少量节点城镇，进行高水平的建设和发展。

（5）北部湾城市群

北部湾城市群位于全国"两横三纵"城镇化战略格局中沿海纵轴最南端，是我国沿海沿边开放的交汇地区，在我国与东盟开放合作的大格局中具有重要战略地位。

发挥地缘优势，建设面向东盟国际大通道的重要枢纽和"三南"开放发展新的战略支点。依托泛亚铁路，强化中国—中南半岛陆上国际大通道建设，完善以北部湾港口群为起点的海上运输大通道，打造与东盟国家便捷联系的国际大通道枢纽。加强与粤港澳大湾区、珠江—西江经济带联动发展，主动承接产业、资金、技术转移和辐射。充分发挥作为"三南"地区重要出海口的作用，畅通与成渝、黔中、滇中、长江中游等城市群间的快速多向连接，推动内陆省份全面深化与东盟的交流合作。

强化南宁核心辐射带动，加快建设南宁特大城市和区域性国际城市。推进要素集聚，强化国际合作、金融服务、信息交流、商贸物流、创业创新等核心功能，形成引领北部湾、面向东盟的现代化大都市区。以北海、湛江等城市为支撑，统筹沿海岸线开发、港口建设、产业发展和城镇布局，提升基础设施现代化水平。坚持生态优先，控制开发强度，建设蓝色生态湾区。推动重点生态功能区的保护和修复，构筑环绕城市群的生态屏障。构建河流绿色生态廊道，严禁围垦河湖水域，维护河湖水域、岸线等水生态空间。优化近岸海域空间布局，严格控制围填海规模，强化岸线资源保护和自然属性维护。加强重要海洋生态系统的保护与修复，重点推进茅尾海等重要海洋保护区的保护与建设[1]。

（6）滇中城市群

滇中城市群是带动云南全省经济社会发展的龙头，是我国面向西南开放的桥头堡，也是我国联接南亚和东南亚国家的陆路交通枢纽。

以昆明建设区域性国际中心城市为目标，不断提高国际影响和辐射能力。充分发挥四季如春、温暖舒适的独特气候优势，集聚高水平人才，发展国际性的养生健康社区。依托云南多民族和谐相处、民族文化异彩纷呈、跨境民族山水相亲

[1] 国家发展和改革委员会、国家住房城乡建设部，《北部湾城市群发展规划（2017~2020年）》，2017年。

的地缘特点，将昆明建设成为我国与中南半岛及孟中印缅国家文化、教育、科技交流和综合服务的重镇，形成国家对外开放与国际合作的示范区。

严控滇池流域开发规模，缓解滇池水生态压力，破解"环滇"发展困境。高原湖泊自净能力有限、生态敏感脆弱，被污染后治理成本极其高昂而且成效有限。要持续引导产业和人口向滇池流域外的玉溪、安宁、空港、嵩明及其他县域中心城市集聚，缓解滇池流域内的生态环境压力。要深刻汲取滇池污染的教训，合理控制抚仙湖、阳宗海等水源涵养区周边人口、产业总量，完善环保尤其是污水处理设施，提高处理等级和标准，避免重走滇池先污染后治理的老路。以区域水资源、水环境容量为发展前提，减少大型调水工程实施带来的社会和生态影响。加强以滇池、抚仙湖为重点的高原湖泊治理和高原水土流失防治，构建以高原湖泊为主体、山水相依、廊道环绕、斑块相间的高原生态格局。

（7）黔中城市群

以贵安新区为引擎，以贵阳中心城市为核心，加快推动"贵阳—安顺"一体化发展。发挥"三线"建设和能矿开发奠定的产业基础和人才优势，通过国家支持和"自我造血"能力相结合，不断提高可持续发展能力。持续完善基础设施和公共服务，顺应省内人口不断向省会集聚的趋势，提高人口综合承载能力。充分发挥云贵高原冷凉气候优势、山地特色资源优势、少数民族多元文化优势，大力发展文化、旅游、休闲产业，鼓励绿色农特产品加工业、新兴制造业和服务业发展，寻求具有黔中特色、适应生态本底的产业发展路径。

黔中城市群地处我国长江和珠江上游，又属典型的喀斯特地形，地上地下水系联通，土地贫瘠，地质灾害频发，城市建设和经济发展条件"先天不足"。因此，要持续实施生态移民工程，保障人民生命财产安全，减轻迁出地的生态环境压力，提高地区可持续发展的能力。要维持一江清水，严格水功能区管理，切实推进乌江和赤水河中上游、珠江上游水污染防治，严格控制入江污染物排放量。要加大百花湖、红枫湖、夜郎湖、阿哈水库、花溪水库和松柏山水库等重要水源涵养区、集中式饮用水源地环境治理和保护力度。要顺应山地城市发展和建设的特点，避免"挖山填塘"、简单粗暴式的开发方式，实现"低冲击"的城市发展模式。

参考文献

[1] （英）帕特里克·格迪斯. 进化中的城市——城市规划与城市研究导论[M]. 李浩等译. 中国建筑工业出版社, 2012.

[2] 戈特曼. 大城市连绵区: 美国东北海岸的城市化[J]. 李浩, 陈晓燕译. 国际城市规划, 2009年增刊.

[3] 中国城市规划设计研究院译. 美国2050年国家发展战略No. 2（内部讨论稿）.

[4] 张莉. 城市群基本单元与概念体系（内部讨论稿）, 2012.

[5] 彼得·霍尔, 凯西·佩恩. 多中心大都市—来自欧洲巨型城市区域的经验[M]. 罗震东等译. 中国建筑工业出版社, 2010: 1-28.

[6] 刘玉博, 李鲁, 张学良. 超越城市行政边界的都市经济区划分: 先发国家实践及启示[J]. 城市规划学刊, 2016（5）: 86-91.

[7] 我国大城市连绵区的规划与建设问题研究项目组. 中国大城市连绵区的规划与建设[M]. 中国建筑工业出版社, 2014: 460.

[8] 唐子来等. 全球视野下的中国城市体系（内部讨论稿）, 2016.

[9] 胡兆亮, 阿尔斯朗, 琼达等. 中国文化地理概述[M]. 北京大学出版社, 2015: 206.

[10] 吴良镛主编, 毛其智副主编. 城镇化进程中的城市文化研究[M]. 中国建筑工业出版社, 2013: 306.

[11] 吴良镛等. 京津冀地区城乡空间发展规划研究（二期报告）[M]. 清华大学出版社, 2006: 133.

[12] 周振鹤. 中国历史政治地理十六讲[M]. 中华书局, 2016: 213.

[13] 中国城市规划设计研究院. 城市发展规律——知与行[M]. 中国建筑工业出版社. 2016.

[14] 中国城市规划设计研究院. 珠江三角洲全域规划（2014~2020年）, 2015.

[15] 赵淑兰. 协同发展京津冀, 跨区布局中关村. 经济日报[N]., 2017-1-25, 第10版.

[16] 中国城市规划设计研究院. 天津空间发展战略研究（2015~2030年）, 2015.

[17] 世界银行, 国务院发展研究中心. 中国: 推进高效、包容、可持续的城镇化[M]. 中国发展出版社, 2014: 237.

[18] 范一大. 我国灾害风险管理的未来挑战——解读2015~2030年仙台减轻灾害风险框架[J]. 中国减灾, 2015（4）上.

[19] 巴拉克·奥巴马. 美国前方之路[J]. 财经, 2016（10）.

[20] 陈明. 读孙中山先生《建国方略》对空间规划的启示（内部讨论稿）, 2016.

[21] 杨保军, 陈怡星, 吕晓蓓等. "一带一路"战略的空间响应[J]. 城市规划学刊, 2015（2）: 6-22.

[22] 世界银行, 国务院发展研究中心联合课题组. 2030年的中国——建设现代、和谐、有创造力的社会[M]. 中国财政经济出版社, 2012.

[23] 中国城市规划设计研究院等. 京津冀城乡规划（2015~2030年）专题研究, 2015.

[24] 国家发改委, 国家住房城乡建设部. 长江三角洲城市群发展规划（2016~2020年）, 2016.

[25] 李郇. 空间一体化: 港澳与珠三角的再融合（内部讨论稿）, 2017.

[26] 中国城市规划设计研究院. 渭南市城市总体规划（2016~2030年）//渭南大数据空间分析专题研究报告, 2016.

[27] 广东省人民政府. 广东省国土规划（2006~2020年）, 2007.

[28] 国家发改委, 住房城乡建设部. 成渝城市群发展规划（2016~2020年）. 2016.

[29] 中国城市规划设计研究院等. 山东省新型城市化规划（2013~2020年）（内部讨论稿）, 2014.

[30] 国家发展改革委. 中原城市群规划（发改地区〔2016〕2817号）, 2016.

[31] 中国城市规划设计研究院. 福建赶超台湾战略思考与建议（内部讨论稿）, 2014.

[32] 中国城市规划设计研究院. 美丽福建宜居环境建设总体规划（2014~2020年）, 2015.

[33] 中国城市规划设计研究院. 长株潭城市群区域规划（2008~2020年）（内部讨论稿）, 2008.

[34] 中国城市规划设计研究院, 江西省住房城乡建设厅等. 环鄱阳湖生态城市群规划（2016~2030年）（内部讨论稿）, 2016.

[35] 国家发改委, 住房和城乡建设部. 北部湾城市群发展规划（2017~2020年）. 2017.

[36] 中国城市规划设计研究院. 河北省空间发展战略研究（2016~2030年）（内部讨论稿）, 2016.

[37] Toward an American Spatial Development Perspective. University of Pennsylvania, Department of Planning, 2004.

[38] Mckinsey China: One Country, Many Markets-Targeting the Chinese Consumer with Mckinsey ClusterMap, 2009 Annual Chinese Consumer Study.

II

专题报告
Special
Report

专题

经济专题

我国城市群的经济绩效及其演化机制分析

（一）引言

随着经济全球化的推进，国家之间的竞争更多表现为区域间、城市间的竞争，竞争力的重要构成要素便是生产效率。诺贝尔经济学奖获得者、美国经济学家保罗·克鲁格曼在其著作《萧条经济学的回归》中指出："亚洲取得了卓越的经济增长率，却没有与之相当的卓越的生产率增长。它的增长是资源投入的结果，而不是效率的提升"。

"城市群"的概念经过数十年实践和理论积淀后，内涵不断丰富与完善。黄金川、刘倩倩、陈明等人，基于都市区识别了我国城市群的地域空间范围。他们研究认为，2010年时，我国城市群涵盖的区域约100万平方公里，占全国陆域国土面积的10.4%，承载了全国50%的人口，81%的城镇人口，实现了全国58%的GDP。城市群每平方公里的GDP产出为2299万元，是全国平均水平的5.54倍。正如哈佛大学教授Porter E. Michael（1990）所言，"在国家层面上，竞争力的唯一含义就是国家的生产效率"。城市群有助于提高经济效率、促进知识集聚、实现区域可持续性发展。以城市群为核心能带动区域和国家的整体竞争力，并成为国家参与全球竞争及国际分工的主要地域单元。

自我国2001年加入WTO以来，迅速成长为全球贸易和制造业大国，人均GDP从2001年的1000美元左右迅速增长到2015年的8000美元以上（以当年汇率计算），创造了举世瞩目的"中国奇迹"。其中，以长三角、珠三角和京津冀为代表的城市群发挥了突出的战略性作用。即便遭遇2008年全球金融危机的深刻影响，我国的城市群也率先走出危机阴影，充分显示了其在经济上的"纠偏"和调整能力。

本次研究采用DEA（Data Envelopment Analysis，DEA[1]）模型对2000年和2013年全国13个主要城市群投入产出效率进行静态评价，并对其空间分异特征及影响因素进行分析；运用全要素生产率指数方法动态分析城市群2000～2013年经济发展效率的变动情况。DEA模型是A. Charnes和W. Cooper等人从相对效率发展出的效率评价方法，比较适合城市群这类复杂经济系统的效率测度。研究希望能够对我国城市群的投入产出效率的分析进行一些深化，对我国城市群经济绩效及其演化机制进行一些初步探讨。

[1] DEA是以相对效率概念为基础发展起来，可依据投入产出指标测度某时间截面经济发展效率，因此是处理多投入和多产出决策单元效率问题的有效方法。DEA的原理是借助数学规划将DMU投影在DEA前沿面上，并通过比较DMU偏离DEA前沿面的程度，来评价他们的相对有效性。

（二）城市群经济绩效评价方法

1. 城乡规划领域的常用方法

近年来，城乡规划领域常用OLS、企业关联分析等方法，研究城市群的经济发展绩效。如李凯等（2016）通过OLS回归模型，对长三角、武汉、成都和重庆等四个城市群的集聚扩散机制进行了分析，认为投资强度提高、经济增长和通达性提高，对欠发达的城市群带动作用显著，而财政支出、人力资本和综合环境等对长三角这样发达的城市群作用明显。张鑫等（2016）利用Theil和Mono指数，对我国10大城市群的差异性进行了分析，认为城市群的集聚效应主要体现在经济方面而不是人口方面，说明资源配置的效率仍有待提高。唐子来等（2010）利用企业之间的关联数据，从城市联系的角度，研究了城市群门户城市与中心城市的关系，并从国际城市分工的角度研究了我国城市群所处的价值区段（2014）。

总体来看，从物质形态和"流"空间的角度对城市群绩效进行研究，是城乡规划领域常用的方法。该方法的优点是简单直观、易于理解，但缺点是无法对绩效本身进行分解，也无法对全要素生产率（Total Factor Productivity）在经济发展中的作用进行定量评估。

2. 投入产出要素的理论认识

历史来看，TFP才是推动经济持续发展的不竭动力。按照新古典经济学的认识，资本和劳动这样的投入要素，随着投入规模的加大，边际效率是递减的，只有依赖技术进步推动生产效率（即TFP）的提高，才能使经济增长具有持续性。美国经济学家索洛1956年成功将新古典经济理论和凯恩斯经济理论有机地结合起来，成为研究区域经济增长的一个重要里程碑。该理论认为，在任一时间，经济是一定量的资本、劳动和技术结合起来生产产品，其提出的生产函数如下式：

$$Y(t) = A(t) \times F[K(t), L(t)] \qquad \text{专题报告（1-1）}$$

式中，Y代表产出；K、L分别代表资本和劳动的要素投入；t表示时间；$A(t)$代表技术水平，也称为全要素生产率。

资本投入K，又可以分为实物资本和人力资本两类。实物资本包括设备、厂房、存货等的存量；人力资本也称为无形资本，体现在劳动者身上的投资，包括劳动者的技能、文化水平和健康状况等[1]。

劳动投入L既包括数量，也包括质量，应是劳动者数量、知识、技能和身体素质的统一。由于劳动投入的质量很大程度上已经在人力资本中体现，本次研究的劳动投入仅代表数量投入，即从事一、二、三次产业的所有劳动者。

$A(t)$或TFP是推动经济发展的持久动力。索洛最早认识并提出TFP概念，他在

[1] 按照我国的统计口径，一定时期内全社会固定资产投资的存量可以较好地代表资本投入K。因为全社会固定资产投资涵盖了基本建设、更新改造、房地产开发和其他投资四大领域，除了用于厂房和设备采购、更新外，还包括建立医院、学校、公园、图书馆、博物馆、文化馆、研发机构等这些与人力资本积累密切相关的硬件、软件投入。一般而言，医院投入水平可以为劳动者的健康提供保障；图书馆、学校和研究机构的投入可以为劳动者的技能累积、终身学习提供场所；以博物馆、公园等为代表的文化娱乐场所的投入，有利于劳动者愉悦身心、拓展视野、恢复精力，最终体现为人力资本水平的提高。

"索洛余值"及其相关研究中，认识到技术进步对经济增长的推动作用。当然，此前马歇尔的聚集经济理论、熊彼特的"创新性破坏"理论等，对TFP认识的形成均有贡献。随着对TFP认识的深入，要素在空间的合理组织和配置（如劳动力和资本从效率低的部门和地方转移到效率高的部门和地方）、规模报酬递增❶（魏后凯，2007）、区域治理能力和企业管理水平的提高等，都被认为与TFP密切相关。显然，城市群是TFP推动经济持续发展的主要区域。因为没有统计数据和指标能够比较全面地反映城市群的TFP，本次研究通过当期城市群各级政府的科学事业经费支出，来间接反映区域的技术水平$A(t)$。按照我国的统计口径，科学事业经费主要用于基础研究、应用研究、技术研究与开发、科学技术普及、科技交流与合作等，其投入与区域的技术水平密切相关，在一定程度上可以反映出区域的TFP。

自然资源的投入是否纳入生产函数，需要作针对性分析。一般而言，能源、矿产、水和土地等自然资源是区域经济增长的基本条件。当然，随着产业升级和技术水平的提高，自然资源对区域经济的贡献率逐步下降。对城市群而言，由于城市型经济已占主导地位，矿产资源对经济的贡献率普遍不高，因此，可将自然资源看作是区域经济增长的"引致"性因素❷。出于简化研究框架的需要，本次研究不再将矿产、能源和水等自然资源作为投入要素，但将土地纳入生产函数作为投入要素，这与我国土地制度的特殊性相关。土地，尤其是各类建设用地，包括城镇建设用地、独立工业园区和农村非农建设用地等，不应视作经济发展的"引致"因素，而应看作经济增长的"发动机"，即土地不只是经济增长的结果，更是经济增长的原因，因为土地本身是重要的融资平台，主动地推动建设用地的扩张，就是地方政府加大资本杠杆、推动经济增长的"引擎"。

产出水平Y，往往用区域的GDP来衡量。虽然对该指标的"诟病"很多，但到目前为止，学者还没有找到更合适的替代性指标。可以说GDP是目前"最不坏"的指标。

国家和区域的经济发展，归根结底是土地、资本、劳动等生产要素的投入，技术创新推动的生产效率提高，资源优化配置带来的结构转化效应等综合作用的结果。经济发展的外在表现形式，即产出，是地区生产总值的增加、三次产业结构的变化（尤其是二产、三产比重的相继提高）、劳动力不断向城市集聚（往往表现为城镇化水平的提高）和人均收入水平的持续增长。在经济发展的初期和中期，生产要素的持续投入是推动经济增长的主要力量。进入经济发展的后期，创新、集聚和最终消费等对经济发展的带动作用将变得更加突出。国内对城市群发展绩效的研究，基本是从要素投入水平、经济总量增长、产业结构变化、就业带动能力、创新能力评价等角度进行的。总之，从投入产出角度来评价城市群的发展绩效，其核心

❶ 以诺贝尔经济学奖获得者、美国著名经济学家保罗·克鲁格曼（Krugman）为代表的一批学者，对此进行过深入研究。2004年，罗森塔尔（Rosenthal）和斯特兰奇（Strange）的研究也表明人口每增长1倍，就会使每个工人的产出增加3%～8%。这种规模报酬的递增，主要通过三个效应来实现：一是要素投入分享效应，选址在大城市的企业可享受到银行、会计、保险、法律等更多样化的商务服务，以及共享大城市更加优质的基础设施、公共服务和大学等研发机构；反过来也正是因为有更多企业的分享，每个企业支付的价格相对较低。二是劳动力储备效应，大城市拥有更大规模的"劳动力池"，能够更有弹性地应对不同行业、不同企业因为景气周期差异导致的用工需求波动，从而促进城市经济更有效率地运转。三是知识溢出效应，大城市使人们相互交换知识变得更容易，各种创新创意的思想和行为也会因为各群体有更多的交流和互动机会，而得到更加有效的激发和传播。

❷ 所谓"引致"，是指要素的供给水平，是由经济发展水平和方式决定的，是被动适应经济需求的结果，主动增加供给并不会带来经济增长。

是城市群要用比较少的资源要素的投入，获取更大的经济发展成效。

除了生产要素以外，区位条件、投资环境、政策支持等也会影响城市群的投入产出效率（奥沙利文，2015）。优越的区位条件当然会促进城市群的经济发展，但交通、通信等基础设施条件的改善，在一定程度上能够改变不利的区位条件；良好的投资环境有利于吸引外部投资，从而促进城市群的经济增长；政府实施的区域政策，会影响城市群的资源配置；城市群自身的社会环境，如文化传统、价值观念、行为方式和文明程度等，也是影响城市群经济发展的重要因素。上述因素对城市群投入产出效率的影响既重要又微妙，难以准确地进行量化研究，也缺乏可靠的替代性指标，因此暂未将上述因素纳入研究框架。

3. 经济绩效评价的模型选取

依据对投入产出要素的认识，结合国内外最新研究与技术进展，研究选取数据包络分析方法，对2000年和2013年全国主要城市群投入产出效率进行静态评价，并对其空间分异特征及影响因素等进行研究；进而，运用全要素生产率指数法动态分析城市群2000~2013年经济发展效率的变动情况。

DEA是以相对效率概念为基础发展起来，可依据投入产出指标测度某时间截面经济发展效率，因此是处理多投入和多产出决策单元效率问题的有效方法（Zhu J，1999）。DEA的原理是借助数学规划将比较决策单元（Decision Marketing Units，以下简称DMU）投影在DEA前沿面上，并通过比较DMU偏离DEA前沿面的程度，来评价他们的相对有效性（魏权龄，2012）。因此，DEA的最大优势是无须人为确定各种要素的权重，从而排除了主观因素对评价结果可能造成的影响；另外，投入产出要素的量纲、单位对评价结果也不会造成影响，使建模具有更大的灵活性，比较适合城市群这类复杂经济系统的效率评价。当然，DEA也有不足。由于2000年、2013年两期不同时间序列的城市群效率是根据不同的生产前沿面计算获取的，因此计算生成的结果是相对效率，即各城市群投入产出效率只能在同一时间点进行比较，不同时期的城市群发展效率不具可比性。另外，DEA中用于评价的生产函数边界是确定的，因此所有的随机扰动项都被看成是效率因素，这就会导致评价结果容易受到极值的影响。

由于DEA的上述缺陷，尤其是不同时间点的城市群效率不具有可比性，因此，要分析含有时间序列动态变化特征的城市群，需要借助基于DEA的全要素生产率指数法（即DEA-Malmquist法）。全要素生产率指数法可以利用多种投入与产出变量进行效率分析，对TFP进行分解和深化，这样就能对各城市群经济绩效的历史变化有更深入的分析（刘秉镰等，2009）。此外，全要素生产率指数法相当于对原始数据进行了一阶差分，这就可以减弱数据质量对计算结果的影响，对我国来说这个优点很有现实意义。最后，全要素生产率指数法是非参数的研究方法，不需要对生产函数进行限制，这就避免了研究者的主观判断对实证结果产生影响（傅勇等，2009）。

4. 基于DEA和全要素生产率指数法的研究回顾

（1）相关领域的研究进展

纵观国内外研究，投入产出效率的测度主要有两类方法：一类是函数和参数方法，另一类是非函数、非参数方法。前者设定一个包含未知参数的随机生产前沿函数，投入产出效率的变化反映在生产前沿的移动上；后者通过DEA模型，投入产出效率的测度无需预先设定生产前沿函数（傅勇等，2009）。自1978年由著名的运筹学家Charnes A、Cooper W和Rhodes E等人首先提出DEA方法后，各领域学者对投入产出效率进行了广泛研究，使研究对象和方法不断深化（Charnes A et al. 1978）。如Charnes A等（1989）利用DEA方法对中国城市的经济发展状况进行了评价；Alamim和Sickles R（1998）利用DEA方法，研究了美国11家航空公司的技术效率与股票市场报酬之间的关系。自从我国数量经济学家魏权龄1988年将DEA效率评价方法引进国内（魏权龄，2012）以后，国内学者使用DEA方法，对企业运行效率（秦宛顺等，2001）、医疗系统组织效率（史健等，2004）、区域投资效率（冯振环等，2000）等进行了广泛的研究。

全要素生产率指数是瑞典经济学家Malmquist S在1953年最早提出的。之后，Caves等（1982）通过构造生产率指数将其应用于测算生产效率的变化，但由于当时并未提供测度距离函数的方法，因此当时的研究只能停留在理论层面的探讨（章祥荪等，2008）。直到Fare R等（1994）将其与数据包络分析理论结合，才使该方法得以广泛应用。如今，这一方法被广泛应用于金融、工业、医疗等部门生产效率的测算，并依据效率测算的结果进行国际比较方面的研究。如Fare R等（1994）计算了17个经合组织（OECD）国家的Malmquist指数，并分析对比了不同国家的技术变化指数、综合技术效率变化指数和规模效率变化指数；王亚华等（2008）通过对中国交通全行业及四个主要部门1980~2005年间的生产率变动的计算，并采用Bootstrap纠偏方法，发现自1990年代以来，交通行业全要素生产率变化指数增速有所下降，技术效率变化指数显著下降，而2000年后，交通各部门的技术进步变化率大幅上升，技术效率变化指数继续下降，认为中国交通行业的发展模式面临转型。

（2）区域经济的分析应用

自1990年代中期起，DEA和全要素生产率指数法在区域经济分析中得到了快速的应用，在市域、省域和区域（经济区、城市群等）不同空间尺度上的研究都有所推进。如马海良等（2011）将知识存量纳入生产变化指数，对1995~2008年长三角、珠三角和环渤海三大经济区的能源效率和全要素生产率进行了分析；李郇等（2005）对中国202个地级及以上城市在1990～2000年的发展效率和时空变化进行了评价；高炜宇（2008）对2005～2006年国内15个大城市生产效率进行了研究，发现生产效率普遍提高，且发展路径和发展阶段呈现出多样性；郭腾云等（2009）对1990～2006年中国特大城市要素资源效率及其变化进行了研究，发现特大城市平均效率一般，因为只有少数城市达到了效率最优。另外，虽然特大城市效率呈现弱改善趋势，但技术退步和生产率下降更为明显；郭海涛等（2007）对12个不同类型的矿业城市进行了实证研究，发现石油类城市综合技术效率最高，煤炭类城市综合技术效率最低，大、中、小型城市均出现不同程度的规模收益不变和递减现象；方创琳、关兴良（2011）采用CRS模型、VRS模型和Bootstrap-DEA模型，对我国23个城市群2002～2007年的投入产出效率、变化趋势及空间分异特征进行了分析。研究认为我国城市群投入产出效率总体较低且呈下降趋势。东部沿海地区城市群投入产出效率高于中部地区，中部地区又高于西部地区，技术进步因素是中国城市群全要素生产率变化指数显著下降的主因。

（3）存在不足

虽有少量成果采取了DEA和全要素生产率指数法（方创琳，2009）对经济绩效进行研究，但也还存在四个方面的不足：①大多数文献主要反映单一城市资源效率，或针对某一"城市区域"内部的城市进行绩效比较，对全国城市群进行总体经济绩效评价的文献较少；②城市群范围的划定比较随意，使研究对象的可比性、内在一致性等存在缺陷；③研究成果没有对价格进行平滑缩减处理，导致价格因素对分析结论产生偏差；④有影响力的研究成果都是2008年金融危机爆发前发表的，经济进入新常态以来的新变化尚未得到反映。

因此，本次研究选取数据包络分析方法，对2000年和2013年全国13个典型城镇群投入产出效率进行静态评价，进而运用全要素生产率指数法动态分析2000～2013年城镇群TFP的变动情况，对其空间分异特征及影响因素等进行研究，以期揭示其空间分异特征及影响因素，并探讨其内在演化机制，为促进城市群的健康高效发展提供有益参考。

5. 研究对象和指标选取

（1）典型城市群的提取

根据全国都市区和城市群的发育现状（专题报告图1-1），考虑空间尺度的可比性（即避免城市群面积过大和过小）、地域空间的代表性（即东、中、西部和东北地区，都有城市群作为研究对象）、外围包络线的完整性，选取了全国13个典型城市群进行研究，共包括89个地级市（或以上）和192个县级行政单位（含县和县级市）（专题报告图1-2）。

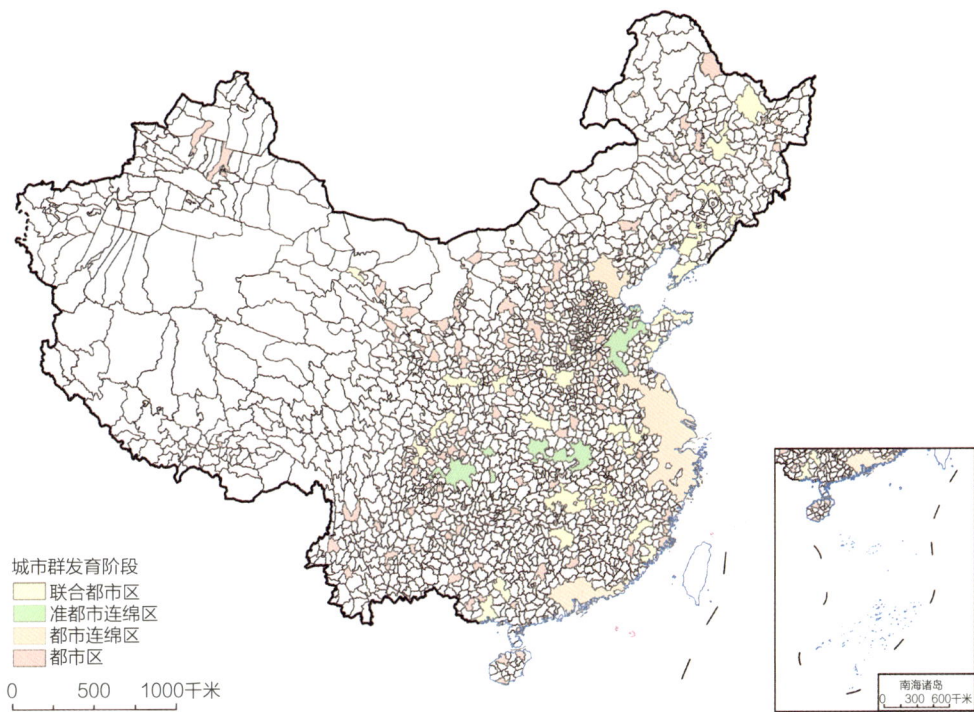

城市群发育阶段
- 联合都市区
- 准都市连绵区
- 都市连绵区
- 都市区

0　500　1000千米

南海诸岛
0　300　600千米

专题报告图 1-1　全国城市群 2010 年的发育格局

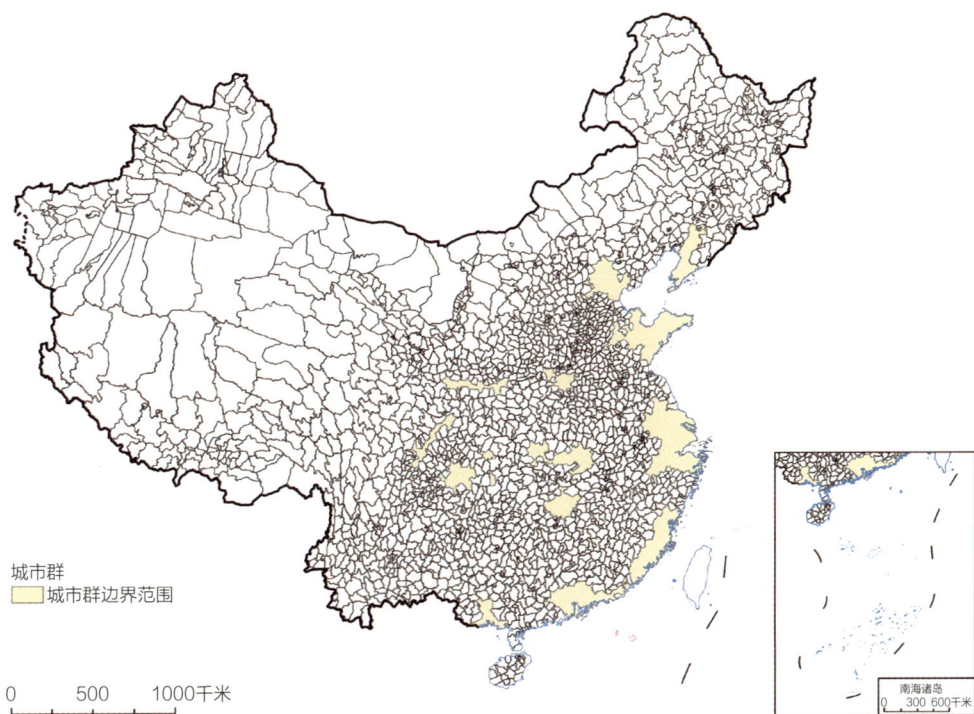

城市群
- 城市群边界范围

0　500　1000千米

南海诸岛
0　300　600千米

专题报告图 1-2　我国 13 个城市群的空间分布

从空间分布上看，13个城市群覆盖了我国东、中、西部，兼顾了沿海、沿边、内陆等各类型城市群；从发展现状上看，涵盖了不同的自然禀赋、规模体量、发展阶段；从布局来看，它们均位于《全国主体功能区规划（2011～2020年）》确定的国家优化和重点开发的城市化地区，基本契合国家"两横三纵"的城市化战略格局；从社会经济地位上看，13个城市群总面积为64.43万平方公里，占陆域国土面积的6.69%。在2000年到2010年的10年间，人口总量从3.11亿增长到4.11亿，占全国总人口的比重由24.7%提高到29.9%；城市常住人口从1.87亿增长到2.87亿，占全国的比重从60.1%提高到69.8%；GDP总量从4.5万亿元增长到23.1万亿元，占全国的比重从45.4%提高到56.5%。2013年，这13个城市群的GDP总量更是大幅上升至36.8万亿，占全国的比例达到62.6%^{（专题报告表1-1）}。

13个城市群基本情况一览表　　　　　　　专题报告表 1-1

城市群	地域范围	2000			2010			2013	经济增速	
单位	面积（平方公里）	GDP（万元）	总人口（万人）	城市人口（万人）	GDP（万元）	总人口（万人）	城市人口（万人）	GDP（万元）	2000～2010年	2010～2013年
京津冀城市群	37040	49119673	2647	2076	277915821	3254	2781	448393794	18.92%	17.29%
长三角城市群	104158	134013070	6448	3367	698278277	7944	6080	958999455	17.95%	11.16%
珠三角城市群	101270	67680227	2462	1731	397059574	3806	3271	600595005	19.35%	14.79%
山东半岛城市群	73592	55273455	3841	1645	261866933	4071	2371	343726548	16.83%	9.49%
海西城市群	66757	32132569	2268	610	115788833	2591	1227	177322609	13.68%	15.27%
武汉城市群	86492	23728153	2150	1491	89407620	2057	1828	196234400	14.19%	29.96%
中原城市群	14101	12417946	1105	535	60569089	1315	895	107062043	17.17%	20.91%
长株潭城市群	23623	12284224	1238	417	69032547	1367	1035	116638041	18.84%	19.10%
辽中南城市群	41854	31214349	1857	1339	141942847	1953	1637	225598256	16.35%	16.70%
关中城市群	26919	9652681	993	721	45524796	1275	1125	100937705	16.78%	30.40%
成都城市群	28893	12970658	1064	750	64862407	1303	1088	133387516	17.46%	27.17%
重庆城市群	26960	8884179	1119	929	66736894	1774	1653	126566900	22.34%	23.78%
北部湾城市群	12650	4069681	442	360	21413643	619	586	48174385	18.06%	31.03%
合计	644309	453440865	27636	15973	2310399281	33328	25577	3583636657	—	—

注　表中各年份 GDP 均为当年价格，经济增速均为名义增速。

资料来源　2001～2014年《中国城市统计年鉴》、《中国县域统计年鉴》、《第五次全国人口普查》以及《第六次全国人口普查》。因2000年与2010年的人口数据分别来自第五次全国人口普查与第六次全国人口普查，与《中国城市统计年鉴》和《中国县域统计年鉴》的人口统计口径不一致，故2013年城市群人口数并未列入表中。

可见，无论从人口规模还是地区生产总值占比来看，这13个城市群在国家经济和社会发展中所承担的功能和作用越来越重要。因此，通过规范研究对象，更能突出城市群内涵的一致性、研究的针对性和地域的代表性。

13 个城市群所辖地域范围一览表　　　　　专题报告表 1-2

城市群	地域范围
京津冀城市群	北京市区、密云县、延庆县、保定市区、定兴县、满城县、高碑店市、徐水县、涿州市、霸州市、大厂县、固安县、廊坊市区、三河市、香河县、永清县、唐山市区、天津市区、蓟县、静海县、宁河县
长三角城市群	上海市区、南京市区、溧水县、海安县、海门市、南通市区、启东市、无锡市区、宜兴市、马鞍山市区、金坛市、溧阳市、常州市区、高淳县、淳安县、富阳市、杭州市区、建德市、临安市、桐庐县、安吉县、长兴县、岱山县、舟山市区、如东县、如皋市、常熟市、昆山市、张家港市、苏州市区、太仓市、吴江市、姜堰市、靖江市、泰兴市、泰州市区、兴化市、江阴市、宝应县、高邮市、江都市、扬州市区、仪征市、丹阳市、句容市、扬中市、镇江市区、崇明县、嵊泗县、德清县、湖州市区、海宁市、海盐县、嘉善县、嘉兴市区、平湖市、桐乡市、慈溪市、奉化市、宁波市区、宁海县、象山县、余姚市、上虞市、绍兴县、绍兴市区、嵊州市、新昌县、诸暨市
珠三角城市群	潮州市区、东莞市区、佛山市区、从化市、广州市区、增城市、河源市区、博罗县、惠东县、惠州市区、龙门县、鹤山市、江门市区、普宁市、揭阳市区、清远市区、汕头市区、海丰县、陆丰市、汕尾市、深圳市区、云浮市区、高要市、四会市、肇庆市区、中山市区、珠海市区
山东半岛城市群	胶南市、胶州市、即墨市、莱西市、青岛市区、平度市、莒县、日照市区、五莲县、安丘市、昌乐县、邹平县、东营市区、广饶县、垦利县、利津县、济南市区、济阳县、平阴县、商河县、章丘市、昌邑市、高密市、临朐县、青州市、寿光市、潍坊市区、诸城市、荣成市、乳山市、威海市区、文登市、海阳市、莱阳市、莱州市、龙口市、蓬莱市、栖霞市、烟台市区、招远市、桓台县、沂源县、淄博市区
海西城市群	福安市、福鼎市、古田县、宁德市区、屏南县、寿宁县、霞浦县、柘荣县、周宁县、莆田市区、仙游县、安溪县、长乐市、福清市、福州市区、连江县、罗源县、闽侯县、闽清县、永泰县、德化县、惠安县、晋江市、金门县、南安市、泉州市区、石狮市、永春县、厦门市区、长泰县、云霄县、华安县、龙海市、南靖县、平和县、漳浦县、漳州市区、诏安县
武汉城市群	武汉市区、鄂州市区、大冶市、黄石市区、荆门市区、荆州市区、潜江市区、天门市区、赤壁市、咸宁市区、仙桃市区、汉川市、孝感市区、云梦县、当阳市、宜昌市区、宜都市、远安县、黄冈市区
中原城市群	孟州市、济源市区、开封市区、洛阳市区、孟津县、长葛市、禹州市、登封市、巩义市、新密市、荥阳市、新郑市、郑州市区、中牟县
长株潭城市群	长沙市、区长沙县、浏阳市、宁乡县、望城县、娄底市区、韶山市、湘潭市区、湘潭县、湘乡市、汨罗市、醴陵市、株洲市区、株洲县、上栗县
辽中南城市群	抚顺市区、灯塔市、辽阳市区、鞍山市区、海城市、本溪市区、大连市区、瓦房店市、普兰店市、庄河市、沈阳市区、盖州市、营口市区、大石桥市
关中城市群	渭南市区、高陵县、西安市区、天水市区、宝鸡市区、扶风县、眉县、岐山县、武功县、咸阳市区、兴平市
成都城市群	成都市区、郫县、双流县、德阳市区、广汉市、广元市区、眉山市区、彭山县、江油市、绵阳市区、都江堰市、罗江县
重庆城市群	重庆市区、璧山县、荣昌县、铜梁县
北部湾城市群	北海市区、合浦县、防城港市区、南宁市区、钦州市区

（2）指标选取与数据来源

1）指标选取

DEA和全要素生产率指数运算结果的科学性高度依赖样本和评价指标选择的合理性。根据Charnes A等（1978）的研究，DEA方法中投入产出指标的选取要遵循4个原则：①所有DMU的投入和产出值可得且为正数；②投入和产出要素必须是研究者和管理者关注的方面；③投入的数值应越小越好，产出的数值应越大越好；④投入和产出的数据单位不要求一致。此外，国内外学者在建模和分析过程中，还总结了两条经验：①投入产出指标数量宜少，一般要求投入指标与产出指标之和小于DMU总数的1/3；②投入、产出指标中可同时使用比例和非比例数据（杨开忠等，2002）。

本次研究，在投入端建立了以资本要素、自然要素、创新要素和劳动要素为主构成的指标体系。在产出端建立了以GDP为主构成的指标体系。资本要素的投入以全社会固定资产投资来表征；自然要素的投入以城市建成区面积来表征，建成区是指城市建筑联片、公用设施可达的地区，它比采用城市土地面积或城市建设用地更为合理；劳动要素的投入以年末单位从业人员总数表征；创新要素的投入以科学事业支出表征；城市群经济系统产出的规模和总量以GDP表征。

2）数据来源

各指标含义及数据来源如专题报告表1-3所示。

投入产出效率评价指标体系　　　　　　　　　　　　专题报告表 1-3

一级指标	二级指标		数据来源及说明
投入指标	资本要素	当期全社会固定资产投资	《中国城市统计年鉴》和《中国县（市）社会经济统计年鉴》，其中2000～2013年精确到区县级行政单位，统计口径为全社会固定资产投资；1995～2000年精确到地级行政单位，统计口径为固定资产投资额
	土地要素	当期建设用地面积	遥感影像解译成果，2000年与2010年全球30米地表覆盖数据（GlobeLand30）
	劳动要素	当期从业人员总数	《中国区域经济统计年鉴》，精确到地级行政单位
	创新要素	当期科学事业支出经费	《中国城市统计年鉴》，精确到地级行政单位
产出指标	经济总量	当期地区生产总值	《中国城市统计年鉴》和《中国县（市）社会经济统计年鉴》，精确到区县级行政单位

研究使用的基础数据一般精确到市辖区与县级行政单元，数据主要来源于《中国县（市）社会经济统计年鉴》、《中国城市统计年鉴》、《中国区域经济统计年

鉴》、第五次全国人口普查和第六次全国人口普查。

全社会固定资产投资数据来源为《中国城市统计年鉴》和《中国县（市）社会经济统计年鉴》。其中2000～2013年精确到县级行政单位，统计口径为全社会固定资产投资；1995～2000年只有到地级市（或以上）的数据，统计口径为固定资产投资额；城市建成区面积数据来源为2000年与2010年全球30米地表覆盖（Globe Land 30）遥感影像解译成果；年末单位从业人员数据来源为《中国城市统计年鉴》和《中国县（市）社会经济统计年鉴》，精确到县级行政单位；科学事业支出数据来源为《中国城市统计年鉴》，精确到地级市（或以上）；GDP数据来源为《中国城市统计年鉴》和《中国县（市）社会经济统计年鉴》，精确到县级行政单位。

（3）数据预处理

1）县域固定资产投资规模的估算

由于折旧叠加算法需要上溯过往年份的固定资产投资规模，但受制于统计年鉴的数据和统计口径变化，1995～2000年全社会固定资产投资只有精确到地级市（或以上）的数据，因此需合理估算各县区的全社会固定资产投资规模，才能与2000～2013年的全社会固定资产投资相衔接。研究采用折算系数来近似估算，折算系数S计算公式如下：

$$S = \frac{\sum\limits_{i=1}^{13} IC_t/(1+r)^t}{\sum\limits_{i=1}^{13} IU_t/(1+r)^t} \times 100\% \qquad 专题报告（1-2）$$

式中，i代表城市群；IC_t为第t年该县区的全社会固定资产投资规模；IU_t为第t年该县区所在地级市的全社会固定资产投资规模；r为折旧率，研究选取的折旧率为10%；t取值为1995年到2013年。

2）剔除价格因素的影响

为尽可能消除价格因素对数据的影响，研究对涉及的经济数据采用历年分地区价格指数进行可比价格的换算（基于2013年的可比价格）。由于缺少各城市经济数据的价格指数，因此各县市GDP按照所在省份的GDP指数进行了可比价格的换算。对各市县科学事业支出和全社会固定资产投资数据也采用所在省份的固定资产投资价格指数进行可比价格的换算。

3）历史投资滞后性影响的处理

由于从资本投入到固定资产的形成、投产等普遍需要一定时间，且其建成后的影响具有持续效应，因此历史存量的后续效应不应忽视。以往研究多采用当年固定资产投资总额代表城市的资本存量，忽略了往年固定资产投资的累加效应。为真实反映历年固定资产投资的存量对城市群发展的持续影响，研究采用固定资产投资总额的折旧叠加方法来拟合城市群的资本存量，并与现行社会发展规划的实施周期（5年）相衔接，年折旧率取为10%，公式如下：

$$K_{i,t} = I_{i,t} + (1 - \alpha_i) \times I_{i,t-1} + (1 - \alpha_i)^2 \times I_{i,t-2} \\ + (1 - \alpha_i)^3 \times I_{i,t-3} + (1 - \alpha_i)^4 \times I_{i,t-4} + (1 - \alpha_i)^5 \times I_{i,t-5}$$

专题报告（1-3）

式中，$K_{i,t}$是城市群i第t年的资本存量；$I_{i,t}$是城市群i在第t年的全社会固定资产投资；α_i是城市群i全社会固定资产的年折旧率。

4）土地要素数据预处理

研究采用的土地利用遥感影像解译数据来源于国家基础地理信息中心2014年5月发布的"全球30米地表覆盖数据"（Globe Land 30），含耕地、森林、草地、灌木地、湿地、水体、苔原、人造覆盖、裸地、冰川和永久积雪等10种地表覆盖类型。将2000年和2010年人造覆盖❶作为城乡建设用地进行了提取，并作为投入产出函数中的土地投入指标^{（专题报告图1-3）}。

指标选取、数据来源与数据预处理的全过程具体见专题报告图1-4，经预处理后的基础数据见专题报告表1-4。

6. DEA-Malmquist模型数理方法介绍

正如前面所述，利用DEA模型研究各城市群的效率，虽然能计算出各时间断面的效率值，但不同时间断面的城市群效率是不可比的。因此，如果想分析各城市群效率的时间序列动态变化特征，就需要借助基于DEA模型的全要素生产率指数方法（即DEA-Malmquist法）。该方法可以利用多种投入与产出变量进行效率分析，且不需要相关的价格信息，也不需要成本最小化和利润最大化等条件（刘秉镰等，2009）。这样看来，DEA-Malmquist模型最大优势是通过巧妙地构造目标函数，免去了人为设置权重导致的不科学。此外，该方法还具有单位不变性、DMU的评价结果与输入输出数据的量纲无关等优点。尽管如此，我们也应该注意到DEA-Malmquist模型的一些不足，如只能测评城市群的相对效率，所有随机干扰项都被看作是效率因素，评价结果易受到极值的影响等。

本次研究采用DEAP软件，测算我国2000年与2013年城市群投入产出效率及变化情况，使用投入主导型模型（Input Orientated），并考虑规模收益可变问题（VRS）。其中，采用DEA模型是测算2000年和2013年我国城市群相对投入产出效率，并对投入产出效率的时、空间与规模特征进行研究，采用全要素生产率指数方法是对2000～2013年我国城市群投入产出效率的动态变化及空间分异特征进行研究。

（1）DEA模型

将每个城市群视为一个DMU，通过线性规划求解出13个DMU的最优生产前沿

❶ 按照国家基础地理信息中心提出的定义说明，"人造覆盖"指的是"由人工活动形成的由沥青、混凝土、沙石、砖瓦、玻璃以及其他建材覆盖的地表覆盖类型，包括居民点，工矿用地，交通设施用地等"。这一定义，与规划研究中的城乡建设用地可以比较好地对应和匹配。

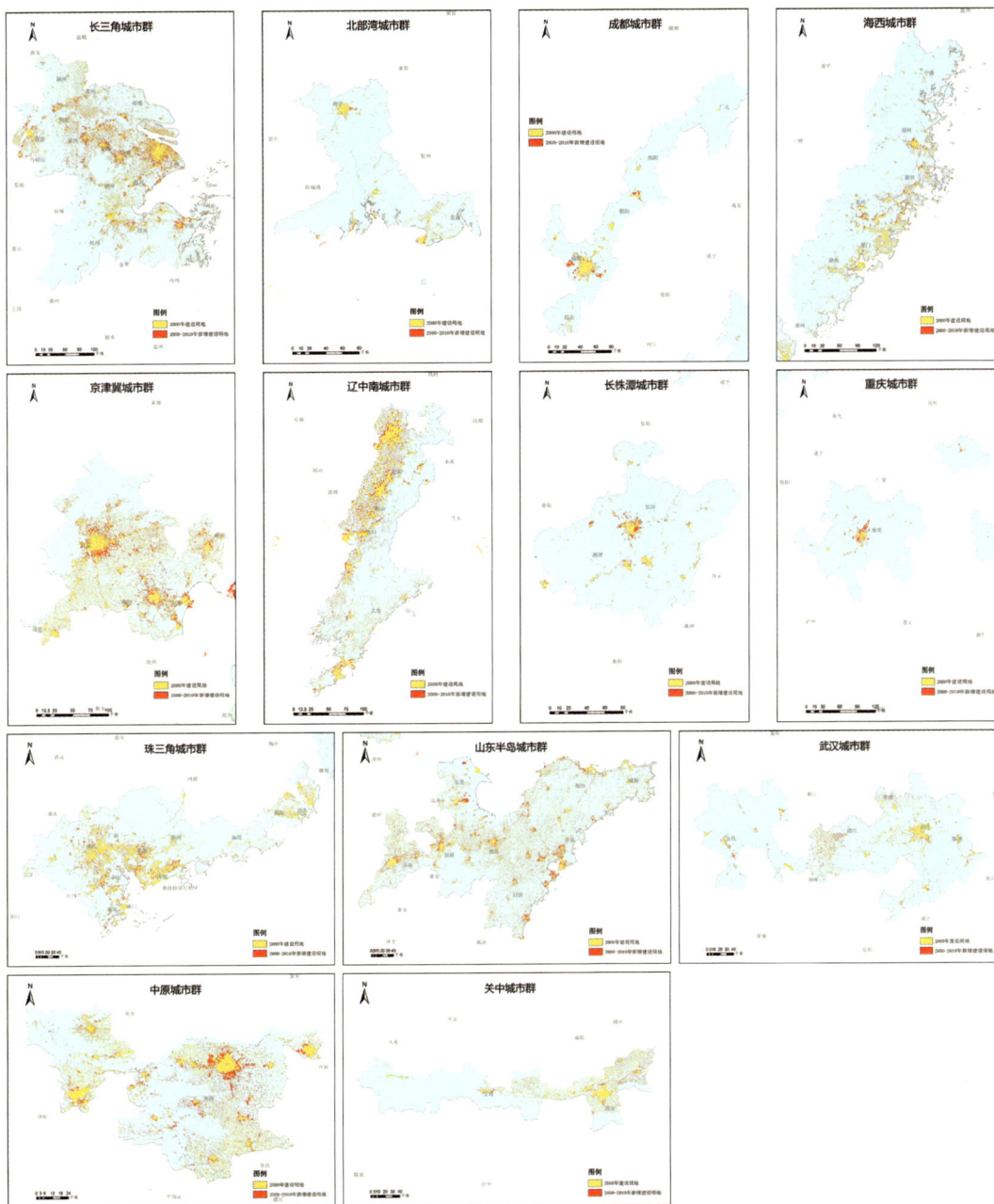

专题报告图 1-3　城市群 2000 年、2010 年城乡建设用地遥感影像解译

注　黄色图斑为 2000 年城乡建设用地，红色图斑为 2000 ~ 2010 年新增城乡建设用地。

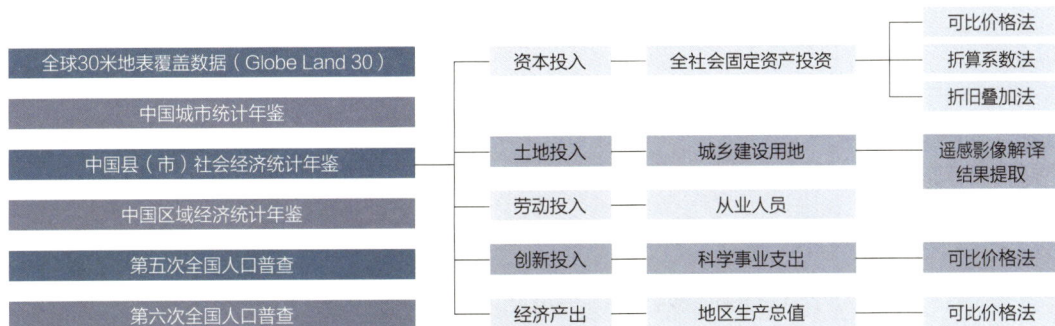

专题报告图 1-4　指标选取、数据来源与数据预处理流程图

城市群投入与产出基础数据一览表

单位	2000年投入产出指标					2010年投入产出指标					2013年投入产出指标				
	资本(亿元)	土地(平方公里)	劳动(万人)	科学(万元)	GDP(亿元)	资本(亿元)	土地(平方公里)	劳动(万人)	科学(万元)	GDP(亿元)	资本(亿元)	土地(平方公里)	劳动(万人)	科学(万元)	GDP(亿元)
京津冀城市群	10440	1118	730	77109	18143	51818	2498	977	2314659	34847	84797.52	2500	1285	3421507	44839
长三角城镇群	22424	1677	1287	100339	48902	125629	3916	1603	3849783	87474	173722.1048	4479	2514	6071944	95900
珠三角城镇群	10191	1233	765	45632	28412	47724	3028	890	1784198	51275	71065.0361	3489	1771	2674460	60060
山东半岛城市群	5109	800	462	35677	25325	49825	1589	615	497407	34948	77900.7907	1892	727	918853	34373
海西城市群	3139	270	243	7212	14343	18287	735	425	224775	16079	36158.324	874	562	425736	17732
武汉城市群	4919	520	415	7830	10305	20276	980	332	213842	12468	45179.9699	1142	565	554630	19623
中原城市群	1706	304	169	9792	5255	14610	618	180	181490	8134	25735.6549	688	312	270030	10706
长株潭城市群	4393	260	139	3186	5292	14910	493	189	193593	9542	26558.4731	584	242	286290	11664
辽中南城市群	3345	1049	390	18492	13556	35608	1394	312	496850	18956	62885.7246	1475	461	880083	22560
关中城市群	1470	329	259	1716	4602	14351	586	202	76961	6498	35664.1758	727	362	60180	10094
成都城市群	2168	379	154	1505	6008	15969	695	207	144010	9239	31615.203	804	650	127709	13339
重庆城市群	1545	262	138	6883	4432	14693	870	220	178968	9910	32930.2754	1115	923	501045	12657
北部湾城市群	416	203	80	1288	1793	5383	381	78	34073	2949	13768.4013	476	135	108273	4817

注 相关年度的经济统计数据，通过价格指数，统一到2013年。

面，并将每个DMU的生产可能性集与最优前沿面比较，以测度出各城市群的相对效率。假设有n个DMU，每个DMU_j（$j=1，\cdots，n$）使用m种投入要素x_{ij}（$i=1，\cdots，m$）得到s种产出要素y_{rj}（$r=1，\cdots，s$）（张倩等，2011），则某DMU的效率可由专题报告式（1-4）确定：

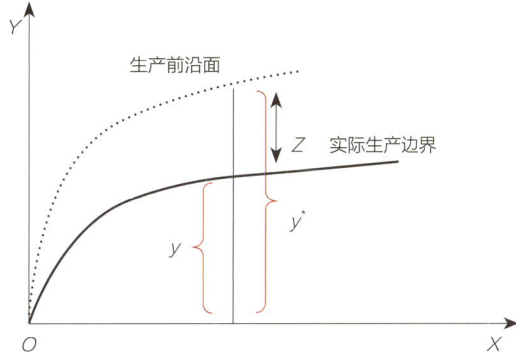

专题报告图 1-5　生产前沿面与实际生产边界示意图

$$h_j = \sum_{r=1}^{S}(u_r \times y_{rj})/\sum_{r=1}^{S}(V_i \times X_{ij}) \qquad \text{专题报告（1-4）}$$

式中，v_i（$i=1，\cdots，m$）和u_r（$r=1，\cdots，s$）分别是m种投入要素和s种产出要素的权重，以所有DMU的效率为约束，构造出如下模型，权重确定如下：

$$h_o^* = \max_{V_i,U_r} h_o$$
$$s.t. h_j \leqslant 1, \ j = 1,\cdots,n$$
$$V_i, U_r \geqslant 1$$

式中，h_o^*代表对DMU_o产出与投入的比率，$o \in \{1，\cdots，n\}$；x_{io}和y_{ro}各自代表DMU_o第i个投入和第r个产出要素。通过o在$\{1，\cdots，n\}$区间变化，即可得到DEA值h_j^*以及n组最优权重。DEA值越大，则DMU的相对效率越高。当$h_j^*=1$，则说明DMU_j相对有效。使用Charnes-Cooper变化，使分式规划转化为线性规划，再对线性规划进行对偶规划，可得出：

$$\theta_o^* = \min_{\theta_o,\lambda_j} \theta_o$$
$$s.t. \sum(\lambda_j \times x_{ij}) + s_j^- = \theta_o \times x_{io}$$
$$\sum(\lambda_j \times x_{rj}) - s_r^+ = y_{to}$$
$$\lambda_j \geqslant 0, \ s_j^- \geqslant 0, \ s_r^+ \geqslant 0$$

上式是基于规模报酬不变的DEA模型（CRS模型），s_j^-和s_r^+分别为剩余变量和松弛变量，分别表示投入的冗余量和产出的不足量；θ_o^*为综合技术（规模）效率。若$\theta_o^*=1$，且s_j^-与s_r^+均为0，则DMU投入产出的技术和规模同时有效，投入产出不存在超支或亏损；若$\theta_o^*=1$，且s_j^-和s_r^+至少有一个大于0，则DMU为弱DEA有效。技术和规模不同时有效，投入产出存在超支或亏损；若$\theta_o^*<1$，则DMU为非DEA有效，既非技术也非规模有效（王亚华等，2008；杜官印等，2010）。

若引入约束条件$\sum\lambda_j=1$，则转变规模报酬可变的DEA模型（VRS模型），可将综合技术效率分解成纯技术效率（θ_a）与规模效率（θ_b）的乘积（Charnes *et al.*，1989）。同理，θ_a、θ_b的值越接近1，表示城市群纯技术效率和规模效率越高，当为1时达到DEA效率最优。

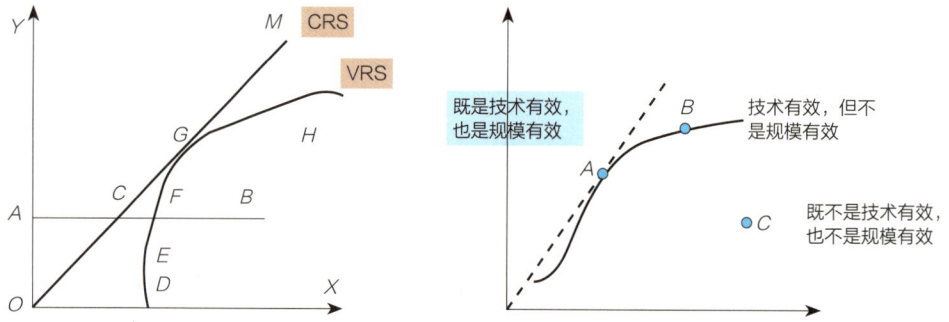

专题报告图 1-6　CRS 模型与 VRS 的关系

DEA有效性的定义为：①在现有投入下，任何一种产出都无法增加，除非同时降低其他种类的投入；②要达到现有的产出，任何一种产出都无法降低，除非同时增加其他种类的投入。如专题报告图1-6所示，DMU达到最佳生产前沿面时（点A），规模和技术同时达到有效，点B、点C分别表示技术有效非规模有效、技术与规模均无效的情况。

当城市群运算后发现规模无效时，可通过加入约束条件以判断城市群的规模处于递增还是递减阶段。首先，加入约束条件$\sum \lambda_j \leqslant 1$，得到满足非递增规模收益的DEA，求得最优值$\theta_2$，根据$\theta_o^*/\theta_1$的大小可确定城市群的规模所处阶段。若$\theta_o^*/\theta_1 < 1$，则表示城市群处于规模报酬递增阶段，即城市群仍有潜力更好地发挥规模效应；$\theta_o^*/\theta_1 > 1$，则表示城市群处于规模报酬递减阶段，即城市群现有规模过大，应控制城市群规模以提高城市群的效率（李郇等，2005）。

（2）Malmquist模型

根据Färe等（1994）的研究，以 t 时期技术$T(t)$和（$t+1$）时期技术$T(t+1)$为参照，可构建基于规模报酬不变的城市群Malmquist生产率变化指数模型，见专题报告式（1-5）：

$$TFPC = EC(CRS) \times TC(CRS) \qquad 专题报告（1\text{-}5）$$

式中，$TFPC$、EC、TC分别为城市群全要素生产率、综合技术效率和技术在时间 t 和 $t+1$之间的变化指数，上式又可进一步表示为包含规模报酬可变的城市群Malmquist生产率变化指数模型：

$$TFPC = PTEC(VRS) \times SEC(CRS,VRS) \times TC(CRS)$$
$$EC(CRS) = D_c^{t+1}(x^{t+1},y^{t+1})/D_c^t(x^t,y^t)$$
$$PTEC(CRS) = D_v^t(x^{t+1},y^{t+1})/D_v^t(x^t,y^t)$$
$$SEC(CRS,VRS) = \frac{D_v^t(x^t,y^t)}{D_c^t(x^t,y^t)} \times \frac{D_c^{t+1}(x^{t+1},y^{t+1})}{D_v^t(x^{t+1},y^{t+1})}$$
$$TC(CRS) = \left(\frac{D_c^t(x^{t+1},y^{t+1})}{D_c^{t+1}(x^{t+1},y^{t+1})} \times \frac{D_c^t(x^t,y^t)}{D_c^{t+1}(x^{t+1},y^{t+1})} \right)$$

式中，*PTEC*、*SEC*分别为城市群纯技术效率和规模效率在时间 t 和 $t+1$ 之间的变化指数；(x^t, y^t)、(x^{t+1}, y^{t+1}) 分别为时间 t 和 $t+1$ 的投入产出向量；D_c^t 和 D_c^{t+1} 分别为时间 t 和 $t+1$ 基于规模报酬不变的实际产出与理想状态下最优产出的距离函数；D_v^t 和 D_v^{t+1} 分别为时间 t 和 $t+1$ 基于规模报酬可变的实际产出与理想状态下最优产出的距离函数（郭腾云等，2009）。注脚为 v 表示规模报酬变动，注脚为 c 表示规模报酬不变的情况。

城市群综合技术效率是指最优规模时投入要素的产出效率，可全面地反映城市群要素资源的配置、利用和规模集聚水平。综合技术效率为1意味着其要素资源处于有效配置和合理利用状态，生产技术、规模集聚和经营管理水平合理高效。而综合技术效率低于1则说明该投入要素存在不同程度的未充分利用，综合技术效率的值越小，说明投入利用越不充分。

综合技术效率虽然可以比较某一时间截面城市群投入产出效率的差异，但不能反映城市群投入产出效率在某一时段的动态演化趋势。而基于DEA方法的全要素生产率指数，可计算出城市群投入产出效率的历史变化情况（TFP变化指数），综合反映城市群要素资源的配置利用水平、规模集聚水平以及生产技术在某时间段内的变化情况。TFP变化指数主要包括效率和技术水平（量）的变化。效率水平又可分为纯技术效率变化指数、规模效率变化指数和综合技术效率变化指数，其中，纯技术效率变化指数表示城市群要素资源配置效率的变化，规模效率变化指数表示城市群的集聚效应所带来的效率提高，综合技术效率变化指数则总体反映城市群要素资源配置和规模集聚效率的变化。技术水平（量）的变化主要以技术变化指数表示，可揭示出城市群生产技术进步的情况。上述各分解指数共同组成TFP变化指数，具体关系见专题报告式（1-6）：

TEP变化指数＝综合技术效率变化指数×技术变化指数

＝纯技术效率变化指数×规模效率变化指数×   专题报告（1-6）

技术变化指数

式中，所有指数均以1为分界线，大于1则表明效率上升，小于1则表明效率下降。

（三）我国城市群投入产出效率特征

1. 城市群投入产出效率时间序列特征

使用DEAP2.1软件，对选定的13个城市的投入产出综合技术效率进行统计和分析，并以各城市群产出为权重，算出2000年、2006年、2010年和2013年各城市群综合技术效率的加权平均值。综合技术效率指的是城市群在最优规模时投入要素的生产效率，能够全面反映城市群要素资源的配置、利用水平和规模集聚水平。运算结果如专题报告表1-5～专题报告表1-7、专题报告图1-7所示。

2000 年和 2006 年城市群投入产出效率

专题报告表 1-5

城市群	2000年				2006年			
	综合技术效率	纯技术效率	规模技术效率	规模收益情况	综合技术效率	纯技术效率	规模技术效率	规模收益情况
京津冀城市群	0.422	0.557	0.757	drs	0.627	0.679	0.923	drs
长三角城市群	0.645	1	0.645	drs	1	1	1	—
珠三角城市群	0.63	0.981	0.642	drs	1	1	1	—
山东半岛城市群	1	1	1	—	1	1	1	—
海西城市群	1	1	1	—	1	1	1	—
武汉城市群	0.582	0.707	0.824	drs	0.673	0.688	0.979	irs
中原城市群	0.635	0.661	0.961	irs	0.78	0.87	0.897	irs
长株潭城市群	0.728	0.855	0.852	irs	0.838	1	0.838	irs
辽中南城市群	0.838	0.84	0.998	irs	0.91	0.957	0.952	irs
关中城市群	0.948	0.99	0.958	irs	0.883	1	0.883	irs
成都城市群	1	1	1	—	0.784	0.895	0.876	irs
重庆城市群	0.604	0.707	0.855	irs	0.679	0.726	0.935	irs
北部湾城市群	0.929	1	0.929	irs	0.79	1	0.79	irs
平均值	0.766	0.869	0.878		0.843	0.909	0.929	

2010 年和 2013 年城市群投入产出效率

专题报告表 1-6

城市群	2010年				2013年			
	综合技术效率	纯技术效率	规模技术效率	规模收益情况	综合技术效率	纯技术效率	规模技术效率	规模收益情况
京津冀城市群	0.729	0.744	0.98	drs	0.91	0.912	0.99	drs
长三角城市群	1	1	1	—	1	1	1	—
珠三角城市群	1	1	1	—	1	1	1	—
山东半岛城市群	1	1	1	—	0.991	1	0.991	drs
海西城市群	1	1	1	—	1	1	1	—
武汉城市群	0.816	0.821	0.993	irs	0.91	0.919	0.99	drs
中原城市群	0.788	0.882	0.893	irs	0.917	0.932	0.984	irs

城市群	2010年				2013年			
	综合技术效率	纯技术效率	规模技术效率	规模收益情况	综合技术效率	纯技术效率	规模技术效率	规模收益情况
长株潭城市群	0.894	1	0.894	irs	1	1	1	—
辽中南城市群	1	1	1	—	1	1	1	—
关中城市群	1	1	1	—	1	1	1	—
成都城市群	0.875	0.876	0.999	drs	1	1	1	—
重庆城市群	0.886	0.933	0.95	irs	0.683	0.7	0.976	irs
北部湾城市群	1	1	1	—	0.892	1	0.892	irs
平均值	0.922	0.943	0.978		0.946	0.959	0.987	

城市群投入产出效率的统计学特征　　　　　　　　　专题报告表 1-7

指数	2000年				2006年				2010年				2013年			
	最大值	最小值	均值	样本方差	最大值	最小值	均值	样本方差	最大值	最小值	均值	样本方差	最大值	最小值	均值	样本方差
综合效率指数	1	0.42	0.766	0.19	1	0.63	0.843	0.13	1	0.73	0.922	0.09	1	0.68	0.95	0.09
纯技术效率指数	1	0.56	0.869	0.15	1	0.68	0.909	0.12	1	0.74	0.94	0.08	1	0.7	0.96	0.08
规模效率指数	1	0.64	0.878	0.13	1	0.79	0.929	0.07	1	0.89	0.98	0.04	1	0.89	0.99	0.03

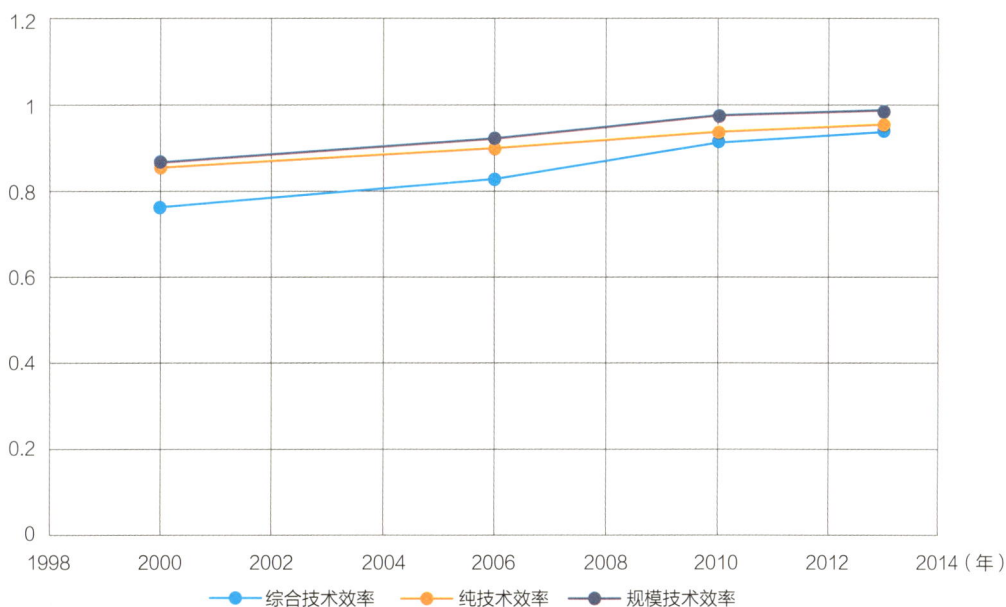

专题报告图 1-7　城市群整体平均投入产出效率变化趋势（2000~2013 年）

综合（技术）效率是城市群在最优规模时投入要素的生产效率，反映城市群要素资源的配置、利用水平和规模集聚水平等；纯技术效率与综合技术效率的区别在于前者不考虑要素利用率（规模的因素）问题所带来的效率损失，反映城市群要素资源的配置和利用水平等；规模效率则是指在制度和管理水平一定的前提下，现有规模与最优规模之间的差异，反映城市群的规模集聚水平。

（1）城市群平均综合技术效率进步明显且上升态势良好

综合技术效率为1的城市群，其经济投入要素得到较为合理的组合及配置，经济发展效率也处于较为先进的水平，而综合技术效率低于1的城市群则存在不同程度经济投入未得到充分利用的情况。

研究结果表明，我国城市群内部要素资源的配置、利用和规模集聚等效率提升明显。从综合技术效率的角度看，2000年，13个城市群平均综合技术效率为0.731，即只达到最优水平的73.1%，只有海西、山东半岛和成都3个城市群的综合技术效率达到了DEA效率最优，京津冀城市群和武汉城市群甚至不足最优水平的60%。2006年、2010年、2013年，13个城市群平均综合技术效率分别达到最优水平的91.1%、94.5%、96.8%，呈稳步上升态势。2013年，海西、长三角、关中、珠三角、长株潭、辽中南、成都等7个城市群综合技术效率达到了DEA效率最优。除了重庆城市群和北部湾城市群外，其他城市群基本达到了最优水平的90%以上。

从各城市群来看，2000～2013年，海西城市群和山东半岛城市群一直维持最优水平，重庆城市群、北部湾城市群和成都城市群的表现偶有波动，其他城市群的综合技术效率不断上升。

（2）城市群平均纯技术效率保持高位运行且有小幅上升

从纯技术效率的角度看，纯技术效率为1，说明对技术利用以及对技术创新的重视程度较高，进而使经济发展效率得到提高。

我国城市群要素资源的配置、利用效率稳中有增。2000年，13个城市群平均纯技术效率为0.869，即达到最优水平的86.9%，海西城市群、长三角城市群、北部湾城市群、山东半岛城市群和成都城市群等5个城市群纯技术效率达到DEA效率最优，表现较差的京津冀城市群、重庆城市群、中原城市群和武汉城市群低于最优水平的80%。

从2000年到2013年，城市群的平均纯技术效率从0.869稳步上升到0.959。2013年，达到纯技术效率最优的城市群共有9个，只有重庆城市群的纯技术效率处于较低水平。

（3）城市群平均规模效率基本达到最优

从规模效率的角度分析，规模效率有效且处于规模效率不变状态，说明城市群已达到投入要素的最佳组合，因此只需保持不变即为最优配置；相反，若属于规模效率递增则表明需要扩大生产规模，以增加投入的方式来提高产出水平。

我国城市群规模集聚的效率相当高。2000年，13个城市群平均规模效率为0.878，即达到最优水平的87.8%，海西城市群、山东半岛城市群和成都城市群等3个城市群规模效率达到DEA效率最优，表现较差的长三角城市群、京津冀城市群和珠三角城市群低于最优水平的80%。

从2000年到2013年，城市群的平均规模效率从0.878迅猛上升到0.987。2013年，除了北部湾城市群外，其余城市群基本都达到了最优水平的99%以上。

（4）各城市群的规模收益阶段差异较大

从规模收益的角度分析，DEA有效的城市群均处于规模收益不变阶段，已达到技术和规模有效，其投入的资源能够合理地分配利用，投入–产出比实现了帕累托最优（Pareto Optimality）配置；而非DEA有效的城市群则处于规模收益递减或递增阶段，表明这些城市群投入产出效率与规模存在不匹配的现象。

（5）城市群投入产出效率的差异性降低

方差表征与平均值偏离的程度，可以衡量一批数据的波动大小，在样本容量相同的情况下，方差越大，说明数据的波动越大，越不稳定。从样本方差来看，2000年时13个城市群之间投入产出效率数据差异性较大，到了2013年时13个城市群投入产出效率数据的方差显著减小、数据的波动性降低，说明13个城市群间的差异性有所降低，面且效率普遍得到提升。

2. 城市群投入产出效率空间分异特征

将13个城市群分别划入东、中、西部进行分析和研究。其中，东部地区包括京津冀城市群、长三角城市群、珠三角城市群、海西城市群、山东半岛城市群、辽中南城市群等6个城市群，中部地区包括武汉城市群、长株潭城市群、中原城市群等3个城市群，西部地区包括成都城市群、重庆城市群、关中城市群、北部湾城市群等4个城市群。

对比2000年和2013年城市群投入产出效率，可发现：东部地区城市群投入产出效率普遍高于中、西部，而中、西部城市群则趋向中低水平的均衡发展。2000年，城市群综合技术效率基本发展态势是东部、西部较高而中部形成洼地，京津冀城市群和辽中南城市群综合技术效率也较低。2013年，全国城市群的综合技术效率均有较大的进步，东部仍然高位运行而且城市之间发展得更加均衡；中部城市群综合技术效率得到更快增长，消除了与西部城市群的差距，中部与西部之间发展更趋均衡化，但与东部还存在一定差距（专题报告图1-8、专题报告图1-9）。

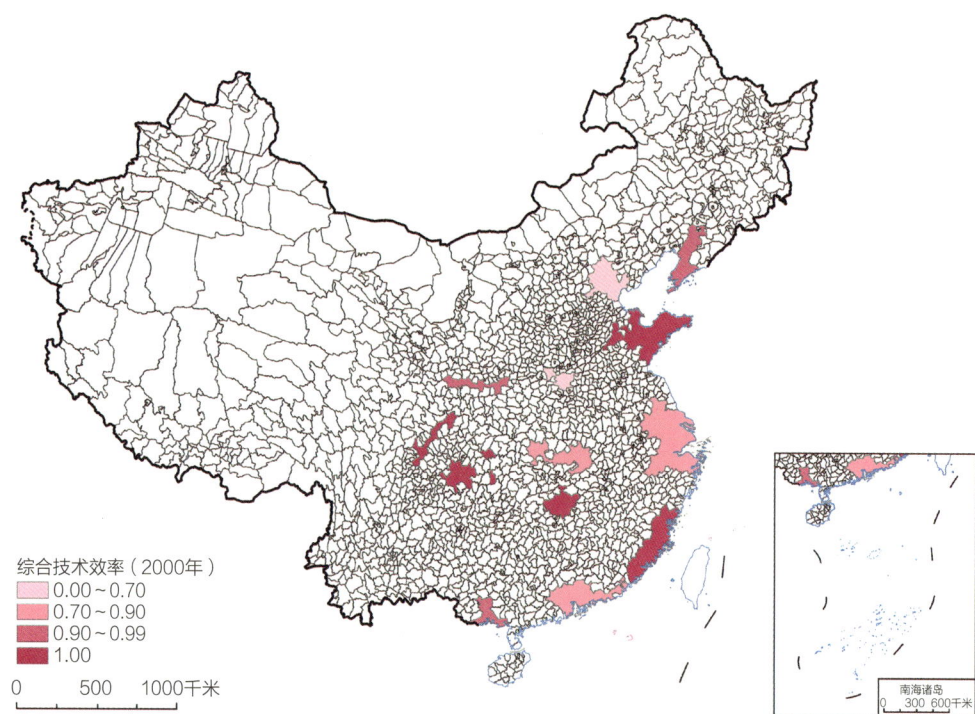

综合技术效率（2000年）
0.00~0.70
0.70~0.90
0.90~0.99
1.00

0　500　1000千米

南海诸岛
0　300　600千米

专题报告图1-8　城市群综合技术效率空间分布（2000年）

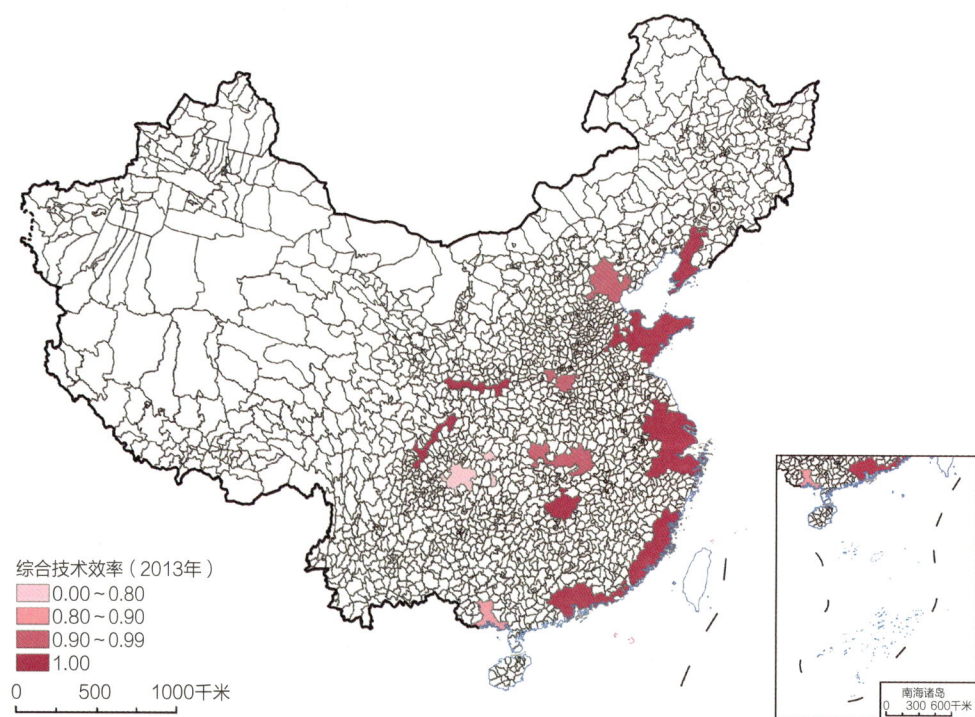

综合技术效率（2013年）
0.00~0.80
0.80~0.90
0.90~0.99
1.00

0　500　1000千米

南海诸岛
0　300　600千米

专题报告图1-9　城市群综合技术效率空间分布（2013年）

3. 城市群投入产出效率规模效应特征

研究使用皮尔逊相关系数，分析中国城市群效率与城市群人口规模的关系[专题报告表1-8]。皮尔逊相关系数是度量两个变量间相关程度的方法，它是一个介于1和–1之间的值，其中1表示变量完全正相关，0表示无关，–1表示完全负相关（郭腾云等，2009）。

城市群效率与城市群人口规模的相关系数（2000年与2013年）

专题报告表1-8

年份	2000	2013
综合效率	–0.052	0.311
纯技术效率	0.107	0.159
规模效率	–0.206	0.389

研究发现，我国城市群的纯技术效率与城市群的人口规模，呈现较弱的正相关关系。这一特点，从2000年到2013年，变化不大。

通过综合技术效率和规模效率的比较，可以充分表明，中国城市群规模的扩大不但没有导致规模不经济、资源利用配置效率下降，反而对城市群的投入产出的利用效率有所优化。2000年，综合技术效率和规模效率与城市群人口规模呈现弱负相关关系。2013年，综合技术效率和规模效率与城市群人口规模均呈现一定的正相关关系。总体来看，随着时间的推移，中国城市群效率与城市群人口规模的正相关性越来越大。

4. 城市群投入产出效率时空演化特征

（1）城市群全要素生产率指数时间序列变化特征

时间截面的城市群投入产出效率的研究，无法反映城市群的历史变化。通过补充全要素生产率指数，就可以研究某一时期城市群效率的变化情况。另外，全要素生产率指数还可以反映城市群规模集聚水平、要素资源的配置和利用水平、生产技术在某时间段内的变化情况。

总体来看，2000～2013年，我国城市群整体的综合技术效率变化指数、技术变化指数、纯技术效率变化指数和全要素生产率变化指数均有较大幅度的波动，而规模效率变化指数的变化趋势较平缓。综合技术效率变化指数和纯技术效率变化指数的变化趋势基本一致，技术变化指数和全要素生产率变化指数变化趋势也较为一致[专题报告表1-9]。

年份	综合技术效率变化指数	技术变化指数	纯技术效率变化指数	规模效率变化指数	全要素生产率变化指数
2000～2001	1.088	0.939	1.001	1.087	1.022
2001～2002	0.997	0.903	1.018	0.979	0.900
2002～2003	0.997	0.883	0.998	0.999	0.880
2003～2004	1.101	0.934	1.075	1.024	1.028
2004～2005	1.020	0.870	0.999	1.021	0.887
2005～2006	0.925	1.003	0.965	0.959	0.928
2006～2007	1.047	0.944	1.005	1.042	0.988
2007～2008	1.002	0.977	1.022	0.981	0.979
2008～2009	1.026	0.876	1.001	1.025	0.899
2009～2010	1.023	0.906	1.015	1.007	0.927
2010～2011	1.059	0.970	1.045	1.014	1.027
2011～2012	0.984	0.889	0.982	1.002	0.875
2012～2013	0.985	0.914	0.991	0.994	0.900
平均值	1.020	0.924	1.009	1.010	0.942

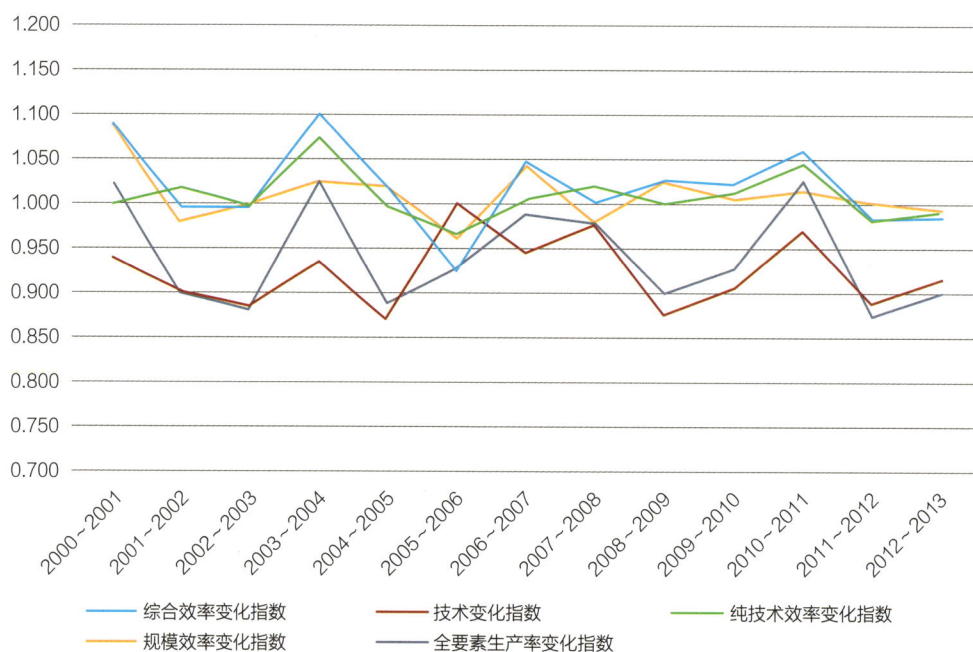

专题报告图 1-10　城市群全要素生产率指数年际变化（2000～2013 年）

具体来看，2000～2013年中国城市群的技术变化指数（0.923）和全要素生产率变化指数（0.940）均小于1，而综合技术效率变化指数（1.019）、纯技术效率变化指数（1.009）和规模效率变化指数（1.010）均略大于1；从技术变动指数来看，除个别年份外基本上均小于1，说明这13年间我国各城市群生产技术进步的贡献不断减弱；从综合技术效率变化指数来看，除个别年份外基本都略大于1，说明各城市群的相对技术效率在整体上是提高的；纯技术效率变化指数与综合技术效率变化指数呈现同步变化的趋势，说明城市群内部管理得到一定程度的改善，从而促进整体经济发展效率的提升；规模效率的值也普遍大于1，说明各城市群的经济发展向最优规模靠近。值得注意的是，技术变化指数主要反映的是技术进步程度，从理论和实际层面判断，城市群的技术水平一般不存在退步的情况，但现实中由于边际生产效率递减、生产函数的边界性、管理协调能力不佳等原因也会造成技术相对退步的现象，技术变化指数小于1主要反映生产技术进步的贡献远低于技术效率、规模效率等的贡献。

（2）城市群全要素生产率指数内在演化特征

各城市群全要素生产率指数变化情况如专题报告表1-10和专题报告图1-11所示，可见各城市群之间全要素生产率指数及其各分解指数差异较大。

城市群全要素生产率指数一览表（2000～2013年）

专题报告表1-10

城市群	综合技术效率变化指数	技术变化指数	纯技术效率变化指数	规模效率变化指数	全要素生产率变化指数
京津冀城市群	1.061	0.934	1.039	1.021	0.991
长三角城市群	1.034	0.975	1.000	1.034	1.008
珠三角城市群	1.036	0.948	1.001	1.035	0.982
山东半岛城市群	0.999	0.926	1.000	0.999	0.925
海西城市群	1.000	0.889	1.000	1.000	0.889
武汉城市群	1.034	0.901	1.020	1.014	0.932
中原城市群	1.029	0.900	1.027	1.002	0.926
长株潭城市群	1.024	0.954	1.012	1.012	0.977
辽中南城市群	1.014	0.942	1.014	1.000	0.955
关中城市群	1.004	0.937	1.001	1.003	0.941
成都城市群	1.000	0.935	1.000	1.000	0.935
重庆城市群	1.009	0.883	0.999	1.010	0.891
北部湾城市群	0.997	0.880	1.000	0.997	0.877
平均值	1.019	0.923	1.009	1.010	0.941

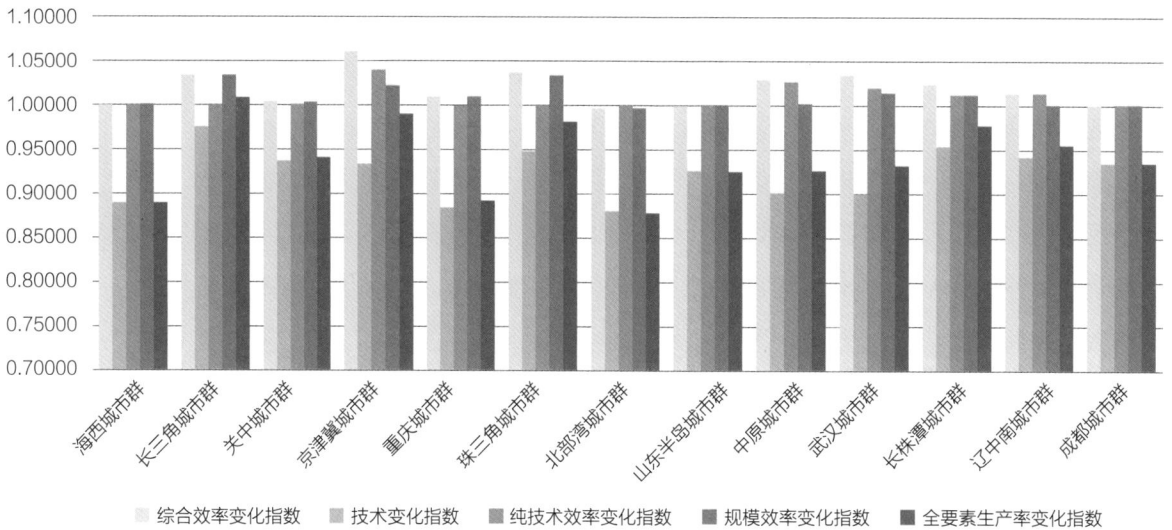

专题报告图 1-11　城市群全要素生产率指数变化趋势（2000～2013 年）

图例：综合效率变化指数　技术变化指数　纯技术效率变化指数　规模效率变化指数　全要素生产率变化指数

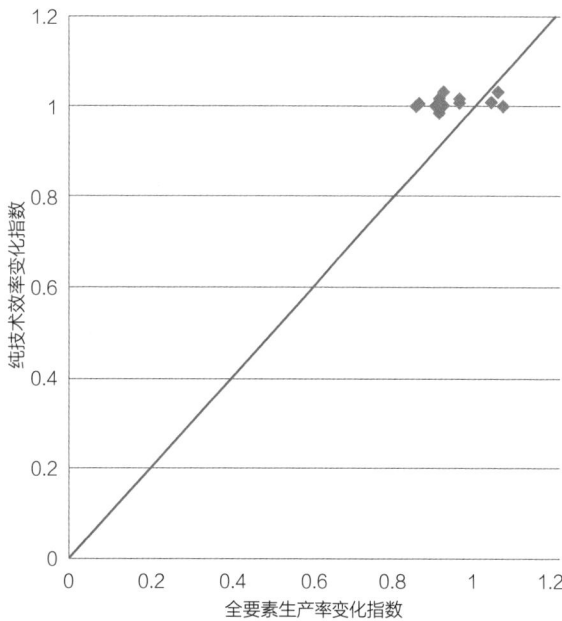

专题报告图 1-12　纯技术效率变化指数与全要素生产率变化指数的关系

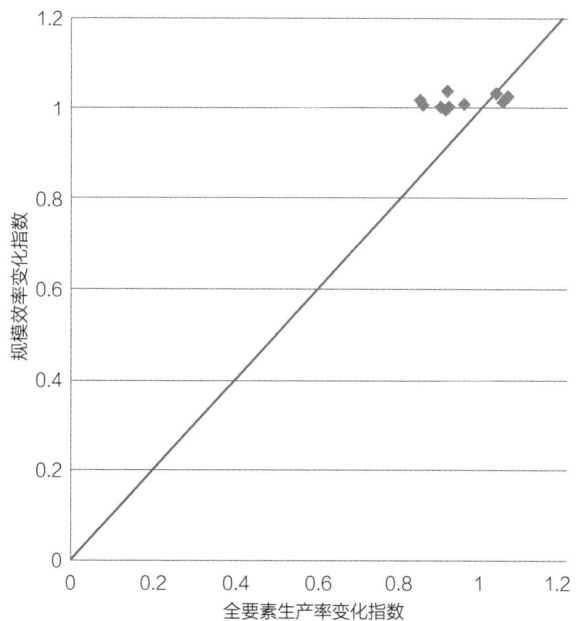

专题报告图 1-13　规模效率变化指数与全要素生产率变化指数的关系

　　为深入分析纯技术效率变化指数、规模效率变化指数和技术变化指数对全要素生产率变化指数的影响程度，找出制约城市群全要素生产率发展的关键因素，将全要素生产率变化指数与三个分解指数（纯技术效率变化指数、规模效率变化指数和技术变化指数）置于散点图内分析。横轴是全要素生产率变化指数，纵轴分别为纯技术效率变化指数^{（专题报告图1-12）}、规模效率变化指数^{（专题报告图1-13）}和技术变化指数^{（专题报告图1-14）}。由全要素生产率变化指数分解可知，如果散点图显示越集中于45°线，则某分解要素对全要素生产率变化指数的解释能力越强，反之则越弱（李郇等，2005）。

由专题报告图1-14可知，全要素生产率变化指数与技术变化指数在45°线上的拟合程度远优于纯技术效率变化指数和规模效率变化指数，这表明导致城市群全要素生产率变化指数差异的主导因素是技术变化指数。也就是说，这一时期我国城市群全要素生产率变化指数显著下降的主要原因是生产技术进步的贡献远低于技术效率、规模效率等的贡献。

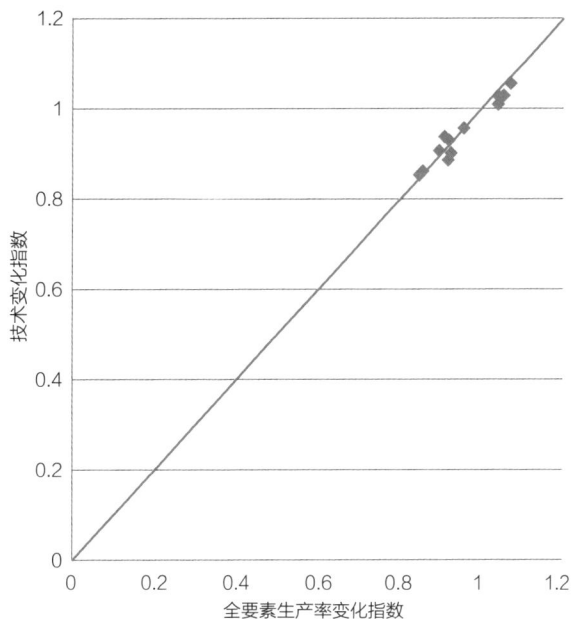

专题报告图1-14　技术变化指数与全要素生产率变化指数的关系

由此可见，在2000～2013年，生产技术进步在中国城市群发展中的贡献呈减弱趋势，但纯技术效率变化指数和规模效率变化指数的略微提升说明我国城市群在现有技术水平下所能达到的资源配置、利用水平和规模集聚效率在朝好的方向发展，尽管增速较为缓慢。

上述数据表明，制约城市群TFP增长的主要影响因素是技术变化指数。也就是说，引起2000～2013年城市群TFP变化指数显著下降的主要原因，是生产技术进步的贡献远低于技术效率、规模效率等的贡献。当然也应看到，城市群的纯技术效率变化指数和规模效率变化指数有略微提升，这说明我国城市群在现有生产技术水平下，资源配置利用和规模集聚效率水平还是有所提高的。2000～2013年，长三角、珠三角和京津冀三大城市群表现最好，TFP变化指数均大于1，而TFP变化指数较低的是北部湾城市群（0.877）、海西城市群（0.889）、重庆城市群（0.891）和中原城市群（0.925）。究其原因，长三角、珠三角和京津冀城市群的良好表现源于较高的技术变化指数，表明它们生产技术水平的增长要远高于其他城市群，这与其相对较高的科技研发投入等相关；而其他城市群的TFP变化指数均小于1，可能是由于技术水平投入不足，在一定程度上抵消了规模效率与纯技术效率的正向作用，最终导致TFP变化指数下降。当然，这也与国家支持沿海产业向中西部转移的区域政策密切相关。一般而言，从沿海三大城市群向内地城市群转移的产业，往往都是技术低端、难以在东部城市群生存的行业。这些行业的引入，必然导致内地城市群TFP总体的走低（专题报告图1-15）。

（3）城市群全要素生产率指数空间分布特征

城市群全要素生产率变化指数在空间上的分布特点主要有（^{专题报告图1-16}）：

①长三角、京津冀和珠三角三大城市群生产率变化指数最高，东部的其他城市群全要素生产率变化指数也较高（除海西城市群以外）；②中部城市群全要素生产率变化指数基本位于中游，而西部城市群的表现较差。这说明，从2000年到

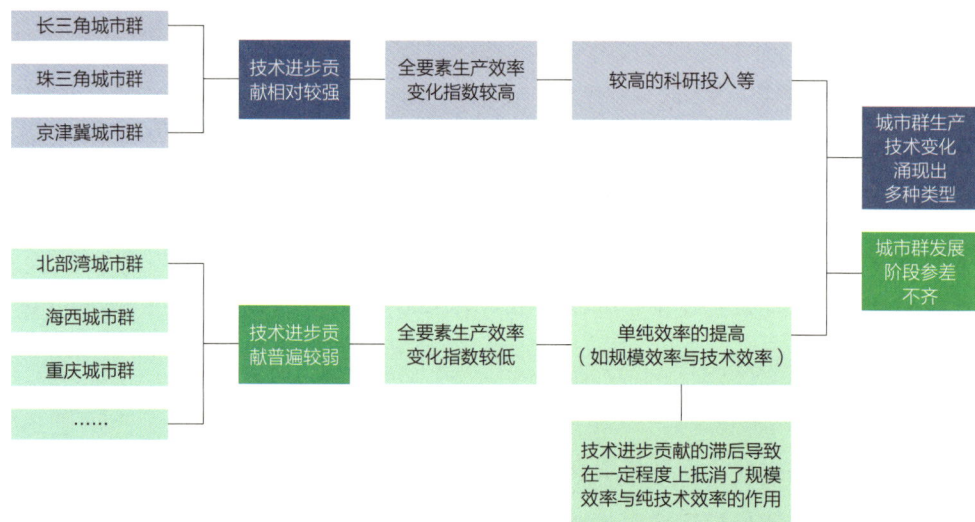

专题报告图 1-15　城市群全要素生产率指数内在演化机制

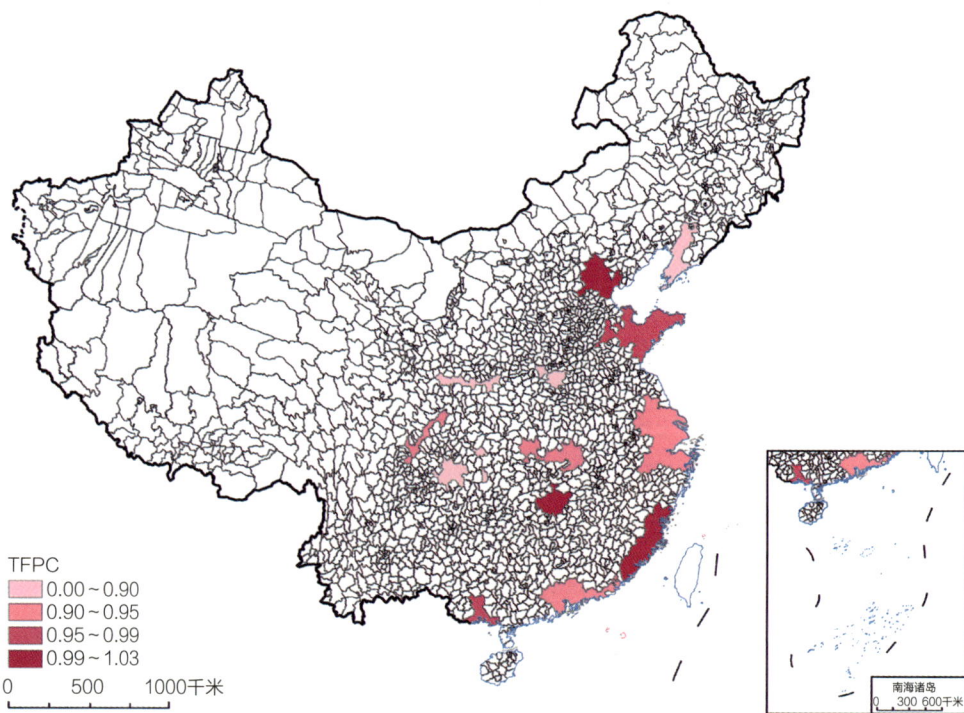

专题报告图 1-16　城市群全要素生产率变化指数空间分布

2013年，全国整体生产效率变化差异较大，东、中、西部有梯级下降趋势，呈现出与中国区域经济格局相类似的特征。

（四）结论与反思

1. 研究的主要创新点

通过规范研究对象的范围和边界，增强了所选城市群的代表性和可比性；采用可比价格换算法，增强经济数据的可比性，降低价格因素对研究结论的影响；通过固定资产折旧叠加算法将历史投资的"滞后效应"纳入考虑，拟合城市群的资本存量；利用遥感影像解译获取的土地利用数据代替行政辖区面积或统计年鉴上的城市建成区面积，使城市群经济发展与主体承载空间尽量一致，土地作为经济投入要素的特征更为显著；通过对城市群投入产出效率静态评价和动态演化特征的探寻，深入把握城市群发展的特点和规律。

2. 主要研究结论

（1）从静态时间截面分析，2000年时城市群综合技术效率偏低，要素资源的配置、利用水平和规模集聚水平均处于中等水平。到2013年时，城市群综合技术效率进步明显，在要素资源的配置、利用水平和规模集聚水平均处于较理想水平。从城市群综合技术效率空间分布格局来看，东部的城市群普遍高于中、西部的城市群，中、西部城市群趋向更均衡发展。这些特点充分表明，人口和经济向城市群的集聚，推动了城市群综合技术效率的提高，资源配置得到了优化。

（2）从动态演化视角分析，长三角、珠三角和京津冀三大城市群依靠技术进步的特点更明显一些，其他城市群主要通过投入要素的扩张、资源配置的优化来促进发展的特色更突出一些。总体来看，技术进步的滞后在一定程度上抵消了规模扩张和资源配置带来的正效应。全国城市群整体的生产效率变化差异较大，东、中、西部呈现梯级下降趋势，这与我国区域经济整体的发展格局是一致的。东部地区城市群面临资源环境承载压力加大、要素成本飙升、市场竞争白热化的制约，必须加快经济转型升级、优化空间结构、提升环境质量等，尤其是京津冀、长三角和珠三角城市群要继续在科技进步、产业升级、绿色发展等方面走在全国前列。东部地区其他城市群要致力于全面提高对外开放水平、集聚创新要素、增强创新能力。中西部地区城市群要在严格保护生态环境的基础上，引导有市场、有效益的劳动密集型产业转移，加快培育成渝、关中、中原、长江中游等城市群，使之成为推动国土空间均衡开发、引领区域经济发展的重要增长极。

（3）要对城市群提出有针对性的发展策略。对综合技术效率达到1、已经处于规模效益不变阶段的城市群，应以创新驱动和技术研发为重点，推动生产函数的变化，打破静态均衡和路径依赖，最终实现美国著名经济学家熊彼特提出的"创造性破坏"；对处于规模效益递增阶段的城市群，应继续通过规模经济来提高其相对效率值，提高资本-劳动比率尤其重要（目前中国的人均资本存量只有美国的8.7%），这样才可有效利用规模经济的"红利期"；对纯技术效率为1而规模效率小于1的城市群，要继续通过要素的投入和市场的扩张来提高规模收益，从而更好地发挥城市群的协同作用。大部分城市群存在投入高、产出低的资源浪费现象，需要优化投入产出比，并加强对技术创新的重视，通过相互合作的方式来达到技术共享，同时继续保持较高的要素资源的配置、利用和规模集聚水平，从而提高TFP。

（4）技术进步因素对TFP的贡献呈下降趋势，应当引起警惕。进入2000年以来，中国经济发展呈现出再次重工业化、资本迅速增密等特征。在投资和资本推动利润率走高的背景下，激励技术创新和人力资源开发的内生积极性下降，这是TFP贡献下降的重要因素。此外，城市群经济的持续快速增长，已经把第一轮政策改革以及通过吸收进口技术所带来的成果消耗殆尽。作为其结果，与先进国家技术前沿的差距缩小，使得我国通过引进技术来提高TFP的难度越来越高，提高TFP只能更多地依赖自主研发。在自主研发能力整体还偏低的情况下，TFP贡献下降具有一定的逻辑合理性。全要素生产率的提高既要依赖于在现有科技水平下对资源配置水平、利用效率等的充分挖潜，更要依靠科技进步的带动作用，应重视科技研发投入并提倡通过相互合作的方式来实现科技共享、科技创新，同时持续保持较高的要素资源配置、利用和规模集聚水平，优化投入产出比，促进投入产出效率的重心向科技进步因素倾斜。

（5）预期城市群未来的投入产出效率将进一步提高。2013年，上述13个城市群完成GDP 35.84万亿元，占全国比重达到61.0%，比2010年再度提高了4.5个百分点，经济发展的核心地位更加突出。在国家转型发展背景下，城市群总体上投入产出的高绩效，使以自贸区、国家级新区为代表的新一轮政策投放，在城市群集聚的态势更为显著。再加上"存量更新"在城市群地区的快速推进，使土地的增量投入减少，未来必然导致投入产出效率的进一步提高。

3. 研究不足之处

当然，研究中还存在着不足，这些不足会显著地影响到分析结论的准确性，主要有三点：

（1）土地投入数据，使用的是国家基础地理信息中心30米分辨率的全球遥感影像解译数据。因团队不同小组解译经验、习惯和工作态度的不同，各城市群用地误差是不可控的，这会影响土地的数据精度。

（2）创新投入没有找到更加合理的数据。本研究用科学事业经费投入来替代创新投入是不全面的，因为这只能反映政府对创新和教育的投入强度，无法体现企业对研发的投入水平。事实上，企业才是创新和进步的主体。今后，如果能够获取到企业发明专利的数据、研发投入的数据等，会使研究成果的质量得到进一步更高。

（3）研究低估了劳动的总体投入水平。研究中，将当期年末单位从业人员总数作为劳动力的投入，显然，众多在非正规部门的就业、弹性就业和中小企业的就业群体并未纳入模型，对经济越发达的城市群，这种低估的程度就会越严重。如果将来有高质量的综合就业统计数据，研究的质量还会得到很大的提高。

参考文献

[1] Caves D W, Christensen L R, Diewert W E. The economic theory of index numbers and the measurement of input, output, and productivity[J]. Econometrica, 1982, 50 (6): 1393-1414.

[2] Charnes A, Cooper W W, Rhodes E. Measuring the efficiency of decision making units[J]. European Journal of Operational Research, 1978, 2 (6): 429-444.

[3] Charnes A, Cooper W W, Li S L. Using data envelopment analysis to evaluate efficiency in the economic performance of Chinese cities[J]. Socio-Economic Planning Sciences, 1989, 23 (6): 325-344.

[4] Färe R, Grosskopf S, Norris M, et al. Productivity growth, technical progress, and efficiency change in industrialized countries[J]. The American Economic Review, 1994, 84 (1): 66-83.

[5] Marshall A. Principles of economics: An introductory volume (eighth edition) [M]. London: Macmillan. Schumpeter J A. 1942. Capitalism, socialism and democracy[M]. New York: Harper and Row., 1920.

[6] Solow R M. Technical change and the aggregate production function[J]. The Review of Economics and Statistics, 1957, 39 (3): 312-320.

[7] Zhu J. Data envelopment analysis vs. principal component analysis: An illustrative study of economic performance of Chinese cities[J]. European Journal of Operational Research, 1998, 111 (1): 50-61.

[8] 奥莎利文 A. 城市经济学[M]. 周京奎译. 北京: 北京大学出版社, 2015: 54-57.

[9] 杜官印, 蔡运龙. 1997～2007年中国建设用地在经济增长中的利用效率[J]. 地理科学进展, 2010, 29 (6): 693-700.

[10] 方创琳. 城市群空间范围识别标准的研究进展与基本判断[J]. 城市规划学刊, 2009 (4): 1-6.

[11] 方创琳, 关兴良. 中国城市群投入产出效率的综合测度与空间分异[J]. 地理学报, 2011, 66 (8): 1011-1022.

[12] 樊华. 长江三角洲各城市经济发展有效性研究[J]. 开发研究, 2005 (3): 60-63.

[13] 冯振环, 赵国杰. 基于DEA和广义BCG模型的中国区域投资有效性评价[J]. 经济地理, 2000, 20 (4): 10-15.

[14] 傅勇, 白龙. 中国改革开放以来的全要素生产率变动及其分解（1978～2006年）: 基于省际面板数据的Malmquist指数分析[J]. 金融研究, 2009 (7): 38-51.

[15] 高炜宇. 国内大城市生产效率的对比分析[J]. 上海经济研究, 2008 (11): 3-10.

[16] 郭海涛, 于琳琳, 李经涛. 我国资源型城市效率的DEA方法评价[J]. 中国矿业, 2007 (6): 5-9.

[17] 郭腾云, 徐勇, 王志强. 基于DEA的中国特大城市资源效率及其变化[J]. 地理学报, 2009, 64 (4): 408-416.

[18] 黄金川, 刘倩倩, 陈明. 基于GIS的中国城市群发育格局识别研究[J]. 城市规划学刊, 2014 (3): 37-44.

[19] 李剑林. 基于发展观演变的中国区域经济发展战略及空间格局调整[J]. 经济地理, 2007, 27 (6): 896-899, 903.

[20] 李凯, 刘涛, 曹广忠. 城市群空间集聚和扩散的特征与机制——以长三角城市群、武汉城市群和成渝城市群为例[J]. 城市规划, 2016, 40 (2): 18-27.

[21] 李平, 钟学义, 王宏伟等. 中国生产率变化与经济增长源泉: 1978～2010年[J]. 数量经济技术经济研究, 2013 (1): 3-21.

[22] 李郇, 徐现祥, 陈浩辉. 20世纪90年代中国城市效率的时空变化[J]. 地理学报, 2005, 60 (4): 615-625.

[23] 刘秉镰, 李清彬. 中国城市全要素生产率的动态实证分析: 1990～2006: 基于DEA模型的Malmquist指数方法[J]. 南开经济研究, 2009 (3): 139-152.

[24] 刘荣增. 城镇密集区及其相关概念研究的回顾与再思考[J]. 人文地理, 2003, 18 (3): 13-17, 51.

[25] 马海良, 黄德春, 姚惠泽. 中国三大经济区域全要素能源效率研究: 基于超效率DEA模型和Malmquist指数[J]. 中国人口·资源与环境, 2011, 21 (11): 38-43.

[26] 宁越敏, 张凡. 关于城市群研究的几个问题[J]. 城市规划学刊, 2012 (1): 48-53.

[27] 秦宛顺, 欧阳俊. 中国商业银行业市场结构、效率和绩效[J]. 经济科学, 2001 (4): 34-45.

[28] 史健, 魏权龄. DEA方法在卫生经济学中的应用[J]. 数学的实践与认识, 2004, 34 (4):

59-66.

[29] 世界银行和国务院发展研究中心联合课题组. 2030年的中国：建设现代、和谐、有创造力的社会[M]. 北京：中国财政经济出版社，2013.

[30] 唐子来，赵渺希. 经济全球化视角下长三角区域的城市体系演化：关联网络和价值区段的分析方法[J]. 城市规划学刊，2010（1）：29-34.

[31] 唐子来，李涛. 京津冀、长三角和珠三角地区的城市体系比较研究——基于企业关联网络的分析方法[J]. 上海城市规划，2014（6）：37-45.

[32] 王蓓，刘卫东，陆大道. 中国大都市区科技资源配置效率研究：以京津冀、长三角和珠三角地区为例[J]. 地理科学进展，2011，30（10）：1233-1239.

[33] 王亚华，吴凡，王争. 交通行业生产率变动的Bootstrap-Malmquist指数分析（1980～2005）[J]. 经济学（季刊），2008，7（3）：891-912.

[34] 魏后凯. 现代区域经济学[M]. 北京：经济管理出版社，2007：152-154.

[35] 魏权龄. 2012. 评价相对有效性的数据包络分析模型：DEA和网络DEA [M]. 北京：中国人民大学出版社.

[36] 我国大城市连绵区的规划与建设问题研究项目组. 中国大城市连绵区的规划与建设[M]. 北京：中国建筑工业出版社，2014：1-2.

[37] 杨开忠，谢燮. 中国城市投入产出有效性的数据包络分析[J]. 地理学与国土研究，2002，18（3）：45-47.

[38] 杨清可，段学军. 基于DEA-Malmquist模型的高新技术产业发展效率的时空测度与省际差异研究[J]. 经济地理，2014，34（7）：103-110.

[39] 张军涛，刘建国. 城市效率及其溢出效应：以东北三省34个地级市为例[J]. 经济地理，2011，31（4）：578-583，590.

[40] 张倩，胡云锋，刘纪远等. 基于交通、人口和经济的中国城市群识别[J]. 地理学报，2011，66（6）：761-770.

[41] 章祥荪，贵斌威. 中国全要素生产率分析：Malmquist指数法评述与应用[J]. 数量经济技术经济研究，2008，25（6）：111-122.

[42] 张鑫，沈清基，李豫泽. 中国十大城市群差异性及空间结构特征研究[J]. 城市规划学刊，2016（3）：36-44.

专题

生态专题

ii

我国城市群的生态环境问题研究

（一）研究思路

城市群地区的生态环境质量是实现城市群可持续发展的重要保障。城市群是城镇化程度最高、最为密集的地区，城市化会导致土地利用剧烈变化，进而会引起诸多自然状态和生态过程变化。因此，生态用地空间扩展变化是衡量城市群、某个城市的生态现状的主要指标之一（许学强等，1997）。运用遥感（RS）和地理信息系统（GIS）等新空间信息技术手段进行生态用地空间扩展的动态监测和模拟研究是城市遥感的主要研究方向之一（陈述彭，1998）。利用遥感技术进行各类用地空间扩展的监测研究，主要是基于遥感影像选择合适的分类提取技术对城市建设用地及其他土地利用类型信息进行提取，得到分类影像，将分类影像进行图层叠置分析，计算出各类用地面积，然后根据面积的变化来研究各类用地的空间扩展情况。通过遥感解译提取出的土地空间信息成为研究城市群生态用地空间扩展的基础和前提。本研究将基于遥感解译的土地覆被，从土地利用的数量、格局和服务价值三个方面，对城市群的生态功能的变化进行评价。另外，城市群也是经济发展、人类集聚的地区，不可避免地会产生大量的水、大气与固体的污染排放，降低了城市群人居环境品质，其中水、大气污染排放与环境质量对城市群的宜居品质影响最大，因此，本研究将城市群大气、水污染排放和环境质量也纳入评价体系。

综上，本研究拟从两个方面对中国城市群2000~2010年的生态环境质量变化进行评价：一是基于土地覆被对城市群的生态空间与功能进行研究，二是通过水、大气环境指标对城市群环境质量进行课题评价。最后，对各项评价指标进行归一化处理，综合评价我国城市群十年的生态环境质量变化。

具体研究思路详见专题报告图2-1：

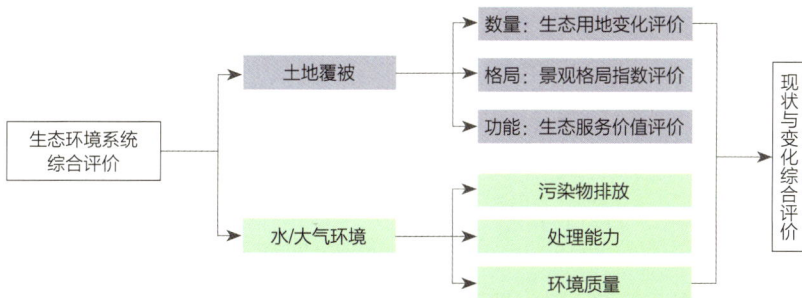

专题报告图 2-1　城市群生态环境质量评价研究思路

（二）基于土地覆被的城市群生态空间评价

1. 数据的来源与处理

本研究采用的是国家基础地理信息中心的全国30米×30米的遥感解译土地覆被的公开成果，包括2000年和2010年两个时期的土地覆盖分类图。该土地利用分析系统包括六大分类：耕地、林地、草地、水面、城乡建设用地和未利用地。利用Arcgis10.1空间分析软件，对13个城市群两个时期的各类用地进行统计和分析，并对数据误差较大的部分城市群进行重新纠正解译。

校核后的统计数据见专题报告表2-1、专题报告表2-2。

2000年中国13个城市群土地覆被面积统计表（单位：平方公里）

专题报告表2-1

城市群名称	耕地	林地	草地	水域	城乡建设用地	未利用地	总计
京津冀	22759	7520	2033	2263	4776	4	39355
长三角	61305	22925	2403	10540	8517	1	105690
珠三角	14154	21281	2837	4606	4843	16	47737
山东半岛	57036	2313	2521	5165	6699	69	73803
海西	16041	29831	3437	1247	2399	114	53068
武汉	22159	10124	864	4243	1589	8	38987
中原	10147	1379	451	325	1403	13	13718
长株潭	8193	10980	2341	385	542	0	22441
辽中南	16353	8336	3826	884	3672	0	33049
关中	9507	6712	915	78	1380	0	18591
成都	10122	4309	1834	245	658	0	17169
重庆	18104	6760	2604	600	378	0	28445
北部湾	7192	8897	18	728	558	0	17392

2010年中国13个城市群土地覆被面积统计表（单位：平方公里）

专题报告表2-2

城市群	耕地	林地	草地	水域	城乡用地	未利用	总计
京津冀	21478	7740	1641	2089	6394	12	39355
长三角	56456	23227	2454	10493	12918	142	105690
珠三角	13094	20987	2899	5149	5563	46	47737

城市群	耕地	林地	草地	水域	城乡用地	未利用	总计
山东半岛	55166	2548	3289	4112	8439	248	73803
海西	15461	29767	3308	1232	2932	369	53068
武汉	22570	9816	824	3670	2089	18	38987
中原	9135	1433	483	419	2236	11	13718
长株潭	6428	13380	1470	458	706	0	22441
辽中南	15788	8388	3922	866	4074	31	33069
关中	9491	6645	924	140	1391	0	18591
成都	10319	5004	720	212	913	0	17169
重庆	18122	7094	2042	584	603	0	28445
北部湾	7224	8731	42	718	560	118	17392

2. 生态用地数量评价

（1）用地构成评价

对2000年、2010年我国13个城市群范围内的各类用地按照生态用地、耕地和城乡建设用地三大分类进行统计计算，结果如专题报告图2-2、专题报告图2-3所示。其中生态用地包括林地、草地、湿地、水面和未利用地。生态用地视为自然度较高，生态功能较强的区域；耕地视为半人工半自然，生态功能一般的区域；城乡建设用地视为人类强干扰，生态功能较弱的区域。

2010年与2000年相比较，城市群的生态用地、耕地与城乡建设用地的基本构成比例，较为接近。

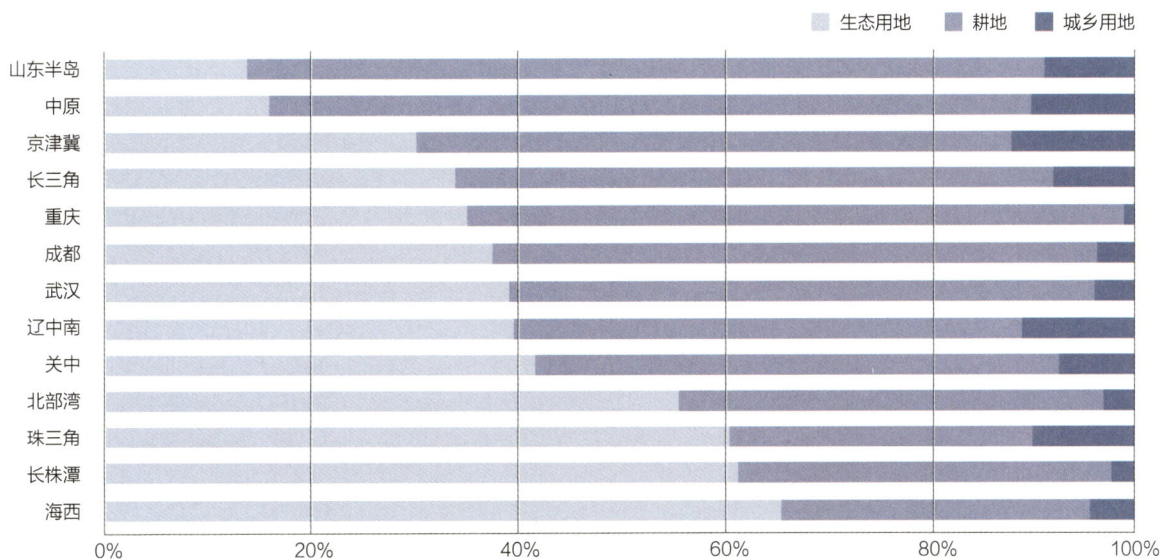

专题报告图 2-2　2000 年 13 个城市群用地构成图

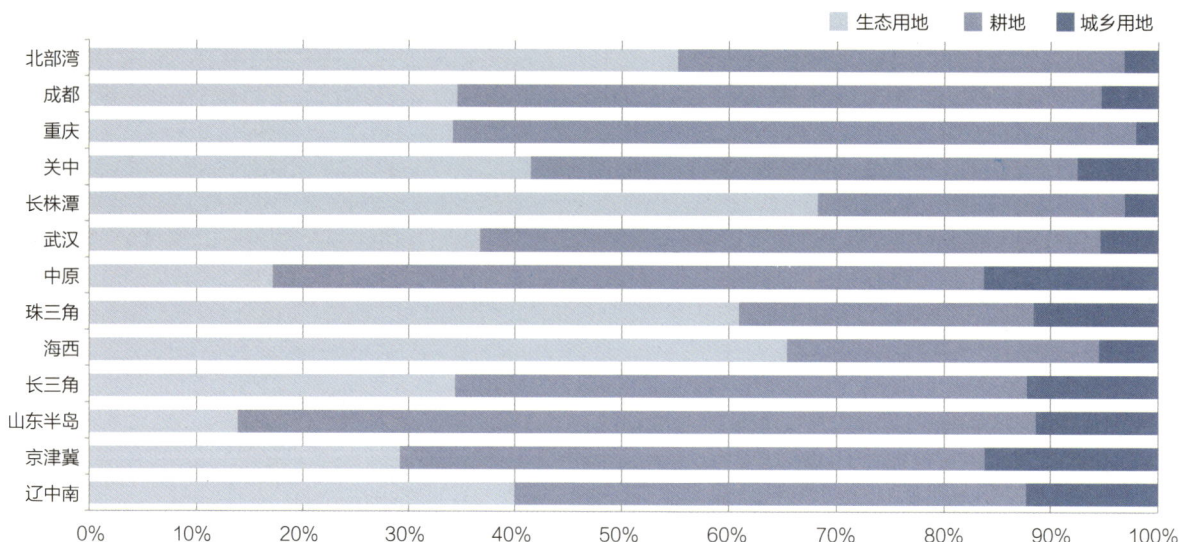

专题报告图 2-3　2010 年 13 个城市群用地构成图

从生态用地所占的比例看，2010年我国13个城市群生态用地占比平均为40%。但受气候条件、地理特征、人类开发利用程度的影响，各城市群的生态用地占比差异很大，生态用地比例高的城市群可以达到60%，生态用地比例低的城市群只有10%。其中，长株潭、海西、珠三角、北部湾城市群的生态用地比例超过50%，尤其是在长株潭城市群，其生态用地比例达到68%。山东半岛城市群和中原城市群生态用地比例最低，不足20%。

从耕地所占的比例看，2010年我国13个城市群的耕地保有比例平均达到50%，各城市群耕地所占比例的范围在28%与75%之间。其中，山东半岛、中原、重庆、成都四大城市群的耕地比例均超过了60%，山东半岛城市群甚至达到了75%。在珠三角、长株潭和海西三大城市群，耕地所占比例最低，平均为28%。

从城乡建设用地比例看，2010年我国13个城市群的城乡建设用地比例平均为10%，各城市群城乡建设用地的比例从2%到16%不等。其中，中原、京津冀城市群城乡建设用地比例最高，超过16%。重庆、长株潭、北部湾3个城市群比例相对较低，不足4%。

从空间分布的特点来看，我国南方城市群生态用地比例相对较高。如长株潭、海西、珠三角、北部湾城市群，都是生态用地比例较高的城市群。一般而言，我国北方城市群城乡建设用地比例通常较高，如中原、京津冀和辽中南城市群，城乡建设用地占比普遍大于其他地区的城市群。

（2）用地变化评价

采用土地利用类型的变化率指数对2000～2010年城市群建设和生态空间变化进行评价，计算公式见专题报告式（2-1）。该指数能够测度不同生态用地类型的变动强度及类型间的差异，可以分析城市群空间拓展阶段在用地变动上的特征，为空间拓展的生态机制分析奠定基础。

$$K_i = \frac{Lu_{i(t+1)} - Lu_{it}}{Lu_{it}} \times \frac{1}{T} \times 100\% \qquad 专题报告（2-1）$$

式中，Lu_{it}和$Lu_{i(t+1)}$分别表示研究初期和末期土地利用类型i的面积。

其中，T取值为1，则各类用地变化率指数计算后见专题报告表2-3：

2000~2010年各类用地变化率指数计算表 专题报告表 2-3

城市群	建设用地变化率指数	耕地变化率指数	生态用地变化率指数
京津冀	33.87%	−5.63%	−2.85%
长三角	51.68%	−7.91%	1.25%
珠三角	14.85%	−7.49%	1.19%
山东半岛	25.97%	−3.28%	1.29%
海西	22.21%	−3.62%	0.14%
武汉	31.44%	1.85%	−5.98%
中原	59.33%	−9.97%	8.24%
长株潭	30.19%	−21.54%	11.68%
辽中南	10.96%	−3.45%	1.24%
关中	0.80%	−0.17%	0.07%
成都	38.82%	1.95%	−7.09%
重庆	59.40%	0.10%	−2.44%
北部湾	0.44%	0.45%	−0.36%

土地利用类型的变化率指数分析结果来看：建设用地较10年前呈现不同程度增加，平均增幅近20%，其中东、中部城市群建设用地增幅较大，南部的北部湾城市群建设用地增幅较小（专题报告图2-4）。耕地面积的变幅除武汉、成都、重庆及北部湾城市群外，大部分城市群耕地面积呈现不同程度的减少（专题报告图2-5）。生态用地面积则有增有减的，其中成都、武汉和京津冀城市群的生态用地减幅最大（专题报告图2-6）。

根据生态用地变化率指数的大小，可以将城市群分为三类地区：

第一类为生态用地显著增加的城市群（生态用地变化率指数大于2%），主要包括：长株潭、中原城市群。这些城市群的最大特征是林地均呈现增加的趋势。

第二类为生态用地总量明显减少的城市群（生态用地变化率指数小于−2%），主要包括成都、武汉、京津冀和重庆城市群。其中成都、重庆和京津冀城市群以草地减少为主，武汉城市群以水域减少为主。

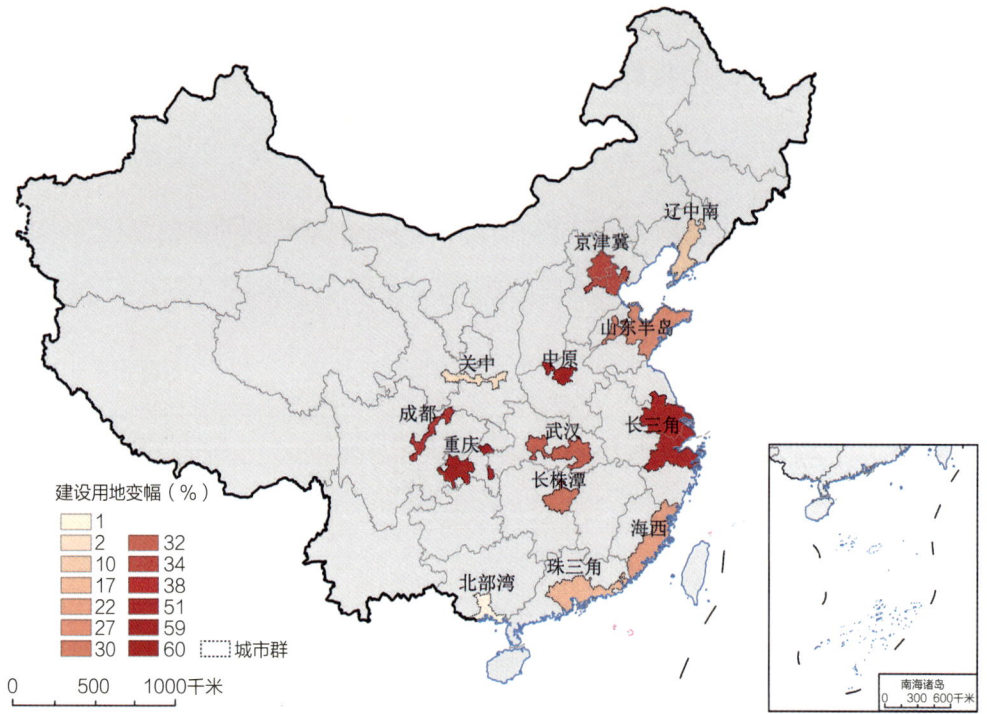

建设用地变幅（%）
1	
2	32
10	34
17	38
22	51
27	59
30	60

城市群

0　500　1000千米

南海诸岛
0　300　600千米

专题报告图2-4　2000～2010年建设用地变化率指数空间分布图

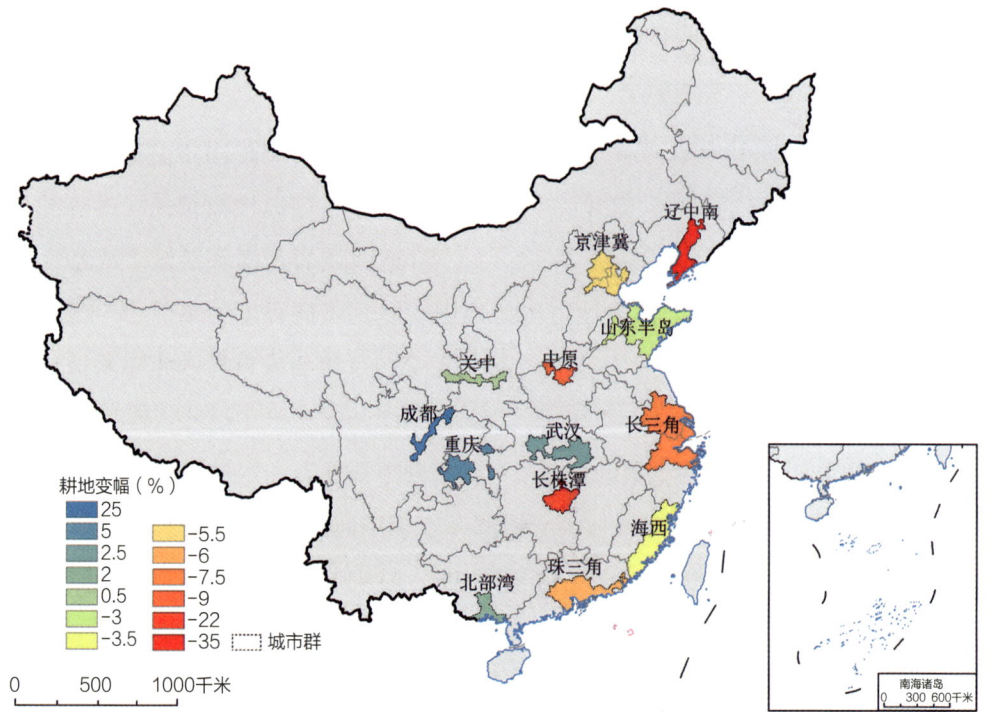

耕地变幅（%）
25	
5	−5.5
2.5	−6
2	−7.5
0.5	−9
−3	−22
−3.5	−35

城市群

0　500　1000千米

南海诸岛
0　300　600千米

专题报告图2-5　2000～2010年耕地变化率指数空间分布图

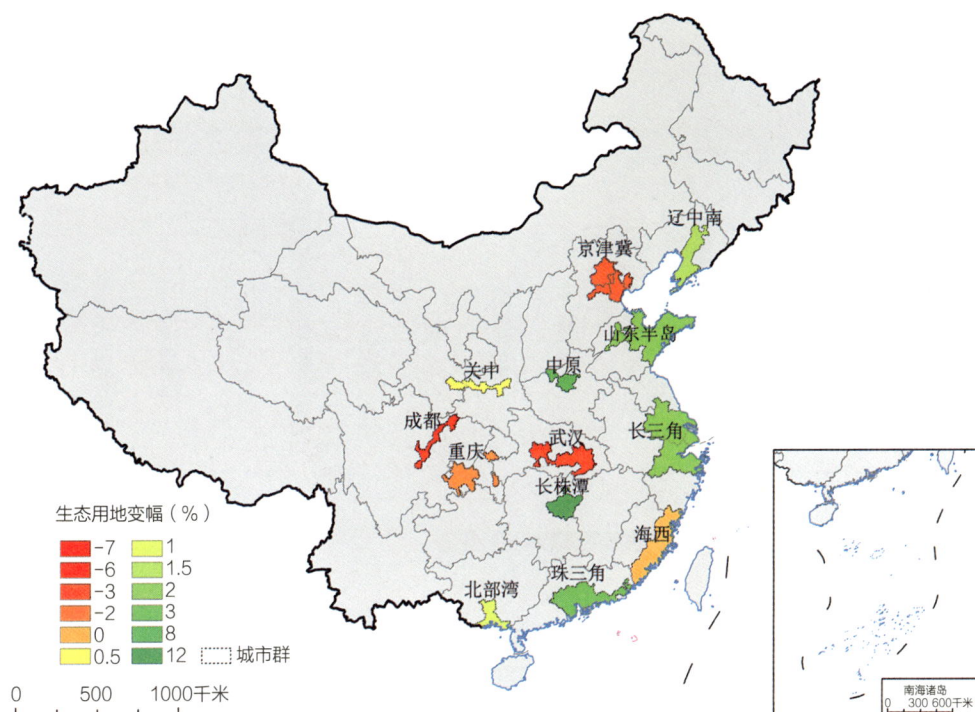

专题报告图 2-6　2000～2010年生态用地变化率指数空间分布图

第三类为生态用地变幅较小的城市群（生态用地变化率指数在–2%与2%之间），主要包括北部湾、关中、海西、珠三角、辽中南、长三角、山东半岛城市群共7个城市群，尽管这些城市群生态用地总量相对稳定存在，但类型却发生了较大变化，其中山东、北部湾和长三角的水域明显退化，转变为林草地。各类生态用地面积绝对变化量见专题报告图2-7。

如专题报告图2-8所示，从2000～2010年的10年各城市群不同用地类型的变化量及其相互转化关系来看，长三角、山东半岛、长株潭、京津冀和珠三角等城市群是用地变化量最为显著的地区，关中、北部湾和重庆城市群变化较小。从转化关系来看，长三角、京津冀、山东半岛、中原、珠三角、海西及辽中南等城市群建设用地的增长主要来自耕地的减少，武汉、成都和重庆等城市群建设用地的增加主要来自生态用地的减少。长株潭城市群耕地的减少，同时转化为建设用地和生态用地增加。

（3）小结

综上分析，可见2000～2010年13个城市群用地构成及变化情况主要有以下几点特征：

①从各城市群的用地类型构成来看，各个城市群所处的地理位置、地形地貌、气候条件、城镇发展阶段、空间开发利用程度等差异较大，导致生态用地比例也

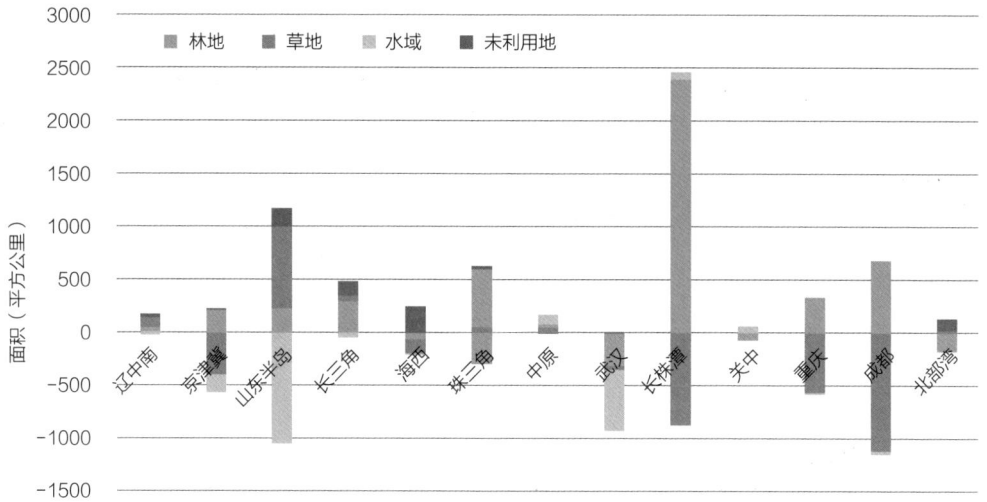

专题报告图 2-7　2000～2010 年各类生态用地绝对变幅

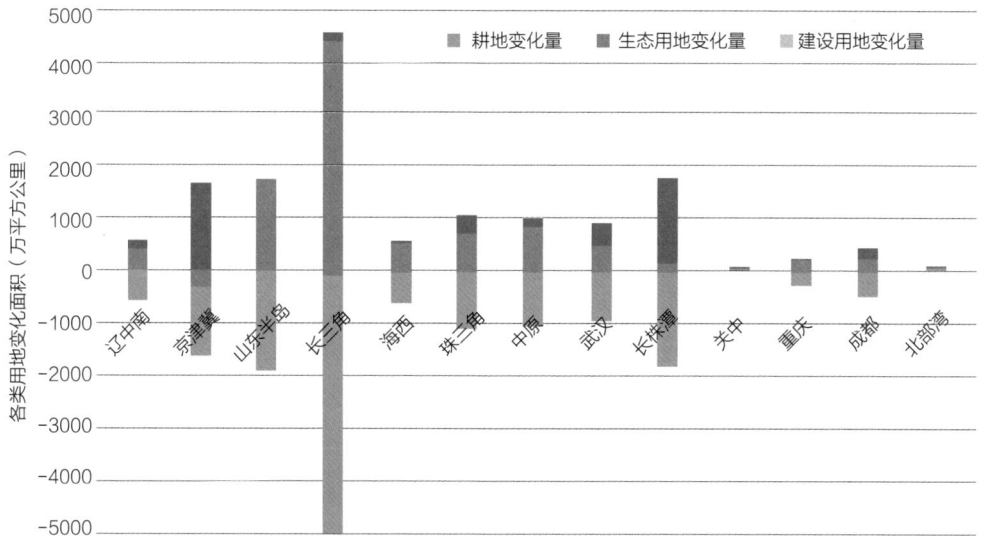

专题报告图 2-8　2000～2010 年各类用地转化分析图

具有较大差异。可见，各城市群的生态本底环境不同，各城市群的生态环境建设应在自身的生态环境基础上去改善和恢复，而不应该用统一标准去衡量和比较。

②从各城市群的用地变化来看，所有城市群建设用地增量都为正值，说明 2000～2010 年这一阶段城市群内大城市都呈现快速发展的态势，建设用地的增加与全国城镇化水平显著增加吻合。

③从各城市群的用地变化来看，大部分城市群的生态用地呈现减少的趋势。其中，耕地、水域缩减最为严重。耕地缩减的一方面原因是建设用地的侵占以及

退耕还林政策，另一方面原因是城市化进程中大量农业人口涌入城市，耕地荒废。水域减少主要集中在水资源过度利用地区（如京津冀、山东半岛）以及水系发达地区（武汉、北部湾），原因主要包括：人类对水资源的过渡开发利用，导致自然水体的萎缩，加之城镇不合理的建设方式，大量填埋了水体湿地，导致水域面积减少。另外由于气候的变化，部分区域降雨减少，也会导致水体湿地的减少。

④在生态用地中，林地动态度各城市群差异较大，除珠三角、北部湾、海西、武汉城市群以外的其他城市群都为正值，其中以长株潭、成都的林地增长最为显著。国务院于2002年推行的退耕还林政策是林地增加的一方面原因，其他城市林地面积虽有增长，但动态度值较小，远不及建设用地的增长速度。珠三角、北部湾、海西、武汉城市群林地面积的下降可能是由于珠三角、北部湾、海西、武汉城市群的建设用地总面积在此期间显著扩张，占用了一部分林地，如北部湾地区出现的开发过度，占用丘陵山体，自然林地生态多样性遭到破坏，引发了严重的水土流失问题。

3. 生态用地格局指数评价

（1）研究方法

生态系统重要的服务功能，如改善微气候、净化空气、削弱噪声、改善地表径流等，同景观格局有密切的关系。景观格局分析主要是定量研究景观中斑块的分布规律，在看似无规律的斑块镶嵌而成的景观上寻找其潜在的规律性，以寻求更为合理的用地空间布局。城市群景观格局指数的计算和评价，有助于认识土地利用变化的特征以及对区域生态系统与功能的影响。

本部分研究主要基于FRAGSTATS3.3软件，进行景观指数的计算。FRAGSTATS3.3是一款功能强大的景观分析软件，它能计算59个景观指标，这些指标被分为3个级别，分别代表了三种不同的应用尺度：①斑块级别（patch-level）指标，反映景观中单个斑块的结构特征，也是计算其他景观级别指标的基础；②斑块类型级别（class-level）指标，反映景观中不同斑块类型各自的结构特征；③景观级别（landscape-level）指标，反映景观的整体结构特征。由于许多指标之间具有高度的相关性，只是侧重面有不同，因而使用者在全面了解每个指标所指征的生态意义及其所反映的景观结构侧重面的前提下，可以依据各自研究的目的选取指标。

本研究的目的是从宏观尺度上分析京津冀、长三角等13个城市群的景观结构及变化特征。由于研究区域尺度宽广，并且缺少判据斑块核心面积和边缘带宽的实测数据，因而不适合计算边缘指标和核心面积指标，同时还排除了一部分相关性很高的指标。最后从FRAGSTATS3.3软件中选取了能确保计算精度的8个指标，均集中于景观级别，主要包括4个类型的指数：形状指数、聚合度指数、多样性指数和稳定度指数。具体来说，形状指数由斑块数量、景观形状指数、周长-面积分维数组成；聚合度指数由蔓延度指数、分散度指数组成；多样性指数由斑块多度（景观丰度）、shannon多样性指数、shannon均匀度指数组成；景观稳定度指数是描述景观变化趋势及破碎程度的指数，可在一定程度上反映出景观格局的稳定程度，并反映景观稳定度在空间上的差异。由于景观组分和格局都能够独立和相互地影响并作用生态过程，因而了解这些指标的内涵是十分重要的。

各个景观指数具体含义如下：

1）斑块数量（NP）

$$NP = N \qquad \text{专题报告（2-2）}$$

式中：N为景观中的斑数总数。需要指出的是，这里的斑块数，既不包括作为景观内部背景中的斑块，也不包括景观边界上的斑块。NP的取值范围为$NP \geqslant 1$，当$NP = 1$时，说明景观中只包含一个斑块。

相关说明：斑块数量本身的应用意义并不大，因为它反映不出斑块面积、分布和密度方面的信息。当然，如果景观面积是个定值的话，那么它同斑块密度和斑块面积均值具有相同的指标含义。它的重要性在于它是其他一些更具有解释作用的指标的测算基础。

2）景观形状指数（LSI）

$$LSI = \frac{E}{\min E} \qquad \text{专题报告（2-3）}$$

式中：E指景观的边缘长度（用栅格表面数目表示），包括所有景观边界线和背景边缘。$\min E$是E的最小可能值。LSI就等于景观的总边缘长度，除以最小可能的总边缘长度。最小值只有在整个景观由一个单独斑块组成时取得。如果用栅格数表示的景观面积是A，n是平方比A小的最大整数，且$m = A - n^2$，则$\min E$可以由以下三式中的一个得出：

$$\begin{cases} \min E = 4n, \text{当} m = 0 \text{时} \\ \min E = 4n + 2, \text{当} n^2 < A \leqslant n(n+1) \text{时} \\ \min E = 4n + 4, \text{当} A > n(n+1) \text{时} \end{cases}$$

$LSI \geqslant 1$，当它等于1时，说明景观中只有1个斑块，且为正方形或接近正方形。随着景观形状的不规则和边缘的加长，它逐渐变大且没有最大限制。

相关说明：景观形状指数是结合景观面积对景观总边缘长度或边缘密度的标准化度量。由于它是标准化了的，所以它与总边缘长度相比，有直接的解释意义。例如，后者只有与景观面积结合才有意义。LSI也可看做是对斑块聚集或离散程度的度量，与类型尺度上的解释类似。特别指出的是，随着它的增大，斑块越来越离散。

3）周长-面积分维数（PAFRAC）

$$PAFRAC = \frac{2/\left\{N\sum\limits_{j=1}^{n}\ln P_{ij}\times\ln a_{ij}-\left(\sum\limits_{i=1}^{m}\sum\limits_{j=1}^{n}\ln p_{ij}\right)\left(\sum\limits_{i=1}^{m}\sum\limits_{j=1}^{n}\ln a_{ij}\right)\right\}}{\left(N\sum\limits_{i=1}^{m}\sum\limits_{j=1}^{n}\ln p_{ij}^{2}\right)-\left(\sum\limits_{i=1}^{m}\sum\limits_{j=1}^{n}\ln p_{ij}\right)^{2}}$$ 专题报告（2-4）

式中：a_{ij}为斑块ij的面积；p_{ij}为斑块ij的周长；N为景观内斑块数量。$PAFRAC$等于2除以回归线的斜率，这一斜率是从以周长的自然对数为基础的对面积自然对数的回归中得到的，也就是2除以系数b_1〔它是来自于适合以下方程的最小平方回归分析：$\ln(area)=b_0+b_1\ln(perim)$〕。注意，PAFRAC不包括任何背景斑块。它没有单位，取值越大意味着它已偏离简单的几何形状（即形状复杂性增强）。当该形状具有一个简单的周长时（比如正方形），$PAFRAC$就接近于1。

相关说明：景观尺度上的周长-面积分维数反映了斑块形状的复杂性，且只有在周长和面积的对数呈线性关系时才有意义。

4）蔓延度指数（CONTAG）

$$CONTAG = \left\{1+\frac{\sum\limits_{i=1}^{m}\sum\limits_{k=1}^{m}\left[p_i\left(\dfrac{g_{ik}}{\sum\limits_{k=1}^{m}g_{ik}}\right)\right]\left[\ln p_i\left(\dfrac{g_{ik}}{\sum\limits_{k=1}^{m}g_{ik}}\right)\right]}{2\ln(m)}\right\}\times 100$$ 专题报告（2-5）

式中：p_i为斑块类型i在景观中的面积比重；g_{ik}为基于双倍法的斑块类型i和斑块类型k之间节点数；m是景观中的斑块类型数，包括景观边界中的斑块类型。蔓延度（CONTAG）用来度量在给定斑块类型数情况下，实际观测的蔓延度与蔓延度最大可能值之间的比值。蔓延度的计算涉及景观中所有的斑块类型和相似节点。p_i的计算中所采用的景观面积不包括内部背景。

该指标单位为%，其取值范围为$0<CONTAG\leqslant100$。当所有斑块类型最大限度破碎化和间断分布时，指标值趋于0；当斑块类型最大程度地聚集在一起时，指标值达到100。当景观中斑块类型数少于2时，该指标值不被计算，在结果文件basename. land中以"N/A"来表示。

相关说明：蔓延度与边缘密度呈现强烈的负相关性。当斑块密度值很低，如当某一斑块类型在景观中的比例很高时，蔓延度值就较高。另外，蔓延度会受到斑块类型离散状况和间断分布状况的影响。

5）分散指数（SPLIT）

$$SPLIT = \frac{A^2}{\sum\limits_{i=1}^{m}\sum\limits_{j=1}^{n}a_{ij}^2}$$ 专题报告（2-6）

式中：a_{ij}为斑块ij的面积；A为整个景观的面积。SPLIT等于景观总面积的平方，除以景观中所有斑块面积的平方和。注意，这里的景观面积包括景观内部存在的背景。

该指标没有单位，取值范围为$1 \leqslant SPLIT \leqslant$景观中栅格数目的平方。当景观只有一个斑块时，$SPLIT = 1$；随着景观进一步分化为较小的斑块，该指标逐渐增大，当整个景观最大程度细化时（每个栅格都是一个独立的斑块），它取最大值。

相关说明：SPLIT的基础是斑块面积的积累分布，它可以理解为起作用的网格数量，或者理解为当景观细化为S型斑块时，（S是指指标Split的值），具有相同尺寸的斑块数量。

6）斑块丰富度（PR）

$$PR = m \hspace{4cm} \text{专题报告（2-7）}$$

式中：m为景观中斑块类型数，不包括景观边界中的斑块类型；PR为景观边界线以内的斑块类型数。它没有单位，取值范围为$PR \geqslant 1$。

相关说明：斑块丰富度是对景观组成的最简单度量，但是它不能体现不同斑块类型的相对丰度，当斑块丰富度密度和相对斑块丰度同时存在时，该指标再出现就是多余的。

7）Shannon多样性指数（SHDI）

$$SHDI = -\sum_{i=1}^{m}\left(p_i \times \ln p_i\right) \hspace{2cm} \text{专题报告（2-8）}$$

式中：p_i为景观中斑块类型i的面积比重。SHDI等于景观中各斑块类型面积比重与其自然对数乘积的总和，然后再取反数。这里计算p_i时采用的景观面积不包括景观中的背景。该指标取值范围为$SHDI \geqslant 0$。当整个景观中只有一个斑块时，$SHDI = 0$。随着景观中斑块类型数的增加以及它们面积比重的均衡化，SHDI值增大。

SHDI主要反映景观要素的多少和各景观要素所占比例的变化。研究区域土地利用类型越复杂，SHDI值就越大。

相关说明：Shannon's多样性指数在计算生态群落多样性时应用十分广泛，这里把它应用于计算景观多样性。Shannon's多样性指数对稀有斑块类型的敏感性比Simpson's多样性指数强。

8）Shannon均匀度指数（SHEI）

$$SHEI = \frac{-\sum_{i=1}^{m}\left(p_i \times \ln p_i\right)}{\ln m} \hspace{2cm} \text{专题报告（2-9）}$$

式中：p_i为指景观中斑块类型i的面积比重，计算时采用的景观总面积不包括景观中的背景；m是指景观中的斑块类型数。SHEI等于Shannon's多样性指数与斑块类型数自然对数的比值。该指标没有单位。随着景观中不同斑块类型面积比重越来越不平衡，指标值不断向0接近；当整个景观只有一个斑块组成时，$SHDI=0$。SHDI反映景观中各斑块在面积上分布的不均匀程度，SHDI越大，景观斑块分布的均匀程度趋于最大。

相关说明：Shannon's均匀度指数反映的是景观中不同斑块类型面积比重的均衡度与其最大值的比值，因此，均匀度是支配度的一个补充。

9）景观稳定度指数

稳定度指数约接近1，说明景观稳定度相对较高，稳定度指数越接近0，说明景观稳定度越低，景观变化的趋势越为剧烈。

$$S = C / (F \times A) \qquad\qquad 专题报告（2-10）$$

式中：S为稳定度指数；C为蔓延度（CONTAG）；F为斑块密度（PD）；A为临接特征（TECI）。

（2）景观格局指数

1）景观格局指数的计算

利用fragstats软件，在arcgis10.1平台上对2000年和2010年土地覆被数据进行景观格局指数的计算，由于源数据格式等问题，山东半岛、海西和珠三角3个城市群的景观格局指数没有计算，本研究仅对其他10个城市群的景观指数进行对比研究。

2）建立景观格局变化指数模型

$$K_i = \frac{Ls_{i(t+1)} - Ls_{it}}{Ls_{it}} \times 100\% \qquad\qquad 专题报告（2-11）$$

式中：K_i为景观格局变化指数；Ls_{it}和$Ls_{i(t+1)}$分别表示2000年和2010年的景观格局指数。

从景观形状变化指数来看：斑块数量基本呈现减少的趋势，景观形状指数，除中原和关中城市群外，也均减少，周长–边缘指数也基本在减少^{（专题报告图2-9）}。说明城市群在十年间斑块数量在降低，形状更趋于简单和同质化，这与人类对土地利用方式密切相关，如开垦耕地或者开发土地建设等对土地的利用方式均更为规整有序。

从景观聚合度变化指数来看：蔓延度是指斑块类型中空间分布上的集聚趋势，蔓延度指数越大，代表斑块越集聚。可以看到，大部分城市群呈现不同程度的集聚特征，其中长株潭城市群集聚度最强，推测与其城市群总面积相对较小、建设用地比例相对较大有关^{（专题报告图2-10）}。

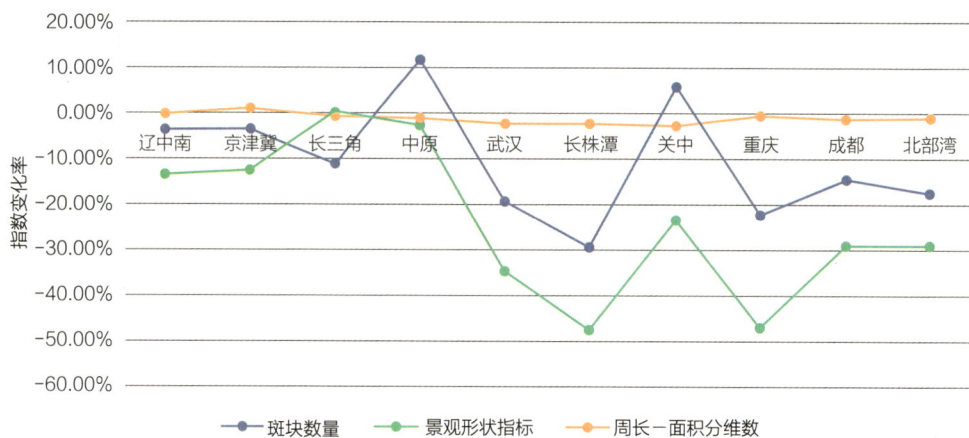

专题报告图 2-9　景观形状变化指数图

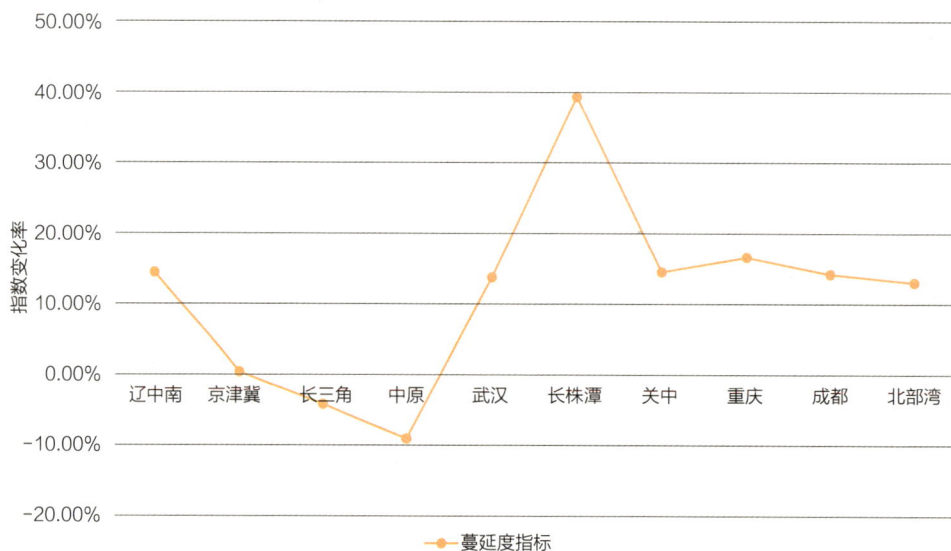

专题报告图 2-10　景观聚合度指数图

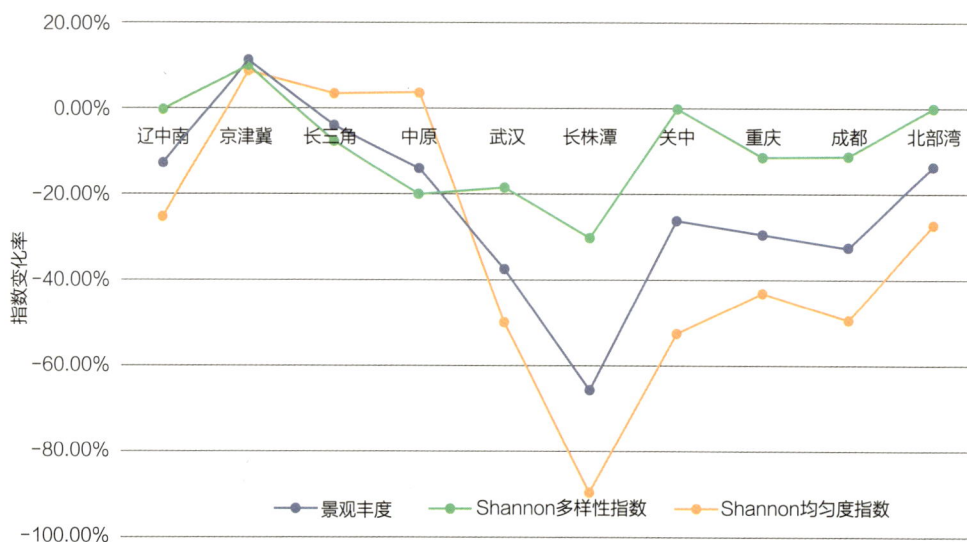

专题报告图 2-11　景观多样性变化指数图

　中国城市群的类型和布局

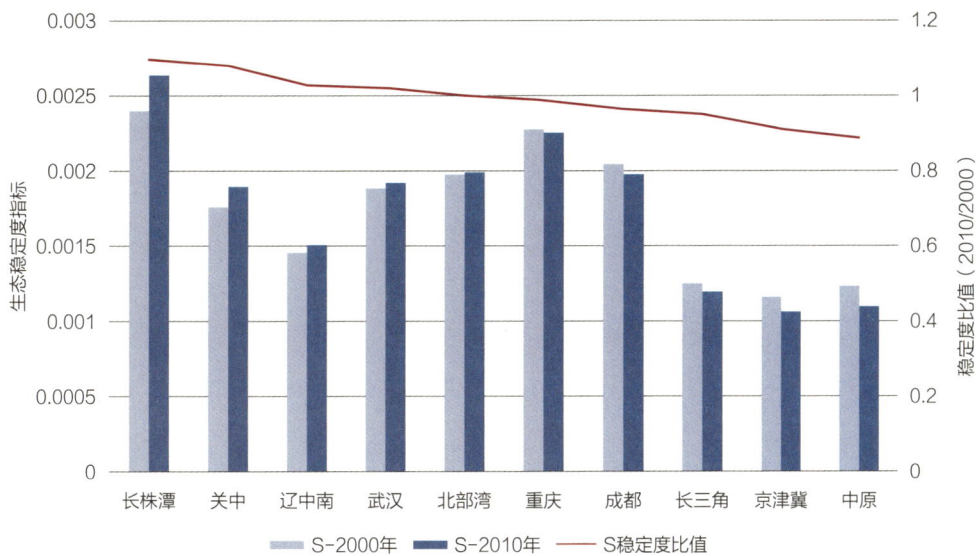

专题报告图 2-12　2000 ~ 2010 年生态稳定度变化分析图

从景观多样性变化指数来看：景观多样性中的3个指数变化趋势较为接近，大部分城市群的景观多样性变化指数呈现不同程度的下降，说明城市群的景观类型趋近于更为接近，景观斑块呈现更不均匀的分布。景观异质性和多样性都在降低，将会进一步导致生态系统多样性的下降^{（专题报告图2-11）}。

从景观稳定度变化值看：对比城市群10年间（2000 ~ 2010年）稳定度的变化，可以发现大部分城市群的稳定度指数是下降的，未来的土地利用格局朝向更破碎，倾向于变化的趋势方向发展。其中，武汉、关中和长株潭3个城市群的稳定度指数增加，这主要是由于城市群用地的蔓延度增加较快，而其他城市群稳定度均呈现不同程度的降低，主要是由于建设用地增加较大，导致了临接特征指数增加，进而导致景观朝向更为不稳定趋势转变^{（专题报告图2-12）}。

4. 生态系统服务价值评价

（1）研究方法

城市群生态系统服务价值是指通过城市群生态系统的结构、过程和功能直接或间接得到的生命支持产品和服务，这些产品和服务是人类生活的必需品和人类生活质量的保证，自然资产含有多种与其生态服务功能相应的价值。

对于城市群生态系统服务价值的定量评估和计算方法很多，通常人们用市场估算法和消费者支付意愿法来评估，一些国家正在进行诸如生态破坏对国家资产的影响、全球生态系统资本价值量的估算等课题。生态系统服务价值的评估通过综合不同区域内的研究，定义单位面积生态服务价值当量，将土地利用类型变化与区域生态服务价值变化建立联系，因此是进行城市群空间扩展的生态环境效应评估的有效方法。

1997年，Costanza等在*Nature*上发表了"全球生态系统服务价值和自然资本"一文，从科学意义上明确了生态系统服务价值估算的原理及方法，将生态系统服务研究推向生态经济学研究的前沿。Costanza等人将全球生态系统划分为海洋、森林、草原、湿地、水面、荒漠、农田、城市等16大类26小类，将生态系统服务功能划分为气候调节、水分调控、控制水土流失、物质循环、污染净化、娱乐及文化价值等17种功能，并以生态服务供求曲线为一条垂直线为假定条件，逐项估计了各种生态系统的各项生态系统服务价值。随着生态系统服务价值概念和方法的提出，生态系统服务价值的定量评估成为国际可持续发展研究的热点之一，国内外许多学者对生态系统服务价值进行了广泛的理论探讨和案例研究。

由于在Costanza提出的不同用地类型的生态服务价值当量中某些数据存在较大偏差，引起了国内外学者的广泛讨论，如对耕地的估计过低，对湿地又偏高等，为此该研究也受到不少严厉的批评。谢高地等人针对其不足，同时参考其可靠的部分研究成果，在对我国200多位生态学家进行问卷调查的基础上，制定了我国不同生态系统服务单位面积生态服务价值表^{（专题报告表2-4）}，取得了较好的效果。

我国不同陆地生态系统单位面积生态服务价值表〔单位：万元／（平方公里·年）〕

专题报告表 2-4

服务功能	耕地	林地	湿地	草地	水域	城镇用地	未利用地
气体调节	4.42	30.97	15.93	7.08	0.00	0.00	0.00
气候调节	7.88	23.89	151.31	7.96	4.07	0.00	0.00
水源涵养	5.31	28.32	137.15	7.08	180.33	0.00	0.27
土壤形成与保护	12.92	34.51	15.13	17.26	0.09	0.00	0.18
废物处理	14.51	11.59	160.87	11.59	160.87	0.00	0.09
生物多样性保护	6.28	28.85	22.12	9.65	22.03	0.00	3.01
食物生产	8.85	0.89	2.66	2.66	0.89	0.00	0.09
原材料	0.89	23.01	0.62	0.44	0.09	0.00	0.00
娱乐休闲	0.09	11.33	49.11	0.35	38.40	0.00	0.09
生态价值总系数	61.14	193.34	554.89	64.07	406.76	0.00	3.71

上表中耕地、林地、草地、水域、未利用地相应的生态系统分别为农田、森林、草地、水体和荒漠。生态系统生态服务价值当量因子具有如下特点：

①生态服务被划分为气体调节、气候调节、水源涵养、土壤形成与保护、废物处理、生物多样性维持、食物生产、原材料生产、休闲娱乐共9类。其中气候调节功能的价值中包括了Costanza等（1997）体系中的干扰调节，土壤形成与保护包括了Costanza等（1997）体系中的土壤形成、营养循环、侵蚀控制3项功能，生物多样性维持中包括了Costanza等（1997）体系中的授粉、生物控制、栖息地、基因资源4项功能。

②生态系统服务价值当量因子是指生态系统产生的生态服务的相对贡献大小的潜在能力，定义为1公顷全国平均产量的农田每年自然粮食产量的经济价值。以此可将权重因子表转换成当年生态系统服务单价表，经过综合比较分析，确定1个生态服务价值当量因子的经济价值量等于当年全国平均粮食单产市场价值的1/7。

（2）生态服务价值的计算

在中国不同生态系统单位面积生态服务价值研究基础上，根据城市群的土地利用分类面积统计，对2000年和2010年我国13个城市群的生态服务价值进行了计算。由于本次研究采用的遥感数据并未将水域细分为湿地和水面两类，因此，根据中科院地理所同期遥感解译数据进行比对，按照其湿地和水面的比例，对本次研究所采用数据的水域面积进行处理。计算结果见专题报告表2-5、专题报告表2-6：

2000年城市群各类型用地的生态服务价值计算表（单位：万元/年）

专题报告表 2-5

城市群	耕地	林地	草地	湿地	水面	城乡	未利用	总计
京津冀	1391468	1453894	130271	213489	764074	0	15	3953210
长三角	3748183	4432296	153944	175452	4158540	0	3	12668417
珠三角	865389	4114404	181762	23003	1856722	0	60	7041339
山东半岛	3487169	447157	161492	1576356	945443	0	257	6617874
海西	980735	5767586	220186	172961	380366	0	422	7522255
武汉	1354812	1957363	55330	141276	1622469	0	29	5131279
中原	620373	266636	28878	108209	52881	0	47	1077024
长株潭	500916	2122857	150015	19235	142568	0	0	2935590
辽中南	999800	1611657	245101	29426	337934	0	0	3223917
关中	581248	1297701	58598	2592	29764	0	0	1969902
成都	618832	833161	117628	24447	81639	0	0	1675708
重庆	1106850	1306912	166812	16642	231787	0	0	2829004
北部湾	439726	1720127	1142	44411	263405	0	0	2468811

城市群	耕地	林地	草地	湿地	水面	城乡	未利用	总计
京津冀	1313171	1496531	105161	182677	716003	0	45	3813588
长三角	3451708	4490725	157226	156914	4153126	0	526	12410224
珠三角	800579	4057556	185750	3699	2091679	0	170	7139433
山东半岛	3372876	492631	210751	433492	1354854	0	920	5865523
海西	945257	5755174	211967	152981	388846	0	1368	7455594
武汉	1379930	1897919	52790	154687	1379258	0	67	4864651
中原	558539	277147	30965	13450	160487	0	40	1040628
长株潭	393004	2586894	94178	14000	176002	0	0	3264079
辽中南	965274	1621808	251281	20601	337200	0	115	3196280
关中	580257	1284735	59214	28451	36255	0	0	1988912
成都	630906	967550	46159	11215	78144	0	0	1733973
重庆	1107967	1371547	130860	16490	225402	0	0	2852267
北部湾	441694	1688102	2665	19816	277325	0	437	2430038

（3）小结

如专题报告图2-13所示，从单位用地生态价值总量来看，2000年13个城市群平均单位用地生态服务价值为114.05万元/平方公里，2010年13个城市群平均单位用地生态服务价值为113.43万元/平方公里。珠三角城市群单位用地的生态服务价值始终位列13个城市群的首位，2010年珠三角城市群单位用地生态服务价值为149.56万元/平方公里。中原城市群单位用地的生态服务价值排序一直处于末端，2010年中原城市群单位用地生态服务价值为75.86万元/平方公里。

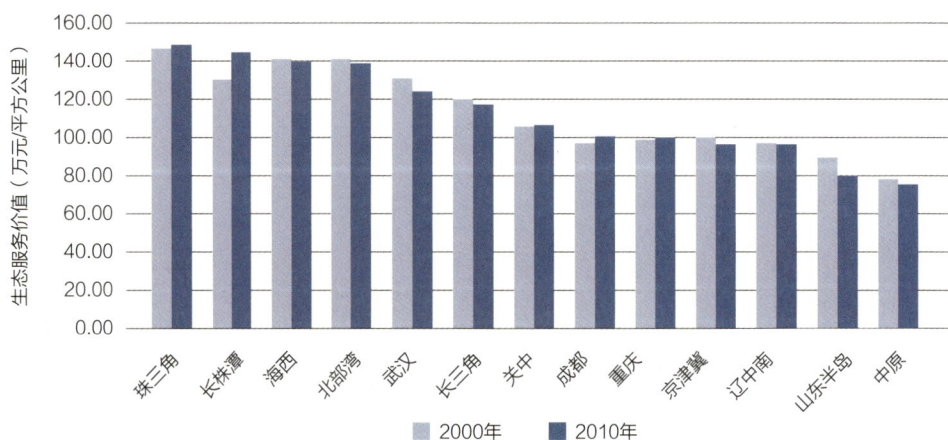

专题报告图2-13　2000年和2010年单位用地的生态服务价值图

如专题报告图2-14、专题报告图2-15所示，从贡献率角度看，林地、耕地和水域是对生态价值贡献最高的3种土地利用类型，三者贡献值可以占到总生态价值的近90%。除山东半岛和中原林地面积较小的城市群外，其他城市群中林地对生态价值贡献率最高。珠三角、长三角、武汉城市群中水域贡献的生态价值高于耕地。

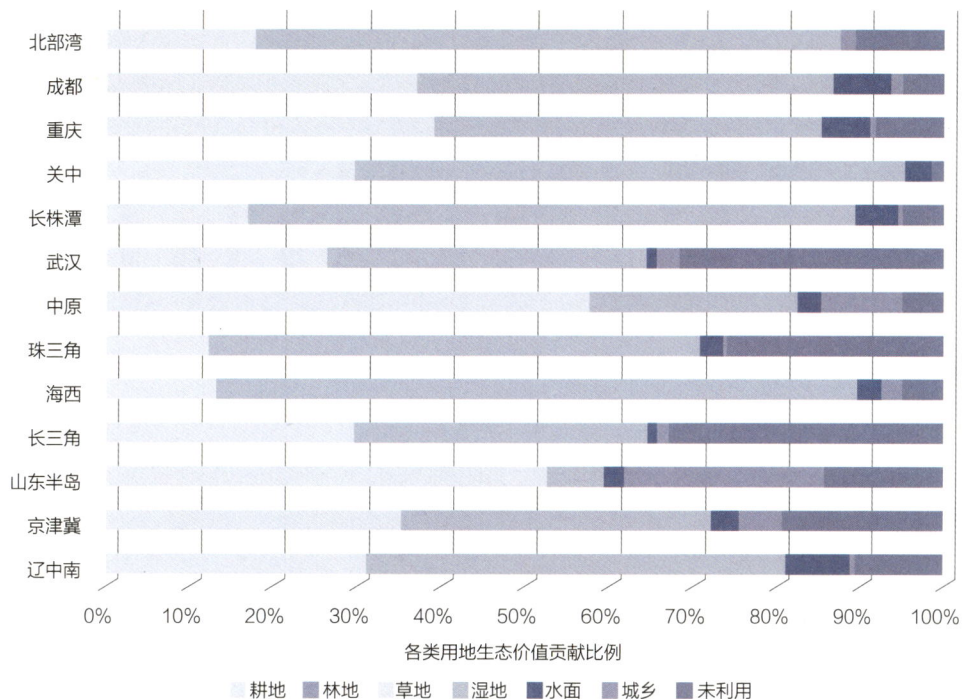

专题报告图 2-14　2000 年我国 13 个城市群各类用地生态贡献率占比图

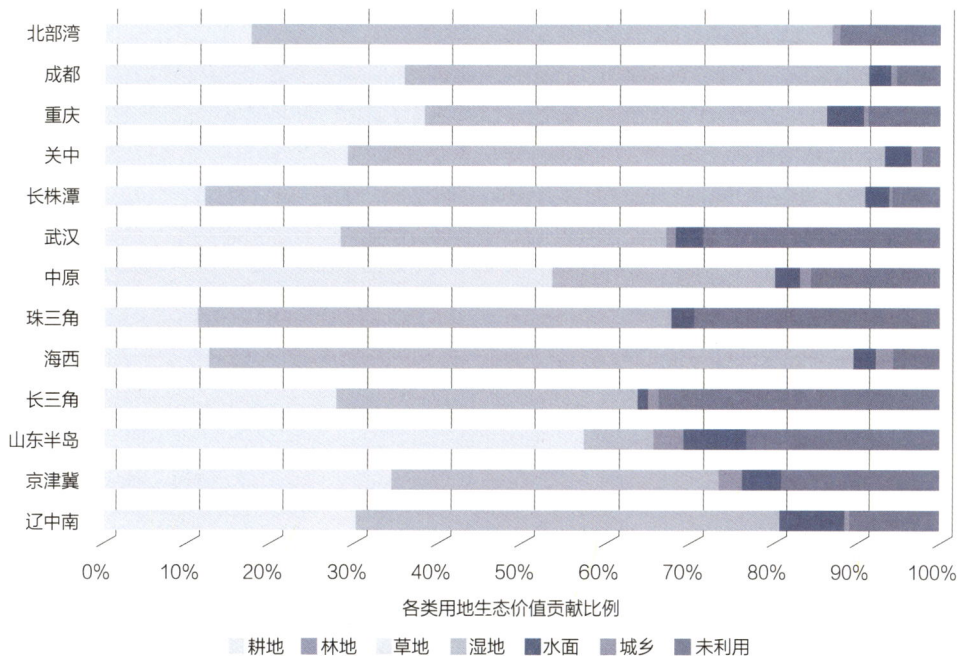

专题报告图 2-15　2010 年我国 13 个城市群各类用地生态贡献率占比图

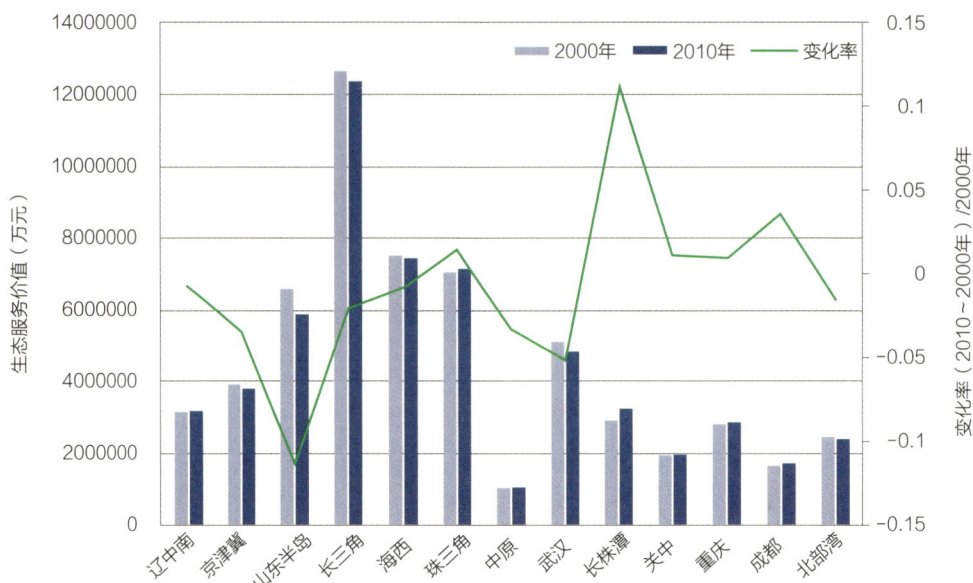

专题报告图 2-16　2000～2010 年 13 个城市群土地生态服务价值变化分析

如专题报告图2-16所示，从2000～2010年的10年间城市群生态价值变化上看，我国13个城市群的生态服务功能基本呈现不同程度的退化，其中武汉、山东半岛城市群下降最为显著，这主要与其水域面积减少关系最为密切。

（三）城市群环境质量评价

1. 研究方法

城市群的概念和边界尚处于研究阶段，其环境质量数据缺乏环保资料统计。因此，本研究主要采用城市群所在地区及其中的典型城市的环境质量数据来表征城市群环境质量情况。城市群所在地区与典型城市对应关系见专题报告表2-7。

城市群所在地区与典型城市对应关系　专题报告表 2-7

城市群	所在地区	典型城市
京津冀城市群	京、津、冀	北京、天津
长三角城市群	江、浙、沪	上海、南京、杭州、宁波
珠三角城市群	广东	广州、珠海、汕头、深圳
山东半岛城市群	山东	济南、青岛、烟台
海西城市群	福建	福州、厦门
武汉城市群	湖北	武汉
中原城市群	河南	郑州

城市群	所在地区	典型城市
长株潭城市群	湖南	长沙
辽中南城市群	辽宁	沈阳、大连
关中城市群	陕甘	西安
成都城市群	四川	成都
重庆城市群	重庆	重庆
北部湾城市群	广西	南宁、北海

良好的环境质量是城市群建设和谐人居环境的重要前提。本次研究重点对城市群的大气与水环境质量进行评价。在表征水和大气研究指标选择时，主要依据以下3个原则：一是有代表性，可以代表城市群的基本环境问题；二是可比较性，在2000年和2010年的资料中，有相同统计口径的数据，可以进行比对研究；三是问题导向性，尽量覆盖问题突出的生态环境因子。

城市群水环境质量的评价，主要从排污量和水环境质量两个方面进行研究。表征排污量的指标主要采用生活污水排放量、生活污水COD排放量、工业废水排放量、工业废水COD排放量4个指标。这些指标主要来自于《中国建设年鉴（2000年）》、《中国建设年鉴（2010年）》、《中国环境统计年鉴（2000年）》和《中国环境统计年鉴（2010年）》的统计结果。

表征水环境质量的指标，相对复杂，难以获取。目前《中国环境统计年鉴》中统计的流域水环境，主要是指的大江、大河等流域的水环境质量，无法准确描述城市水环境质量。而城市水环境是与城市人居环境密切相关的环境指标。因此，水环境质量的数据主要从各省市环境质量状况公报、各省市水资源公报、流域网站数据来获取。在统计不同来源的数据时，碰到一些数据统计和收集的问题，可归纳为以下3点：①虽然各省有效水环境统计数据均可追溯到2000年，但是仅部分城市有效统计数据可追溯到2000年。②网上可获取的水环境统计数据，部分省（区、市）是以《水资源公报》的形式，部分省（区、市）是以《环境质量公报》的形式，导致统计口径分为根据河段长度统计和根据监测断面统计两种形式。③各省市监测断面数量以及公布的数据详略程度差异较大。因此，在有限资源的前提下，为准确描述我国城市群水环境质量变化，确定了水环境质量数据在选择上主要遵循"水环境数据统计空间范围尽量与城市群（有的城市群是省域尺度的，比如长三角城市群，有的则是城市尺度的，比如成都城市群）一致的前提"进行收集和统计分析。最终，确定水环境质量数据按照以下4种情况进行整理分析：①范围较大的城市群，选择省数据，如山东半岛城市群、长三角城市群、京津冀城市群。②以某个城市为核心的城市群，选择核心城市数据代表城市群，如武汉城市群等、重庆城市群。③沿河沿江城市群，选择该河流的典型断面，如关中城市群（沿渭河）、长株潭城市群（沿湘江）。④其他城市群，筛选区域内主要河流或者河流的断面进行评价。

我国城市群大气环境质量的评价，主要从排放量和大气环境质量两个方面进行研究。排放量的指标，由于过去我国仅有工业的排放数据，因此选择的指标包括工业二氧化硫排放量、工业粉尘排放量。大气环境质量的指标主要采用二氧化硫、二氧化氮和可吸入颗粒物（PM_{10}）（尽管$PM_{2.5}$是目前对城镇居民健康影响最大的指标，但其统计数据是从2013年开始公布的，缺乏历史资料，因此本次暂不作为分析指标）。这些指标主要来自于《中国建设年鉴（2000年）》、《中国建设年鉴（2010年）》、《中国环境统计年鉴（2000年）》和《中国环境统计年鉴（2010年）》的统计结果。

2. 城市群水环境质量评价

（1）工业废水排放和处理能力评价

基于城市群所在地区的统计数据分析，我们可以看到：

1）10年间，国家对工业废水排放和污染物的治理已经收到良好效果（专题报告图2-17、专题报告图2-18）。从2000年至2010年，我国13个城市群内的平均工业污水排放达标率已经由75.98%增至96.06%，平均增长了20.08%；COD去除率指标，2000年时，13个城市群所排放工业废水的平均COD去除率为49.04%，10年后，这一比例已经上升至72.63%，增幅达48.11%。

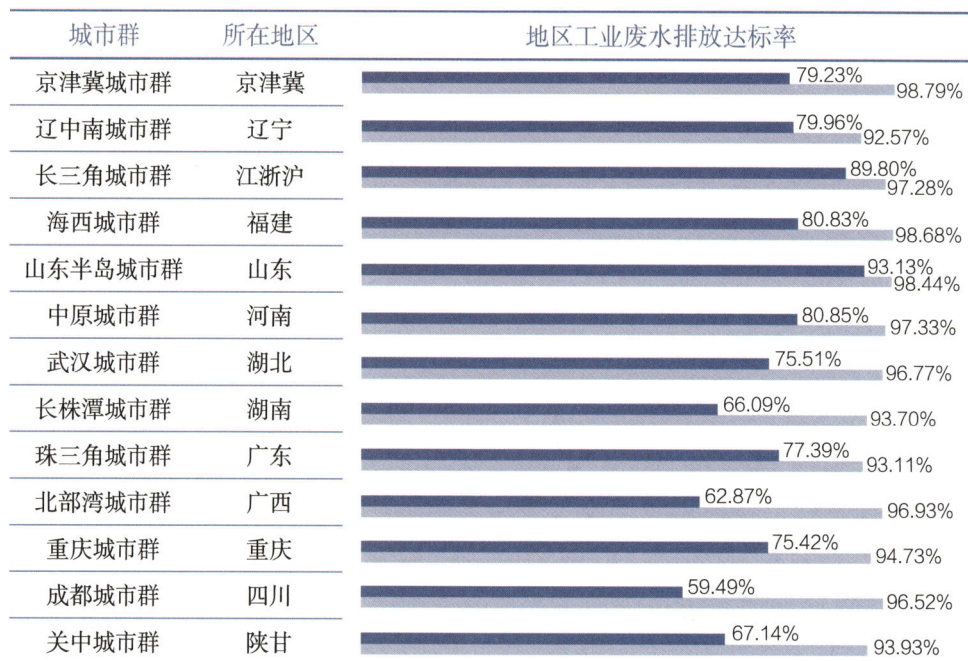

城市群	所在地区	地区工业废水排放达标率
京津冀城市群	京津冀	79.23% / 98.79%
辽中南城市群	辽宁	79.96% / 92.57%
长三角城市群	江浙沪	89.80% / 97.28%
海西城市群	福建	80.83% / 98.68%
山东半岛城市群	山东	93.13% / 98.44%
中原城市群	河南	80.85% / 97.33%
武汉城市群	湖北	75.51% / 96.77%
长株潭城市群	湖南	66.09% / 93.70%
珠三角城市群	广东	77.39% / 93.11%
北部湾城市群	广西	62.87% / 96.93%
重庆城市群	重庆	75.42% / 94.73%
成都城市群	四川	59.49% / 96.52%
关中城市群	陕甘	67.14% / 93.93%

专题报告图2-17 2000～2010年城市群所在地区工业废水达标率

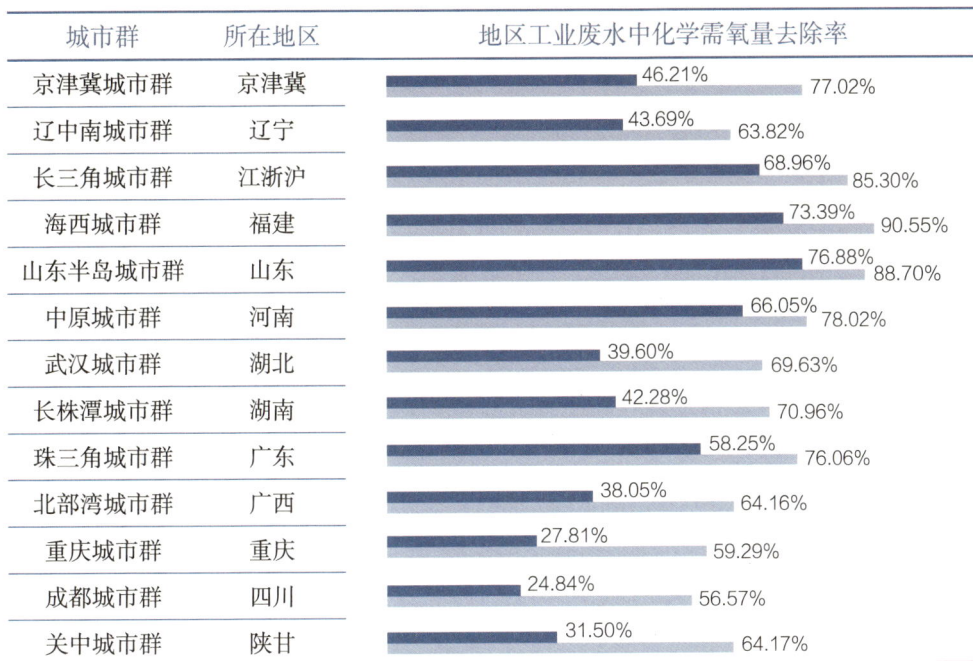

城市群	所在地区	地区工业废水中化学需氧量去除率
京津冀城市群	京津冀	46.21% / 77.02%
辽中南城市群	辽宁	43.69% / 63.82%
长三角城市群	江浙沪	68.96% / 85.30%
海西城市群	福建	73.39% / 90.55%
山东半岛城市群	山东	76.88% / 88.70%
中原城市群	河南	66.05% / 78.02%
武汉城市群	湖北	39.60% / 69.63%
长株潭城市群	湖南	42.28% / 70.96%
珠三角城市群	广东	58.25% / 76.06%
北部湾城市群	广西	38.05% / 64.16%
重庆城市群	重庆	27.81% / 59.29%
成都城市群	四川	24.84% / 56.57%
关中城市群	陕甘	31.50% / 64.17%

专题报告图 2-18　2000～2010 年城市群所在地区工业废水中化学需氧量去除率

2）地区间的工业污水排放达标率和COD去除率的差异在缩小。2000年沿海7个城市群平均工业废水排放达标率（80.46%）明显地高于内陆6个城市群的相同指标值（70.75%）；2010年时，相同指标的差异显著减小，沿海城市群该指标值为96.54%、内陆城市群的该指标值为95.49%；沿海和内陆城市群间的COD去除率差异也在缩小，2000年时，沿海和内陆的工业废水COD去除率差异为19.24%，至2010年，这一差异已经缩小至11.51%。

基于典型城市工业废水排放总量和工业废水COD排放统计数据（专题报告图2-19、专题报告图2-20），可以看到：10年间，典型城市中一半以上城市的工业废水排放总量降低。

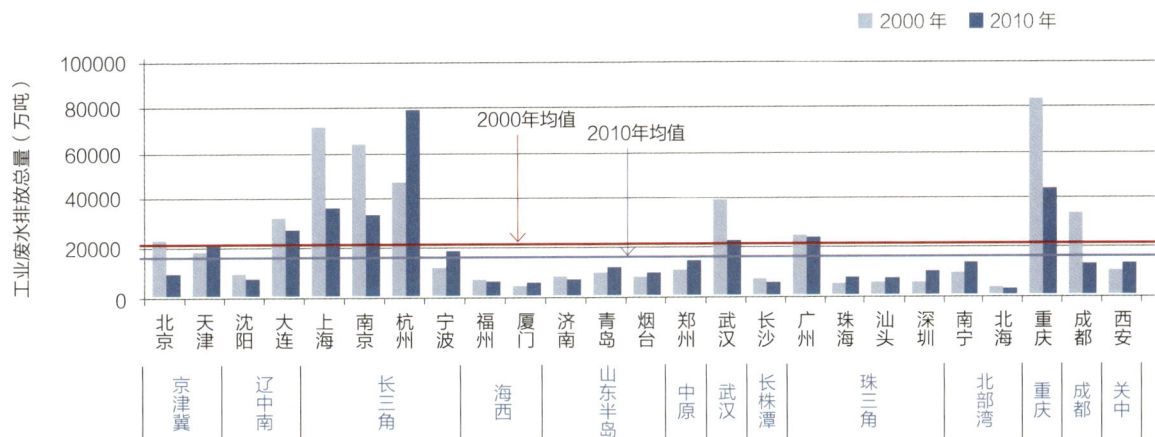

专题报告图 2-19　2000～2010 年典型城市工业废水排放总量

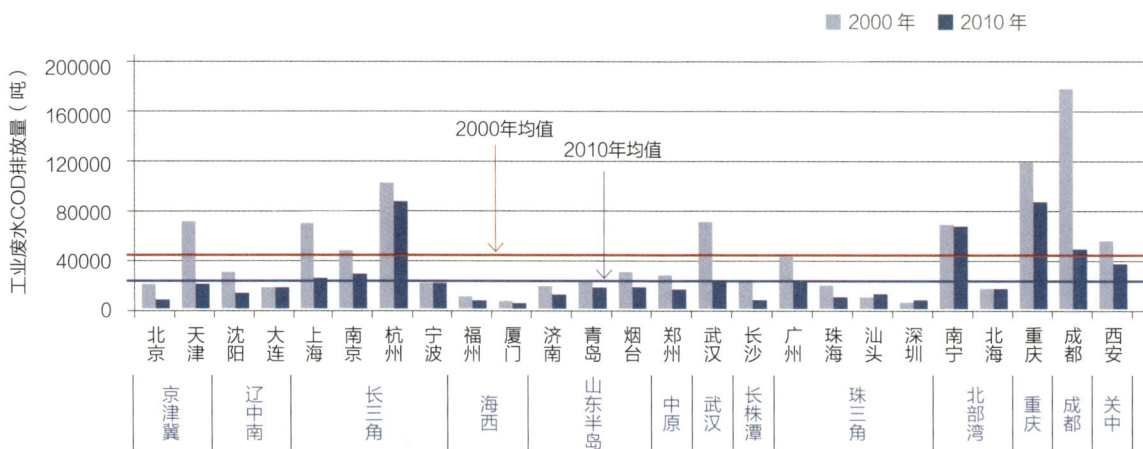

专题报告图 2-20　2000 ~ 2010 年典型城市工业废水 COD 排放总量

专题报告图 2-21　2000 ~ 2010 年 13 个城市群典型城市工业地均 COD 排放强度对比图

大部分城市主要污染总量降低。2000 ~ 2010年间，在13个城市群内的25座典型城市中，13座城市的工业废水排放量降低，重庆、上海、南京的工业废水排放量降幅分别为46.43%、49.35%、48.04%；12座城市的工业废水排放量增加，特别是杭州的工业废水排放量增长了30923万吨。所排放工业废水中的COD含量方面，20座城市排放的COD总量降低，成都所排放工业废水中的COD总量降低了134580吨（降幅73.9%）；5座城市所排工业废水的COD含量小幅增加，增幅最高的汕头仅增加了3166吨。

基于13个城市群典型城市工业COD地均排放强度^{（专题报告图2-21）}进行对比，2000年，我国13个城市群典型城市的工业COD地均排放强度为4.5吨/平方公里。2010年，我国13个城市群典型城市的工业COD地均排放强度为2.3吨/平方公里，除珠三角城市群的汕头市、深圳市以及辽中南城市群的大连市外，其他城市工业COD地均排放强度均呈现出不同程度的减低，其中降低幅度最大的为京津冀城市群中的北京市，北京市2010年工业COD地均排放强度降低为2000年的22.7%。从2010年各城市群横向比较来看，长三角城市群中的杭州市工业COD地均排放强度最大，为5.3吨/平方公里，京津冀城市群的北京市工业COD地均排放强度最低，为0.3吨/平方公里。

（2）城镇生活污水排放和处理能力评价

从所在地区的统计数据来看（专题报告图2-22、专题报告图2-23），生活污水总量和主要污染物总量增长迅速，其中增幅最大的是京津冀、珠三角和长三角城市群所在地区。生活污水排放方面，从2000年至2010年，13个城市群所在地的平均生活污水排放量已经从134800万吨增至237447万吨，增长了76.15%；污染物排放方面，2000年时，13个城市群所在地区平均排放污染物COD为41.34万吨，10年后已上升至44.68万吨，净增3.34万吨，增幅达到8.08%。

专题报告图 2-22　2000～2010年城市群所在地区生活污水排放量

专题报告图 2-23　2000～2010年城市群所在地区生活污水COD排放量

（3）水环境质量评价

将各城市群水环境质量按照《地表水环境质量标准》（GB 3838—2002）中的五类标准进行达标统计：Ⅰ类主要适用于源头水、国家自然保护区；Ⅱ类主要适用于集中式生活饮用水地表水源地一级保护区、珍稀水生生物栖息地、鱼虾类产卵场、仔稚幼鱼的梭饵场等；Ⅲ类主要适用于集中式生活饮用水地表水源地二级保护区、鱼虾类越冬场、洄游通道、水产养殖区等渔业水域及游泳区；Ⅳ类主要适用于一般工业用水区及人体非直接接触的娱乐用水区；Ⅴ类主要适用于农业用水区及一般景观要求水域。当水质污染程度已超过标准中Ⅴ类的水质时，将其另外划为劣Ⅴ类。统计结果如专题报告图2-24、专题报告图2-25所示。

通过对我国13个城市群水环境质量达标情况进行对比分析^{（专题报告图2-26）}，可以看到，北部湾、中原、长株潭、京津冀、珠三角五大城市群水环境质量均呈下降趋势，Ⅰ～Ⅲ类源头水及饮用水水源水环境质量明显降低，劣Ⅴ类水质明显升高，尤其是北部湾、中原两个城市群；辽中南、关中、长三角三大城市群整体上水质变化不大；重庆、成都、山东半岛、海西四大城市群水环境质量有好转趋势，其中以山东半岛城市群水环境质量好转最为突出。

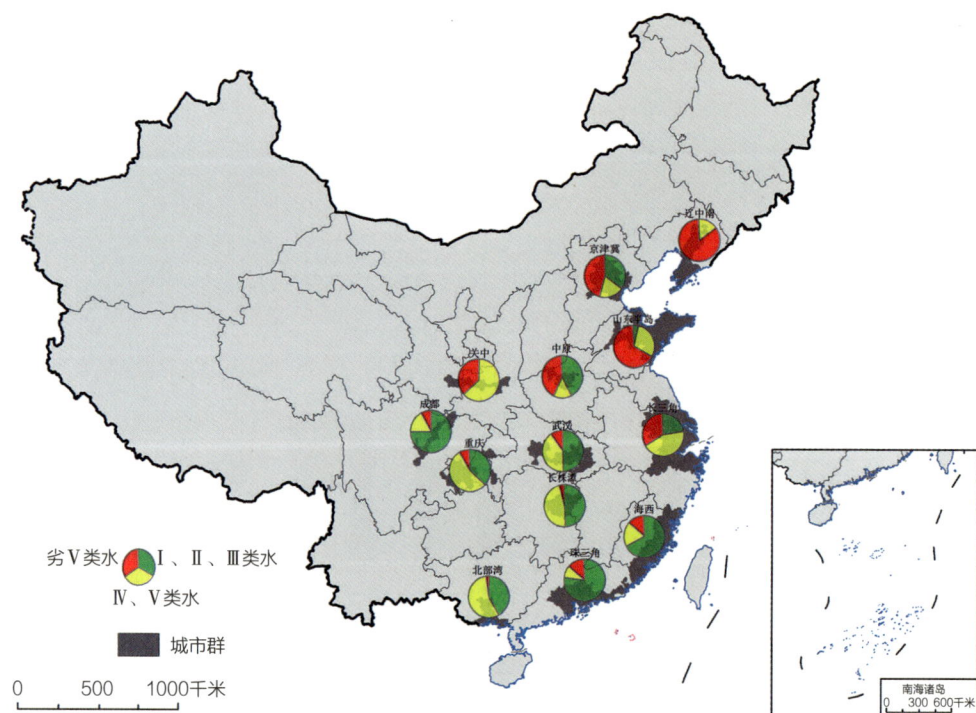

专题报告图 2-24　2000 年城市群水环境质量分析图

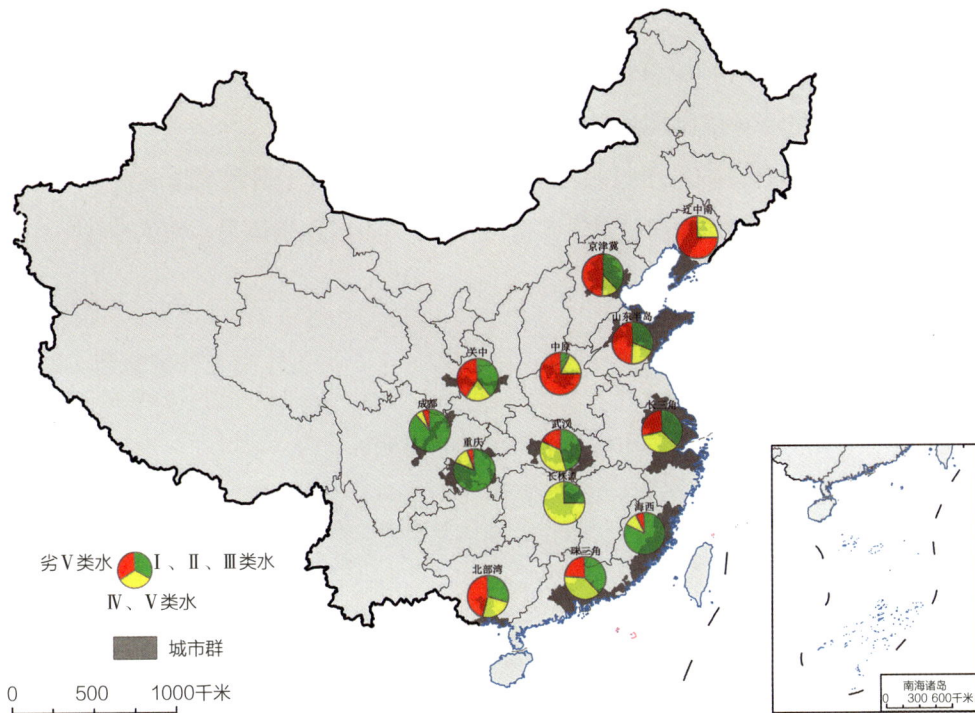

专题报告图 2-25　2010 年城市群水环境质量分析图

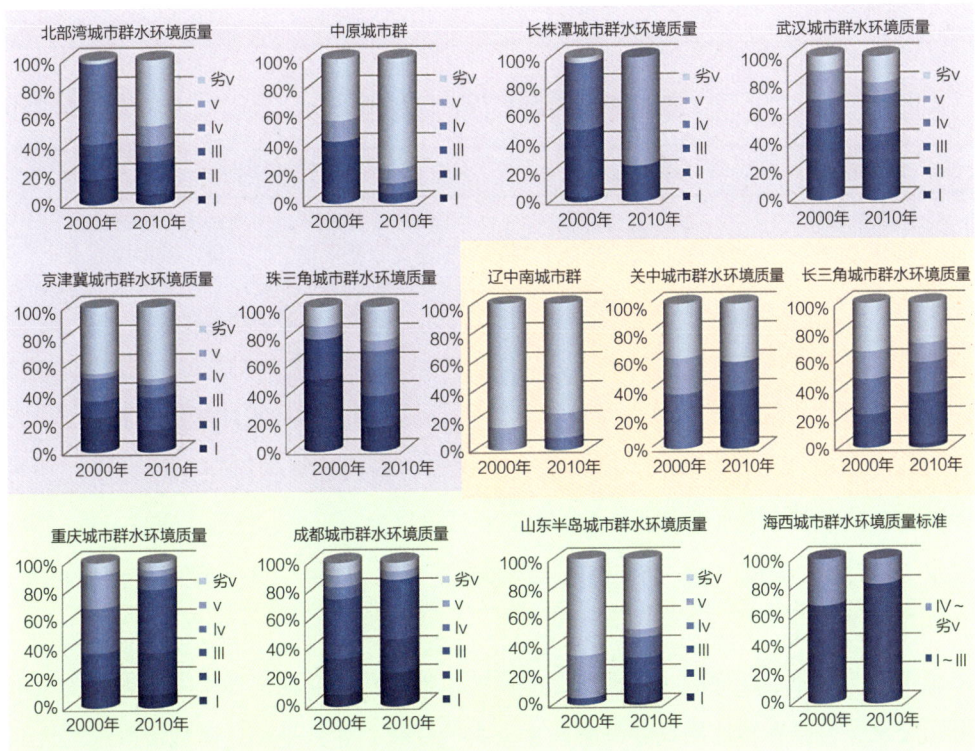

专题报告图 2-26　2000～2010 年城市群水环境质量情况对比图

（4）水环境综合指数评价

为了对城市群水环境质量进行更为综合清晰的评价，本次研究提出了水污染排放综合指数和水环境质量综合指数两类指数。

污染排放综合指数采用归一化指数法，主要考虑了生活污水排放量、生活污水COD排放量、工业废水排放量、工业废水COD排放量4个因子，详见专题报告式（2-12）：

$$R_j = \sum_{k=1}^{n} \frac{Q_{jk}}{\overline{Q}_k} \qquad \text{专题报告（2-12）}$$

R_j——城市群j的某类水环境污染排放综合指数；

Q_{jk}——城市群j某类污染的第k项指标（包括排放总量指标、排放浓度指标等）排放量；

n——某类污染物的计算指标数；

$\overline{Q}_k$——城市群某类污染的第k项指标排放均值。

环境质量综合指数采用权重法进行评价，对地表水环境质量标准的各级水质标准赋予不同的权重。详见专题报告表2-8、专题报告表2-9：

地表水水质标准权重打分表　　　　　　　专题报告表 2-8

地表水水质标准	I	II	III	IV	V	劣V
权重值	10	7	5	3	0	−2

水环境质量评价方法与主要因子　　　　　　专题报告表 2-9

评价指标	评价方法	评价因子
污废水排放综合指数	归一指数法	生活污水排放量、生活污水COD排放量、工业废水排放量、工业废水COD排放量
水环境质量综合指数	权重法	地表水环境质量标准

通过评价指数计算，最后得到城市群污废水综合指数和水环境综合指数。

如专题报告图2-27所示，城市群污废水综合指数计算结果经比较可知：2000年，13个城市群污废水综合评价指数由高到低依次为长三角、成都、重庆、珠三角、武汉、京津冀、山东半岛、辽中南、北部湾、中原、关中、长株潭、海西城市群。2010年后该顺序为长三角、重庆、珠三角、成都、北部湾、京津冀、武汉、关中、山东半岛、中原、辽中南、长株潭、海西城市群。对比发现，10年内我国13个城市群污废水综合指数整体格局并没有发生太大的变化，尤其是长三角城市群污废水综合指数一直是最大值，污水、废水排放量最大，而长株潭、海西两大城市群仍为13

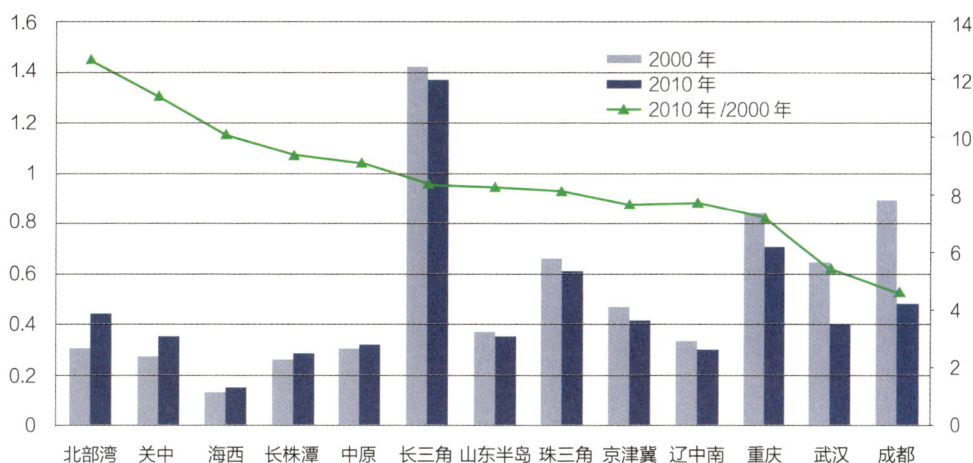

专题报告图2-27 2000～2010年城市群污废水排放综合指数对比图

个城市群中污废水综合指数最低的城市群，污废水排放量较低。结合2010年/2000年污废水综合指数对比值分析可知，北部湾、关中、海西、长株潭、中原五大城市群污废水综合指数对比值均大于1，说明其污废水综合排放量在近10年间增大，尤其是北部湾、关中两大城市群，污废水综合指数明显变大，污水排放量明显增加；而长三角、山东半岛、珠三角、京津冀、辽中南、重庆、武汉、成都城市群污废水综合指数对比值均小于1，表明此八大城市群污废水排放量十年间呈下降趋势，特别是重庆、武汉、成都城市群，其污废水综合指数对比值远低于1。而对于长三角城市群而言，虽然其污废水综合指数也稍有下降，但是其基数很大，是唯一一个指数值超过1的城市群，其污废水排放量需进一步控制解决。

如专题报告图2-28所示，水环境质量综合评价指数是评价水环境质量优劣的数量尺度，经对比可以看到：2000年，我国13个城市群水环境质量综合评价指数由高到低依次为成都、珠三角、长株潭、北部湾、重庆、武汉、海西、京津冀、中原、长三角、关中、山东半岛、辽中南城市群，其中山东、辽东城市群综合评价指数是负值，其水环境污染程度非常高。2010年后该顺序为成都、重庆、武汉、珠三角、海西、长三角、关中、京津冀、山东半岛、长株潭、北部湾、中原、辽中南城市群。通过对比发现：成都、重庆、海西、长三角、关中、山东半岛、辽中南城市群水环境质量综合评价指数一定程度上增大，其中重庆城市群水环境质量综合评价指数提升最大，山东半岛城市群水环境质量综合评价指数变化十分明显，其评价指数由2000年的负值提升为2010年正值，而武汉、珠三角、京津冀、长株潭、北部湾、中原城市群水环境综合评价指数均呈现下降趋势，以长株潭、北部湾、珠三角、中原城市群下降最为明显，中原城市群水环境质量综合评价指数2000年为正值，2010年却为负值，可见其水环境急剧恶化。成都城市群在近10年间水环境相对较好，重庆、山东半岛城市群在近

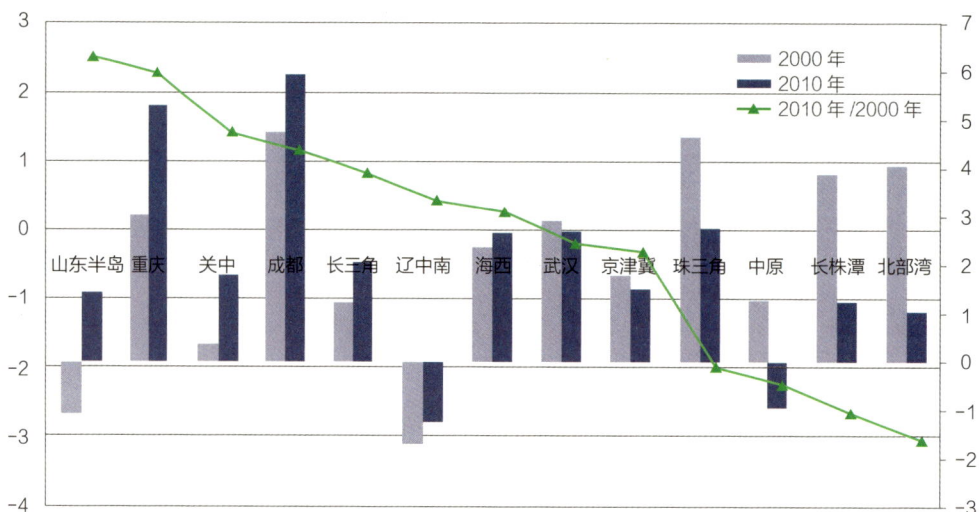

专题报告图 2-28　2000～2010 年城市群水环境综合指数对比图

10年间明显加大了水环境的处理力度，但是长株潭、北部湾、中原城市群水质恶化严重，水环境形势非常严峻，亟须引起重视，加以解决。

（5）小结

通过对水污染排放和环境质量综合指数进行比较，可以看到：

①水污染排放是引起水环境质量变化的主要因素。水环境质量下降最大的3个城市群为北部湾、长株潭和中原城市群。同时，这3个城市群的污水排放综合指数增呈现明显增加的趋势。排放总量降低使得水环境质量有所改善的城市群分别为重庆、成都和辽中南城市群。污染的总量排放并不与城镇水环境质量呈现完全的反比关系，主要原因可以解释为，城镇水环境还受到城镇环保设施建设、工业企业环保设施建设以及水环境自身净化能力变化等因素的影响。

②排污指数反映了地区人口和工业发达程度。长江沿岸城市群、京津冀、珠三角城市群排污综合指数较大，说明其工业发展程度较高，人口较为集聚。而海西城市群排放指数最小，说明其人口较少，工业发展缓慢。

③北方城市群的水环境质量相较较差。对13个城市群进行横向比较，发现辽中南、山东半岛、中原、京津冀等北方城市群水环境质量明显比南方城市群水环境质量差。这与北方降雨相对较少、水资源相对匮乏、地表水环境容量相对较少有关。

④从地区间的水环境问题差异来看，城市群的工业废水排放与城市群发展水平之间并不是呈现正比例的关系。关于这一现象，王惠敏等在《不同城市水环境污染与经济增长关系的差异性——基于苏州、无锡、常州三市的实证研究》中已经做出解释，不同城市的经济增长模式、产业发展阶段、城市化及环境政策等会对其水环境产生不同影响，其中经济规模和技术进步是影响水污染排放变化的主

要原因，经济规模效应是废水排放增加的主要因素，技术进步效应是废水排放减少的主要因素，产业结构效应具有波动性且影响并不显著。以长三角城市群内部的苏州、无锡、常州及周边城市为例：苏、锡、常地区目前污染排放随经济增长正在趋向减少，因为较高的经济发展水平使其有能力减少污染排放。然而，由于各城市减少污染排放的能力并不相同，区域整体水环境质量的改善并不显著。

3. 城市群大气环境质量评价

（1）工业大气污染排放与处理能力评价

从所在地区数据统计来看，城市群的工业废气污染治理能力得到极大加强，主要体现在脱硫、降尘方面。工业废气排放的控制中，2000年时，我国13个城市群的平均工业二氧化硫去除率为24.52%，2010年时这一比例达到60.79%，增长率高达147.89%，见专题报告图2-29。同时期内，13个城市群的工业粉尘去除率也由80.58%增至95.33%，见专题报告图2-30。

如专题报告图2-31、专题报告图2-32所示，从典型城市的统计数据来看：我国一半以上典型城市工业二氧化硫的排放量降低，但典型城市总量降低较少。空气工业污染物排放方面，在我国25座典型城市中，16座城市的工业二氧化硫排放量降低，其中上海、广州的二氧化硫排放量分别减少了10.53万吨、10.25万吨；19座城市的工业烟尘排放量降低，降幅最高的杭州、重庆其工业烟尘排放量分别减少了16.33万吨、13.65万吨。工业粉尘控制效果显著。10年间，25座典型城市的工业二氧化硫排放总量降低了45.15万吨，工业烟尘排放总量降低了90.46万吨，降幅分别为14.7%和68.1%。

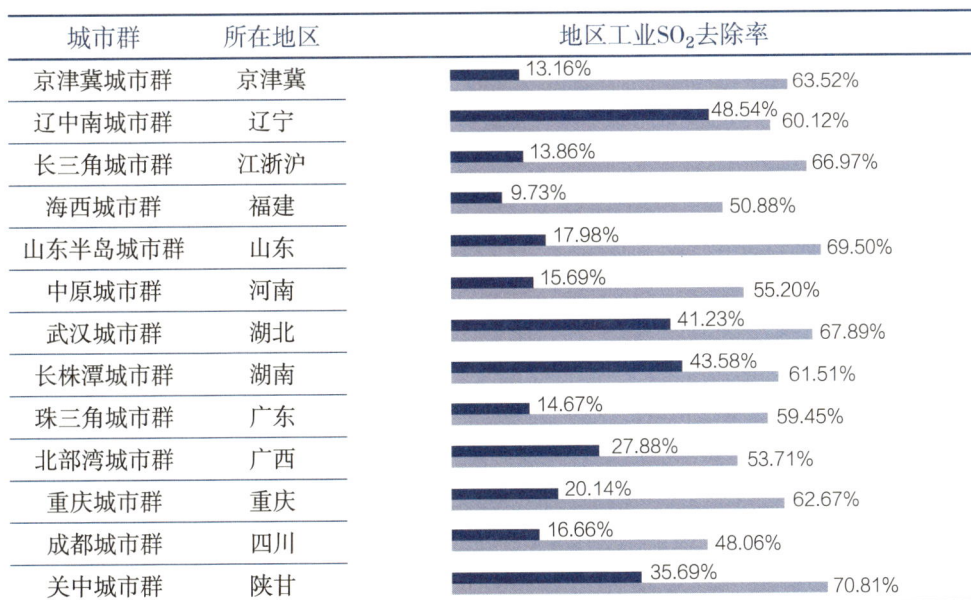

城市群	所在地区	地区工业SO_2去除率
京津冀城市群	京津冀	13.16% / 63.52%
辽中南城市群	辽宁	48.54% / 60.12%
长三角城市群	江浙沪	13.86% / 66.97%
海西城市群	福建	9.73% / 50.88%
山东半岛城市群	山东	17.98% / 69.50%
中原城市群	河南	15.69% / 55.20%
武汉城市群	湖北	41.23% / 67.89%
长株潭城市群	湖南	43.58% / 61.51%
珠三角城市群	广东	14.67% / 59.45%
北部湾城市群	广西	27.88% / 53.71%
重庆城市群	重庆	20.14% / 62.67%
成都城市群	四川	16.66% / 48.06%
关中城市群	陕甘	35.69% / 70.81%

专题报告图2-29　2000～2010年城市群所在地区工业二氧化硫去除率

城市群	所在地区	地区工业粉尘去除率
京津冀城市群	京津冀	81.68% / 95.02%
辽中南城市群	辽宁	87.79% / 97.12%
长三角城市群	江浙沪	89.12% / 97.74%
海西城市群	福建	87.80% / 97.60%
山东半岛城市群	山东	87.16% / 97.60%
中原城市群	河南	78.17% / 95.97%
武汉城市群	湖北	85.04% / 97.02%
长株潭城市群	湖南	73.09% / 90.45%
珠三角城市群	广东	81.28% / 97.86%
北部湾城市群	广西	82.46% / 91.35%
重庆城市群	重庆	66.96% / 91.91%
成都城市群	四川	76.79% / 95.76%
关中城市群	陕甘	70.16% / 93.88%

专题报告图2-30　2000～2010年城市群所在地区工业粉尘去除率

专题报告图2-31　2000～2010年城市群典型城市工业二氧化硫排放量

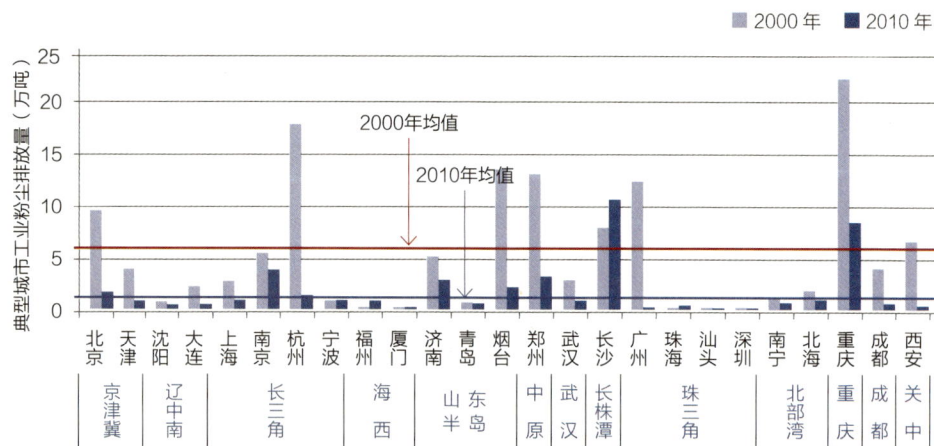

专题报告图2-32　2000～2010年城市群典型城市工业粉尘排放量

如专题报告图2-33所示，从我国13个城市群典型城市工业二氧化硫地均排放强度来看：2000年，13个城市群典型城市的工业二氧化硫地均排放强度为12.8吨/平方公里。2010年，13个城市群典型城市的工业二氧化硫地均排放强度为11.6吨/平方公里，除珠三角、海西、中原、北部湾城市群的城市外，其他城市工业二氧化硫地均排放强度都呈现出不同程度的降低。其中降低幅度最大的为京津冀城市群中的北京市，2010年工业二氧化硫地均排放强度降低至2000年的38.8%。从2010年各城市群横向比较来看，长三角城市群中的上海市工业二氧化硫地均排放强度最大，为34.9吨/平方公里，北部湾城市群的南宁市工业二氧化硫地均排放强度最低，为2.9吨/平方公里。

如专题报告图2-34所示，从我国13个城市群典型城市工业粉尘地均排放强度来

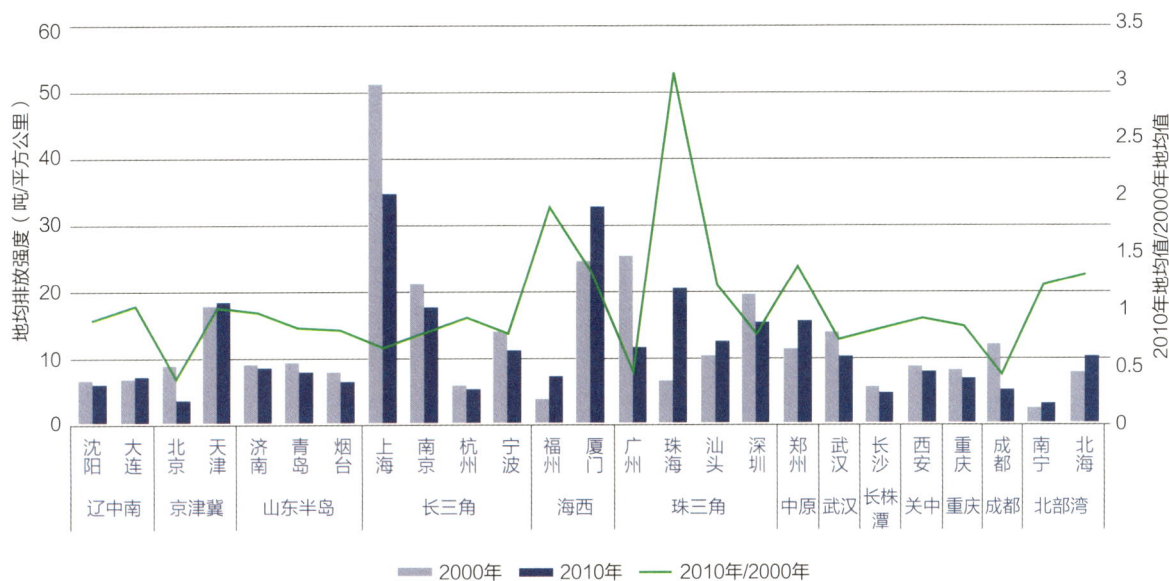

专题报告图2-33 2000～2010年13个城市群典型城市工业地均二氧化硫排放强度对比图

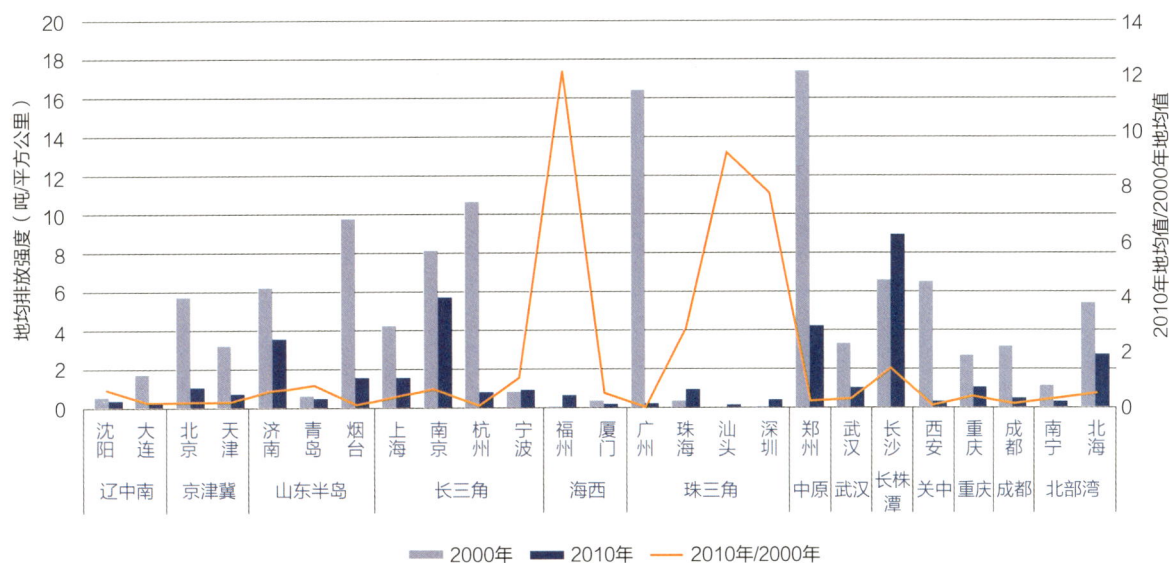

专题报告图2-34 2000～2010年13个城市群典型城市工业地均粉尘排放强度对比图

看：2000年，我国13个城市群典型城市的工业粉尘地均排放强度为4.6吨/平方公里。2010年，我国13个城市群典型城市的工业二氧化硫地均排放强度为1.5吨/平方公里，除珠三角城市群的珠海、汕头、深圳市以及海西城市群的福州市、长株潭的长沙市外，其他城市工业粉尘地均排放强度都呈现出不同程度的降低，其中降低幅度最大的为珠三角城市群中的广州市，2010年工业粉尘地均排放强度降低至2000年的1.2%。从2010年各城市群横向比较来看，长株潭城市群中的长沙市工业粉尘地均排放强度最大，为8.9吨/平方公里，珠三角城市群的汕头市工业粉尘地均排放强度最低，为0.13吨/平方公里。

（2）大气环境质量评价

如专题报告图2-35～专题报告图2-37所示，从典型城市的统计数据来看：我国13个城市群PM_{10}和二氧化硫浓度一定程度降低，但二氧化氮污染并未得到有效控制。PM_{10}和二氧化氮的大气污染问题依旧突出。城市空气质量方面，2000～2010年，北京、上海、厦门、西安等15个重点监测城市空气中的可吸入颗粒物平均水平

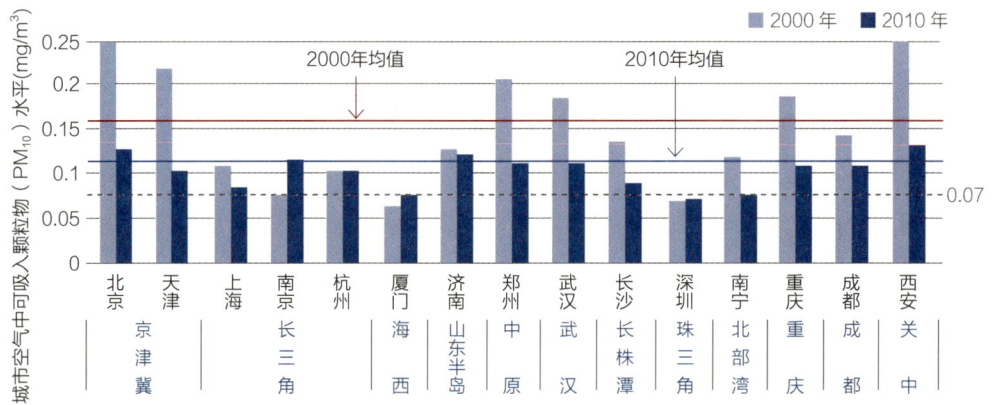

专题报告图 2-35　2000～2010 年城市群典型城市 PM_{10} 浓度值

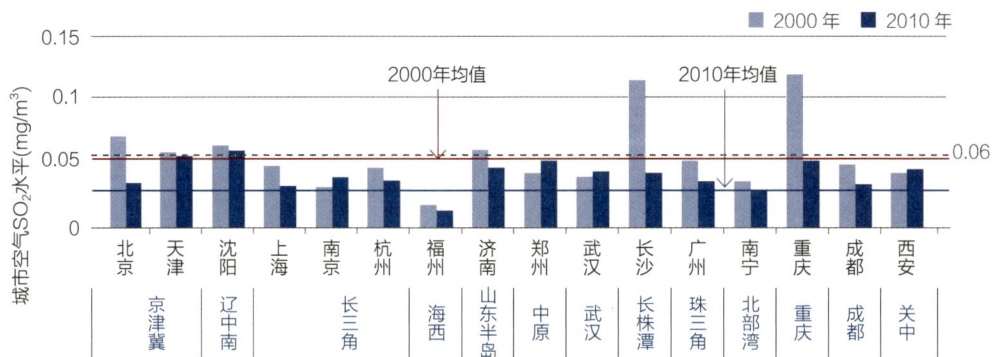

专题报告图 2-36　2000～2010 年城市群典型城市二氧化硫浓度值

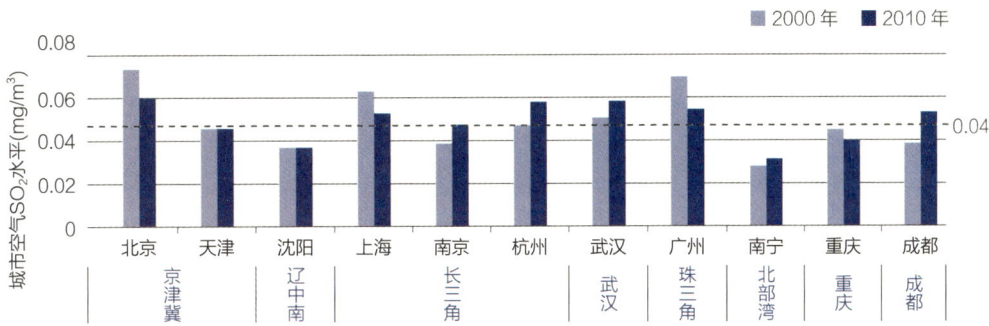

专题报告图2-37　2000～2010年城市群典型城市工业二氧化氮浓度值

从0.145mg/m³降至0.098mg/m³，空气SO₂浓度的平均水平从0.054mg/m³降至0.028mg/m³，空气NO₂浓度的平均水平并无变化。影响人体健康的空气PM₁₀、SO₂指标出现了显著降低，而城市空气NO₂指标则并未降低，这主要是由于机动车尾气排放未得到有效控制、工业脱氮处理设施的应用和推广还处于起步阶段等原因。

（3）大气环境综合指数评价

为了对城市群大气环境质量进行更为综合清晰的评价，本研究提出了大气污染排放综合指数和大气环境质量综合指数两类指数^{（专题报告表2-10）}，具体指数计算方法参照水污染排放综合指数计算方法。

大气环境质量评价方法与主要因子　　　　专题报告表 2-10

评价指标	评价方法	评价因子
大气污染排放综合指数	归一指数法	工业二氧化硫、工业粉尘
大气环境质量综合指数	归一指数法	二氧化硫、PM₁₀

2000年我国13个城市群大气污染综合指数由高到低依次为重庆、长三角、中原、山东半岛、京津冀、珠三角、关中、成都、长株潭、武汉、辽中南、北部湾、海西城市群。2010年后此顺序变为重庆、长株潭、长三角、中原、山东半岛、京津冀、武汉、珠三角、成都、海西、关中、北部湾、辽中南城市群。分析发现，10年内我国13个城市群大气污染综合指数整体格局并没有发生太大的变化，两个时期重庆城市群大气污染综合指数均最高，而北部湾、辽中南、海西城市群大气污染指数相对较低。结合2010年/2000年大气污染综合指数对比值分析可知，仅有长株潭、海西、北部湾、重庆4个城市群大气污染综合指数10年前后对比值大于1，说明这几个城市群，10年内大气污染排放增加，尤其是长株潭城市群，对比值变化最为明显，大气污染排放量急剧增加，而重庆城市群自身基数很大，10年后对比值一定程度上又增大，表明重庆大气污染排放情况急需控制解决。其余武汉、山东半岛、中原、辽中南、长三角、京津

冀、成都、珠三角、关中9个城市群对比值均小于1，说明其大气污染排放呈现下降趋势，特别是成都、珠三角、关中三大城市群10年间大气污染排放减量明显。

大气环境质量综合指数是反映大气环境质量优劣的数量尺度。由专题报告图2-38、专题报告图2-39可以看出：2000年我国城市群大气环境质量综合指数由高到低依次为：重庆、长株潭、京津冀、关中、中原、成都、武汉、山东半岛、珠三角、北部湾、长三角、海西城市群，到2010年后顺序变为：京津冀、长三角、中原、山东半岛、关中、重庆、武汉、长株潭、成都、珠三角、北部湾、海西城市群。通过对比发现，长三角、京津冀、重庆、长株潭城市群近十年以二氧化硫和PM_{10}为表征的大气环境质量综合指数相对变化十分明显，海西城市群以二氧化硫和PM_{10}为表征的大气环境质量一直相对较为优越。结合2010年/2000年城市群大气环境质量综合指数对比值可知，仅有长三角、京津冀、海西三大城市群对比值大于1，表明近十年来，仅有这三大城市群以二氧化硫和PM_{10}为表征的大气环境质量变好，尤其是长三角、京津冀城市群，变化非常明显。而其他9个城市群大气环境质量综合指数对比值均小于1，说明在2000年到2010年近10年间，山东半岛、中原、武汉、关中、北部湾、珠三角、成都、重庆、长株潭城市群以二氧化硫和PM_{10}为表征的大气环境质量呈下降趋势，尤其是重庆、长株潭城市群，对比值已

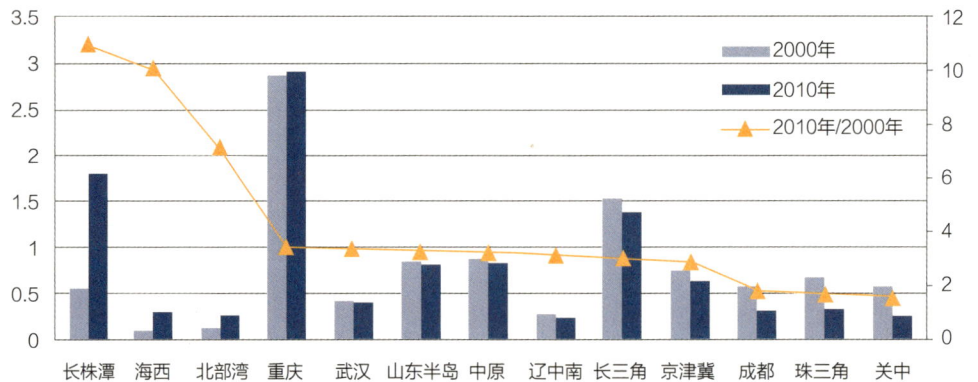

专题报告图 2-38　2000～2010 年城市群大气污染综合指数对比图

专题报告图 2-39　2000～2010 年城市群大气环境质量综合指数对比图

低于0.5，不再是10年前12个城市群中以二氧化硫和PM_{10}为表征的大气环境质量综合指数最高的城市群。

（4）小结

大部分城市群工业大气污染排放处于下降趋势。以大气污染物二氧化硫为例，2000~2010年快速城镇化的10年间，大量冶炼、建材、火电等重污染型企业，空气污染物总量大，在10年内的前半段已将所有环境容量消耗殆尽，在10年内的后半段普遍通过减排等策略腾出容量发展新型工业。在强大的环保政策压力下，已经完成了资本积累的工业企业都在着手建设污染治理工程，特别是火电厂，基本安装了脱硫设施，如果运行正常，工业区内二氧化硫容量饱和甚至超饱和的状况会得到缓解，从而为新建工业企业腾挪出一定的环境容量空间。

大气中可吸入颗粒物来源相对复杂，锅炉、窑炉等点源的可吸入颗粒物仅占可吸入颗粒物的来源的1/5~1/3，大量的可吸入颗粒物来源于自然扬尘、交通扬尘等无组织排放源及开放源。2000~2010年的10年中，长株潭、重庆城市群正处于城市快速发展期，基建工程量相当大，建筑扬尘污染严重；汽车拥有量猛增，交通扬尘也成为可吸入颗粒物的主要来源。因此，尽管城市群内部城市工业企业并不多，但可吸入颗粒物超标仍很严重。

长株潭、海西和北部湾城市群的工业大气污染物排放量基数较低，但增加较快，说明其大气污染型工业近10年处于一个快速工业化时期。京津冀、长三角大气污染日趋严重。重庆的工业排污指数远高于其他城市群。

通过对大气污染排放和环境质量综合指数进行比较，发现工业大气污染排放与环境质量变化对应关系较弱。城市大气环境不仅受到工业污染的影响，还受其他多方面的影响。

（四）城市群生态环境质量综合评价

1. 研究方法

国外对城市生态环境质量的评价是一个从单一指标到复合多学科指标的过程。1970年以前，侧重环境污染的监测和研究，提出了环境评价指标。1980年代，由单一的环境评价指标发展到了经济、资源、人口、环境可持续发展的指标体系。1990年代后，迅速发展，引入可持续发展、生态系统健康、生态安全、景观生态学等理论。

我国对城市生态环境质量评价是从1980年代开始，也经历了一个快速的发展历程。1980年代我国开始研究生态质量评价，董鸣飞等从生物学角度，选用生物量、生长量等指标研究海南岛的生态质量，其关注的是生态系统最基本的组分和功能。1990年代，中国科学院生态环境研究中心从自然资源、生态破坏、环境污染和社会经济发展等因素出发，应用定性与定量相结合的方法，评价我国主要省区的生态环境质量。2000年代，毛文永等采用景观多样性指数、优势度指数、生态环境综合指数评价生态环境；黄思铭等引入可持续发展理论，评价云南省生态环境质量。2000年以后，我国的生态质量评价开展的范围广，涉及的学科多，研究的内容包括评价理论、评价方法、评价指标及影响生态质量的因子等。

目前，多以综合的指标体系来评价某一地区的生态质量。如希伯来大学提出的人类活动强度指数、联合国开发署创立的人文发展指数、Daly和Cobb制定的持续发展经济福利模型、leipert提出的调节国民经济模型、加拿大国际持续发展研究所提出的环境经济持续发展模型、可持续发展委员会提出的可持续发展指标体系、美国EMAP的生态评价指标、世界银行建立的"压力-状态-响应"模型等。评价指标：组织结构、活力和恢复力等指标；斑块间距、扩散能力、干扰强度等指标主要包括生态承载力、生态完整性、环境污染等指标。评价模型有：PSR模型、DSR模型、DPSIR模型、DPSEEA模型等。评价方法也有很多种，包括主成分分析法、层次分析法、能值分析法、模糊分析法、神经网络法等。评价标准有：设立参照标准、采用趋势法衡量其偏离程度、采用均值衡量其标准差偏离程度等。可以看到，城市生态环境评价标准、指标体系、评价方法、评价模型等方面没有统一的标准，而且通用对比性均较差。城市群生态环境质量的研究受关注较少。

当前，京津冀、长三角、珠三角以及长江经济带越来越多的城镇集聚发展，参与到世界经济圈的分工与合作。在对城市群的空间形态、环境质量进行研究时，需要将城市群每个城市各自生态系统的分析、评价和调控有机地联系起来，进行区域整体的生态调控。将城市群作为一个有机整体去研究也更有利于认清城市群整体生态环境问题的实质，有利于在充分发挥城市群整体优势的基础上进行生态问题的联控。因此，本次城市群生态环境质量综合评价，将生态空间数量、格局、价值与环境质量作为主要因子，进行等权重综合评价。

2. 综合评价模型的构建

（1）评价指标选择

城市生态环境质量综合评价指标的选择应该遵循以下原则：

①特征性。评价指标首先应该体现城市生态环境的主要生态特征，其次是与可持续发展城市、生态城市指标可比，还应更加注重环境质量、生态建设、污染控制等各方面的协调。

②系统性。指标选择应能考虑城市生态系统的整体性、结构性，充分反映城

市生态系统整体特征、功能及相互关系。

③敏感性。评价指标应当选取重点的、代表性的指标，应对城市生态环境质量的变化和发展较为敏感。

④可操作性。充分考虑城市生态环境指标数据的可获取性，应能通过现有的环境监测、统计手段得到，建立的指标体系简明清晰。

（2）模型的构建

模型的构建如专题报告式（2-13）所示。

$$c_i = \sqrt{\sum_{j=1}^{n} \left(\frac{d_{ij}}{\overline{d_j}}\right)^2} \qquad \text{专题报告（2-13）}$$

式中：c_i为城市群i的综合生态评价值；d_{ij}为城市群i的第j项生态指标评价值；$\overline{d_j}$为各项城市群第j项生态指标评价值的平均值；n为选取的生态指标数，本研究选取了土地覆被评价指标（单位人口生态用地、单位GDP生态用地）、景观格局类指数（景观稳定度指数）、生态用地服务价值、环境指标（以城镇污废水排放综合指数、水环境综合指数、大气污染物排放综合指数、大气环境质量综合指数之和计）共计5项指标，故$n=5$。

（3）模型的结果

2000年13个城市群生态环境质量综合指数由大到小顺序为：北部湾、长三角、重庆、海西、珠三角、武汉、长株潭、成都、山东半岛、关中、京津冀、辽中南、中原城市群，到2010年后该顺序变为：北部湾、长三角、海西、长株潭、重庆、珠三角、武汉、成都、关中、山东半岛、辽中南、京津冀、中原城市群。对比发现，十年前后，虽城市群顺序稍有变化，但整体格局并没有发生明显变化，其中北部湾城市群生态环境质量最优，中原城市群生态环境质量一直较差。

以2000年蓝线数值为基准，发现长三角、海西、长株潭、关中、辽中南五个城市群2010年橙色数值均高于蓝色线数值，表明这五个城市群生态环境变好，尤其是海西、长株潭城市群，变化较为明显；而北部湾、重庆、珠三角、武汉、成都、中原城市群2010年数值均低于2000年数值，说明这六个城市群生态环境质量变差，尤其是海西、武汉城市群；山东半岛、京津冀城市群十年前后没有发生明显变化，环境质量保持良好。处于东部沿海地区的城市群，生态环境质量相对保持较好，而中西部城市群生态环境有变差的趋势。

城市群生态环境质量综合指数与城市群所在区域的对应关系较弱见专题报告图2-40。城市群的综合生态环境不仅受所在区域整体生态环境状况的影响，还有其他多方面的影响。

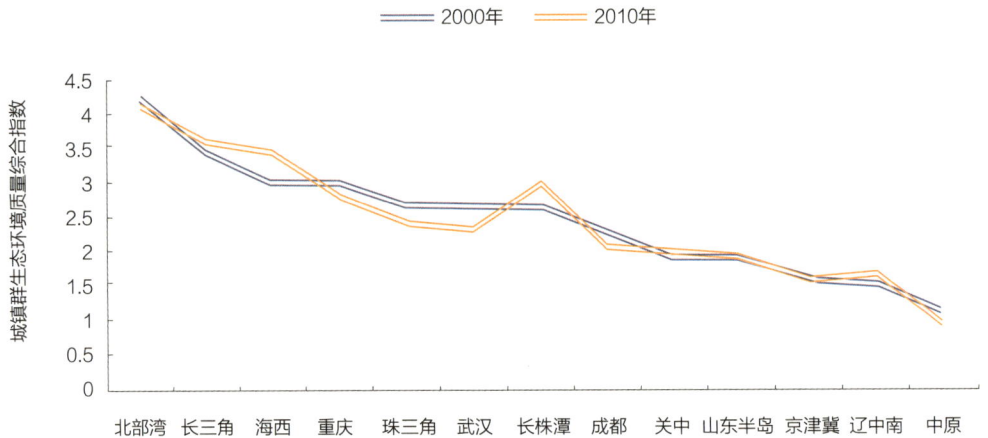

专题报告图2-40　2000～2010年城市群生态环境质量综合指数图

（五）结论

2000～2010年的10年中，我国13个城市群的生态环境质量普遍下降。受到人类生活、生产空间扩大以及过度消耗资源的影响，大部分城市群的生态空间在缩减，质量退化，其所发挥的生态价值在减少。当前外延式发展模式，对生态空间保护压力巨大。近十年间我国在工业废气、废水以及固废的治理取得了显著成效。除京津冀和长三角城市群外，其他城市群的城市大气质量PM_{10}和SO_2浓度有所降低，但距离新颁布的《环境空气质量标准》GB 3095—2012还是有较大差距，新型污染物如$PM_{2.5}$等指标问题尤为突出。随着人口的集聚增加，城镇生活污水总量和主要污染物总量排放在持续增加，城镇面源污染也不可忽视，城镇水环境质量形势依旧严峻。中国北方和中部城市群生态环境质量普遍较东部和南方差，在未来的城市群发展中，应更为重视城市群生态环境质量的保护与恢复。

科学的生态环境质量综合评价方法有助于准确掌握区域的生态环境质量，有利于引起相关部门及社会公众对生态环境的重视，有助于社会公众正确理解并认同科学生态观，有利于建设生态良好的和谐社会。通过研究可以辅助城市群生态环境管理部门建立一套相对科学的生态质量评价指标，政府机构根据评价结果可以有针对性地提出政策、措施及建议，更快更好地处理生态环境问题。我国对城市群的研究才刚开始，由于缺乏针对城市群的生态环境指标的统计资料，受限于对城市群尺度生态环境认识的局限性，以及各城市群生态环境巨大的差异性，本次研究仅从土地利用以及环境指标两个角度展开了对城市群生态环境质量的评价，并未覆盖城市群生态环境的全部指标。

参考文献

[1] 国家住房和城乡建设部. 中国城市建设统计年鉴[J]. 北京：中国计划出版社，2000.

[2] 国家住房和城乡建设部. 中国城市建设统计年鉴[J]. 北京：中国计划出版社，2010.

[3] 国家统计局，环境保护部. 中国环境统计年鉴[J]. 北京：中国统计出版社，2000.

[4] 国家统计局，环境保护部. 中国环境统计年鉴[J]. 北京：中国统计出版社，2010.

[5] 郑新奇，付梅臣. 景观格局空间分析技术及其应用. 北京：科学出版社，2010：93-143.

[6] 李伟峰，欧阳志云，王如松等. 城市生态系统景观格局特征及形成机制. 生态学杂志，2005，24（4）：428-432.

[7] 刘茜，王文懿，林生等. 景观格局分析在区域规划中的应用研究. 安徽农业科学，2012，40（15）：8587-8590

[8] 邵雪亚，代欣芸，刘勇等. 区域土地利用景观格局变化对生态服务价值的影响. 西南师范大学学报，2012，37（7）：114-118

[9] 王惠敏，傅涛. 不同城市水环境污染与经济增长关系的差异性. 武汉理工大学学报，西南师范大学学报，2015，28（2）：215-219

[10] 颜梅春，王元超. 区域生态环境质量评价研究进展与展望，生态环境学报，2012，21（10）：1781-1788

[11] 胡和兵，刘红玉，郝敬锋等. 城市化流域生态系统服务价值时空分异特征及其对土地利用程度的响应. 生态学报，2013，33（8）：2565-2576

我国城市群的交通与空间结构问题研究

交通与城市、区域空间的相互关系研究是交通地理学和城市地理学的基础研究领域之一。交通作为区域经济社会联系的纽带，是城市群空间建构的必要手段，直接影响着城市群空间的演变方式和发展方向。在我国，高速公路、高速铁路已经成为城市群对内对外联系的主要通道，影响着城市腹地的格局，在城市群经济和社会一体化发展中的作用突出。

（一）城市群交通设施不断提升完善

1. 城市群公路网密度与人口规模和经济发展水平密切相关

城市群的形成与区域内相对高密度的交通设施布局有直接关系。一般而言，人口密度越大，经济和社会交往越频繁，往往需要更加密集的交通网络来支撑人们在地域空间的流动；经济发展水平越高，就越需要发达的公路网以支持货物在大空间范围的集散和运输。

公路网密度尤其是高速公路密度引起城市群内城市空间引力的差异。不同密度水平的高速公路会对城市群总空间引力产生不同的影响。城市群的形成与区域内高速公路的密度有直接关系，城市群空间紧凑度随着高速公路密度水平的提高明显增大。高速公路带来的同城效应，使区域内部的各行政主体从相互分割逐渐走向区域一体。随着高速公路的建设和发展，城市群空间紧凑度日益增大，城市群内部的空间结构也更加复杂和稳定[1]。经过改革开放以来三十多年的发展和完善，我国总体上已经形成与人口规模和经济发展水平基本相适应的城市群公路网结构和密度。

本次研究对我国13个城市群2010年的公路里程和路网密度进行了分析，见专题报告表3-1。结果表明，我国城市群公路网密度与人口规模和经济发展水平高度相关，东部城市群的公路网密度一般大于中西部的城市群，平原地区的城市群普遍大于山地丘陵地区的城市群；高速公路网密度排名第一的京津冀城市群是排名最后的海西城市群的2.9倍，公路网总密度排名第一的京津冀城市群是排名最后的北部湾城市群的2.7倍。

[1] 宋吉涛，方创琳，宋敦江.中国城市群空间结构的稳定性分析[J].地理学报，2006，61（12）：1311-1324。

城市群名称	人口密度（人/平方公里）	经济密度（万元/平方公里）	路网密度			
			高速（米/平方公里）	国道（米/平方公里）	省道（米/平方公里）	总密度（米/平方公里）
京津冀	819.0	6009.0	73.5	42.7	140.0	256.2
珠三角	793.4	7248.2	63.7	29.9	97.3	190.9
长三角	784.1	6290.8	56.1	21.9	80.8	158.8
中原	960.2	4170.2	62.4	30.8	110.7	204.0
成都	742.1	3131.3	53.2	32.2	36.1	121.5
山东半岛	559.3	3331.3	37.0	27.5	115.4	179.9
辽中南	600.0	3889.7	44.2	37.3	70.4	152.0
武汉	523.6	2026.9	40.3	24.1	68.7	133.1
关中	687.5	2114.6	44.6	34.8	48.1	127.5
重庆	616.7	1986.9	36.8	23.9	66.5	127.1
长株潭	595.5	2726.8	27.5	28.1	45.9	101.5
海西	482.0	1993.2	25.5	18.2	53.4	97.1
北部湾	352.2	1055.3	27.7	28.1	38.9	94.7

具体按照人口密度、经济密度与公路网密度的关系与水平差异，大致可将我国13个城市群分为四种类型。需要指出的是，成都、长株潭、海西等城市群的公路网结构和密度存在明显缺陷，亟须在今后发展中改善提升。

（1）类型一：长三角、京津冀、珠三角城市群

人口密度、经济密度、公路网密度在全国城市群中均达到高值。2010年人口密度800人/平方公里左右，经济密度大于6000万元/平方公里，相应高速公路网密度大于55米/平方公里，公路网总密度大于150米/平方公里。其中，京津冀城市群依托国家高速公路网、国道网，形成以北京为中心的辐射格局，加上北京、天津两大直辖市较为发达的省道网，高速公路网密度、公路网总密度均为全国最高，分别达到73.5米/平方公里、256.2米/平方公里。

（2）类型二：中原、成都城市群

人口密度与类型一相当，经济密度处于全国城市群的中上等水平，2010年达到3000～4000万元/平方公里。相应高速公路网密度大于50米/平方公里，公路网总密度大于120米/平方公里。

中原城市群2010年人口密度高达960人/平方公里，高速公路网密度达到类型一水平；且由于省道网发达，公路网总密度达204米/平方公里，在我国13个城市群中处第2位。成都城市群省道网发展严重滞后，2010年省道网密度仅36.1米/平方

公里，处13个城市群中末位，致使公路网总密度仅121.5米/平方公里，处于13个城市群中倒数第4位。

（3）类型三：辽中南、山东半岛、武汉、长株潭、关中、重庆城市群

人口密度、经济密度均处于13个城市群中间水平，其中2010年人口密度500～700人/平方公里，经济密度2000～4000万元/平方公里，相应高速公路网密度35～45米/平方公里，公路网总密度120～150米/平方公里，总体低于类型一和类型二。

其中山东半岛城市群省道网发达，2010年密度115.4米/平方公里，处全国第2位，公路网总密度达179.9米/平方公里，处全国第4位；长株潭城市群受山地地形影响，高速公路网、公路网总密度明显滞后，2010年仅分别达到27.5米/平方公里、101.5米/平方公里，分别处我国13个城市群的倒数第2位、倒数第3位。

（4）类型四：海西、北部湾

人口密度、经济密度均处于13个城市群的靠后位置，2010年人口密度小于500人/平方公里，经济密度1000～2000万元/平方公里。相应高速公路网密度25～30米/平方公里，公路网总密度90～100米/平方公里。其中海西城市群的高速公路网、国道网密度处于13个城市群的倒数第1，其沿海与山区人口、经济、交通设施密度和分布差异明显，掩盖了沿海地区相对发达的公路网布局。

2. 城市群高速铁路处于快速发展期，城市群间发展水平差异明显

本次研究所指的高速铁路包括3种类型：①列车设计运行时速250公里及以上（含预留）的客运专线；②高速化改造后，运行时速达到200公里以上的既有线；③列车设计运行时速为200公里及以上的城际铁路。自2008年京津城际投入运营以来，我国高速铁路发展迅速，截至2014年12月，各城市群投入运营的高速铁路如专题报告表3-2所示。

我国13个城市群2014年12月投入运营的高速铁路情况　　专题报告表3-2

城市群名称	客运专线	高速化改造的既有线	城际铁路
长三角	京沪高铁、沪昆高铁、杭甬客专、宁杭客专		沪宁城际
京津冀	京广高铁、京沪高铁、津秦客专	京哈线	京津城际
珠三角	京广深高铁、厦深客专、南广高铁	广深线	广珠城际（含江门支线）
辽中南	哈大客专		沈抚城际
山东半岛	胶济客专		青烟威荣城际
中原	郑西高铁		郑开城际
武汉	京广高铁、汉宜铁路	汉丹线、武九线	武咸城际、武黄城际、武冈城际

城市群名称	客运专线	高速化改造的既有线	城际铁路
长株潭	京广高铁、沪昆高铁		
关中	郑西—西宝高铁		
成都	成绵乐客专		成灌线
重庆		渝利线、遂渝线	
海西	沿海（温福—福厦—厦深）客专、向莆铁路、龙厦铁路		
北部湾	邕北铁路、钦防铁路		

　　高铁车站数超过30座的城市群包括长三角、珠三角、武汉，20～29座的城市群包括山东半岛、成都、海西，其中武汉城市群建成了目前国内最为发达的城际铁路网络。研究的13个城市群的县市区高铁覆盖率平均达到了50.7%，车站密度平均达到了5.35座/万平方公里，车站百万人拥有率平均为0.81座。

　　城市群间高铁发展水平呈现显著差异，如专题报告表3-3所示。珠三角、辽中南、武汉、成都、北部湾等城市群的县市区高铁覆盖率达到了60%以上，但京津冀、山东半岛、关中、重庆等城市群的覆盖率不到40%。珠三角、武汉、成都等城市群的车站密度达到了9座/万平方公里以上，而山东半岛、关中、重庆等城市群的相应值低于3。珠三角、武汉、成都等城市群的车站百万人拥有率在1.1座以上，而关中、重庆等城市群的相应值不及0.4。

　　关中、重庆城市群的各项高铁服务指标在13个城市群中垫底，而京津冀、山东半岛城市群高铁网发展也显著滞后，成为一体化发展的短板。此外，长三角城市群虽然建成了相对发达的高速铁路网，但县市区高铁覆盖率仅40.6%，车站拥有率仅0.69座/100万人，低于统计平均值，城际铁路网建设亟须加强。

我国13个城市群高速铁路服务水平　　　　　　　　　专题报告表3-3

城市群名称	面积（平方公里）	县市区数（个）	高铁车站数（座）	拥有高铁站的县市区数（个）	县市区高铁覆盖率	车站密度（座/万平方公里）	人均拥有率（座/100万人）
长三角	101310.02	69	55	28	40.6%	5.43	0.69
京津冀	39727.20	21	17	7	33.3%	4.28	0.52
珠三角	47978.52	27	45	18	66.7%	9.38	1.18
辽中南	32552.46	14	17	9	64.3%	5.22	0.87
山东半岛	72786.48	43	21	17	39.5%	2.89	0.52
中原	13699.67	14	7	6	42.9%	5.11	0.53

城市群 名称	面积 （平方公里）	县市区 数（个）	高铁车站 数（座）	拥有高铁站的县 市区数（个）	县市区高 铁覆盖率	车站密度（座 /万平方公里）	人均拥有率（座 /100万人）
武汉	39278.70	19	38	14	73.7%	9.67	1.85
长株潭	22952.74	15	7	7	46.7%	3.05	0.51
关中	18539.43	11	5	4	36.4%	2.70	0.39
成都	17555.05	12	23	11	91.7%	13.10	1.77
重庆	28762.15	4	4	1	25.0%	1.39	0.23
海西	53742.61	38	26	21	55.3%	4.84	1.00
北部湾	17581.20	5	6	5	100%	3.41	0.97
平均					50.7%	5.35	0.81

（二）城市群交通可达性反映"中心—外围"格局的空间演化

可达性（Accessibility），又称通达性、易达性。Hansen（1959）首次提出了可达性的概念，将其定义为交通网络中各节点相互作用机会的大小，并利用重力模型研究了可达性与城市土地利用之间的关系。此后，国内外地理学、城市规划、区域经济等领域的学者从不同的研究角度，对其内涵不断进行丰富和完善（Wachs，1973；Bruinsma，1998；Shen，1998）。目前，虽然可达性的定义尚不统一，但普遍认为可达性是指利用一种特定的交通系统，从某一给定区位到达活动区位的便利程度。在区域尺度上，可达性反映了某一城市或区域与其他城市或区域之间发生空间相互作用的难易程度，是产生区域发展空间差异、区域角色进行调整、区域格局重新组织的重要原因，也是评价城镇在区域交通网络中获取发展机会和控制市场能力的有效指标之一。研究城市群交通可达性，可以反映城市群"中心—外围"格局的空间演化态势。

1. 城市群内部交通可达性与交通设施发展水平和主要节点城市分布相关

随着高速公路、高速铁路的建设和密度不断提高，在提升城市群交通可达性的同时，城市群内部的空间结构也日趋成熟、稳定，空间紧凑度日益增大。城市群交通可达性也与主要节点城市分布密切相关。主要节点城市是城市群空间组织的核心，与主要节点城市的交通联系便捷程度和时间距离直接影响着周边地区的发展潜力。城市群交通可达性的提升不仅表现在城市间时空距离的缩短上，也同时表现在主要节点城市与周边地区的关系变化上；半小时时距圈的形成将带来节点城市与周边同城化的发展态势，推动城市功能和空间向周边一体化拓展。

本次研究确定主要节点城市的标准为：①区域中心城市，指2010年GDP大于

1000亿元，且城市人口规模大于100万人；②具有区域性影响和辐射力的节点城市，指2010年GDP大于1000亿元，或城市人口规模大于100万人。由此各城市群主要节点城市分布如专题报告表3-4所示。

我国13个城市群主要节点城市分布　　　　　　　　　专题报告表 3-4

城市群名称	县市区个数	区域中心城市 2010年GDP>1000亿元且城市人口>100万人	具有区域性影响力的节点城市		主要节点城市数
			2010年GDP>1000亿元	2010年城市人口>100万人	
京津冀	21	北京、天津、唐山		保定	4
长三角	69	上海、杭州、南京、宁波、苏州、无锡、常州、南通	昆山、江阴、张家港、常熟、吴江	扬州、湖州、镇江	16
珠三角	27	广州、深圳、佛山、东莞、中山、珠海、汕头		惠州、江门	8
山东半岛	43	济南、青岛、淄博、烟台	东营	潍坊、日照	7
海西	38	厦门、福州		泉州、莆田	4
武汉	19	武汉		宜昌、荆州	3
中原	14	郑州		洛阳	2
长株潭	15	长沙		株洲	2
辽中南	14	沈阳、大连、鞍山		抚顺	4
关中	11	西安		宝鸡	2
成都	12	成都		绵阳	2
重庆	4	重庆			1
北部湾	5	南宁		钦州	2

长三角城市群由于大中小城市体系完备，且城市经济实力普遍较强，主要节点城市数量远超其他城市群，达到了16个。珠三角、山东半岛城市群主要节点城市数量也相应分别达到了8个、7个。京津冀城市群呈现京津独大、其他城市经济实力和人口聚集能力较弱的格局，主要节点城市数量仅为4个。辽中南、海西、武汉城市群的主要节点城市数量为3~4个，而其他城市群的相应数量仅为1~2个。

2. 各城市群交通可达性反映出的"中心—外围"特征各异

城市群交通可达性格局以主要节点城市为中心，向外围地区呈圈层状降低，同时交通主轴对可达性的空间格局也产生明显影响。由此，城市群交通可达性格局可从一个侧面反映城市群"中心—外围"的空间特征。一般而言，0.5小时可达范围是城市群的核心空间集聚区域和"中心"主要组成部分；0.5~1小时可达范围是"中心"的主要辐射带动区域和外围一体化主要扩展部分；1~2小时可达范围是"中心"的更外层影响腹地。

基于时间距离的城市群可达性计算方法

本次研究以时间距离而不是实际距离作为可达性值的量算手段。时间距离是以时间单位表示克服空间距离的难易程度，是随着交通网络的完善而动态变化的量值。根据对已有的可达性评价方法比较，利用GIS软件提供的成本距离加权工具计算时间距离的方法可移植性好，且简单易行。因此，本次研究综合利用GIS软件中缓冲区分析、栅格化、栅格计算、重分类、成本加权距离空间分析等工具，构建城市群时间距离可达性评价流程。

首先，建立基础地理数据库。该数据库包含公路网数据、高铁网数据、遥感影像数据、城市群各城镇行政中心数据，经拼接、解译等处理方法获得。

然后，对各级公路、高速公路缓冲区、高速公路出入口、高铁网及车站、水体等对象进行分等定级赋值，建立成本栅格图（Cost Raster）。综合考虑精度和计算量，选定栅格大小为0.5千米×0.5千米。设定栅格成本度量值——平均出行1米大约所需要的时间，公式为：

$$\cos t = \frac{1}{1000V} \times 3600$$

式中：$\cos t$为时间成本，秒；V为各类空间对象的设定速度，公里/时。

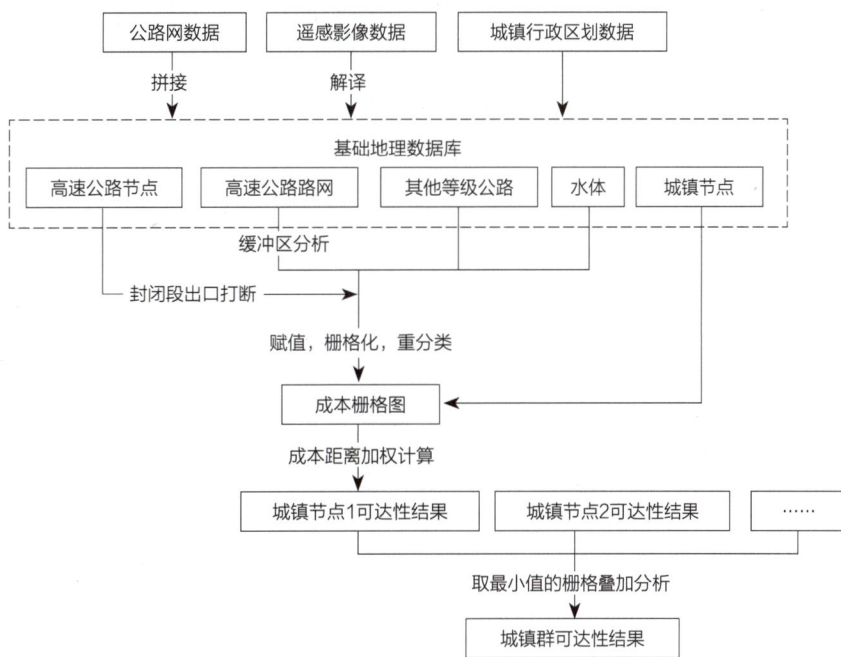

专栏图 18-1　城市群时间距离可达性评价流程图

依据不同的空间对象上采用不同交通方式时的速度不同，对不同对象设定其时间成本值。例如在公路上因为可以乘坐汽车，所以平均速度会比较快，而在没有道路的地方则只能依靠步行，速度就相对较慢；车辆在不同等级道路上行驶速度也会有所不同。参照《中华人民共和国公路工程技术标准》JTGB 01—2003，高速公路、国道、省道的设计速度分别采用120公里/时、80公里/时、60公里/时；本次研究采用设计速度的80%作为平均行车速度，即高速公路上平均速度采用96公里/时、国道采用64公里/时、省道为48公里/时。另外，水域虽然有一定的通行能力，但有些地方要绕行一定距离才能到达对岸，需要付出的成本很大，所以取其平均速度为0.8公里/时。类似地，高速公路500米缓冲区内取其平均速度为0.8公里/时，并在高速公路出入口处打断，赋以高值通过。其他陆地平均速度取16公里/时。各类地物上的平均速度确定后，计算各地物上平均出行1米大约所需要的时间。高铁网车站间的运行时间依据中国铁路客户服务中心网站（www.12306.cn）提供的实际运行时间赋值。

最后，在Arcgis10.0操作平台下，将上述成本值赋给道路、铁路、陆地和水域等矢量图层，转换成栅格图层，叠加形成成本栅格图。利用成本栅格图，运算出每个栅格点到各主要节点城市的最短时间距离图层。各个城市群内，均将可达性结果按最小值进行叠置分析，分别计算得到13个城市群的最短时间距离栅格图，它们都反映了图中每个栅格到最近中心城市的时间距离。

本次研究对我国13个城市群的交通可达性格局进行了具体分析。一方面，以主要节点城市为源点，分析包含高速公路、高速铁路在内的交通网络的0.5小时、1小时、2小时可达范围及占城市群面积的比例，从整体上分析各城市群的交通可达性水平；另一方面，图示表达了各城市群交通可达性分布，通过反映"中心—外围"的空间特征及差异，将城市群粗略分成如下4种类型（专题报告表3-5）：

2010 年我国 13 个城市群不同时距可达范围 ❶　　专题报告表 3-5

	可达范围（平方公里）			占总面积比例		
	0.5小时	1小时	2小时	0.5小时	1小时	2小时
长三角	11630.90	43013.38	86381.78	11.5%	42.5%	85.3%
珠三角	8505.94	24277.43	42973.19	17.7%	50.5%	89.4%
京津冀	4070.94	19267.60	36632.85	10.3%	48.5%	92.3%
山东半岛	5939.17	27986.72	68333.09	8.1%	38.3%	93.5%
辽中南	3203.91	12220.53	26079.04	9.9%	37.6%	80.2%
中原	1659.54	6909.84	13443.63	12.1%	50.4%	98.1%
武汉	2250.69	11369.70	34280.33	5.7%	28.9%	87.2%

❶ 含高速铁路、高速公路等网络的综合运算结果。

	可达范围（平方公里）			占总面积比例		
	0.5小时	1小时	2小时	0.5小时	1小时	2小时
长株潭	1696.23	7021.40	18517.70	7.5%	31.0%	81.8%
北部湾	1613.17	6764.47	15065.56	9.2%	38.4%	85.5%
成都	2073.36	7014.23	11601.71	11.8%	39.9%	66.0%
海西	4616.30	14199.01	31925.18	8.6%	26.4%	59.3%
关中	2705.47	7467.01	13398.51	14.6%	40.3%	72.3%
重庆	1278.81	5957.68	18552.25	4.4%	20.7%	64.4%
平均值				10.1%	38.2%	82.3%

（1）长三角、京津冀、珠三角、山东半岛等强可达性的大型城市群^{（专题报告图3-1）}

此类城市群主要节点城市数目较多，相对均衡地支撑城市群实现强可达性，0.5小时时距圈面积在4000平方公里以上，1小时时距圈面积在1.9万平方公里以上，且在较大范围连绵成片；虽然城市群面积较大，但2小时时距圈面积比重在85%以上，形成对城市群的良好覆盖。

其中长三角城市群在16个主要节点城市的支撑下，0.5小时时距圈在沪宁、沪杭、杭甬等轴线组成的"之"字走廊上密集分布，并在上海至常州间对接成片；1小时时距圈覆盖"之"字走廊上的大多城市，并围绕主要节点城市向两侧（尤其是长江两岸）拓宽。

京津冀城市群的主要节点城市仅4个，0.5小时时距圈面积远不及长三角、珠三角城市群，也不及山东半岛城市群。借助区域相对发达的交通网络，1小时时距圈面积比重达到了48.5%，并在京津间连绵成带；此外，在京保轴线、津唐轴线上1小时时距圈也实现了对接。

珠三角城市群的主要节点城市除粤东的汕头外，主要在珠江两岸密集分布。0.5小时、1小时时距圈主要聚集于珠江两岸，而相应地粤东及其他地区主要表现为外围影响腹地。其中0.5小时时距圈在广州、佛山、东莞间及珠海、中山、江门间分别对接成片，0.5小时可达区域面积仅次于长三角城市群；1小时时距圈在珠江两岸连绵成片，并向东覆盖至惠州。

山东半岛城市群0.5小时时距圈呈均质化分散分布，1小时时距圈在济南至潍坊间连绵成带，可达面积仅次于长三角城市群，居各城市群第2位。

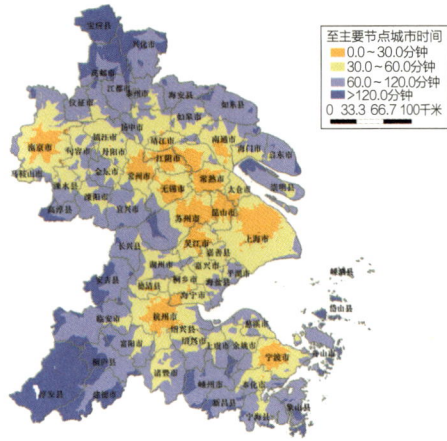

（a）长三角

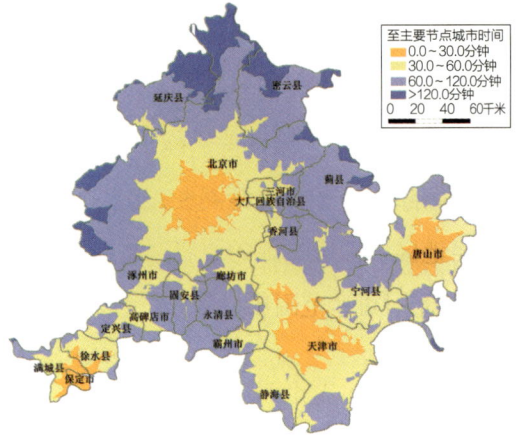

（b）京津冀

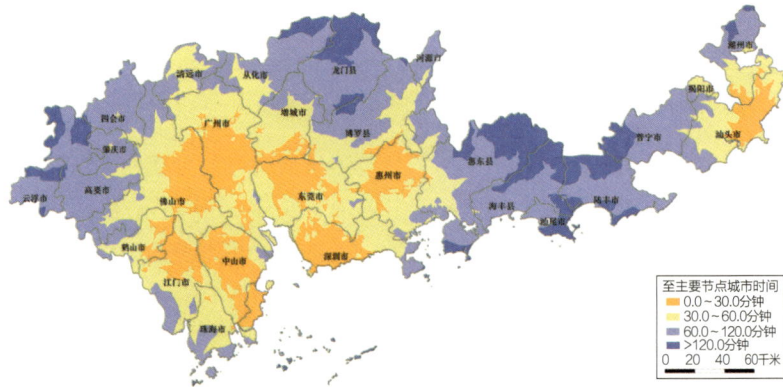

（c）珠三角

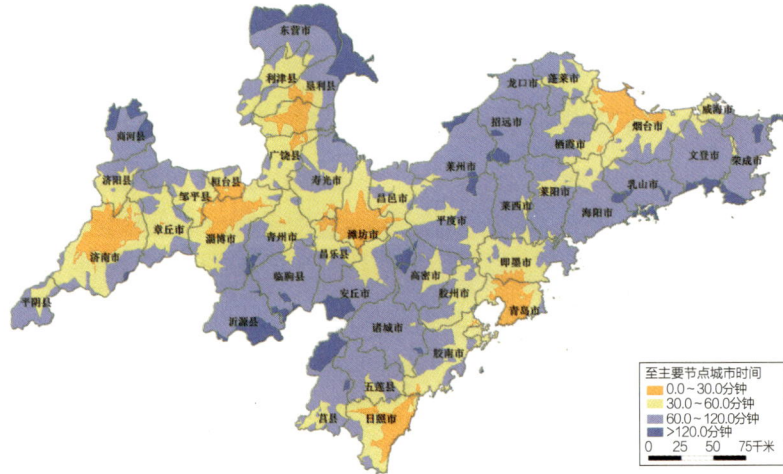

（d）山东半岛

专题报告图3-1　长三角、京津冀、珠三角、山东半岛城市群交通可达性分布

（2）辽中南、中原、武汉、长株潭、北部湾等较高可达性的城市群^{（专题报告3-2）}

此类城市群主要节点城市2～4个，沿城市群主要轴线带状分布，相对均衡地支撑城市群实现较高的可达性。0.5小时、1小时时距圈围绕主要节点城市呈分散分布，其中辽中南、长株潭、北部湾城市群主要节点城市的1小时时距圈部分对接成片；2小时时距圈面积比重在80%以上，基本形成对城市群的良好覆盖。

辽中南城市群的1小时时距圈沿沈大轴线形成沈阳—营口、大连—瓦房店两大连绵性板块。中原城市群交通网络相对发达，其1小时可达范围比重达到了50.4%，2小时时距圈覆盖城市群的面积比重达到了98%。长株潭城市群的高可达性区域集聚于中部，0.5小时时距圈在长沙与湘潭、株洲间形成连接，1小时时距圈覆盖中部主要地区，形成连绵的块状区域。北部湾城市群在高速公路、高速铁路网络支撑下，1小时可达范围形成南宁至钦州的轴状对接，并由钦州再向北海方向延伸。

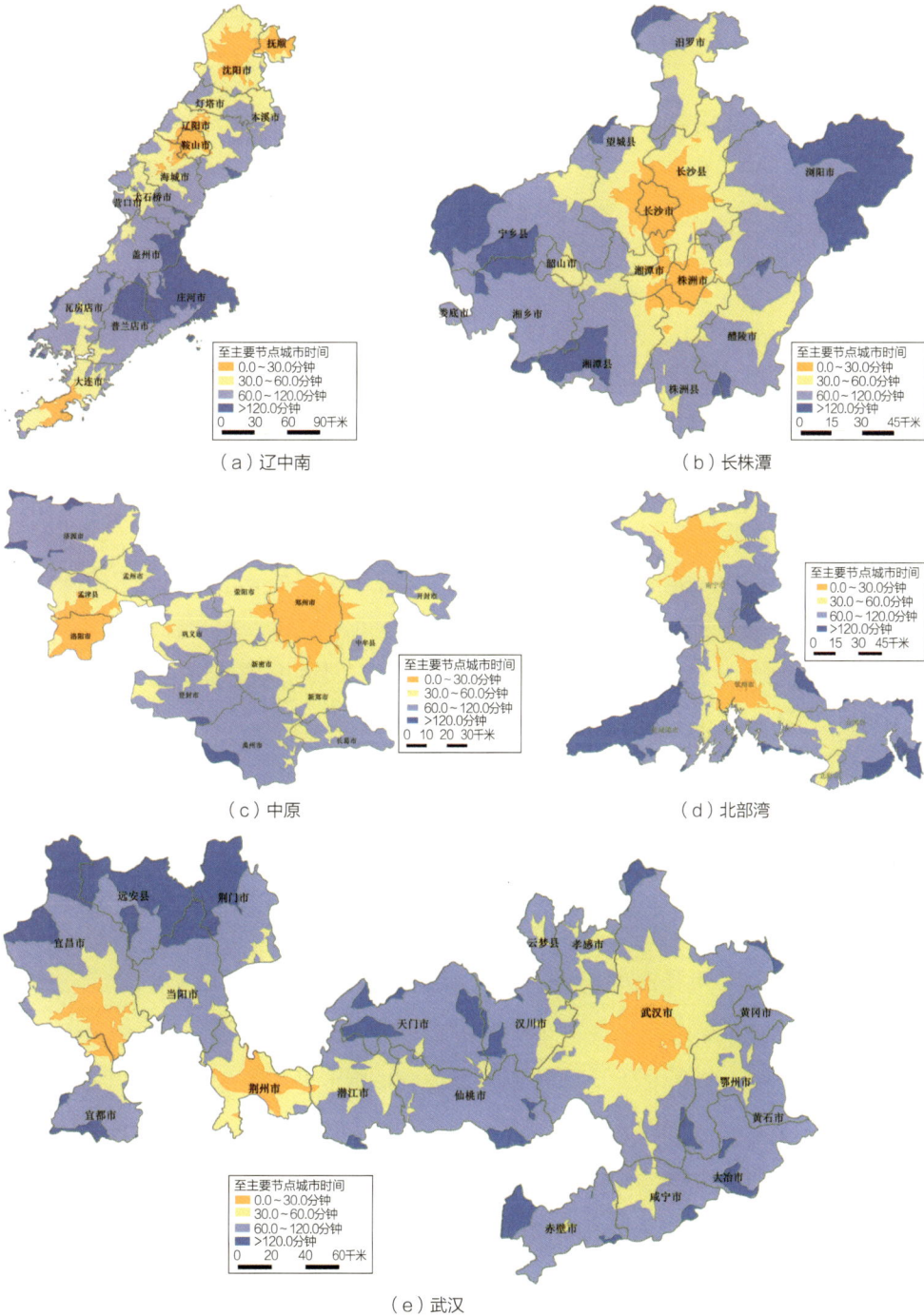

专题报告图 3-2　辽中南、长株潭、中原、北部湾、武汉城市群交通可达性分布

（3）海西、成都等可达性不均衡型的城市群^{（专题报告图3-3）}

此类城市群整体可达性水平较低，2小时时距圈覆盖面积比重在70%以下。但在区域中部和外围形成明显的可达性差异，中部沿主要轴线在2～4个主要节点城市的支撑下，1小时时距圈形成连绵对接。

其中海西城市群的0.5小时时距圈沿海岸带分布，1小时时距圈在福州与厦门间形成带状连绵，并向内陆延伸；但由于城市群面积高达5.37万平方公里，加上外围地区交通网络尚不完善，北部、南部及西部山区存在较大面积的2小时时距圈难以覆盖地区。成都城市群的1小时时距圈在成都与绵阳间形成连绵，但由于城市群呈南北狭长分布，2小时时距圈难以覆盖北部的广元等地区。

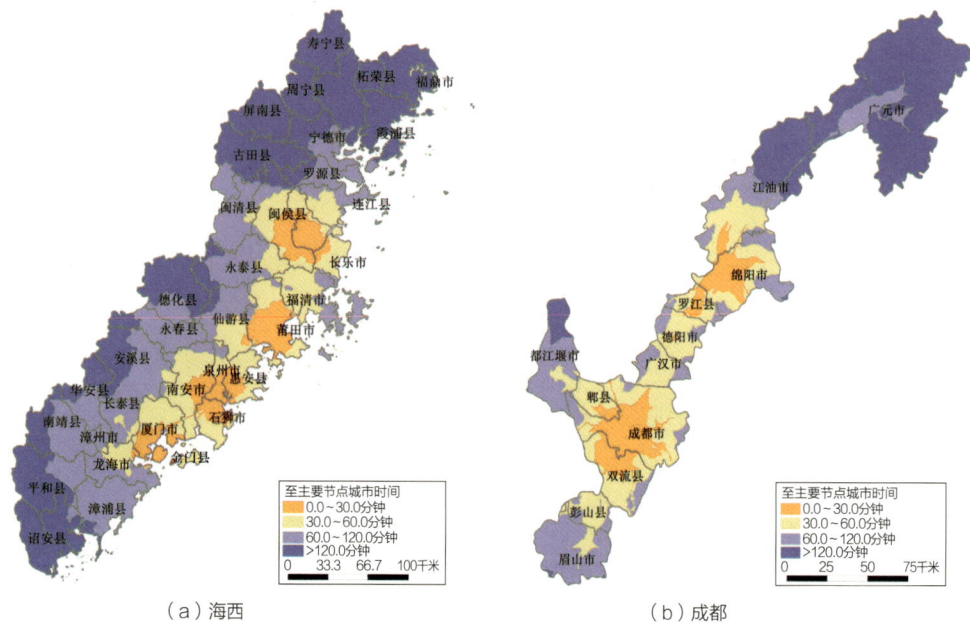

（a）海西　　　　　　　　　　　　　　　　　　（b）成都

专题报告图 3-3　海西、成都城市群交通可达性分布

（4）重庆、关中等弱可达性的城市群^{（专题报告图3-4）}

此类城市群呈狭长布局或区域面积较大，而主要节点城市仅1～2个，对城市群的辐射带动能力明显不足，2小时时距圈面积比重不足72.5%。

其中重庆城市群交通可达性呈单中心圈层状分布，0.5小时、1小时、2小时时距圈覆盖面积比重在13个城市群中分别排名倒数第1、倒数第1、倒数第2；尤其是2小时时距圈难以覆盖东部的两块飞地。关中城市群的交通可达性呈两点分散分布，但由于城市群呈狭长布局，2小时时距圈难以覆盖西部的天水地区。

（a）重庆

至主要节点城市时间
- 0.0～30.0分钟
- 30.0～60.0分钟
- 60.0～120.0分钟
- >120.0分钟

（b）关中

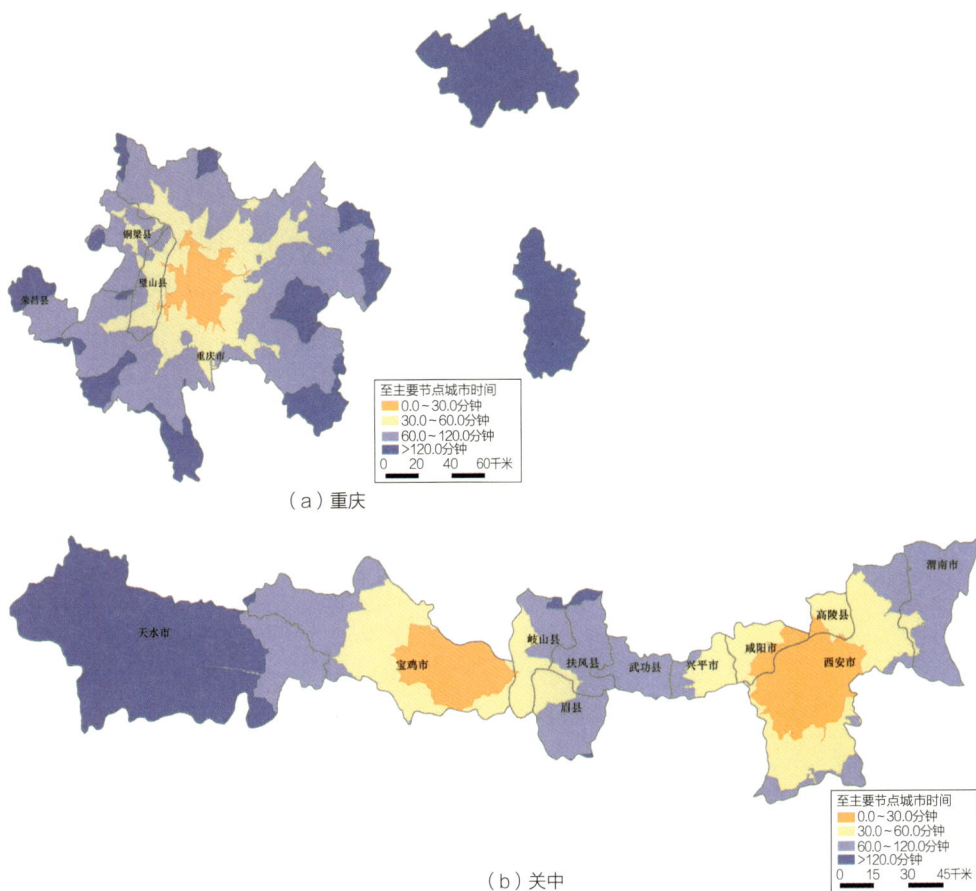

专题报告图 3-4　重庆、关中城市群交通可达性分布

3. 城市群交通可达性影响建设用地的增长变化

本次研究的我国13个城市群2010年绝大多数建设用地分布在1小时时距圈内^{（专}
^{题报告表3-6）}。除重庆和北部湾2个城市群1小时时距圈内建设用地比重在85%左右外，
其他11个城市群的比重均在93%以上。在建设用地分布于0.5小时时距圈内的规模
与比重方面，东部与中西部城市群差异明显。中西部的成都、长株潭、中原、关
中等城市群，0.5小时时距圈内建设用地比重相对较高，达70%以上。此类城市群
以省会中心城市带动发展为主，总体建设用地规模尚小。沿海京津冀、长三角、
珠三角三大城市群，建设用地分布在0.5小时时距圈内的面积较大，但比例相对
低，仅占60%左右。

2010 年我国 13 个城市群建设用地分布与交通可 达性的关系　　　　　专题报告表 3-6

城市群名称	2010年建设用地面积（平方公里）	0.5小时时距圈内面积（平方公里）	1小时时距圈内面积（平方公里）	0.5小时时距圈内比例（%）	1小时时距圈内比例（%）
京津冀	6240.8	3766.9	6102.2	60.4	97.8

城市群名称	2010年建设用地面积（平方公里）	0.5小时时距圈内面积（平方公里）	1小时时距圈内面积（平方公里）	0.5小时时距圈内比例（%）	1小时时距圈内比例（%）
长三角	11237.4	7185.2	10963.2	63.9	97.6
珠三角	5477.8	3229.7	5364.4	59.0	97.9
山东半岛	7841.3	5077.3	7493.9	64.8	95.6
辽中南	3721.2	2338.8	3491.6	62.9	93.8
海西	2275.6	1467.8	2134.3	64.5	93.8
武汉	1694.9	1014.6	1582.6	59.9	93.4
重庆	598.2	356.5	507.2	59.6	84.8
北部湾	553.2	354.0	470.4	64.0	85.0
成都	799.0	732.1	797.8	91.6	99.9
长株潭	705.2	591.9	686.0	83.9	97.3
中原	1700.4	1396.1	1691.3	82.1	99.5
关中	1377.5	1029.8	1344.1	74.8	97.6

从城市群2000~2010年新增建设用地的分布看^{（专题报告表3-7）}，其主要分布在1小时时距圈内。除北部湾城市群1小时时距圈内新增建设用地比重在75%以外，其他12个城市群的比重均超过86%。0.5小时时距圈仍是各城市群优先开发的区域，除珠三角、辽中南2个城市群0.5小时时距圈内新增建设用地比重在45%~50%以外，其他11个城市群的比重均超过55%。中西部的成都、长株潭、中原、关中等城市群0.5小时时距圈内新增建设用地比重达到68%甚至80%以上，长三角、山东半岛和京津冀城市群0.5小时时距圈内新增建设用地规模达到1000平方公里以上，所占比例亦达到58%~68%。

2000~2010年我国13个城市群建设用地增长与交通可达性关系　　专题报告表3-7

城市群名称	2000~2010年新增建设用地面积（平方公里）	0.5小时时距圈内面积（平方公里）	1小时时距圈内面积（平方公里）	0.5小时时距圈内比例（%）	1小时时距圈内比例（%）
长三角	4403.65	2792.80	4327.91	63.42	98.28
京津冀	1907.87	1104.85	1872.19	57.91	98.13

城市群名称	2000~2010年新增建设用地面积（平方公里）	0.5小时时距圈内面积（平方公里）	1小时时距圈内面积（平方公里）	0.5小时时距圈内比例（%）	1小时时距圈内比例（%）
珠三角	1107.44	543.64	1077.87	49.09	97.33
山东半岛	2213.91	1489.52	2114.51	67.28	95.51
辽中南	584.65	266.72	506.01	45.62	86.55
武汉	385.65	215.62	354.30	55.91	91.87
海西	313.07	174.82	283.45	55.84	90.54
重庆	265.59	153.80	235.29	57.91	88.59
长株潭	224.07	185.96	218.78	82.99	97.64
成都	177.29	149.90	177.27	84.55	99.99
中原	486.7	366.97	482.37	75.4	99.11
关中	163.27	111.27	156.71	68.15	95.98
北部湾	67.38	34.37054	50.252	51.01	74.58

（三）城市群场强格局反映分圈层差异化的区域空间格局

1. 运用场强模型反映城市群的空间圈层特征

引力模型源自牛顿提出的万有引力定律，是测度空间相互作用和区域经济联系的基本模型，后经国内外学者的修正被广泛应用于经济学、地理学等领域。场强模型就是引力模型的衍生模型之一，国内外学者已将其广泛应用于区域空间结构的实证研究中，在缺乏地区间社会经济要素流动具体统计数据的情况下，场强模型是区域空间结构研究的有力工具，用来研究城市与区域的空间相互作用。城市作用场强作为引力概念的延伸，主要用于描述一定区域范围内某一点受周围城市辐射作用的强弱。场强也是区域中心城市借助区域联系通道带动腹地发展而产生的"势能差"的抽象表达，可有效刻画区域发展格局与空间差异[1]。

在城市空间交互数据场中，各城市（场源）都会对数据场中任一区位点产生辐射作用，即场源点在该区位点的场强值，各城市间相互辐射作用的大小表征了彼此间交互强度的大小。场强模型侧重强调城市（场源）对周边地区的影

[1] 潘竟虎，刘莹.基于可达性与场强模型的中国地级以上城市空间场能测度[J].人文地理，2014（1）：80-88.

响和辐射，并遵循"距离衰减规律"，场强随距离的增大而减小。每个城市的影响力都覆盖区域内任意一点，依据"取大"原则确定该点场强及其归属，从而界定一定区域内的场强格局和多个城市的腹地边界。

修正的场强模型

中心城市作为一定区域的核心，影响的周围区域称为腹地，影响力的大小称为场强。城市的综合规模Z作为评价城市场强的综合变量，则区域内任一点k都接受来自区域内各城市的辐射，强度计算公式为：

$$F_{ik} = \frac{Z_i}{D_{ik}{}^a}$$

式中：F_{ik}为i城市在k点上的场强；Z_i为i城市的综合规模；D_{ik}为i城市到k点的距离；a为距离摩擦系数，一般取标准值2.0[1]。

本次研究中D选择最短时间距离而并非空间距离。空间距离变量忽视自然条件与交通条件，难以客观反映中心城市腹地格局，特别是在目前区域交通大变革的背景下，以空间距离来计算腹地存在明显不足。

Z_i为i城市的综合规模，一般通过经济、社会、交通和其他方面综合选取指标体系计算来代替单一指标的城市规模；本次研究中综合考虑到数据的可获取程度和根据研究自身的需要，选取城市（县）GDP指标（单位：万元）作为城市的综合规模。城市群中任一点k到i城市的最短时间距离D_{ik}则取前面交通可达性分析中运算得出的结果（单位：秒）。

利用成本栅格图与各中心城市的点数据，运算中心城市到任意栅格点的最短出行时间，就可以获得城市群的最短时间栅格图，当然它们也可反映每个栅格到中心城市的时间距离；进而根据场强模型进行栅格计算得各中心城市在各栅格点的空间场强。依据取大原则，得出各栅格点所受中心城市的最大场强，并确定其归属框定各城市的腹地范围。

将上述得到的城市规模参数与最短时间距离参数，按照修正后的场强模型在Arcgis10.0操作平台中运用空间分析中的栅格计算工具（Spatial Analyst/Raster Calculator）分别运算得到城市群中每一个市县的场强辐射图。每个栅格点都受到来自城市群所有市县点的引力辐射，但最终这个栅格点的场强值为所有这些市县点对其引力值中的最大值。将城市群内的所有市县的场强辐射图运用Mosaic工具进行叠置分析，城市群内每个栅格点的场强值按最大值叠加。最终基于最大值叠加原则，运算得出我国13个城市群的整体场强格局图。

[1] 顾朝林，于涛方，李王鸣. 中国城市化格局、过程与机理[M]. 北京：科学出版社，2016：33-47。

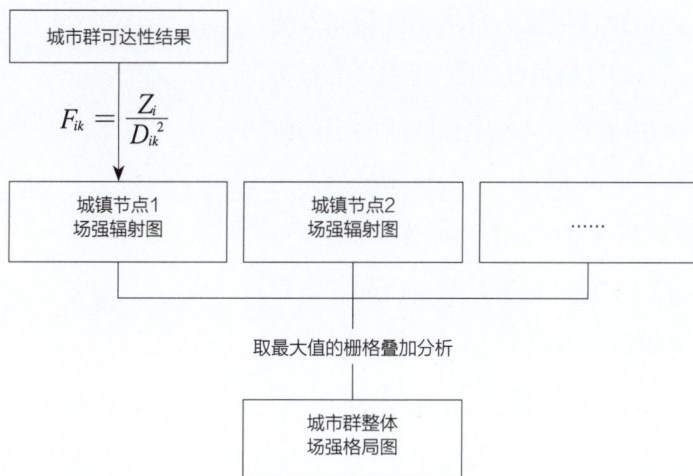

$$F_{ik} = \frac{Z_i}{D_{ik}^2}$$

专栏图 19-1　基于可达性分析的城市群场强格局运算流程

从已有的场强研究看，对场强模型计算出的场强值的内涵，以及场强值和以中心城市为核心的不同圈层的空间格局关系缺少研究。本研究认为，处在不同经济发展阶段的区域上，区域内交通路网的完善和通达程度都会体现在城市中心对区域的辐射影响能力上，也就是场强值的计算结果上；而区域内某个点所受中心的引力辐射大小也可以理解为该点同中心的某种联系程度和发展潜力的大小。同时一个城市的综合规模，也就是本次研究中选取的GDP值则和该城市的地域面积以及地均产值直接相关。

德国农业经济学家冯·杜能指出城市在区域经济发展中起主导作用，城市对区域经济的促进作用与空间距离成反比，区域经济的发展应以城市为中心，以圈层状的空间分布为特点逐步向外发展。城市和周围地区有密切的联系，城市对区域的作用受空间相互作用的"距离衰减律"法则的制约，这样必然导致区域形成以建成区为核心的集聚和扩散的圈层状的空间分布结构。

专栏 20

场强值的内涵解释和模型变形

本次研究在对传统场强模型修正的基础上，进一步引入地均产值和一定区域内的平均速度两个参数，指出在以某个中心城市为核心向外辐射影响的同心圆区域中[1]，中心城市对不同圈层边界点的临界引力与该圈层区域的整体生产效率和交通便利性程度相关，进一步解释为与该区域的地均产出及平均速度这两个因素直接相关。

研究首先构建一个理想的以抽象的中心城市为圆心的符合距离衰减法则

[1] 这里假设该区域为自然条件和自然相同且均质分布的理想平原。

的圈层扩散区域，并假设该区域为自然条件相同且均质分布的理想平原。其中区域内任一点 k 距离中心城市 i 的空间距离为 R；以 i 为圆心，R 为半径区域的平均时速设定为 v，则 k 到达中心 i 的时间距离 $D_{ik} = R/v$。以 i 为圆心，半径为 R 的该圈层区域所对应的综合规模 Z_i 则可以用该区域的面积乘以地均产值来计算。由此初步构建了场强模型的另一种计算公式表达：

$$F = \frac{Z}{T^2} = \frac{A \cdot S}{(R/V)^2} = \frac{A \cdot \pi \cdot R^2}{(R/V)^2} = A \cdot \pi \cdot V^2$$

$$T = R/V \qquad S = \pi \cdot R^2 \qquad Z = A \cdot S$$

式中：A 为地均产出；S 为一定区域内的面积；T 为栅格点 k 到中心城市 i 的时间距离；V 为平均车速。

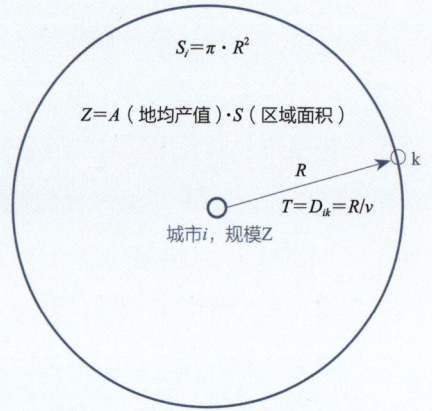

专栏图 20-1　城市 i 的圈层辐射示意

总体来看，抽象的城市中心点对不同辐射圈层内的场强，也就是影响力大小与该圈层内的整体经济发展水平（用地均产值衡量）和可达性便捷程度（用区域平均速度衡量）直接相关。

本次研究根据场强值的大小将城市群空间场能划分为高度场能、较高场能、中等场能、较低场能4种类型区，相应将城市群空间划分为四类圈层。高度场能对应为核心区，较高场能对应为紧密区，中等场能对应为扩展区，较低场能对应为影响区。整体上城市群所受中心城市的平均辐射场能呈现出以中心城市为中心向外围地区圈层递减和轴带状延伸的空间分布格局^{（专题报告图3-5）}。

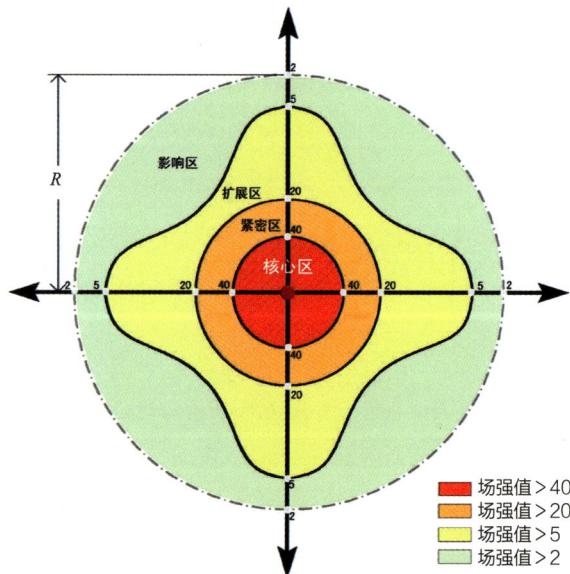

专题报告图 3-5　场强格局的空间圈层分布示意

（1）核心区——高度场能

高度场能区域为城市群的核心功能区，对应为经济和人口的核心集聚区域，生产效率和地均产出也最高。根据前文对场强值的内涵解释和模型变形，本次研究参考2010年的北上广深城市发展核心区指标（见专栏20），高度场能区域地均产出A取20亿元/平方公里，相应的临界场强值F计算后取40，即将通过修正后的场强模型计算结果大于40的高度场能区域界定为城市群的核心区。

（2）紧密区——较高场能

较高场能区域一般对应为核心区的紧密联系区域，未来随着经济、人口的不断集聚发展及交通基础设施的进一步完善，场能将不断增强，是城市群核心区拓展的潜力空间。本次研究中地均产出A取10亿元/平方公里，相应的临界场强值F取20，即将计算结果大于20的较高场能区域界定为城市群的紧密区。

（3）扩展区——中等场能

中等场能区域为核心和紧密区依托主要交通走廊向外扩展区域，是城市群空间一体化的主要区域。参考经济较发达城市，地均产出建议取2亿元～3亿元/平方公里，相应的临界场强值F取5，即将计算结果大于5的中等场能区域界定为城市群的扩展区。

（4）影响区——较低场能

较低场能区域为城市群的外围影响区，可以用于界定城市群的空间范围，地均产出建议取1亿元/平方公里，相应的临界场强值F取2。

专栏21

不同城市的地均产出值比较

生产效率是反映一个区域的开发程度、发展水平的综合指标。俞立平（2006）指出，城市规模效率与城市规模呈正相关关系，中国现阶段规模效率存在上升空间，增加城市规模能够增加城市效率，且城市规模越大的城市，平均规模效率越大。由建成区至外围，由城市核心至郊外，各种生活方式、经济活动、用地方式都是从中心向外围呈现圈层状有规律变化。

综合选取2010年京津冀、长三角和珠三角三大城市群市县GDP、城镇人口、地均产出和城镇化率4个指标，按地均产出从大到小排序，自高向低分别选取10个城市为一组对GDP、城镇人口和城镇化率求平均值。可以明显看出不同梯队十个城市的平均地均产出和GDP、城镇人口规模及城镇化率的平均值总体呈正相关。

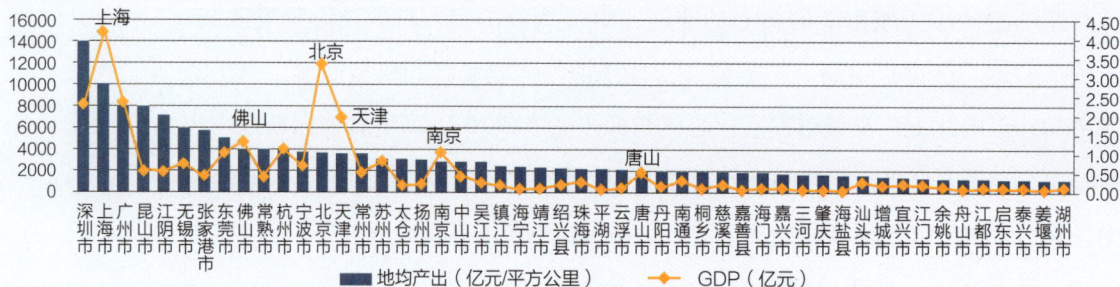

专栏图 21-1　2010 年京津冀、长三角、珠三角三大城市群城市地均 GDP 与 GDP 排序

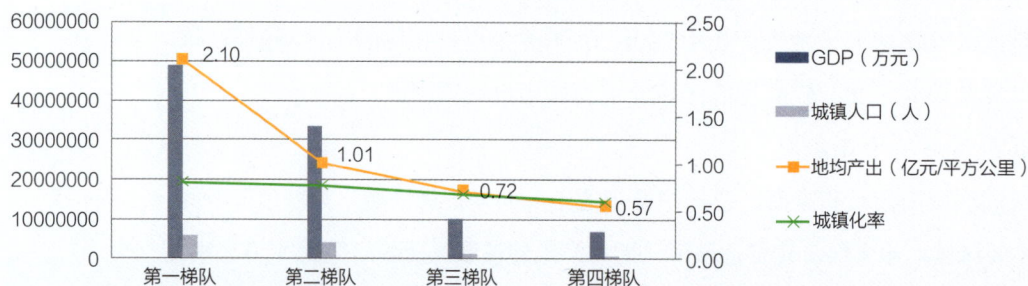

专栏图 21-2　地均产出和其他指标相关性分析

　　除去部分市区面积过小城市（绍兴、泰州、保定等），2010年京津冀、长三角、珠三角三大城市群地均产出最高的三个城市是深圳、上海和广州，分别为4.81、2.83、2.28亿元/平方公里；其余经济相对较发达的城市地均产出多在1亿元～2亿元/平方公里之间。京津冀、长三角和珠三角三大城市群的地均产出分别为0.7亿元/平方公里、0.63亿元/平方公里、0.63亿元/平方公里。北上广深中心城区所在辖区整体地均产出较高，且差异不大，都在15～20亿元/平方公里左右；其中上海静安、黄浦、北京东西城和广州的越秀区2010年地均产出均超过40亿元/平方公里。

2010 年北上广深四市核心区域地均产出对比　　　　　专栏表 21-1

城市	区	土地面积（平方公里）	地区生产总值（亿元）	地均产出（亿元/平方公里）
北京	北京市	16411	14114	0.86
	东城区	25.3	1224	48.28
	西城区	31.6	2058	65.07
	朝阳区	455.1	2804	6.16
	丰台区	305.8	735	2.4
	石景山区	84.3	295	3.5
	海淀区	430.7	2772	6.43
	北京城六区	1332.9	24001	18.01

城市	区	土地面积（平方公里）	地区生产总值（亿元）	地均产出（亿元/平方公里）
上海	上海市	6340.5	17166	2.71
	黄浦区	12.4	787	63.43
	徐汇区	54.8	911	16.63
	长宁区	38.3	579	15.11
	静安区	7.6	600	78.74
	普陀区	54.8	566	10.33
	闸北区	29.3	445	15.2
	虹口区	23.5	620	26.41
	杨浦区	60.7	895	14.73
	上海浦西八区	281.4	5403	19.2
广州	广州市	7434.4	10748	1.45
	荔湾区	59.1	615	10.4
	越秀区	33.8	1652	48.89
	海珠区	90.4	730	8.07
	天河区	96.3	1872	19.44
	广州市四区	279.6	4869	17.41
深圳	深圳市	1991.6	9581.5	4.81
	福田区	78.7	1855.35	23.59
	罗湖区	78.8	1027.67	13.05
	南山区	185.1	2002.84	10.82
	深圳关内三区	342.5	4886	14.26

2. 各城市群内部呈现差异明显的场强空间格局

随着高速公路、高速铁路等区域交通网络的完善以及城市综合经济实力的增强，我国城市群内部各地区接受中心城市的辐射场能均获得了较大幅度的提升，但各地区间仍呈现较为显著的空间分异特征。中心城市及邻接地区的场能较强，主要交通干线沿线地区随交通可达性的提升而空间场能增强。基于以上构建的场强模型和分级规则，本次研究认为场强值＞20为城市群的空间核心区域，场强值＞5的区域的空间连绵态势基本可以反映出不同城市群内部具有一体化联系程度的区域空间格局。

基于对场强值的内涵解释及分类标准，运用场强模型和2010年数据运算，统计得出13个城市群各等级场强值的面积及占总面积的比重（专题报告表3-8）。为便于分析，相应列出各城市群主要城市2010年的GDP（专题报告表3-9）。

各城市群不同等级场强值面积及所占比例　　　　专题报告表 3-8

城市群名称	面积（平方公里）①			占总面积比例		
	场强值>5	场强值>20	场强值>40	场强值>5	场强值>20	场强值>40
长三角	28244.62	6867.98	2887.15	27.86%	6.77%	2.85%
京津冀	20728.95	4347.84	1690.43	52.23%	10.96%	4.26%
珠三角	17687.76	4841.47	2149.38	36.78%	10.07%	4.47%
山东半岛	9413.42	2014.89	873.66	12.99%	2.78%	1.21%
辽中南	5912.51	1264.04	562.86	19.06%	4.07%	1.81%
海西	3419.50	788.10	412.56	6.35%	1.46%	0.77%
武汉	4049.70	745.93	343.08	10.30%	1.90%	0.87%
长株潭	2338.75	594.60	259.36	10.34%	2.63%	1.15%
中原	2293.67	474.75	163.59	16.74%	3.47%	1.19%
重庆	4103.86	832.04	352.07	14.25%	2.89%	1.22%
成都	2720.06	695.13	293.41	15.48%	3.96%	1.67%
关中	1953.34	478.80	199.49	10.53%	2.58%	1.08%
北部湾	750.29	173.24	82.20	4.26%	0.98%	0.47%

各城市群主要城市及其 2010 年的 GDP　　　　专题报告表 3-9

城市群名称	核心城市及其2010年GDP（亿元）				其他主要城市及其2010年GDP②（亿元）			
长三角	上海市	14875.80	杭州市	4069.87	昆山市	2100.28	江阴市	2000.92
	南京市	3825.76	苏州市	2992.33	常州市	1919.42	张家港	1603.51
	无锡市	2740.61	宁波市	2549.00	常熟市	1453.61	南通市	1144.90
					吴江市	1003.39	扬州市	830.87
					宜兴市	805.82	绍兴县	776.11
					慈溪市	757.42	镇江市	741.26
					太仓市	730.32	诸暨市	621.54
					丹阳市	607.67	余姚市	567.88
					马鞍山	520.69	湖州市	506.11
					海门市	500.10		
京津冀	北京市	11972.00	天津市	7030.25	唐山市	1737.23		
珠三角	广州市	8409.75	深圳市	8201.32	中山市	1566.41	珠海市	1038.66
	佛山市	4820.90	东莞市	3763.91	汕头市	1027.85	惠州市	888.26
					江门市	768.36	增城市	681.60
					云浮市	500.00		

城市群名称	核心城市及其2010年GDP（亿元）				其他主要城市及其2010年GDP（亿元）			
山东半岛	青岛市	2788.77	济南市	2512.63	淄博市	1887.83	烟台市	1553.01
					东营市	1377.03	潍坊市	689.95
					龙口市	680.07	日照市	670.43
					荣成市	636.24	文登市	600.56
					即墨市	573.54	胶州市	557.06
					胶南市	549.46	邹平县	540.14
					平度市	524.19	章丘市	503.83
					威海市	503.32		
辽中南	沈阳市	3667.22	大连市	3020.45	鞍山市	1077.95	海城市	660.09
					瓦房店	650.19	普兰店	536.49
					抚顺市	517.40	本溪市	508.11
					庄河市	500.70		
海西	厦门市	1737.23	福州市	1327.98	晋江市	908.88	泉州市	703.57
					莆田市	572.04		
武汉	武汉市	3888.85			宜昌市	649.93		
长株潭	长沙市	2250.14			长沙县	630.11	浏阳市	556.78
					株洲市	521.04		
中原	郑州市	1431.79			洛阳市	666.37		
重庆	重庆市	4891.58						
成都	成都市	3139.86						
关中	西安市	2315.06						
北部湾	南宁市	1104.28						

　　研究发现，各城市群分等级场强值的面积及所占比重差异明显，场强值大于5，也就是城市群内部具有一体化倾向的扩展区域所占比重排名前三位的分别是京津冀、珠三角和长三角城市群，并明显领先于其他城市群。

　　为具体反映各城市群场强空间格局的特征差异，将研究的13个城市群大体分为四种类型，并从以下角度分析：①城市群内城市势力范围的分布；②场强值的空间分布格局；③城市群空间核心区域（场强值＞20）、扩展区域（场强值＞5）面积及占总面积的比重。

　　（1）类型一：长三角、京津冀、珠三角城市群，强大的双核或多核空间格局，并在区域中部形成大面积的一体化连绵区（专题报告图3-6～专题报告图3-8）

　　区域整体经济实力强大，尤其是核心城市经济社会发展水平突出，区域辐射

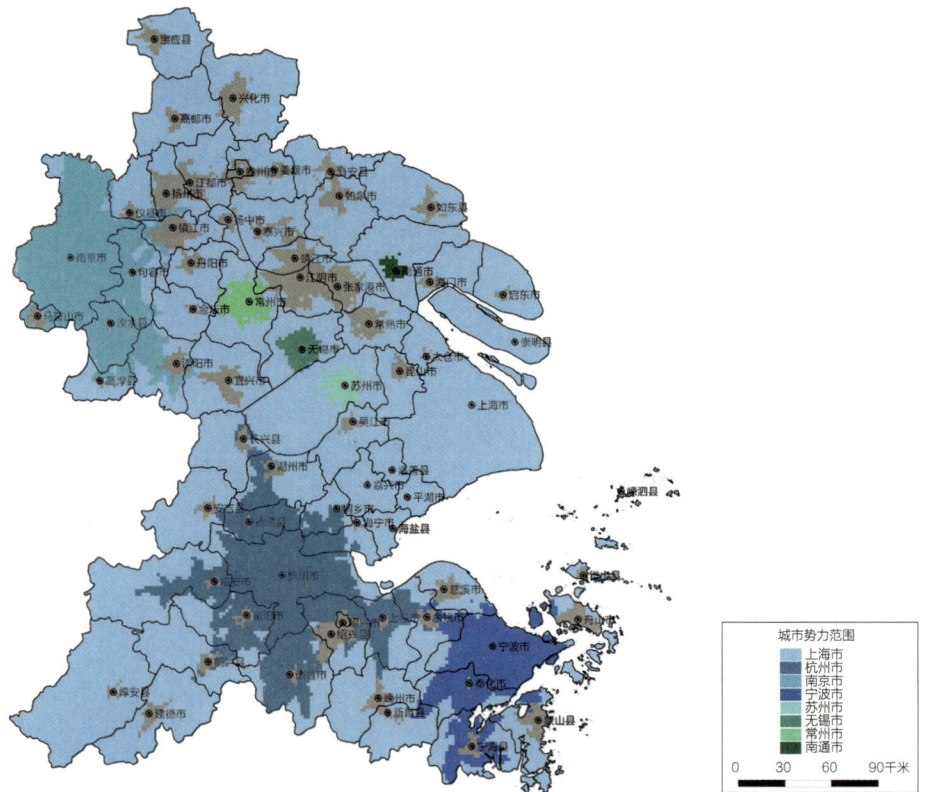

（a）

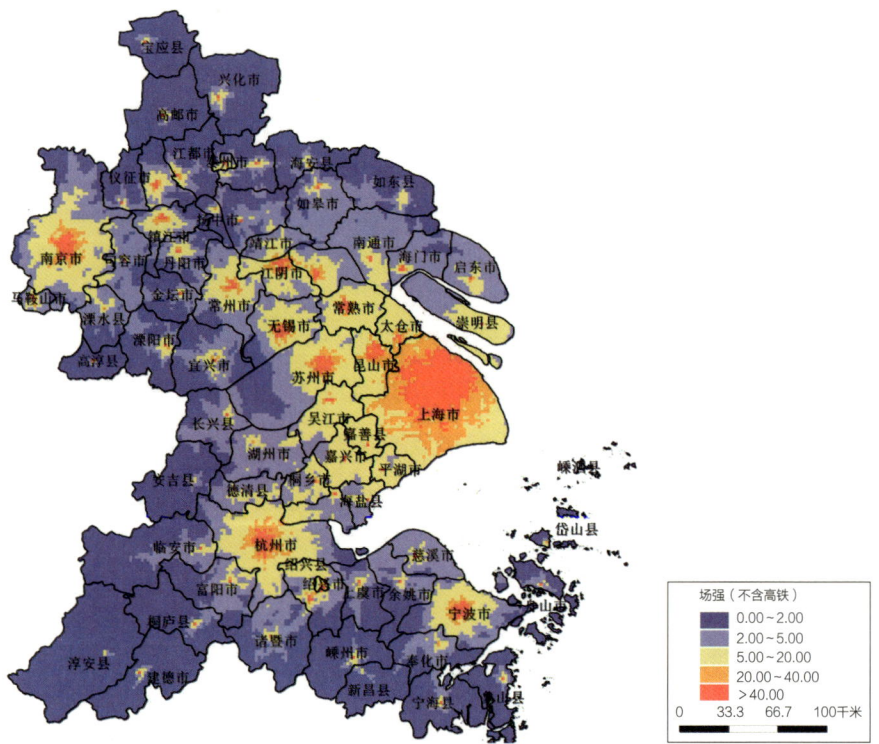

（b）

❶ 公路网络作用
下的场强空间格
局；含高铁网络
的作用效果在下
节中分析，下同。

专题报告图 3-6　长三角城市群城市势力范围分布（a）与场强空间格局 ❶（b）

影响力强劲。长三角城市群的上海，京津冀城市群的北京、天津，珠三角城市群的广州、深圳2010年的GDP均在7000亿元以上。

反映在城市势力范围分布上，城市群受核心城市的辐射影响显著；其中在长三角城市群，上海拥有全域性的辐射影响力，同时杭州、南京、宁波均具有超出市区的辐射影响力；京津冀城市群明显受北京、天津双核的辐射影响和带动；珠三角城市群主要受广州、深圳双核的辐射影响，在粤东地区边缘，汕头的影响超出行政区域至潮州、揭阳。

长三角、京津冀、珠三角三大城市群相应形成的空间核心区域面积、扩展区域面积也远大于其他类型城市群。其中空间核心区域面积达4000平方公里以上，占区域面积比重在6.5%以上；一体化扩展区域面积达1.75万平方公里以上，占比在27.5%以上，并在双核或多核共同作用下，在区域中部形成大面积的一体化连绵区。

长三角城市群空间核心区域面积达6868平方公里，远超其他城市群，并呈现以上海为中心，杭州、南京、苏州、宁波、无锡等多点布局态势；其中上海的紧密联系区域超出行政区域与昆山、太仓对接。在扩展区域空间分布格局上，形成以上海、杭州、南京、宁波为核心的四个空间集聚区域，呈现明显的多核空间格局，一体化区域面积达2.8万平方公里，在各城市群中最大；其中以上海为中心，沿沪宁高速、沿江高速至常州，沿沪杭高速、杭甬高速至杭州、绍兴，成大面积的一体化连绵态势。

京津冀城市群呈现出明显的北京、天津两极独大的空间格局，城市群空间核心区域集中于京、津，少量分布于唐山；其中北京的紧密联系区域跨越行政边界向河北燕郊地区扩展。在扩展区域空间分布上，形成以京津双核为主，唐山为辅的空间集聚格局，并在京津双核辐射带动下，形成较大面积的一体化连绵区域，一体化区域面积达2.07万平方公里，仅次于长三角城市群。

珠三角城市群形成场能差异显著的内外圈层，珠江两岸的内圈层场能较强，与外圈层形成明显落差。城市群空间核心区域呈现以广州－佛山、深圳、东莞为主，侧重于珠江东岸的格局；其中广州的紧密联系区域超出行政区域与佛山高度对接，局部地区与东莞对接；核心区域面积达4841平方公里，仅次于长三角城市群。在扩展区域分布上，珠江两岸形成一体化的巨型城市连绵地区，并向惠州、江门等方向拓展；同时在粤东地区，围绕汕头形成相对小范围的一体化区域。

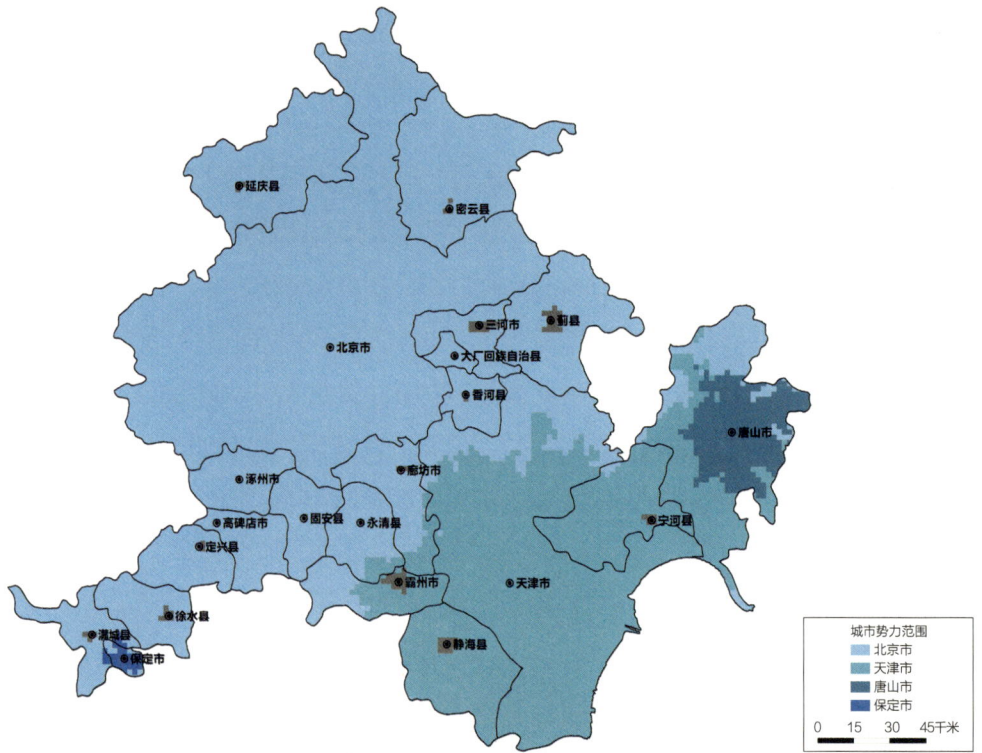

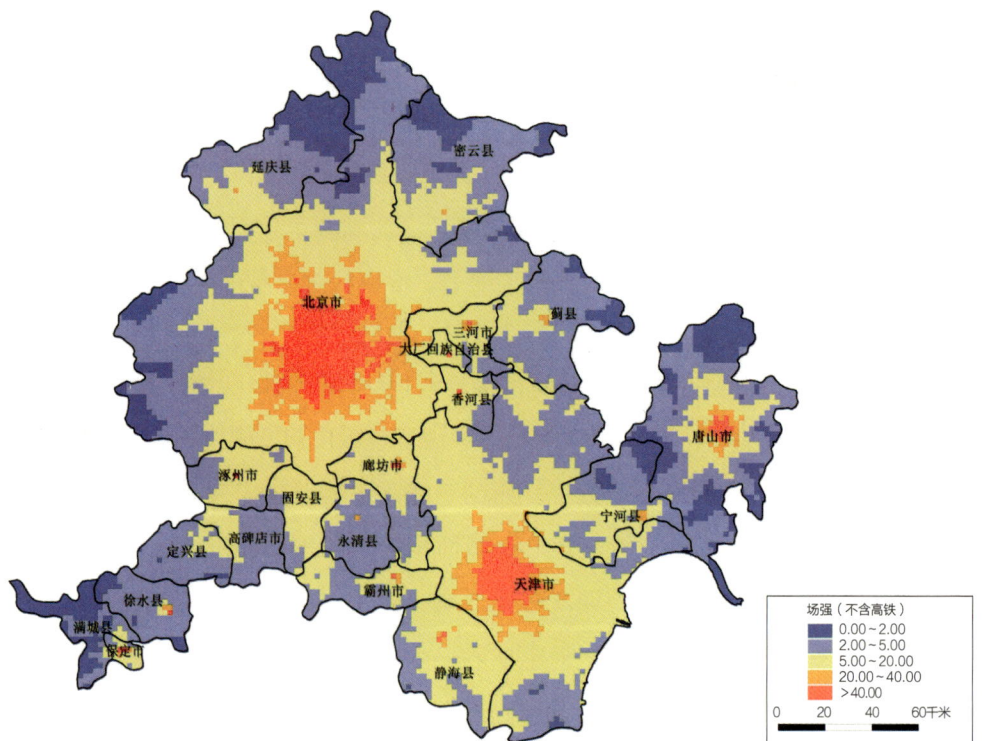

专题报告图 3-7　京津冀城市群城市势力范围分布（a）与场强空间格局（b）

　中国城市群的类型和布局

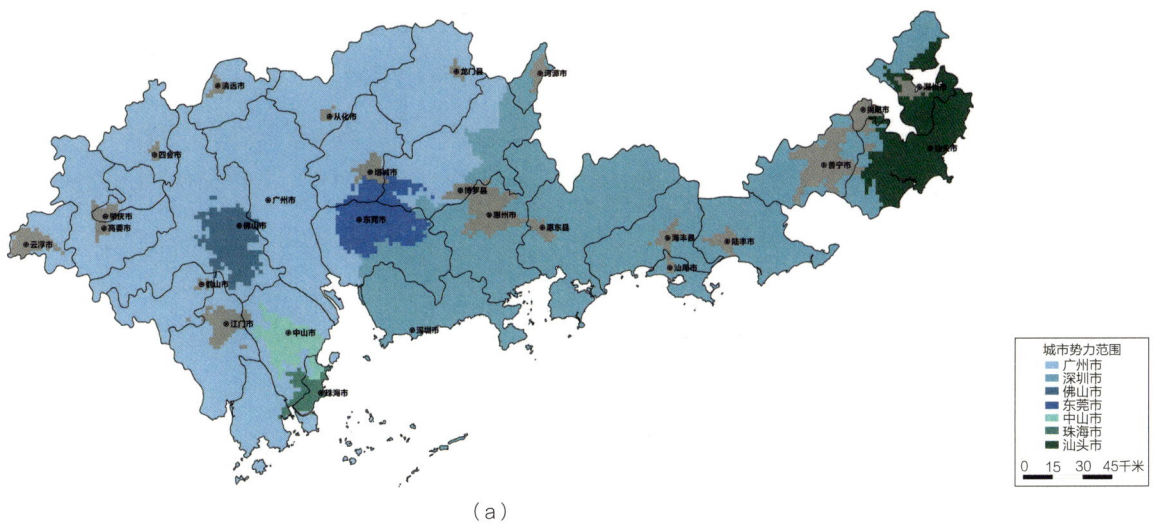

（a）

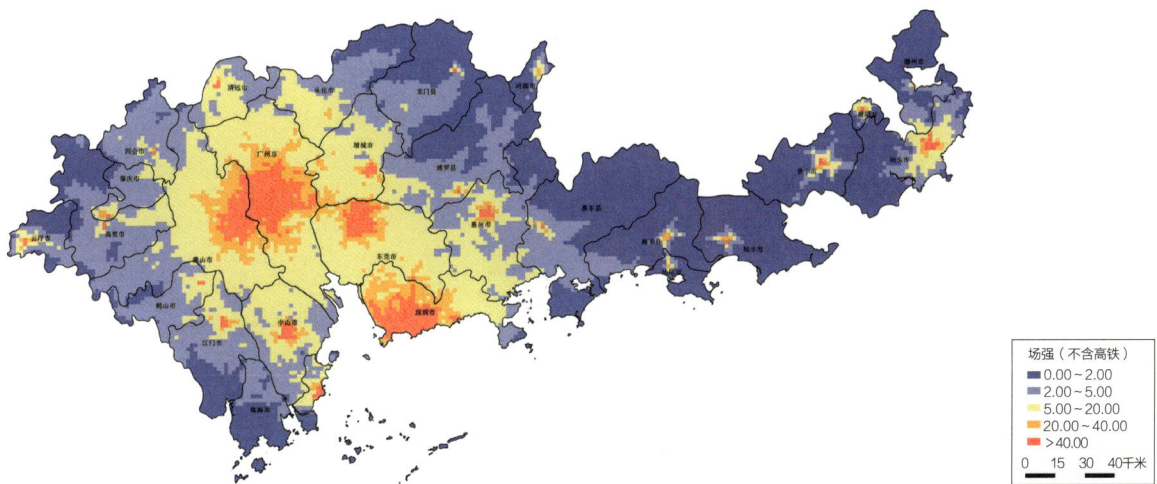

（b）

专题报告图 3-8　珠三角城市群城市势力范围分布（a）与场强空间格局（b）

（2）类型二：山东半岛、辽中南、海西，双核或多核空间格局，形成多个相对独立的一体化区（专题报告图3-9～专题报告图3-11）

区域受双核或多核辐射影响，但核心城市的辐射能级不及类型一的核心城市，紧密联系区域均未突破市区。围绕中心城市形成多个一体化扩展区域，但一体化区域相对独立，未能连绵成片。

在城市势力范围分布上，山东半岛城市群受青岛、济南、淄博、烟台、东营等相对均衡的辐射影响；青岛、济南的GDP相对突出，但总体而言，城市群GDP在主要城市的分布相对均衡。沈阳、大连在辽中南城市群中的经济实力突出，相应城市群受沈阳、大连双核的辐射影响明显；而海西城市群虽然主要受厦门、福州的辐射影响，但双核的经济实力相对于中部的晋江、泉州、莆田等并不具备绝对优势，相应中部各城市均呈现较强的相对独立性。

在空间核心区域、扩展区域分布上，山东半岛城市群以青岛、济南、淄博为主体，烟台、东营、潍坊、日照等为辅，呈相对均衡的空间格局。围绕中心城市，

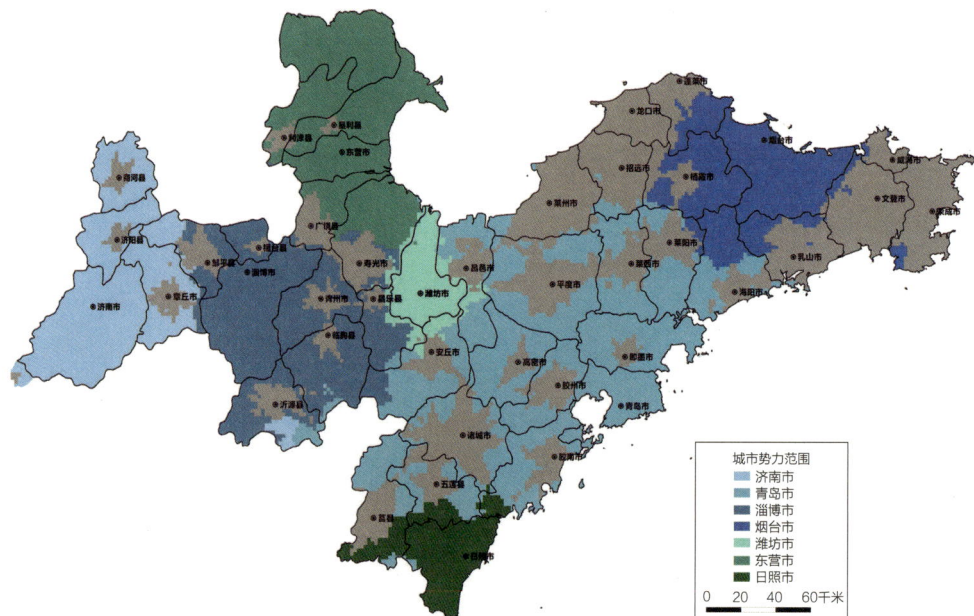

（a）

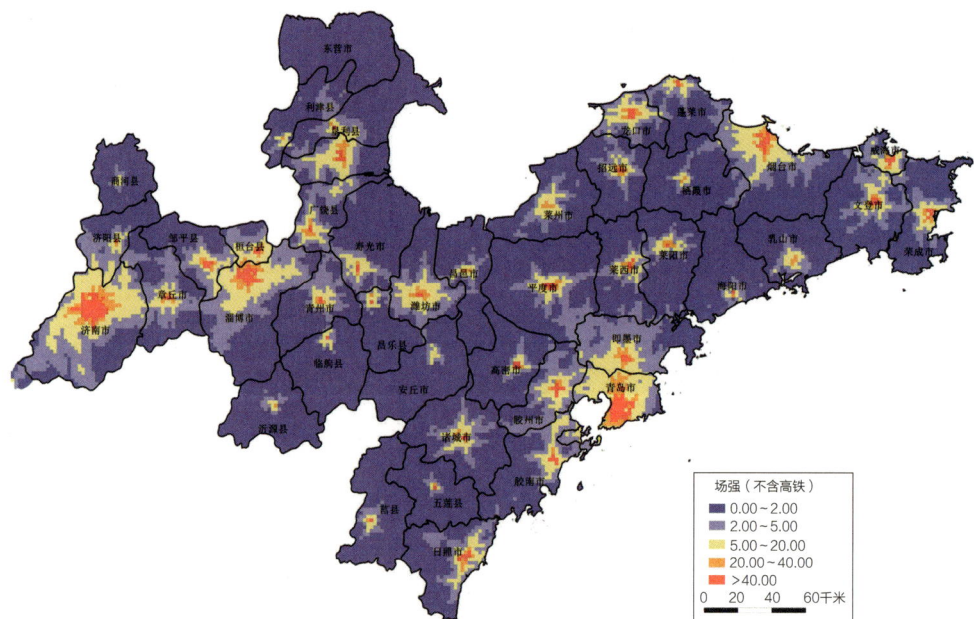

（b）

专题报告图3-9　山东半岛城市群城市势力范围分布（a）与场强空间格局（b）

与邻接地区形成扩展的一体化区域，其中青岛与北部即墨、济南与东部章丘、淄博与北部桓台及西北部邹平、东营与北部垦利分别形成一体化对接。

辽中南城市群的空间核心区域主要集中于沈阳、大连；在扩展区域空间分布上，主要形成沈阳、大连两个空间聚集区域，同时沿沈大高速形成带状分布的节点格局。沈阳与周边地区的一体化发展态势明显，向东与抚顺，向南沿沈大高速与灯塔逐步形成一体化对接。

相对于其他城市群，海西城市群空间发展不均衡性态势更为突出。城市群空间核心区域主要集中于厦门、福州；在扩展区域空间分布上，沿海岸带形成厦门、福州、晋江—泉州、莆田等多中心格局；而在城市群北端、南端及内陆地区场能较弱，福州与厦门的经济实力还难以对腹地发展产生大的辐射带动作用。同时，中心城市与邻接地区呈现出一体化的扩展态势，其中厦门的一体化区域向漳州角美方向扩展，福州与长乐市、闽侯县逐步形成一体化对接，泉州、晋江、石狮、南安、惠安逐步形成一体化的空间连绵。

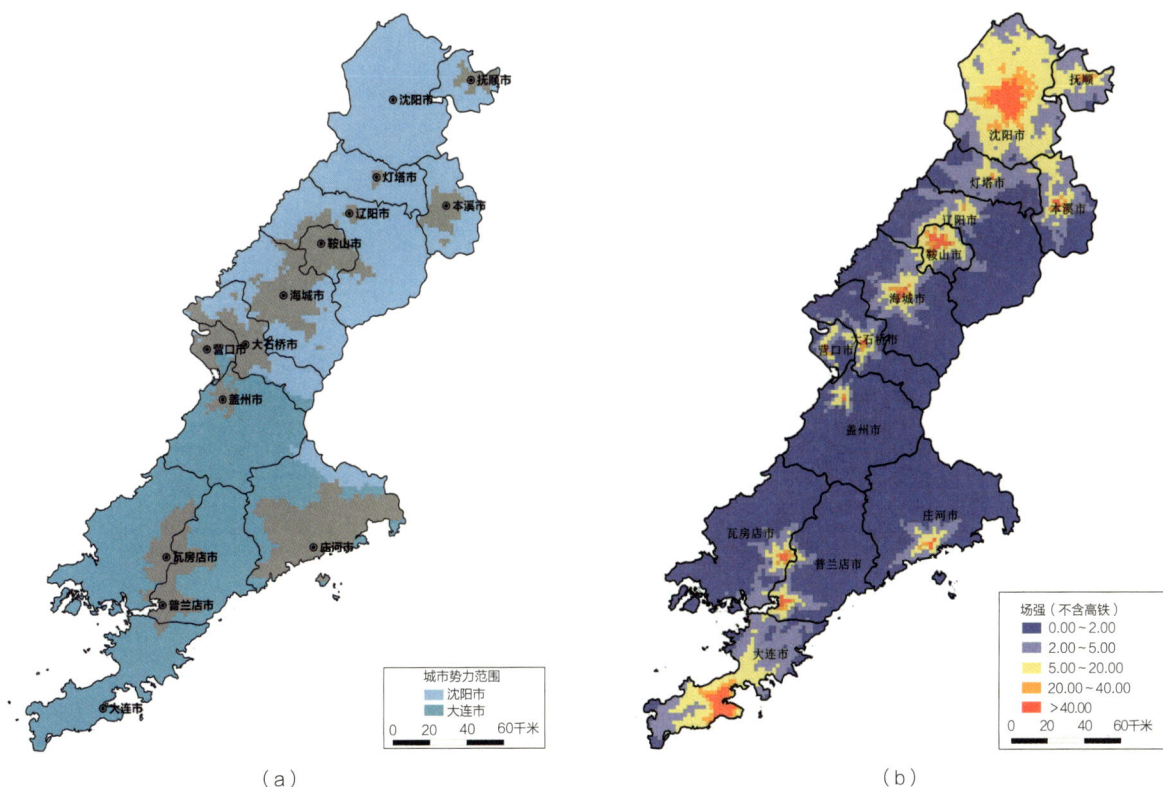

（a）　　　　　　　　　　　　　　（b）

专题报告图 3-10　　辽中南城市群城市势力范围分布（a）与场强空间格局（b）

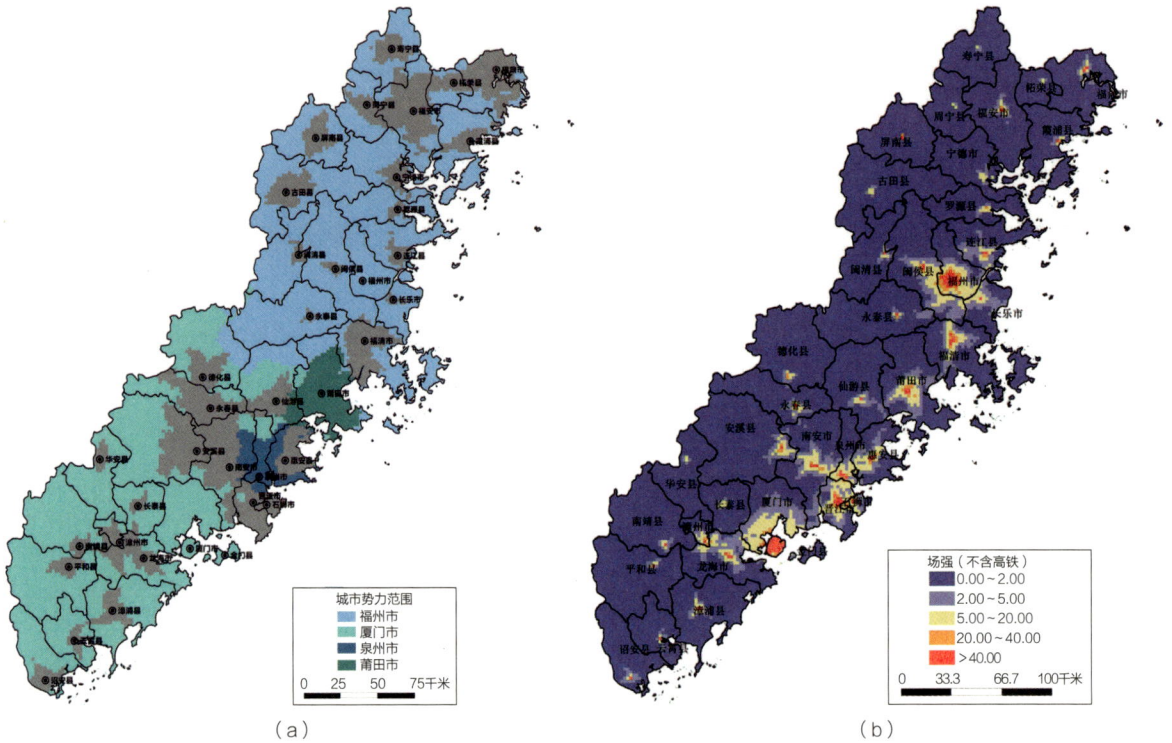

专题报告图 3-11　海西城市群城市势力范围分布（a）与公路网络作用下场强空间格局（b）

（3）类型三：武汉、长株潭、中原等城市群，主副空间格局，并围绕核心城市形成扩展的一体化区域（专题报告图3-12～专题报告图3-14）

在城市势力范围分布上，城市群主要受核心城市的辐射影响，同时副中心城市对区域发展发挥一定的补充影响力。其中武汉城市群在主要受武汉辐射影响的同时，宜昌在西部有超出市区的影响力；在中原城市群，郑州的辐射影响范围主要在东部，受经济实力制约，其影响力尚难以深入西部的洛阳、济源，而洛阳的影响范围超越市区向济源、孟州延伸。

城市群空间核心区域、扩展区域主要集聚于核心城市，部分围绕副中心城市集聚，形成主副结合的空间格局。武汉城市群呈现以武汉为中心的集聚态势，同时在宜昌形成一定的集聚区域；长株潭城市群以长沙为主，以周边的浏阳、株洲、湘潭、宁乡为辅，形成一主多副的空间格局；中原城市群以郑州为主，以洛阳、巩义、济源等为辅，形成多中心的空间态势。

反映在空间核心区域分布上，长株潭城市群的长沙向东与长沙县形成紧密对接，而其他城市群的核心城市的紧密联系区域均未突破市区。在扩展区域分布上，武汉城市群的武汉向东跨越市区，逐步向鄂州一体化延伸；长株潭城市群的长沙市与长沙县、望城县形成一体化对接，并沿京珠高速与株洲、湘潭形成对接；中原城市群的郑州向西与荥阳市对接，向南、向东突破市区向新郑、中牟一体化延伸。

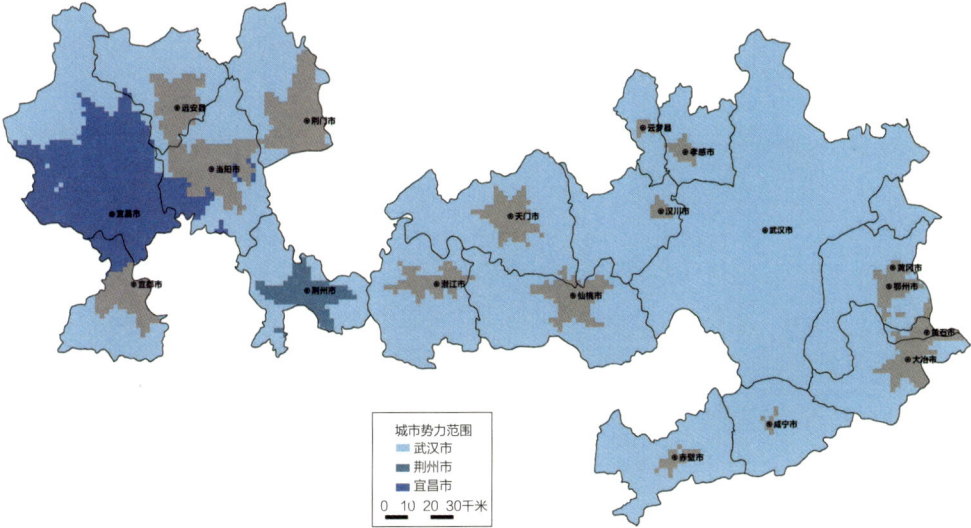

（a）

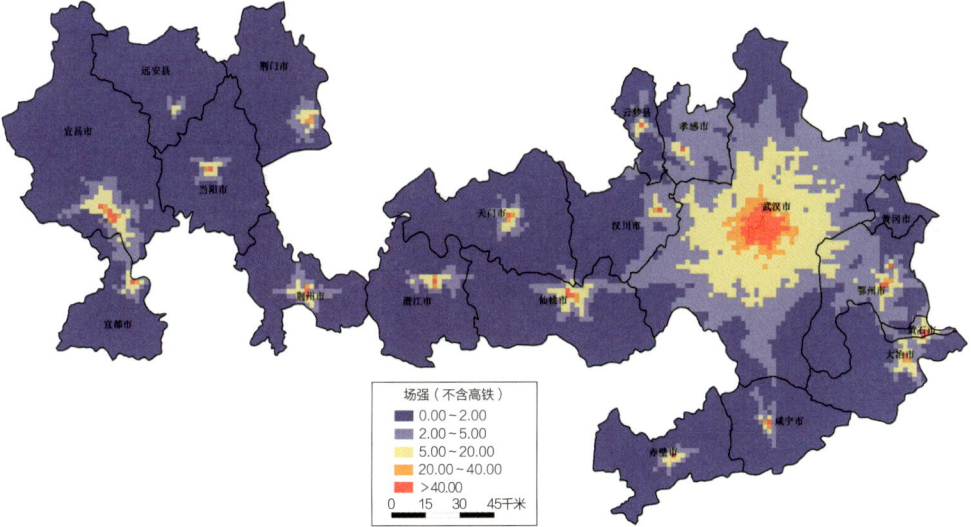

（b）

专题报告图 3-12　武汉城市群城市势力范围分布（a）与场强空间格局（b）

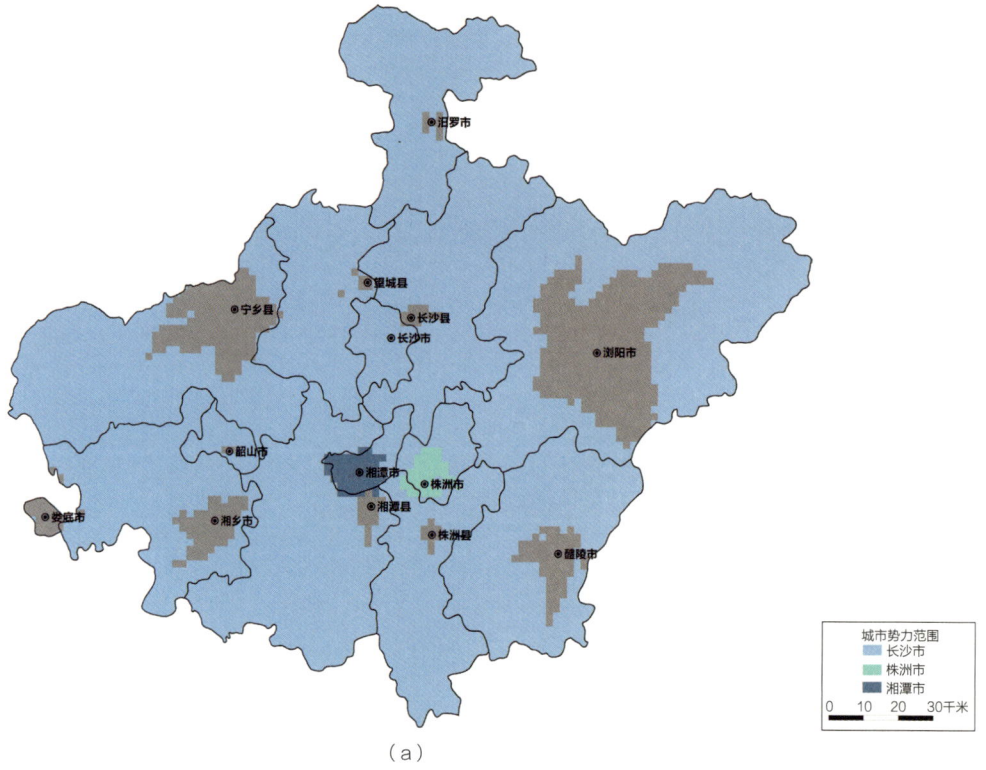

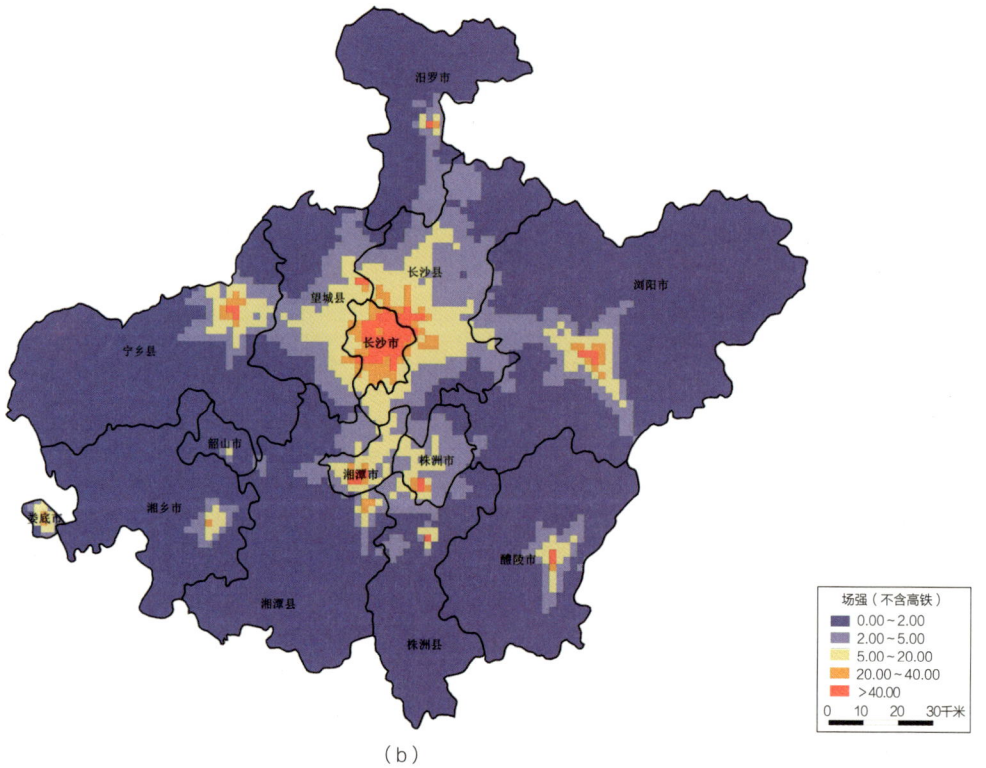

专题报告图 3-13　长株潭城市群城市势力范围分布（a）与场强空间格局（b）

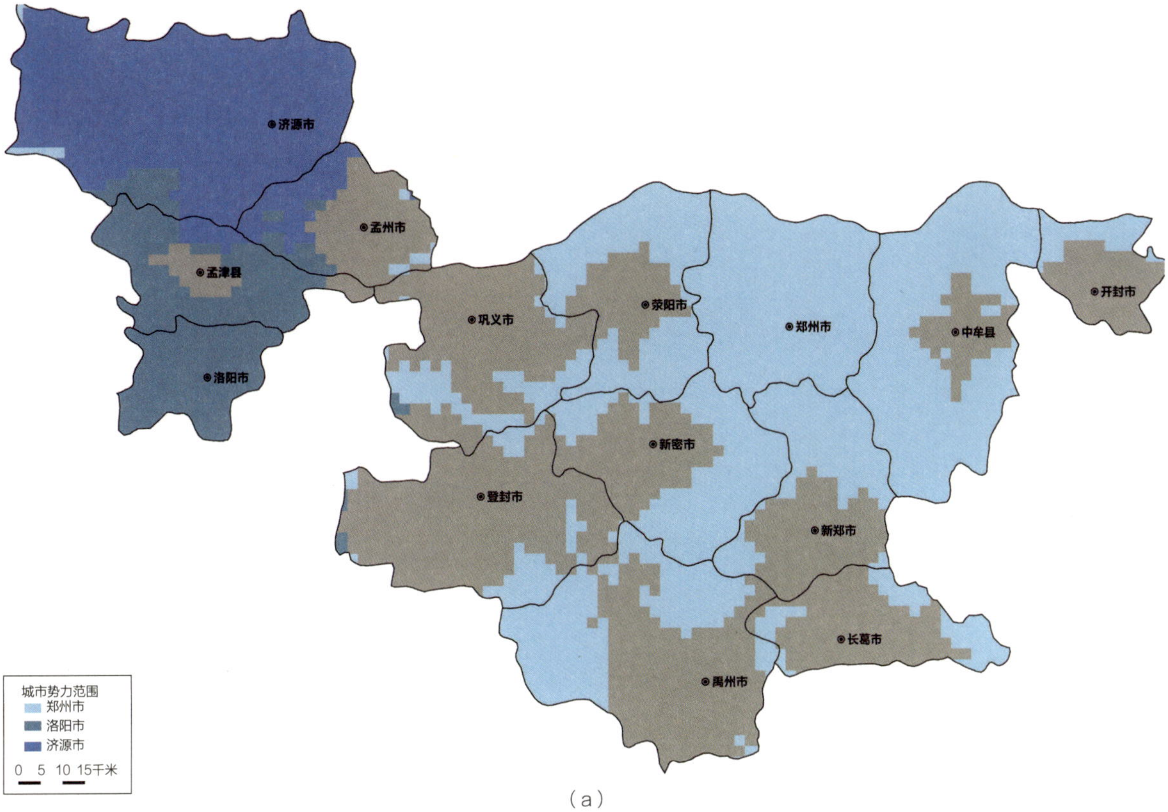
济源市
孟州市
孟津县
洛阳市
巩义市
荥阳市
郑州市
中牟县
开封市
新密市
登封市
新郑市
长葛市
禹州市
城市势力范围
郑州市
洛阳市
济源市
0 5 10 15千米

（a）

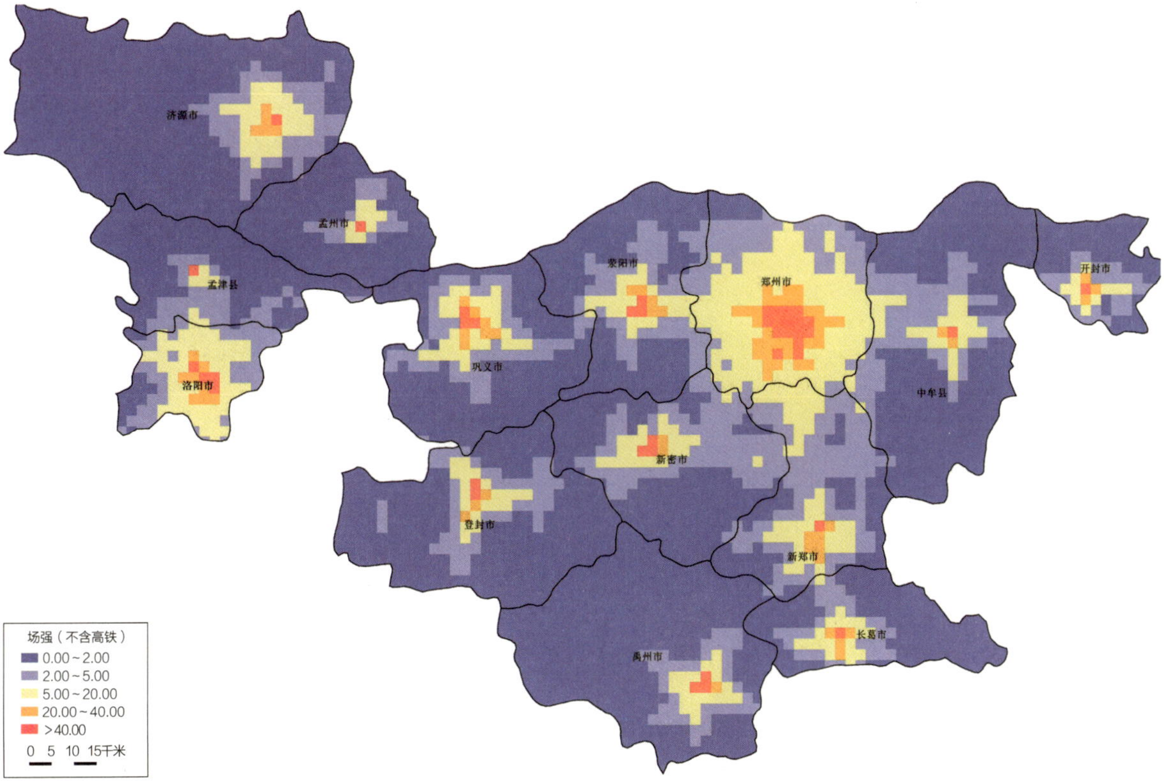
济源市
孟州市
孟津县
洛阳市
荥阳市
巩义市
郑州市
开封市
中牟县
新密市
登封市
新郑市
长葛市
禹州市
场强（不含高铁）
0.00～2.00
2.00～5.00
5.00～20.00
20.00～40.00
>40.00
0 5 10 15千米

（b）

专题报告图 3-14　中原城市群城市势力范围分布（a）与场强空间格局（b）

（4）类型四：重庆、成都、关中、北部湾等城市群，单核心空间格局，围绕核心城市形成扩展的一体化区域（专题报告图3-15～专题报告图3-18）

在城市势力范围分布上，城市群显著受单核心城市的辐射影响，即重庆、成都、西安、南宁分别在相应城市群中拥有绝对的辐射影响力。

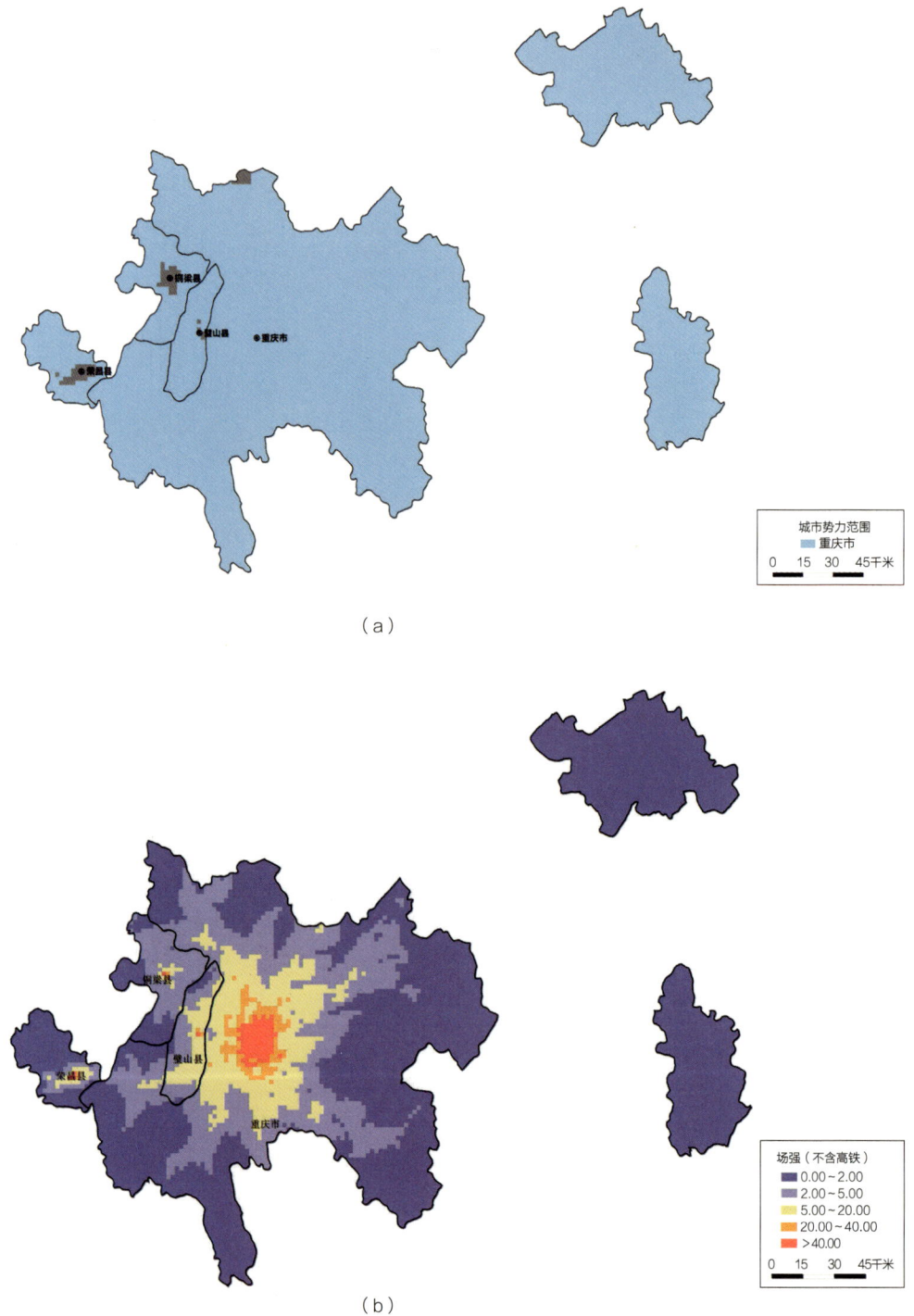

（a）

（b）

专题报告图 3-15　重庆城市群城市势力范围分布（a）与场强空间格局（b）

中国城市群的类型和布局

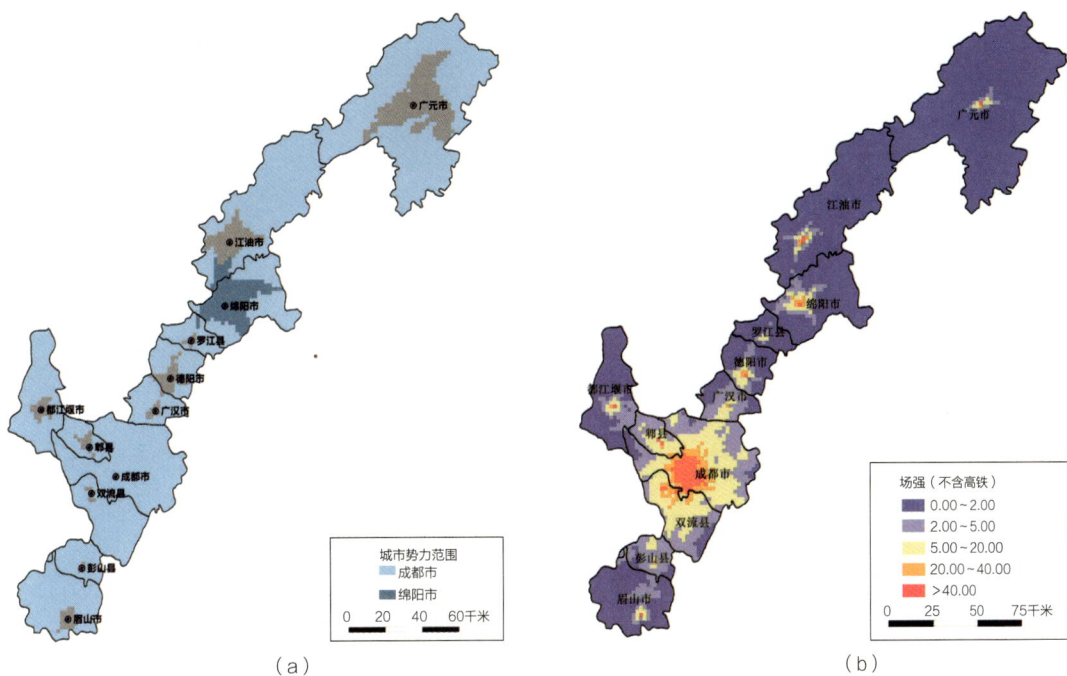

专题报告图 3-16 成都城市群城市势力范围分布（a）与场强空间格局（b）

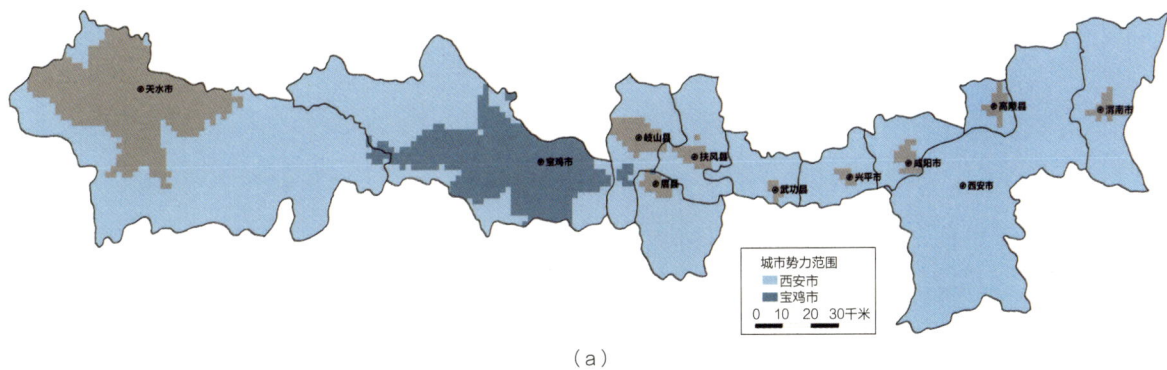

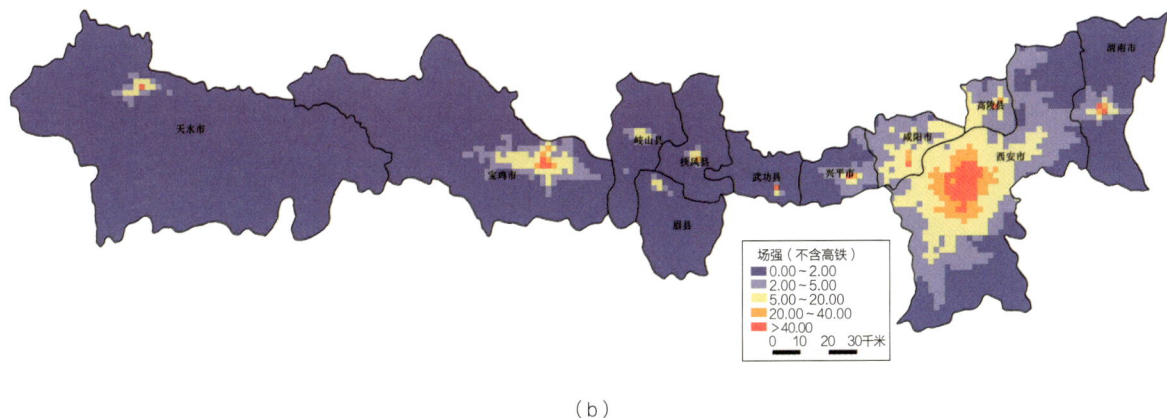

专题报告图 3-17 关中城市群城市势力范围分布（a）与场强空间格局（b）

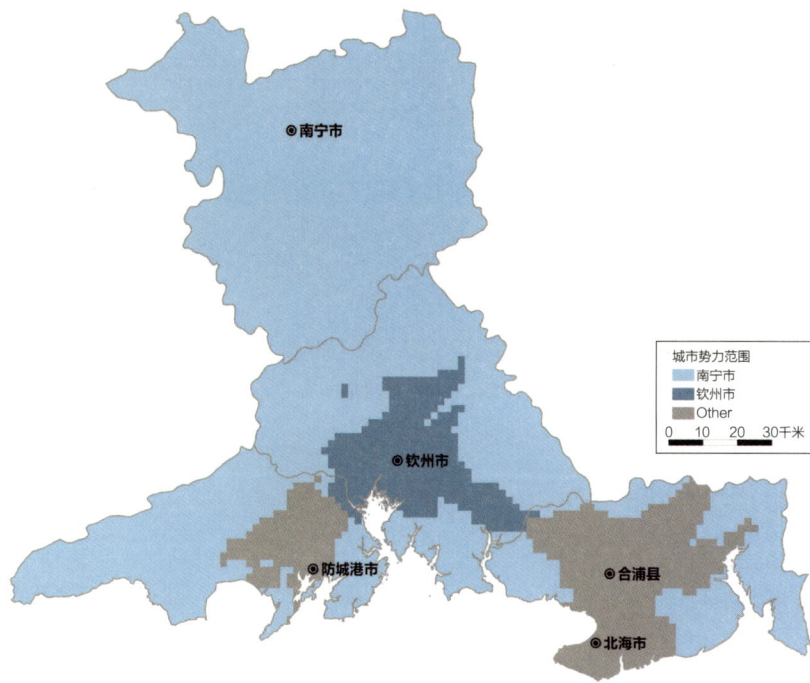

（a）

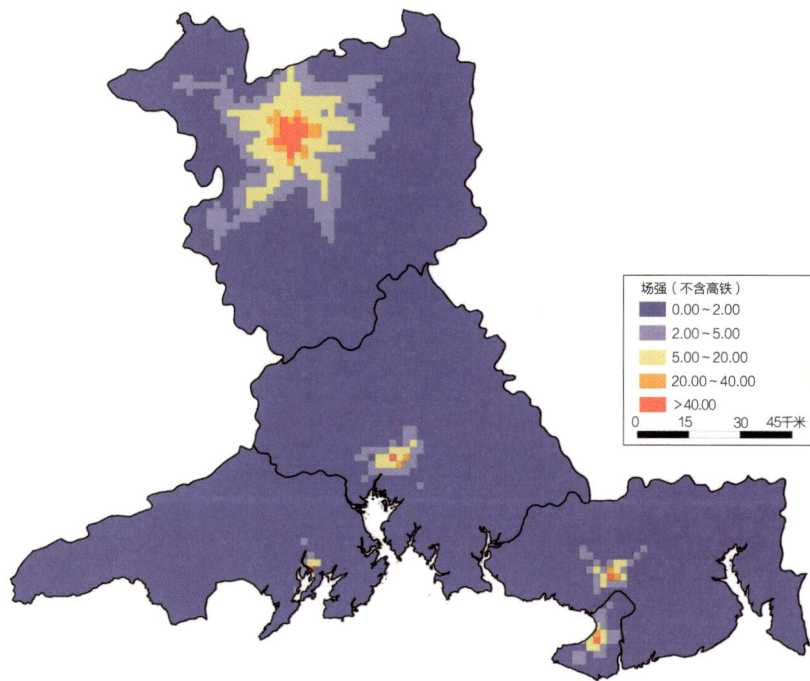

（b）

专题报告图 3-18　北部湾城市群城市势力范围分布（a）与场强空间格局（b）

城市群空间核心区域、扩展区域均呈现以核心城市为中心的单心集聚格局，其他节点受经济实力所限，势能普遍较小。但核心城市的辐射能级不及类型一的核心城市，反映在空间核心区域分布上，除成都城市群外，其他城市群的核心城市的紧密联系区域均未突破市区；成都城市群的成都向南与邻接的双流形成紧密对接。

在扩展区域分布上，北部湾城市群的南宁辐射带动能力尚弱，一体化范围聚集于市区，而其他城市群的核心城市均具有超出市区的一体化扩展态势。其中重庆城市群的重庆向璧山、铜梁方向一体化扩展；成都城市群的成都与双流、郫县形成充分一体化对接，并沿成绵高速向广汉方向延伸；关中城市群的西安向西、向北推进与咸阳市、高陵县形成一体化。

3. 完善城市群空间发育宜从提升核心城市辐射能级、优化城市体系、改善交通可达性同时着手

基于上述各城市群场强空间格局的差异分析，可以得出如下结论：

（1）提升核心城市的辐射能级，是提高城市群空间发育的关键

核心城市的辐射能级差异，是造成各城市群空间发育程度差异的主要原因之一。伴随核心城市经济规模的提高，相应带来的辐射能级提升，将直接导致邻近地区场能的增加和一体化扩展区域（场强值大于5）面积的扩大。正是由于长三角、京津冀、珠三角三大核心城市群内核心城市强大的辐射能级，一方面带来核心城市的紧密联系区域（场强值大于20）突破市区向紧邻市县扩展，另一方面促进城市群形成大面积的一体化连绵区。而由于其他类型的城市群核心城市的辐射能级存在差距，尚难以促成一体化的成片连绵区域形成。

在同一类型的城市群中，一般随着核心城市辐射能级的提升，城市群空间核心区域、扩展区域面积相应增加。如山东半岛、辽中南的整体空间发育优于海西城市群；中原、长株潭、武汉城市群的一体化空间发育规模逐步提升；北部湾、关中、成都、重庆城市群的内部空间一体化发展潜力依此增大。

（2）优化城市群城市体系结构，宜成为城市群空间格局优化的重要内容

京津冀城市群的北京市与长三角城市群的上海市GDP处于同一量级，天津市GDP差不多相当于杭州市与南京市GDP的总和（专题报告表3-9），但与长三角、珠三角不同的是，京津冀城市体系不健全，京津两极独大，而区域内主要节点城市数量有限，相应城市群空间核心区域、扩展区域面积均大幅小于长三角，并且核心区域面积也小于珠三角；只是扩展区域面积略大于珠三角，尚显示京津在推动区域一体化发展中具有强大的辐射带动作用。

同样的，山东半岛城市群的青岛市、济南市2010年的GDP均不及3000亿元，低于辽中南城市群的沈阳市、大连市，但由于山东半岛城市群的城市体系结构更

为协调，城市群GDP在青岛、济南、淄博、烟台、东营等主要城市间分布相对均衡，城市群空间核心区域、扩展区域面积均大于辽中南城市群。

此外，对比核心城市处于同等经济发展水平的不同城市群结构的空间发育水平（即2010年核心城市GDP在3000亿～4000亿元的辽中南、武汉、成都城市群，核心城市GDP在2000亿～3000亿元的山东半岛、长株潭、关中城市群，核心城市GDP在1000亿～2000亿元的海西、中原、北部湾城市群），明显发现：无论在城市群空间核心区域面积上还是扩展区域面积上，双核型的城市群结构明显高出主副型的城市群，而主副型的城市群又明显优于单核的城市群。

（3）改善城市群交通可达性，是完善城市群空间发育的必要途径

不同的交通可达性水平，对城市群内城市空间引力和中心城市辐射带动范围产生不同的影响。随着交通可达性水平的提升，相应增强中心城市沿主要交通轴线与周边地区空间一体化发育的潜力。

京津冀城市群由于交通网络发达，交通可达性高，北京沿主要交通轴线扩展辐射远，由此运算得出的城市群扩展区域覆盖面积比重达52%，高居各城市群之首；中原城市群由于交通网络较为发达，交通可达性较高，在前文所述的主副空间格局的城市群类型中，虽然核心城市GDP与长株潭城市群相差一个量级，但运算得出的城市群扩展区域面积两者接近，占城市群面积的比重达16.7%；除京津冀、长三角、珠三角三大核心城市群外，该比重在其他城市群中处于领先。

（4）推进以核心城市为中心的都市区建设，发挥交通设施对都市区空间发展的引导和组织作用

围绕核心城市的周边地区是城市群内部场能较高，与核心城市联系紧密和空间一体化发育潜力较大的区域，宜成为优化城市群空间结构的优先考虑区域，积极推进以核心城市为中心的都市区建设。

同时要防止都市区空间无序发展，"摊大饼"式的郊区化过程无助于交通拥挤、环境污染等城市问题的解决。要重视交通建设对都市区空间有序发展和空间合理组织等方面的作用，以对外交通建设引导都市区空间发展，协调交通设施布局与都市区职能结构及功能地域结构的关系，倡导以公共交通为主的运输方式，积极促进多核心的都市区空间结构。

（四）高铁网络增进城市群空间一体化发育

1. 高铁网络改善城市群内部主要"点—轴"时空格局

高铁网络对城市群同时产生如下三方面的效用，一是优化城际间交通运输方

式结构，改变区域交通过度依赖公路与汽车的局面，形成绿色、大运量的区域交通运输主体；二是产生时空距离的收缩效应，便捷和加强城市间经济社会交往，促进日趋紧密的一体化经济区域形成；三是引导以核心城市为中心的区域空间布局优化，沿高铁走廊扩大核心城市1小时交通圈范围，有效发挥核心城市的集聚和扩散效应，促进以核心城市为中心的都市区形成和范围扩展。本次研究主要侧重于第三个方面，即高铁网络对空间一体化发育的增进上。

鉴于前述研究已得出的城市群城市势力范围及场强格局主要受核心城市❶控制和影响，本节主要分析高铁网络带来的以核心城市为中心的时空格局的变化；并基于1小时可达范围是核心城市辐射带动和引起场能提升的主要区域，重点反映高铁网络对核心城市1小时时距圈范围的扩展。

不同城市群的高铁网络布局和发展水平、主要空间轴线上高铁技术标准等存在较大差异，对城市群时空格局的影响也呈现出显著的不同。但总体而言，反映出如下共有特征：

（1）不同高铁技术标准引发的时空收缩效应呈现明显的差异。一般而言，沿高速公路可将核心城市的1小时可达范围拓展至半径60～65公里，而设计时速200～250公里高铁的范围可扩展至半径80公里左右❷，时速350公里高铁的范围更可进一步延伸至100～120公里。

（2）与高速公路主要带来1小时时距圈呈轴带状向外延绵不同，由于高速铁路站间距达10～60公里，时距圈主要在高铁站点周围跨越式分布，呈现明显的"点—轴"状特征；且越向外围，围绕高铁站拓展的节点型时距圈面积越小。

（3）高铁站点距城市中心的距离直接影响着1小时时距圈向外拓展的范围。一般而言，布局于核心城市市中心10公里外的高铁站较5公里的高铁站需多花费人们在城市内的出行时间10分钟以上；对1小时时距圈而言，相当于时速200～250公里的高铁向外少开出25～32公里，时速350公里的高铁高铁向外少开出40～45公里。

下面将研究的13个城市群划分成如下四种类型，分别描述高铁网络对城市群时空格局的影响特征和程度差异。

（1）类型一：高铁网络对城市群时空格局产生全域性的改善

在城市群的各主要轴线上均布局了时速350公里的高铁，覆盖城市群主要城市，由此带来波及城市群全域性的时空格局改善。具体又可细分为如下两种情形：

1）双核或多核支撑的大型城市群——长三角、京津冀、辽中南（专题报告图3-19～专题报告图3-21）

长三角城市群建成运营的高铁时速均达到了350公里，形成相对于高速公路的明显时空优势，在沪宁、沪杭、宁杭、杭甬等轴线上产生明显的时空收缩效应，

❶ 结合前文，各城市群对应的核心城市分别指：长三角—上海、杭州、南京；京津冀—北京、天津；珠三角—广州、深圳；山东半岛—青岛、济南；辽中南—沈阳、大连；海西—厦门、福州；武汉—武汉；长株潭—长沙；中原—郑州；重庆—重庆；成都—成都；关中—西安；北部湾—南宁。

❷ 除高铁行程外，还考虑到两端至出发地或目的地的道路/公路上行程时间。下同

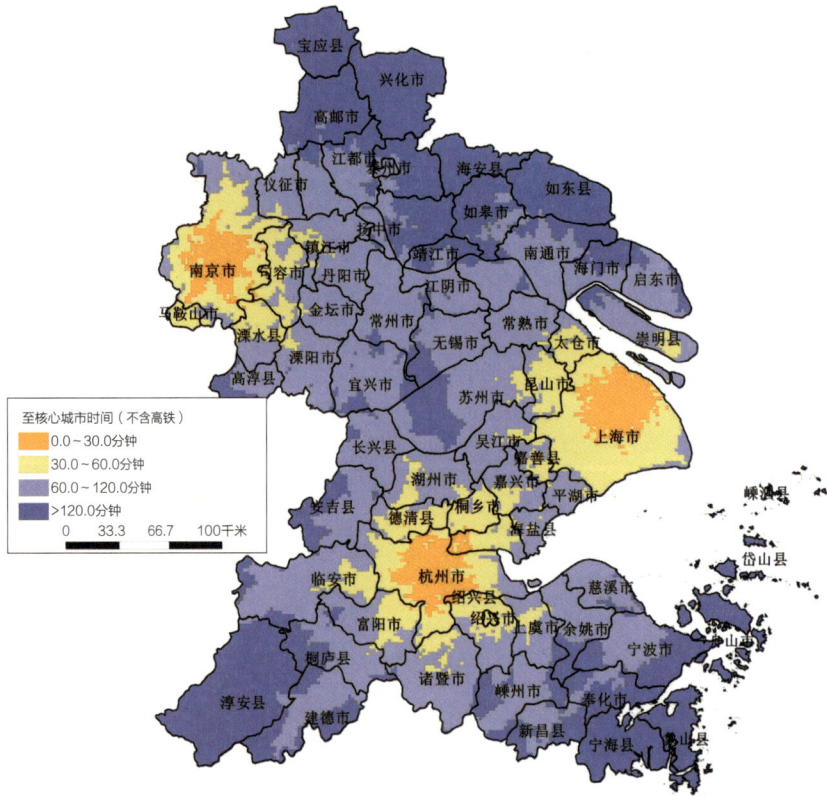

（a）

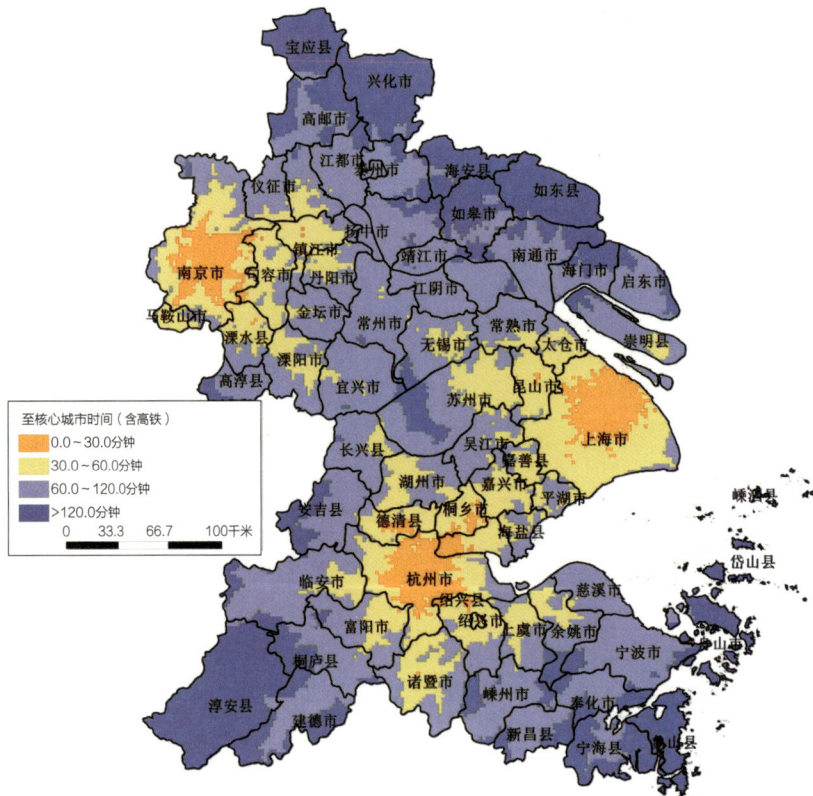

（b）

专题报告图 3-19　长三角城市群核心城市时距圈分布：公路网络（a）与含高铁网络（b）对比

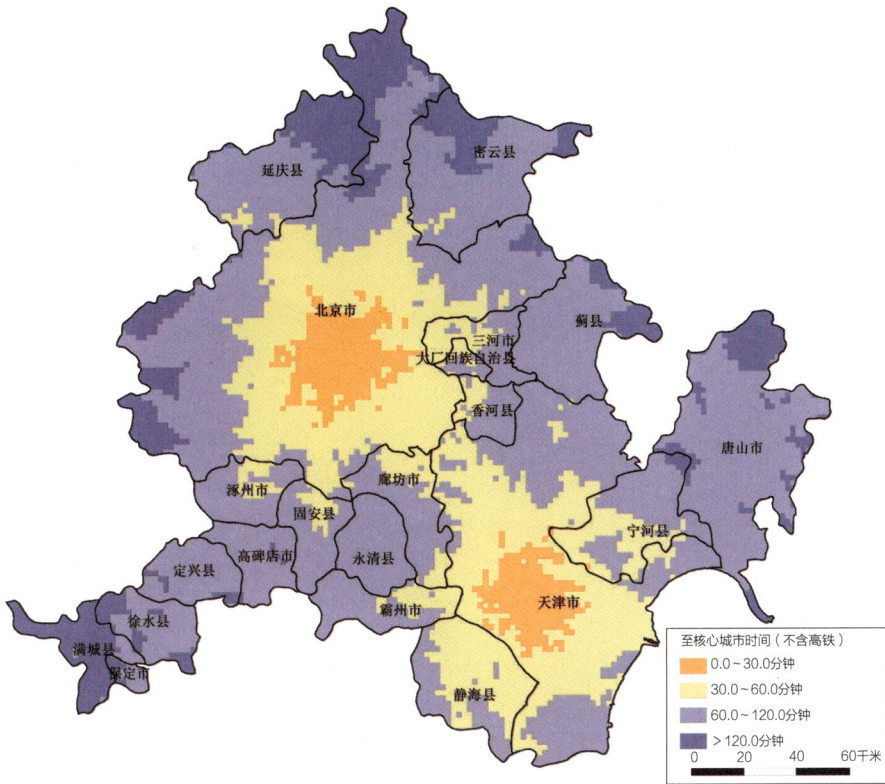

（a）

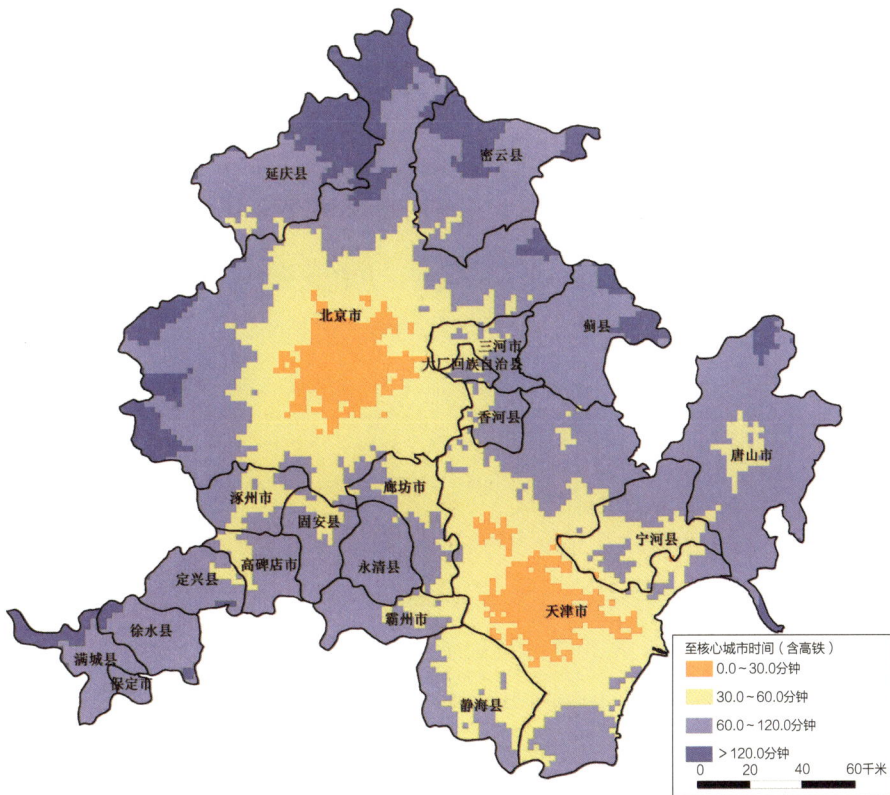

（b）

专题报告图 3-20　京津冀城市群核心城市时距圈分布：公路网络（a）与含高铁网络（b）对比

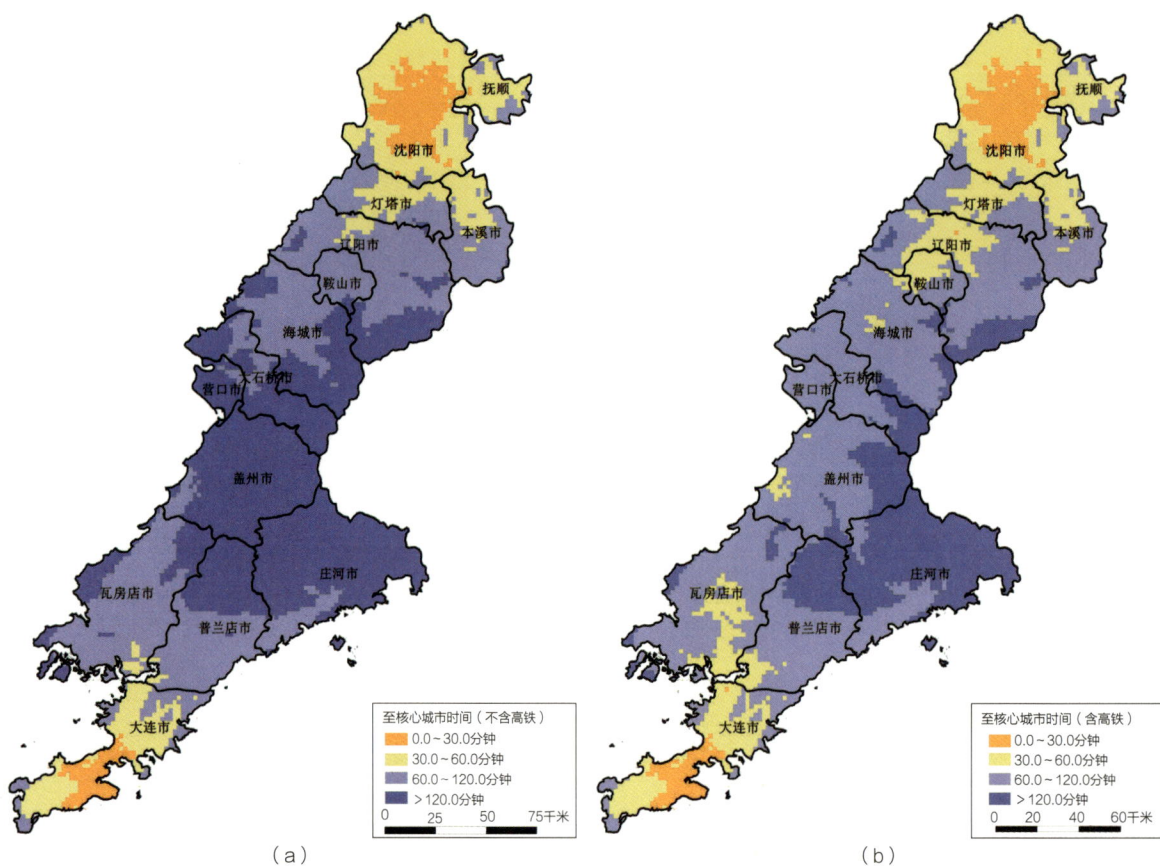

専題报告图 3-21　辽中南城市群核心城市时距圈分布：公路网络（a）与含高铁网络（b）对比

上海、杭州、南京等三大核心城市的0.5小时、1小时时距圈均得到明显扩展。上海将昆山南站地区纳入0.5小时时距圈，南京将镇江站、溧水站地区纳入0.5小时时距圈，杭州的0.5小时时距圈向桐乡、德清扩展。上海的1小时可达范围向沪宁沿线的苏州、无锡、沪杭沿线的嘉兴等延伸，并在沪杭轴线上与杭州的1小时时距圈对接；杭州的1小时可达范围向宁杭轴线的湖州、长兴，杭甬轴线的余姚、沪昆沿线的诸暨拓展；南京的1小时时距圈覆盖至沪宁轴线的镇江、丹阳并跨越长江至扬州，在宁杭轴线上延伸至溧阳、宜兴。

京津冀城市群在京津、京保、津唐等轴线上布局了时速350公里的高铁，由此围绕北京、天津的时距圈发生了较为明显的变化。京津城际武清站地区成为京津轴线上0.5小时时距圈的飞地，并相应促成京津轴线1小时时距圈变宽；京津城际塘沽站促成天津的0.5小时时距圈向东延伸与之对接；北京的1小时时距圈沿京广高铁向高碑店、定兴延伸，津秦高铁使唐山中心城区跨越式地纳入天津的1小时时距圈范围。

辽中南城市群的沈大轴线上布局了时速350公里的高铁，由此沿沈大轴线沈阳的1小时时距圈向鞍山扩展，大连的1小时时距圈向瓦房店扩展，并将海城、盖州等高铁站地区纳入两大核心城市的1小时时距圈内。

2）单核支撑的中小型城市群——长株潭、中原（专题报告图3-22、专题报告图3-23）

城市群主要城市在以核心城市为中心的半径100～110公里范围内，由此在城市群主要轴线上布局时速350公里的高铁，可将轴线上主要城市纳入核心城市的1小时时距圈内。

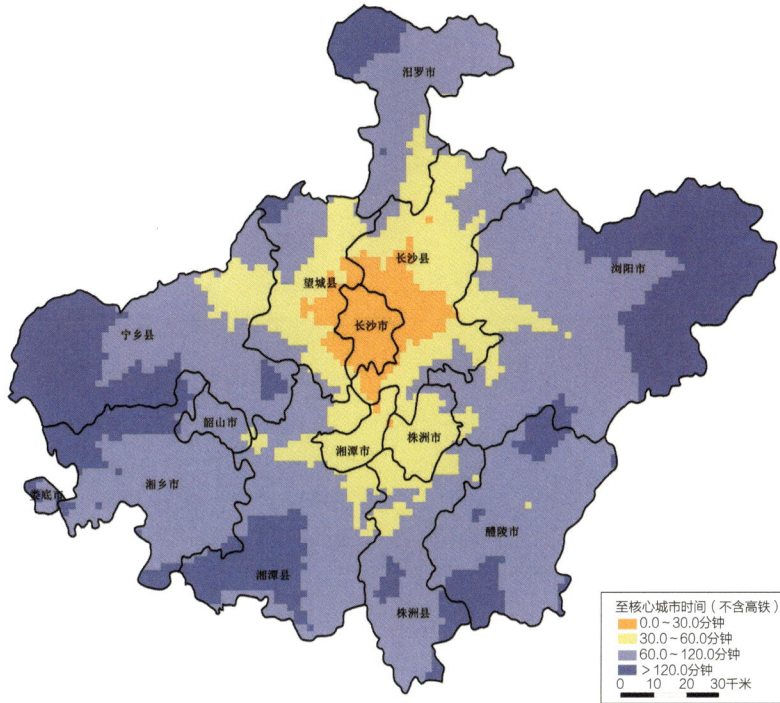

（a）

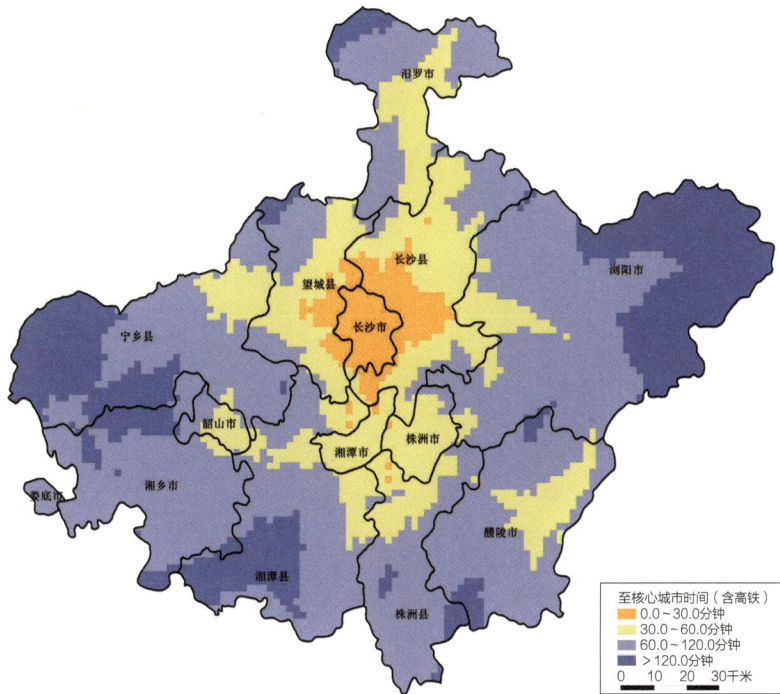

（b）

专题报告图3-22　长株潭城市群核心城市时距圈分布：公路网络（a）与含高铁网络（b）对比

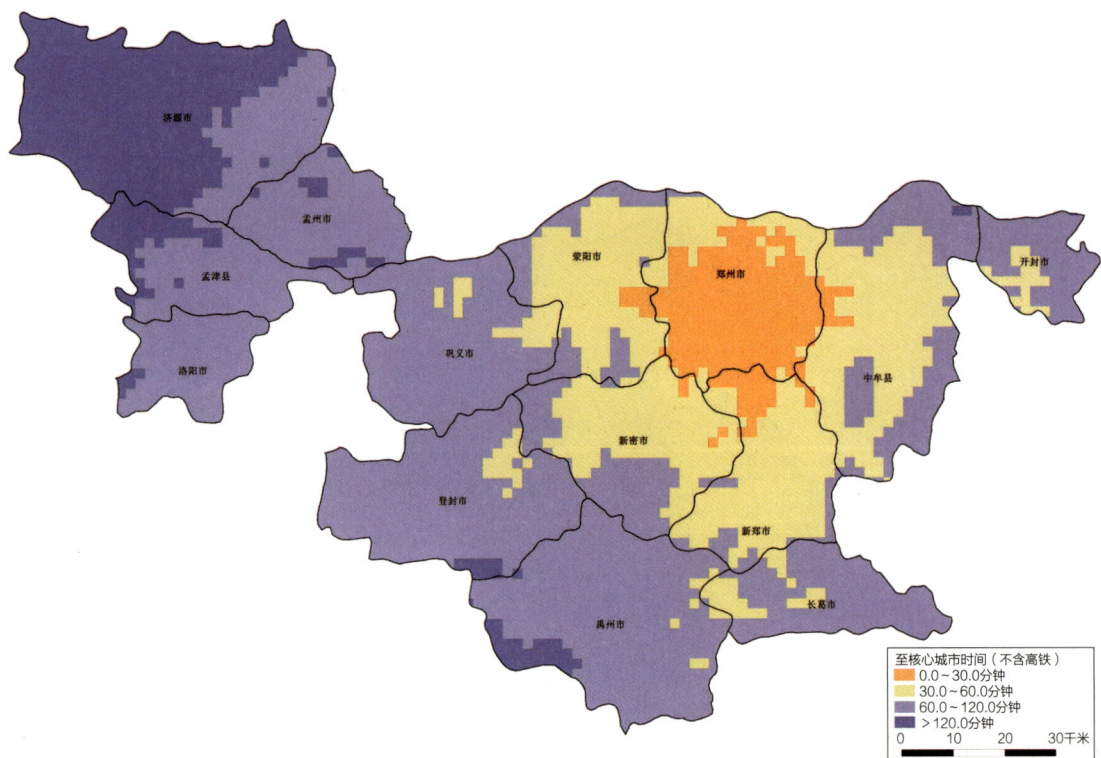

（a）

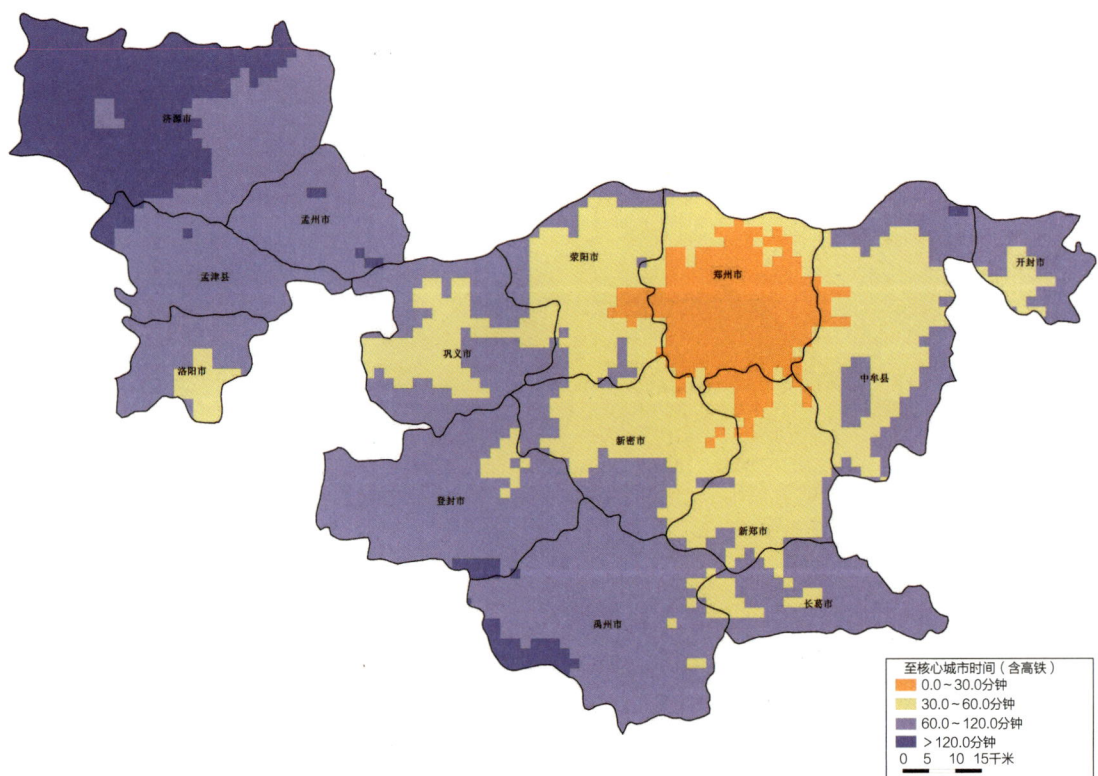

（b）

专题报告图 3-23 中原城市群核心城市时距圈分布：公路网络（a）与含高铁网络（b）对比

如长株潭城市群的京广、沪昆高铁设计时速均达到350公里，对城市群的时空格局产生明显的影响。沪昆高铁上的湘潭北站地区被纳入长沙0.5小时时距圈，1小时时距圈向京广高铁沿线的汨罗，沪昆高铁沿线的醴陵、韶山大幅扩展。中原城市群在郑洛轴线上布局了时速350公里的高铁，郑州的1小时时距圈向郑西高铁沿线的巩义、洛阳大幅拓展。

（2）类型二：高铁网络对城市群核心区域的时空格局产生较为明显的改善
（专题报告图3-24、专题报告图3-25）

在城市群的短轴方向或双核支撑的区域中部布局了时速350公里及其他等级的高铁，对核心区域的时空格局产生明显的改善；而在城市群长轴方向布局高铁的

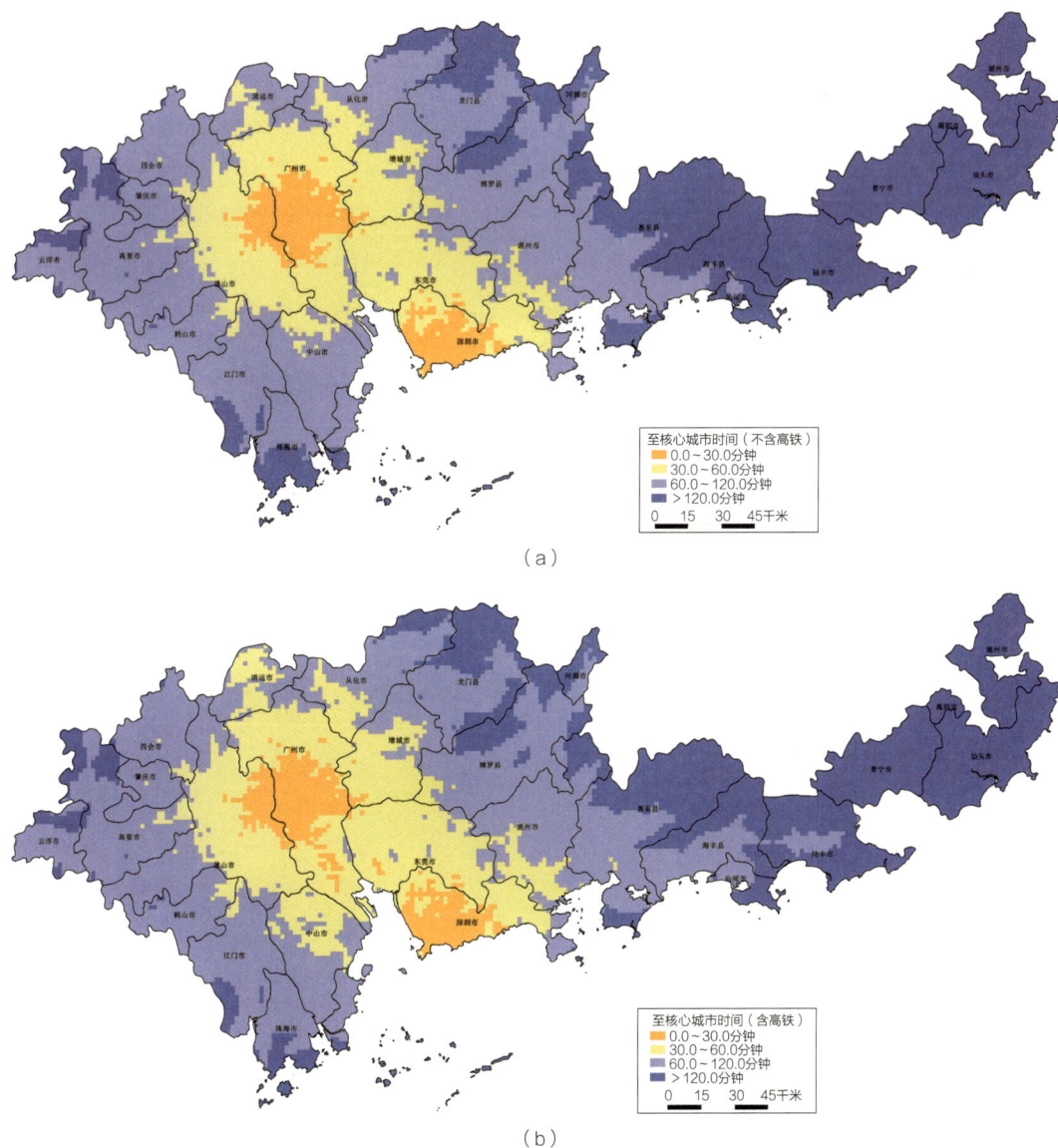

（a）

（b）

专题报告图 3-24　珠三角城市群核心城市时距圈分布：公路网络（a）与含高铁网络（b）对比

标准不高，核心城市的1小时可达范围波及有限。

珠三角城市群在广深轴线上布局有京广深高铁（时速350公里）、广深铁路（最高时速200公里），而在广州、深圳至汕头的轴线上厦深线的设计时速250公里（运营时速200公里），其他轴线上的南广高铁、广珠城际设计时速也为250公里。由此高速铁路带来的时空格局变化主要体现在时速350公里的京广深高铁的相应站点上，0.5小时时距圈将京广深高铁的庆盛站、虎门站附近地区纳入，而1小时时距圈变化主要体现在沿广珠城际向中山市域深入，并将南广高铁的肇庆东站、厦深线的惠东站等站点地区纳入等方面。

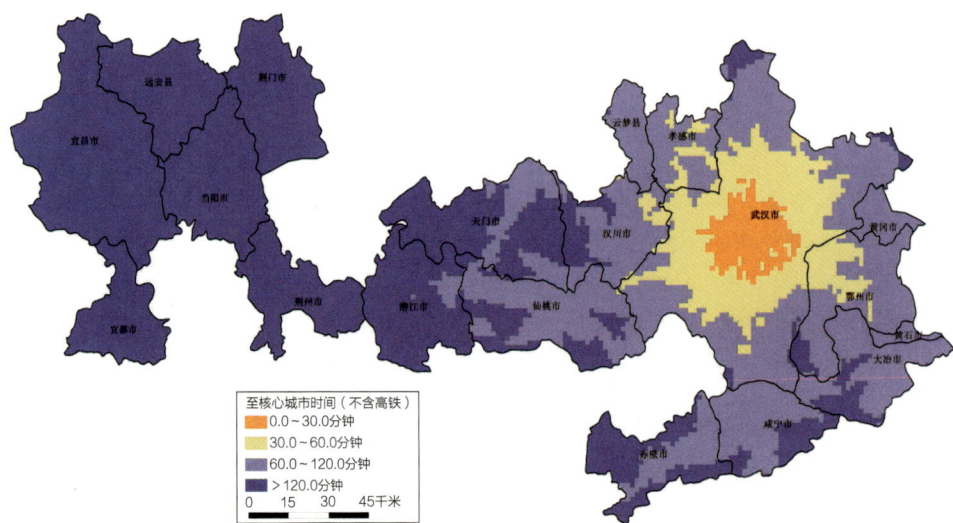

（a）

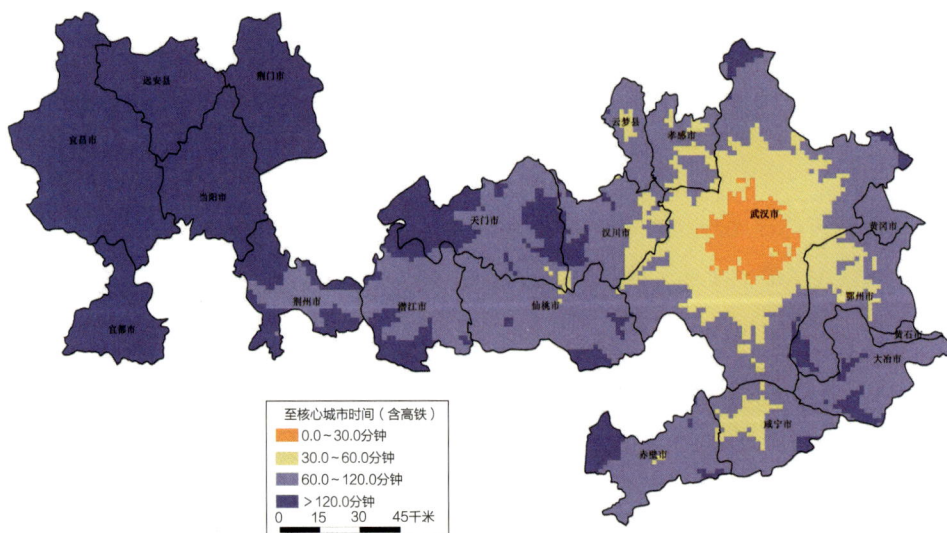

（b）

专题报告图 3-25　武汉城市群核心城市时距圈分布：公路网络（a）与含高铁网络（b）对比

武汉城市群在武汉至咸宁轴线上布局有京广高铁（时速350公里）、武咸城际，而在武汉至宜昌的长轴方向，汉宜线的设计时速为200公里（预留250公里）。由此高速铁路带来的时空格局变化主要体现在武汉周边的一些高铁站点附近，1小时时距圈将京广高铁上的咸宁、赤壁，汉宜线上的汉川、仙桃，汉丹线上的云梦纳入。同时，武黄城际、武冈城际的起止站为武汉站，而武汉站距离武汉城市中心14公里左右，相应制约了1小时时距圈向黄石方向的扩展。

（3）类型三：围绕核心城市形成都市区性的时空格局局部改善

此类的城市群尺度较大或呈狭长带状布局，依托高铁网络，核心城市的1小时时距圈范围难以触及城市群更大范围，主要呈现围绕核心城市的局域性格局改善。具体又可细分为如下两种情形：

1）双核支撑的大型城市群——山东半岛、海西（专题报告图3-26、专题报告图3-27）

城市群依托双核支撑，核心轴线空间距离超过200公里，同时轴线上布局的高铁标准不高，依托高铁的城市群时空格局的改善主要体现在围绕核心城市的局域性高铁站点地区的变化上。

山东半岛城市群济南和青岛间空间距离300公里，而胶济客专设计时速250公里（运营200公里），由此城市群时空格局的变化主要为：济南的1小时时距圈将胶济客专的淄博站附近地区纳入，青岛1小时时距圈将胶济客专的高密站、青烟威荣城际的莱西北站地区纳入。

海西城市群福州和厦门间空间距离210～220公里，福厦客专设计时速250公里（运营时速200公里），城市群时空格局的变化主要为：1小时时距圈分别由厦门、福州向泉州、莆田拓展。

2）狭长带状城市群——成都、关中（专题报告图3-28、专题报告图3-29）

成都城市群虽然县市区的高铁覆盖率较高，但城市群主要依靠成都单核支撑，在南北长轴上布局的成绵乐客专的设计时速250公里，对南北狭长城市群而言，成都的1小时时距圈波及范围仅及80公里。

关中城市群在西安至天水长轴上，西宝高铁初期运营时速仅250公里，且线路尚未延伸至天水[1]。依托高铁网络，西安的1小时时距圈变化主要反映在渭南北站、杨陵南站地区的扩展上。

（4）类型四：对城市群时空格局的改善不明显（专题报告图3-30、专题报告图3-31）

重庆城市群的高铁网络发展滞后，主要是利用既有线的高速化改造。时空格局的变化仅仅体现在零星的高铁站点地区上，即1小时时距圈范围在长寿北站、合川站附近地区扩大，同时将涪陵北站地区纳入。

[1] 直至2017年7月，宝兰客专正式开通运营。

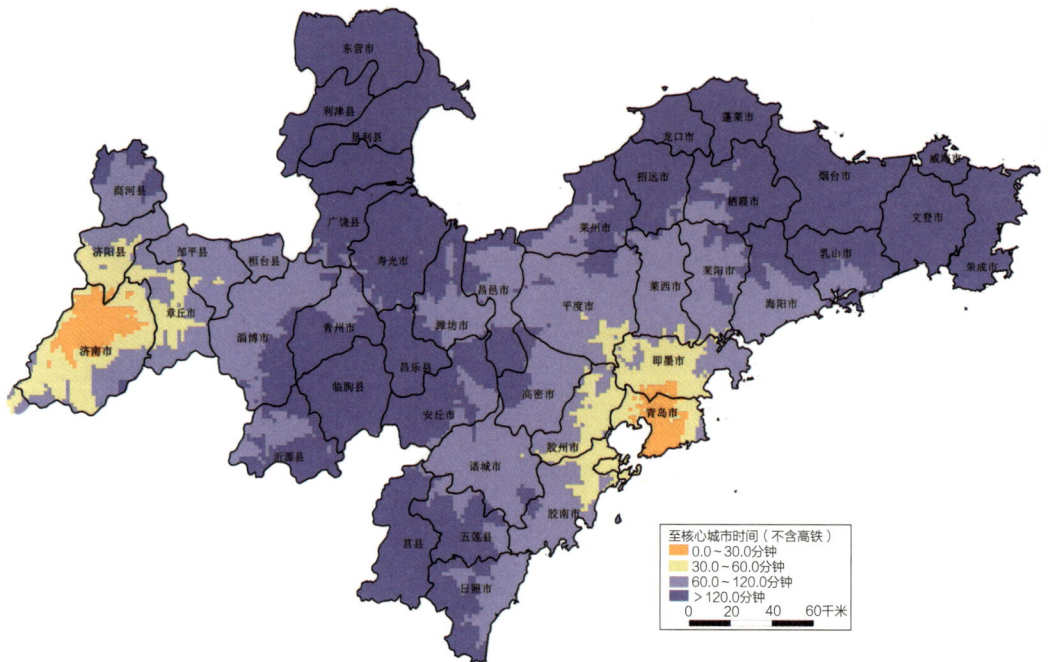

（a）

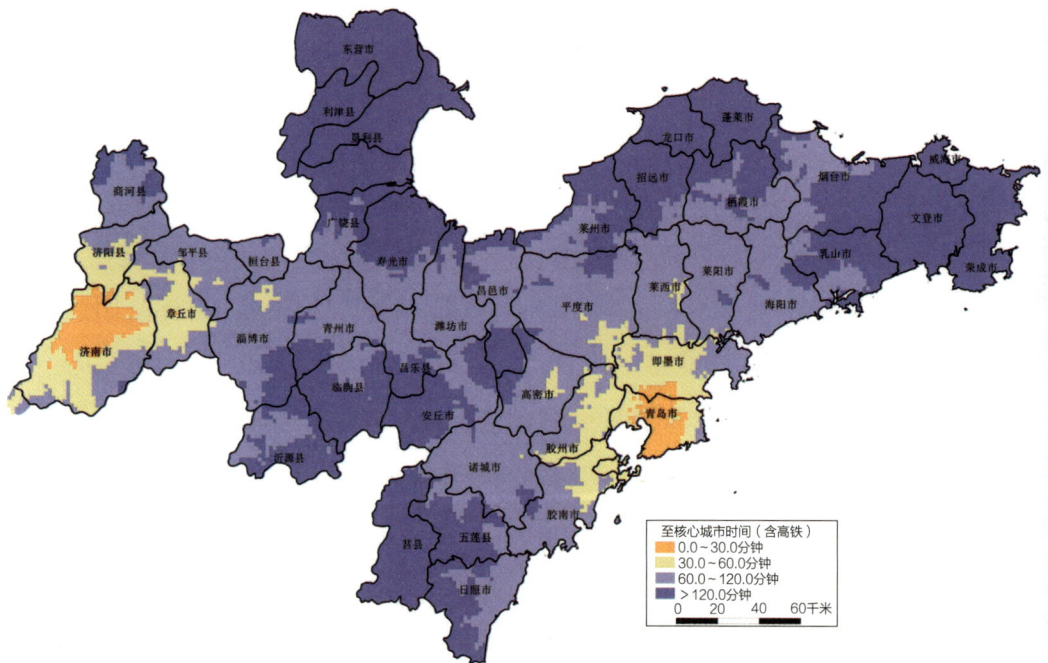

（b）

专题报告图 3-26　山东半岛城市群核心城市时距圈分布：公路网络（a）与含高铁网络（b）对比

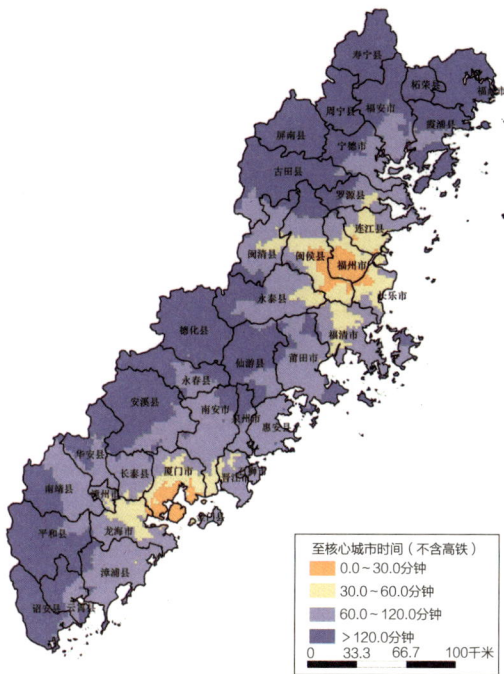
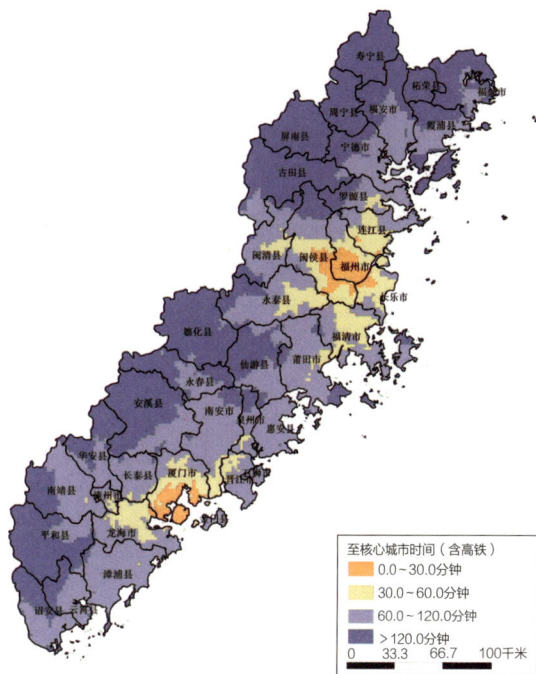

（a）　　　　　　　　　　　　　（b）

专题报告图 3-27　海西城市群核心城市时距圈分布：公路网络（a）与含高铁网络（b）对比

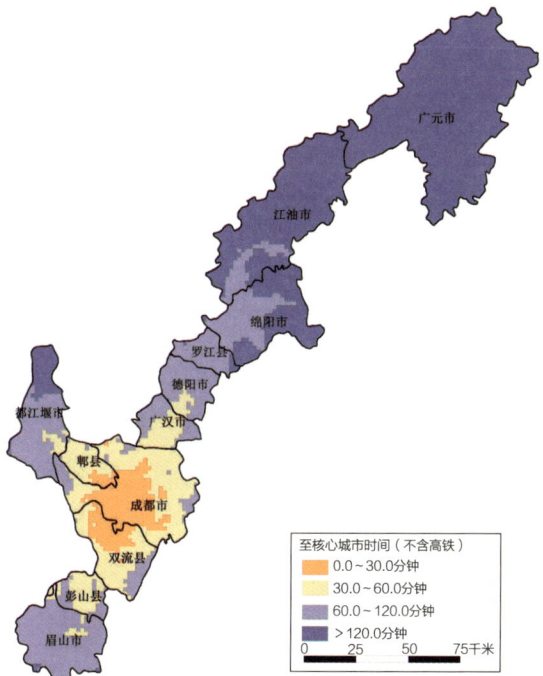
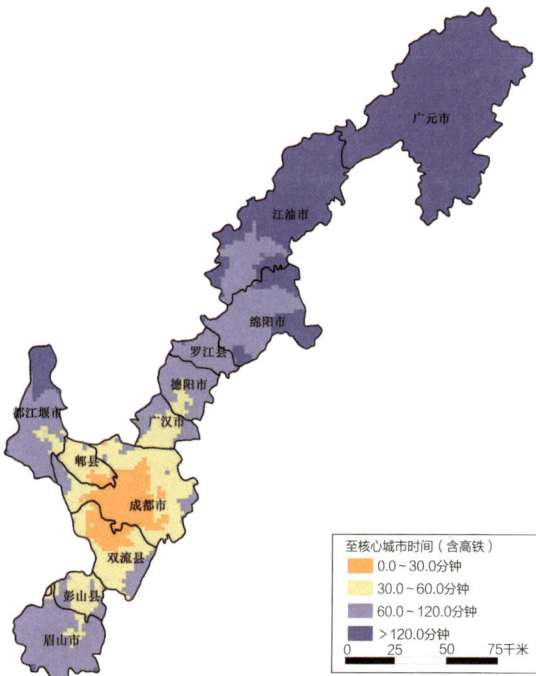

（a）　　　　　　　　　　　　　（b）

专题报告图 3-28　成都城市群核心城市时距圈分布：公路网络（a）与含高铁网络（b）对比

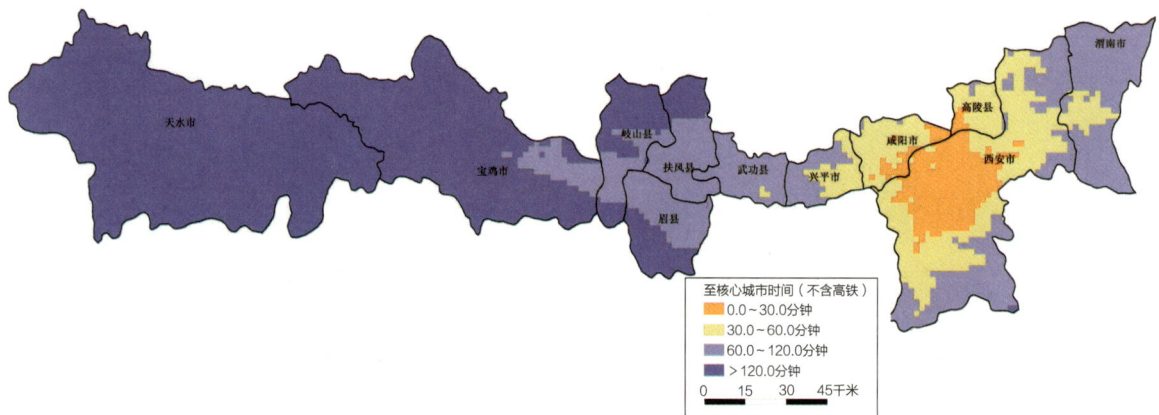

（a）

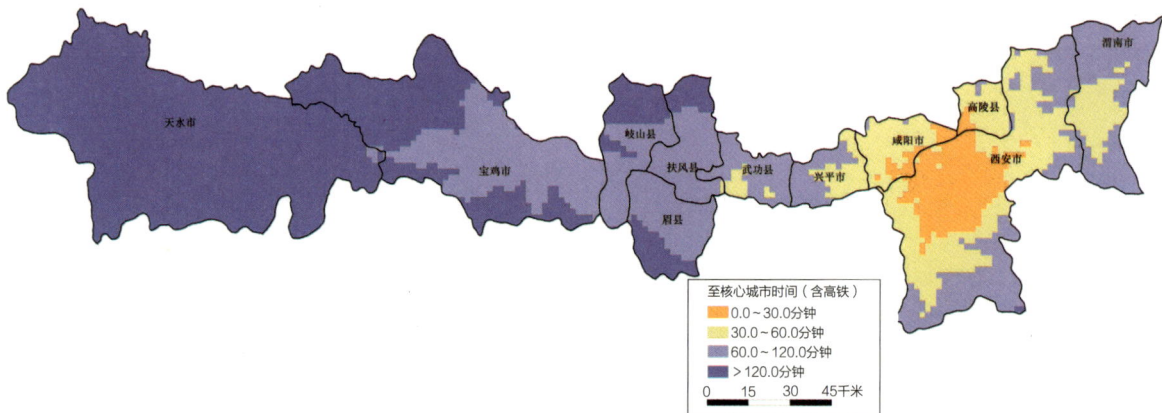

（b）

专题报告图 3-29　关中城市群核心城市时距圈分布：公路网络（a）与含高铁网络（b）对比

北部湾城市群虽然高铁网络较为发达，高铁站点覆盖城市群全部5个县市节点，但邕北线在南宁至钦州间无中间站点，即南宁市区外半径80公里内无布局站点，由此未能发挥高铁网络对1小时时距圈的改善效用。

2. 高铁网络改善高辐射能级核心城市周边站点地区的场强格局

高铁网络对城市群空间一体化发育的增进，主要体现在沿高铁走廊显著提升核心城市周边站点地区的一体化潜力上。反映在场强格局改善上，不仅与时空格局的改善相关，而且与城市群内核心城市的辐射能级直接关联。这里仍以场强值＞20作为城市群空间核心区域的度量标准，场强值＞5为城市群内部具有一体化倾向的扩展区域的度量标准，辐射能级较弱的核心城市不可能对周边地区场强值的显著提升及由此的一体化空间格局产生作用；尤其是在高速公路网络已促成城市群基本的场强格局的情形下，高速铁路网络带来的主要是将核心城市半径60~100公里范围内的高铁站点地区纳入0.5~1小时时距圈，只有高辐射能级的核心城市才能推动这些较远距离站点地区的场能显著提升。

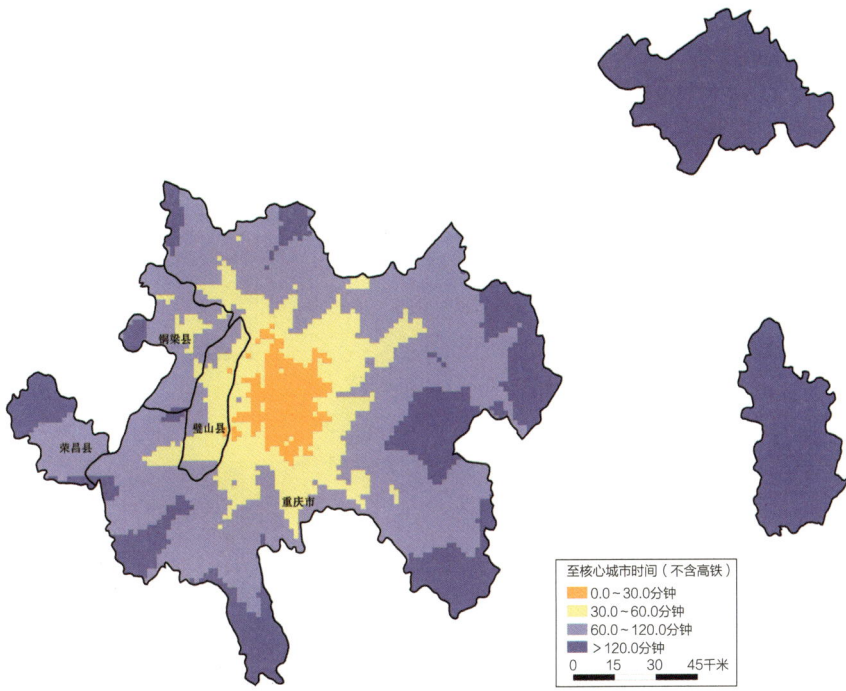

至核心城市时间（不含高铁）
- 0.0~30.0分钟
- 30.0~60.0分钟
- 60.0~120.0分钟
- >120.0分钟

0 15 30 45千米

（a）

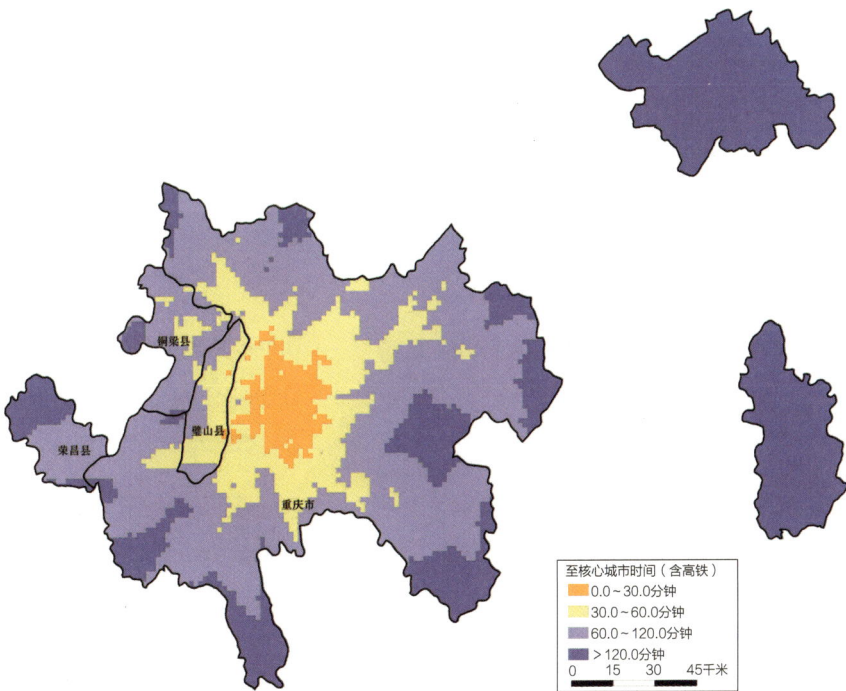

至核心城市时间（含高铁）
- 0.0~30.0分钟
- 30.0~60.0分钟
- 60.0~120.0分钟
- >120.0分钟

0 15 30 45千米

（b）

专题报告图 3-30　重庆城市群核心城市时距圈分布：公路网络（a）与含高铁网络（b）对比

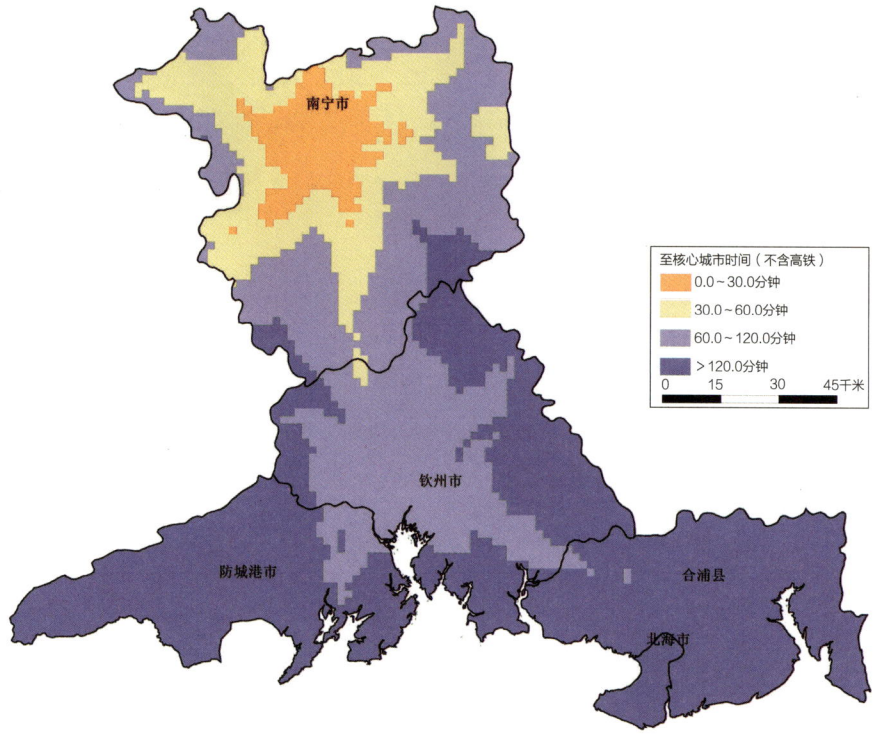

（a）

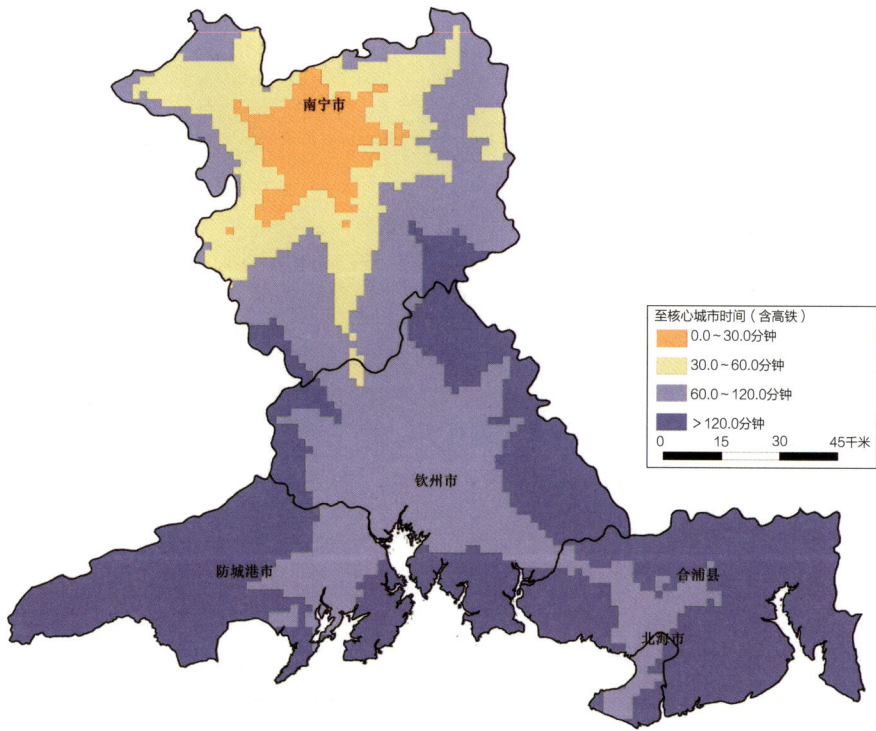

（b）

专题报告图 3-31 北部湾城市群核心城市时距圈分布：公路网络（a）与含高铁网络（b）对比

通过分析各城市群高铁网络下的不同等级场强值面积变化^{（专题报告表3-10）}，发现只有长三角、京津冀、珠三角等三大核心城市群，各等级场强值面积取得整体性明显增加；除三大核心城市群外，其他城市群空间核心区域（场强值＞20）面积基本保持不变；并且只有核心城市2010年GDP在3500亿元以上的辽中南、武汉、重庆等城市群扩展区域（场强值＞5）面积产生较明显的变化。

各城市群高铁网络下的不同等级场强值面积变化　　　　专题报告表 3-10

城市群名称	含高铁网络作用下的面积（平方公里）			较单纯公路网络作用下的面积变化（平方公里）		
	场强值＞5	场强值＞20	场强值＞40	场强值＞5	场强值＞20	场强值＞40
长三角	31161.25	7607.11	2979.13	2916.63	739.13	91.97
京津冀	22152.90	4613.44	1726.68	1423.95	265.60	36.25
珠三角	18337.18	5101.03	2177.34	649.43	259.56	27.96
山东半岛	9460.81	2014.89	873.66	47.39	0.00	0.00
辽中南	6025.46	1264.04	562.86	112.96	0.00	0.00
海西	3419.50	788.10	412.56	0.00	0.00	0.00
武汉	4217.51	745.93	343.08	167.81	0.00	0.00
长株潭	2398.73	594.60	259.36	59.98	0.00	0.00
中原	2305.62	474.75	163.59	11.96	0.00	0.00
重庆	4243.36	832.04	352.07	139.50	0.00	0.00
成都	2736.11	695.13	293.41	16.05	0.00	0.00
关中	1953.34	478.80	199.49	0.00	0.00	0.00
北部湾	750.29	173.24	82.20	0.00	0.00	0.00

（1）高铁网络带来城市群核心区域场强格局的明显改善——长三角、京津冀、珠三角^{（专题报告图3-32）}

在高铁网络的支撑下，围绕核心城市的空间场能得到整体提升，显著扩展高铁站点地区的一体化潜力，进一步促进城市群核心轴线上功能集聚和空间发育。

长三角城市群围绕上海、杭州、南京等三大核心城市，在增进沪杭、沪宁、杭甬等"之"字轴线功能发展的同时，宁杭轴线成为空间发育的新增长点。反映在城市群空间核心区域分布上，在沪宁轴线上形成上海至昆山至苏州的连接成片，

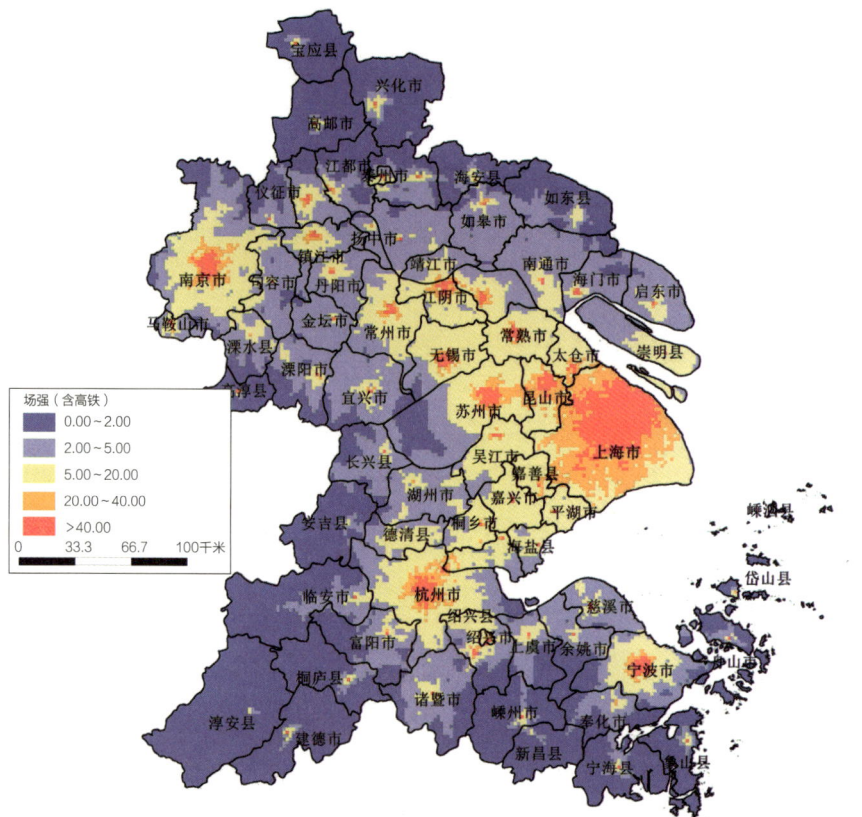

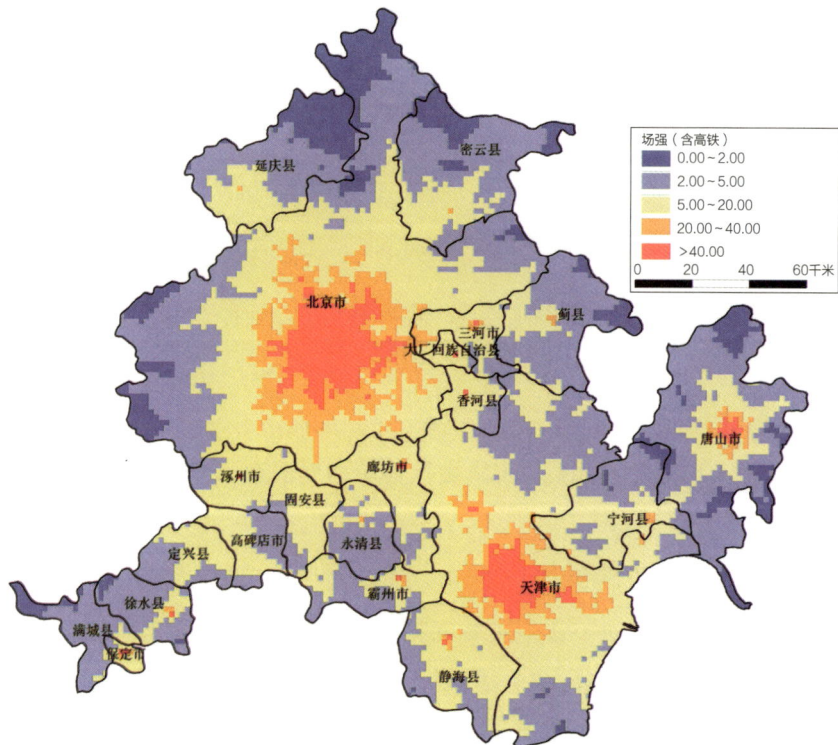

専題報告図 3-32　长三角、京津冀、珠三角城市群场强空间格局（含高铁网络）

　中国城市群的类型和布局

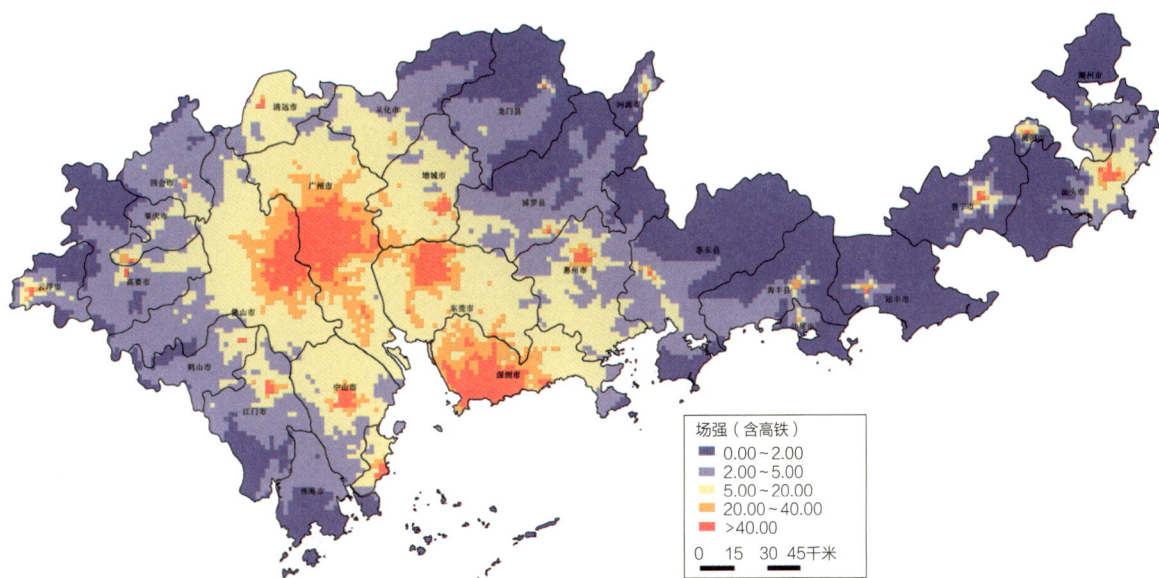

场强（含高铁）
■ 0.00~2.00
■ 2.00~5.00
■ 5.00~20.00
■ 20.00~40.00
■ >40.00

0 15 30 45千米

专题报告图 3-32　长三角、京津冀、珠三角城市群场强空间格局（含高铁网络）（续）

在沪杭轴线上上海具有向嘉善、杭州具有向海宁扩展的态势。反映在扩展区域空间分布上，围绕三大核心城市的扩展明显，上海至常州、上海至杭州的一体化潜力区域被充实；南京沿沪宁轴线逐步对接镇江；宁杭客专沿线站点地区场能普遍提升，尤其是杭州附近的德清、南京附近的溧水、溧阳变化明显。

高铁网亦对京津冀城市群场强格局产生明显影响。反映在核心区域空间分布上，京津城际武清站地区成为京津轴线上的高场能飞地，塘沽站地区牵引天津中心城区与之对接。反映在扩展区域空间分布上，在京津城际武清站影响下，京津轴线变宽；同时北京沿京广高铁延伸至定兴、徐水与保定对接，天津沿津秦高铁与唐山对接。

高铁网络对珠三角城市群场强格局的影响主要体现在区域中部一些高铁站点附近地区，并由此促进珠江两岸核心区域内部一体化功能的完善并向两侧扩展。位于广深轴线上京广深高铁的庆盛站、虎门站附近地区被纳入场强值＞20的城市群空间核心区域；广州西部的南广高铁肇庆东站附近地区、深圳东部的厦深线惠东站附近地区被纳入场强值＞5的扩展区域。

（2）核心城市周边部分高铁站点地区场强格局得到改善——辽中南、武汉、重庆（专题报告图3-33）

高铁网络对城市群扩展区域的分布产生局部变化，主要反映在核心城市周边的部分高铁站点上。辽中南城市群普湾站地区场能提升，并由此带动大连至普兰店间形成连绵的一体化潜力发展带。武汉城市群围绕武汉在汉川站、华容南站、咸宁北站等高铁站点附近形成新的一体化潜力节点。重庆城市群虽然高铁网络极

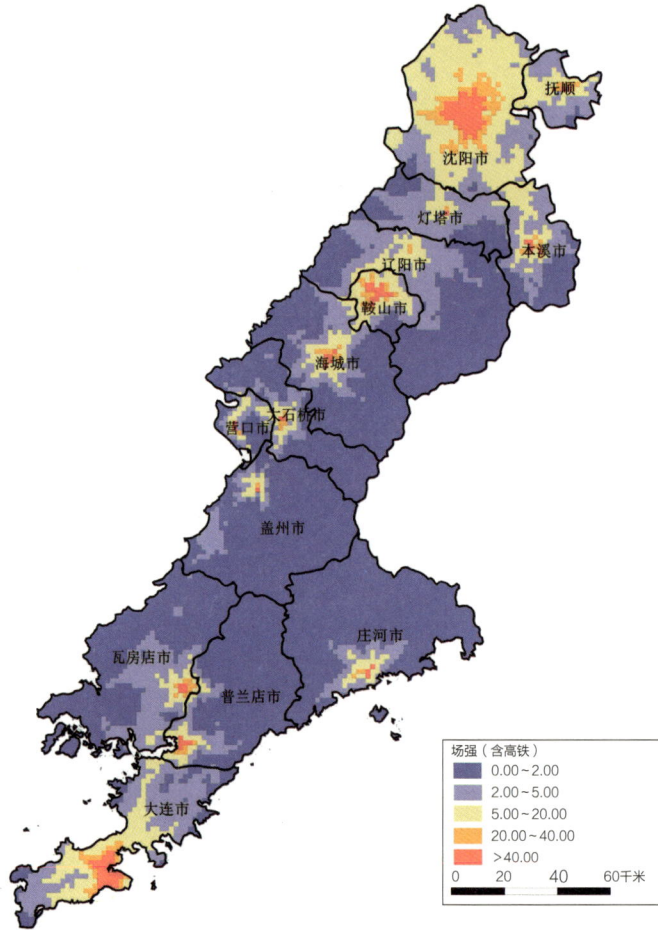

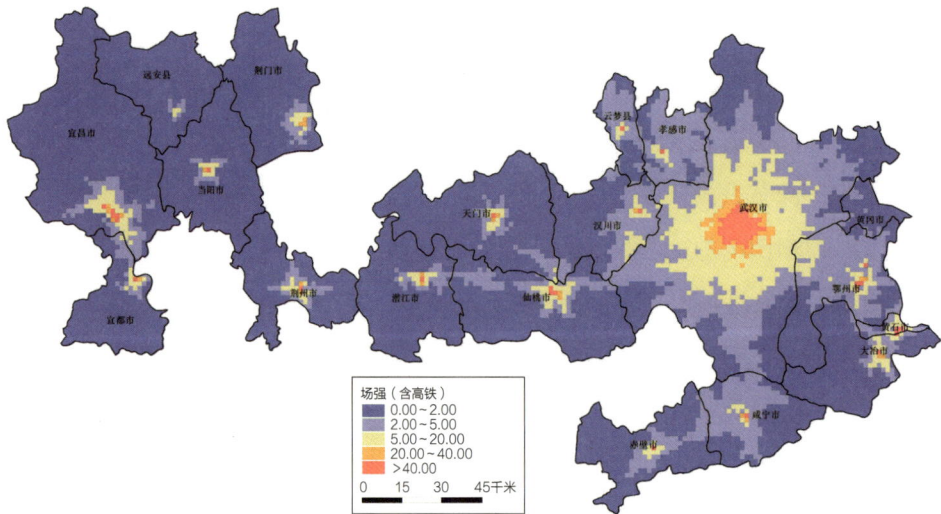

专题报告图 3-33　辽中南、武汉、重庆城市群场强空间格局（含高铁网络）

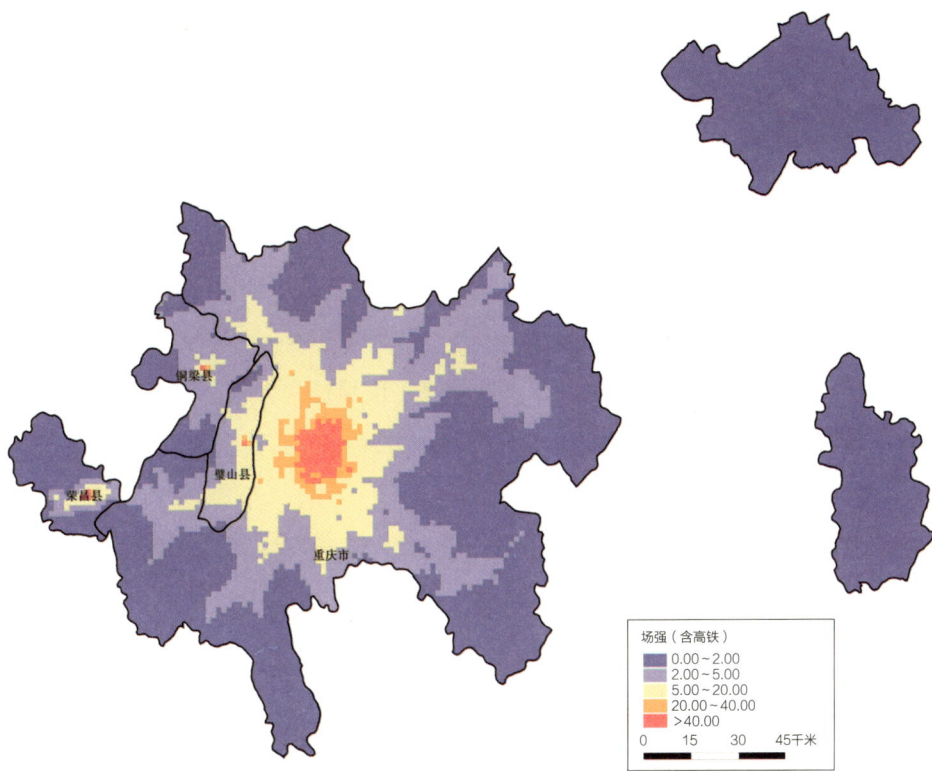

专题报告图 3-33 辽中南、武汉、重庆城市群场强空间格局（含高铁网络）（续）

不发达，但重庆市区2010年GDP达4892亿元，反映在扩展区域空间分布上，距离重庆较近的长寿北站、合川站地区场能明显提升并向周边扩散。

（3）场强空间格局变化不大——其他城市群（成都、山东半岛、长株潭、关中、海西、中原、北部湾）

高铁网络虽然带来长株潭、中原城市群明显的时空格局改善，但受制于长沙、郑州等核心城市经济实力及辐射能级有限，所带来的场能格局变化微乎其微。在高速公路等公路网络基础上，高铁网络给成都、山东半岛、关中、海西、北部湾等城市群带来的时空格局改善有限，相应场能格局的变化亦不显著。

3. 建议：完善城市群高铁网络，促进空间一体化发育

结合前述分析，从改善城市群时空格局、场强格局、增进空间一体化发育角度，提出完善城市群高速铁路网络的建议如下：

（1）争取国家客运专线建设和推进城市群内城际铁路建设并举，积极完善城市群高速铁路网络，覆盖城市群内主要城市和空间发展主要轴线。

（2）在城市群长轴方向（如珠三角城市群的广州、深圳至汕头轴线，武汉城市群的武汉至宜昌轴线，山东半岛城市群的济青轴线，海西城市群的福厦轴线等），尽力提升高速铁路建设标准（如由时速250公里提升至350公里及以上），在

加速城市间联动的同时，争取实现核心城市的1小时时距圈覆盖城市群主要城市。

（3）加强围绕高辐射能级核心城市的高铁网建设，以核心城市为中心，以高铁通道为主要走廊，充分发挥并扩大核心城市的辐射带动作用，积极推进城市群经济社会和空间一体化发展。

（4）在人口密集、经济发达、核心城市辐射带动能级强的城市群，在主要轴线上除布局客运专线外，还应结合交通和空间发展需求，合理建设城际铁路，形成"客专+城际"的复合高铁走廊。

（5）高速铁路枢纽（尤其是城际铁路枢纽）应尽量深入核心城市的城市中心，实现与区域性功能中心的耦合布局，以有效提升城际间高铁出行的便捷性，扩大核心城市1小时时距圈的向外拓展范围。

（6）高铁建设宜与空间布局相协同，完善高铁站点布局，促进高铁站点与沿线城镇及潜力发展地区的紧密结合，强化高铁站周边地区的综合开发，形成以高速铁路为骨架的走廊发展模式，引导人口、产业向高铁站点地区集聚，建成"高速轨道上的城市群"。

（7）适度加密城际铁路在核心城市半径80公里范围内的站点布局，依托城际铁路开展核心城市与周边的市郊运输，优化围绕核心城市的都市区空间发育格局。

参考文献

[1] 宋吉涛，方创琳，宋敦江. 中国城市群空间结构的稳定性分析[J]. 地理学报，2006，61（12）：1311-1324.

[2] 顾朝林，于涛方，李王鸣. 中国城市化格局、过程与机理[M]. 北京：科学出版社，2008：33-47.

专题

安全专题

iv

我国城市群的安全风险问题研究

（一）引言

1. 研究背景

我国城市群在经济社会快速发展的同时，许多城市群也出现了空间增长粗放、低效的发展问题。盲目的空间蔓延，导致区域安全事故多发的严峻问题，直接制约国家和区域人居环境水平的改善和提升。为科学指导我国城市群提升水平，必须首先加强城市群空间增长的科技支撑研究，建构城市群空间增长质量评价体系，并就城市群空间安全这个关系城市群空间增长质量的重点关键内容进行空间规划技术攻关，从而推进城市群的健康与可持续发展。

2. 需求分析

安全问题一直是城市规划需要考虑的重要前提。当前，日本、美国和欧洲等发达国家和地区，在城市灾害风险识别与定量化分析、城市灾害模拟、灾害损失评估等方面已经有较为成熟的方法、模型和软件。尤其是地理信息系统（GIS）、遥感（RS）和虚拟现实（VR）技术的应用，使城市安全研究在定量化、可视化方面已经取得较大进步。我国目前很多分析研究中，新技术、新方法的应用明显不足，分析过程以定性描述为主，研究者个人主观意志对分析结果影响较大。传统的城市群规划对用地安全评价等空间安全问题关注较少，对城市群的灾害风险缺乏系统的识别和分析，仅有少部分规划关注到了区域防洪的问题，大部分城市群规划中没有城市群公共安全或者综合防灾篇章，不能为城镇空间的合理布局提供足够的支撑，新技术、新模型和新方法在规划中的应用明显不足。

总体来说，我国对于城市安全问题的关注多集中在单灾种的防治或者是单个城市的安全和防灾问题上，对城市群空间安全问题的研究尚未起步，城市群空间规划往往缺乏城镇安全分析方面的技术支撑。目前城镇空间规划迫切需要加强用地安全风险评估，建立城镇和城市群的空间安全评价指标体系，针对地震、洪涝、火灾、地质灾害、重大危险源事故等常见灾害的风险评价方法在定性描述的基础上开展定量分析。

3. 研究内容

研究内容包括城市群高风险地区识别技术，城市群高风险地区空间安全评价体系，城市群安全空间规划编制的关键技术与方法。

（二）全国县域尺度风险评估

全国大尺度的灾害风险评估以市县为评估单元，有助于宏观把握各市县的风险本底特征。研究各市县风险水平在全国尺度下的等级特点，可识别出各类灾害在全国的空间分布特征。全国尺度灾害风险评估指标由灾害危险性指标和承灾体易损性指标组成，采用定量与定性相结合的评估方法。

1. 评估指标体系

（1）指标体系建立原则

1）科学性原则

指标体系必须能客观反映全国市县尺度的灾害风险与各种影响因素，以及各种影响要素之间的内在联系、本质特点和规律性，客观反映风险的实际情况。科学性原则还包括评价方法如调查手段、数学模型等的科学性，以保证灾害风险评价结论的可信度。

2）系统性原则

全国市县尺度灾害风险涉及多方面因素，评价指标体系的建立应在体现各主要因素各自独立的状况的同时又能反映整个灾害风险系统的状况。

3）明确性原则

评价指标的选择应较为明确，即对某一指标的评判应能给出较为明确的取值或取值区间，便于风险值的计算。

4）可比性原则

所选取的指标应能在评价单元间进行比较，包括指标含义、统计口径和计算方法等内容在评价单元间应有一致性，以保证评价结果真实、客观和可用于不同评价单元间的比较。

5）简洁性原则

风险评估指标体系应当简单明确，层次清晰，用尽可能少的指标反映评价单元的风险状态。指标的选择应具可操作性，指标的数据既要与现实接轨，保证能及时、完整和准确地通过统计获得，又要能够计算出它与真实现象之间量的相关性。

（2）指标体系

根据指标体系建立原则，分两个层次建立城市群尺度风险评估的指标体系。其中，一级指标为风险要素中的两个：致灾因子危险性（H）、承灾体易损性（V）。致灾因子危险性指致灾因子强度、频率及环境不稳定、不安全因素所带来的危险性。承灾体易损性指人口、经济、社会发展因灾受损的程度。

在一级指标的基础上，根据地震、洪涝和火灾等灾害的特点，分别建立二级指标。其中，地震危险性主要考虑抗震设防烈度（EH_1）；洪涝危险性主要考虑百年一遇24小时降雨量（EH_1）、代表站100年一遇洪峰流量（EH_2）、主要防洪工程标准（EH_3）和城市排涝标准（EH_4）；火灾危险性包括人均火灾起数（FH_1）、人均火灾直接经济损失（FH_2）和干燥度（FH_3）。灾害易损性不分灾种，统一考虑的因素包括人口密度（EV_1）、单位面积固定资产投资（EV_2）和单位面积人均GDP（EV_3）。

考虑到一级指标的危险性和易损性均对灾害风险具有较大的影响，且难以区分各自的影响程度，因此，本研究认为一级指标具有相同的权重。二级指标的权重则通过层次分析法进行确定。从灾害的发生及影响范围看，本研究对全国尺度主要考虑地震、洪涝和火灾三种灾害，其风险评估指标体系如专题报告表4-1～专题报告表4-3所示。

全国尺度县域地震灾害风险评估指标　　　　　　专题报告表 4-1

	基础指标	权重
危险性	抗震设防烈度	1.0
易损性	人口密度	0.6
	单位面积固定资产投资	0.2
	单位面积人均GDP	0.2

全国尺度县域洪涝灾害风险评估指标　　　　　　专题报告表 4-2

洪涝灾害	基础指标	权重
危险性	100年一遇24小时降雨量	0.25
	代表站100年一遇洪峰流量	0.35
	主要防洪工程标准	0.2
	城市排涝标准	0.2
易损性	人口密度	0.6
	单位面积固定资产投资	0.2
	单位面积人均GDP	0.2

全国尺度县域火灾风险评估指标　　　　　　专题报告表 4-3

火灾	基础指标	权重
危险性	人均火灾起数	0.4
	人均火灾直接经济损失	0.35
	干燥度指数	0.25
易损性	人口密度	0.6
	单位面积固定资产投资	0.2
	单位面积人均GDP	0.2

2. 评估方法

灾害危险性和承灾体易损性的评估采用定量加权求和的方法。其中，灾害危险性（H）和承灾体易损性（V）的计算公式分别如专题报告式（4-1）所示：

$$H = \sum_i W_{h_i} \cdot h_i \left(V = \sum_j W_{v_j} \cdot v_j \right) \qquad \text{专题报告（4-1）}$$

式中：W为指标权重；h_i为灾害危险性基础指标；v_i为承灾体易损性基础指标。

风险评估采用矩阵计算算子，做半定量评估，矩阵计算算子如专题报告式（4-2）所示。

$$R = H \otimes V \qquad \text{专题报告（4-2）}$$

3. 风险等级确定

灾害危险性、承灾体脆弱性指标划分为高、中、低三个等级。其中，地震灾害危险性等级根据抗震设防烈度确定：抗震设防烈度为6度及以下的，危险性等级为低；抗震设防烈度为7度的，危险性等级中等；抗震设防烈度为8度及以上的，危险性等级为高。洪涝、火灾危险性以及承灾体脆弱性指标等级阈值取其平均值的0.618倍、1.2倍，即：设指标平均值为X，则$0 \sim 0.618X$为低，$0.618X \sim 1.2X$为中，大于$1.2X$为高。

全国尺度城市群风险评估的等级确定采用如下矩阵坐标所示专题报告图4-1确定。

4. 全国县域尺度灾害风险评估

（1）灾害危险性评估

1）地震危险性

根据中国地震动参数区划图GB 18306、建筑抗震设计规范GB50011确定各区县抗震设防烈度^{（专题报告图4-2）}，并对三个等级进行赋值，6度及以下地震危险性为低，7度地震危险性为中，8度及以上地震危险性为高。

2）洪涝危险性

洪涝危险性主要考虑100年一遇24小时降雨量（EH_1）、代表站100年一遇洪

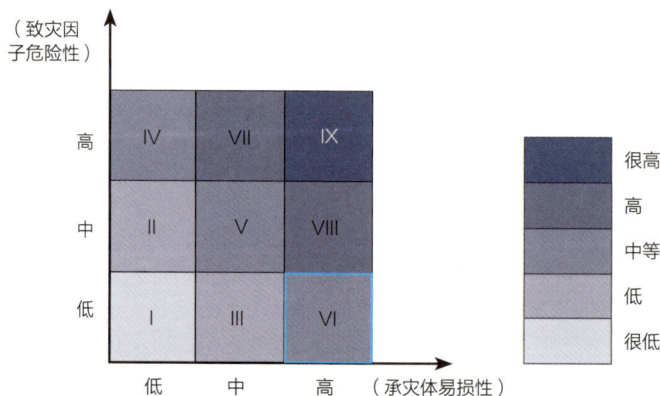

专题报告图 4-1　灾害风险等级评定矩阵

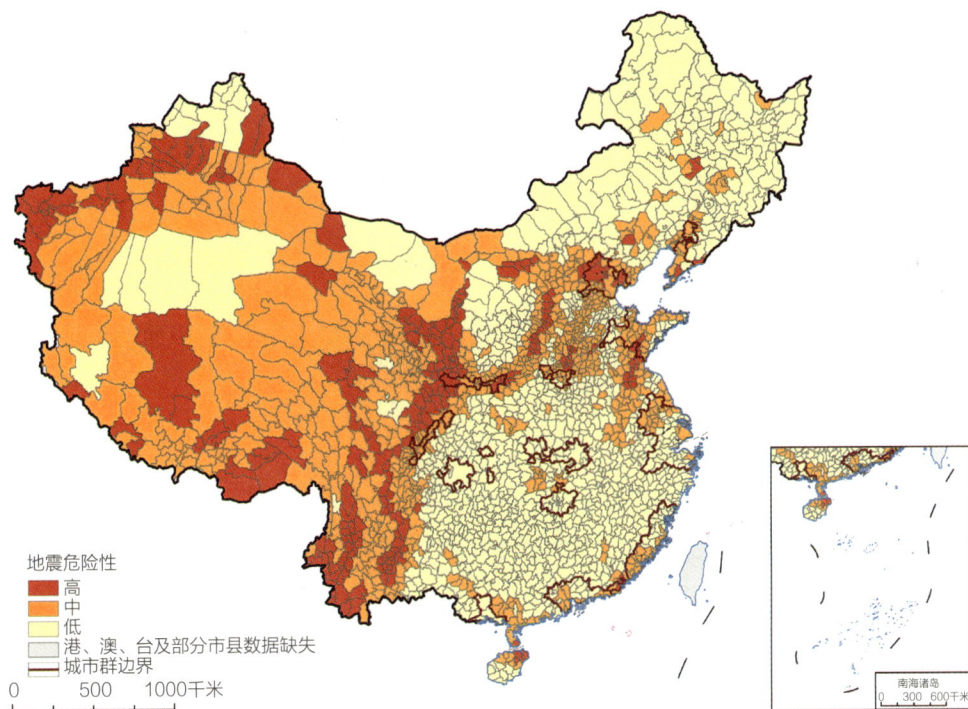

专题报告图 4-2　全国各市县地震灾害危险性评估

峰流量（EH_2）、主要防洪工程标准（EH_3）和城市排涝标准（EH_4），如专题报告图4-3～专题报告图4-6所示。

全国洪涝危险性评估计算公式如专题报告式（4-3）所示：

$$FH=0.25FH_1+0.35FH_2+0.2FH_3+0.2FH_4 \qquad \text{专题报告（4-3）}$$

从专题报告图4-7中可以看出，长江流域、黄河上游、珠江西江和北江流域及东南沿海区域洪涝危险性比较高。

3）火灾危险性

火灾危险性包括人均火灾起数（FH_1）、人均火灾直接经济损失（FH_2）和干燥度（FH_3），如专题报告图4-8～专题报告图4-10所示。

全国火灾危险性评估计算公式如专题报告式（4-4）所示：

$$FH=0.40FH_1+0.35FH_2+0.25FH_3 \qquad \text{专题报告（4-4）}$$

从专题报告图4-11中可以看出，西部地区火灾危险性整体较高，这与西部地区气候干燥有很大关系。此外京津冀、辽中南、珠三角、成渝、武汉、哈长等城市群火灾危险性也较高。

（2）灾害易损性评估

灾害易损性，统一考虑的因素包括人口密度（EV_1）、单位面积固定资产投资（EV_2）和单位面积人均GDP（EV_3），如专题报告图4-12～专题报告图4-14所示。

灾害易损性评估计算公式如专题报告式（4-5）所示：

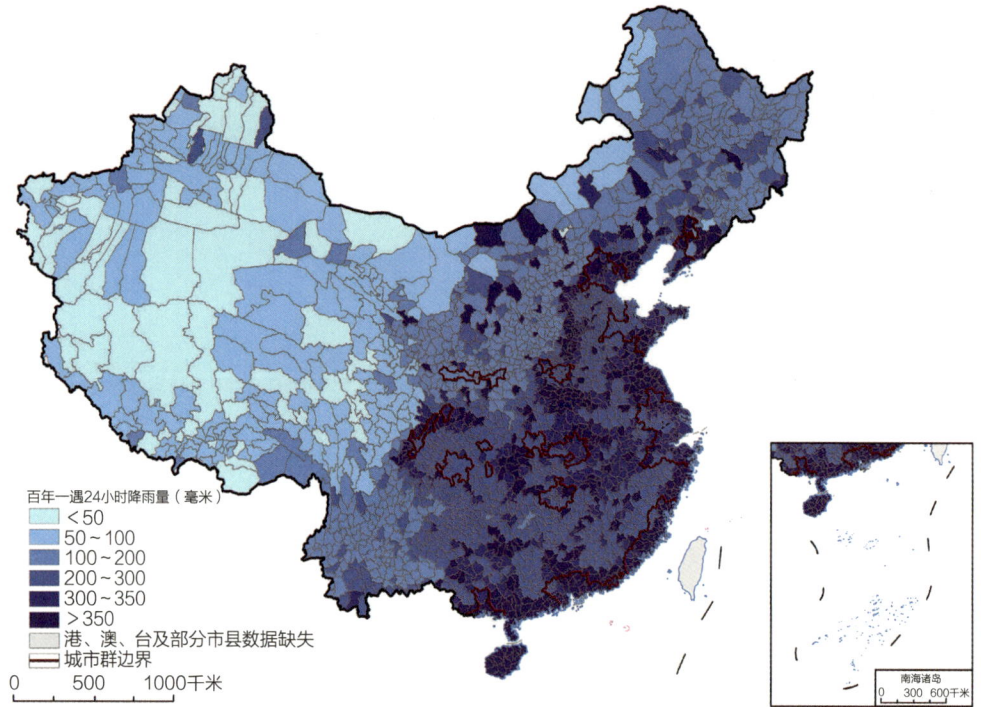

百年一遇24小时降雨量（毫米）
- < 50
- 50~100
- 100~200
- 200~300
- 300~350
- > 350
- 港、澳、台及部分市县数据缺失
- 城市群边界

0　500　1000千米

南海诸岛
0　300　600千米

专题报告图 4-3　全国各市县百年一遇 24 小时降雨量

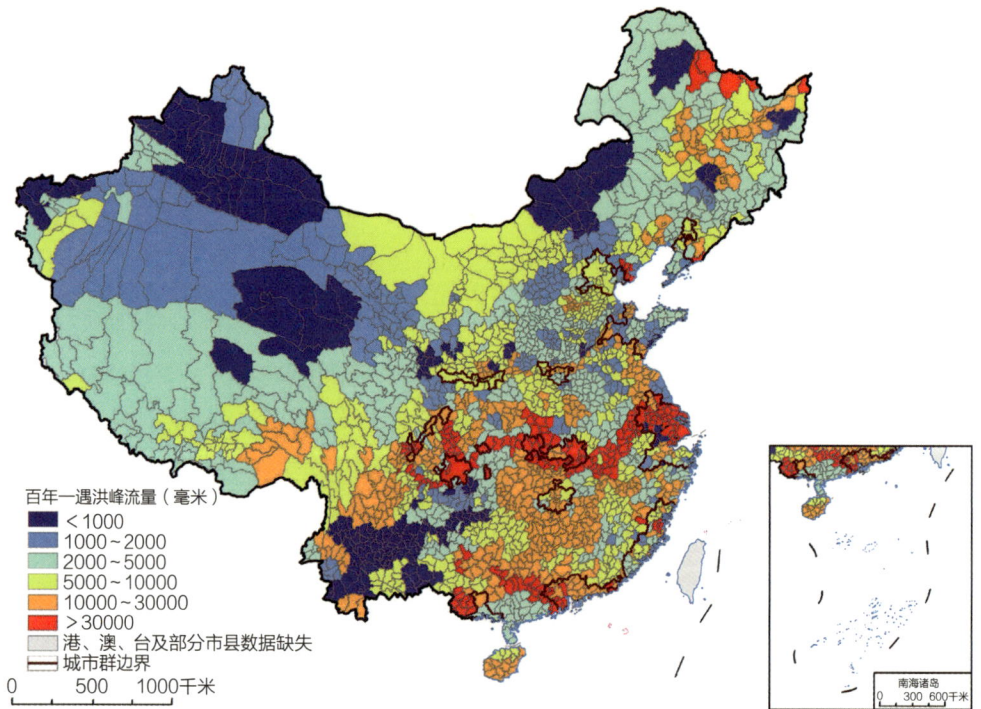

百年一遇洪峰流量（毫米）
- < 1000
- 1000~2000
- 2000~5000
- 5000~10000
- 10000~30000
- > 30000
- 港、澳、台及部分市县数据缺失
- 城市群边界

0　500　1000千米

南海诸岛
0　300　600千米

专题报告图 4-4　全国各市县代表站百年一遇洪峰流量

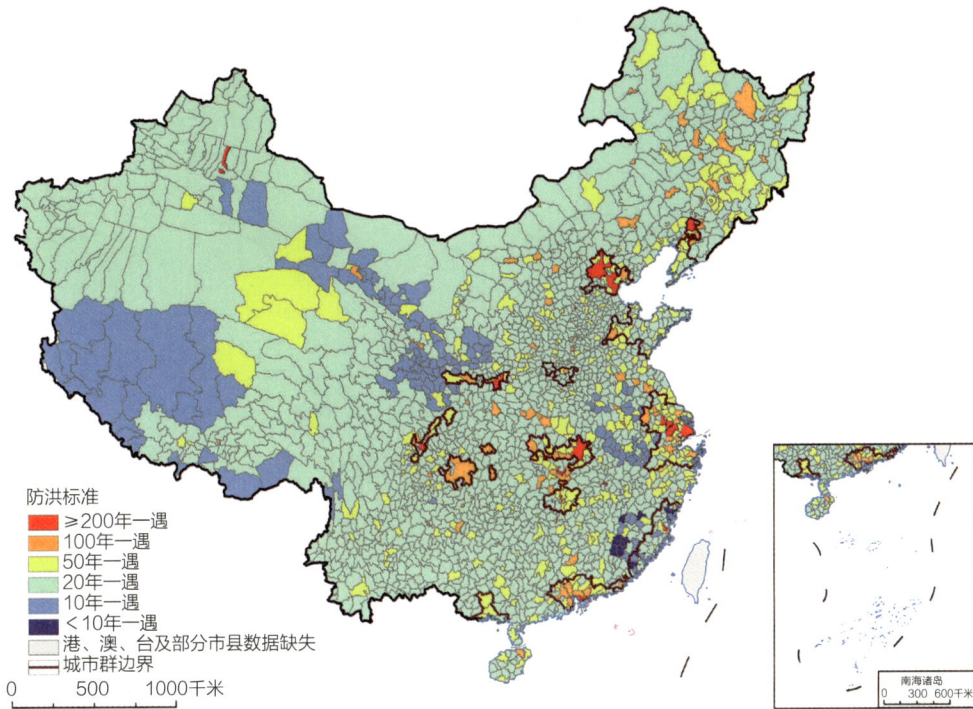

防洪标准
- ≥200年一遇
- 100年一遇
- 50年一遇
- 20年一遇
- 10年一遇
- <10年一遇
- 港、澳、台及部分市县数据缺失
- 城市群边界

0　500　1000千米

南海诸岛
0　300　600千米

专题报告图 4-5　全国各市县单元主要防洪工程标准

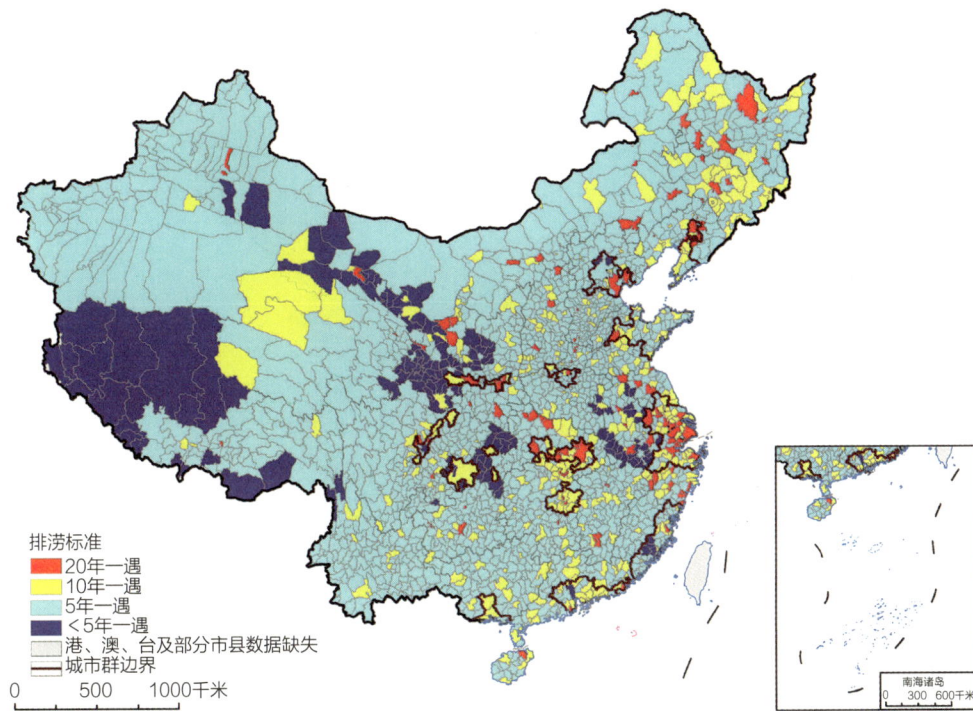

排涝标准
- 20年一遇
- 10年一遇
- 5年一遇
- <5年一遇
- 港、澳、台及部分市县数据缺失
- 城市群边界

0　500　1000千米

南海诸岛
0　300　600千米

专题报告图 4-6　全国各市县单元排涝标准

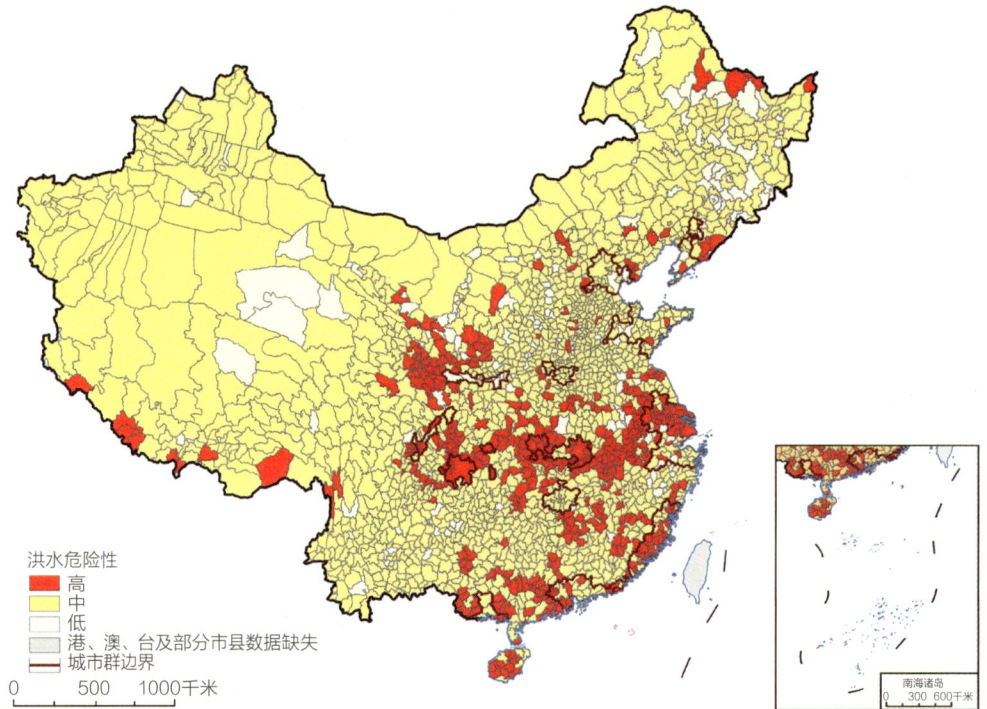

洪水危险性
- 高
- 中
- 低
- 港、澳、台及部分市县数据缺失
- 城市群边界

0　500　1000千米

南海诸岛

0　300　600千米

专题报告图4-7　全国各市县单元洪涝危险性分布图

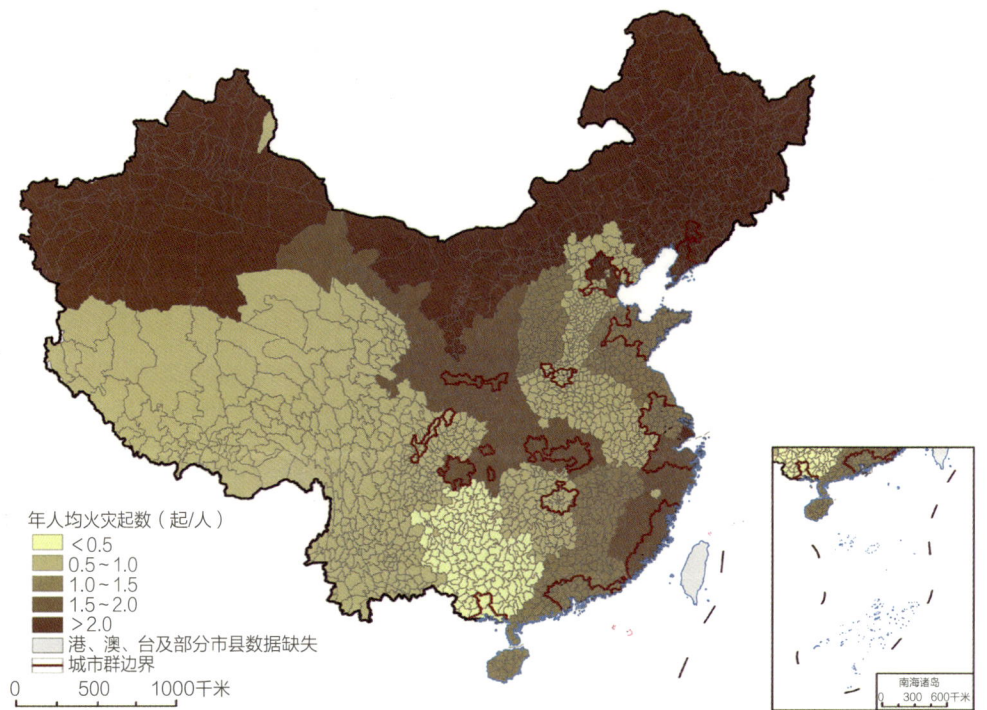

年人均火灾起数（起/人）
- <0.5
- 0.5~1.0
- 1.0~1.5
- 1.5~2.0
- >2.0
- 港、澳、台及部分市县数据缺失
- 城市群边界

0　500　1000千米

南海诸岛

0　300　600千米

专题报告图4-8　全国各市县单元年人均火灾起数

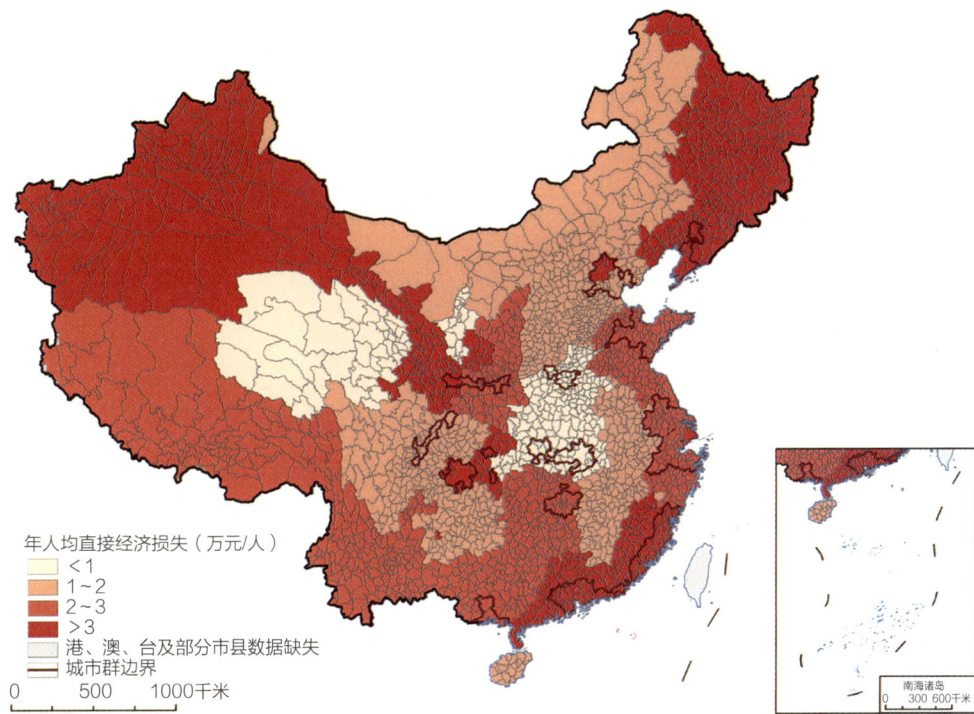

年人均直接经济损失（万元/人）
- ☐ <1
- ☐ 1~2
- ☐ 2~3
- ☐ >3
- ☐ 港、澳、台及部分市县数据缺失
- ━━ 城市群边界

0   500   1000千米

南海诸岛
0 300 600千米

专题报告图 4-9　全国各市县单元年人均火灾直接经济损失

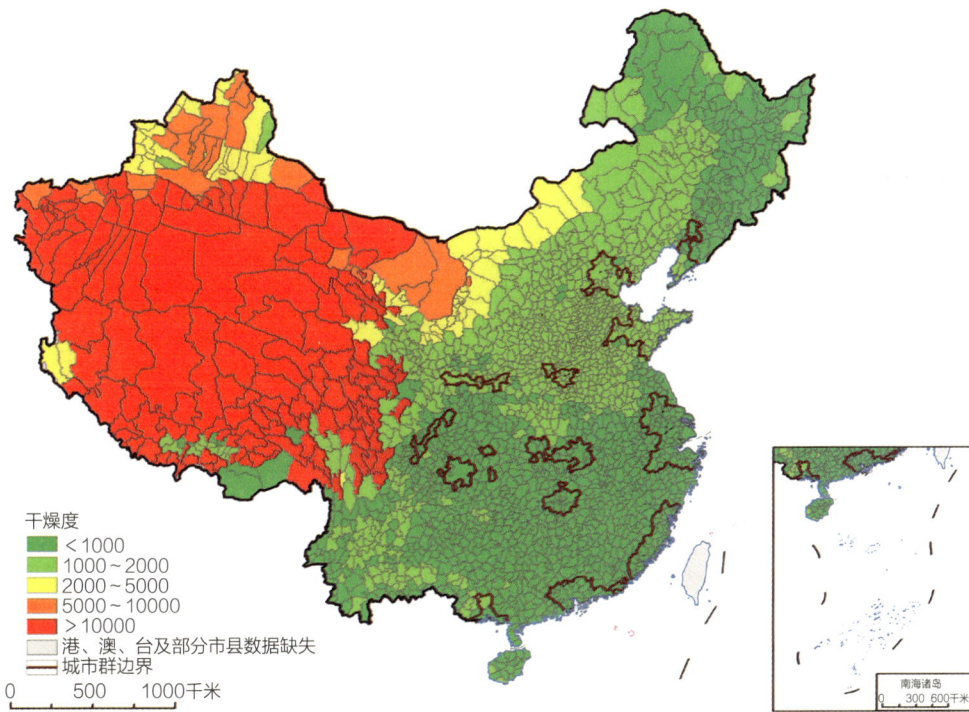

干燥度
- ☐ <1000
- ☐ 1000~2000
- ☐ 2000~5000
- ☐ 5000~10000
- ☐ >10000
- ☐ 港、澳、台及部分市县数据缺失
- ━━ 城市群边界

0   500   1000千米

南海诸岛
0 300 600千米

专题报告图 4-10　全国各市县单元多年平均干燥度

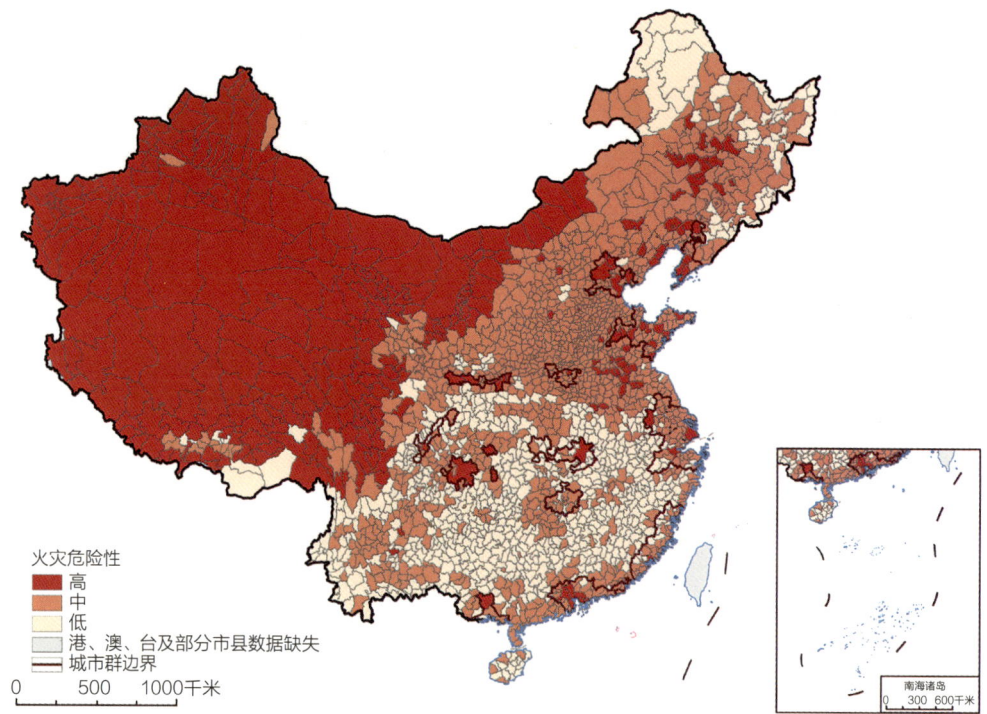

火灾危险性
- ■ 高
- ■ 中
- □ 低
- □ 港、澳、台及部分市县数据缺失
- — 城市群边界

0   500   1000千米

南海诸岛
0 300 600千米

专题报告图 4-11　全国各市县单元火灾危险性分布图

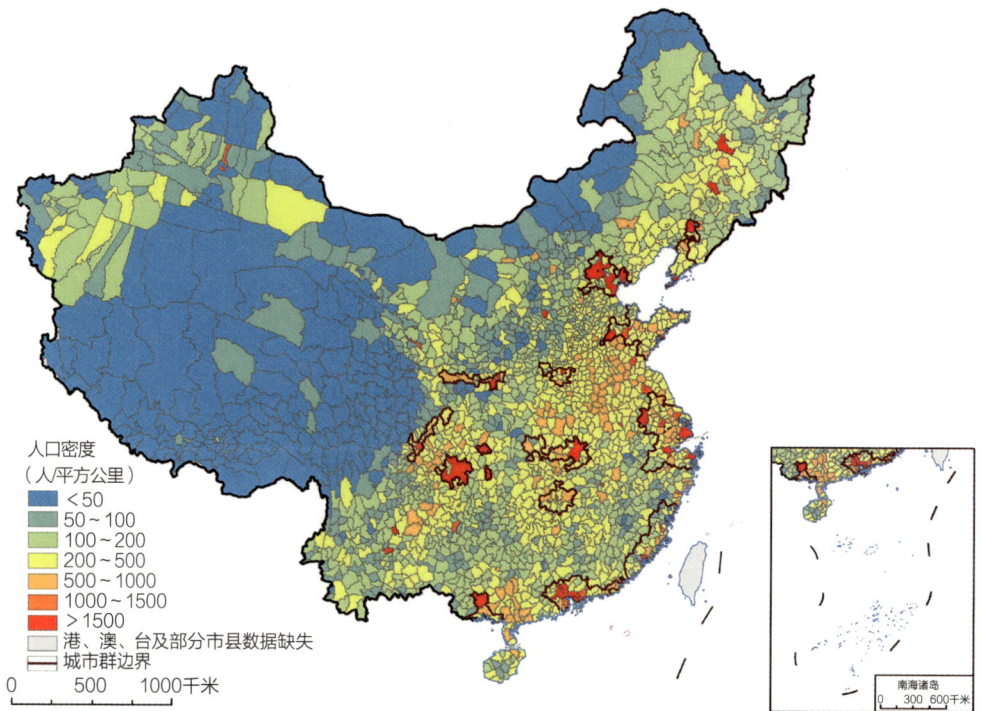

人口密度
（人/平方公里）
- ■ <50
- ■ 50~100
- ■ 100~200
- □ 200~500
- ■ 500~1000
- ■ 1000~1500
- ■ >1500
- □ 港、澳、台及部分市县数据缺失
- — 城市群边界

0   500   1000千米

南海诸岛
0 300 600千米

专题报告图 4-12　全国各市县单元人口密度分布

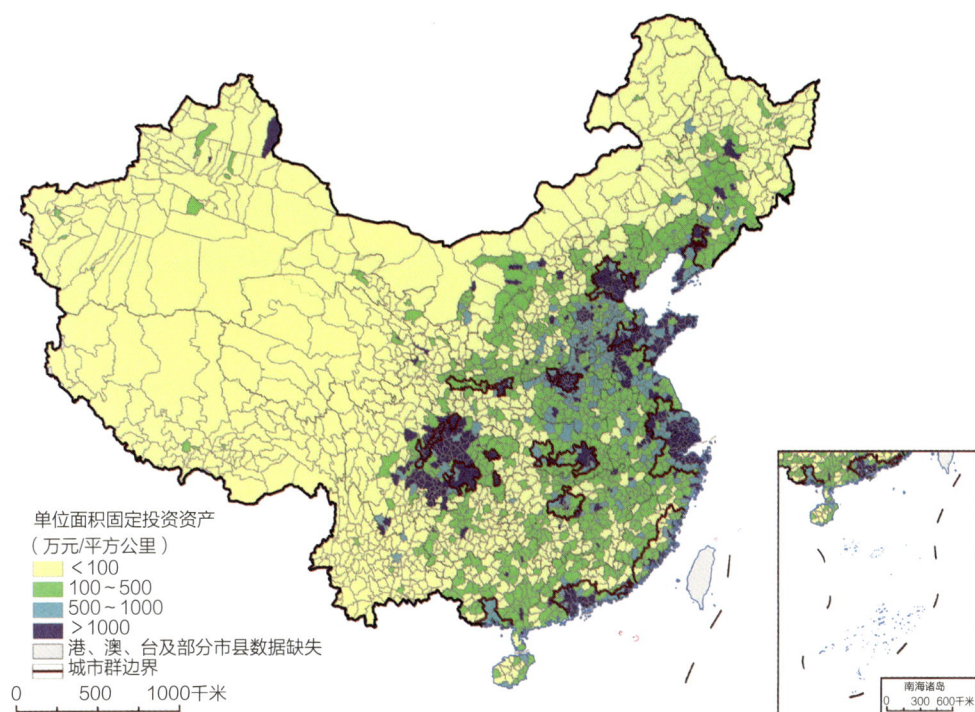

单位面积固定投资资产
（万元/平方公里）

- < 100
- 100 ~ 500
- 500 ~ 1000
- > 1000
- 港、澳、台及部分市县数据缺失
- 城市群边界

0　　500　　1000千米

专题报告图 4-13　全国各市县单元单位面积固定资产投资分布

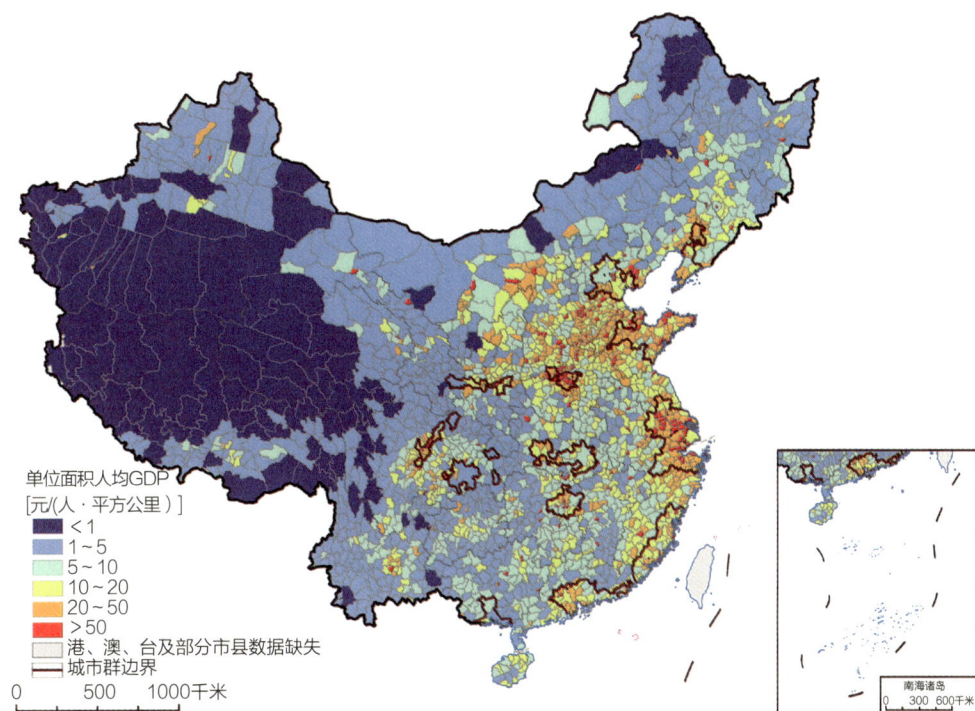

单位面积人均GDP
[元/(人·平方公里）]

- < 1
- 1 ~ 5
- 5 ~ 10
- 10 ~ 20
- 20 ~ 50
- > 50
- 港、澳、台及部分市县数据缺失
- 城市群边界

0　　500　　1000千米

专题报告图 4-14　全国各市县单元单位面积人均 GDP

$$EV=0.6EV_1+0.2EV_2+0.2EV_3$$

专题报告（4-5）

从专题报告图4-15中可以看出，全国各主要城市群灾害易损性均较高，主要是由于这些城市群集中了大量的人口和社会财富。

（3）灾害风险综合评估

应用专题报告图4-1所述灾害风险等级计算方法，分灾种得到全国区县地震、洪涝和火灾风险等级，如专题报告图4-16～专题报告图4-18所示。

地震是我国的主要灾害之一，在我国影响范围广。如专题报告图4-16所示，研究划定的13个城市群均处于地震风险较高的区域，其中京津冀、关中、辽中南等城市群处于地震高风险区域。

洪涝灾害主要集中于我国东部地区，以及长江、黄河等主要河流流域。如专题报告图4-17所示，研究选定的13个城市群也全部处于洪涝灾害较高或高风险区。

我国西部新疆、青海、西藏、内蒙古、甘肃、宁夏等省区火灾风险普遍较高，这与这些区域干燥度较高有关；东部地区东北和华北火灾风险也相对较高。如专题报告图4-18，研究选定的13个城市群也全部处于火灾较高或高风险区。

综合各单灾种风险评估的结果，得到全国区县单元灾害综合风险评估结果，如专题报告图4-19所示。由以上分析可知，研究选定的13个城市群地震、洪涝和火灾风险均处于相对较高的水平。由专题报告图4-19可以看出，除长株潭和中原

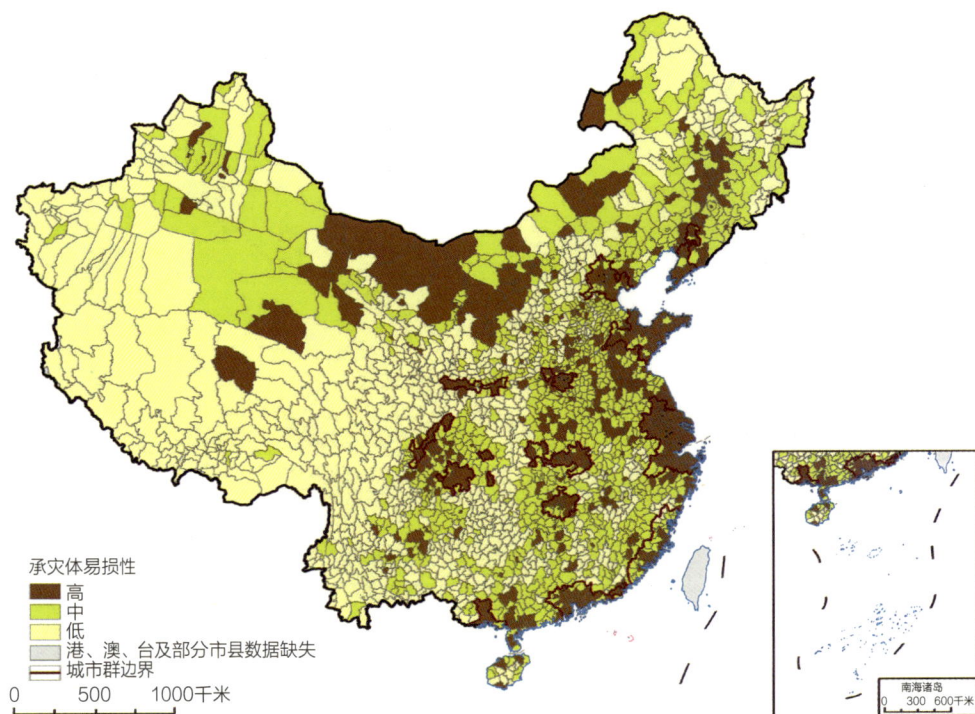

专题报告图 4-15　全国各市县单元灾害易损性评价

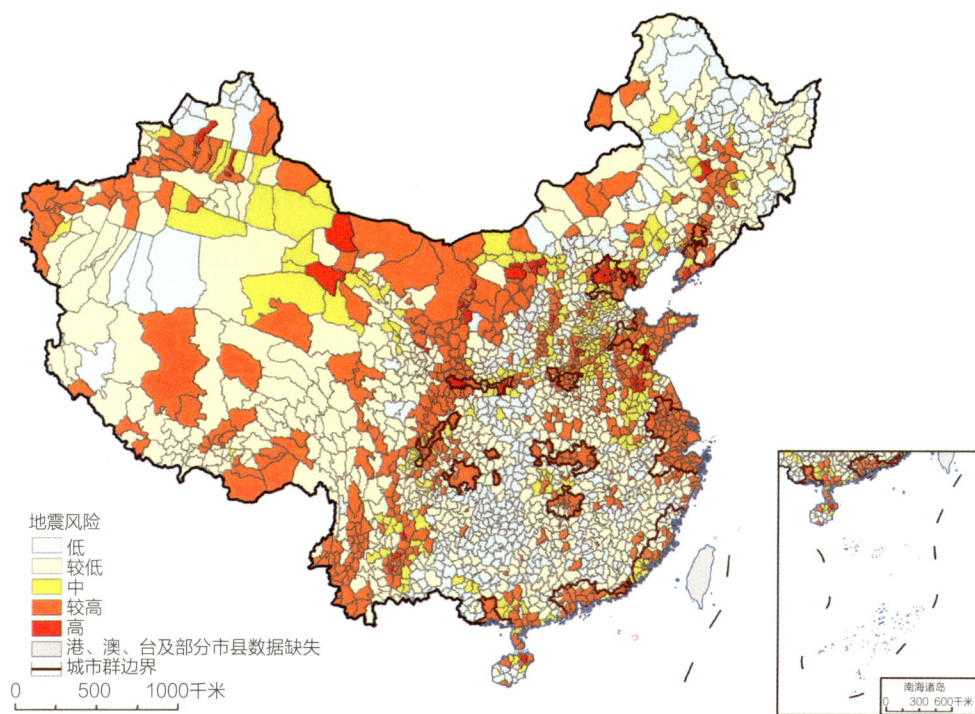

地震风险
低
较低
中
较高
高
港、澳、台及部分市县数据缺失
城市群边界

0   500   1000千米

南海诸岛
0 300 600千米

专题报告图 4-16　全国各市县单元地震灾害风险评估

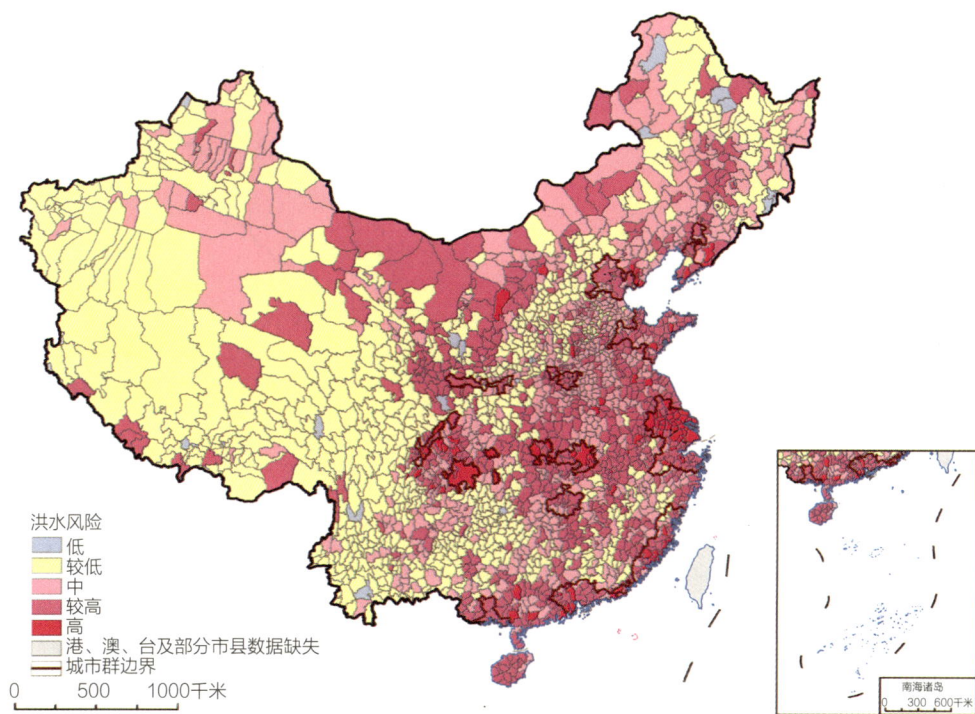

洪水风险
低
较低
中
较高
高
港、澳、台及部分市县数据缺失
城市群边界

0   500   1000千米

南海诸岛
0 300 600千米

专题报告图 4-17　全国各市县单元洪涝灾害风险评估

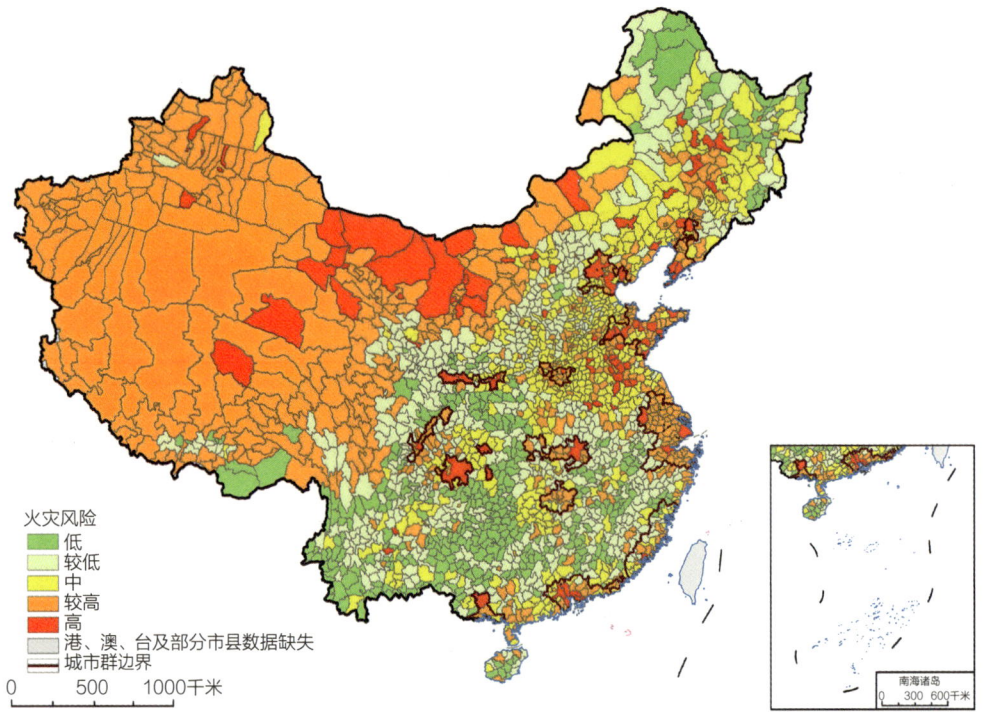

火灾风险
- 低
- 较低
- 中
- 较高
- 高
- 港、澳、台及部分市县数据缺失
- 城市群边界

0　500　1000千米

南海诸岛
0　300　600千米

专题报告图 4-18　全国各市县单元火灾风险评估

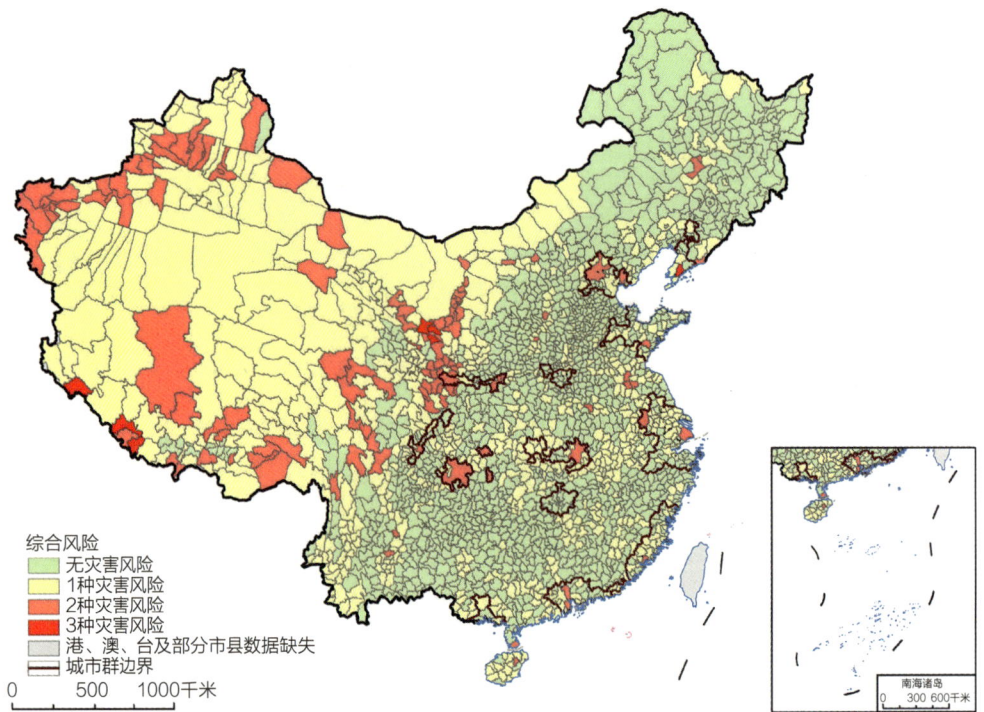

综合风险
- 无灾害风险
- 1种灾害风险
- 2种灾害风险
- 3种灾害风险
- 港、澳、台及部分市县数据缺失
- 城市群边界

0　500　1000千米

南海诸岛
0　300　600千米

专题报告图 4-19　全国各市县单元灾害综合风险评估

两个城市群外，其余各城市群都至少有一种灾害处于最高的风险等级。因此，这些城市群是我国灾害防控的重点地区。

（三）城市群尺度风险评估

城市群尺度的风险评估，根据研究精度需要及基础数据获得的详细程度，可以区县、镇域、栅格等为评估单元，有助于在宏观把握全国灾害风险分布的基础上，研究城市群不同研究单元的风险等级特点，进一步识别城市群主要灾害类型的空间分布特征并进行风险区划，为区域性的基础设施防灾规划和疏散系统规划等提供支持。城市群尺度地震、火灾风险评估指标由危险性、易损性和抗灾能力组成，采用定量的评估方法。城市群尺度洪涝灾害风险评估指标仍然采用全国尺度的评估指标和评估方法。

1. 评估指标体系

根据指标体系建立原则，分两个层次建立城市群尺度风险评估指标体系。其中，一级指标为风险三要素：致灾因子危险性（H）、承灾体易损性（V）和城镇抗灾能力（D）。危险性指致灾因子强度、频率及环境不稳定、不安全因素所带来的危险性；易损性指人口、经济和社会发展因灾受损的程度；抗灾能力指城镇因各种工程措施和政策措施等作用而提高城市应对灾害的能力。在一级指标的基础上，根据地震、火灾特点，分别建立二级指标。其中，地震危险性包括抗震设防烈度（EH_1）和活动断裂带影响程度（EH_2）；地震易损性包括人口密度（EV_1）、城镇建设用地面积比（EV_2）、单位面积固定资产投资（EV_3）、单位面积人均GDP（EV_4）、弱势人群比例（EV_5）和生命线系统密度（EV_6）；地震抗灾能力包括建筑抗震能力（ED_1）和医院万人床位数（ED_2）。火灾危险性包括火灾发生总起数（FH_1）、火灾人均发生起数（FH_2）和干燥度（FH_3）；火灾易损性包括人口密度（FV_1）、人均损失（FH_2）、GDP损失率（FH_3）、单位起数死亡人数（FH_4）、单位起数受伤人数（FH_5）和直接经济损失（FH_6）；火灾抗灾能力包括消火栓完整率（FD_1）和消防站拥有率（FD_2）。

考虑到一级指标的危险性、易损性和抗灾能力均对灾害风险具有较大的影响，且难以区分各自的影响程度大小，因此，本研究认为三个一级指标具有相同的权重。二级指标的权重则通过层次分析法进行确定。城市群尺度地震、火灾风险评估指标体系如专题报告表4-4、专题报告表4-5所示。

一级指标	权重	二级指标	权重	归一化权重
危险性（EH）	1/3	抗震设防烈度（EH_1）	1/2	1/6
		活动断裂带的影响程度（EH_2）	1/2	1/6
易损性（EV）	1/3	人口密度（EV_1）	1/6	1/18
		城镇建设用地面积比（EV_2）	1/6	1/18
		单位面积固定资产投资（EV_3）	1/6	1/18
		单位面积人均GDP（EV_4）	1/6	1/18
		弱势人群比例（EV_5）	1/6	1/18
		生命线系统密度（EV_6）	1/6	1/18
抗灾能力（ED）	1/3	建筑抗震能力（ED_1）	1/2	1/6
		医院万人床位数（ED_2）	1/2	1/6

城市群尺度火灾灾害风险评估指标体系　　专题报告表 4-5

一级指标	权重	二级指标	权重	归一化权重
危险性（FH）	1/3	发生总起数（FH_1）	0.3	1/10
		人均发生起数（FH_{12}）	0.4	2/15
		干燥度（FH_{13}）	0.3	1/10
易损性（FV）	1/3	人口密度（FV_1）	0.2	1/15
		人均损失（FV_2）	0.2	1/15
		单位GDP损失率（FV_3）	0.1	1/30
		单位起数死人（FV_4）	0.15	1/20
		单位起数伤人（FV_5）	0.15	1/20
		直接经济损失（FV_6）	0.2	1/15
抗灾能力（FD）	1/3	消火栓完整率（FD_1）	0.5	1/6
		消防站拥有率（FD_2）	0.5	1/6

2. 评估方法

地震危险性、易损性和抗灾能力指标体系共包含10个二级指标，火灾危险性、易损性和抗灾能力指标体系共包含11个二级指标，各指标之间存在数值量级和量纲的较大差异。为了将不同指标的绝对数值转化成为相对值，消除量纲影响并使各指标具有同等的数量级，在用于风险评估之前，需要做归一化处理，将所有指标的值变[0，1]之间的数值。归一化公式见专题报告式（4-6）：

$$R_i = \frac{r_i}{r_{max}}$$　　专题报告（4-6）

地震、火灾风险一级指标的计算公式见专题报告式（4-7）：

$$R = \sum_{i=1}^{n} w_i \cdot R_i \qquad \text{专题报告（4-7）}$$

式中：W_i指标i的为归一化权重；n为二级指标个数。

地震、火灾风险的一级指标中，危险性、易损性指标与综合风险呈正相关的关系，而抗灾能力则呈现负相关的关系，即抗灾能力越高，综合风险越低。由于危险性、易损性和抗灾能力指标值均在[0，1]的范围内，本研究对抗灾能力进行负向处理，采用指数"1-抗灾能力"代替抗灾能力进行综合风险计算。因此，地震、火灾风险的计算公式分别见专题报告式（4-8）、专题报告式（4-9）：

$$ER = \frac{1}{3}[EH + EV + (1 - ED)] \qquad \text{专题报告（4-8）}$$

$$FR = \frac{1}{3}[FH + FV + (1 - FD)] \qquad \text{专题报告（4-9）}$$

3. 风险等级确定

将地震、火灾风险等级划分为高、较高、中、较低和低5个等级，采用正态分布原则确定风险值等级阈值。将所有评价单元的风险值由大到小排列，依次取单元总数的15%、15%、30%、25%、15%所在样本的值作为以上5个等级风险的阈值划分点，如专题报告图4-20所示。

4. 山东半岛城市群地震风险评估

（1）地震危险性评估

1）抗震设防烈度

根据《中国地震动参数区划图》GB 18306、《建筑抗震设计规范》GB 50011确定各市县抗震设防烈度[专题报告图4-21]，并按三个等级进行赋值，6度及以下赋值0.3，7度赋值0.6，8度及以上赋值1。

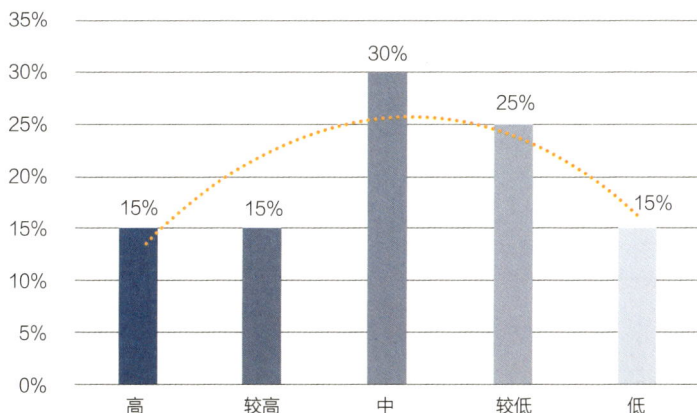

专题报告图 4-20 灾害风险等级评定示意图

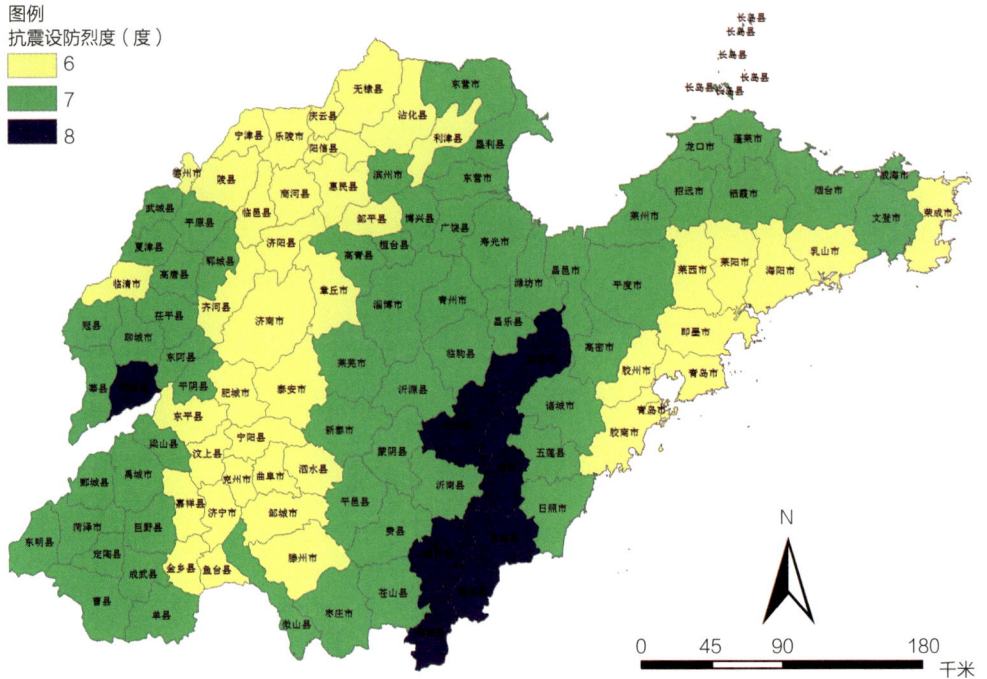

专题报告图4-21　山东省各市县抗震设防烈度图

从专题报告图4-21中可以看出阳谷县、安丘市、沂水县、莒县、莒南县、临沂市、临沭县和郯城县这8个市县抗震设防烈度最高，为8度。其中，除阳谷县外，其他七个市县均在郯庐断裂带附近。郯庐断裂带是东亚大陆上的一系列北东向巨型断裂系中的一条主干断裂带，以右旋逆推为主，具有明显分段和活动程度不等的特点。历史上沿这一断层发生了许多大地震，如1668年郯城8.5级地震和1969年渤海7.4级地震。

2）活动断裂带影响程度

本研究主要分析早更新世以来活动断裂带的影响^{（专题报告图4-22）}，影响规则如下：位于活动断裂带两边5千米范围以内，赋值1；5～10千米，赋值0.6；10～20千米，赋值0.3。

从专题报告图4-22中可以看出，从昌邑往南到郯城有一条连续且密集的断裂带，临清、汶上、曲阜、潍坊、郯城、青岛和海阳等地断裂带明显比较密集。

设某区县总面积为S，活动断裂带5公里以内的面积为A，5～10千米的面积为B，10～20千米的面积为C，则该区县受活动断裂带的影响EH_2见专题报告式（4-10）：

$$EH_2 = \frac{A + 0.6B + 0.3C}{S}$$　　专题报告（4-10）

从专题报告图4-23中可以看出，宁津、临清、聊城、桓台、汶上、兖州、曲阜、巨野、成武、新泰、潍坊、沂南、郯城、蓬莱、海阳和青岛受断裂带影响严重，无棣、阳信等北部区县受断裂带影响较低。

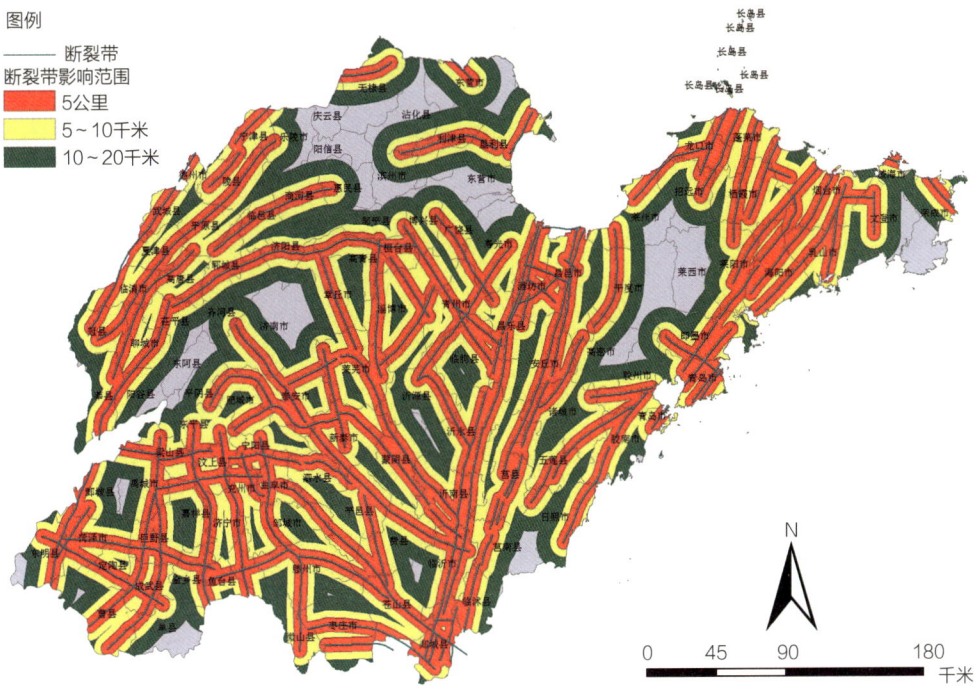

图例
—— 断裂带
断裂带影响范围
■ 5公里
■ 5~10千米
■ 10~20千米

专题报告图 4-22　山东省活动断裂带分布图

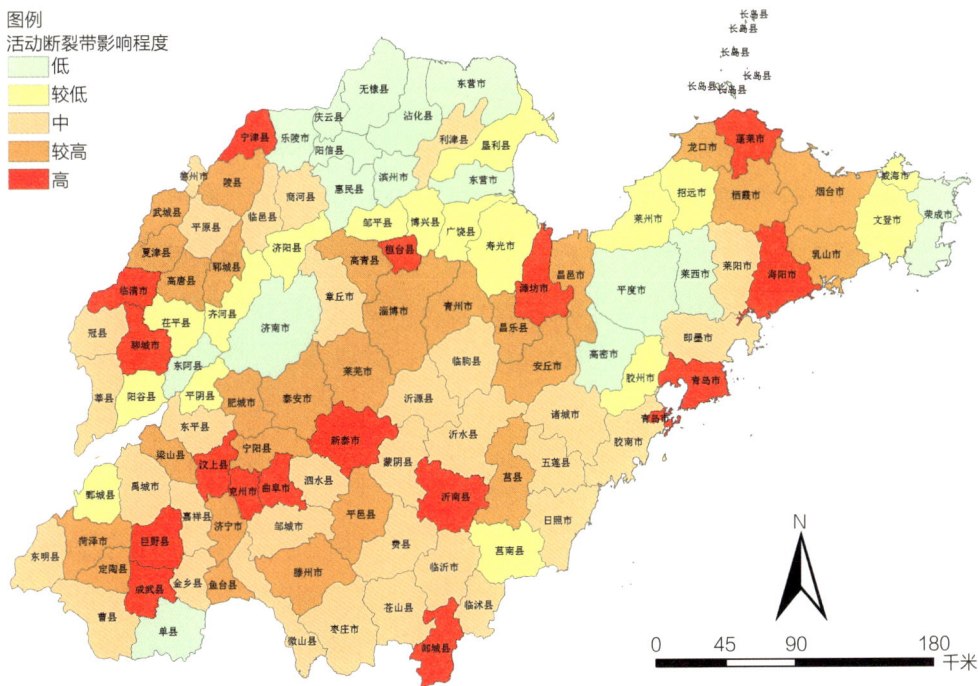

图例
活动断裂带影响程度
■ 低
■ 较低
■ 中
■ 较高
■ 高

专题报告图 4-23　山东省各市县受活动断裂带影响程度分布图

3）地震危险性评估结果

城市群尺度地震风险评估模型一级指标危险性包括抗震设防烈度（EH_1）和活动断裂带影响程度（EH_2）两个二级指标，则地震风险评估危险性EH见专题报告式（4-11）：

$$EH = \frac{EH_1 + EH_2}{2}$$ 专题报告（4-11）

从专题报告图4-24中可以看出，山东省中部地区及东北部局部地区地震危险性较高，中部地区从潍坊一路往南到郯城，有一条明显的红色色带，这是由郯庐断裂带导致危险性较高，危险性最高的为郯城县，另外聊城、巨野、成武、新泰、桓台、蓬莱和烟台等地地震危险性也较高。北部地区从东营一路往西南方向地震危险性较低，省会城市济南市地震危险性较低。淄博、菏泽、枣庄、昌邑、栖霞等地危险性较高，青岛、威海和济宁等地危险性为中等。

（2）地震易损性评估

1）人口密度

人口密度是单位面积土地上居住的人口数，它是表示各地人口密集程度的指标，通常以每平方千米或每公顷内的常住人口为计算单位。本研究以全国第六次人口普查数据为基础，计算2010年各区县每平方公里内的常住人口数。设区县人口数为P，面积为S，则人口密度因子EV_1见专题报告式（4-12）：

$$EV_1 = \frac{P}{S}$$ 专题报告（4-12）

山东省2010年总人口为9579万人，济宁、临沂、济南、潍坊、威海、德州、青岛这七个市辖区人口密度超过1200人/平方公里，其中青岛市辖区人口密度最高，达到3102人/平方公里。除垦利、沾化、无棣、利津和高清的人口密度较低，其他城市人口密度均高于300人/平方公里$^{（专题报告图4-25）}$。

2）城镇建设用地面积比

城镇建设用地面积比指一定区域内城镇建设用地面积占区域总面积的比例。本研究以区县为单位，计算区县行政区域内城镇建设用地占区县总面积的比例。以2010年各区县土地利用数据为准，设区县城镇建设用地面积为SUL，区县面积为S，则城镇建设用地面积比EV_2见专题报告式（4-13）：

$$EV_2 = \frac{SUL}{S}$$ 专题报告（4-13）

从专题报告图4-26中可以看出，济宁、临沂、济南、潍坊、威海、德州和青岛七个城市建筑面积比也较高，临沂为36%，德州为34%，青岛为32%，威海为27%，潍坊为22%，济宁和济南为16%。无棣、沾化、辉山、招远、栖霞、海阳、乳山、文登及以沂水为中心的周围几个县建筑面积比较低，沂源和蒙阴的建筑面积比只为2%。

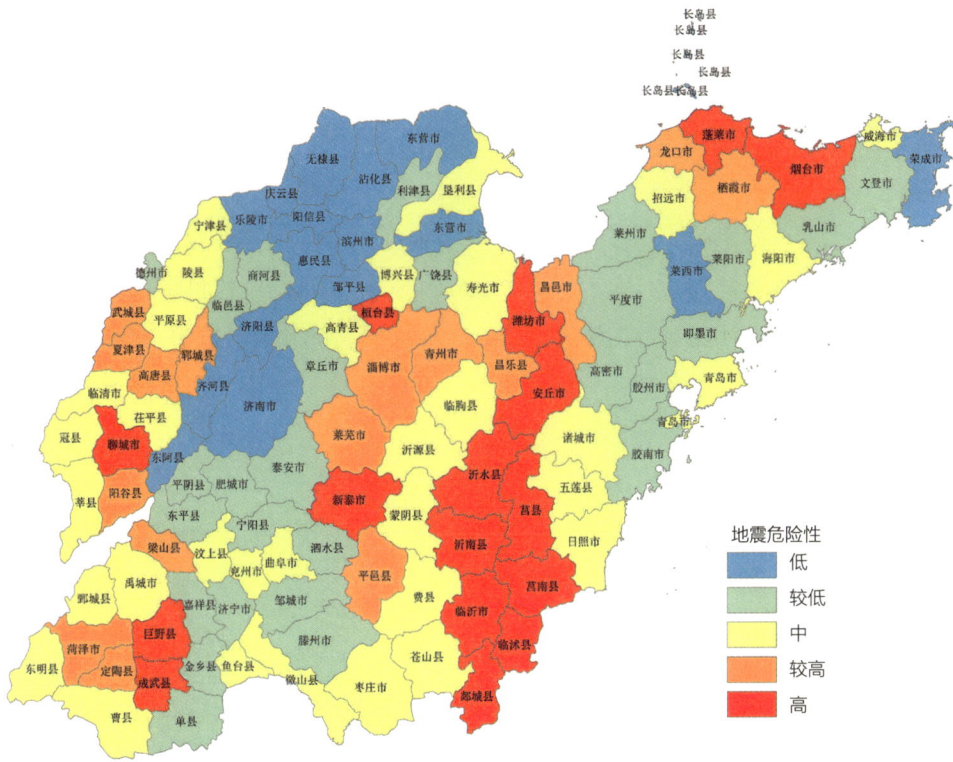

专题报告图 4-24　山东省各市县地震危险性分布图

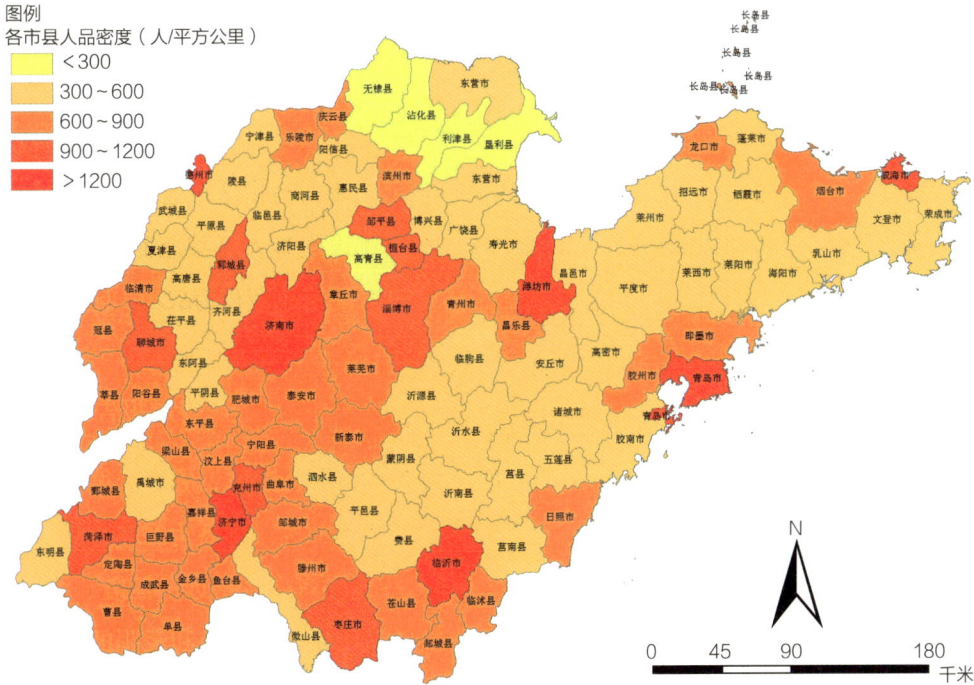

专题报告图 4-25　山东省各市县人口密度分布图

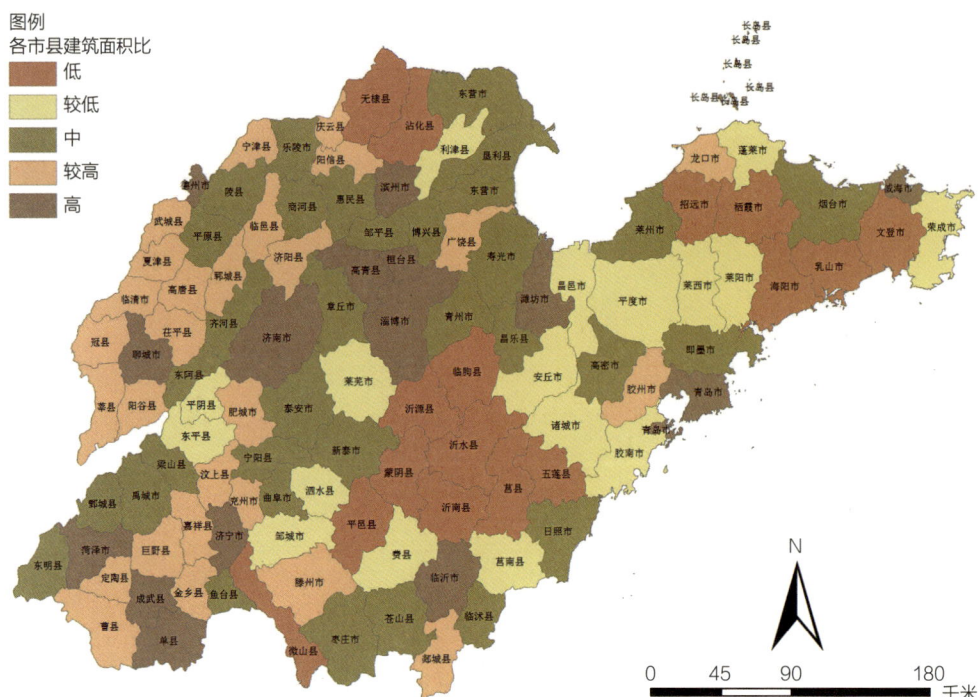

专题报告图 4-26　山东省各市县建筑面积比分布图

3）单位面积固定资产投资

固定资产是指企业为生产产品、提供劳务、出租或者经营管理而持有的、使用时间超过12个月且价值达到一定标准的非货币性资产，包括房屋、建筑物、机器、机械、运输工具以及其他与生产经营活动有关的设备、器具、工具等。以1978~2009年各县固定资产累计投资总量为准，设各区县面积为S，固定资产为R，则单位面积固定资产投资EV_3见专题报告式（4-14）：

$$EV_3 = \frac{R}{S}\qquad\qquad\text{专题报告（4-14）}$$

山东省有46个市县固定资产超过1000亿元，其中，日照、烟台、济南、德州、龙口、威海和青岛固定资产投资超过3000亿元，青岛固定资产总额名列全省第一，为7821亿元，紧随其后是威海，为5247亿元。商河县固定资产最少，仅为225亿元。单位面积固定资产投资排名前五的分别是威海、德州、长岛、青岛和桓台^{（专题报告图4-27）}。

4）单位面积人均GDP

地区生产总值（GDP）指一定时期内一个国家或地区的经济活动所生产出的全部产品和劳务的价值，常被公认为衡量地区经济状况的最佳指标。以2010年山东省各区县GDP数据位基础，设区县面积为S，人口数为P，则单位面积人均GDPEV_4见专题报告式（4-15）：

$$EV_4 = \frac{\text{GDP}}{S \cdot P}\qquad\qquad\text{专题报告（1-15）}$$

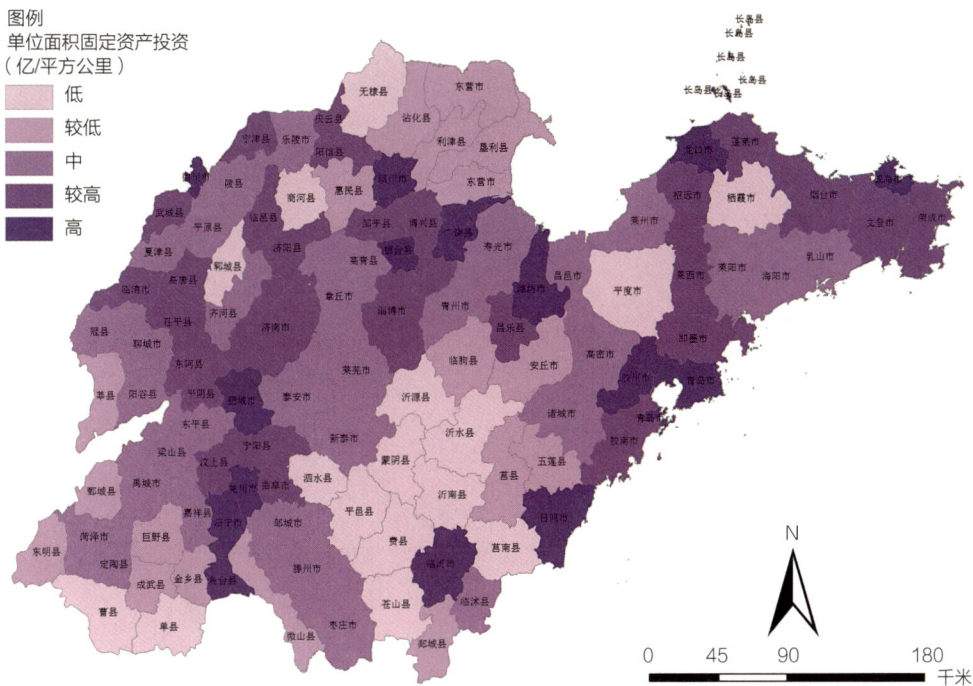

图例
单位面积固定资产投资
（亿/平方公里）

低
较低
中
较高
高

N

| 0 | 45 | 90 | 180 |
千米

专题报告图 4-27　山东省各市县单位面积固定资产投资分布图

　　山东省单位面积人均GDP前五位为长岛、德州、威海、桓台和龙口，其中长岛县单位面积人均GDP最高。从专题报告图4-28中可以看出，处于郯庐断裂带上的区县单位面积人均GDP均比较低。

　　5）弱势人口比例

　　地震弱势群体主要指儿童和老人，即0～14岁和65岁以上人群。以2010年人口数据为基础，设山东各区县人口总数为P，0～14岁、65岁以上人口数分别为P_1，P_2，则弱势人口比例EV_5见专题报告式（4-16）：

$$EV_5 = \frac{P_1 + P_2}{P}$$ 专题报告（4-16）

　　从专题报告图4-29中可以看出，山东省整体上由东北向西南方向，弱势人口比例呈现增长趋势，菏泽和临沂及周边区县弱势群体比例较高。

　　6）生命线系统密度

　　城市生命线指公众日常生活必不可少的水、电、气、热、交通等线路。影响城市群生产生活的生命线系统主要指区域性的道路、燃气、电力等设施。本研究结合地震灾害特点，选取区域性的省道、国道、高速公路、天然气管道、电力线路这五类生命线系统，计算各区县范围内生命线系统密度。以各区县2010年数据为基础，设区县面积为S，区县省道、国道、高速、天然气管线和电力线路长度分

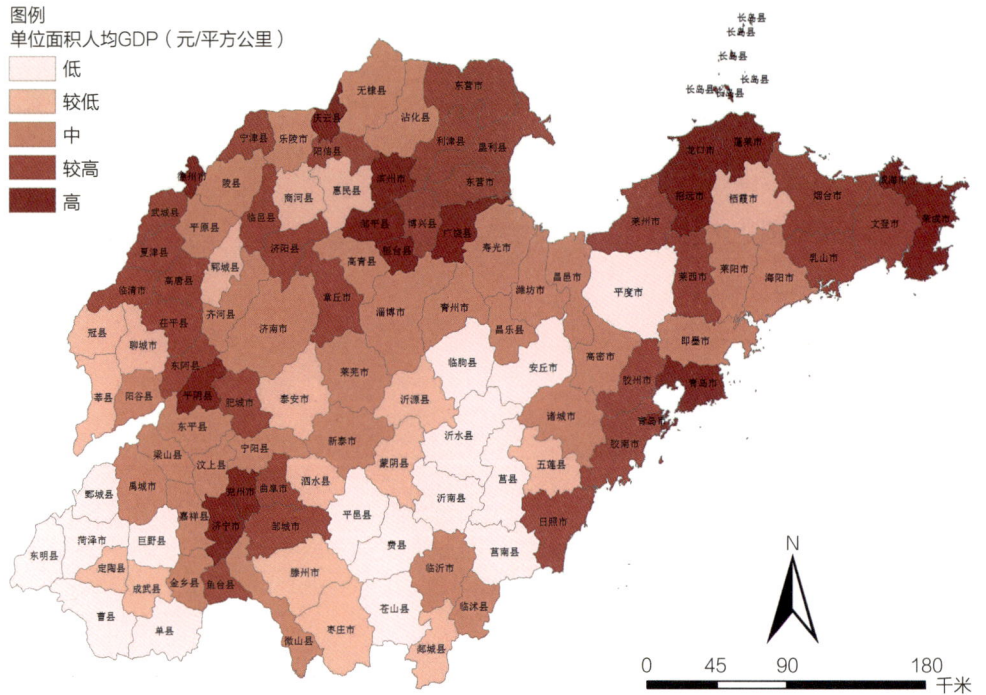

专题报告图 4-28　山东省各市县单位面积人均 GDP 分布图

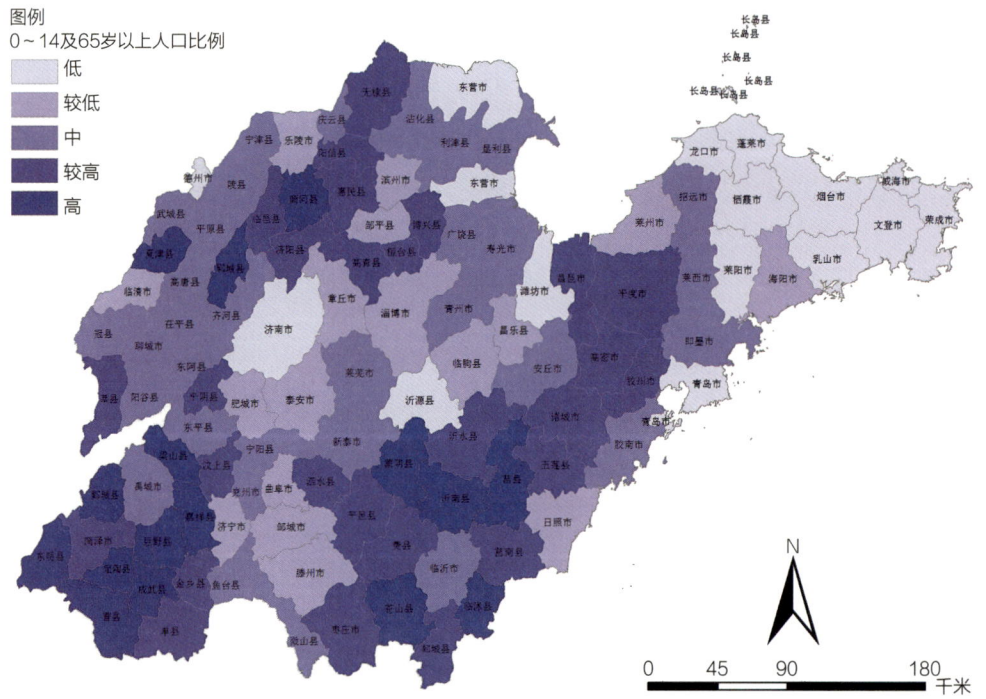

专题报告图 4-29　山东省各市县 0～14 岁，65 岁以上人口比重分布图

　　　中国城市群的类型和布局

别为L_1，L_2，L_3，L_4，L_5，则生命线系统密度EV_6见专题报告式（4-17）：

$$EV_6 = \frac{L_1 + L_2 + L_3 + L_4 + L_5}{S} \qquad 专题报告（4-17）$$

从专题报告图4-30中可以看出，生命线系统密度高的地区主要集中于济南、淄博、青岛及其周边市县。

7）地震易损性评估结果

易损性是指承灾体面对突发事件所表现出来的抵御能力和应对能力，由于易损性分析比较复杂，本研究选取易损性的6个二级指标，分别为人口密度（EV_1）、城镇建设用地面积比（EV_2），单位面积固定资产投资（EV_3），单位面积人均GDP（EV_4）、弱势人口比例（EV_5）和生命线系统密度（EV_6），则地震风险评估易损性EV见专题报告式（4-18）：

$$EV = \frac{EV_1 + EV_2 + EV_3 + EV_4 + EV_5 + EV_6}{6} \qquad 专题报告（4-18）$$

从专题报告图4-31中可以看出，济南、青岛、德州、威海和济宁等地地震易损性高，这是因为这些地区城镇化与工业化水平比较高，以沂水为中心的周围许多市县地震易损性相对较低。

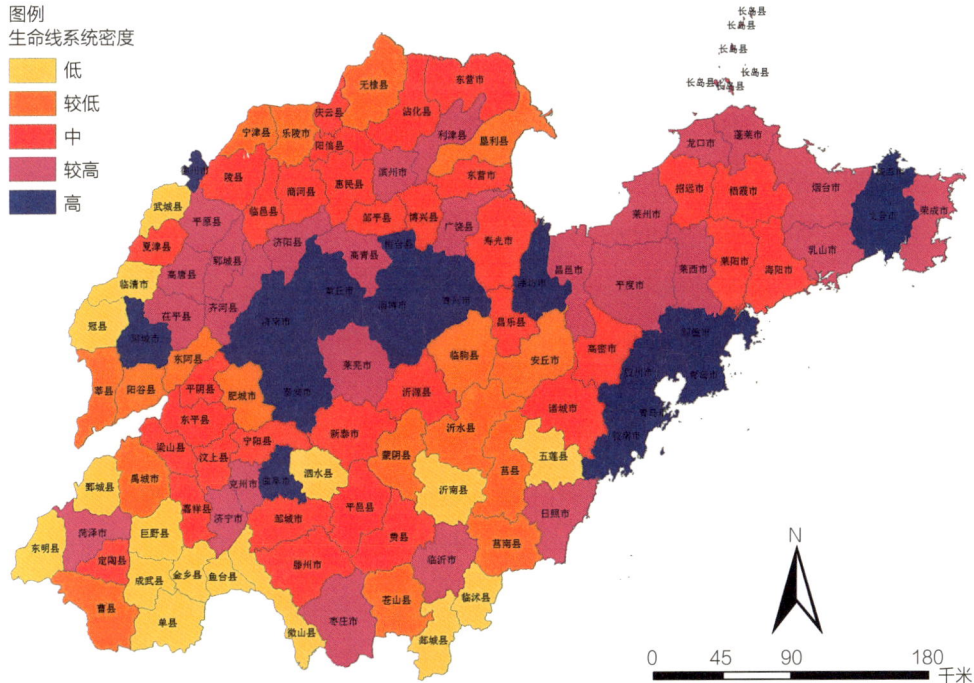

专题报告图 4-30　山东省各市县生命线密度分布图

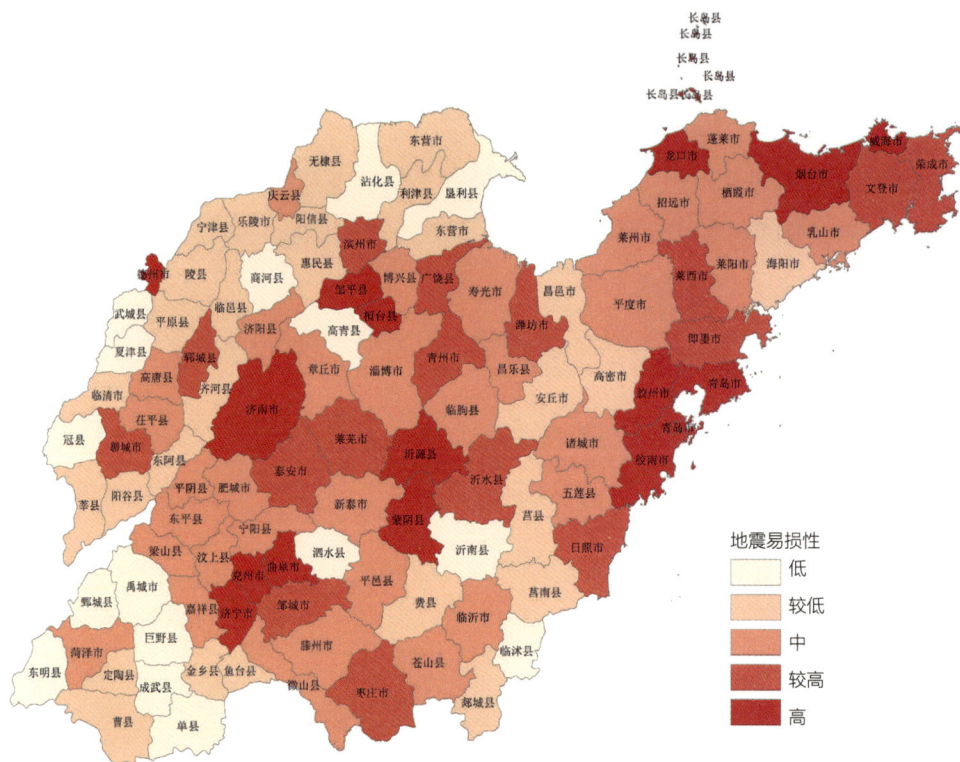

专题报告图 4-31　山东省各市县地震脆弱性分布图

（3）地震抗灾能力评估

1）建筑抗震能力

抗震能力指标用于衡量一定区域范围内遭遇设定地震灾害影响时建筑的损失情况，用建筑受地震影响而发生中等破坏、轻微破坏及完好的比例表示，与建筑地震易损性等级有关。建筑地震易损性一般分为A、B、C、D四类。根据山东省建筑形式，结合房屋建筑地震易损性分类表❶，设定如下规则对各区县域单元城镇用地上的建筑地震易损性进行判断：

B类——2000年以后新增城镇用地上的建筑

C类——2000年以前城镇用地上的建筑

不考虑A、D类建筑的影响。

由于我国近年来的城镇化发展主要以扩张为主，因此，本研究判断2000年土地利用数据中城镇用地上的建筑判断为C类，以2000年、2010年土地利用数据为基础，2000年以后新增城镇用地上的建筑判断为B类。

山东省抗震设防烈度为6～8度，为Ⅱ类气候地区。根据尹之潜的震害矩阵，Ⅱ类气候地区抗震设防烈度为6～8度地区遭遇8度地震情景B类房屋毁坏和严重破坏的比例之和分别为14.29%、8.99%和5.44%，C类房屋毁坏和严重破坏的比例之和为48.5%。综合判断，8度地震情景B类、C类房屋毁坏和严重破坏的比例之分

❶ 尹之潜，杨淑文. 地震损失分析与设防标准 [M]. 北京：地震出版社，2004。

别为10%、50%。反之，B类、C房屋中等破坏、轻微破坏、完好合计的比例分别为90%、50%。以城镇用地面积代替建筑面积，设山东省市县单元B类建筑面积为S_B，C类建筑面积为S_C，各市县面积为S，建筑抗震能力因子为ED_1，则计算公式见专题报告式（4-19）：

$$ED_1 = \frac{0.9 \cdot S_B + 0.5 \cdot S_C}{S} \qquad \text{专题报告（4-19）}$$

从专题报告图4-32中可以看出，山东省东部地区建筑抗震能力稍弱，除临沂和潍坊外，郯庐断裂带周围市县的建筑抗震能力都比较弱，地震时更容易发生房屋坍塌事故，造成极大的生命财产损失。对于有较大地震断裂带的地区，建议对现有房屋加固，提高房屋抗震等级。

2）医院万人床位数

设山东省各市县床位数为M，人口数为P（万人），医院万人床位数因子为ED_2，则计算公式见专题报告式（4-20）：

$$ED_2 = \frac{M}{P} \qquad \text{专题报告（4-20）}$$

2010年，山东省共有4个市县医院床位数超过1万个，分别为济南市22323个，青岛市18273个，淄博市15685个，临沂市10599个。有9个县医院床位数不足1000个，其中长岛县最少仅为236个。

对于万人床位数，山东省有17个市县超过50个，荣成市最高为90个，有8个县不到20个，分别为阳信、阳谷、济阳、东明、商河、汶上、夏津、梁山，阳信最低为15个（专题报告图4-33）。

3）地震抗灾能力评估结果

面对突如其来的灾害，城镇应该具有一定的抵御能力，通过慎重考量，本研究选取建筑抗震能力（C_1）和万人床位数（C_2）这两个二级指标来判定市县地震抗灾能力。

设地震抗灾能力为C，则计算公式见专题报告式（4-21）：

$$C = \frac{1}{2}C_1 + \frac{1}{2}C_2 \qquad \text{专题报告（4-21）}$$

从专题报告图4-34中可以看出，济南、青岛、临沂、淄博、德州、潍坊、济宁等市地震抗灾能力高，以临沂为中心的周围市县地震抗灾能力低，无棣、沾化、利津、垦利、招远、栖霞、平阴以及微山地震抗灾能力都低。综合来看山东东部地区地震抗灾能力要比西部地区弱一些，地级市辖区要比县的地震抗灾能力强。

（4）地震风险综合评估

地震风险计算公式见专题报告式（4-22）。

$$ER = \frac{1}{3}[EH + EV + (1 - ED)] \qquad \text{专题报告（4-22）}$$

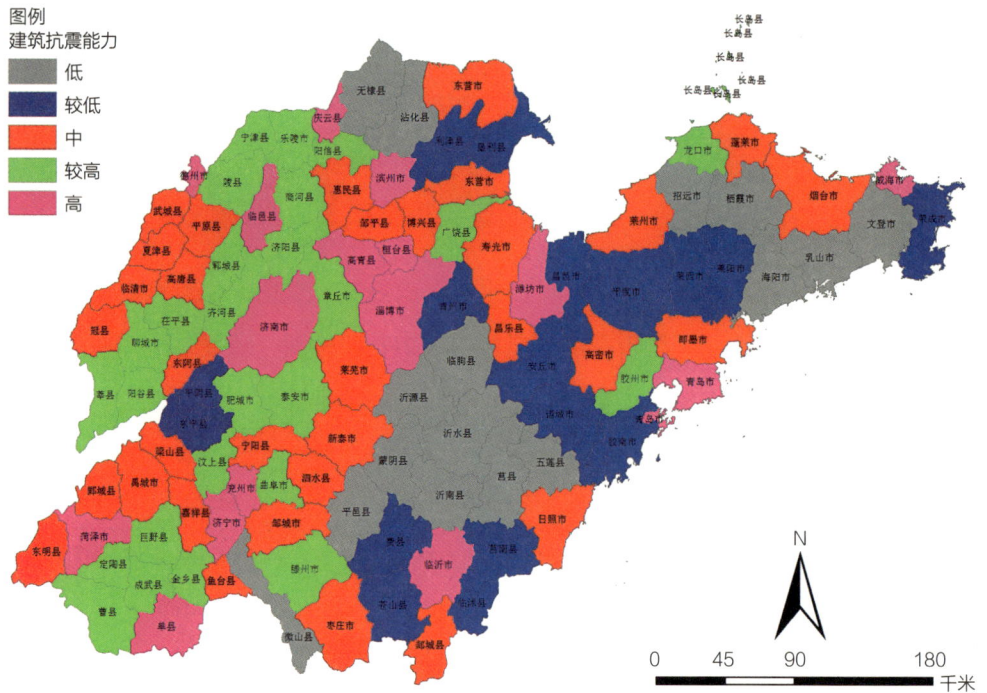

专题报告图 4-32　山东省各市县建筑抗震能力分布图

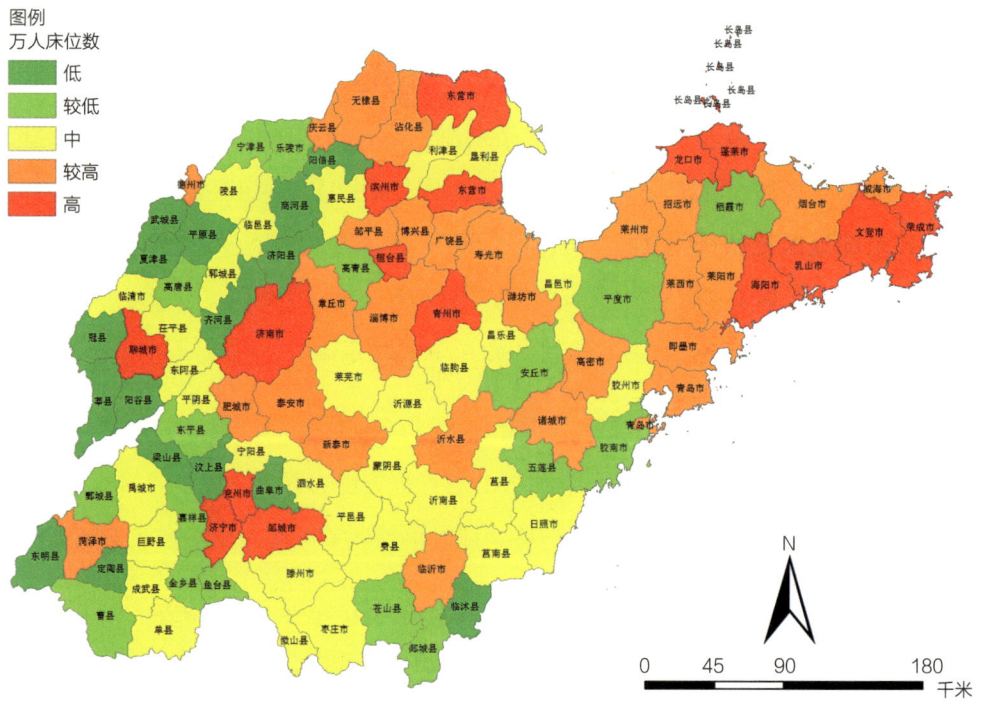

专题报告图 4-33　山东省各市县医院万人床位数分布图

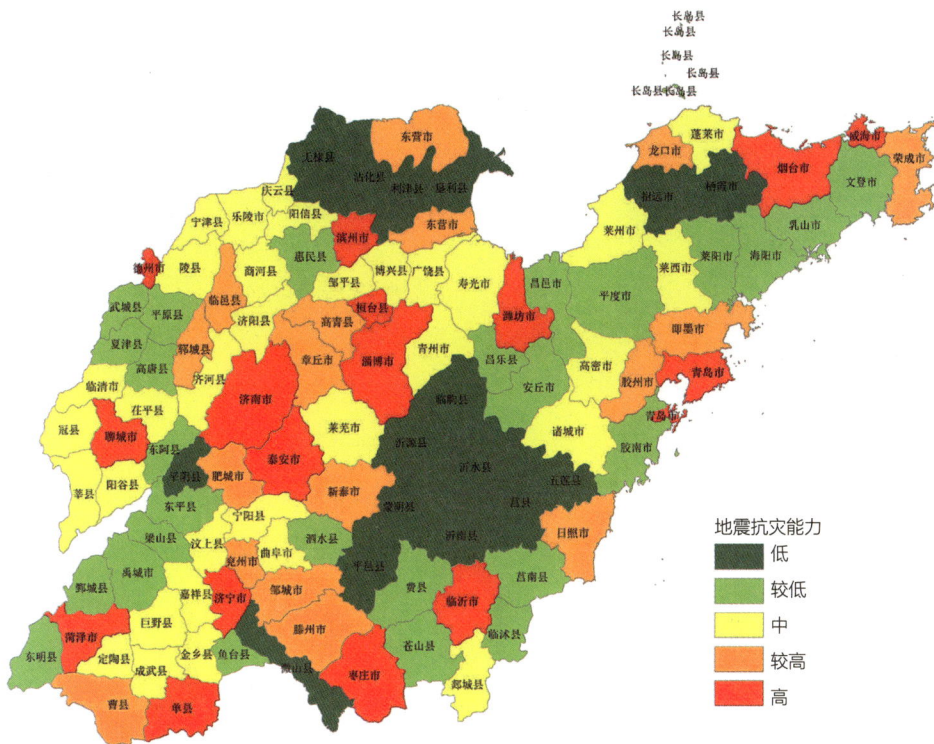

专题报告图 4-34 山东省各市县地震抗灾能力评估图

山东省各市县地震风险综合评估结果如专题报告图4-35所示：

从专题报告图4-35中可以看出，从昌邑往南一直到郯城，除临沂和莒南外，其他市县地震风险评估结果均为高，此外还有德州、高唐、梁山、桓台、威海、蓬莱、龙口和栖霞地震风险评估结果也为高。地震风险最高的5个市县依次是郯城、威海、安丘、莒县和桓台。无棣及周围市县地震风险评估结果均为低，此外还有济南、青岛、淄博、莱西和单县等地震风险评估结果也为低。总体来看，山东省东部地区比西部地区地震风险高，南部地区比北部地区地震风险高，地震高风险区主要集中于昌邑—郯城和龙口—栖霞这两个区域。

对于地震高风险区域，各地方应积极采取相关措施，降低地震风险系数，减少地震发生时造成的灾害损失。

5. 山东半岛城市群火灾风险评估

（1）火灾危险性评估

1）火灾发生起数

火灾发生起数是指各市县2006～2010年5年间火灾年平均发生起数，是火灾危险性的先验性指标，即年平均火灾发生起数越大，表明该市县发生火灾的危险性越高。根据数据统计，山东省各市县火灾发生起数如专题报告图4-36所示。

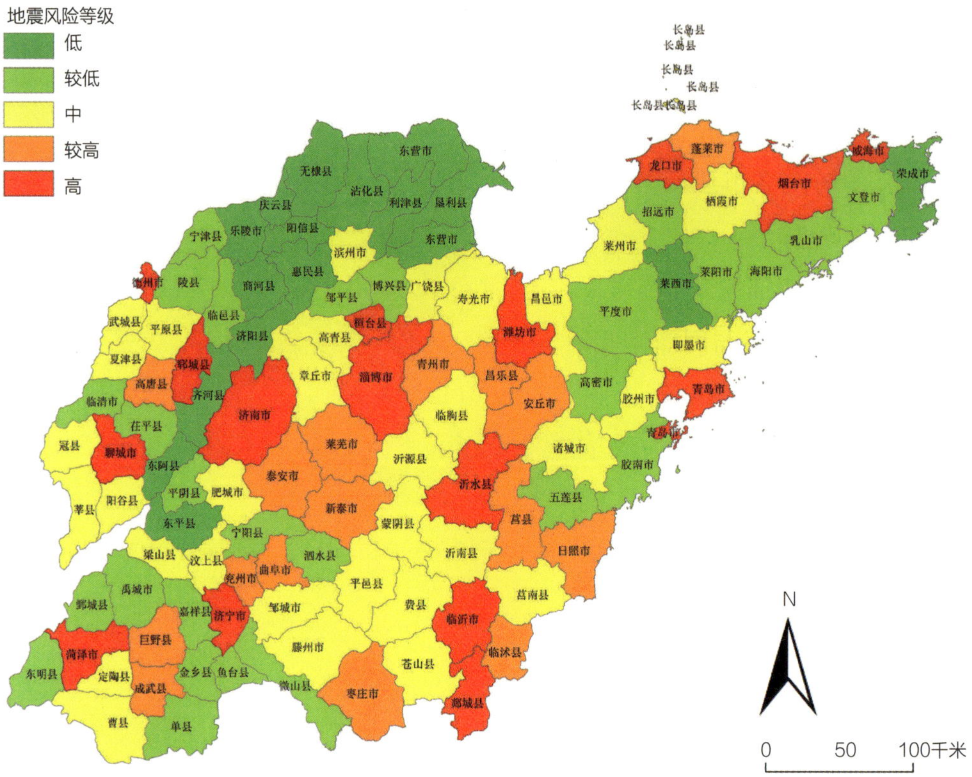

专题报告图 4-35　山东省市地震风险综合评估图

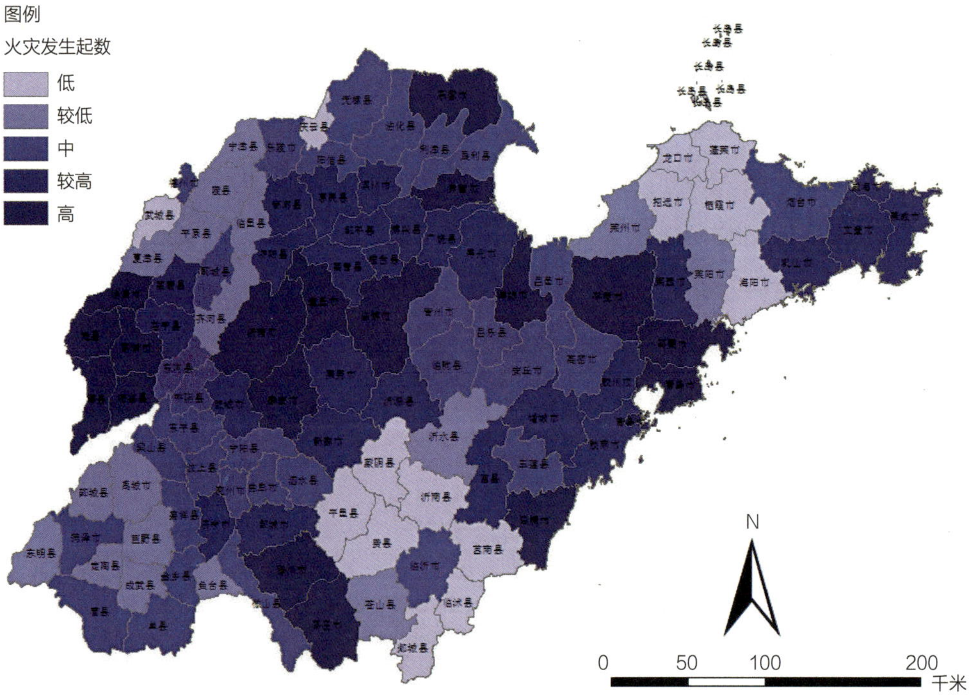

专题报告图 4-36　山东省各市县火灾发生起数分布图

2）人均发生起数

人均发生起数是指各市县火灾发生起数与2010年市县人口总数的比值，也是火灾危险性的先验型指标，人均火灾发生起数越大，表明该市县发生火灾的危险性越高。山东省各市县人均火灾发生起数如专题报告图4-37所示：

3）干燥度

干燥度是表征气候干燥程度的指数，又称干燥指数，定义为某地一定时段内的水面可能蒸发量与同期降水量的比值。某地干燥度越大，发生火灾的可能性越大，火灾危险性越高。将干燥度指数按0.2的步长，从0～1依次分为低、较低、中、较高、高五个等级。山东省干燥度等级分布如专题报告图4-38所示。

4）火灾危险性评估结果

城市群火灾风险评估模型一级指标危险性包括火灾发生起数（FH_1）、人均发生起数（FH_2）和干燥度（FH_3）这三个二级指标，则火灾风险评估危险性FH见专题报告式（4-23）：

$$FH = 0.3FH_1 + 0.4FH_2 + 0.3FH_3 \qquad 专题报告（4-23）$$

从专题报告图4-39中可以看出，山东省西北部比东南部火灾危险性高，济南、青岛、淄博、聊城、东营和枣庄等市县火灾危险性高，临沂及周围市县、栖霞及周围市县火灾危险性低。

（2）火灾易损性评估

1）人口密度

本研究以2010年各市县总人口（人）与市县总面积（平方公里）的比值作为人口密度指标。人口密度越高，易损性越高。山东省各市县人口密度分布如专题报告图4-25所示。

2）人均火灾损失

人均损失是指2006～2010年5年间各市县年均火灾损失（万元）与2010年各市县人口总数（人）之间的比值，为先验性指标。人均火灾损失越高，火灾易损性越高，评估结果如专题报告图4-40所示。

3）单位GDP火灾损失率

单位GDP火灾损失率是指2006～2010年5年间各市县年均火灾损失（万元）与2010年各区县GDP（万元）之间的比值，为先验性指标。单位GDP火灾损失率损失越高，火灾易损性越高，评估结果如专题报告图4-41所示。

4）单位起数死亡人数

单位起数死亡人数是指2006～2010年5年间各市县年均死亡人数（人）与年均火灾起数（起）的比值，单位起数死亡人数越高，火灾易损性越高。评估结果如

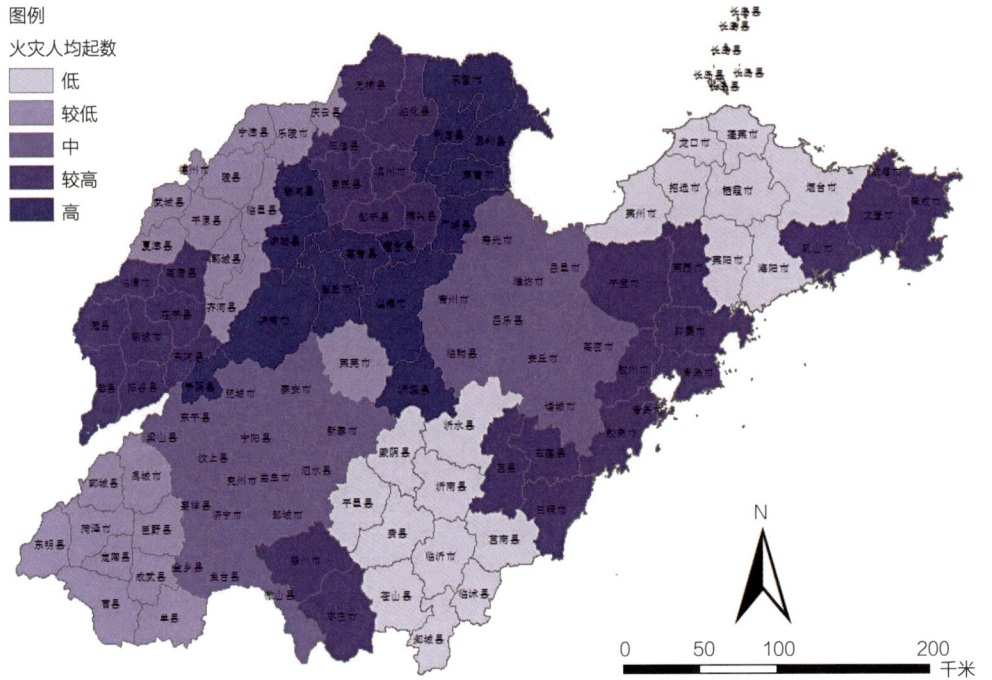

专题报告图 4-37　山东省各市县火灾年人均起数分布图

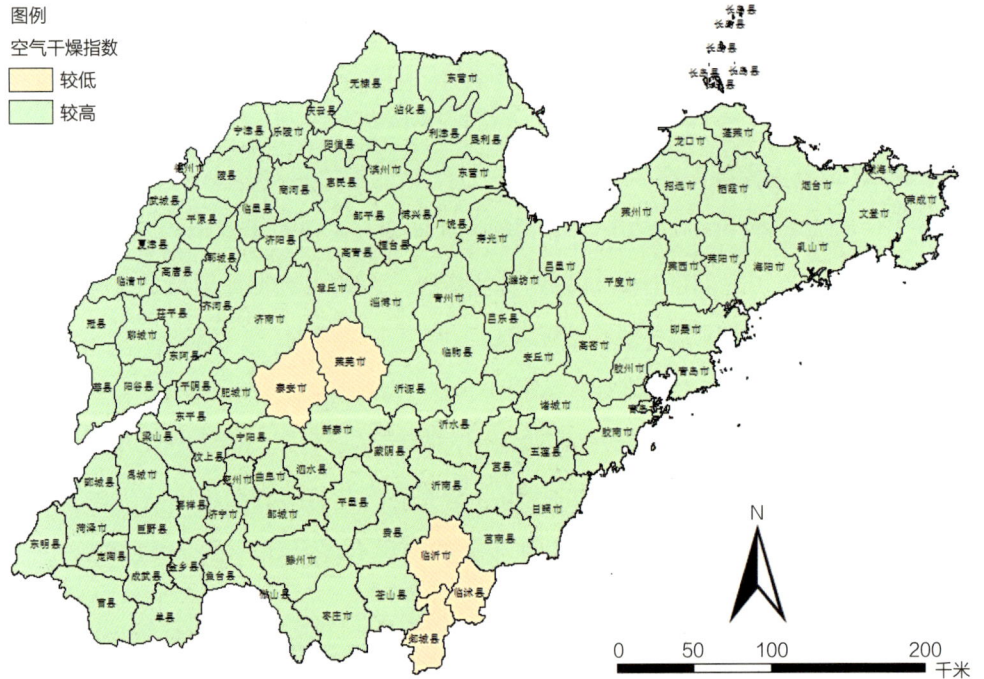

专题报告图 4-38　山东省干燥度等级分布图

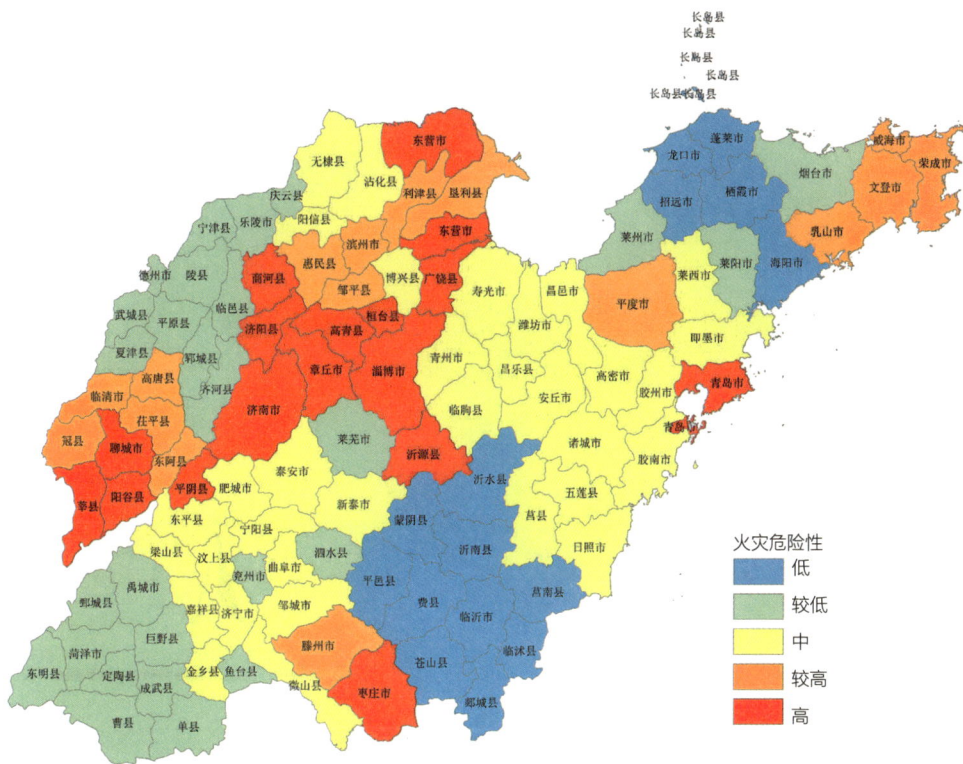

专题报告图 4-39　山东省各市县火灾危险性分布图

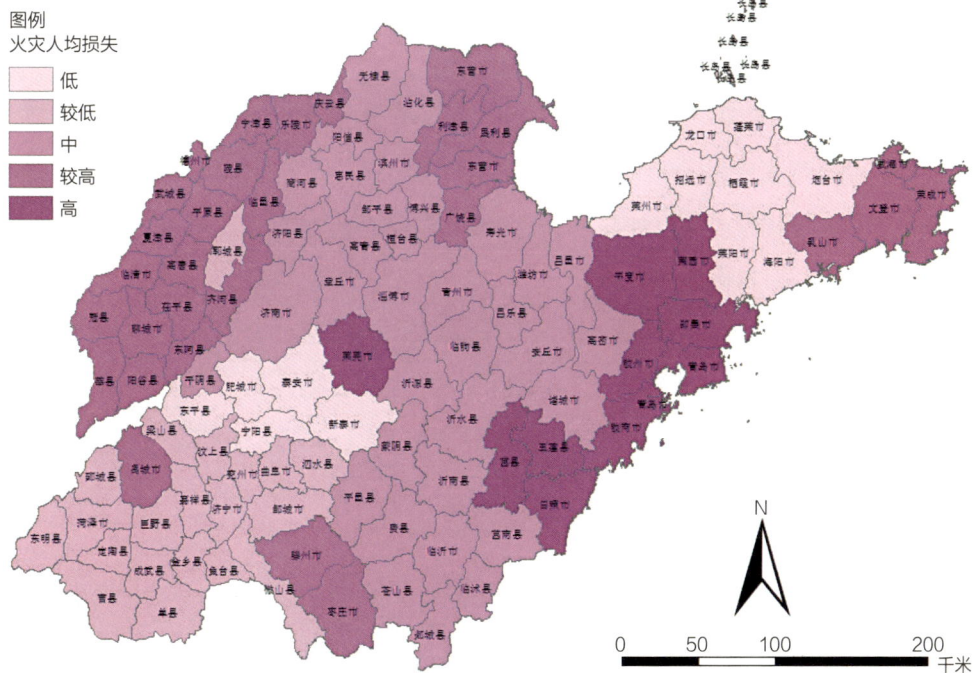

专题报告图 4-40　山东省各市县人均火灾损失分布图

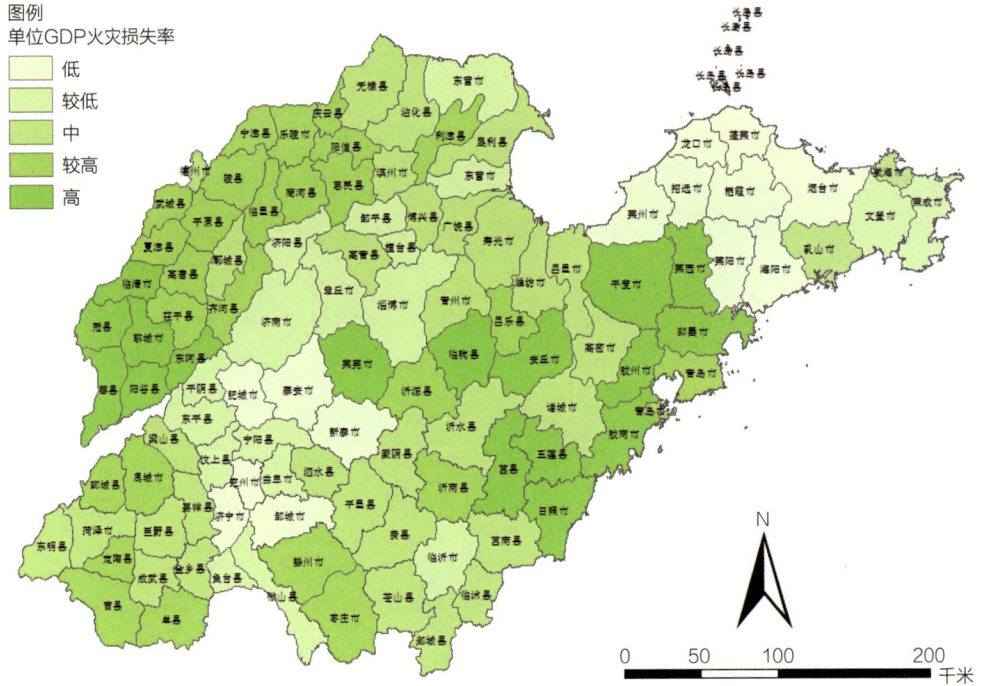

专题报告图 4-41　山东省各市县单位 GDP 火灾损失率分布图

专题报告图4-42所示。

　　5）单位起数受伤人数

　　单位起数受伤人数是指2006～2010年5年间各市县年均受伤人数（人）与年均火灾起数（起）的比值，单位起数受伤人数越高，火灾易损性越高。评估结果如专题报告图4-43所示。

　　6）直接经济损失

　　直接经济损失是指2006～2010年5年间各市县年均火灾直接经济损失，直接经济损失越高，易损性越高。评估结果如专题报告图4-44所示。

　　7）火灾易损性评估结果

　　火灾易损性是指承灾体面对突发事件所表现出来的抵御能力和应对能力，由直接经济损失（FV_1）、人均损失（FV_2），GDP损失率（FV_3），单位起数死人（FV_4）、单位起数伤人（FV_5）和人口密度（FV_6）6个二级指标组成，火灾风险评估易损性因子FV计算公式见专题报告式（4-24）：

$$FV = 0.2FV_1 + 0.2FV_2 + 0.1FV_3 + 0.15FV_4 + 0.15FV_5 + 0.2FV_6 \qquad 专题报告（4\text{-}24）$$

　　专题报告图4-45显示，山东省东南部要比其他区域火灾易损性高，青岛、日照、德州、临沂和莱芜等市县火灾易损性高，济南、济宁、威海和东营等市县火灾易损性较高，栖霞及周围市县、山东北部及中部部分区县火灾易损性低。

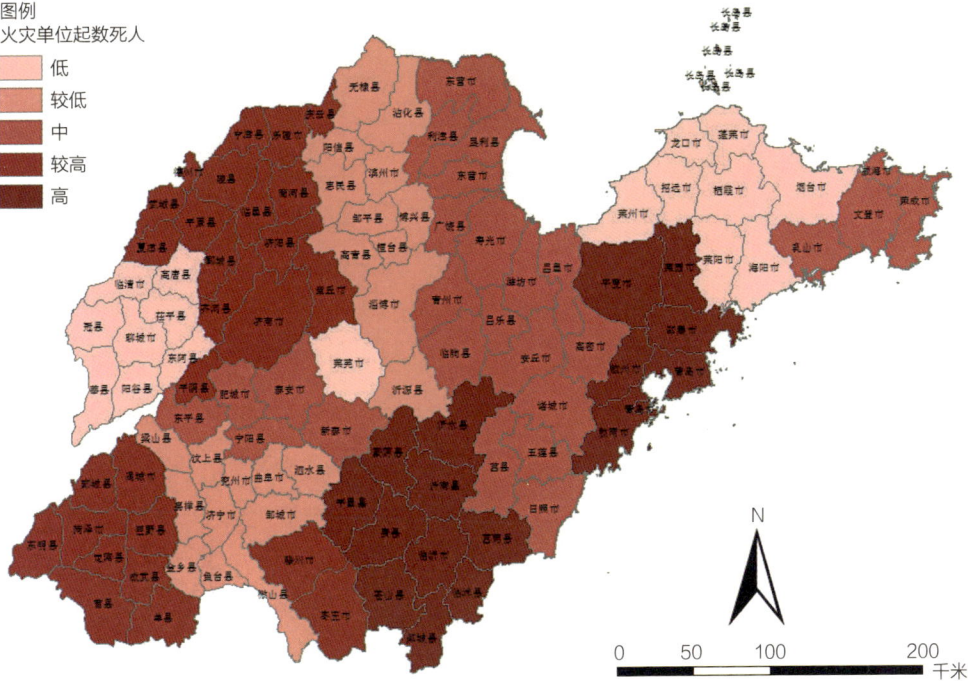

专题报告图 4-42 山东省各市县火灾单位起数死亡人数分布图

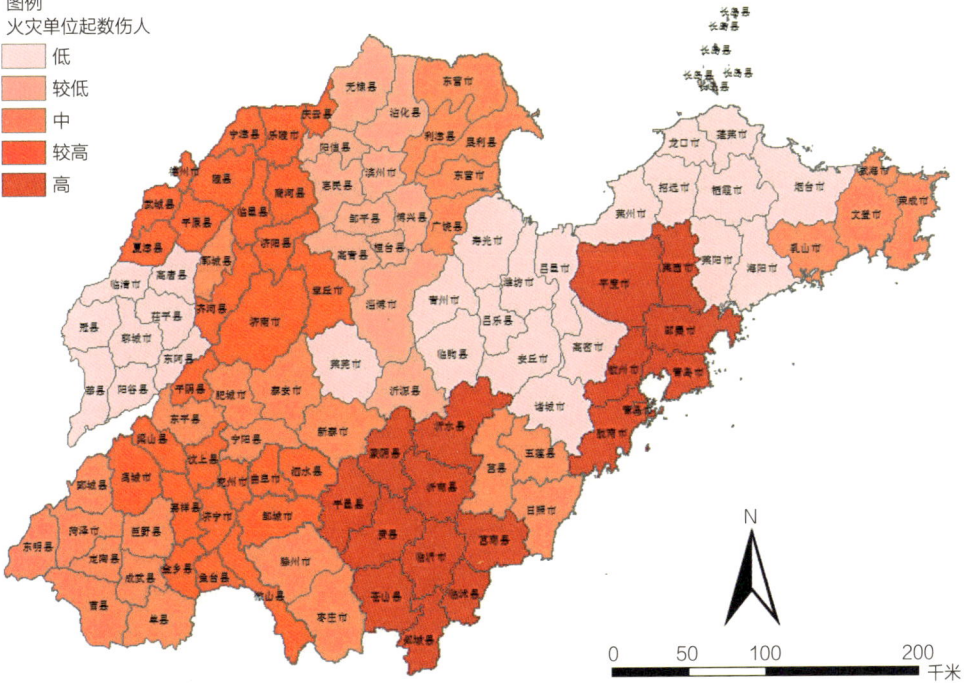

专题报告图 4-43 山东省各市县火灾单位起数受伤人数分布图

专题报告图 4-44　山东省各市县火灾直接经济损失分布图

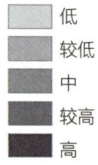

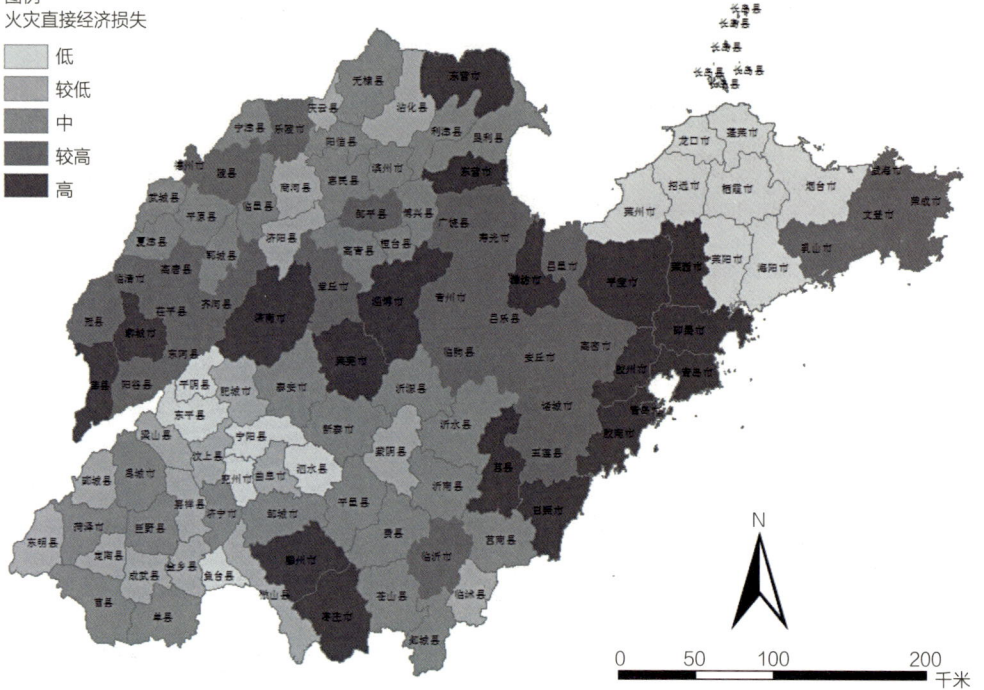

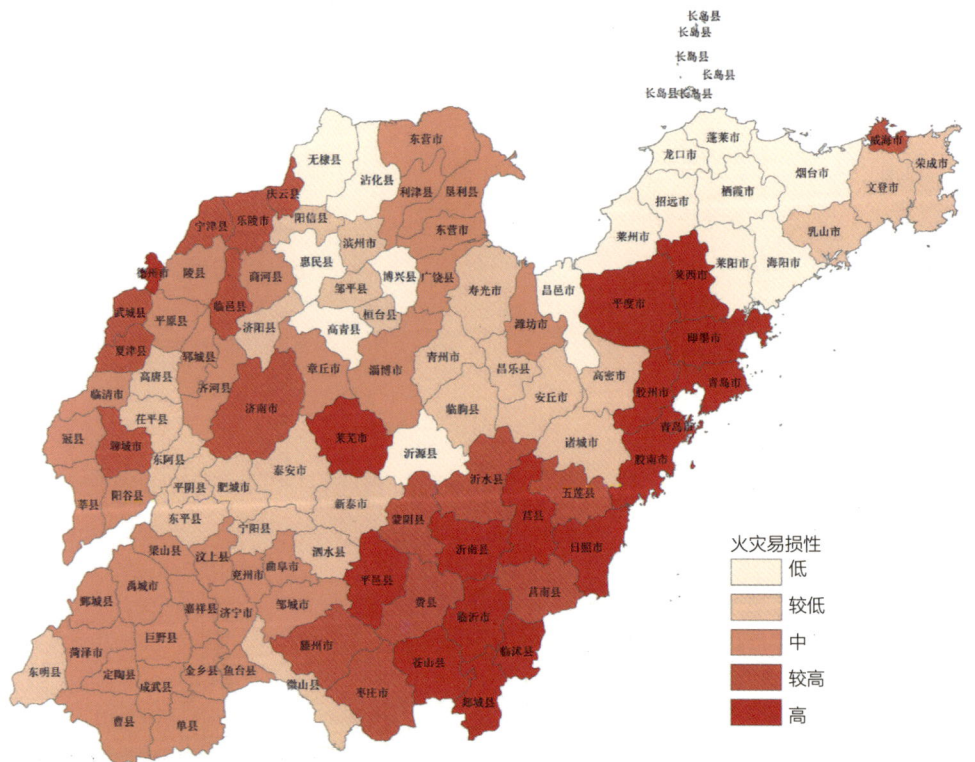

专题报告图 4-45　山东省各市县火灾易损性分布图

　中国城市群的类型和布局

（3）火灾抗灾能力评估

1）消火栓完整率

消火栓完整率是各市县消火栓实有数量与应有数量的比值，数据以2010年消防统计年鉴为基础。消火栓完整率越高，救援保障率越高，火灾抗灾能力越高。评估结果如专题报告图4-46所示。

2）消防站拥有率

消防站拥有率是各市县消防站实有数量与应有数量的比值，数据以2010年消防统计年鉴为基础。消防站拥有率越高，救援保障率越高，火灾抗灾能力越高。评估结果如专题报告图4-47所示。

3）火灾抗灾能力评估结果

面对突如其来的灾害，城市应该具有一定的抵御能力，本研究选取消火栓完整率（FD_1）和消防站拥有率（FD_2）这两个二级指标来判定市县火灾抗灾能力。火灾风险评估抗灾能力FD计算公式见专题报告式（4-25）：

$$FD = 0.5FD_1 + 0.5FD_2 \qquad 专题报告（4-25）$$

各市辖区由于现代化程度比较高，消防投入较大，消防力量充足，所以火灾抗灾能力高_{（专题报告图4-48）}。

（4）火灾风险综合评估

火灾风险计算公式见专题报告式（4-26）：

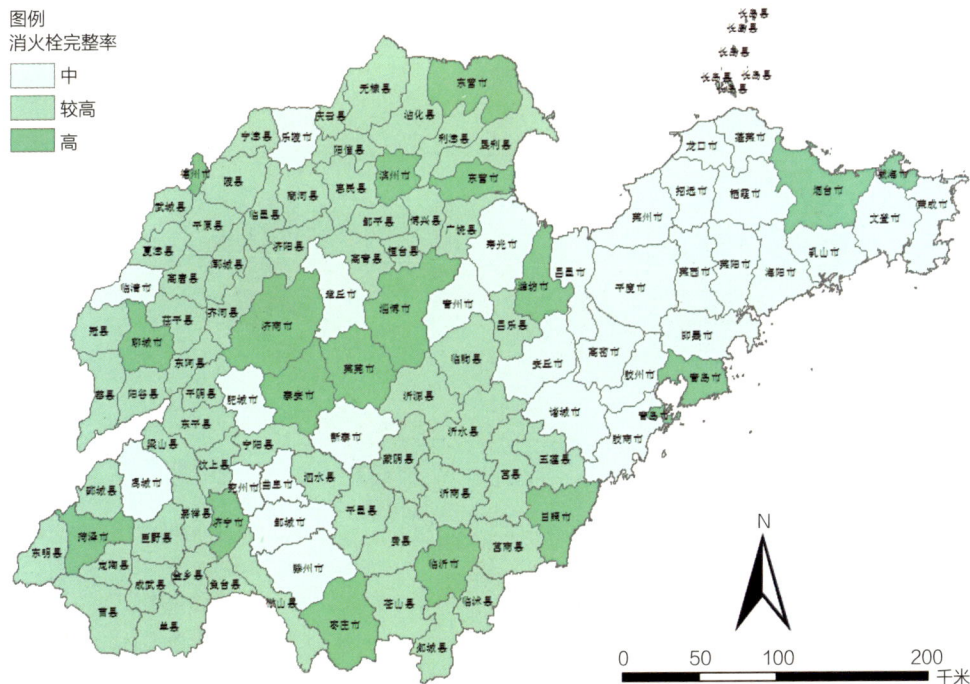

专题报告图 4-46　山东省各市县消火栓完整率分布图

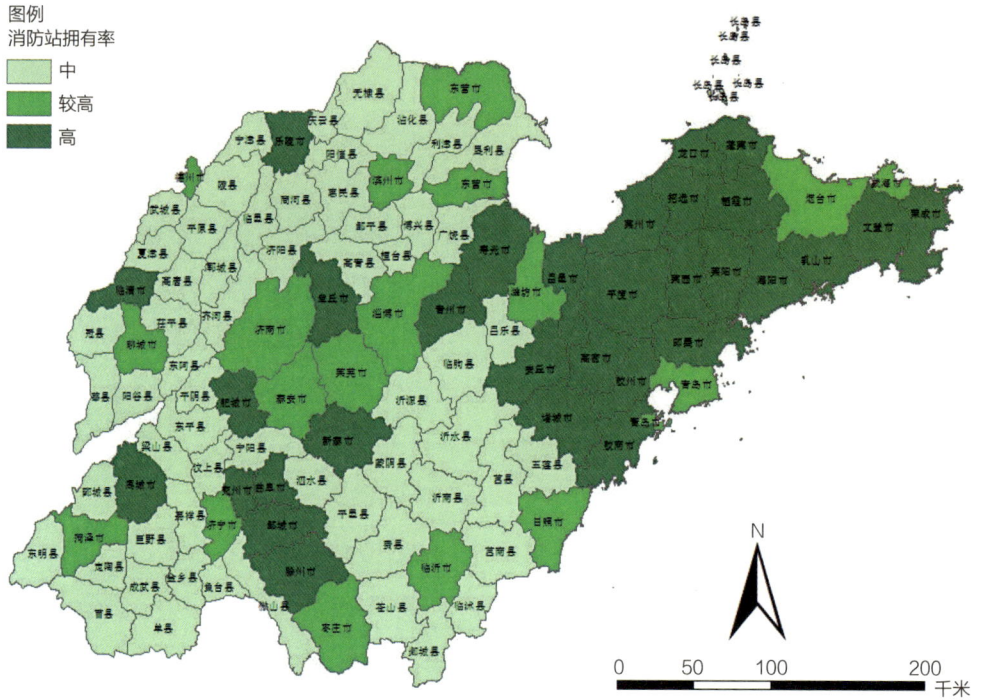

图例
消防站拥有率
中
较高
高

专题报告图 4-47　山东省各市县消防站拥有率分布图

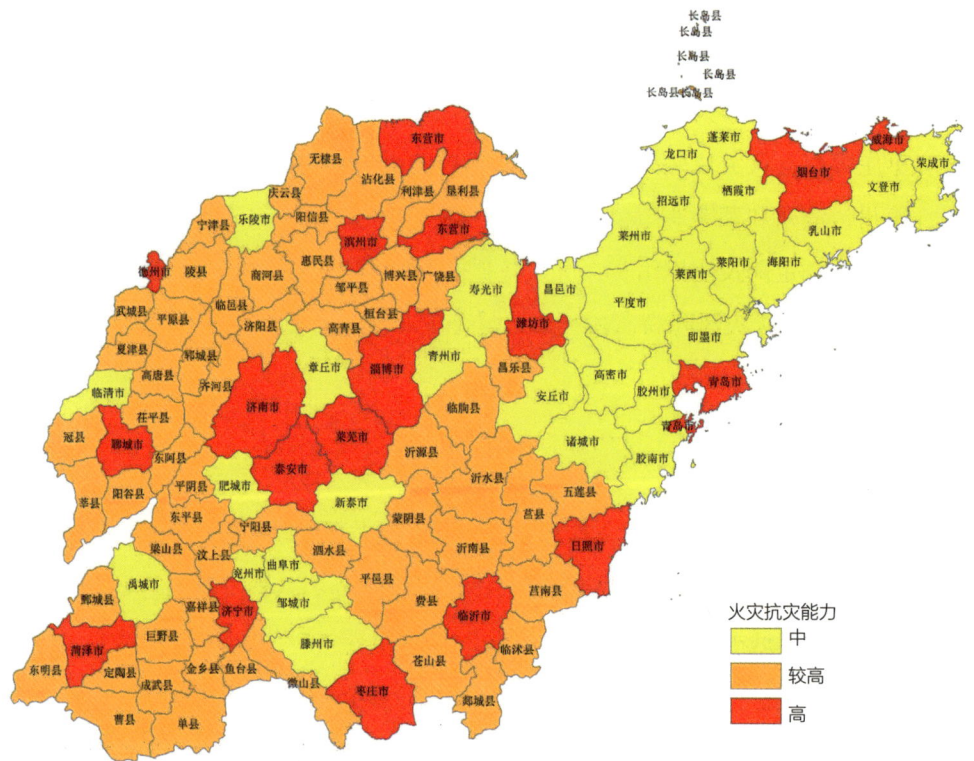

火灾抗灾能力
中
较高
高

专题报告图 4-48　山东省各市县火灾抗灾能力分布图

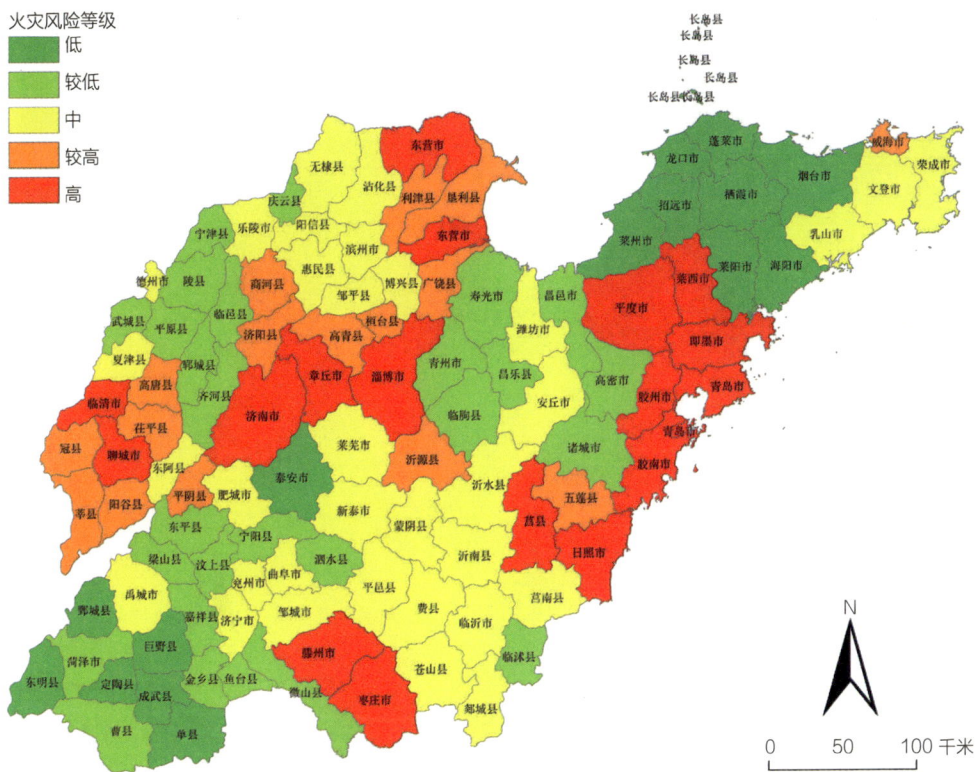

火灾风险等级
- 低
- 较低
- 中
- 较高
- 高

专题报告图4-49　山东省各市县火灾综合风险分布图

$$FR = \frac{1}{3}[FH + FV + (1 - FD)]$$

专题报告（4-26）

山东省各市县火灾风险综合评估结果如专题报告图4-49所示：

从山东省各市县火灾风险综合评估结果来看，济南、青岛、淄博、东营、聊城和枣庄等市县火灾风险高，其中，青岛周围大片区域都是火灾高风险区域；威海、德州、滨州和莱芜等市县火灾风险较高，主要集中于山东西北部区域；栖霞及周围市县、定陶及周围市县火灾风险低。整体来看，山东省西北部及青岛周围区域比其他区域火灾风险高，东北部和西南部火灾风险较低。

（四）小结

本研究分全国和城市群两个层次，选取了对城市群影响较大的区域性灾害包括地震、火灾和洪水等灾种，研究如何对城市群面临的各类灾害进行系统的识别与筛选，建立了城市群灾害评估指标体系。本研究将灾害风险理论与GIS技术相结合，对灾害风险进行定量化的分析，并将灾害的影响范围通过GIS技术落实到空间上，绘制各类灾害风险在城市群的空间分布图，分析各类灾害的影响范围和灾害损失，从而有效指导城市群空间布局和综合防灾减灾。

专题

"流"空间
专题

V

我国城市群的"流"空间研究

（一）研究背景及研究理论

1. 研究背景

经济全球化与区域一体化的发展趋势之下，具有形态、功能和治理3个维度特征的多中心城市区域（Polycentric Urban Region，简称PUR）成为新时期重要的区域空间组织形式。所谓形态多中心反映的是城市区域的地理表象，可以通过地理学或形态学加以定量测度[1]。功能多中心强调的是城市区域内不同的城市空间节点区别分工、功能互补与相互合作，进而形成高效紧密的功能网络体系[2]；治理多中心是城市区域形态与功能多中心发展到一定阶段所产生的对于决策、管治和治理的需求[3]。在城市区域多中心特征中最为本质的特征是功能多中心，它是实现城市区域网络化发展最为关键的阶段。北京、上海、广州等一些特大城市已经具有单个城市的多中心空间结构[4]，随着城市化进程的不断推进，由多个城市组成的网络化、多中心的城市区域开始发展，例如长江三角洲、珠江三角洲地区[5]等。

产业空间的集群化发展、交通基础设施的高速推进与通信技术的快速进步推动了城市内部及城市之间人流、物流、技术流、信息流、资金流等要素的流动，基于功能联系的流动空间重构了区域关系，改变了区域中顶层节点和其他节点的关系，使得城市区域内不同城市的中心职能在地理空间上剧烈重组、不断交织，出现多中心的城市功能结构。区域尺度上的功能多中心不仅具有等级特征，更具备强烈的内在多元节点的相互联系性和连接各个独立城市的空间流动性，这使得彼此原本独立的城市能够相互合作、形成富有创造力的城市集合体[6][7][8]。因此，对于功能多中心的城市区域的定量研究的关键在于反映城市之间相互联系的流数据[9]，例如APS企业（Advanced Producer Service，高端生产者服务业）的邮件、电话等信息流数据[10]、城际交通流数据等[11]。目前，国内关于城市关系和城市网络的定量研究普遍以静态的、城市属性数据为分析比较的基础，对动态流数据的研究则相应较为缺乏，忽视了城市系统中各个城市相

❶ 罗震东，朱查松. 解读多中心：形态、功能与治理[J]. 国际城市规划，2008，23（1）：85-88。

❷ 罗震东，何鹤鸣，耿磊. 基于客运交通流的长江三角洲功能多中心结构研究[J]. 城市规划学刊，2011，30（2）：371-376。

❸ 张京祥，罗小龙，殷洁. 长江三角洲多中心城市区域与过层次管治[J]. 国际城市规划，2008，23（1）：65-69。

❹ 卢明华. 荷兰兰斯塔德地区城市网络的形成与发展[J]. 国际城市规划，2010，25（6）：53-57。

❺ Friedman J R. Regional development policy: A case study of Venezuela[M]. Cambridge: MIT Press, 1966.

❻ Hall P, Pain K. The Polycentric metropolis: Learning frommega-city regions in Europe[M]. London: Earchscan, 2006.

❼ 马学广，李贵才. 西方城市网络理论研究进展和应用实践[J]. 国际城市规划，2012，27（4）：65-70，101。

❽ 马学广，李贵才. 欧洲多中心城市区域的研究进展和应用实践[J]. 地理科学，2011，3131（12）：1423-1429。

❾ 马学广，李贵才. 世界城市网络研究方法论[J]. 地理科学进展，2012，311（2）：255-263。

❿ 路旭，马学广，李贵才. 基于国际生产者服务企业布局的珠三角城市网络空间格局研究[J]. 经济地理，2012，322（4）：50-54。

⓫ 蔡莉丽，马学广，陈伟劲等. 基于客运交通流的珠三角城市区域功能多中心特征研究[J]. 经济地理，2013，3333（11）：52-57。

互依赖关系的重要性；其原因在于资金流、通信流和交通流的数据较为缺乏且难以采集，以及多数对于城市区域的研究视角仍停留在传统观念上，并未向更为动态、流动的城市关系视角转变。

2. 理论基础

"流"即流动，指往来无定或运转不停，原指物理学的一种运动状态，也常常用来描述各要素的运动或作用，如人流、物流、信息流、资金流、技术流等社会经济要素在区域内所发生的频繁、双向或多向的流动现象。从区域空间角度来看，各要素流是要素产生地、要素集聚地及媒介连接地域之间相互作用所形成的一种空间运动形式及其空间投影，既是一种空间过程又是一种空间表象。"流"最初产生于区域间的相互作用，处于萌芽状态的不同区域极点为了促进相互间的利益互补，吸引各种社会生产和生活要素在区域间位移，并通过要素的交换或集聚以获取大的效益。原始的"区域流"主要集中在初级生产要素流和产品流上，流动范围也由于受区域间的流动成本和"空间摩擦"影响而十分有限。随着社会经济的发展及现代技术手段的不断涌现，"流"的种类也开始变得越来越丰富，如现代工业生产的各种要素流在原始的状态是不可想象的。同时，"流"的作用空间范围也变得越来越大，如借助现代化的交通工具，各种要素可以实现跨区域的空间流动，从而促进整个区域空间的发展。在信息时代，信息流成为一种十分重要的社会生产和生活要素，这种要素不仅可以大大促进社会生产力的发展，还可对传统各要素进行作用提升，加速其区域流动速度和减小其流动成本，实现信息流、人流、物流、资金流和技术流可以在全球范围内顺畅流动，带来经济组织结构的改变，也引起公司组织方式的变化，进而实现空间形态由静态的空间向流动的流的空间（Space of Flows）转换[1]。实际上，流的空间早已存在，只是在传统社会生产条件下这种空间的作用非常有限而已，真正称得上流的空间的是信息时代各种要素流的高度组合作用，其功能得到了前所未有的强化。

随着不同要素流动的日趋频繁和对社会经济发展影响作用的加强，20世纪下半叶，人们开始从空间角度深入对"流的空间"进行研究。早在1979年，斯德（Snyder）和基克（Kick）利用国际贸易流对欧洲世界城市相互联系进行尝试研究；后来，霍普金斯和沃勒斯汀（Hopkins and Wallerstein，1986）、波特（Porter，1990）和迪肯（Dieken，1992，1998）以及杰里夫里和科斯尼威茨（Gereffi and Korzenienwiez，1990）等从网络连接出发，将"全球商品链"作为分析当代世界经济的基本框架进行了系列研究。著名学者卡斯特尔斯（Castels）在重新分析了世界经济基本框架形成的力量的基础上，构建了所谓城市"发展的信息模式"，在对信息城市的论述中，卡斯特尔斯正式提出了"流的空间"。他认为"流的空间"是

[1] 孙中伟，路紫. 流的空间基本性质的地理学透视[J]. 地理与地理信息科学，2005，1（21）：109-112。

一种动态化的空间概念，是信息社会占支配性地位的空间形态，并进一步将其定义为通过流动而运作的共享时间之社会实践的物质组织[1]。随后这一概念引起地理学界广泛的关注，施塔尔德（Stalder）就"流的空间"的特征、策略及其对地理空间的可能影响作了较广泛的研究[2]；电信地理学者戈伦特（Grenter）将"流的空间"作为电信地理学的一个新尺度进行了研究[3]。

国内对"流的空间"的研究首先始于对各要素流作用的研究，如冯占春认为各种经济要素在吸引力、扩散力和阻力的作用下发生空间流动而形成经济要素流，经济要素流通过极化效应和扩散效应对区域经济发展产生影响，可通过改变各种力的大小来调控优化经济要素的空间流动，从而实现区域经济的可持续发展[4]。在实践中，于利民、马振广等提出了让生产要素流动起来的思想。卡斯特尔斯提出"流的空间"这一概念后，国内从"新空间"角度加强了研究，如谭传凤和李祥妹认为区域经济是通过企业的资源流、商品流及生产联合等途径来实现联合的[5]；周一星、张莉等通过外贸货流、铁路客货流、人口迁移流、信件流等的流量分析，概括了京津唐、长江三角洲和珠江三角洲的内向型和外向型腹地范围[6]；许学强、王欣、阎小培等以珠江三角洲为例，通过城市、交易会、企业三个层次的多案例实证研究，提出了技术流的概念、技术动力机制、技术流的新型渠道以及企业间技术流模式与空间模式[7]；张敏和顾朝林运用GIS空间分析和图形技术，就我国省（区）际人口迁移、铁路客流、航空客流、铁路货流、信件流等经济社会要素流动的空间特征进行了综合分析[8]。

3. 小结

本次研究以珠三角城市群为典型案例，借鉴在Peter Hall 领导的欧盟 POLYNET 项目（Sustainable Management of European Polycentric Mega-CityRegions，即欧洲多中心巨型城市区域可持续发展管理）[9]成功应用的经验[10]，应用相关数据表征大数据流、经济流、通信流和交通流来分析城市群内各项功能关联网络，测度并比较城市区域的功能多中心和形态多中心匹配度，将此方法推广到全国13个城市群逐一进行比较分析，并以此对城市群的多中心类型进行分类，对以期形成具有理论价值与实践意义的研究成果，补充国内基于动态性数据的城市区域的研究内容，为区域政策的制定提供借鉴。

[1] Castells Manuel. 网络社会的崛起[M]. 夏铸九译. 北京：社会科学文献出版社. 2001. 506.

[2] STALDERF. The Space of Flows: Noteson Emergence, Characteristics and Possible Impact on Physical Space[EB/OL]. httP: // felix. oPenflows. org/html / s Pace_of--flows. html, 2004-05-07。

[3] GRENTERM. Economic-geographic aspectso fageographyof teleeommuni-eations[J]. Netcom, 1999, 13（3-）：211-224。

[4] 冯占春. 经济要素流与区域经济可持续发展[J]. 华中师范大学学报（自然科学版），1999. 6（33）：296-299。

[5] 谭传凤，李祥妹. 试论区域经济空间相互作用的微观机制[J]. 地理研究. 2001, 20（3）：315-321。

[6] 周一星，张莉. 改革开放条件下的中国城市经济区[J]. 地理学报. 2003, 58（2）：271-284。

[7] 许学强，王欣，阎小培. 技术流的动力机制、渠道与模式[J]. 地理学报. 2002, 57（4）：489。

[8] 张敏，顾朝林. 近期中国省际经济社会要素流动的空间特征[J]. 地理研究. 2002, 21（3）：313-323。

[9] Hall P, Pain K. The Polycentric metropolis: Learning frommega-city regions in Europe [M]. London: Earchscan, 2006。

[10] 马学广，李贵才. 全球流动空间中的当代世界城市网络理论研究[J]. 经济地理，2011, 3131（10）：1630-1637。

（二）基于"流"的研究分析功能多中心与形态多中心的关系——以珠三角为例

珠江三角洲城市群是我国城市化水平最高城市群之一。作为区域一体化较为成熟的空间组织实体，珠江三角洲是一个不断发育、趋于成熟的城市区域。因此，珠三角具有较强的代表性，通过功能多中心研究折射珠三角城市群的发展与变化具有理论与实践价值。本次研究选取的珠江三角洲城市群的范围，包括广州市、深圳市、珠海市、佛山市、江门市、东莞市、中山市、惠州市和肇庆市在内的25个县市。

1. 功能多中心测度

城市区域的功能多中心特征的研究是基于城际功能联系的。随着通信网络和互联网络的出现与发展，城市之间存在着各类物质与虚拟的功能联系，包括物流、客运流、资金流、通信流、信息流等，是人口流动、高端会务、社交往来、社会文化联系等方面的重要表现。城市区域的功能多中心是通过规模不等、相对独立的城际互补性功能联系的分布来判断的，而不仅仅以空间上的均衡分布与发展（即形态多中心）为依据，所以选取能够表征城市区域内部城际功能联系的动态性数据是测度城市区域功能多中心的关键。城际功能联系主要是建立于APS企业的有效连接上，可以通过商务旅行、信息交流、通信往来等流的数据表现。基于流数据的可得性与准确性，以珠三角城市群区域为研究对象，借鉴城市网络相关国际研究经验，应用百度搜索数据、电信数据、企业分支机构数据和交通流量数据分别表征城市群各个城市之间的大数据"流"、通信"流"、经济"流"和交通"流"这4类"流"的功能联系，并以此测度珠三角城市群区域功能多中心性，见专题报告图5-1。

（1）百度数据搜索分析——大数据"流"

基于互联网网络海量数据，通过百度搜索引擎进行大数据分析。搜索引擎收集了因特网上几千万到几十亿个网页并对网页中的每一个词（即关键词）进行索引，当用户查找某个关键词的时候，所有在页面内容中包含了该关键词的网页都将作为搜索结果被搜出来。因此对城市群内各城市名称进行百度词条搜索，根据任意两城市之间的搜索数据条数进行统计分析（数据版本：2013年7月20日），可以反映出城市综合关注度的关联程度，一定程度反映了两城市间的信息流，较为

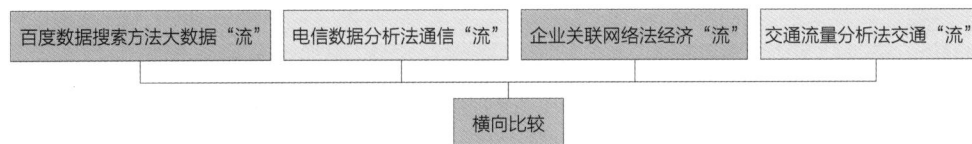

百度数据搜索方法大数据"流"	电信数据分析法通信"流"	企业关联网络法经济"流"	交通流量分析法交通"流"

横向比较

专题报告图 5-1　城市群空间经济联系"流"的分析 4 种方法

综合地反映了城市间各个方面（包括经济、社会、文化、交通等）的联系程度，是城市群城市之间空间经济联系的大数据"流"。

基于以上方法分析统计结果如下表所示。从大数据"流"各城市联系总量上来看，对珠三角城市群25个县市城市进行排序分级：第一层级为广州、深圳、东莞；第二层级为佛山、中山；第三层级为惠州、汕头、珠海、江门。从各城市首位和次位联系地来看，主要联系地以广州为首，深圳、东莞、佛山也是主要联系地；部分县市首要联系地为邻近城市，次要联系地则离不开广州、深圳、东莞和佛山这四大城市。

根据珠三角城市群各城市之间的联系量标准化处理后得出联系度，两两城市之间的联系度表示在地图上形成大数据"流"的空间关联网络，如专题报告图

珠三角城市群各城市联系总量表2 各城市首位和次位联系地　专题报告表5-1

城市	总和	联系度	城市	首位联系地	次位联系地
广州市	176620000	1.00	广州市	深圳	佛山
深圳市	169950000	0.96	深圳市	广州	东莞
东莞市	158090000	0.90	东莞市	深圳	广州
佛山市	123844000	0.70	佛山市	广州	深圳
中山市	107220000	0.61	中山市	广州	东莞
惠州市	93880000	0.53	惠州市	深圳	东莞
汕头市	85725000	0.49	汕头市	深圳	广州
珠海市	83371000	0.47	珠海市	广州	深圳
江门市	81060000	0.46	江门市	广州	佛山
肇庆市	72792000	0.41	肇庆市	广州	佛山
清远市	69233000	0.39	清远市	广州	东莞
潮州市	68891000	0.39	潮州市	汕头	东莞
揭阳市	68392000	0.39	揭阳市	汕头	东莞
河源市	67127000	0.38	河源市	惠州	东莞
汕尾市	65689000	0.37	汕尾市	汕头	东莞
云浮市	61432000	0.35	云浮市	中山	江门
增城市	48105000	0.27	增城市	广州	东莞
从化市	41223000	0.23	从化市	广州	增城
博罗县	39576000	0.22	博罗县	惠州	东莞
惠东县	35408000	0.20	惠东县	惠州	博罗
鹤山市	34592000	0.20	鹤山市	江门	佛山
普宁市	34306000	0.19	普宁市	揭阳	广州
高要市	33386000	0.19	高要市	肇庆	佛山
四会市	30695000	0.17	四会市	肇庆	广州
龙门县	28467000	0.16	龙门县	惠州	博罗
陆丰市	27973000	0.16	陆丰市	汕尾	广州
海丰县	27733000	0.16	海丰县	汕尾	广州

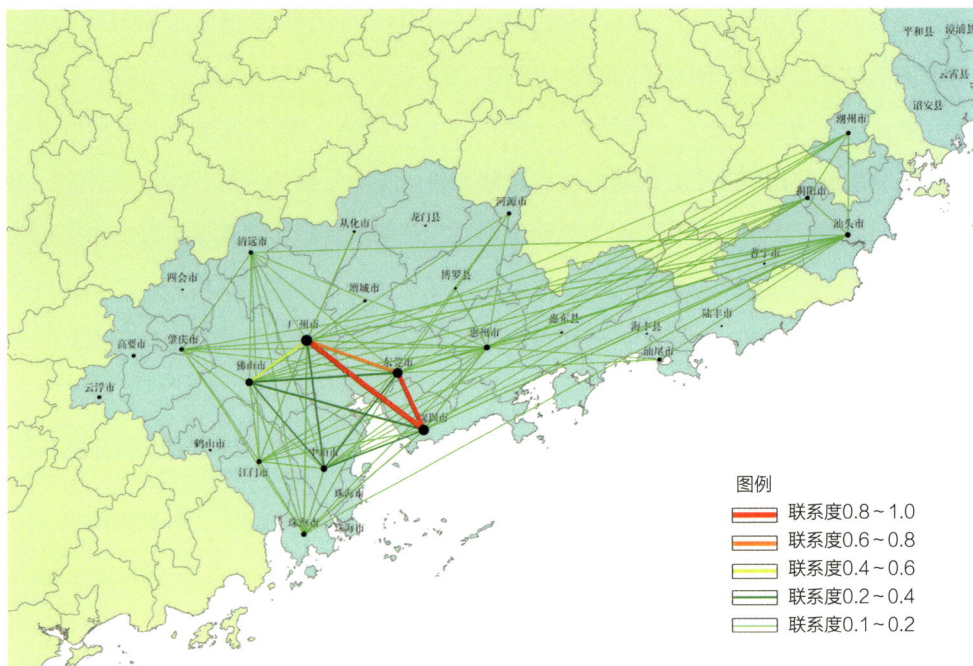

专题报告图5-2　珠三角城市群大数据"流"空间关联网络

5-2所示。从图上可以看出，城市之间联系度最强的为广州—深圳之间的大数据"流"；其次为深圳—东莞、广州—东莞、广州—佛山之间的大数据"流"。此外，在城市网络的分析中可以发现，广州、深圳、东莞和佛山这四大城市显示出明显的中心性，四者之间联系强度均很高，并且与其他城市的关联也很紧密。地理上较为邻近的中山市与这四大城市之间形成了关联网络中联系最强的一个"五角星形"网络区域，是整个珠三角城市群的核心区。位于城市群东侧的潮州、汕头的离散程度较大，可能与地理位置有关。位于地理中间位置的惠州，则在大数据"流"的空间网络中也作为中间城市，发挥一定的辐射作用。

（2）企业关联网络分析——经济"流"

以2001年和2012年国家工商总局的注册企业数据库为基础，搜集企业总部和分支机构的所在地信息，用于分析上述珠三角城市群区域内部的关联网络。借鉴国际研究经验，基于企业区位数据，采用总部分支法分析珠三角城市群地区的城市关联网络。具体计算时为了便于比较分析，通常将城市关联度的最大值定义为1，其他城市的关联度以最大值的百分比进行标准化处理。

如专题报告表5-2所示，从珠三角地区2001～2012年企业关联网络中城市联系总量的变化来看，深圳替代广州成为主中心，东莞中心性较佛山比重上升；中山、惠州比重上升，珠海、汕头比重下降；云浮、博罗、增城、河源比重上升，相应的，清远、肇庆、龙门比重下降。相同的是，两个年份城市联系总量中各城市在

珠三角城市群 2001 年和 2012 年各城市联系总量　专题报告表 5-2

2001年各城市联系总量				2012年各城市联系总量		
城市	**总和**	**系数**		**城市**	**总和**	**系数**
广州	3144	1.00		深圳	6430	1.00
深圳	1990	0.63		广州	3269	0.51
佛山	796	0.25		东莞	2207	0.34
东莞	714	0.23		佛山	862	0.13
珠海	538	0.17		中山	770	0.12
中山	421	0.13		惠州	401	0.06
汕头	241	0.08		珠海	374	0.06
惠州	203	0.06		汕头	259	0.04
江门	117	0.04		云浮	102	0.02
清远	97	0.03		江门	61	0.01
肇庆	78	0.02		博罗	53	0.01
龙门	62	0.02		增城	41	0.01
惠东	56	0.02		河源	32	0.00
高要	53	0.02		潮州	29	0.00
潮州	45	0.01		揭阳	29	0.00
普宁	40	0.01		高要	25	0.00
揭阳	33	0.01		肇庆	21	0.00
博罗	32	0.01		清远	19	0.00
河源	32	0.01		从化	17	0.00
云浮	32	0.01		惠东	17	0.00
汕尾	30	0.01		鹤山	11	0.00
增城	30	0.01		四会	7	0.00
从化	26	0.01		普宁	6	0.00
四会	26	0.01		汕尾	6	0.00
鹤山	21	0.01		陆丰	5	0.00
海丰	7	0.00		龙门	4	0.00
陆丰	6	0.00		海丰	3	0.00

层级上变化不大，位于第一层级的均为广州、深圳；第二层级均为佛山、东莞；第三层级均为中山、珠海、惠州、汕头。

　　从2001年和2012年珠三角城市群企业关联网络来看，按照Hall、Pain（2006）的做法进行多中心度指数计算，2012年的多中心度指数明显高于2001年多中心度指数，说明企业功能联系的珠三角呈现出明显的多中心格局。（最大值1表示多中心的理想情况，均等良好的相互联系）。从专题报告图5-3可以看出，2001年，广州的中心性最强；汕头与广州、深圳的联系强；双中心明显。2012年，深圳的中心性加强；网络均衡程度更优。

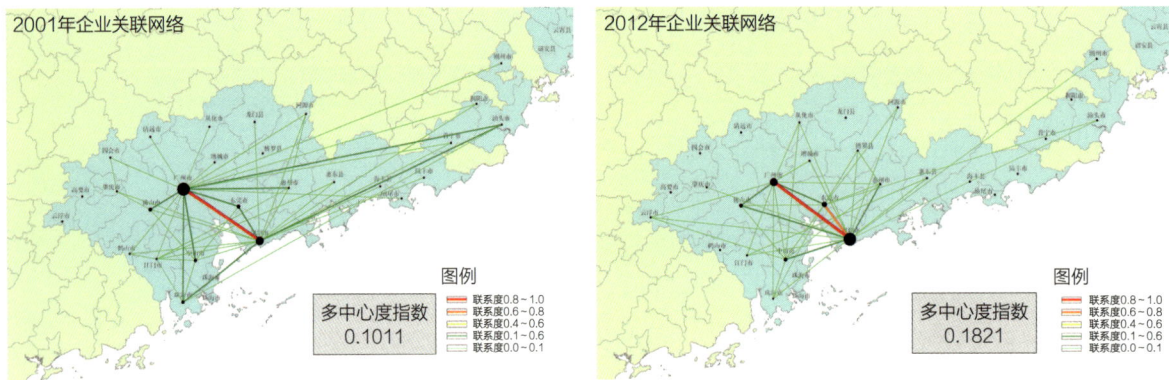

专题报告图 5-3 2001 年和 2012 年珠三角城市群企业关联网络

数据分析表明：从2001～2012年，核心城市广州与深圳的联系在不断扩大，首位性明显。在企业联系网络中，深圳替代广州成为主中心。佛山、东莞加强了与深圳的联系，东莞与深圳的联系远超出与广州的联系量，此外，东莞的发展势头显现，与除核心城市外的其他城市（佛山、惠州、中山、珠海等）联系也较为紧密，显现出在企业联系网络中的二级中心地位；中山、惠州与核心城市的联系地位上升，反之，珠海、汕头与核心城市的联系地位降低。中山、惠州与深圳的企业联系量逐渐超过与广州的，同时与其他非核心城市也有较强的企业联系。汕头、珠海与深圳、广州的联系有不同程度减弱：汕头由于区位较远的关系，仅与广州和东莞有一定的联系；珠海与深圳、广州联系大过与中山、东莞的联系，说明珠海与中山的合作关系并不显著，珠海的特殊原因可能在于其与澳门毗邻的区位地位，而澳门并未纳入此次研究范围。

总而言之，2001年具有省会的行政优势的广州在企业总部集聚上超过深圳，但随着改革开放的持续推进，到2012年，深圳由于自身的区位和政策优势在企业总部的选择上已经超过广州，更多的企业选择落户深圳。从多中心度指数和企业联系网络来判断，2001～2012年10多年的发展过程中，珠三角明显的双核模式逐渐向网络化、多中心模式演化，多中心格局的趋势增加。

（3）电信数据分析——通信"流"

电信通话话务量是两个城市间远程通信业务量的直接反映，能最真实地反映两个城市间通信流量，一定程度代表了城市间的商务联系程度。以珠三角地区21个市2012年电信业务流量（固话电信用户量占92.33%，移动电信用户量占14.17%）为基础数据，统计两城市之间的电信有效话务量，分析得出珠三角地区基于电信通话往来的通信"流"对内对外关联网络。

从珠三角城市群电信"流"内部关联网络来看，各城市联系总量中第一层级为广州；第二层级为深圳、东莞、佛山；第三层级为中山。从各城市首位和次位联系地来看^{（专题报告表5-3）}，主要联系地以广州、深圳、佛山为主。关联网络中联系度最强是深圳—东莞、广州—佛山之间的通信联系；其次为广州—深圳、广州—东莞之间的通信联系。很明显的看出，广州、深圳中心性突出，外围城市离散度较高。

从珠三角城市群电信"流"对外关联网络来看^{（专题报告图5-4、专题报告图5-5）}，深圳的对外联系总量大于广州，二者比值约为1∶0.8。对外联系度最大省份为湖南和湖北。由此看出，广州和深圳作为"门户城市"，有对外连接国内其他省份和对内辐射区域腹地的"两个扇面"作用，见专题报告图5-6。

（4）交通流量分析——交通"流"

以区域轨道交通为载体，包含大量商务人员、外来务工人员在内的人口流动是珠三角城际功能联系最为主要的内容之一。对于快速城市化的珠三角城市群而言，城市之间大量人员交互流动是其空间流动最为显著的特征之一。因此，在珠三角城市群中与区域轨道交通流所表征的内容也更为丰富。所以，对于珠三角这样的发达城市区域来说，区域轨道交通是城际功能联系中最为主要的要素之一，

珠三角城市群各城市联系总量以及首位和次位联系地　　专题报告表 5-3

	总和	系数		首位联系地	次位联系地
广州	890204.01	1.00	广州	佛山	东莞
深圳	625040.18	0.70	深圳	东莞	广州
东莞	578978.36	0.65	东莞	深圳	广州
佛山	544079.13	0.61	佛山	广州	中山
中山	284629.83	0.32	中山	佛山	广州
茂名	144877.29	0.16	惠州	东莞	深圳
珠海	139925.05	0.16	珠海	中山	广州
惠州	137857.89	0.15	茂名	广州	东莞
江门	133228.99	0.15	湛江	广州	佛山
湛江	131487.61	0.15	江门	广州	佛山
汕头	125144.76	0.14	揭阳	广州	深圳
清远	113888.99	0.13	汕头	广州	深圳
肇庆	110505.16	0.12	肇庆	佛山	广州
韶关	90018.51	0.10	梅州	广州	深圳
河源	88603.35	0.10	清远	广州	佛山
梅州	85467.98	0.10	韶关	广州	佛山
揭阳	84963.58	0.10	河源	东莞	深圳
汕尾	77834.24	0.09	阳江	广州	佛山
阳江	73949.46	0.08	潮州	广州	汕头
云浮	68170.17	0.08	云浮	佛山	广州
潮州	63499.37	0.07	汕尾	深圳	广州

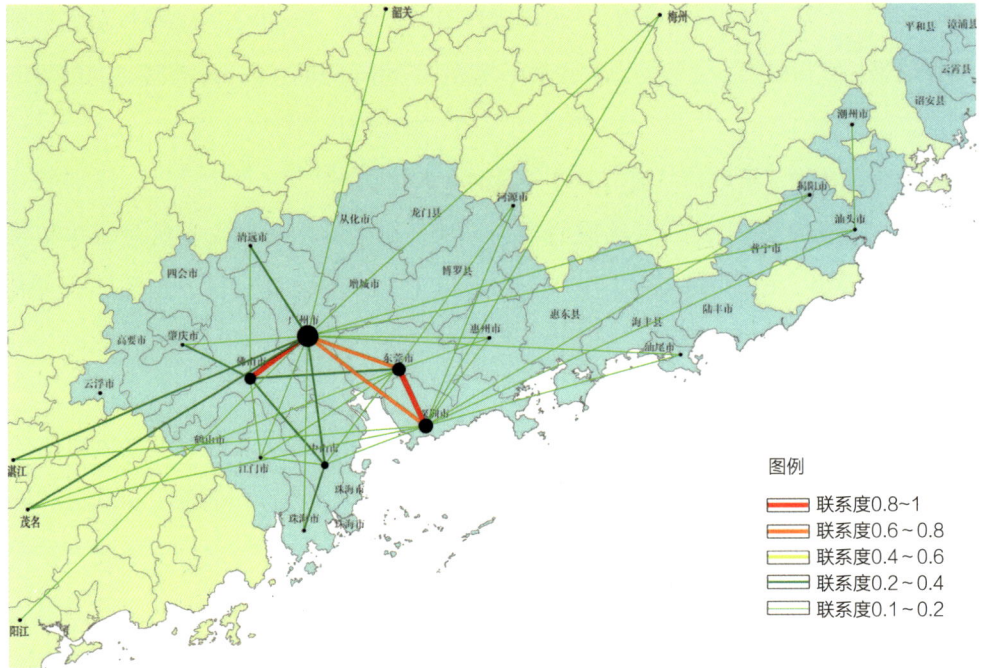

专题报告图 5-4　珠三角城市群电信"流"内部关联网络

图例

联系度 0.8~1
联系度 0.6~0.8
联系度 0.4~0.6
联系度 0.2~0.4
联系度 0.1~0.2

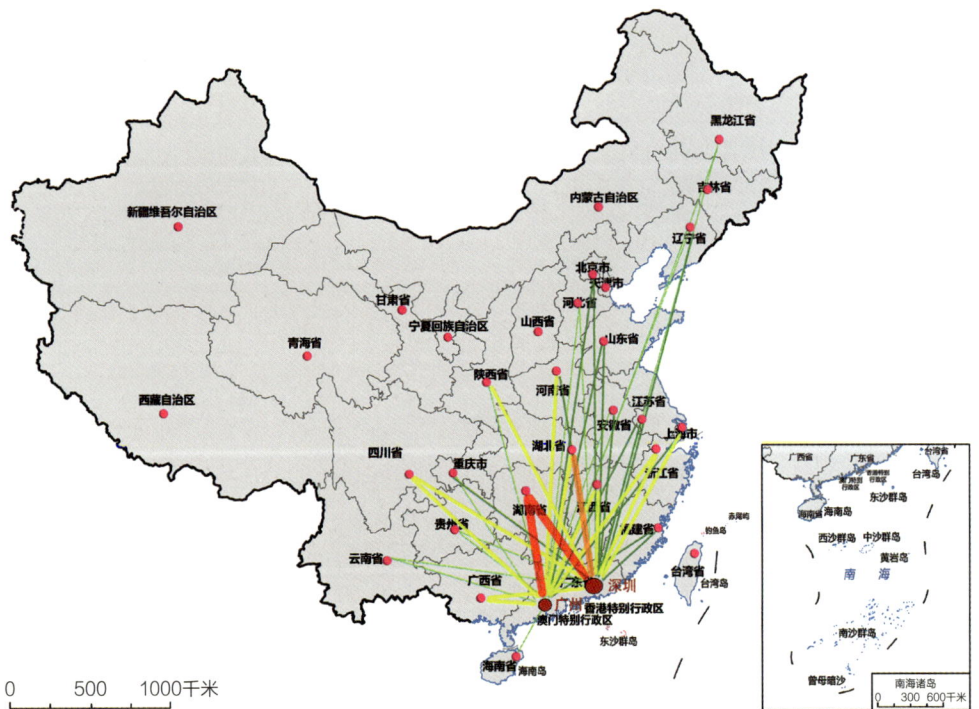

专题报告图 5-5　珠三角城市群电信"流"对外关联网络

　中国城市群的类型和布局

对外联系度	
湖南	1.95
湖北	1.24
广西	1.05
江西	1.03
浙江	0.96
四川	0.94
河南	0.80
上海	0.80
福建	0.74
江苏	0.66
陕西	0.65
北京	0.62
山东	0.45
重庆	0.40
辽宁	0.36
安徽	0.35
贵州	0.30
河北	0.26
云南	0.23
海南	0.21
黑龙江	0.20
吉林	0.15
山西	0.15
新疆	0.13
甘肃	0.13
天津	0.11
内蒙古	0.10
宁夏	0.04
青海	0.03
西藏	0.01

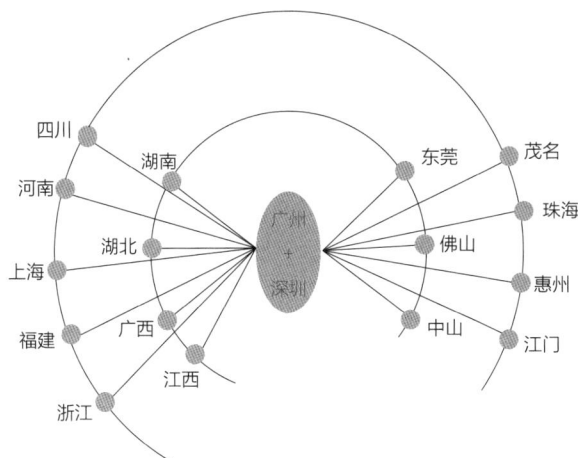

对内联系度		
广州	890204.01	1.00
深圳	625040.18	0.70
东莞	578978.36	0.65
佛山	544079.13	0.61
中山	284629.83	0.32
茂名	144877.29	0.16
珠海	139925.05	0.16
惠州	137857.89	0.15
江门	133228.99	0.15
湛江	131487.61	0.15
汕头	125144.76	0.14
清远	113888.99	0.13
肇庆	110505.16	0.12
韶关	90018.51	0.10
河源	88603.35	0.10
梅州	85467.98	0.10
揭阳	84963.58	0.10
汕尾	77834.24	0.09
阳江	73949.46	0.08
云浮	68170.17	0.08
潮州	63499.37	0.07

专题报告图 5-6　珠三角城市群核心城市对外与对内联系的"两个扇面"

是反映城市区域功能的重要方面。

城市之间客运功能联系必须倚赖一定的载体，通过空间相互的流来实现，而流的能效与规模则取决于载体的类型与数量；由于准确的客运通勤流规模数据难以获取，因此以珠三角内城际区域轨道交通为载体、以区域轨道交通站点每日经停次数作为替代性动态数据表征城际客流联系强度，进而表征珠三角城市区域内的铁路交通功能联系。铁路交通车组在各城市每日经停次数数据来自中国铁路时刻网（www.shike.org.cn），对珠三角区域中火车线路经停车次数据逐一统计（数据版本：2013 年 7 月 29 日）。

从珠三角基于铁路班次数据分析得出的交通"流"关联网络来看（专题报告表5-4、专

珠三角城市群各城市联系总量以及首位和次位联系地　专题报告表 5-4

城市	总和	联系度	城市	首位联系地	次位联系地
广州市	331	1.00	广州市	深圳	中山、珠海
深圳市	185	0.56	深圳市	广州	惠州
惠州市	90	0.27	东莞市	惠州	广州
中山市	66	0.20	佛山市	广州	肇庆
东莞市	65	0.20	中山市	广州	珠海
珠海市	64	0.19	惠州市	河源	东莞
河源市	63	0.19	汕头市	揭阳	潮州
佛山市	50	0.15	珠海市	中山	广州
肇庆市	50	0.15	江门市	广州	
揭阳市	20	0.06	肇庆市	广州	佛山
汕头市	19	0.06	清远市	广州	深圳
江门市	18	0.05	潮州市	揭阳	汕头
清远市	18	0.05	揭阳市	潮州、汕头	广州、惠州
			河源市	东莞	深圳

题报告图5-7），第一层级为广州，第二层级为深圳，第三层级为惠州、中山、东莞、珠海和河源。但是在实际铁路分析中发现铁路班次的网络受线路走向限制，很多城市与城市之间由于缺少铁路线路的联接而出现联系量为0，但是实际中城际间联系可能通过其他交通方式实现，特别是临近城市之间的交通联系。因此，基于铁路班次的交通数据目前还难以反映出真正的空间经济流动情况。

从珠三角城际客运交通空间联系来看^{（专题报告图5-8）}，以广州、深圳为中心，外围向心交通联系特征明显。广州面向粤北、粤西的吸引力较强，深圳面向粤东的吸引力较强。潮州、汕头和揭阳内部联系相对紧密，而粤西、粤北相对松散，主要指向广州。以此补充铁路交通网络中线路缺失的限制，二者结合来看能较为综合地反映珠三角城市群地区的交通"流"网络关联情况。

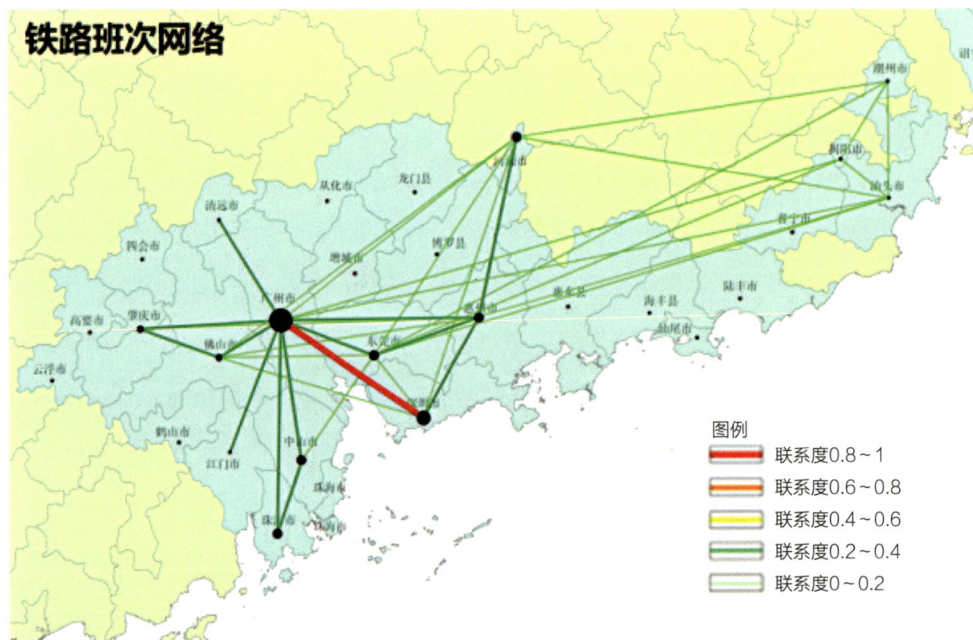

专题报告图 5-7　珠三角城市群铁路交通"流"内部关联网络

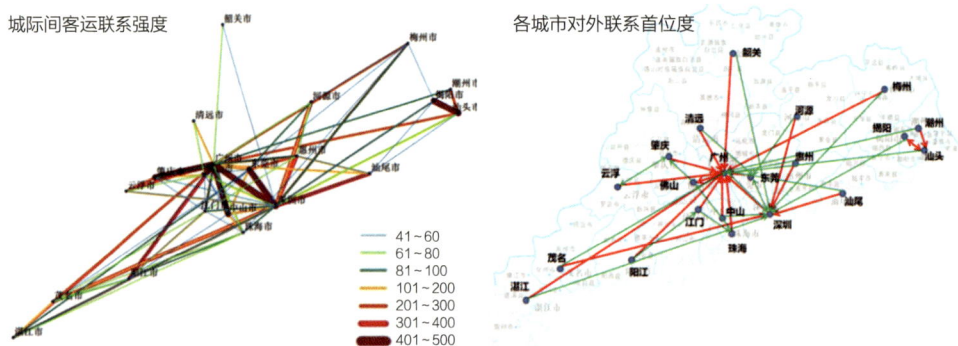

专题报告图 5-8　珠三角城市群城际客运交通"流"关联网络

（5）小结

针对以上4种基于不同数据分析得出的4种空间联系"流"的网络，进行总结分析，见专题报告表5-5、专题报告图5-9。基于电信数据的通信"流"是两个城市间远程通信业务量的直接反映，能最真实地反映两个城市间通信流量，一定程度代表了城市间的商务联系程度。基于企业关联数据的经济"流"反映的是企业总部与分支的联系，是具有上下层级属性的商务联系关系，一定程度代表了城市间经济活动的空间联系；基于铁路数据得出的交通"流"利用两城市间高铁班次数据的分析来代替商务旅行流，通过交通往来的连通性一定程度上代表了城市间的通勤流或人流；基于百度搜索数据得出的大数据"流"，对两城市间的百度搜索数据量进行的分析，反映的是城市综合关注度的关联程度，一定程度反映了两城市间的信息流，较为综合地反映了城市间各个方面（包括经济、社会、文化、交通等）的联系程度。

从网络等级来看，四种方法的网络等级总趋势一致，具体排名稍有出入。从四者综合的联系度来看，广州、深圳为第一等级，东莞为第二等级、佛山、中山、惠州为第三等级。与综合联系度拟合程度最高的是大数据联系量和通信联系量的等级排位。

从专题报告表5-6 4种"流"的空间关联网络结构的对比分析来看，首位城市、城市间联系最大、中心性和离散度和紧密型核心城市网络这些方面综合比较分析，4种方法得出结论不尽相同，但是可以看出四者综合的共同之处反映出四者综合的趋同性。从珠三角的四种"流"分析中可以发现，大数据"流"可以较好地对其他三种方法进行综合，表达整体的空间联系情况。

将4种流的空间经济网络叠合后进行分析（专题报告图5-10），从层级上来看，广州、深圳的双中心格局明显，是网络中的第一层级中心；东莞、佛山、中山是第二层级中心；惠州由于区位上的中心位置也显示出一定的中心性，承接东西两边的空间经济联系，因此，惠州、汕头、珠海、江门四者为网络中的第三层级中心。从网络内部的联系强度来看，广州和深圳之间的联系最为紧密。上图中"五边形"区域联系最强，其中东北角三角形联系最强，西南角联系较弱；显示出东莞在第二层级中心中较强的中心带动作用。

2. 形态多中心测度

基于2010年全国建设用地遥感地图解译数据识别出的建设用地数据，识别出珠三角城市群内各县市建设用地斑块规模，作为形态多中心的研究依据。以网络研究中"节点"的建设用地斑块规模为基础，识别珠三角城市群的形态多中心程度。

城市	企业联系量		数据联系量		通信联系量		交通联系量		综合联系度	
广州		3269		176620000		890204		331		3.51
深圳		6430		169950000		625040		185		3.22
东莞		2207		158090000		578978		65		2.09
佛山		862		123844000		544079		50		1.60
中山		770		107220000		284630		66		1.25
惠州		401		93880000		137858		90		1.02
珠海		374		83371000		139925		64		0.88
汕头		259		85725000		125145		19		0.72
肇庆		21		72792000		110505		50		0.69
河源		32		67127000		88603		63		0.67
江门		61		81060000		133229		18		0.67
揭阳		29		68392000		84964		20		0.55
清远		19		69233000		113889				0.52
潮州		29		68891000		63499		17		0.52
汕尾		6		65689000		77834				0.46
云浮		102		61432000		68170				0.44
增城		41		48105000						0.28
从化		17		41223000						0.24
博罗		53		39576000						0.23
惠东		17		35408000						0.20
鹤山		11		34592000						0.20
普宁		6		34306000						0.20
高要		25		33386000						0.19
四会		7		30695000						0.17
龙门		4		28467000						0.16
陆丰		5		27973000						0.16
海丰		3		27733000						0.16

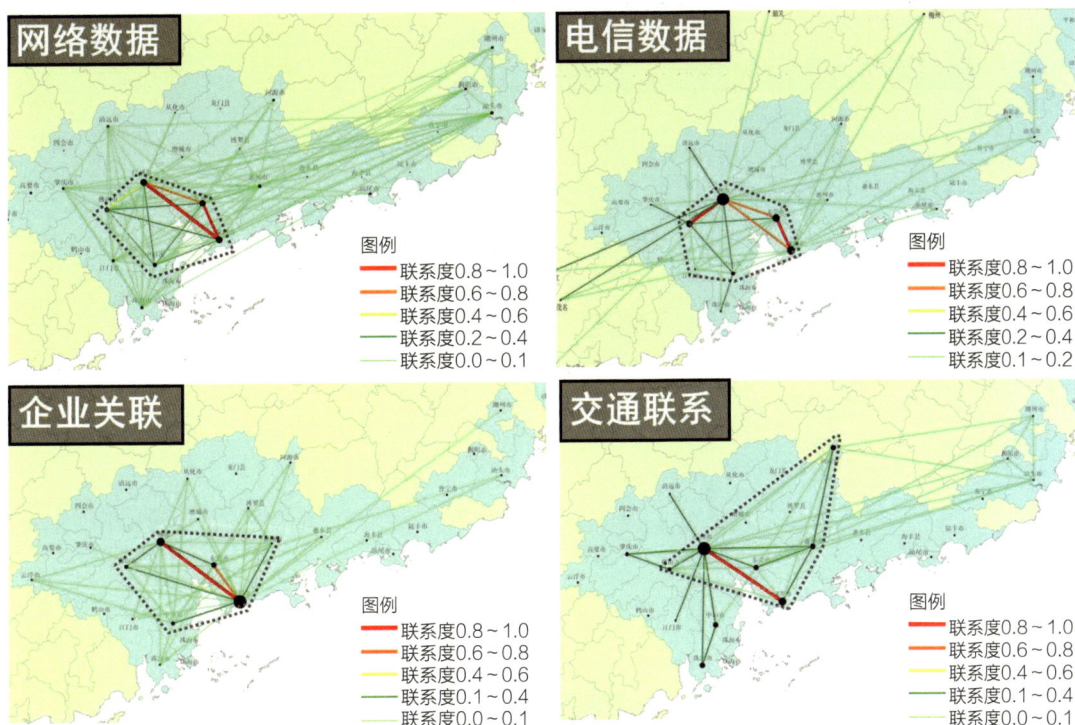

专题报告图 5-9　珠三角城市群 4 种不同 "流" 的空间关联网络对比

珠三角城市群 4 种 "流" 关联网络的对比　　　　　专题报告表 5-6

	首位城市	城市间联系最大	中心性和离散度	紧密型核心城市网络	解释判断
大数据 "流"	广州、深圳、东莞	广州—深圳	• 广州、深圳、东莞、佛山、中山中心性显著； • 惠州的中心性明显； • 其他城市与核心城市的网络均衡化程度高	广州、深圳、东莞、佛山、中山5个城市城市间内部联系紧密，其内部形成了较为均衡的网络关系	较为综合地反映了各个方面的城市空间联系，网络结构最均衡最全面
通信 "流"	广州	深圳—东莞、广州—佛山	• 广州中心性显著；深圳、东莞中心性明显； • 外围城市离散程度较高	广州、深圳、东莞、佛山、中山、江门6个城市间内部联系紧密之间形成了较为均衡的网络关系	真实地反映了城市间实际通信流量，但广州与深圳之间联系并不突出，显示出通信联系反映内容的局限性
经济 "流"	深圳	广州—深圳	• 深圳中心性显著；广州、东莞中心性明显； • 其他城市与核心城市之间网络较为均衡	深圳、广州、东莞、佛山、中山、惠州6个城市间内部联系紧密之间形成了较为均衡的网络关系	反映的是城市间企业层级网络，深圳企业网络集聚明显超过广州，反映其在经济联系上的重要性
交通 "流"	广州	广州—深圳	• 广州中心性显著； • 惠州的中心性明显	广州、深圳、东莞、惠州、佛山、河源6个城市内部联系紧密	广州在交通联系上的中心地位，而深圳的交通中心性受区位和线路影响，连通性较弱，但是深圳和广州的联系量还是最高

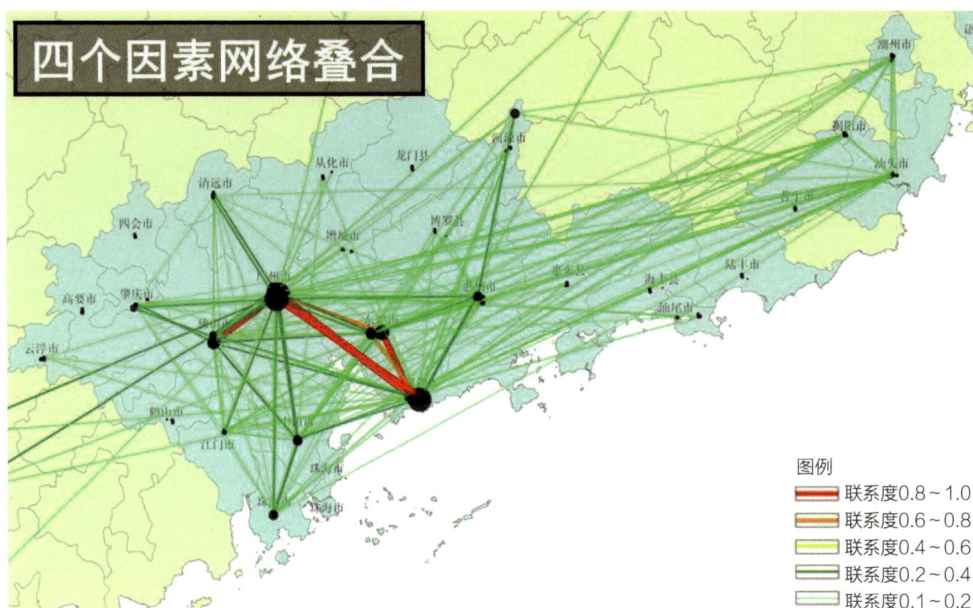

四个因素网络叠合

图例
联系度0.8～1.0
联系度0.6～0.8
联系度0.4～0.6
联系度0.2～0.4
联系度0.1～0.2

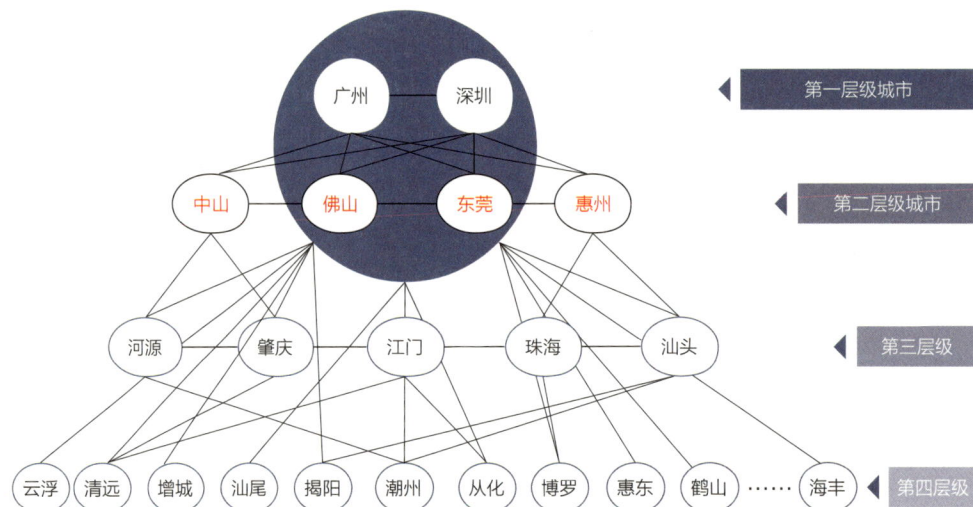

第一层级城市

第二层级城市

第三层级

第四层级

专题报告图 5-10　珠三角城市群 4 种不同"流"的空间关联网络综合及网络结构抽象

从专题报告图5-11可以看出，基于建设用地规模识别出来的形态多中心，在层级上可以分为：第一层级为建设用地面积500平方公里以上的城市，包括东莞、深圳、广州和佛山；第二层级为建设用地面积200～500平方公里的城市，包括中山、汕头、惠州和珠海；第三层级为建设用地面积100～200平方公里的城市，包括江门、潮州、普宁和增城。

3. 功能多中心与形态多中心的关联性研究

在完成基于4种"流"的功能多中心分析和基于建设用地规模的形态多中心分

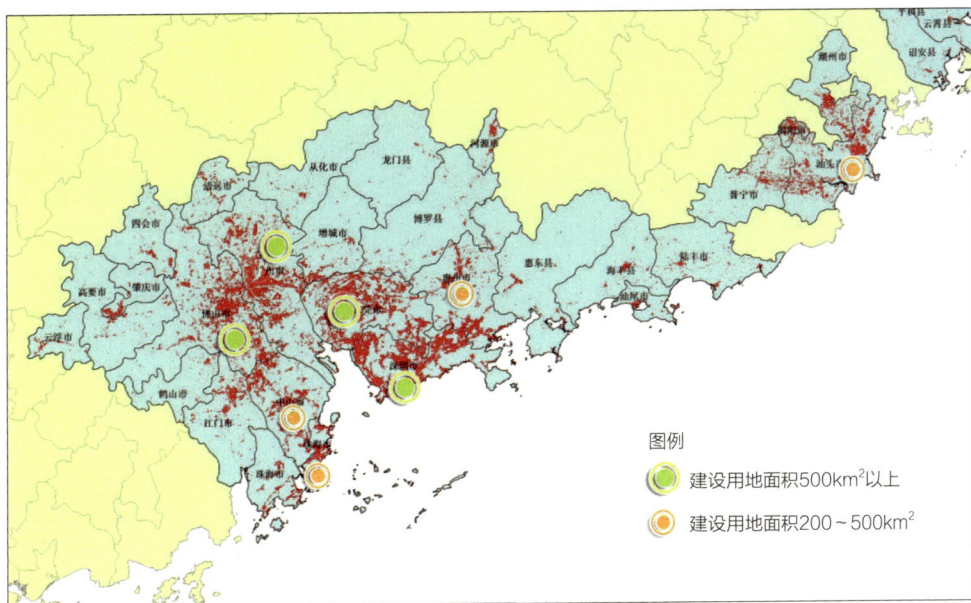

专题报告图 5-11　基于建设用地规模识别珠三角城市群地区形态多中心

建设用地	
城市	面积（平方公里）
东莞市	841.86
深圳市	781.94
广州市	754.93
佛山市	735.13
中山市	358.01
汕头市	344.93
惠州市	323.08
珠海市	223.90
江门市	150.80
潮州市	140.12
普宁市	126.32
增城市	100.41
博罗县	77.58
陆丰市	73.74
清远市	67.48
揭阳市	64.93
惠东县	62.67
高要市	59.25
肇庆市	54.18
海丰县	52.55
四会市	46.61
河源市	40.83
云浮市	34.70
从化市	34.52
汕尾市	33.68
鹤山市	32.39
龙门县	11.08

析后，尝试对二者的关联性进行分析和挖掘，判断哪种功能多中心的"流"与形态多中心匹配度最好，试图揭示背后可能的原因、存在的问题等。

　　将珠三角城市群各县市建设用地按照规模大小进行排序并进行分级，不同层级用不同颜色显示。按照城市建设用地的层级颜色匹配到功能多中心中四类"流"的排序中来，可以发现形态多中心第一和第二层级的8个城市在功能多中心的经济"流"和大数据"流"中也位于第一和第二层级，但是层级内部的排序不尽相同。第三层级的对比则缺乏相同之处。一般来说，建设用地规模和城市功能等级密切相关，城市功能等级越高，用地规模也越大。这在形态多中心与功能多中心的层级比较中也能看出这一明显的趋势。但是建设用地规模也受地形条件限制，出现一些差异。总体来看，以企业联系代表的经济"流"、百度数据得出的大数据"流"二者与建设用地解译识别的形态多中心的匹配度较高。

　　然而，从大数据本身内涵的解读较为含糊，且国内外对其进行有价值的学术研究较少，通过搜索引擎数据得出的大数据"流"很难对其含义和能表征的内容做具体的解读，本次研究中对珠三角城镇群的案例分析的结论难以推广到其他城镇群，并不具有普遍适用性。因此，对其他城镇群的分析选用企业关联数据代表的经济"流"空间关联网络来表征城市群之间的空间经济联系网络，一是因为城市之间的经济联系是空间联系的本质特征，经济活动主导了空间关联网络的发展，因为经济活动的发生才产生了通信流、人流、交通流、通勤流等等；二是基于国外内学者应用此方法进行相关研究较多，有较为成熟的理论支撑和分析思路。

（三）不同发展阶段城市群功能多中心与形态多中心的关系——珠三角和武汉城市群的比较

❶ 黄金川，刘倩倩，陈明.基于GIS的中国城市群发育格局识别研究[J].城市规划学刊，2014（3）。

珠三角城市群占地面积3.74万平方公里，承载人口5357万，城镇人口4657万，2010年完成GDP37304亿元，人均GDP达到69630元，经济发展水平居全国之首❶。珠

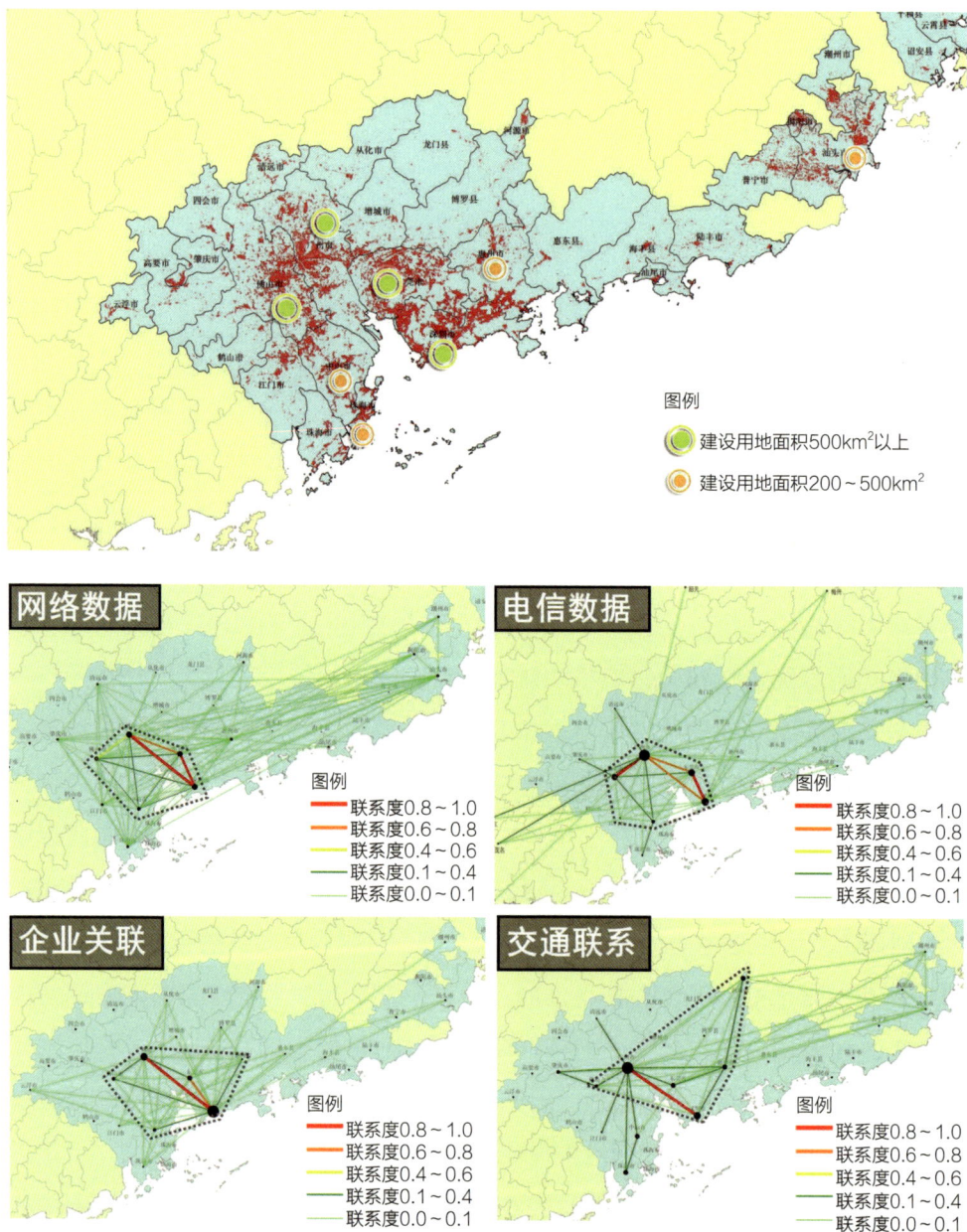

图例
建设用地面积500km²以上
建设用地面积200～500km²

网络数据

图例
联系度0.8～1.0
联系度0.6～0.8
联系度0.4～0.6
联系度0.1～0.4
联系度0.0～0.1

电信数据

图例
联系度0.8～1.0
联系度0.6～0.8
联系度0.4～0.6
联系度0.1～0.4
联系度0.0～0.1

企业关联

图例
联系度0.8～1.0
联系度0.6～0.8
联系度0.4～0.6
联系度0.1～0.4
联系度0.0～0.1

交通联系

图例
联系度0.8～1.0
联系度0.6～0.8
联系度0.4～0.6
联系度0.1～0.4
联系度0.0～0.1

专题报告图 5-12　珠三角城市群形态多中心与 4 种功能多中心关联网络对比

建设用地		经济"流"		大数据"流"		通信"流"		交通"流"	
城市	面积（平方公里）	城市	联系度	城市	联系度	城市	联系度	城市	联系度
东莞市	841.86	深圳	1.00	广州市	1.00	广州	1.00	广州市	1
深圳市	781.94	广州	0.51	深圳市	0.96	深圳	0.70	深圳市	0.56
广州市	754.93	东莞	0.34	东莞市	0.90	东莞	0.65	惠州市	0.27
佛山市	735.13	佛山	0.13	佛山市	0.70	佛山	0.61	中山市	0.2
中山市	358.01	中山	0.12	中山市	0.61	中山	0.32	东莞市	0.2
汕头市	344.93	惠州	0.06	惠州市	0.53	茂名	0.16	珠海市	0.19
惠州市	323.08	珠海	0.06	汕头市	0.49	珠海	0.16	河源市	0.19
珠海市	223.90	汕头	0.04	珠海市	0.47	惠州	0.15	佛山市	0.15
江门市	150.80	云浮	0.02	江门市	0.46	江门	0.15	肇庆市	0.15
潮州市	140.12	江门	0.01	肇庆市	0.41	湛江	0.15	揭阳市	0.06
普宁市	126.32	博罗	0.01	清远市	0.39	汕头	0.14	汕头市	0.06
增城市	100.41	增城	0.01	潮州市	0.39	清远	0.13	江门市	0.05
博罗县	77.58	河源	0.00	揭阳市	0.39	肇庆	0.12	清远市	0.05
陆丰市	73.74	潮州	0.00	河源市	0.38	韶关	0.10	潮州市	0.05
清远市	67.48	揭阳	0.00	汕尾市	0.37	河源	0.10		
揭阳市	64.93	高要	0.00	云浮市	0.35	梅州	0.10		
惠东县	62.67	肇庆	0.00	增城市	0.27	揭阳	0.10		
高要市	59.25	清远	0.00	从化市	0.23	汕尾	0.09		
肇庆市	54.18	从化	0.00	博罗县	0.22	阳江	0.08		
海丰县	52.55	惠东	0.00	惠东县	0.20	云浮	0.08		
四会市	46.61	鹤山	0.00	鹤山市	0.20	潮州	0.07		
河源市	40.83	四会	0.00	普宁市	0.19				
云浮市	34.70	普宁	0.00	高要市	0.19				
从化市	34.52	汕尾	0.00	四会市	0.17				
汕尾市	33.68	陆丰	0.00	龙门县	0.16				
鹤山市	32.39	龙门	0.00	陆丰市	0.16				
龙门县	11.08	海丰	0.00	海丰县	0.16				

三角城市群是我国目前区域联动发展势头最为迅猛、经济发展速度最快的先行地区之一，是我国南方经济发展的增长极。武汉城市群占地面积2.77万平方公里，2010年承载人口2547万，城镇人口1539万，完成GDP7572亿元[1]，经济密度和人均GDP在全国范围内属中等范围。武汉城市群地处长江中游，是湖北省人口、产业最为密集的地区，也是我国中部最具发展潜力和活力的城市密集区域。可见，珠三角地区的经济发展水平明显高于武汉地区，珠三角城市群地区发育较为成熟，武汉城市群则正在发育成熟中，二者代表了我国城市群发展的两个不同阶段。

1. 形态多中心比较

珠三角城市群建设用地总面积为5628平方公里。从各县市的建设用地分布来看，形态多中心的格局比较明显，形成了以东莞、深圳、广州、佛山为首的第一层级中心和以中山、汕头、惠州和珠海为辅的第二层级中心，见专题报告图5-13、专题报告图5-14。

[1] 黄金川，刘倩倩，陈明。基于GIS的中国城市群发育格局识别研究[J]. 城市规划学刊，2014（3）。

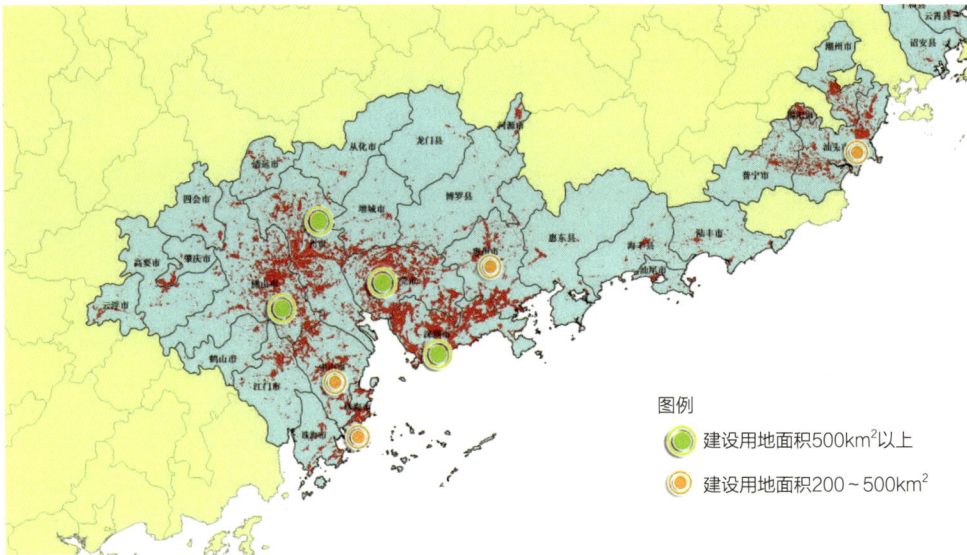

专题报告图 5-13 　基于建设用地规模识别珠三角城市群地区形态多中心

珠三角城市群	
城市	面积 （平方公里）
东莞市	841.86
深圳市	781.94
广州市	754.93
佛山市	735.13
中山市	358.01
汕头市	344.93
惠州市	323.08
珠海市	223.90
江门市	150.80
潮州市	140.12
普宁市	126.32
增城市	100.41
博罗县	77.58
陆丰市	73.74
清远市	67.48
揭阳市	64.93
惠东县	62.67
高要市	59.25
肇庆市	54.18
海丰县	52.55
四会市	46.61
河源市	40.83
云浮市	34.70
从化市	34.52
汕尾市	33.68
鹤山市	32.39
龙门县	11.08

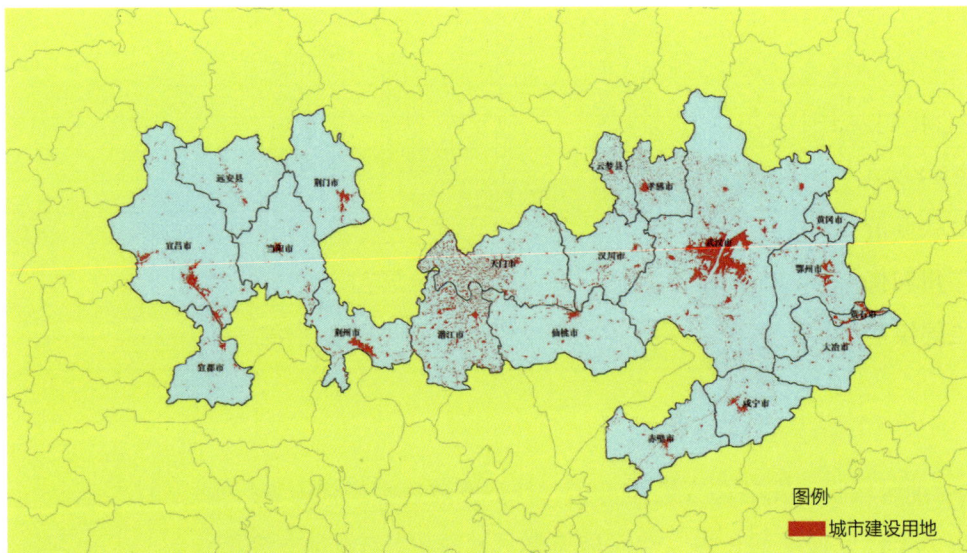

专题报告图 5-14 　基于建设用地规模识别武汉城市群地区形态多中心

武汉城市群	
城市	面积 （平方公里）
武汉市	624.30
天门市	182.45
潜江市	171.75
宜昌市	121.52
荆州市	112.27
鄂州市	69.59
孝感市	60.07
仙桃市	55.17
汉川市	50.77
咸宁市	46.69
黄石市	41.39
荆门市	40.28
赤壁市	39.86
大冶市	35.48
云梦县	35.09
当阳市	31.11
宜都市	22.35
远安县	14.36
黄冈市	5.48

　　武汉城市群建设用地总面积为1760平方公里。从各县市的建设用地分布来看，形态多中心的格局尚未显现。以武汉为首的单中心格局仍较为明显，武汉市在整个城市群中的首位度较高，单中心集聚的模式向多中心扩散的模式的阶段还未完成。

2. 功能多中心比较

　　城市群不仅是地理上的相邻性，更重要的是经济上的关联性，因此，以经济流为基础比较二者的功能多中心。国际研究表明，城市关联网络的本质是城市之间的经济联系，而企业是城市关联网络的"作用者"，众多企业的区位策略界定了城市之间的关联网络。将珠三角城市群基于企业总部分支数据分析获取的企业关联网络，与长江中游地区的企业关联网络❶进行比较分析，试图揭示不同发展阶段城市群功能多中心状态的异同。

对于珠三角地区和武汉地区内部的城市关联网络进行比较，可以发现显著的异同所在，见专题报告图5-15。一方面，依据各个城市的总关联度，珠三角地区和武汉地区各中心城市形成明显的层级格局，各个城市的地区网络关联度与其经济发展水平是密切相关的。珠三角地区的经济关联网络反映出明显的多中心格局，形成以广州、深圳为核心城市，东莞、佛山为次级中心，中山、惠州等为主要城市的层级网络。武汉地区的经济关联网络则显示出明显的单中心格局，见专题报告图5-16。武汉一家独大，首位度较高，中心性显著，该地区的次级中心还未培育发展出来。另一方面，珠三角的网络密度明显高于长江中游地区。珠三角地区各城市之间普遍存在着一定强度的网络关联。武汉地区内各城市除了保持与武汉市的联系外，其他城市之间的联系较弱。与珠三角区域相比，武汉地区的城市网络不够成熟。

3. 形态多中心和功能多中心匹配性比较

如专题报告表5-8所示，将依据建设用地规模进行的城市分级，分别对应到各城市企业经济关联度的排序中，可以发现珠三角地区建设用地规模第一层级的东莞、深圳、广州和佛山这四个城市在企业经济关联度中也居前四位。位于建设用地规模第二层级的中山、惠州、珠海、汕头也位于企业关联度的第二层

❶ 唐子来、李涛. 长三角地区和长江中游地区的城市体系比较研究：基于企业关联网络的分析方法[J]. 城市规划学刊，2014（2）。

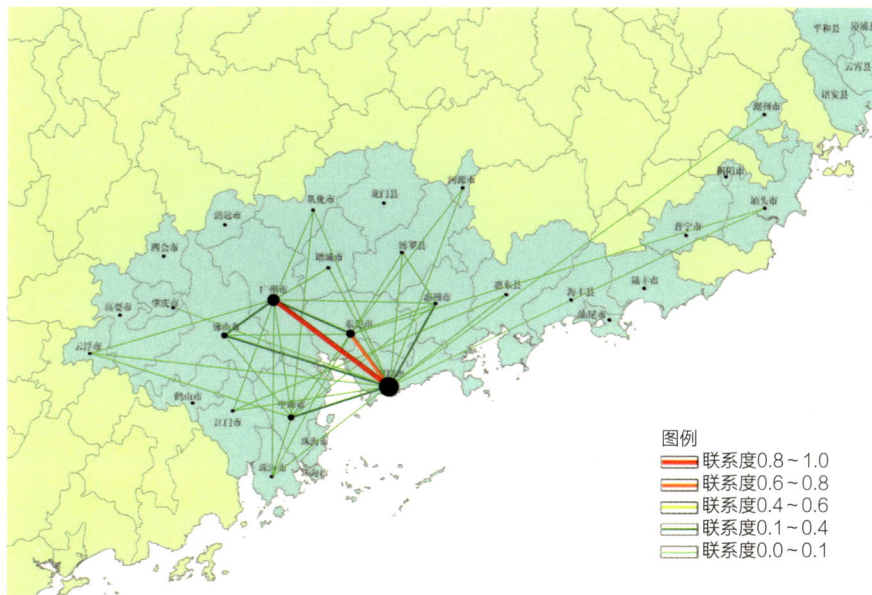

珠三角地区	
城市	联系度
深圳	1.00
广州	0.51
东莞	0.34
佛山	0.13
中山	0.12
惠州	0.06
珠海	0.06
汕头	0.04
云浮	0.02
江门	0.01
博罗	0.01
增城	0.01
河源	0.00
潮州	0.00
揭阳	0.00
高要	0.00

图例
联系度0.8~1.0
联系度0.6~0.8
联系度0.4~0.6
联系度0.1~0.4
联系度0.0~0.1

专题报告图5-15 珠三角城市群地区企业关联网络

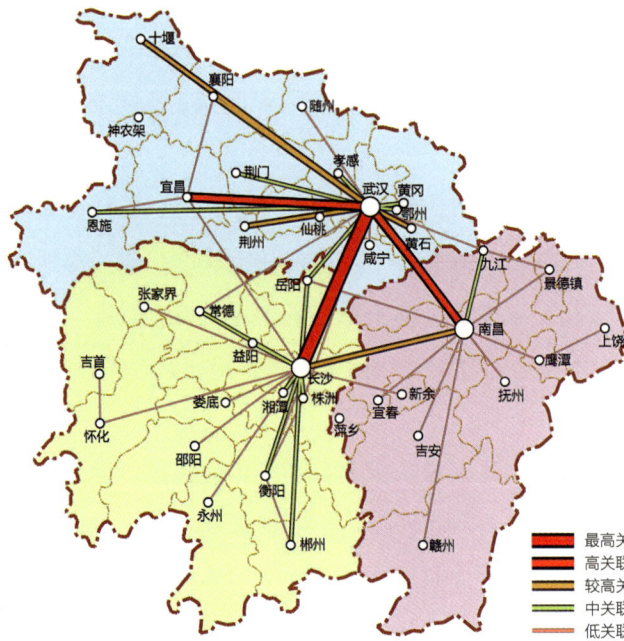

武汉地区	
城市	联系度
武汉	1.00
宜昌	0.21
襄阳	0.11
十堰	0.09
黄石	0.09
荆州	0.08
孝感	0.05
黄冈	0.04
恩施	0.04
荆门	0.04
鄂州	0.03
咸宁	0.03
随州	0.02

■ 最高关联度（100）
■ 高关联度（50~64）
■ 较高关联度（25~31）
■ 中关联度（10~18）
■ 低关联度（4~9）

专题报告图 5-16　长江中游地区企业关联网络

珠三角和武汉城市群地区建设用地规模与企业经济关联度比较　专题报告表 5-8

珠三角地区				武汉地区			
建设用地规模		企业经济关联		建设用地规模		企业经济关联	
城市	面积（平方公里）	城市	联系度	城市	面积（平方公里）	城市	联系度
东莞市	841.86	深圳	1.00	武汉市	624.30	武汉	1.00
深圳市	781.94	广州	0.51	天门市	182.45	宜昌	0.21
广州市	754.93	东莞	0.34	潜江市	171.75	襄阳	0.11
佛山市	735.13	佛山	0.13	宜昌市	121.52	十堰	0.09
中山市	358.01	中山	0.12	荆州市	112.27	黄石	0.09
汕头市	344.93	惠州	0.06	鄂州市	69.59	荆州	0.08
惠州市	323.08	珠海	0.06	孝感市	60.07	孝感	0.05
珠海市	223.90	汕头	0.04	仙桃市	55.17	黄冈	0.04
江门市	150.80	云浮	0.02	汉川市	50.77	恩施	0.04
潮州市	140.12	江门	0.01	咸宁市	46.69	荆门	0.04
普宁市	126.32	博罗	0.01	黄石市	41.39	鄂州	0.03
增城市	100.41	增城	0.01	荆门市	40.28	咸宁	0.03
博罗县	77.58	河源	0.00	赤壁市	39.86	随州	0.02
陆丰市	73.74	潮州	0.00	大冶市	35.48		
清远市	67.48	揭阳	0.00	云梦县	35.09		
揭阳市	64.93	高要	0.00	当阳市	31.11		
惠东县	62.67	肇庆	0.00	宜都市	22.35		
高要市	59.25	清远	0.00	远安县	14.36		
肇庆市	54.18	从化	0.00	黄冈市	5.48		
海丰县	52.55	惠东	0.00				
四会市	46.61	鹤山	0.00				
河源市	40.83	四会	0.00				
云浮市	34.70	普宁	0.00				
从化市	34.52	汕尾	0.00				
汕尾市	33.68	陆丰	0.00				
鹤山市	32.39	龙门	0.00				
龙门县	11.08	海丰	0.00				

级。虽然二者具体排序不尽相同，但是总体来说珠三角城市群的多中心网络结构在两种分析方法中都是相同的，可以说，珠三角城市群的形态多中心和功能多中心匹配度较高。

用同样的方法对武汉地区各城市的建设用地规模排序与企业经济关联度排序进行分析，可以发现，武汉市的高首位度在两种排序中都很明显，但是居于武汉之后的其他城市排名均不尽相同。单中心集聚的结构显而易见，其他外围城市均还在发育培养中，多极的网络结构还未形成。总之，武汉城市群的形态单中心和功能单中心结构上是匹配的。

综上所述，不同发展阶段的城市群的形态多中心（或单中心）和功能多中心（或单中心）的匹配性都较高。可见，二者与城市和区域的发展阶段可能不存在直接的关联。正如前文中提到的，城市之间的经济联系是城市关联网络的本质，经济活动的发生发展必然导致建设用地规模的扩张，所以与外界经济联系活动越多，经济功能越强的城市，在地形条件允许下建设用地的发展态势越强，不同发展阶段的城市群皆如此。因此，可以初步判断，城市群形态多中心与功能多中心结构具有一定的正相关性，与其自身所处发展阶段并没有直接的关联性。

（四）全国13个城市群的形态多中心和功能多中心的关系

基于上文中对不同发展阶段的珠三角和武汉城市群进行比较分析，这里对全国13个城市群进行形态多中心和功能多中心的匹配性分析，以验证上文中形态多中心与功能多中心结构的正相关性的结论。

1. 全国13个城市群功能多中心和形态多中心的匹配性比较

这里对全国13个城市群的各城市企业联系网络进行分析，在数据方面采用了2012年企业事业单位名录，提取总部–分支结构的空间位置信息来研究经济"流"的网络分布，以此表征城市群的功能多中心格局。同时，对2010年13个城市群的建设用地解译数据进行分析，以此来表征城市群的形态多中心格局。为了分析的方便，根据我国的东部、中部、西部的划分方法，将13个城市群划分为东北部沿海区域、东南部沿海区域、中部区域和西部区域，分别进行比较分析。

（1）东北部沿海区域

如专题报告图5-17所示，在京津冀城市群内，从功能多中心网络来看，北京和天津是跨城企业最密集的两个城市，石家庄次之。北京和天津两大核心城市之间的联系最为紧密，占整个城市群联系值的1/2左右。其次，北京—石家庄、北京—保定也有较强的联系。城市群主要呈现以北京、天津双核为主的网络结构，同时石家庄和唐山等城市亦发挥次中心的作用，与其余各市产生或多或少企业上的联系。

如专题报告图5-18所示，从形态多中心格局来看，北京和天津的双中心格局明显，二者的建设用地规模都在1000平方公里以上，远远高于其他城市，属一级中心。唐山、保定的建设用地规模也较为突出，属二级中心。可见，京津冀城市群的功能多中心和形态多中心格局较为匹配。

如专题报告图5-19所示，在辽中南城市群内，从功能多中心网络来看，除沈阳、大连外，群内其他城市的城市流强度值均较低。沈阳和大连拥有着区域内最多跨城企业，占了整个城市群企业数量的70%。同时两城市的联系强度也最大。沈阳和大连是维系网络企业联系的两大枢纽城市，除本溪—鞍山联系外，其余城市基本只与大连、沈阳联系而互相之间几乎没有企业联系，呈现出以大连、沈阳双核带多点的网络结构；从形态多中心网络来看，沈阳的建设用地规模最大，达到900平方公里，大连的建设用地规模近500平方公里，是辽中南城市群内建设用

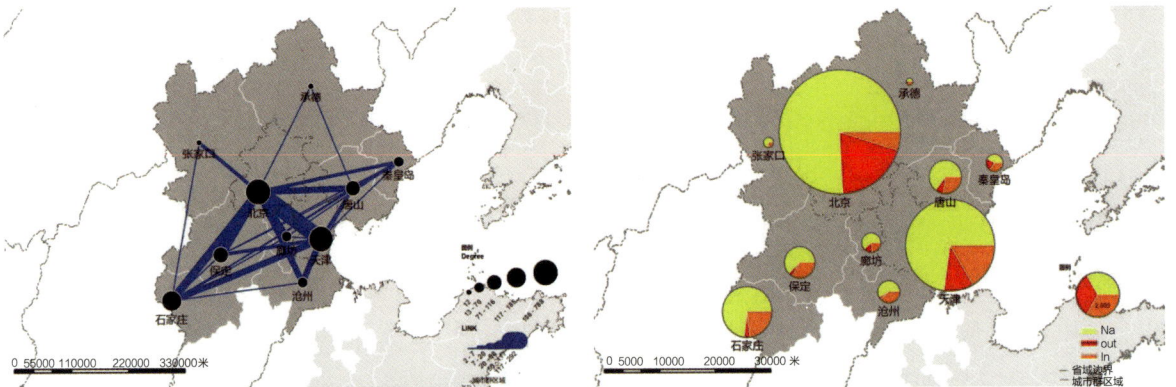

专题报告图 5-17　京津冀城市群企业关联网络表征的功能多中心

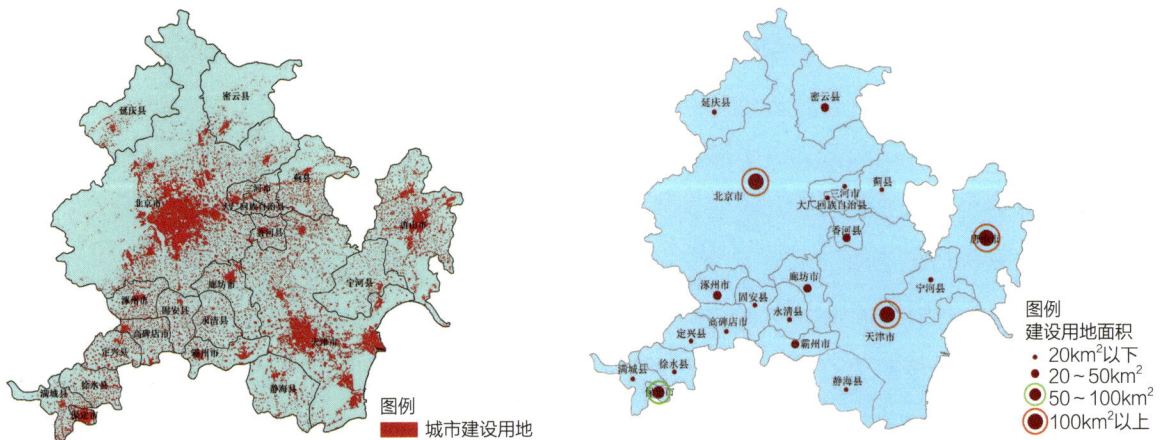

专题报告图 5-18　京津冀城市群建设用地分布表征的形态多中心

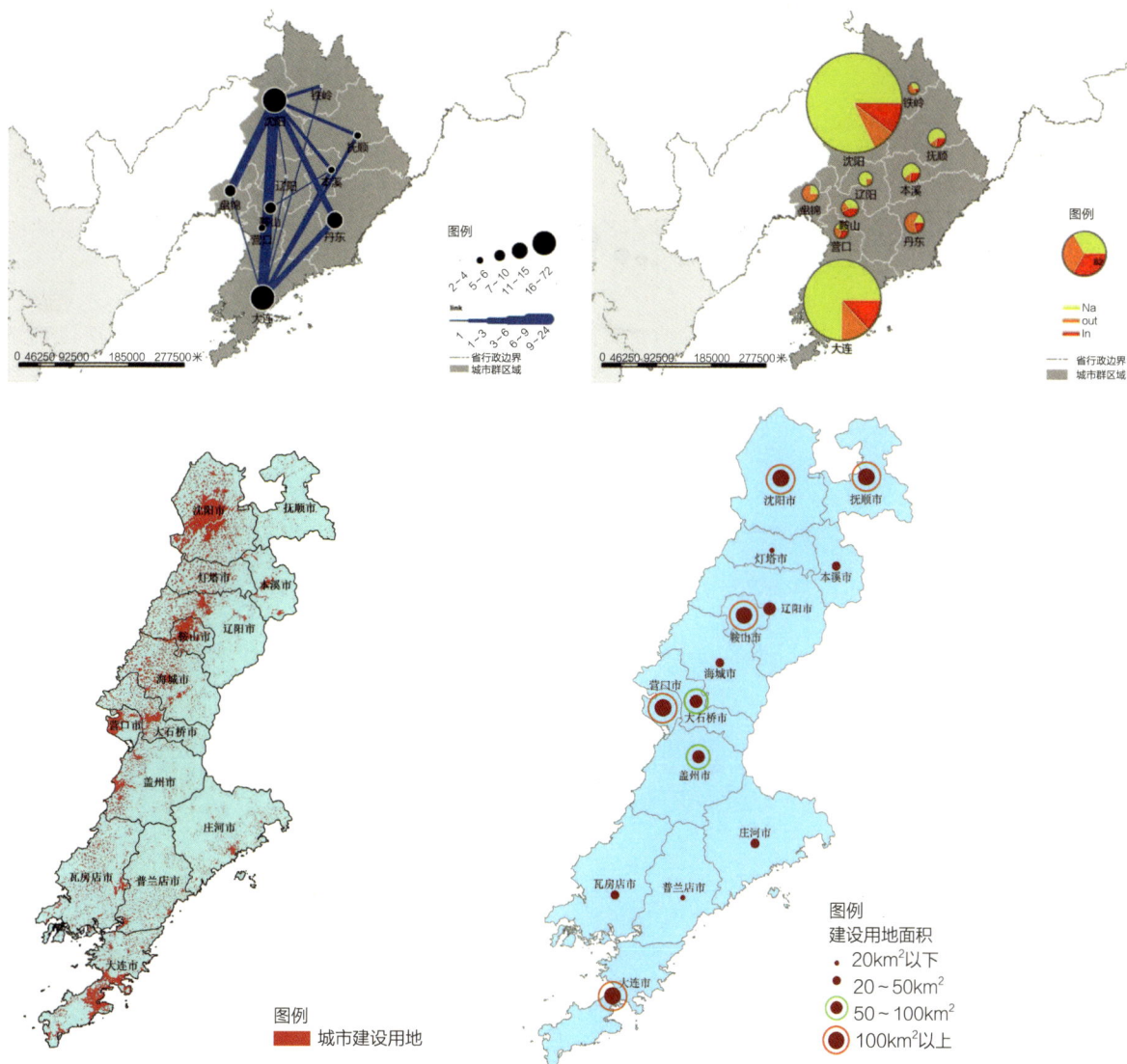

专题报告图 5-19　辽中南城市群功能多中心与形态多中心比较

地规模最大的两个城市，为一级中心。其次，从建设用地连片蔓延的斑块识别来看，鞍山和营口的形态中心性相对而言也较为突出，为二级中心。可见，辽中南城市群的功能多中心与形态多中心格局具有一定的匹配性。

如专题报告图5-20所示，在山东半岛城市群内，从功能多中心网络来看，青岛是最主导的跨城企业分布地，济南、烟台次之。青岛与其他城市之间有较强的联系，尤其以青岛－济南、青岛－烟台、青岛－潍坊的联系较为紧密。城市网络主要呈现以青岛为中心的星形放射状结构，这与曾鹏、黄图翼、阙菲菲（2011）[1]以及王增发、程丽丽（2010）[2]对于山东半岛城市群进入双核牵引的研究结论相悖。济南和烟台等城市作为次级中心，亦与周边城市产生一定联系，而跨城企业总量较小的城市相互之间非常缺乏联系；从形态多中心格局来看，青岛、济南、淄博

❶ 曾鹏，黄图翼，阙菲菲. 中国12个城市群空间结构特征比较研究[J]. 经济地理，2011。

❷ 王发增，程丽丽. 山东半岛、中原、关中城市群地区的城镇化状态与动力机制[J]. 经济地理，2010。

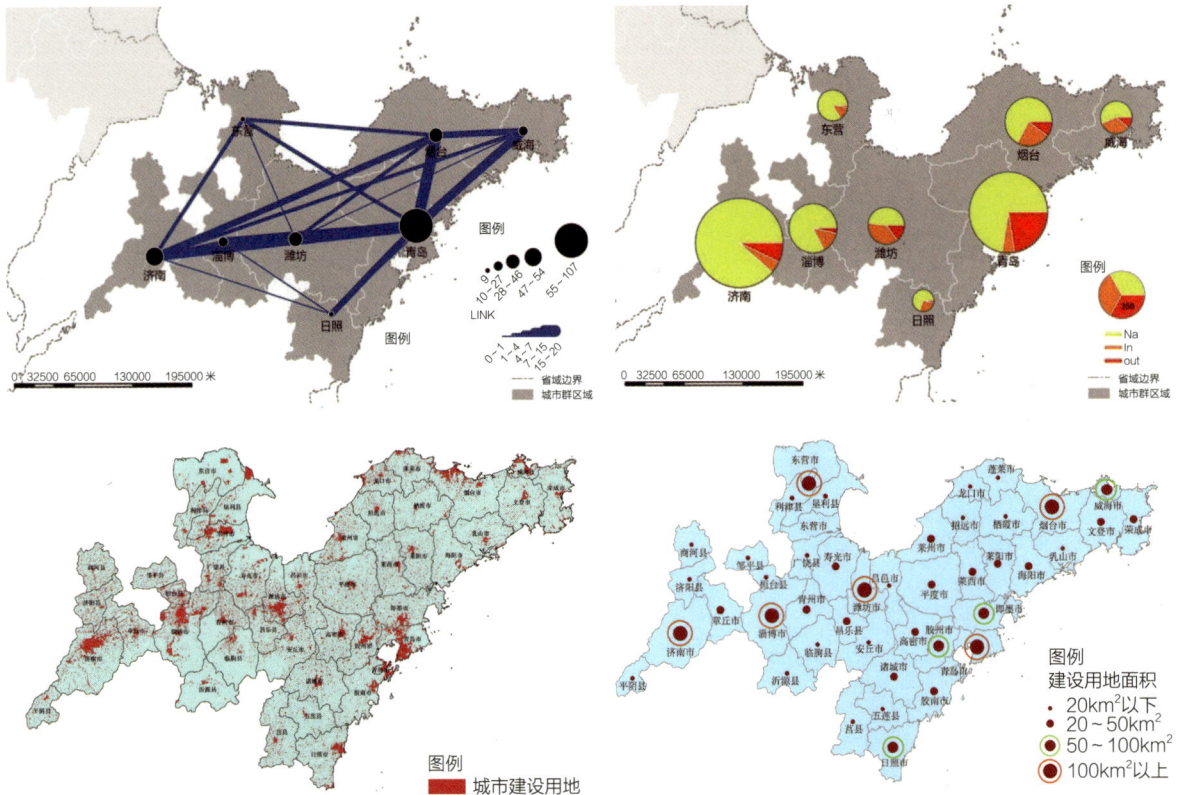

专题报告图 5-20　山东半岛城市群功能多中心与形态多中心比较

的建设用地规模较为突出，为一级中心，潍坊、东营、烟台为二级中心，两层级在规模上差距并不显著。可见，山东半岛城市群的功能多中心与形态多中心匹配度并不高，这可能与山东的本地化企业网络和地理特征有关。

（2）东南部沿海区域

如专题报告图5-21所示，在长江三角洲城市群内，从形态多中心网络来看，城市间整体联结性较强，企业联系的分布较为均衡。上海拥有最多的跨城企业，对城市群中其他各个城市显示出最为紧密的企业联系。紧随其后，苏州、杭州、宁波和南京也有较大的跨城企业量。上海与苏杭甬宁的联系最为紧密，占城市群联系总值的一半，尤其以上海－苏州的企业联系最强。该四城市在区域中作为次中心，也与周边各城市产生了相对较密切的联系，形成了以上海为核心的多中心网络结构。无论在江苏省还是浙江省内，绝大部分城市与区域核心城市（上海）和省会城市（南京或杭州）的网络关联度明显高于省内的其他城市[1]；从形态多中心格局来看，以上海为一级中心，南京、杭州、常州、苏州、无锡、宁波为二级中心的层级化格局明显。可见，长三角城市群的功能多中心和形态多中心格局匹配度较高。

[1] 唐子来，赵渺希. 经济全球化视角下长三角区域的城市体系演化：关联网络和价值区段的分析方法[J]. 城市规划学刊，2010。

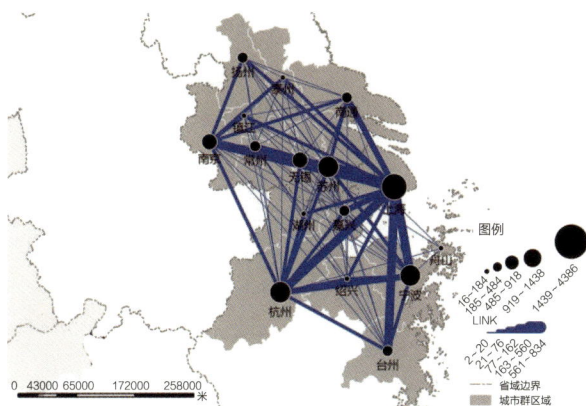

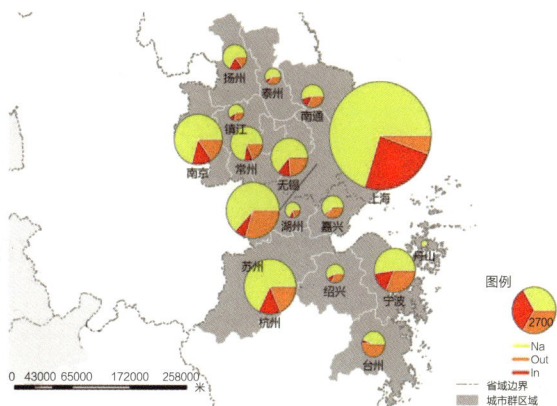

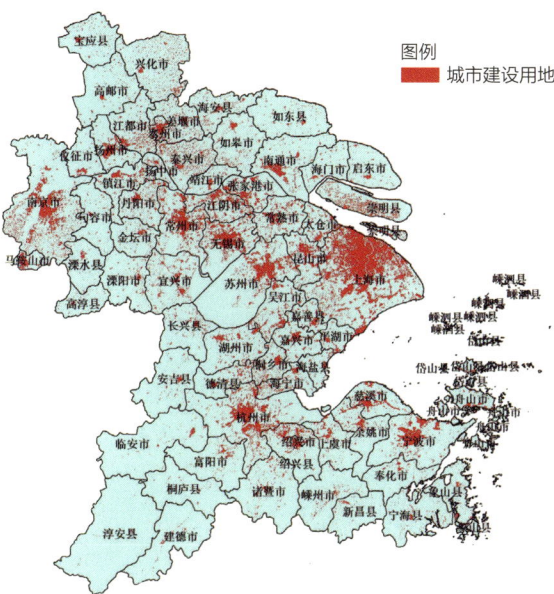

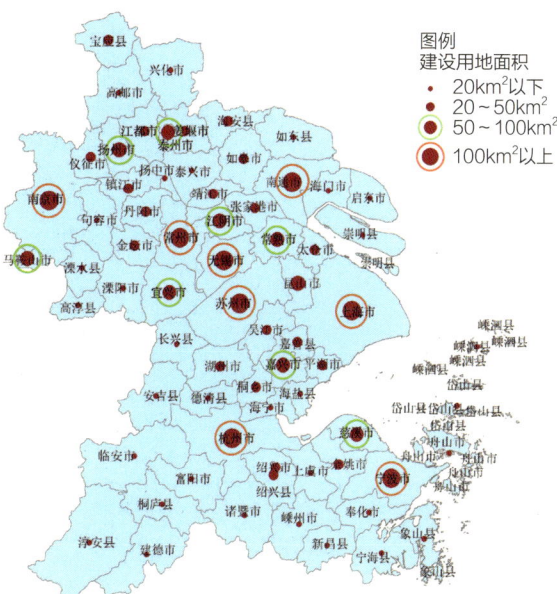

专题报告图 5-21　长三角城市群功能多中心与形态多中心比较

如专题报告图5-22所示，海峡西岸城市群属于中等规模的城市群，没有一个超大城市[1]。从功能多中心网络来看，厦门和福州有最多的跨城企业，泉州紧随其后，远超于后位城市。这三个城市两两之间形成紧密联系，以厦门—福州的联系最强。由于三大枢纽城市的优越性，余下城市之间并无联系，而分别与三大城市有少量关联，形成了以厦门、福州和泉州为核心节点的网络结构；从形态多中心格局来看，厦门和福州的建设用地规模突出，为一级中心，其次为泉州和晋江，为二级中心。可见，海西城市群的功能多中心和形态多中心格局较为匹配。

如专题报告图5-23所示，在珠三角城市群内，城市网络具有一体化、多中心、非均衡化的结构特征[2]。从功能多中心网络来看，深圳拥有最多的跨城企业，广州、东莞和佛山依次位于其后。4个核心城市之间形成了频密的企业联系，城市群

[1] 尹晓波，侯祖兵. 海峡西岸经济区城市群的定位及发展路径[J]. 经济地理，2006。

[2] 路旭，马学广，李贵才. 基于国际高级生产者服务业布局的珠三角城市网络空间格局研究[J]. 经济地理，2012。

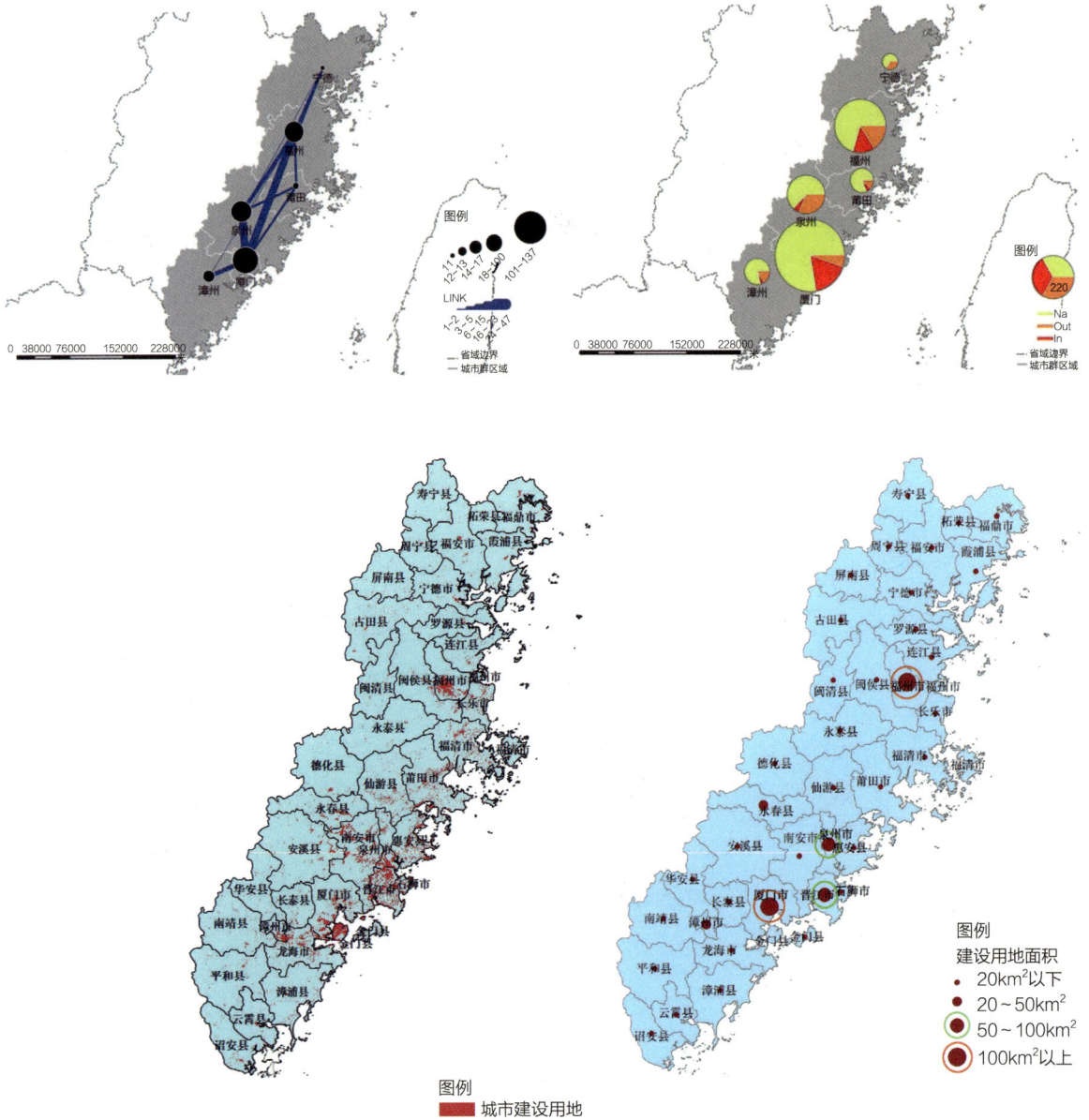

专题报告图 5-22　海峡西岸城市群功能多中心与形态多中心比较

的企业联系集中在珠三角地区，大多围绕4个核心城市进行组织，形成了以深圳为核心的多中心网络结构。广州—深圳之间的企业联系反映了区域两大核心城市之间的紧密联系，深圳—东莞之间企业联系次之。肇庆、江门的跨城企业总量较小，只与地理位置较邻近的城市存在零星企业联系，这两个城市之间以及与珠江东岸的惠州也缺乏联系；从形态多中心格局来看，第一层级为建设用地面积500平方公里以上的城市，为东莞、深圳、广州和佛山；第二层级为建设用地面积200~500平方公里的城市，为中山、汕头、惠州和珠海。可见，珠三角城市群的功能多中心与形态多中心的匹配度较高。

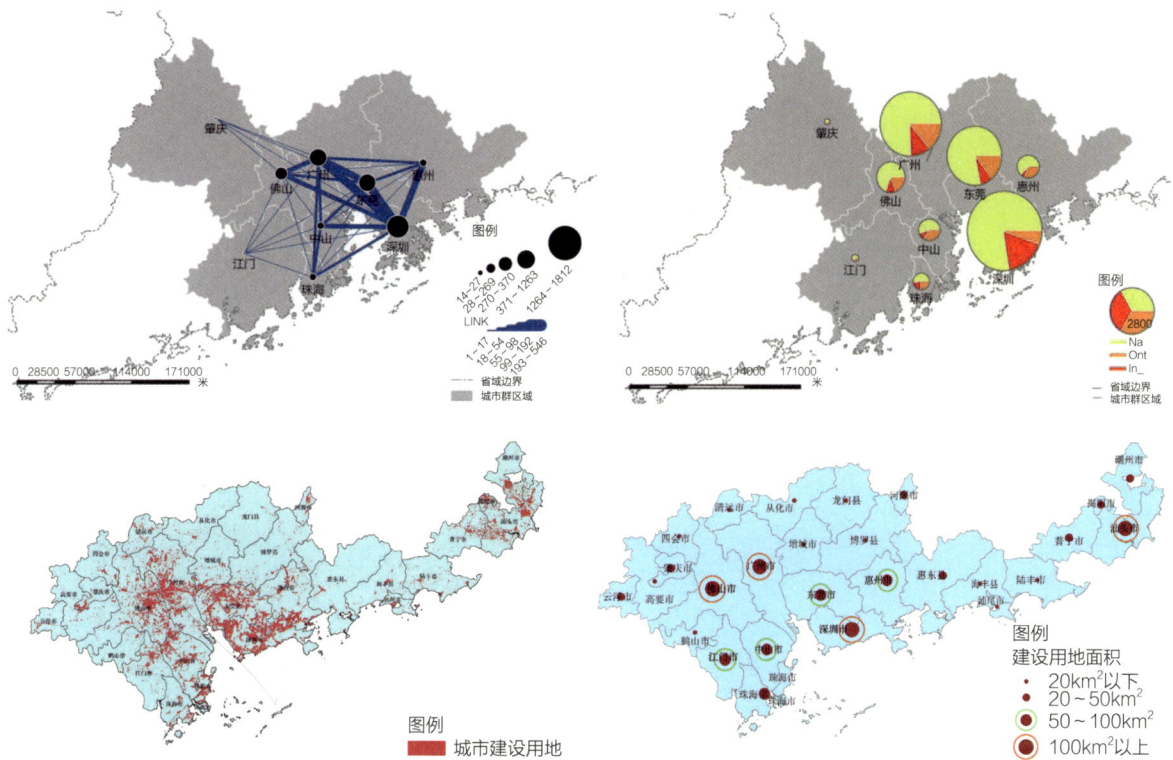

专题报告图 5-23　珠三角城市群功能多中心与形态多中心比较

（3）中部区域

在中原城市群内，从功能多中心网络来看，城市网络的企业联系主要集中在北部地区。郑州是跨城企业量最大的城市，洛阳和新乡次之。郑州与各城市均有联系，并且其与城市的联系随着各城市跨城企业总量的减少而减弱，其中郑州—新乡、郑州—洛阳的企业联系较为频密。除了郑州北部大部分城市两两之间存在联系外，其余城市之间联系较少，普遍只与郑州这个核心城市相关联，形成了以郑州为中心的星型放射网络结构。但中心城市郑州的首位度远低于其他城市在相应城市群和省域的首位度。这使得中原城市群表现出"强的不很强，弱的不很弱"的特征，与整个中部城市"强的很强，弱的很弱"这一特点形成鲜明的对比[1]；从形态多中心来看，郑州为明显的一级中心，洛阳、开封为二级中心。可见，中原城市群的功能多中心和形态多中心格局较为匹配。

如专题报告图5-25所示，在关中城市群内，从功能多中心网络来看，西安拥有最多的跨城企业，是城市群的核心城市，咸阳和铜川位于其后。西安与周边城市均有联系，西安—咸阳成为网络中最强的城市联系对，其次西安与铜川、宝鸡也有一定量企业相联系。除了铜川与咸阳、宝鸡、渭南之间分别存在少量的企业联系外，其他城市之间少有联系，呈现出西安为中心的星型放射状结构。从形态

[1] 张艳，程遥，刘婧. 中心城市发展与城市群产业整合——以郑州及中原城市群为例[J]. 经济地理，2010。

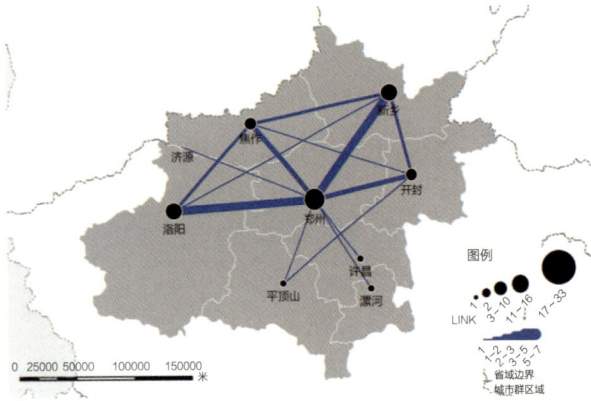

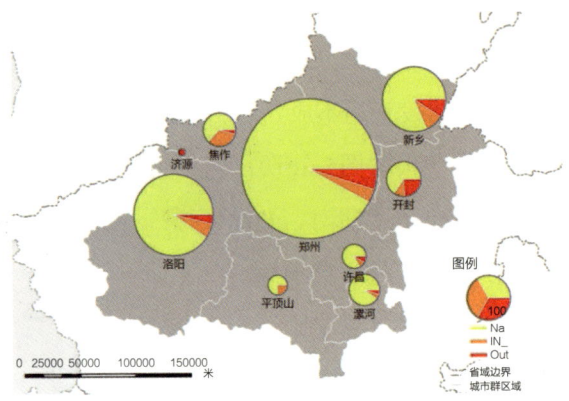

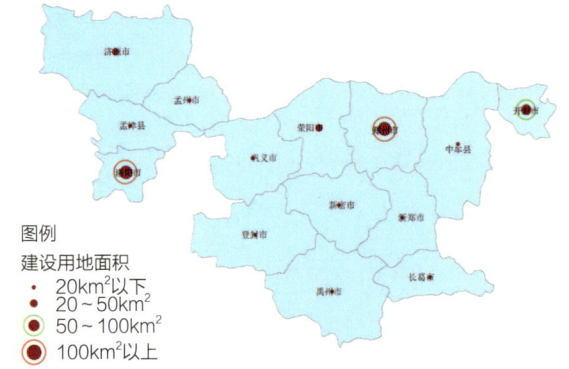

专题报告图 5-24　中原城市群功能多中心与形态多中心比较

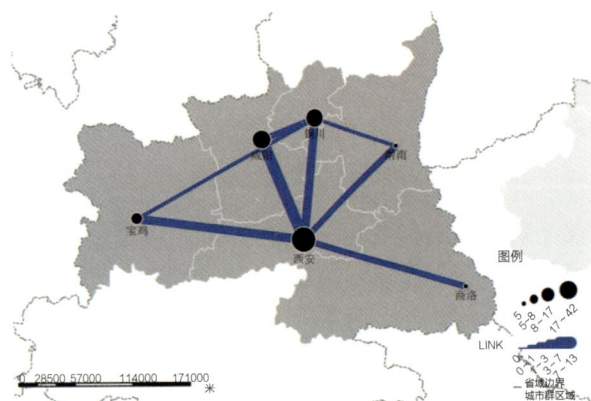

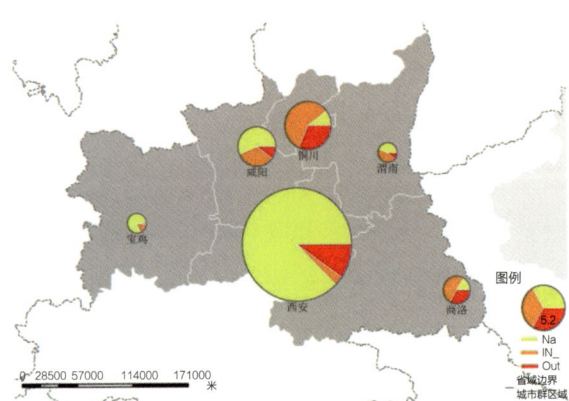

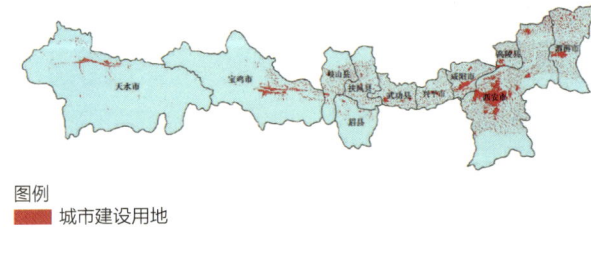

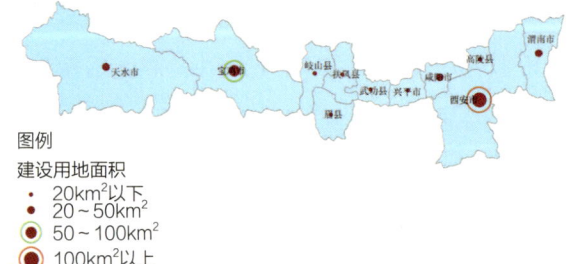

专题报告图 5-25　关中城市群功能多中心与形态多中心比较

多中心的格局来看，形成了以西安为一级中心，宝鸡为二级中心的基本格局。可见，关中城市群的功能多中心和形态多中心格局匹配度并不高，这可能与城市经济关联网络发育尚不成熟或者地理特征等因素有关。

如专题报告图5-26所示，在武汉城市群内，从功能多中心网络来看，城市间企业联系跨越了湖南、湖北、江西、河南四省，城市群构成复杂，但网络内部联系较少。武汉是区域中跨城企业最多的城市，跨城企业总量最高，远高于其余各市，可见武汉的强中心作用突显。除了潜江、天门以外，武汉对城市群大部分城市均产生放射式联系，其中对外联系最强的是武汉—黄石。此外，仙桃—荆门、仙桃—黄石、潜江—鄂州也有较为紧密的企业联系。城市群明显地形成了以武汉为中心的星型放射结构。从形态多中心格局来看，以武汉为首的单中心格局仍较为明显，武汉市在整个城市群中的首位度较高。由此可见，对于武汉城市群而言，功能单中心和形态单中心的格局匹配度较高。

如专题报告图5-27所示，长株潭城市群跨越了湖南和江西两省，从功能多中心网络来看，多数城市的城市流强度值偏小，城市间的空间联系偏弱，究其原因是各城市的综合经济实力不强，产业的外向度不高。长沙是区域内跨城企业最多的城市，株洲次之。除了娄底仅与城市群中心城市长沙有联系外，其他两市

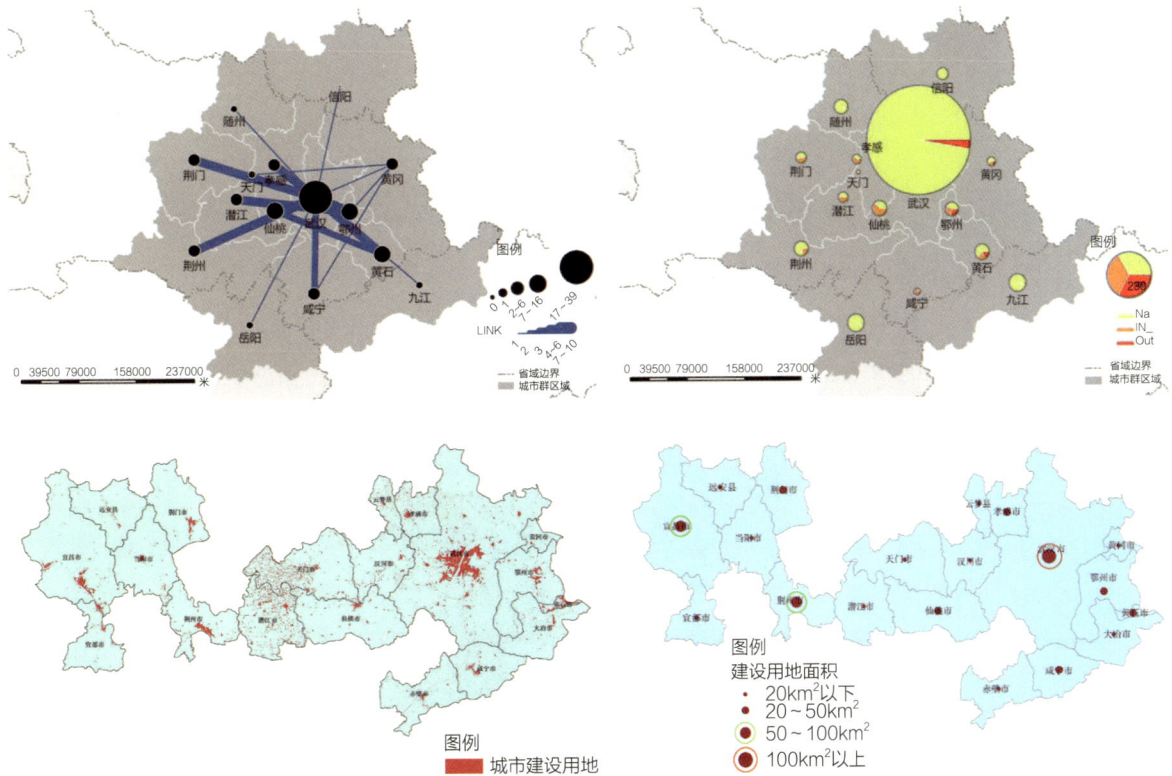

专题报告图 5-26　武汉城市群功能多中心与形态多中心比较

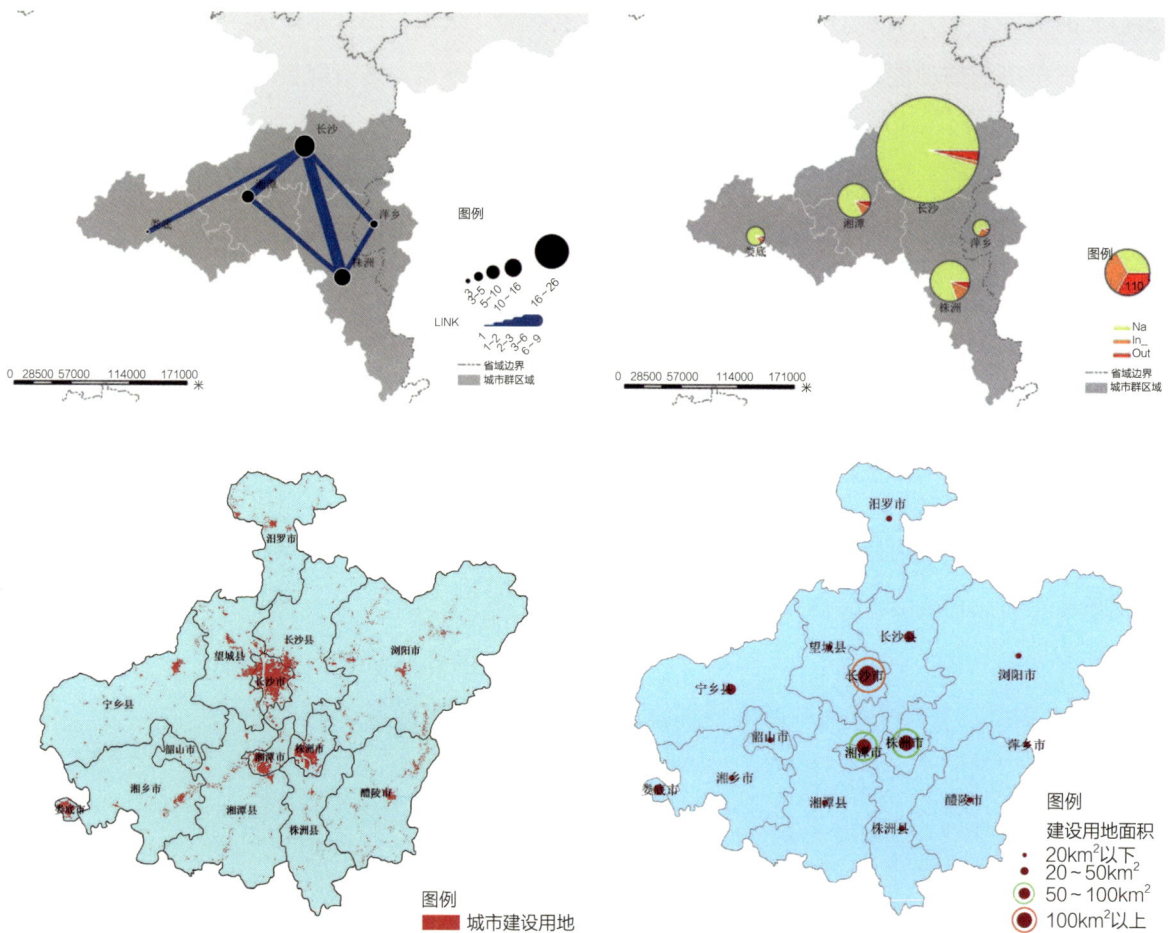

专题报告图5-27 长株潭城市群功能多中心与形态多中心比较

的企业均只与长沙、株洲两市相关联。长沙与次中心株洲之间有最强的关联；长沙—湘潭也有较强企业联系；此外株洲与湘潭、萍乡也分别有零星联系。这说明城市群的大多城市企业联系均依靠长沙、株洲两市进行维系，城市群呈现出以长沙、株洲双核为主的网络结构。从形态多中心格局来看，以长沙为一级中心，株洲、湘潭为二级中心的格局明显。可见，长株潭城市群的功能多中心和形态多中心的匹配度较高。

（4）西部区域

成都和重庆城市群是我国西部地区的城市群之一，横跨四川和重庆。如专题报告图5-28所示，从功能多中心网络来看，重庆、成都的跨城企业总量远超于其他城市，城市群的企业联系主要以这两个城市为中心向外辐射，成都—重庆两大核心间具有最强的企业联系。1997年之前并没有纳入重庆市的三个地级市与重庆市市区有着单向的连接，其中涪陵与重庆的联系较为紧密。城市群中除了一些较弱的城市联系对之外，大多城市的企业联系基本围绕成都和重庆两大核心进行组

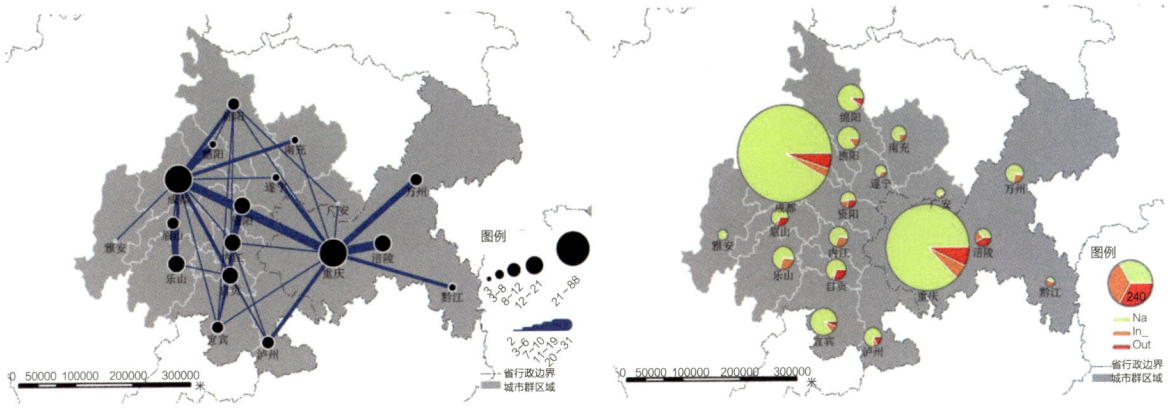

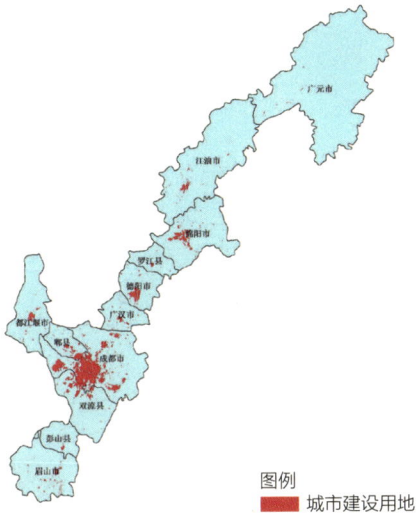

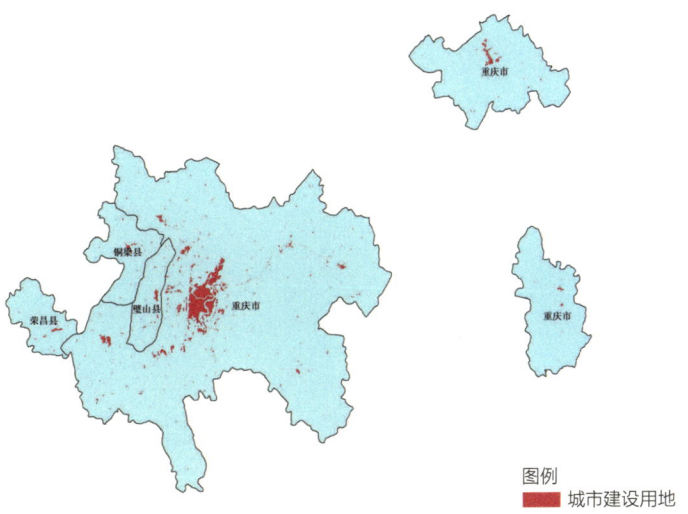

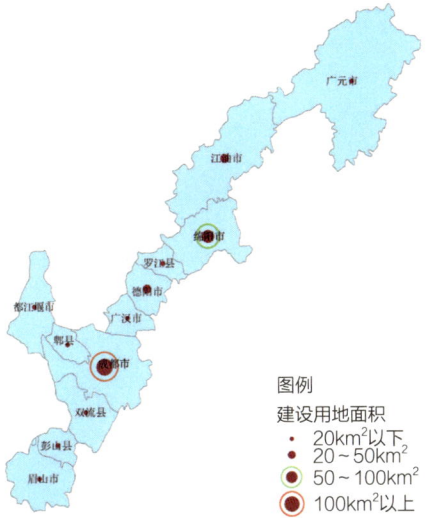

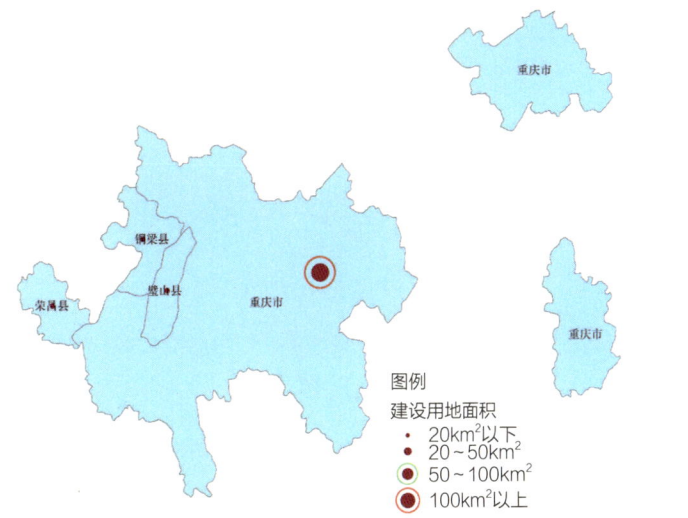

专题报告图 5-28 成都和重庆城市群功能多中心与形态多中心比较

织，呈现以成都、重庆双核带多点的网络结构。从形态多中心来看，成都、重庆的两核结构明显。由此可见，成都和重庆城市群的形态多中心和功能多中心匹配度较高。

如专题报告图5-29所示，北部湾城市群至今仍然是经济发展较落后的沿海地区，经济总量占全国比重小，产业集聚和人口集聚能力不强，特别是广西境内的北海、钦州和防城港发展极为缓慢[1]。从功能多中心网络来看，整体跨城企业联系非常弱，整个城市群仅8家跨城企业相联系。南宁和北海的跨城企业量相对较大，这两个核心城市之间的联系也最强，说明次中心北海的跨城企业联系完全仅依赖于南宁。南宁－钦州、钦州－防城港也有零星联系。整个城市群的企业网络较为松散，其中南宁和北海是两个较为中心的城市。从形态多中心格局来看，以南宁为一级中心，北海为二级中心的格局明显。由此可见，北部湾城市群的功能多中心和形态多中心的匹配度较高。

[1] 王慧英. 我国环北部湾区域经济一体化发展态势、挑战与对策思考[J]. 经济地理，2009。

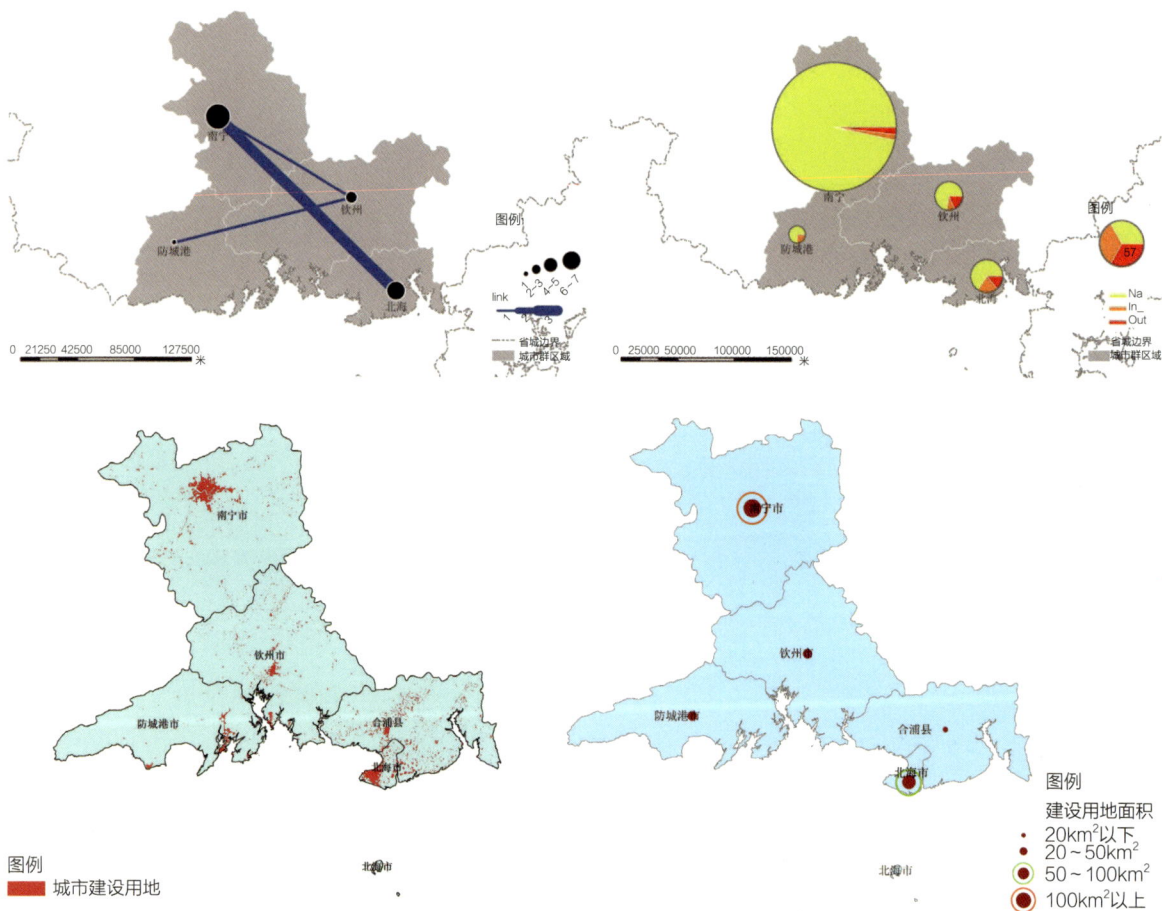

专题报告图 5-29　北部湾城市群功能多中心与形态多中心比较

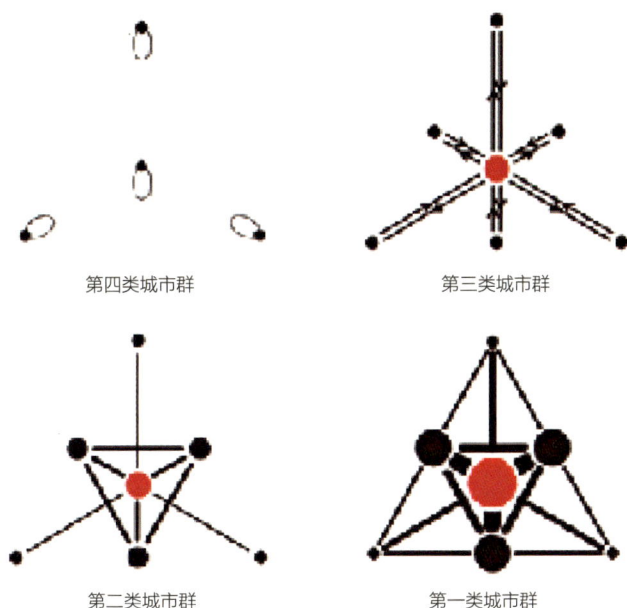

第四类城市群   第三类城市群

第二类城市群   第一类城市群

专题报告图5-30　四类城市群多中心网络模式图

2. 全国13个城市群多中心类型识别（专题报告图5-30）

（1）第一类城市群：多中心网络化城市群

第一类城市群指长三角城市群、京津冀城市群和珠三角城市群，该类型城市群的网络密度、联系强度、网络发育程度较高。长三角城市群的企业网络是我国现在最为成熟的城市网络，呈现以上海为核心、苏杭甬宁为多中心的网络结构。长三角城市群内城市与城市之间的联系情况较为均衡，差距较少，网络结构明显。京津冀城市群和珠三角城市群的多中心层级性较为突出，企业联系在该城市群中分布呈多中心聚集的聚集趋势。深圳、广州、东莞和佛山四城市集中了区域内85.81%的跨城企业，北京、天津集中了区域内68.04%的跨城企业。与长三角类似，该两城市群也出现了在各等级城市之间水平联系的特征，如佛山—中山、佛山—东莞等，也呈现网络化而非中心地的特征。

（2）第二类城市群：分散型准网络城市群

第二类城市群包括海峡西岸城市群、山东半岛城市群、长株潭城市群、辽中南城市群和中原城市群。这类城市群多中心层级性较为突出，城市群内各城市企业联系功能能级差距较小，呈现较为明显的分散趋势。各城市之间的建设用地规模差距最小，有最为明显的多中心趋势。但是，我们同时也应该注意到这类城市群的联系强度与第一类城市群相比仍有较大差距，城市群内城市联系程度一般。而该类城市群中最小规模的城市仍然依附于上一级城市，他们之间的水平联系较少，说明多中心极核初步形成，网络化结构还在发育中。

（3）第三类城市群：单中心集聚性城市群

第三类城市群包括武汉城市群、关中城市群、成都城市群和重庆城市群；该类城市群网络结构在13个城市群中成熟度较低。武汉、成都、重庆及西安均是枢纽城市，城市群其余城市联系多与这些城市联系，彼此之间较为缺乏联系，形成较为明显的垂直型中心地分布模式。在这类城市群中，自上而下的等级明确的中心地理论模式十分明显，基本形成了核心城市为城市群星型结构的中心，各城市受到其辐射的格局。

（4）第四类城市群：分散的多中心

第四类城市群指的是北部湾城市群，该类城市群区域一体化程度低。虽然该城市群在节点的层级性表现出较强的多中心性，但由于其城市与城市之间联系的数值较少，也正是由于跨城联系的微弱，该城市群的网络密度也偏低。说明此类城市群处于发育萌芽状态，城市之间的经济联系较少，处于各自独立发的状态。

3. 小结

本研究将以"流"的空间为理论基础，从流动空间的视角来考察中国城市群多中心关联网络的区域格局，辨识了城市群城市空间联系的功能多中心和建设用地分布的形态多中心。研究发现，不同发展阶段的城市群的形态多中心（或单中心）和功能多中心（或单中心）的匹配性都较高。城市之间的经济联系是城市关联网络的本质，经济活动的发生发展必然导致建设用地规模的扩张，所以与外界经济联系活动越多，经济功能越强的城市，在地形条件允许下建设用地的发展态势越强，不同发展阶段的城市群皆如此。二者的匹配度与城市和区域的发展阶段可能不存在直接的关联。

但是，不同发展发展阶段的城市区域存在不同类型的多中心空间结构网络。在全球化、信息化的深入过程中，部分发达地区越来越纳入全球性的生产系统，由此导致城市体系的等级属性和关联网络发生本质性变化，区域空间结构呈现出多中心的网络化格局；部分欠发达地区的城市群则由于全球化程度的相对不高和城镇发育水平的整体不足，仍呈现出以省会或副省级城市为主要指向的中心地模式。

参考文献

[1] Castells Manuel. 网络社会的崛起[M]. 夏铸九译. 北京：社会科学文献出版社，2001：506.

[2] Friedman J R. Regional development policy: A case study of Venezuela[M]. Cambridge: MIT Press, 1966.

[3] GRENTERM. Economic-geographic aspects of a geography of telecommunications[J]. Netcom, 1999, 13（3）: 211-224.

[4] Hall P, Pain K. The Polycentric metropolis: Learning from mega-city regions in Europe[M]. London: Earchscan, 2006.

[5] STALDERF. The Space of Flows: Notes on Emergence, Characteristics and Possible Impact on Physical Space[EB/OL]. httP://felix.oPenflows.org/html/sPace_of--flows.html, 2004-05-07.

[6] 蔡莉丽，马学广，陈伟劲，等. 基于客运交通流的珠三角城市区域功能多中心特征研究[J]. 经济地理，2013，3333（11）：52-57.

[7] 曾鹏，黄图翼，阙菲菲. 中国12个城市群空间结构特征比较研究[J]. 经济地理，2011.

[8] 冯占春. 经济要素流与区域经济可持续发展[J]. 华中师范大学学报（自然科学版）[J]. 1999，6（33）：296-299.

[9] 黄金川，刘倩倩，陈明. 基于GIS的中国城市群发育格局识别研究. 城市规划学刊，2014（3）.

[10] 卢明华. 荷兰兰斯塔德地区城市网络的形成与发展[J]. 国际城市规划，2010，25（6）：53-57.

[11] 路旭，马学广，李贵才. 基于国际高级生产者服务业布局的珠三角城市网络空间格局研究[J]. 经济地理，2012.

[12] 路旭，马学广，李贵才. 基于国际生产者服务企业布局的珠三角城市网络空间格局研究[J]. 经济地理，2012，322（4）：50-54.

[13] 罗震东，何鹤鸣，耿磊. 基于客运交通流的长江三角洲功能多中心结构研究[J]. 城市规划学刊，2011，30（2）：371-376.

[14] 罗震东，朱查松. 解读多中心：形态、功能与治理[J]. 国际城市规划，2008，23（1）：85-88.

[15] 马学广，李贵才. 欧洲多中心城市区域的研究进展和应用实践[J]. 地理科学，2011，3131（12）：1423-1429.

[16] 马学广，李贵才. 全球流动空间中的当代世界城市网络理论研究[J]. 经济地理，2011，3131（10）：1630-1637.

[17] 马学广，李贵才. 世界城市网络研究方法论[J]. 地理科学进展，2012，311（2）：255-263.

[18] 马学广，李贵才. 西方城市网络理论研究进展和应用实践[J]. 国际城市规划，2012，27（4）：65-70，101.

[19] 孙中伟，路紫. 流的空间基本性质的地理学透视. 地理与地理信息科学[J]. 2005，1（21）：109-112.

[20] 谭传凤，李祥妹. 试论区域经济空间相互作用的微观机制. 地理研究[J]. 2001，20（3）：315-321.

[21] 唐子来，赵渺希. 经济全球化视角下长三角区域的城市体系演化：关联网络和价值区段的分析方法[J]. 城市规划学刊，2010.

[22] 唐子来，李涛. 长三角地区和长江中游地区的城市体系比较研究：基于企业关联网络的分析方法[J]. 城市规划学刊，2014（2）.

[23] 王发增，程丽丽. 山东半岛、中原、关中城市群地区的城镇化状态与动力机制[J]. 经济地理，2010.

[24] 王慧英. 我国环北部湾区域经济一体化发展态势、挑战与对策思考[J]. 经济地理，2009.

[25] 许学强，王欣，阎小培. 技术流的动力机制、渠道与模式[J]. 地理学报. 2002，57（4）：489.

[26] 尹晓波，侯祖兵. 海峡西岸经济区城市群的定位及发展路径[J]. 经济地理，2006.

[27] 张京祥，罗小龙，殷洁. 长江三角洲多中心城市区域与过层次管治[J]. 国际城市规划，2008，23（1）：65-69.

[28] 张敏，顾朝林. 近期中国省际经济社会要素流动的空间特征. 地理研究[J]. 2002，21（3）：313-323.

[29] 张艳，程遥，刘婧. 中心城市发展与城市群产业整合——以郑州及中原城市群为例[J]. 经济地理，2010.

[30] 周一星，张莉. 改革开放条件下的中国城市经济区[J]. 地理学报，2003，58（2）：271-284.

我国城市群的空间演化与布局预测研究 ❶

（一）2000年以来国内外城市群布局研究

21世纪以来，在国内外的规划和发展政策研究中都重新燃起对城市群研究的兴趣。无论是在学术界还是在政策领域，一系列报告都在空间决策中重视城市群在促进政治和经济协调发展中的重要作用，城镇群研究再次流行（IVAN TUROK，2009）。Allen Scott等人（2001）认为，目前全球有300个人口规模100万以上的城市群，2025年城市群的数量将翻一番。Peter Hall（2010）判断，巨型城市区域（Mega-City Region）是21世纪初期出现的城市形态，并且有可能是下半个世纪城市空间的统治形式。

❶ 本专题研究由张莉负责并定稿。参与撰写的同志有陈明、史旭敏、黄金川、林浩曦、刘洁。

1. 国外城市群布局研究

界定城市群的概念是城市群布局研究的重要基础。从国外城市群的常用定义（专题报告表6-1）可以看出，城市群是由核心城市和腹地之间功能联系组成的功能地域。腹地既可以在地理上被明确地界定，也可以随距离衰减，甚至与其他城市群互相覆盖。城市群界限可以与行政界线一致，也可以不一致。随着时间的变化，城市群的界限往往不固定，而是随着核心城市与腹地之间功能联系的变化而变。

城市群的常用定义 专题报告表 6-1

作者	界定
Tewdwr-Jones &McNeill, 2000	把城市群界定为行政管理和政策制定的一种战略和政治范围，从城市地方管理的行政范围向外延伸，直到包括城市和/或半城市腹地。包括一系列代表地方和区域管治的制度和机构，具有重要的城市或经济发展利益，易于在更广阔的都市区尺度形成或实施战略性政策合作
Ache, 2000	城市群超越了地方和城市范围，在空间上更像一个联合城市或都市区。城市群不仅是一个超越单一实体的复杂系统，而且形成了一个具有文化和社会多样性的政治和经济上的势力地域
Scott, 2001	全球城市群构成了资本、劳动力和社会生活的集合，这些活动在不断强化的远程的跨国界的联系中以复杂的形式联系在一起。他们代表了一种大都市区的增长结果——或大都市区的组合——与周边不断变化的腹地结合，也使他们成为分散的城市聚落的一种形式。伴随着这些发展，地方政府地区（国家、都市区等）联合成为空间上的协作联盟，以寻求有效处理全球化中的挑战与机遇，孕育中的全球城市群逐渐结合成为明确的政治实体
Vermeijden, 2001	城市群是一种围绕中心城周边的卫星城的空间等级体系，卫星城依赖于中心城提供的就业岗位和各项服务

作者	界定
Davoudi, 2003	城市群概念既包括城市的通勤腹地，也包括那些被城市在经济、社会和文化方面控制的整个地域
Scott & Storper, 2003	城市群是国家经济的火车头，内部有密集的相互联系的经济活动，同样具有由聚集经济和创新能力联合产生的高水平的生产力
ODPM, 2005	城市群的概念可以理解为在一个存在功能联系的地理空间，由中心城市、城市中心和乡村腹地之间的网络组成。形成一种轴（城市）辐（周边的城市或乡村地域）格局
Hildreth & Clark, 2005	城市群本质上是指城市和它的腹地之间经济、社会和环境方面的联系。这不是一个均质的具有明确边界的概念。但是它由人们的选择（哪里生活、居住、通勤、购物、休闲和娱乐）和公司和投资者的经济活动所决定（供应和需求双方），意味着城市和他们临近城市和通勤腹地之间有重要的经济、环境和社会相互依赖性。这种联系往往不被地方行政边界所限制

资料来源 ANDRE'S RODRI'GUEZ-POSE.The Rise of the "City-region" Concept and its Development Policy Implications[J], European Planning Studies, 2008, 16(8)。

（1）美国2050研究（专题报告图6-1）

在国外城市群的布局研究中，美国2050研究具有重要的影响力。美国2050的规划师指出，应该做巨型地区（Megaregion）的规划来确保未来的经济竞争力。他们认为欧洲空间发展政策和中国的各种区域性发展规划将有利于促进国家发展，而美国将因为没有这种大尺度的规划而被超越。从2004年开始，美国的规划学者和区域规划师开始提出全国性的空间发展战略。

美国巨型城市区域由5种不同层次的关系界定，分别是生态系统和地貌、基础设施系统、经济联系、居住模式和土地利用、以及文化历史渊源。这些关系具有共同的利益，而这种共同利益是进行决策的基础。该研究通过一个对各个县人口、就业水平和连接度进行排序的打分系统，来识别巨型城市区域。这个标准体系形成一个用来对有潜力进入巨型城市区域的地区进行排序的指标，这套指标包括5个方面同等权重的变量：

1）该区域必须属于美国的核心统计区域（都市区）。

2）根据2000年人口普查，人口密度大于200人/平方英里。

3）2025年，预计人口净增量超过15%，最小增加人数超过1000人。

4）2000～2025年，人口密度需增加50人/平方英里。

5）就业率增加15%，2025年总就业岗位大于2万个。

根据以上指标，美国2050空间战略规划于2009年确定了11个巨型都市区域，分别是：东北地区、五大湖地区、南加利福尼亚、南佛罗里达、北加利福尼亚、皮的蒙特地区、亚利桑那阳光走廊、卡斯卡底、落基山脉山前地带、沿海海湾地区和得克萨斯三角地带。这些区域只覆盖美国31%的县和26%的国土面积，却拥有74%的人口。

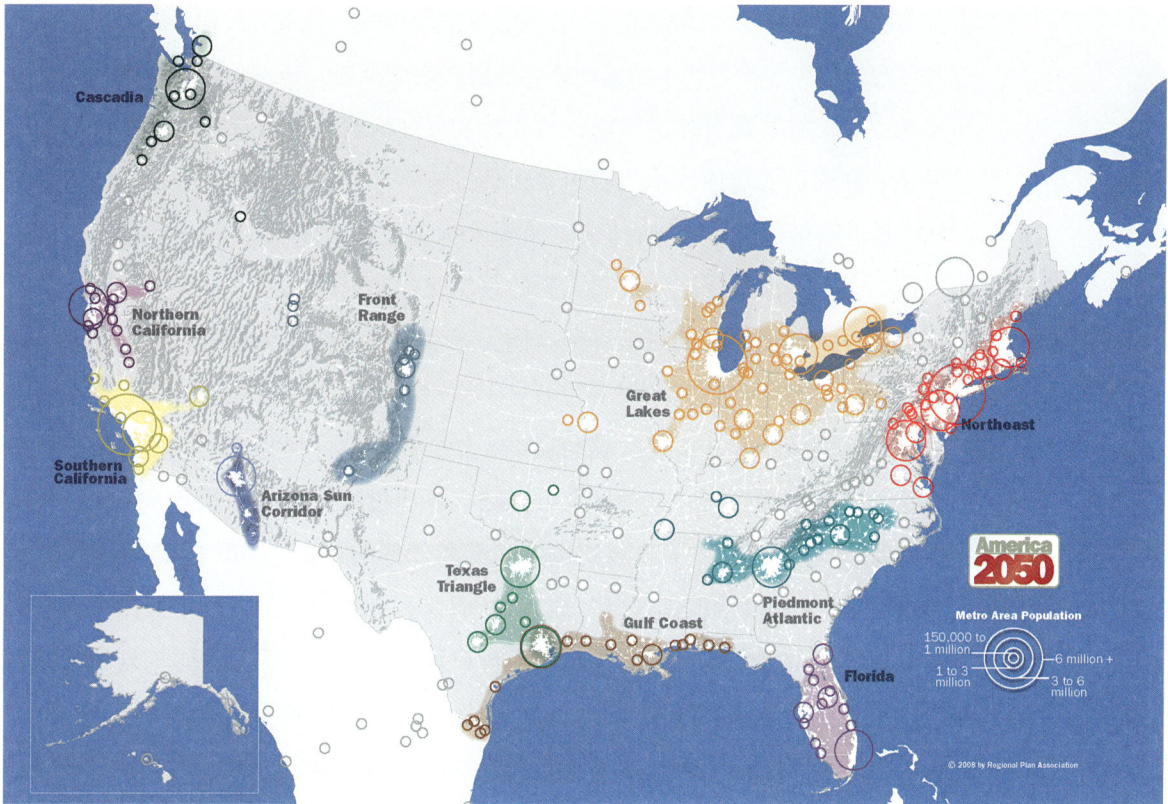

专题报告图 6-1　美国的巨型城市区域

图片来源　http://www.america2050.org/megaregions.html

　　美国巨型城市区域内，各大都市之间的界限模糊，是一个更具全球竞争力的综合区域，是政府投资和政策制定的新的空间单元。近年来，每个巨型城市区域都陆续开展了一系列研究和规划工作，巨型都市区域已成为美国空间战略规划的一个基本区域单元（刘慧，樊杰，李扬，2013）。

　　（2）德国空间规划中的大都市地区

　　德国空间划分为大都市地区、边远地区和农业地区三种不同的空间结构类型地区。德国1995年空间规划部长级会议把大都市地区定义为"社会、经济、群体和文化发展的发动机"，"应该保持在德国和欧洲境内的领导和竞争能力"。1997年空间规划部长级会议规定了7个大都市地区，分别是柏林—布兰登堡、汉堡、斯图加特、慕尼黑、莱茵—美茵、莱茵—鲁尔、莱比锡—萨克森三角地区。决定和控制功能、创新和竞争功能、枢纽功能是大都市地区具有的三个主要功能，不同的大都市功能空间组合形成一个大都市地区。

　　按照到大都市中心客运时间最短的标准，德国大都市地区空间可以分为两个等级：一是1小时到达大都市中心的居民区；二是每个小城镇到达大都市中心时间排序最短的地区。大都市地区的范围不是根据统一的标准系统划定的，而是在大都市中心功能的区域影响范围基础上，各地区自愿合作的一种政治过程。大都市地区的空间界定，取决于参与的小城镇地方和地区代表的意愿。所有位于大都市地区的小城镇地方应该有共同合作的意愿，这才能加强地区自治。大都市对大都市地区的其他中心和周边农村地区承担着重要责任，有责任让大都市地区中较小的中心为共同的地区政策做出尽可能的贡献，在整个大都市地区分享共同的地区政策成果。

德国在大都市地区层面建立了新的组织机构和财政结构，以保证地区任务的实现，防止大都市地区的城市和地区因为竞争而受损耗或者阻碍。大都市地区在地区层面上的权利范围包括以下领域：①制定战略；②地区规划；③重要项目和措施的地区协调；④在交通、移动通讯、展会和会议、福利系统、疗养和环境保护方面的基础设施建设；⑤地区环境战略；⑥通过地区管理和经营掌控项目和基础实施以及地方发展；⑦兼顾到地区内部和外部的利益；⑧国际经营。2001年"德国的欧洲大都市地区倡议区"成立，"倡议区最重要的目标就是提出对德国大都市地区地位的认识，以及对德国和欧洲政策的要求，特别是空间规划和空间发展方面的政策。这些政策将改善大都市地区在欧洲层面的竞争和行为能力，继续发展和实现在德国建立一个富有成效的大都会网络系统以及继续扩大这个网络系统的合作"（德国联邦建筑与空间规划局，2005）。

（3）POLYNET多中心大都市项目

在欧盟委员会资助的西北欧"Interreg Ⅲ B"计划下，彼特·霍尔爵士和凯西·佩恩博士领导POLYNET项目的8个研究小组，开展了欧洲巨型城市区域的研究，分别是英格兰东南部、兰斯塔德、比利时中部、莱因鲁尔、莱因-梅因、瑞士北部欧洲大都市区域、巴黎区域和大都柏林。在这8个欧洲巨型城市区域内，长期的"集中式的分散"过程产生了多达50个城市的集群，构成了网络化的、容纳多达2000万人口的城市区域。这些城市集群由通过高速公路、高速铁路和长途通信系统流动的高密度人流和信息流连接起来，从新劳动地域分工中汲取巨大的经济力量。

POLYNET研究小组使用功能性而不是形态学的标准作为可比较的边界定义。功能性城市区域包括一个根据就业规模和密度来定义的核心，以及一个根据到核心地区的规律性日常通勤来定义的环。其中，核心的定义以地域统计单元命名系统（NUTS）5单元为基础，基于每公顷具有7位或更多工作量，且每个NUTS5单元或者邻接的数个NUTS5单元内最小具有2个工作者的标准来定义核心。利用NUTS5，在可能的地方给予10%或者更多的常住劳动力日常通勤到核心的标准来定义环，在那些通勤前往多个核心的地区，将其分配给最多通勤人员前往的核心。巨型城市区域根据邻近的功能性城市区域来定义，从而近似于美国使用的联合大都市统计区概念，邻近是唯一标准，在构成的功能性城市区域之间可能存在交互的功能性联系，也可能没有。

研究者发现，几乎所有的巨型城市区域都相当缺乏治理及相应的政策工具。提升巨型城市区域治理中的合作关系，进而可以体现出所有地理尺度上的跨越政策和部门领域的城市间的网络联系是必需的；协作性的垂直的巨型城市区域管理网络也同样必要。

三个国外城市群研究案例表明，城市群规划是提升国家经济竞争力的重要举措，城市群也成为政府投资和政策制定的新的空间单元；城市群是国家"社会、经济、群体和文化发展的发动机"，也是未来主要的增长地区。城市群是由核心城市和腹地之间功能联系组成的功能地域，最强通勤联系是界定城市群外围地域的重要指标。但是城市群范围又不完全根据统一标准系统来确定，而是在大都市中心功能的区域影响范围基础上，各地区自愿合作的政治过程，德国大都会地区的空间界定，取决于参与的小城镇地方和地区代表的意愿。

2. 国内城市群布局研究

国内学术界从1980年代就开始了城镇密集地区现象的研究（宋家泰，1980；周一星，1988）。1990年代以来，中国城市化进入加速发展期，机动化水平不断提高，城市的通勤范围不断扩大，大城市与周边地区的功能联系日益加强，都市区成为中国城市空间发展的重要形式，若干个都市区空间连绵组成的城市密集地区，在学术研究中出现大都市连绵区、大都市连绵带、巨大都市带、都市圈、城市群等多个概念（陈美玲，2011）。2006年，国家"十一五"规划纲要首次使用城市群概念，提出"要把城市群作为推进城镇化的主体形态"，标志着城市群从学术研究领域进入国家治理领域，也使纷繁复杂的概念逐渐统一。2000年后国内城市群研究逐渐成为热点，研究热度不断提高，2005年后每年发表的中文文章达到1000篇以上。在众多的学术成果中，选取三项具有代表性的研究做重点介绍。

（1）《中国沿海城镇密集地区空间集聚与扩散研究》

胡序威、周一星、顾朝林等学者在2000年联合出版了《中国沿海城镇密集地区空间集聚与扩散研究》，研究集中了多位学者在1990年代中后期对我国沿海城镇密集地区研究成果，是国内城镇密集地区研究的优秀代表。研究指出，中国沿海地区正处在举世瞩目的经济与社会持续快速发展的最佳历史时期。经过多年的发展，已形成珠江三角洲、长江三角洲、京津唐、辽中南4大块具有全国意义的经济和城镇人口密集程度较高的经济核心区或城镇密集区，山东半岛和闽东南也是快速发展的城镇密集地区。这些城镇密集地区在与全球经济和世界城市体系日益密切的联系中发挥着愈来愈大的作用。

研究者用都市连绵区来界定城镇密集地区的发育范围和程度，指出都市连绵区是在都市区充分发展基础上形成的空间经济组织形式，是集聚与扩散两种力量同时作用的结果；客观世界中都市区普遍存在，但都市连绵区只在局部地区出现。都市连绵区的界定指标为：（1）具有2个以上人口超过百万的特大城市作为发展极，且其中至少1个城市具有相对较高的对外开放程度，具有国际性城市的主要特征；（2）有相当规模和技术水平领先的大型海港和空港，并由多条定期国际航线运营；（3）区域内拥有多种现代运输方式叠加而成的综合交通走廊，区内各级发展极与走廊之间有便捷的陆上手段；（4）区内有较多的中小城市，且多个都市区沿交通走廊相连，总人口规模达到2500万以上，人口密度达到700人/平方公里以上；（5）组成连绵区的各个都市区之间、都市区内部中心市与外围县之间存在密切的社会经济联系。

在范围识别基础上，国内多个研究团队对沿海地区的珠江三角洲和长江三角洲、京津唐和辽中南四大城镇密集区的空间集聚与扩散的一般规律、空间发展调控策略进行了重点研究。从空间调控的层面上，研究指出要加强对都市区和都市连绵区空间发展的规划与调控，要对大城市、特大城市的郊区建设和广大乡村地区的小城镇和开发区建设，进行不同层次的区域性的空间规划协调，遵循在市场机制作用下的经济和人口集聚与扩散的客观规律，采取多种有效的调控手段，进行由无序向有序的空间引导，将城镇建设的空间布局与区域基础设施的建设布局和区域环境的整治密切协调配合，按可持续发展的长远目标逐步实现城镇密集地区空间结构的优化（胡序威、周一星、顾朝林等，2000）。

（2）《中国城市群发展报告2010年》《中国城市群发展报告2016年》

方创琳等学者出版的《中国城市群发展报告2010年》《中国城市群发展报告2016年》是国内城市群研究的重要代表。两项研究与国家"十一五"规划、新型城镇化规划、"十三五"规划等国家重大规划指导紧密结合，突出发展战略、空间布局、保障措施等内容，具有很强的政策性和咨询特征；又从城市群识别标准、发展历程、驱动因素等方面进行了全面系统的研究，具有较强的科学性。

比较两项研究成果的内容，中国城市群的判定标准在提高，如专题报告表6-2所示：核心城市规模从大于100万人提升到500万人以上，城市化水平从50%提高到60%，人均GDP从3000美元提高到1万美元，经济密度从大于500万美元/km^{2}提高到大于1500万元/km^2，增加了地域认同感的指标。城市群空间布局则略有变化，如专题报告表6-3所示：2010年根据识别标准，中国有15个达标的城市群，8个未达标但需要培育的城市群，形成15＋8的城市群发展格局；2016提出的城市群空间布局结合了2010年布局方案和其他相关的多方案比较，按照国家级城市群、区域性城市群和地方性城市群的序列，形成5＋9＋6的城市群发展格局，城市群命名和数量国家"十三五"规划内容保持了一致。

《中国城市群发展报告 2010 年》《中国城市群发展报告 2016 年》识别标准比较

专题报告表 6-2

	中国城市群发展报告2010	中国城市群发展报告2016
核心城市规模	城市群内都市圈或大城市数量不少于3个，其中作为核心城市的城镇人口大于100万人的特大或超大城市至少有1个	城市群内都市圈或大城市数量不少于3个，其中作为核心城市的超大城市（市区常住人口大于1000万人）或特大城市（市区常住人口500–1000万人）至少有1个
人口与城市化	人口规模不低于2000万人，城市化水平大于50%	城市群人口规模不低于2000万人，城市化水平大于60%
GDP	人均GDP超过3000美元，经济密度大于500万元/km^2	人均GDP超过1万美元，经济密度大于1500万元/km^2
外向度	经济外向度大于30%	经济外向度大于30%
通道与圈层	基本形成高度发达的综合运输通道和半小时、1小时和2小时经济圈	形成高度发达的综合运输通道和半小时、1小时和2小时经济圈
非农产值比率	非农产业产值比率超过70%	非农产业产值比率超过70%
核心城市GDP比	核心城市GDP中心度大于45%，具有跨省际的城市功能	核心城市GDP中心度大于45%，具有跨省际的城市功能
认同感		城市群地域认同感大于70%，具有相似的地理环境和地域文化环境

《中国城市群发展报告 2010 年》《中国城市群发展报告 2016 年》空间布局比较

专题报告表 6-3

	中国城市群发展报告2010		中国城市群发展报告2016
15个达标的城市群	长江三角洲城市群、珠江三角洲城市群、京津冀城市群、山东半岛城市群、辽东半岛城市群、海峡西岸城市群、长株潭城市群、武汉城市群、成渝城市群、环鄱阳湖城市群、中原城市群、哈大长城市群、江淮城市群、关中城市群和天山北坡城市群共15个	5个国家级城市群	京津冀城市群、长江三角洲城市群、珠江三角洲城市群、长江中游城市群、成渝城市群
		9个区域性城市群	辽中南城市群、山东半岛城市群、海峡西岸城市群、哈长城市群、中原城市群、江淮城市群、关中城市群、广西北部湾城市群、天山北坡城市群
8个未达标但需要培育的城市群	不达标的城市群包括南北钦防城市群、晋中城市群、银川平原城市群、呼包鄂城市群、酒嘉玉城市群、兰白西城市群、黔中城市群和滇中城市群共8个	6个地区性城市群	晋中城市群、滇中城市群、黔中城市群、兰西城市群、呼包鄂榆城市群、宁夏沿黄城市群

　　两份发展报告对国内城市群发展和建设中存在的问题进行了中肯的评价，指出既存在着过多的政府主导与行政干预、过高的发展前景估计、过密的集聚负效应和过大的发展差距等"四过"问题，也存在着不顾条件盲目跟风争相纳入国家战略、不顾红线争相变相圈地造城、不顾深度合作争相重复建设，不顾资源环境承载力争相提出高目标的"四不顾"问题，在规划和实施中则存在着缺失统一的

城市群识别标准、缺失规范的统计数据、缺失明确的归口管理机关等问题。研究指出需要推进组织协调机制、公共财政机制和立法体制，强化市场机制在城市群形成发育中的主导作用等政策建议，对推进我国城市群建设与实施，具有重要的借鉴意义。

（3）麦肯锡：中国的城市群研究（专题报告图6-2）

麦肯锡在2008年、2009年两次发布有关中国城市群研究报告，在众多的研究中具有独特的分析方法和视角。

2008年麦肯锡全球研究院对中国城市化课题开展了非常详尽细致的研究，发布了《迎接中国十亿城市大军》的研究报告，指出中国的城市化浪潮前所未见且方兴未艾，按照这一趋势到2025年，将有大约10亿中国人居住在城市，届时中国将出现221座百万以上人口城市，其中包括23座五百万以上人口的城市。集中式的城市化发展模式将最有可能减轻城市系统的压力，提高城市总体效率。中国需要在全国层面进行政策调整，内容包括从严执行城市限制征地政策、支持大城市的经济发展以及调整城市官员的激励机制。到2025年，这些政策将可能推动产生15

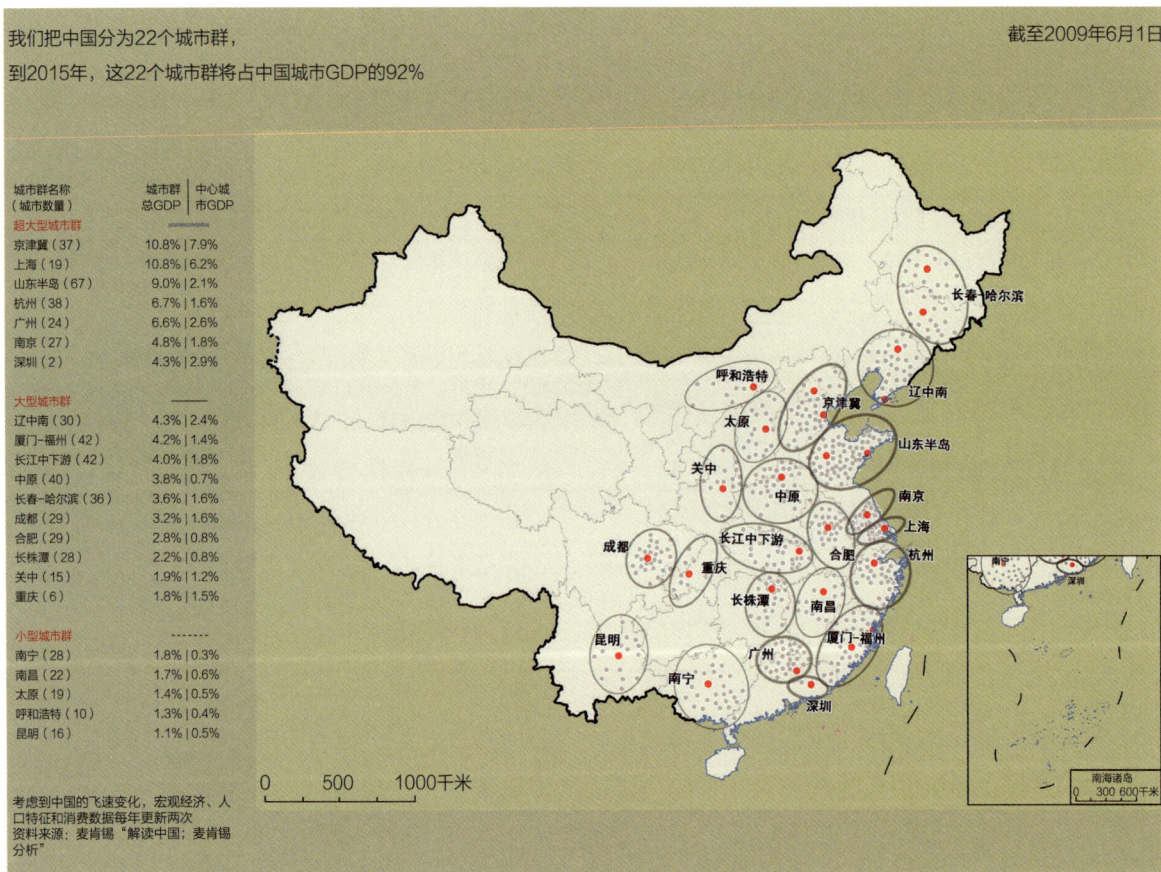

专题报告图 6-2　麦肯锡的中国城市群

图片来源　麦肯锡咨询公司，2009年度中国消费者调查报告

个平均人口规模达到2500万的超级城市，或是11个平均覆盖人口超过6000万、相互之间经济联系紧密的"城市群"。

2009年麦肯锡发布《2009年度中国消费者调查报告》，再次使用"城市群"的概念代替层级概念（将城市划分为一线、二线、三线）来区分中国市场。麦肯锡依照产业构成、政府政策、人口特征和消费偏好等标准考察了中国 815 座城市，将中国内地划分为 22个城市群。每个城市群围绕1~2个中心城市发展。所有的卫星城距离1个中心城市不超过300公里，并且每个城市群的GDP都超过中国城市总GDP的1%。在这22个城市群中，7个定义为"超大型"。在2008年，其人口总数在1900~5500万人，且每个城市分别占中国城市GDP的5%~12%。另有10个城市群被定义为"大型"，其人口总数在1300~3900万人。麦肯锡城市群（ClusterMap）涵盖了中国815个城市中的606个，占中国城市人口的82%，预计到2015年将占据城市GDP的92%。报告强调用麦肯锡城市群（ClusterMap）方法能帮助企业定义战略愿景、优化资源配置、跟踪业绩，能在广阔地域范围内实现销售队伍、分销渠道、供应链以及营销的协同效应，更有实效性和成本效益。同时，比起将中国城市简单分成几个地区的做法，用城市分群的方式能将工作做得更细。

与国外相比，城市群已经成为中国发展战略的重要组成部分，成为进行国家和区域治理的重要手段，受到官方和学术界的高度重视，在研究和实践领域都投入了很大的力量来推进。虽然一小时交通圈、一日通勤圈等概念得到共识，但是由于缺乏规范可比的通勤数据，全国性的城市群研究中仍然较多采用人口经济经济指标替代OD通勤指标，城市群作为城镇化战略空间的意义远大于城市功能地域的实体意义，在操作中更容易出现盲目进行城市群建设的问题。此外，中国城市群的规划与建设更多采用自上而下的推动过程，近年来国内城市群在基础设施、交通设施、环境治理等领域的一体化建设，取得了明显的成效，位于大城市周边的小城镇成为城市群建设的最大受益者。基础设施的推进和小城镇的兴起，也使城市群内部空间仍然处在不断的演化之中。

（二）2000年~2010年全国城镇化空间演化特征

1. 人口

如专题报告图6-3所示，2000~2010年，全国人口从12.7亿人增加到13.4亿人，净增加7390万人，与1990-2000年相比人口规模增量下降了5800万人。虽然人口增速下降，规模增量减少，全国外出人口规模却从2000年的1.44亿人增加到2010年的2.61亿人，去掉本县市区内的人户分离和县内流动人口，省内跨县流动人口从2010年的3634万增加到2010年的8469万人，跨省流动人口从4242万增加到8587万人，全国人口的流动性大大增强。专题报告图6-4为全国各省（区、市）2000年、2010年常住人口变动比较。

比较全国各省市区户籍人口和常住人口规模变化，户籍人口增长趋势平稳，各地都有一定的增长，但是常住人口变动差异明显。北京、上海、天津、广东、浙江常住人口迅速增加，全国占比明显提高，重庆、湖北、四川、贵州常住人口绝对数量下降，在全国人口中占比明显下降。全国人口的大规模流动，导致全国常住人口分布格局发生了明显重构。

跨省流动人口主要从河南、四川、安徽、湖北、湖南、贵州、广西等中西部

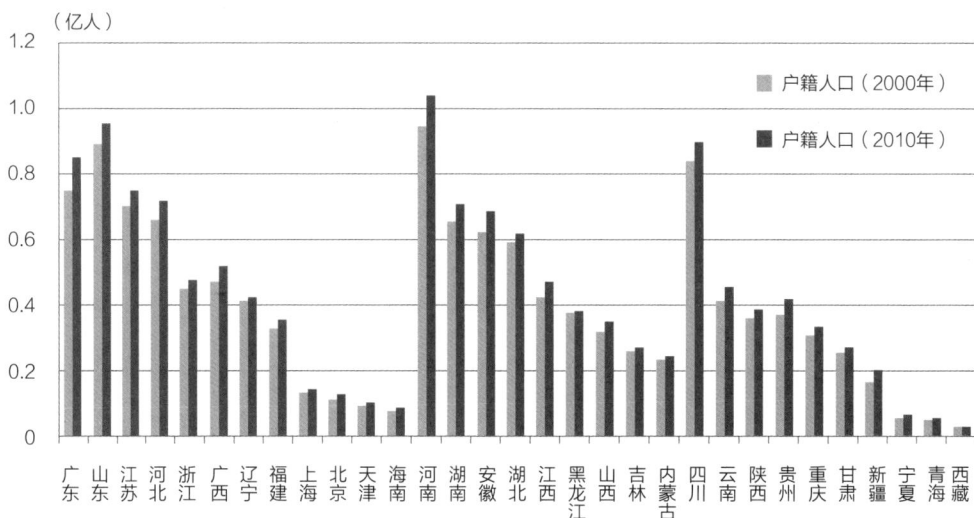

专题报告图 6-3　**全国各省（区、市）2000 年、2010 年户籍人口变动比较**

图片来源　作者根据全国人口第五次、第六次全国人口普查数据绘制

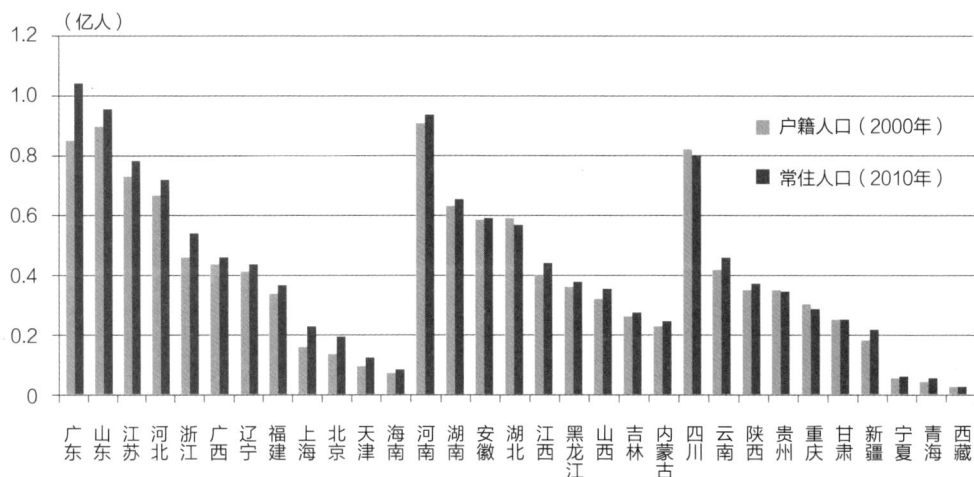

专题报告图 6-4　**全国各省（区、市）2000 年、2010 年常住人口变动比较**

图片来源　作者根据全国人口第五次、第六次全国人口普查数据绘制

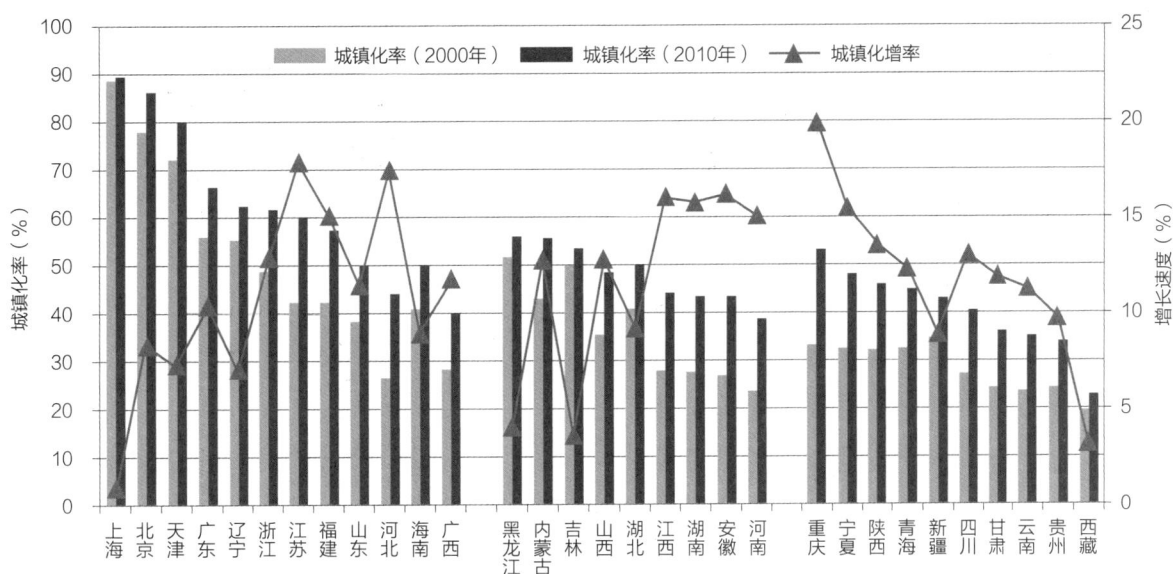

专题报告图6-5　全国各省市区城镇化率及增长速度比较（2000～2010年）

省区，流向东部沿海的广东、浙江、上海、北京和天津等地。从区县层面看，人口主要流入到长三角、珠三角和京津、山东半岛等地区及其他省区的大城市地区，少数民族地区、山西、陕西北部等资源型地区也吸引了一定规模的外来人口，其他地区则是普遍的人口净流出地区，河南、安徽、湖北、四川、重庆、贵州、广西、珠三角周边等，如专题报告图6-5所示，地区人口净流出规模较大。

2. 城镇化

如专题报告图6-5所示，2000～2010年，全国城镇化水平从36.22%提高到49.94%，城镇人口从4.6亿增加到6.7亿人。上海、北京、天津、辽宁、黑龙江、吉林等城镇化水平较高的省市城镇化率提高速度相对缓慢，重庆、江苏、河北三省市城镇化率提升速度领跑全国，江西、湖北、安徽、河南、宁夏、福建等省市区城镇化率每年增速都在1.5个百分点以上。

如专题报告图6-6所示，从城镇人口增长的绝对量来看，2000～2010年，广东、江苏、河南、河北、山东、湖南、四川、安徽等省新增城镇人口规模都在1000万人以上。城镇人口增加较多的地区主要分布于京津、冀中南、山东、河南、安徽、长三角、珠三角、成渝、湖南等地，这些地区既是城镇人口规模较大的地区，也是常住人口分布密集的地区。尤其是河南、安徽、成渝、湖南等地，在人口大规模向外流动的同时，本地城镇仍然具有较好的活力与动力吸引着人口集聚，城镇人口规模保持了较快的增长速度。

2011～2015年，中国的城镇化率从51.27%增加到56.1%，城镇人口从6.9亿人

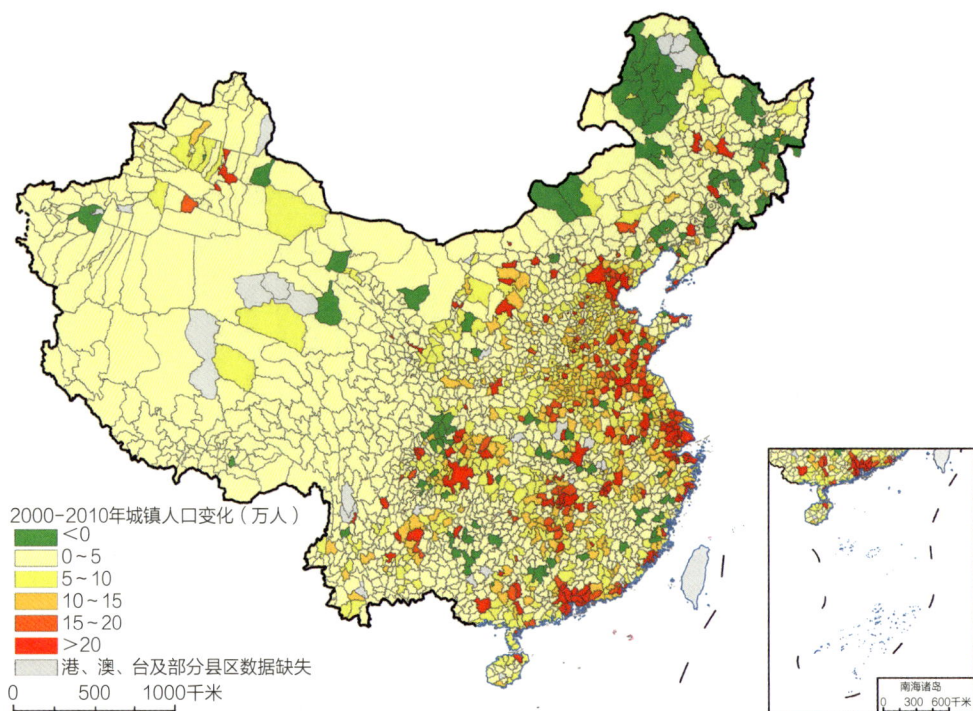

专题报告图 6-6　全国各区县城镇人口规模变化分布（2000～2010年）

图片来源　根据全国人口第五次、第六次人口普查数据绘制

增加到7.7亿人。5年间，中西部省市区城镇化仍然保持快速增长，云南、河南、贵州、陕西、重庆、湖南、江西、四川城镇率年均增加1.5个百分点以上，安徽、宁夏、湖北、广西、甘肃城镇化率年均增速在1.4个百分点以上。山东是人口城镇化发展速度最快的东部省区，年均增长速度达到1.46个百分点，江苏、福建、海南、辽宁省年均城镇化增加速度超过1个百分点但低于全国平均水平。北京、广东城镇化速度与2000～2010年相比明显下降，上海市城镇化速度在2013年后出现负增长，表明长期持续的人口增长型城镇化在发达地区已经开始逆转。全国分省市区城镇化发展的复杂性和多样性增加。

3. 建设用地

1990年代末以来，国有土地有偿使用的制度安排，不仅为工业化，城镇化的快速推进提供土地保障，而且成为城市建设的重要资金来源，导致土地出让和招拍挂出让面积的大规模增加（刘守英，2017）。在土地利用类型上表现为城镇和工矿建设用地规模大幅度增加。2000～2015年，全国城镇和工矿建设用地从619.15万公顷增加到1179.5万公顷，年均增加速度达到4.37%，同期全国城镇人口年均增长速度为3.52%，形成了明显的土地城镇化大于人口城镇化的现象。

从2015年分省区城镇和工矿建设用地规模分布看^{（专题报告图6-7）}，位于东部的山东、

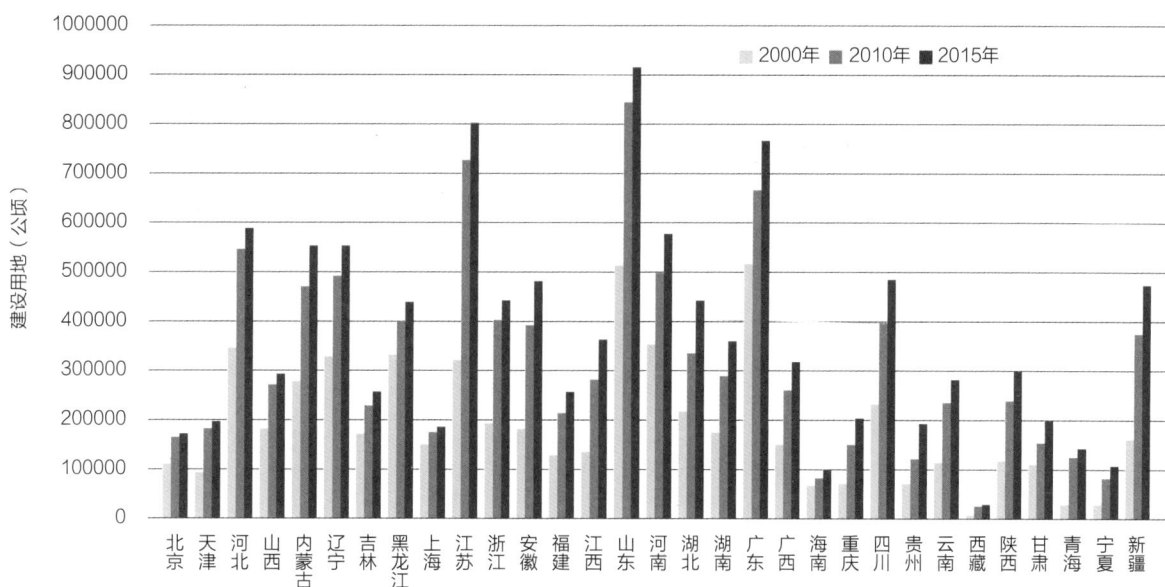

专题报告图 6-7　全国各省（区、市）城镇和工矿建设用地分布

图片来源　根据中国国土资源统计年鉴（2001年、2011年、2016年）绘制

江苏和广东省在全国领先，用地规模均超过75万公顷；河北、河南、内蒙古、辽宁用地规模超过50万公顷，四川、新疆、安徽、湖北、黑龙江、浙江等省市区用地规模超过40万公顷。发展水平和用地条件是影响城镇和工矿建设用地规模分布的重要因素。2000～2015年，东部、中部、西部、东北城镇和工矿建设用地增长规模增量分别占全国增量的35.4%、22.6%、34.5%和7.5%，用地增长速度分别为3.99%、4.72%、5.33%和2.72%，这表明虽然东部地区是城镇和工矿建设用地规模最多的地区，但是2000年以来，中西部地区的用地扩展速度明显快于东部地区，东北地区用地增长速度最慢。

利用灯光数据反映的城镇工矿用地分布态势^{（专题报告图6-8）}表明，长三角、珠三角、京津冀已经形成明显的连绵发展态势，山东半岛、福建沿海、成德绵、武汉、中原城市群、关中等地区空间连绵趋势初步呈现。其他地区则主要围绕中心城市呈据点式分布。

4. 交通设施

2000年以来，我国交通设施具有明显的高速化与网络化趋势。2000年时，我国高速公路以服务省会及以上城市为主，网络化程度较低。目前，全国高速公路里程达到8万公里，"五纵七横"国家高速公路主干线系统基本建成，高速公路网络覆盖全国主要地区。快速铁路网络从无到有，实现零的突破，京沪、京广、沪汉蓉等国家骨架走廊和京津冀、长三角、珠三角的城际铁路骨干线路开建，2015年高速铁路运营里程达到1.9万公里❶，居世界第一，国内许多大城市进入高铁时代。国际枢纽机场形成（北京首都机场客运吞吐量连续6年全球排名第二、上海浦

❶ 数据来自交通运输部《年交通运输行业发展统计公报》。

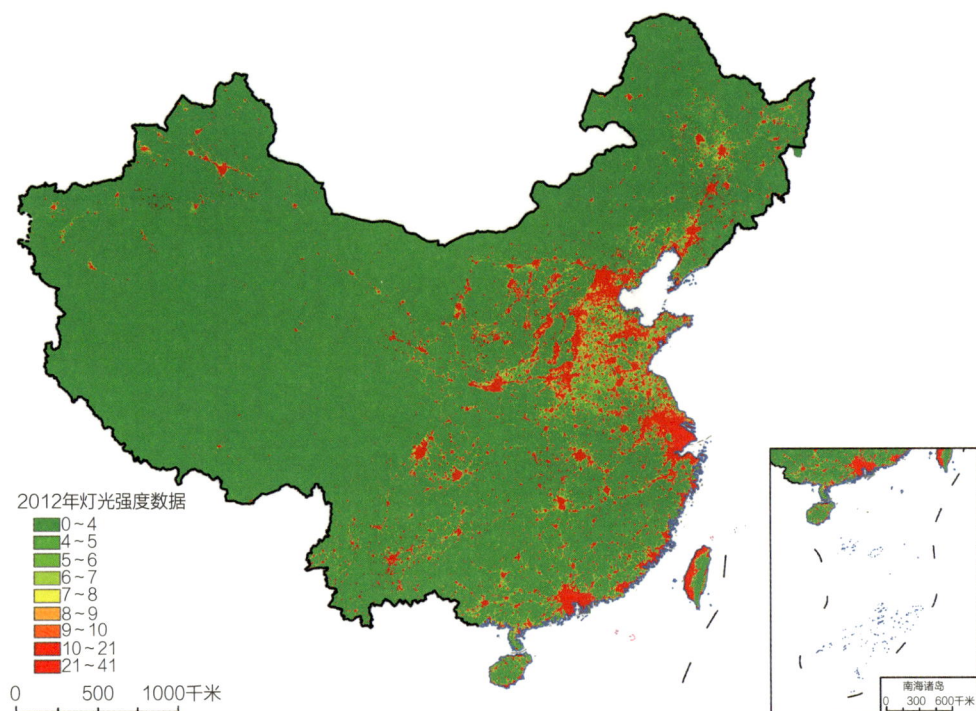

专题报告图 6-8　基于灯光数据的 2012 年中国城镇建设用地分布

图片来源　根据美国国家海洋和大气管理局发布的DMSP/OLS夜间灯光影像数据绘制

❶ 数据来自中国民航局《2015年全国机场生产统计公报》。

东机场货邮吞吐量连续8年全球排名第三），航线从2000年的1165条增加至2015年的3326条，颁证运输机场数量达到210个❶。航空网络形成以北京、上海、广州、深圳等城市为轴心，"轴-辐"网络空间组织模式。

综上所述，2000年以来，全国人口流动性提高，向沿海城市群地区和省内核心城市集中的趋势增强，各省市区人口城镇化进程快速推进。东部地区是人口和土地城镇化的主体，但是中西部地区人口和土地城镇化发展势头迅猛，东北地区城镇化进程相对缓慢。长三角、珠三角和京津地区出现明显的空间连绵发展态势，山东半岛、福建沿海、成德绵、武汉周边、郑州周边、关中等地区空间连绵趋势初步呈现，其他地区则主要围绕中心城市呈据点式分布。我国各项交通设施建设快速推进，具有明显的高速化、网络化趋势，有力地支撑了我国的城镇化发展和城市群形成。

（三）未来我国总体发展趋势与影响

1. 逆全球化思潮与"一带一路"倡议格局

（1）全球化是城市群形成与发展的重要驱动力

城市群是全球经济网络中的重要地域节点，经济全球化是城市群形成发展的

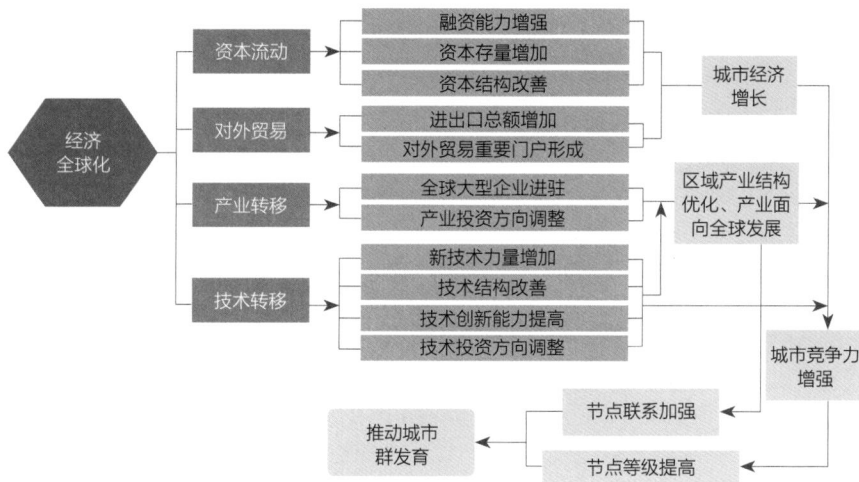

专题报告图6-9　经济全球化对中国城市群发育的作用机制示意

图片来源　王婧，方创琳. 中国城市群发育的新型驱动力研究[J]. 地理研究，2011，30（02）：335-347

重要驱动力。经济全球化对城市群发育的推动主要体现在资本流动、对外贸易、产业转移和技术转移等四个方面^{（专题报告图6-9）}。

中国2001年加入世界贸易组织（WTO）后，进入经济迅猛发展的新阶段。2013年成为世界第一大贸易体，2014年成为实际使用外资规模全球第一的国家。中国的珠三角、长三角和京津冀等城市群地区，是代表国家参与全球竞争与国际分工的重要单元，是我国外向型经济活动最发达的地区。来自全球产业转移和技术转移在这些地区的集中落户，吸引了全国不同层次的技术人员和劳动力的大规模集聚，进而促进这些城市群地区不断形成与发展。

（2）近年来全球保护主义和"逆全球化"思潮兴起

近年来，受国际金融危机的持续深入影响，全球保护主义纷纷抬头。根据英国经济政策研究中心报告，2008年11月至2016年10月，G20的19个国家成员累计出台贸易与投资限制措施5560项，而同期出台的自由化措施仅为1734项。WTO多哈回合在历经多次谈判后均未取得实质性进展；英国"脱欧"使区域一体化进程严重受挫；美国新任总统特朗普宣布退出跨太平洋伙伴关系协定（TPP），并宣称重新谈判或退出北美自由贸易协定（NAFTA），使得区域一体化进程大大受阻。国际贸易和外商直接投资持续低迷，2016年世界货物贸易量较2015年下降1.1个百分点；2016年全球FDI总量较上年下降13%，这一系列数据标志着全球经济一体化的放缓与倒退（徐秀军，2017）。

受世界经济低迷和保护主义行为影响，中国的进出口贸易在2015年出现了货物进口、出口总额双双下降的情况，2016进出口贸易总额和出口额继续下降，货物进出口差额（出口减进口）比上年减少。专题报告图6-10为1996～2015年中国

专题报告图 6-10　1996～2015 年中国货物进出口和实际利用外资情况（1996～2015 年）

货物进出口和实际利用外资情况。

（3）中国"一带一路"倡议格局逐渐形成

"一带一路"是"丝绸之路经济带"和"21世纪海上丝绸之路"的简称，是逆全球化背景下中国提出的包容性全球化倡议，是中国为应对新的国际秩序调整、统筹国内国际两个大局做出的重大倡议决策。"一带一路"倡议实施以来，亚的斯亚贝巴—吉布提铁路、印尼雅万高铁、瓜达尔港等一系列重大项目有序推进，落地开花，带动了各国经济发展，创造了大量就业机会。

"一带一路"倡议的实施，将重新塑造中国的空间格局和开放体系，全国整体发展格局面临三个方面调整：一是在区域发展策略上，要以"内陆开放"打破"梯度转移"思维，从"单向开放"转向全面开放；二是在走廊建设策略上，要从"海陆分割、北重南轻"转向"海陆统筹、南北贯通"，实现海陆衔接与区域联动发展；三是在节点建构策略上，要从"低端输出，离岸发展"转向"高端切入，在岸发展"，构建多维度直接国际化的全球城市体系。珠三角、长三角、京津冀三大沿海国际化门户地区，要进一步转型提升，并将北部湾、海南、大连、青岛等具有战略意义的新兴门户节点纳入沿海战略；成渝、滇中城市群、关中—天水三大内陆国际化门户地区，在发展中心城市的同时，要通过聚集人才和创新资源，挖掘生态文化资源，培育"直接国际化"的节点；培育边疆文化、贸易交往的前沿门户城市，如霍尔果斯、哈密、酒泉、瑞丽、三沙、哈尔滨、拉萨、乌鲁木齐、喀什、满洲里等具有重要意义的城市（杨保军，陈怡星等，2015）。

2. 新常态背景下人口格局变动多元复杂

（1）人口发展进入"人口红利消退与低生育率并存"的新常态阶段

在经济进入新常态的同时，我国人口也进入了一个与以往不同的发展阶段，学者们称为人口新常态，具有以下几个方面的特征：一是人口增长率处于 5‰左右的低水平，并将在20世纪 30 年代末转为负增长；二是劳动年龄人口减少，抚养比开始提高；三是人口老龄化加速，平均预期寿命显著延长；四是人口素质显著提高，人力资本存量大幅度增长；五是人口城乡分布格局改变，进入以城镇为主导的社会（李建民，2015）。

中国长期低生育水平使出生人口减少，加上老龄化不是十分严重，我国当前仍处于人口结构最好的人口红利期，劳动力总体供应充足，有利于当前的经济发展。但是，人口红利逐渐消退与低生育率水平并存将导致劳动力资源供给不足，劳动力成本上升将削弱经济发展的竞争力，人口老龄化程度加深导致扶养比不断提高，不利于新常态下中国居民收入水平以及生产力水平的提高，最终不利于新常态下中国经济的发展（魏益华，迟明，2015）。

（2）外出流动人口平稳下降，流动方向从跨省流动为主转向省内流动为主，地级市和省会城市人口集聚度提高

随着人口生育率的下降，我国人口流动成为影响人口空间分布的重要因素。改革开放以来，我国外出流动人口规模快速增长，从1980年代初的657万人，增加到2014年的2.53亿人。2015～2016年，国民经济和社会发展统计公报公布的流动人口规模出现下降，分别为2.47亿人和2.45亿人。外出农民工是我国流动人口的重要组成部分，全国农民工监测数据显示，2010年以来农民工总量和外出农民工数量仍然保持增加，增长速度在不断回落，2015年外出农民工数量仅增加了68万人，持续增长30多年的人口流动规模逐渐稳定，开始出现平稳下降的趋势，见专题报告图6-11。

如专题报告图6-12、专题报告图6-13所示，从全国来看，外出农民工流动方向出现以下几方面变化：一是外出农民工从跨省流动为主转向省内流动为主。跨省流动的外出农民工规模相对稳定，从2009年的7441万人增加到2015年的7745万人，

专题报告图 6-11　中国农民工人口变化趋势

图片来源　根据国家统计局发布的2009～2016年农民工监测调查报告绘制

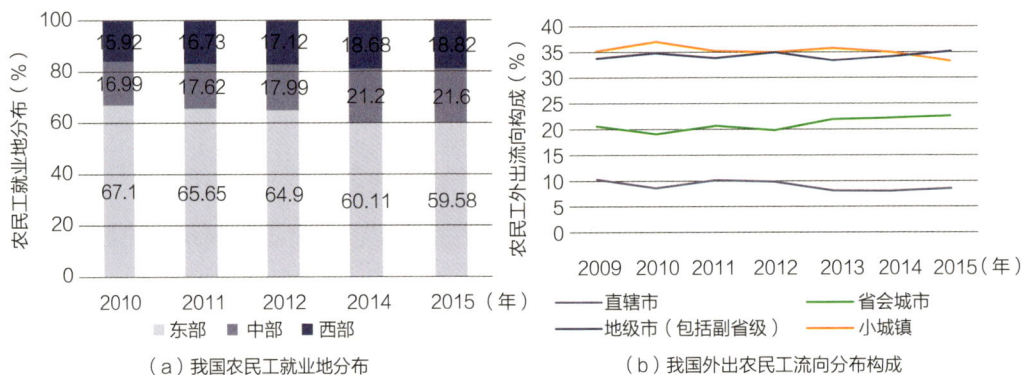

（a）我国农民工就业地分布

（b）我国外出农民工流向分布构成

专题报告图 6-12　我国农民工就业地分布和外出流向构成

图片来源　根据国家统计局发布的《2009～2016年农民工监测调查报告》绘制

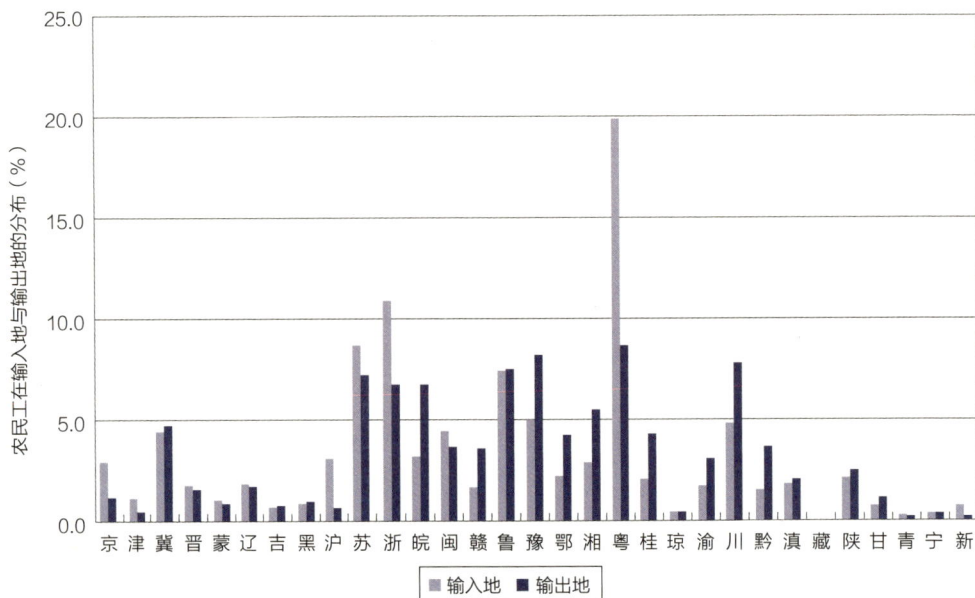

专题报告图 6-13　2012 年我国农民工在输入地与输出地的分布（%）

图片来源　根据国家统计局发布的《2012年农民工监测调查报告》绘制

比例从2009年的51.2%降低到2015年的45.9%；省内流动的外出农民工则从2009年的7000万人增加到2015年的9139万人，比例从48.8%提高到54.1%；二是外出农民工以向地级市和小城镇流动为主，地级市和省会城市占比呈现逐步提高的趋势，小城镇和直辖市占比则略有下降。跨省流动农民工中，向地级市和直辖市集聚的比例明显提高；省内流动的农民工以向小城镇集聚为主，2015年占省内流动农民工的45%，比例有逐步下降的趋势；三是广东、浙江、江苏、上海、北京等东部省市是外来农民工的主要流入地，四川、河南、安徽、湖南、湖北等中西部省区是主要的农民工净流出地。东部地区是流动人口的主要集聚地，但是在流动人口总量中的比例不断下降，中西部地区吸引农民工就业的比例在不断提高。

展望未来，中国人口将呈现多元复杂的变动格局。由于未来全国总人口增量有限，距离2030年前后的人口峰值仅有8000万人口的增长空间，在发达地区、重点城市继续吸引外来人口集聚的同时，越来越多经济活力不足的地区将出现人口负增长的问题。具有较高生育率和较强生育意愿的省区，仍会继续保持人口普遍增长的态势，但是人口增长幅度将会放缓。在劳动力资源逐渐紧缺和地区发展水平差距长期存在的背景下，以发达地区为主导的外来务工人员就业格局将长期存在，东部地区吸引的外来劳动力规模仍会保持稳中有降的趋势，市民化政策推进将有利于外来务工人员融入本地城镇生活，但是东部地区外来劳动力规模仍然会保持在一定的规模，短期内很难被中部和西部超越。中西部地区农民工进一步向省内县城和小城镇转移的潜力不大，向地级市和省会城市集聚的程度将逐渐加强。

3. 城镇化从规模扩张进入扩容提质新阶段

（1）全国城镇化进入减速增长阶段

城镇化增长具有一定的规律性。美国学者Northam提出城镇化过程为一条拉平的S形曲线，在国内具有广泛影响。2005年陈彦光、周一星进一步修正和发展了该理论，提出了城镇化饱和值的一半为速度临界点，即50%是城镇化增长的转折点，城市化水平可以分为初期阶段、加速阶段、减速阶段、后期阶段四个阶段^{（专题报告图6-14）}。全国城镇化水平自1996年超过30%，进入快速增长期，城镇化速度连续8年每年增加1.4个百分点。2011年，全国城镇化水平超过50%，之后城镇化增长速度在波动中呈现稳步下滑的趋势。2012~2016年城镇化速度年均增加1.22个百分点，比

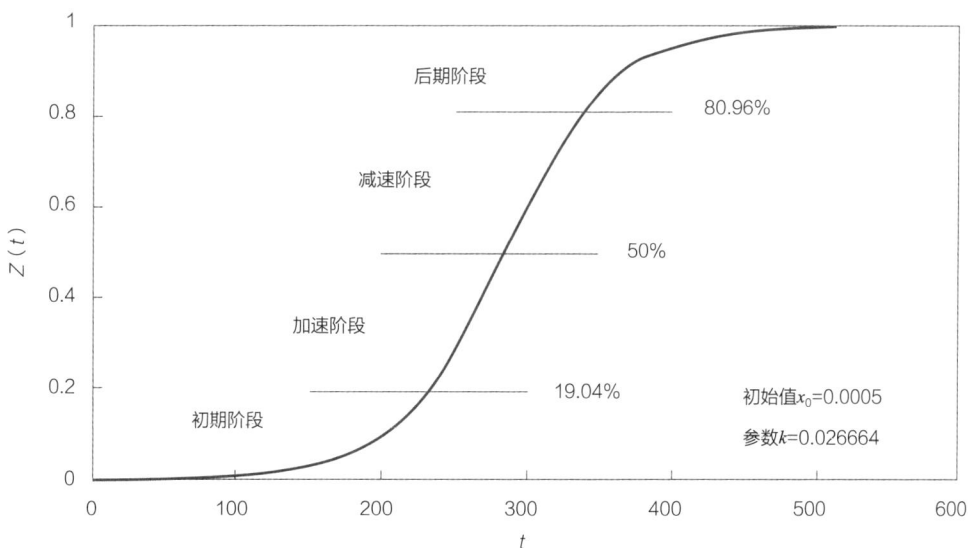

专题报告图6-14　城镇化增长的 logistic 曲线

图片来源　依据"陈彦光，周一星. 城市化Logistic过程的阶段划分及其空间解释—对Northam曲线的修正与发展[J]. 经济地理，2005，（06）: 819"重新绘制

1996～2011年的高速增长期平均每年下降0.16个百分点。长远来看，中国城镇化年均增长速度将进一步降低到1个百分点以内。根据中国工程院重大咨询项目《中国特色新型城镇化发展战略研究》预测，在乐观情景、基准情景和平稳情景下，2012～2030年全国城镇化水平年均增速分别为0.8、0.63和0.53个百分点。

（2）城镇化重点从规模扩张向质量提升转型

中央城市工作会议提出："我国城市已经入新的发展时期。转变城市发展方式，完善城市治理体系，提高城市治理能力，着力解决城市病等突出问题，不断提升城市环境质量、人民生活质量、城市竞争力，建设和谐宜居、富有活力、各具特色的现代化城市，提高新型城镇化水平，走出一条中国特色城市发展道路"，城镇化工作重点逐渐从规模扩张向质量提升转型。

根据现阶段全国城镇化发展中的问题，全国城镇化质量提升工作有三大重点：一是提高人口市民化水平，解决已经转移到城镇就业的农业转移人口落户问题，提高农民工融入城镇的能力，让人民群众共享城镇化发展成果；二是加强生态文明建设和城市环境整治，借鉴三亚"双修"❶经验，推进各级城市生态修复和城市修补工作，全面开展城市设计工作，提升城乡风貌特色，提高城市发展的宜居性；三是提高城乡基础设施建设水平，加强城镇污水、垃圾处理和供气供暖等设施建设，加强地下管网、综合管廊和海绵城市建设，补齐基础设施短板，提高城镇综合承载能力和现代化水平。

（3）加快城市群建设发展

"十三五"规划中城市群政策强调了"加快城市群建设发展"，提出"建立健全城市群发展协调机制，推动跨区域城市间产业分工、基础设施、生态保护、环境治理等协调联动，实现城市群一体化高效发展"。

在新的历史条件下，发展城市群、提升城市群的质量是实现新型城镇化目标的重要手段之一。城市群的空间分布和内部组织须更加合理，在全面提升京津冀、长三角、珠三角这三个国家级城市群外，应该培育和壮大区域性的城市群，尤其是中西部的城市群。城市群内部应该以提升质量和优化结构为主，协调城市间功能，保护生态环境，加快城乡一体化进程，形成以大城市为依托、以中小城市为重点，大中小城市和小城镇协调发展的合理结构。

4. 经济增速放缓，经济发展质量提高

根据世界银行和国务院发展研究中心的研究（世界银行，国务院发展研究中心联合课题组，2012），中国是今后20年对全球经济影响最大的因素。预计到2030年，中国将贡献全球经济25%的增量和20%的总产出。中国将超过美国成为世界最大的经济体，在世界贸易中的份额可能增加1倍，仍将可能是世界最大的债权国，对全

球经济的影响有可能接近英国在1870年、美国在1945年时那样大的程度。

从中国自身发展趋势看，预计GDP增长率将从2010～2015年年均8.5%左右的水平，逐步下降到2025～2030年年均5%左右的水平^{（专题报告表6-4）}。增长放缓的原因主要有：一是资源从农业向工业转移对经济增长的带动潜力大部分已经实现；二是随着资本-劳动比率的提高（目前中国的人均资本存量只有美国的8.7%），持续的资本积累虽然规模较大，但它对经济增长的贡献度将不可避免地降低；三是将经历痛苦的老龄化过程。中国的劳动年龄人口在2015年以后开始减少，老年人抚养比（65岁及以上年龄人口与15～64岁人口的比率）在未来20年将翻一番❶。当然，随着人力和物质资本人均水平继续提升，劳动力的生产效率将会提高。四是全要素生产率的增长速度也会有所下降。因为以往的经济持续高速增长，已经把第一轮政策改革以及通过吸收进口技术所带来的成果消耗殆尽。作为其结果，与国际技术前沿的差距收缩，下一步政策改革对经济增长的推动作用似乎也将下降。

❶ 注：在2030年时，中国的老年人抚养比将达到挪威与荷兰目前的水平。

中国经济增长远景展望（％）　　　　　　　　专题报告表 6-4

	1995～2010年	2011～2015年	2016～2020年	2021～2025年	2026～2030年
GDP潜在增长率	9.9	8.6	7.0	5.9	5.0
就业增长率	0.9	0.3	−0.2	−0.2	−0.4
劳动生产率的增长率	8.9	8.3	7.1	6.2	5.5
经济结构（期末值）					
投资/GDP（％）	48.6	42	38	36	34
消费/GDP（％）	47.4	56	60	63	66
工业增加值/GDP（％）	46.7	43.8	41	38	34.6
服务业增加值/GDP（％）	43.1	47.6	51.6	56.1	61.1
农业就业占比（％）	36.7	30	23.7	18.2	12.5
服务业就业占比（％）	34.6	42	47.6	52.9	59

注　1995～2010年数据栏为实际值，其他为预测值。

资料来源　转引自世界银行，国务院发展研究中心联合课题组. 2030年的中国-建设现代、和谐、有创造力的社会[M]. 北京：中国财政经济出版社，2012：10

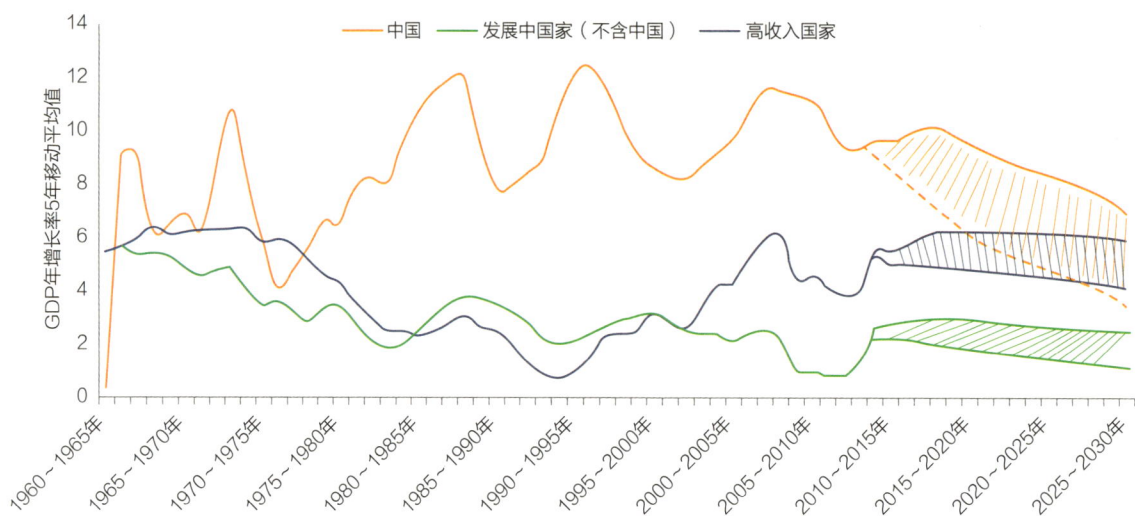

专题报告图 6-15　中国及相关经济体经济增长趋势

图片来源　转自世界银行，国务院发展研究中心联合课题组. 2030年的中国——建设现代、和谐、有创造力的社会[M]. 北京：中国财政经济出版社，2012：407

国内经济增长源泉和政策的主动调整，也将提高中国的经济发展质量。如果能够成功转型和绿色发展，中国工业占GDP的比重将下降，工业领域资源密集型和污染密集型企业比重将下降，能源原材料和环境服务的定价将更加合理，城乡居民收入差距2030年会缩小到2.4∶1。今后，中国几千万受过高等教育的劳动力加入全球劳动力队伍之中，将显著增加技能密集型产品的全球供给。事实上，今后20年中国大学毕业生的增量可能接近2亿人，将比美国的劳动总人口还要多。

劳动生产率提高所导致的工资水平上升，将继续推动中产阶层的迅速扩大，进而增加耐用品消费并提高消费占GDP的比重。正如国际经验表明，中产阶层的成长也会改善治理和促进公共服务，并增进公众的社会权利。另外，作为中国全球竞争力提升的一个主要推动力，中国的城镇化有望迅速推进。在今后20年，中国的城市人口每年将增加1300万左右，城镇化水平将提高到70%左右。当然，城镇化能否成为经济增长的重要推动力，在很大程度上取决于城市发展政策的制定和执行情况。

5. 交通网络化轨道化趋势日益加强

（1）形成以城市群为主体的多级综合交通网络格局

随着我国各种交通方式快速发展，综合交通运输体系不断完善，正逐步形成多层次、广覆盖的现代交通设施体系，综合交通运输体系向网络化、智能化、绿色化方向发展。根据2016年12月国务院新闻办公室发布的《中国交通运输发展》白皮书统计，截至2015年年底，全国铁路营业总里程达12.1万公里，规模居世界第二，其中高速铁路1.9万公里，位居世界第一，横跨东西、纵贯南北的大能力通道逐步形成；同时国省干线公路网络不断完善，连接了全国县级及以上行政区，农村公路里程达到398.06万公里，通达99.9%的乡镇和99.8%的建制村。

区域交通网络化趋势将会打破原有的时空格局，缩小落后地区和发达地区之间的差距，推动城市群在区域层面的广域化趋势。东部沿海以京津冀、长三角、珠三角为引领，推动世界级城市群的建设，同时北部湾、山东半岛等城市群将会不断壮大，而以关中、成渝、中原为代表的城市群将会快速发展，形成支撑西部大开发、中部崛起以及东北振兴的重要引擎，除此之外，新的交通网络格局可能会催生新的城市群的出现，从而形成多级、多层次的城市群格局。

（2）高速时代转向高铁时代，城市群外部拓展和内部组织更趋合理

根据《中长期铁路网规划》（2016~2030年）的规划设想，中国将形成"八横八纵"的高铁网络体系，同时预期到2020年中国高速铁路营业里程将会达到3万公里，覆盖80%以上的大城市，到2030年，基本实现内外互联互通、区际多路畅通、省会高铁连通、地市快速通达、县域基本覆盖。

城市群发展将从高速时代向高铁时代，人口、产业、资本将进一步向高铁沿线集聚，从而改变城市群的发展格局。高铁网络的延伸将增强沿线城市的综合竞争力，从而提升城市群的发展水平，以城市群为主要形态的城镇化格局将会进一步凸显，特别是交通枢纽地区更加有利于培育和壮大城市群。

高铁快速高效的特征有利于扩大既有城市群的腹地范围，城市群之间的联系也会不断强化，东部沿海发达地区在空间上形成都市连绵区成为可能。另外，高铁网络对于优化城市群内部组织结构将起到重要作用，不仅有利于增强城市群核心城市的集聚和辐射能力，还能促进核心城市和周边城市的便捷联系和合理分工，尤其是针对京津冀、珠三角、长三角等较成熟的城市群，高铁网络将有可能推动城市群"单中心"向"多中心"格局演变，促进城市群内部均衡合理发展。

6. 生态文明建设和环境治理不断加强

（1）生态文明成为国家战略，将加快城市群发展模式的优化

如专题报告图6-16所示，从党的"十八大"提出"五位一体"的生态文明建设的基本框架，到十八届三中、四中全会全力推进生态文明制度体系建设，再到《中共中央国务院关于加快推进生态文明建设的意见》以及《生态文明体制改革总体方案》的发布，生态文明建设已经提高到国家战略高度，将引来国家治理方式的重大创新和优化。

目前我国正处于全面建成小康社会和转变经济发展方式的关键时期，面临的最大瓶颈制约就是资源环境问题，城市群作为中国城镇化的主要载体，也是资源

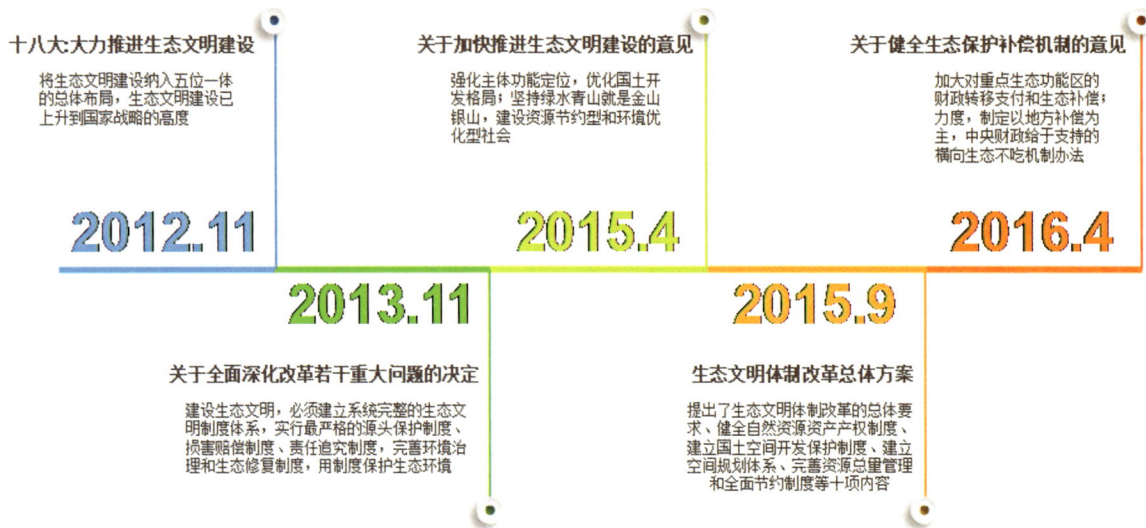

十八大:大力推进生态文明建设
将生态文明建设纳入五位一体的总体布局,生态文明建设已上升到国家战略的高度

关于加快推进生态文明建设的意见
强化主体功能定位,优化国土开发格局;坚持绿水青山就是金山银山,建设资源节约型和环境优化型社会

关于健全生态保护补偿机制的意见
加大对重点生态功能区的财政转移支付和生态补偿力度,制定以地方补偿为主,中央财政给予支持的横向生态不吃机制办法

2012.11

2015.4

2016.4

2013.11

2015.9

关于全面深化改革若干重大问题的决定
建设生态文明,必须建立系统完整的生态文明制度体系,实行最严格的源头保护制度、损害赔偿制度、责任追究制度、完善环境治理和生态修复制度,用制度保护生态环境

生态文明体制改革总体方案
提出了生态文明体制改革的总体要求、健全自然资源资产产权制度、建立国土空间开发保护制度、建立空间规划体系、完善资源总量管理和全面节约制度等十项内容

专题报告图 6-16　中央关于生态文明建设的重大政策

环境和经济发展矛盾最突出的地区。在生态文明建设背景下,城市群要优化自身的发展模式,从规模扩展向质量提升转变,树立"精明增长"、"紧凑城市"理念,建设集约型城市群。通过推进绿色城乡建设,合理构建城市群内涵发展模式,进而推动城市群向绿色、集约、低碳、科学方向发展,将是生态文明导向下中国城镇化发展的重中之重。

(2)区域环境治理一体化要求,倒逼城市群加快自身一体化进程

随着我国工业化和城镇化的快速发展,区域经济一体化也带来了环境污染一体化的问题,雾霾锁城、水资源短缺、土壤污染等问题已经超出了市域甚至省域的范围,环境治理需要全新的模式。区域环境治理需要走生态一体化的道路,不同辖区和不同层级政府之间,政府和民间机构、企业之间需通力合作,打破地域限制,实现联防联控。如为了加快京津冀地区生态环境的改善,破解资源生态难题,环境保护部等四部委和北京、天津与河北等省(区、市)政府于2017年2月联合印发了《京津冀及周边地区2017年大气污染防治工作方案》,这一方案涉及的范围已超过了京津冀本身,同时实施的对象也涵盖了政府、企业以及普通民众。

环境治理是系统工程,生态环境一体化将倒逼区域加快其他方面一体化的进程。城市群的发展必须主动迎合生态环境治理的要求,包括制定统一的区域规划、建立跨区域治理机构、构建完善的区域环境治理制度等方面。这些环境治理的一系列的措施也会加速城市群经济、社会、基础设施、公共服务等方面的一体化进程,从而提升城市群的整体竞争力。

（3）自下而上环境保护意识的觉醒有利于城市群治理路径的创新

国家和地方政府对环境治理的重视程度在不断加深，民间对生态环境改善的需求也愈发迫切，近些年关于环境保护方面的群体性事件频发，如厦门PX项目事件、广州番禺大型垃圾焚烧厂选址事件等，表明普通民众对参与区域治理的意愿在不断强化。李克强总理在2017年政府工作报告中就明确指出"加大生态环境保护治理力度。加快改善生态环境特别是空气质量，是人民群众的迫切愿望，是可持续发展的内在要求"。

环境保护已不仅是政府、企业关注的事情，而是与普通民众生活息息相关。自下而上环境保护意识在不断觉醒，要求城市群必须创新治理路径。城市群的建设和治理应该关注各利益主体的互动与参与，弱化行政区概念。因此，城市群应积极引入民间力量，如行业管理机构、民间智库、独立科研机构、民众利益代表等，这不仅有助于公共政策的实施，也有利于创新公共管理理念，推进城市群一体化进程。

（四）我国城市群2030年布局预测

1. 全国人口与城镇化预测

全国区县单元总人口和城镇化预测以中国人口与发展研究中心的"基于城市规划视角的全国分县单元人口预测研究"为基础。该研究依据《中华人民共和国行政区划简册政务版2015年》的县级单元行政单元区划版图，对2010年第六次人口普查和2000年第五次人口普查数据进行归并和重组，确保人口数据和行政区划的匹配，然后采用分层人口预测法和小区域概率预测法对全国2864个县级单元的2020年、2025年和2030年的户籍人口、常住人口、城镇人口和乡村人口进行了测算。

第一步是全国单元层面预测，主要包括两个方面的内容：①从全国层面对2010年到2050年的人口进行预测，采取经典队列分要素法。在预测过程中，考虑了"单独两孩"政策和"全面两孩"政策因素，将2010年作为预测基年，逐年预测到2050年，由此获得历年全国的年龄别人口数据；②结合时间序列模型和劳动力扣减法以及贝叶斯随机人口预测法，以2010年为预测基年，从全国层面对2010年到2050年的跨县层面的流动人口总规模进行预测，由此获得历年的流动人口规模总数。

第二步是省级单元层面预测，主要包括两个方面的内容：①结合时间序列模型和劳动力扣减法以及贝叶斯随机人口预测法，以2010年为预测基年，从省级层面对2010年到2050年的流动人口规模进行预测，由此获得分省历年的净流入（流出）人口总数；②采取经典队列分要素法，考虑"单独两孩"政策和"全面两孩"政策因素，将2010年作为预测基年，从省级层面对2010～2050年的人口进行预测，由此获得历年分省的年龄别人口规模数据。全国和分省层面的预测是作为分县单元人口预测的约束性或者是限制性条件，从而保证分县单元的人口预测与全国和分省的总量更加协调。

第三步是县级单元人口预测。北京市（16个区县）、上海市（17个区县）、重庆市（38个区县）、天津市（16个区县）等四个直辖市采取分要素人口预测法进行分区县人口预测。其他非直辖市区县100万人口及以上的全部采用经典队列分要素法进行预测。采取分要素人口预测方法进行预测的区县合计有169个。考虑到广东省东莞市、广东省中山市、甘肃省嘉峪关市属于不设县的地级市，如果不纳入这些地市进来将会带来全国县级层面的数据缺失，因此，课题组最终将这些不设县区的地级市纳入到县级单位中来，因此，对上述3个地级市的人口预测也采取经典队列分要素法进行预测。由此，所有县级单位（含3个地级市）总共有259个采取经典队列分要素法进行预测，其中直辖市区县有87个，地级市3个，非地级市也非直辖市区县169个。其他县级单位均采取概率人口预测法。

与线性回归预测法和logistic回归预测法相比，概率人口预测法在小区域人口预测中更具优势。概率人口预测法本质是经典分要素预测法的拓展，主要针对小区域死亡、出生、迁移等参数缺乏，而对参数采取随机误差标度模型进行预测。预测出来的参数依然要使用队列要素法进行测算。研究表明，Alho等（2005）创立的随机误差标度模型适用于小区域人口预测（李强，张震，吴瑞君，2015）。该模型假设死亡、生育和迁移的误差过程随时间增长，而且其误差相互独立；其标度相当于预测误差的权数，标度越大，误差越大。因此，标度的选择是该模型的关键。如果标度选择合适，得到的随机游走加漂移模型就能很好地模拟未来的误差过程。通常，预测误差参考人口数据丰富的地区或国家的随机人口预测的误差结构。该模型对迁移的设置是随机的，可以充分考虑迁移人口的不确定性，因此非常适合人口迁移对人口规模影响较大的小区域。该模型已经被成功应用于国外和中国的小区域人口预测。

线性回归法和logistic回归法无法考虑人口调控、人口流动以及人口结构等因素，因此在人口预测中，其结果与历史数据紧密关联，而未来的变化未必和历史数据紧密关联，可能与历史数据存在差异或者迥然不同的变动趋势。因此，用历史数据来预测未来必然带来较大的预测误差。而概率预测法不仅考虑了流动人口规模，而且考虑了人口年龄结构等因素，在小区域人口预测中更具优势。

如专题报告图6-17所示，全国层面的测算结果显示，我国总人口峰值年份将

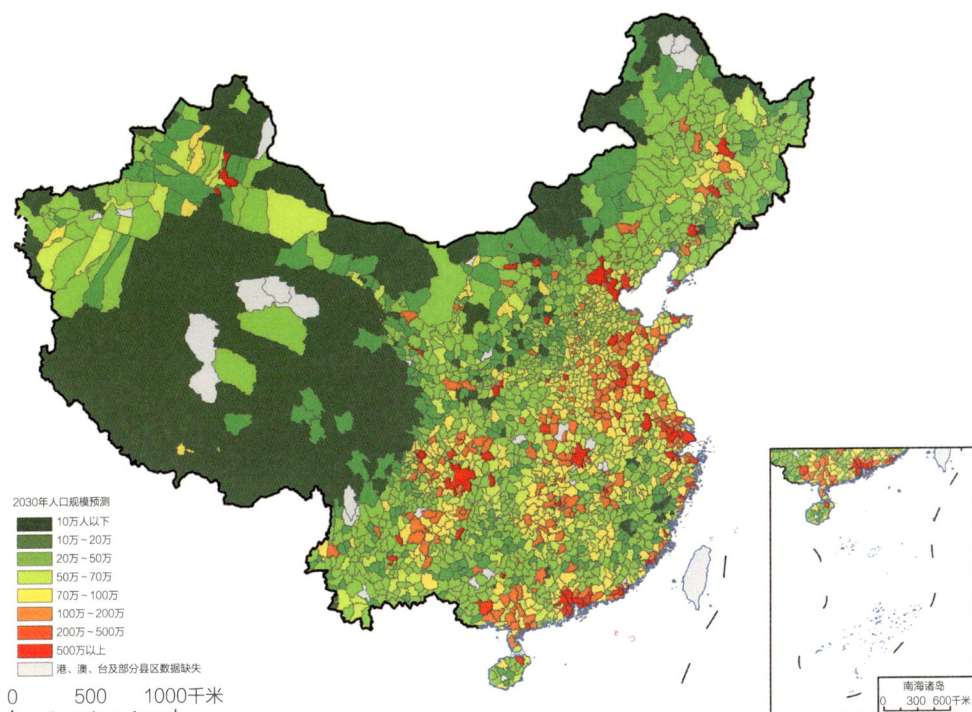

专题报告图 6-17　2030 年全国分县区的人口规模预测

出现在2032年，人口总量峰值14.5亿人左右（年底数），其中，2020年全国常住人口为14.13亿人，2025年14.35亿人，2030年14.44亿人。

各省人口变动差异较大，在2020年前后将近1/3省份的常住人口进入负增长，到2030年前后将近七成的省份的常住人口进入负增长。无论从绝对量还是占比来看，东北地区的人口呈现下降趋势，东部地区和西部地区的总人口和占比都在上升，中部地区的人口尽管在持续增加，但是占比却在下降。

分县测算结果显示，与2010年相比，2020年常住人口变少的县有1400个，占全部县的48.9%；与2010年相比，到2030年常住人口变少的县有1478个，增加了78个县，占全部县的51.6%。城镇化水平普遍提高，2020年城镇化率达到或者超过50%的县有1605个，占全国2864个县的56%。到2030年，城镇化率达到或超过50%的县有2233个，占全国2864个县的78.0%。

2. 全国经济发展格局预测

根据地区生产总值增长影响因素的分析，基于数据可获得性，遴选出不同尺度能定量解释地区生产总值增长的驱动和约束性指标体系，并构建地区生产总值增长的情景分析和模拟模型。

（1）经济发展预测的指标体系

基于马歇尔外部性理论，P. Krugman的新经济地理学密度、距离、分割的三核心概念，以及柯布－道格拉斯生产函数对地区经济发展的经济学原理，提取了包括劳动力、资本、技术等指标作为城市经济发展的动力指标。同时根据路径依赖原理，将现有经济基础也作为初始指标列入动力指标集。约束城市发展的指标则主要考虑了主体功能区规划中基于生态敏感区保护和粮食安全，提出的限制开发、禁止建设等因素。将交通可达性不高也作为区域发展的约束指标。于是，构建了省级（直辖市、自治区）、地市级（自治州、盟、地区）和县级三个层面的指标体系^{（专题报告表6-5）}。

中国经济发展格局情景分析模拟的动力指标　　　　　专题报告表 6-5

序号	指标名称	正负性	算法说明	数据来源
1	劳动力数量	+	2030年的劳动适龄人口数量预测（六普0～44岁人口近似代替）	全国第六次人口普查
2	5年固定资产投资累计	+	2010～2015固定资产投资累计折旧加总，折旧系数为0.9	中国区域经济统计年鉴（2011～2016）
3	研发经费总额	+	按地区分大中型工业企业研究与试验发展（R&D）活动情况	中国统计年鉴（2011～2016）
4	外来人口规模	+	本省其他县（市）、市区和外来人口迁入之和	全国第六次人口普查
5	基期GDP	+	基期年份的国内生产总值，反映经济增长的基础	中国城市统计年鉴（2011～2016）、中国区域经济统计年鉴（2011～2016）
6	交通可达性	+	最短旅行时间、加权平均旅行时间、经济潜能、日常可达性等	高德地图
7	限制开发指数	－	限制开发区的面积比例=限制开发区的面积/省域面积	全国主体功能区划图
8	地形约束指数	－	坡度（大于8°）、海拔（划分等级）、地形复杂度	中国90米DEM数据

（2）经济发展预测的技术路线

近期预测（2015～2020年）主要依据全国和各省、地市、区县的《国民经济和社会发展第十三个五年规划纲要》中拟定的经济增长目标。远期预测（2020～2030年）按照自上而下分配和自下而上汇总相结合的方法，进行全国城市发展空间格局的分析与预测。按照柯布-道格拉斯生产函数，经济增长与劳动力、资本、技术等动力条件有关，也受各种自然条件和政策约束。依据城市发展的动力条件和约束条件^{（专题报告表6-5）}，采用加权平均算法获取每个分析单元未来发展的综合潜力，进而对中国城市经济发展格局进行预测。在研究中构建了基于算术平均的线性加权综合模型和基于几何平均的非线性加权综合模型，其公式见专题报告式（6-1）：

$$P = \sum_{i=1}^{n} P_i \times W_i \qquad \text{专题报告（6-1）}$$

式中：P为分析单元的综合潜力，P_i代表第i个因素对分析单元发展潜力的影响；W_i表示第i个因素的权重，反映该因素对分析单元发展潜力影响的重要性。借鉴道格拉斯生产函数的幂函数形式和模糊度函数，构建非线性加权模型基本公式，见专题报告式（6-2）：

$$P = \prod_{i=1}^{n} P_i^{w_i} \qquad \text{专题报告（6-2）}$$

由于采取"乘"的合成方法，某一指标的变动需通过与其他指标的直接合成在评价结果中体现，指标值变动对整体的影响比"加和"的方法小，这种评价模型更容易突出整体的效能。而且"乘"的性质决定了指标值小的指标对评价结果影响比较大，决定了非线性加权的模型更容易突出小指标值的指标在评价体系中的作用，评价方法有利于强调系统的整体性能和协调性。

（3）全国经济总量演变趋势分析与预测

各国经济学家都对中国经济增长给予了热情关注，并就增长潜力发表了不同的观点。从国际经验看，中国经济增长将出现减速。韦森（2014）认为，中国经济增速将出现明显下降，能够保持在5%~7%的增长就不错了；蔡昉（2010）认为，2010年以后中国劳动力开始下降，经济增长速度也将随之下降，2011~2015年下降到7.2%左右，2016~2020年GDP年均增长潜力将仅有6.1%；巴里·埃森格林（2012）根据近50个国家和地区的经验数据，总结了世界主要国家和地区经济增速发生转折的经验时间点，以2005年为基准的国际价格水平，当一国人均GDP水平达到10000~11000美元和15000~16000美元这两个时间段，经济增速明显下滑的可能性较大。按照购买力平价数据，2013年中国人均GDP达到10253国际元，按照目前增长态势，2020年将达到15000国际元，据此经验，2015~2020年前后是中国经济增速下降的一个时段，GDP年均增长潜力为7%，结合《国民经济和社会发展第十三个五年规划纲要》关于经济发展的目标（2020年国内生产总值比2010年翻一番，"十三五"时期经济年均增长保持在6.5%以上，经济总量超过90万亿元），研究中将我国GDP年均增长率定为6.5%，2020年中国GDP将达到94.41万亿元，人均GDP达到66815元；2020~2030年经济增速为下降的第二个时段，预计GDP年均增长率为5.5%，GDP总量将达到161.27万亿元，人均GDP达到112083元。为了更深入地认识全国经济发展的地理变量特征，重点从7大区域和31个省区两种空间尺度对全国经济格局进行剖析，并对2030年地级和县级行政单元的经济规模结构进行预测。值得注意的是，由于统计口径等的原因，全国、各省、各地市、各区县加和的GDP总量并不一致，在近期预测和远期预测下，由于采取了分级预测等方法，导致它们的差距略微增大，但并不影响后续应用。

（4）全国七大区域经济空间格局预测模拟

地理区域的划分应该是自然地理和行政区划的结合，按照一个省不能同属于两个区域的原则，将全国一级地理区域划分为东北、华北、西北、西南、华南、华东和华中等七个大区。华东地区包括上海、浙江、江苏、安徽；华南地区包括广东、福建、广西、海南；华北地区包括北京、天津、河北、内蒙古、山西、山东；华中地区包括河南、湖北、湖南、江西；西南地区包括四川、重庆、云南、贵州，西藏；东北地区包括辽宁、吉林、黑龙江；西北地区包括陕西、宁夏、青海、甘肃、新疆。

2030年，华北地区GDP达到38.48万亿元，在七大区域中居首位。华东地区达到36.72万亿元，居七大区域中第二位。其次为华南地区、华中地区、西南地区、东北地区。最后则是西北地区。就GDP年均增长率而言，西南地区、西北地区、华北地区增长较快，分别为6.01%、6.48%、5.89%，高于全国的平均增长速度，其余地区年均增长率均低于全国平均水平，但较2010～2015年的增长率均有大幅下降。就人均GDP而言，华东地区最高，达到146830元，但领先的优势逐渐减弱；其他依次为东北地区（135825元）、华北地区（127017元）、华南地区（115894元），西南地区（74382元）最低。

（5）全国分省经济空间格局预测模拟

2000年，31个省区的平均GDP为3027亿元，标准差为2564亿元，变异系数为0.847；2010年，平均GDP为14098亿元，标准差为11401亿元，变异系数为0.809，区域差距有所扩大。但到2030年，平均GDP为54711亿元，标准差为39106亿元，变异系数降为0.715，表明省际差异进一步缩小，见专题报告图6-18。

从2015～2030年GDP增量来看，广东（87768万亿）、江苏（81989万亿）、山东（75744万亿）名列前三位，而浙江、河南、上海、河北等省份紧随其后，也表现出了巨大的增长潜力，宁夏、青海、西藏分列最后三位。从GDP年均增速（名义增速）来看，2010～2015年，GDP年均增长率高于全国平均增速10.6%以上的有18个省份，分别为贵州、西藏、重庆、云南、湖北、湖南、陕西、海南等省份，主要集中于中西部相对落后的地区。2015～2030年，中国大部分省市GDP增速大幅回落，GDP年均增长率超过全国平均水平的省市有19个，西藏成为唯一一个GDP年均增速超过10%的省份，海南、宁夏、甘肃、山西、贵州、重庆等中西部省份的增速也较快，整体上缩小了与经济发达地区的区域差异。

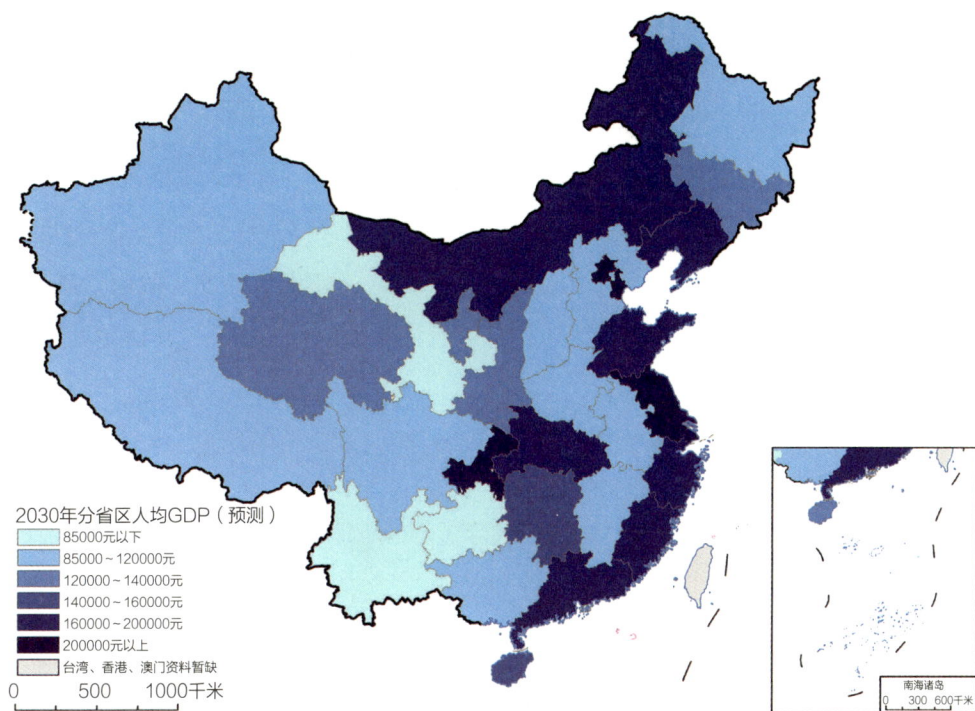

专题报告图 6-18　2030 年全国分省区的人均 GDP 预测

从人均GDP来看，2015年人均GDP高于全国平均人均GDP（52883元）的省份有10个，其中天津（259391元）、上海（256325元）、北京（243168元）等名列前茅，甘肃、云南、贵州等垫底；2030年人均GDP高于全国平均人均GDP（117876元）元的省份上升为16个，变异系数从0.436降为0.429，表明省际间人均GDP差异有缩小趋势但不明显。从2015～2030年人均GDP增量来看，上海、天津、北京位居前列，而云南、贵州、新疆则垫底。

（6）中国城市经济空间格局模拟

2000～2010年，副省级市、地级市、县级市GDP年平均增长率均在15%以上，增长最快的为副省级市，年均增长率达到16.97%；2010～2020年，各级城市GDP年平均增长率较2000～2010年均有所下降。增长最快的为县级市，年平均增长7.47%，2020年GDP总量达到213728亿元，占全国GDP总量的22.49%；其次为副省级市，年平均增长7.36%，经济总量为264297亿元，占全国GDP总量的27.81%；增长最慢的为地级市，年平均增长7.22%，经济总量为241571亿元，占全国GDP总量的25.41%。2020年副省级市、地级市、县级市三者共占全国经济总量的75.92%。

2020～2030年间，县级市GDP年平均增长率最低，为6.54%，较前10年间增长率下降了0.93个百分点，占全国经济总量的21.53%；增长较快的为地级市，年平均增长率为7.03%，占全国经济总量的25.48%；副省级城市GDP年平均增长率为7.01%，占全国经济总量的27.84%。2030年副省级市、地级市、县级市三者共占全国经济总量的74.96%，较2020年下降了0.76个百分点^{（专题报告图6-19）}。

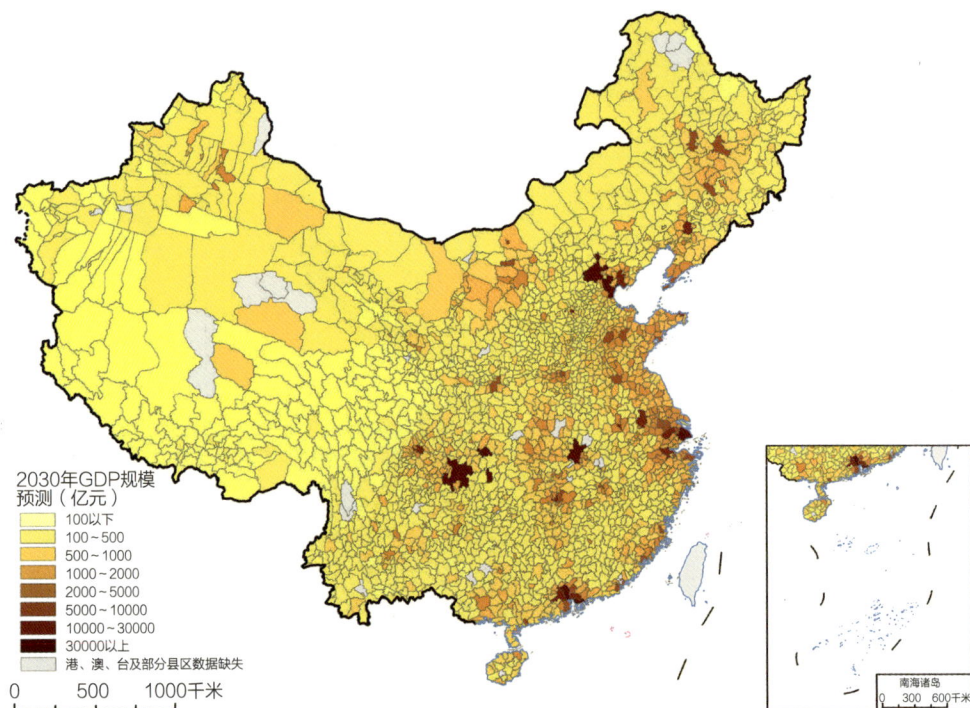

专题报告图 6-19　2030 年全国分县区的经济规模预测

从人均GDP来看，地级及以上城市2030年人均GDP为138394元，相比2014年（51844元）增加1倍以上。其中，有115个地级及以上城市人均GDP高于平均水平，但人均GDP位居最末的17个地市尚未达到2015年的平均水平，可见差距之悬殊。

3. 基于预测的城市群空间识别标准

2030年城市群预测的空间识别仍以都市区识别为基础，识别标准纳入了人口密度、城镇化率、人均和地均GDP指标，主体功能区是重要的参考因素，重点生态功能区不纳入城市群，见专题报告表6-6。与2010年识别标准相比^{（总报告表2-1）}，人均GDP标准从15000元/人提高到70000元/人。根据预测2030年全国绝大部分市县非农产值比重都在70%以上，非农产值比重不再作为城市群识别的关键指标。

指标	地级中心市	指标	县级中心市	指标	外围县
常住总人口	≥20万	常住总人口	≥30万	主体功能区	非禁止建设区
人口密度	≥200人/平方公里	人口密度	≥200人/平方公里	人口密度	≥200人/平方公里
城镇化率	≥50%	城镇化率	≥50%	城镇化率	≥50%
人均GDP	≥70000元/人	人均GDP	≥70000元/人	人均GDP	≥70000元/人
地均GDP	≥2500万元/平方公里，中西部地区可放宽到1500万元/平方公里	地均GDP	≥2500万元/平方公里，中西部地区可放宽到1500万元/平方公里	地均GDP	≥2500万元/平方公里，中西部地区可放宽到1500万元/平方公里

中心市：设区市市辖区人口≥20万人的市辖区或者城区人口≥30万人的县级市，人口密度≥200人/平方公里。

外围县：城镇化率≥50%，人均GDP≥70000元/人，人口密度≥200人/平方公里。

都市区：至少包括一个中心市和一个外围县。

联合都市区：至少包括两个彼此邻接的都市区。

都市连绵区：至少包括两个联合都市区，且包括一个200万人口以上的中心城市。其中，中心城市人口规模<1000万，人口密度≥500人/平方公里，人口规模≥1500万，经济密度≥2500万元/平方公里为Ⅱ级都市连绵区；中心城市人口规模≥1000万，人口密度≥500人/平方公里，人口规模≥2000万，经济密度≥6000万元/平方公里的为Ⅰ级都市连绵区。

沿袭新经济地理学中密度、距离和分割的核心思想，密度主要以经济密度、人口密度的分布等来判定，距离主要以经济距离，即最高经济密度或最大市场潜力的地方所需要的货币成本、时间成本、心理成本等综合考虑，分割主要受地形、开放程度等的影响，按照实际情况和如下原则对城市群2030年发育范围的预测结果进行微调：（1）涉及跨省级行政区划的城市群范围界定尽量慎重；（2）结合密度、距离和分割三原则调整部分明显不符合实际发展的城市群边界；（3）适当考虑预测误差，在考虑实际行政管理以及城市群连绵发展的基础上，边界地区可在误差允许范围内适当微调；（4）在识别过程中，中西部城市群和东部局部地区符合人均GDP、人口密度、经济密度、城镇化率、主体功能区中的4个以上条件即可做为都市区外围县。

4. 我国城市群布局预测

在人口、城镇化和经济发展指标预测的基础上，根据城市群空间识别标准，共

❶ 数据处理中将设区市的辖区合并为市，该数字不等于县级行政区域数量。

识别出306个中心市和494个外围县，其中地级中心市168个，县级中心市138个❶。根据城市群分类标准，我国2030年城市群将形成5＋7＋8的发展格局，包括5个Ⅰ级都市连绵区，7个Ⅱ级都市连绵区和8个联合都市区（专题报告图6-20、专题报告表6-7）。京津冀、长三角、珠三角、成渝和武汉城市群是具有国际影响力和国家核心区作用的Ⅰ级都市连绵区，山东半岛、海峡西岸、长株潭、辽中南、关中、中原和环鄱阳湖城市群达到Ⅱ级都市连绵区的标准，哈长、北部湾、呼包鄂、山西中部、滇中、黔中、兰西、宁夏沿黄等城市群达到联合都市区的标准。

专题报告图 6-20　2030 年中国城市群空间分布

2030 年中国城市群（预测）基本情况　　　　　　专题报告表 6-7

类型	城市群	2030年人口（万人）	2030年GDP（亿元）	2030年人均GDP（元）	2030年地均GDP（万元/平方公里）	2030年人口密度（人/平方公里）	2030年城镇化率（%）	市县个数
Ⅰ级都市连绵区	京津冀城市群	11146.4	187819	168502	14630	868	75.68	121
	长江三角洲城市群	19600.2	401012	204596	16680	815	78.90	150
	珠江三角洲城市群	9524.3	172525	181142	25375	1401	88.79	35
	成渝城市群	7385.3	118892	160985	9470	588	66.62	61
	武汉城市群	4080.1	87440	214307	12127	566	69.42	33

类型	城市群	2030年人口（万人）	2030年GDP（亿元）	2030年人均GDP（元）	2030年地均GDP（万元/平方公里）	2030年人口密度（人/平方公里）	2030年城镇化率（%）	市县个数
Ⅱ级都市连绵区	山东半岛城市群	10106.7	166356	164601	10054	611	66.88	105
	长株潭城市群	4327.3	80182	185295	9359	505	66.03	49
	中原城市群	5299.0	68788	129812	10315	795	64.30	70
	海峡西岸城市群	3202.9	51407	160504	14320	892	78.81	26
	关中平原城市群	2308.1	26194	113489	6375	562	65.58	29
	辽中南城市群	2300.8	46921	203934	10052	493	80.14	20
	环鄱阳湖城市群	1513.3	22495	148652	7688	517	71.21	17
联合都市区	哈长城市群	2035.9	29113	143000	5899	412	73.20	10
	北部湾城市群	2503.3	30500	121839	5593	459	64.03	21
	滇中城市群	828.6	12339	148908	6925	465	76.93	12
	呼包鄂城市群	824.9	18110	219541	7314	333	82.31	8
	山西中部城市群	986.0	8298	84162	5952	707	82.12	13
	兰西城市群	651.7	7730	118614	4645	392	83.26	8
	黔中城市群	746.2	7086	94959	6942	731	76.56	6
	宁夏沿黄城市群	348.3	4489	128871	3753	291	80.44	6

注 表中市县单元数把市区合并为市，数量与县级行政单元数不同。

主要结论：

（1）2030年中国城市群主要分布在"胡焕庸线"以东地区。表明我国以人为核心的城镇化空间格局符合中国人口分布的普遍规律，城市群是中国人口城镇化的主要空间载体。专题报告表6-8为2030年不同类型的城市群发展情况。

（2）从发展阶段来看，未来中国城市群将进入以都市连绵区为主体，联合都市区为补充的阶段。除京津冀、珠三角、长三角三大城市群之外，成渝、武汉城市群发展迅速，进入Ⅰ级都市连绵区阶段；而海峡西岸、环鄱阳湖、山东半岛、长

2030 年不同类型的城市群发展情况 　　　　　　专题报告表 6-8

城市群发展阶段	面积（平方公里）	常住人口（万人）	GDP（亿元）	城镇人口（万人）	城镇个数	面积全国占比例（%）	人口占全国比例（%）	GDP占全国比例（%）	城镇人口占全国比例（%）
Ⅰ级都市连绵区	634427	51736	967688	40109	400	6.68	35.92	47.01	40.40
Ⅱ级都市连绵区	470752	29058	462343	19983	316	4.96	20.18	22.46	20.13
联合都市区	199219	89245	117665	6613	84	2.10	6.20	5.72	6.66

株潭、中原、关中平原、辽中南等城市群进入II级都市连绵区阶段，人口和经济的发展水平大幅提升；剩余的8个城市群主要分布在中西部地区，仍将处于较为初级的联合都市区阶段。

（3）I级都市连绵区是未来城市群的最核心地区，2030年将以不到全国7%的土地贡献全国36%的人口和47%的GDP，是全国人口最集聚、经济最发达、发展效率最高的地区。

（4）II级都市连绵区是未来城市群发展的重点地区，也是未来城市群快速壮大的地区，2030年将贡献全国20.18%的人口和20.46%的GDP，是中国重要的区域增长极。

（5）联合都市区是中国发展的潜力地区，也是带动中西部地区发展的重要节点。由于自然地理条件影响，目前存在人口密度较低、中心城市规模较小的特征，未来应重点培育和壮大联合都市区，提升其辐射带动能力。

（6）新疆、西藏两省区由于城市发展基础薄弱，人口稀疏，且区内城市发展水平差距大，难以连片发展，尚处于都市区阶段，因此按照标准未纳入本次城市群范围，但基于国家政策导向和地区发展需求，可设置政策性城市群。

（五）我国城市群发展趋势与特征

1. 城市群规模范围明显扩张，总体格局相对稳定

（1）城市群规模与范围扩张明显

随着我国经济发展和城镇化水平的普遍提高，达到城市群标准的中心市和外围县数量不断增多，城市群地域范围和人口、经济规模明显扩张。根据本研究2010年和2030年城市群识别结果可知^{（见专题报告表6-9）}，城市群市县单元从2010年的373个增加到2030年的800个❶，GDP从20.79亿元增加到154.77亿元，全国占比从50%提高到75%；人口规模从4.96亿人增加到8.97亿人，占全国比例从37%提高到62%；地域面积从59.5公里扩张到130.5平方公里，占全国陆域总面积比例从6.2%提高到13.5%。

❶ 该数字为市区合并为市后的市县单元数，不是县级行政区域数量。

中国城市群 2010 年、2030 年基础数据比较　　专题报告表 6-9

	区域面积（万平方公里）	常住人口（万人）	人口密度（人/平方公里）	GDP（亿元）	经济密度（万元/平方公里）	人均GDP（元/人）	城镇化率（%）	市县单元数
2010	59.5	49648	834	207913	3494.33	41877.35	69.9	373
2030	130.45	89719	688	1547696	11865.21	11865.21	74.4	800

注　2010 年数据来自总报告表 2-3 我国城市群的类型和基本指标，为本研究城市群现状识别部分的研究成果。表中市县单元数把市区合并为市，数量与县级单元数不同。

（2）城市群数量与空间格局相对稳定

在城市群规模和范围不断扩张的同时，城市群数量和空间格局相对稳定，与2010年相比，在空间范围上主要发生了三种变化：一是从都市区发展为城市群，如黔中城市群、呼包鄂城市群和兰西城市群，均是在2010年都市区的基础上发育而成；二是都市区范围扩张后与高等级城市群连为一体，如重庆联合都市区和成都准都市连绵区扩张邻接后，形成了成渝都市连绵区（Ⅰ级），长春都市区并入扩张后的哈尔滨联合都市区，形成了哈长城市群，淮海准都市连绵区并入长江三角洲都市连绵区（Ⅰ级），冀南联合都市区并入京津冀都市连绵区（Ⅰ级）；三是城市群范围扩张，这类现象在所有城市群中都不同程度存在。同时也有一些位于2010年城市群边缘的外围县，由于人口流出等原因导致达不到2030年城市群标准的现象（专题报告图6-23）。

（3）沿海地区城市群空间连绵趋势加强

2030年我国沿海地区城市群进一步连绵发展，京津冀城市群、山东半岛城市群、长江城市群与中原城市群连绵一体，形成巨大城市群发展带，江苏省和山东省出现了全省城市群化的空间现象。珠江三角洲和海峡西岸城市群也形成空间连绵发展态势，但是受地形限制明显，城市群空间范围拓展有限。2030年武汉城市群、长株潭城市群和环鄱阳湖城市群空间首尾相连的态势比2010年明显增强，长江中游城市群在逐渐形成，但是长江中游密集的水系湖泊，限制着该地区城市群

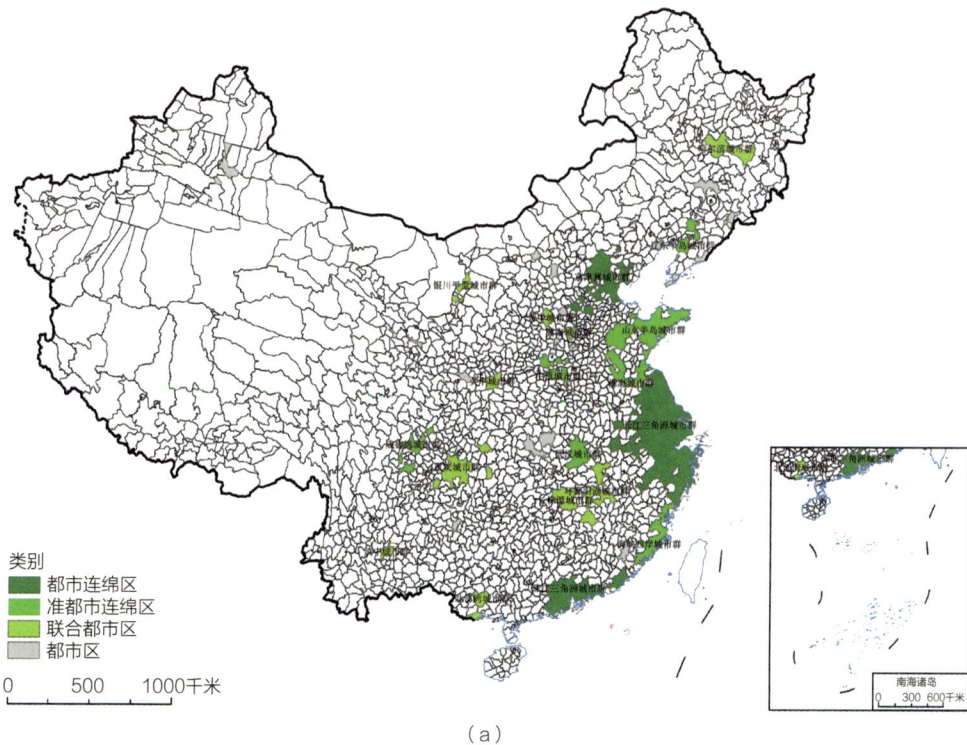

类别
- 都市连绵区
- 准都市连绵区
- 联合都市区
- 都市区

0   500   1000千米

南海诸岛
0 300 600千米

（a）

专题报告图 6-21　中国城市群 2010 年（a）、2030 年（b）识别范围比较

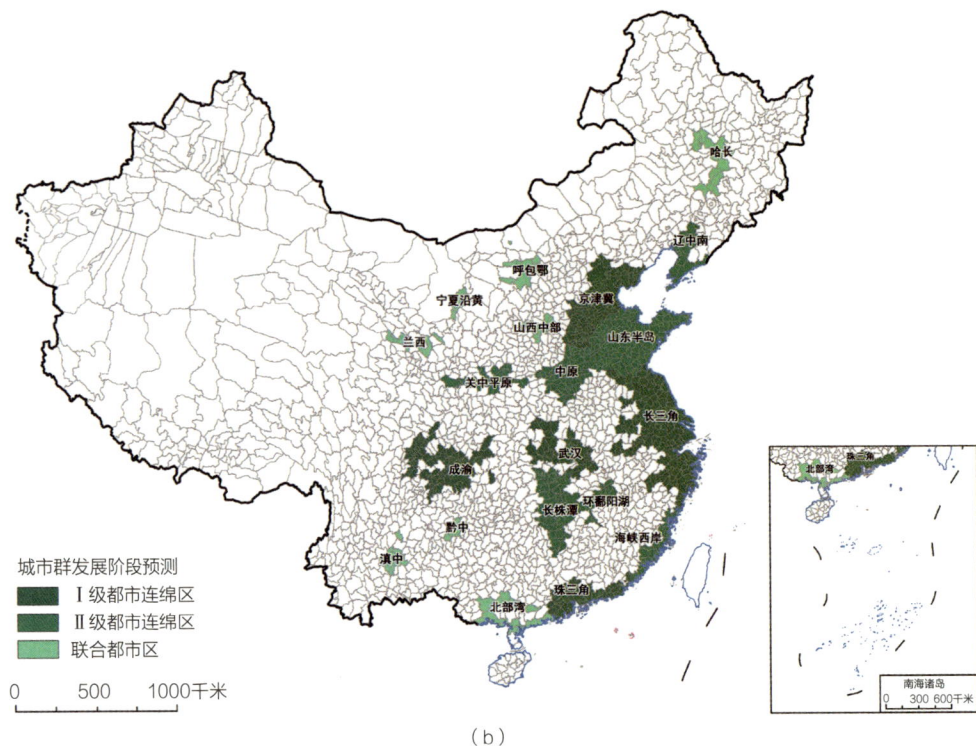

城市群发展阶段预测
■ Ⅰ级都市连绵区
■ Ⅱ级都市连绵区
联合都市区

0   500   1000千米

（b）

专题报告图6-21　中国城市群2010年（a）、2030年（b）识别范围比较（续）

全域连绵发展。成渝城市群是西部地区规模最大的城市群，2030年四川省中部丘陵、重庆市西部山区达不到城市群的发育条件。其他地区城市群主要围绕省会城市发展，范围都有不同程度的扩张。新疆和西藏在本研究的识别标准下，2030年仍不具备形成城市群的条件，人口密度是主要的限制因素。

2. 城市群增长速度放缓，人口集聚程度不断提高

以中国城市群2030年预测范围为单元，通过对20个城市群2000年、2010年、2030年的人口与经济指标分析，用以反映城市群的集聚趋势、区域分化、结构演化等特征。

20个城市群的人口与经济增长具有以下特征：

（1）城市群人口与经济增长速度放缓

2000～2010年，城市群人口规模从6.93亿提高到7.83亿，10年增加人口9000万；2030年城市群人口规模为8.97亿人，20年增加1.14亿人，城市群人口增长速度明显放缓。2000～2010年城市群GDP年均增长速度为12%，2010～2030年GDP年均增速为7.8%，城市群经济增长速度同样出现放缓趋势^{（专题报告表6-10）}。

（2）城市群人口集聚态势进一步增强

城市群人口增速明显超过同期全国人口的增长速度，2000年、2010年、2030年城市群人口占全国人口的比例分别为56.23%、58.94%、62.30%（预测），人口占比不

断上升，人口集聚态势不断强化。2000～2010年全国人口增量的94%来自城市群，但2010～2030年间这一数据达到了101%，表明城市群人口增长与其他地区人口减少的现象并存。人口向特大城市和区域中心城市集聚明显，2010～2030年城市群常住人口规模前20位的城市占城市群全部人口的比例上升了2个百分点，2010年上海市是人数最少的嵊泗县常住人口规模的293倍，2030年这一数值达到了433倍^{（专题报告表6-11）}。

20个城市群人口和经济总量在全国的地位变化　　专题报告表 6-10

	五普人口（万人）	六普人口（万人）	2030年人口（万人）	2000年GDP（亿元）	2010年GDP（亿元）	2030年GDP（亿元）
20个城市群	69269.0	78252.1	89719.1	110606.0	343627.1	1547696.0
全国	123195.8	132765.1	144013.9	145010.5	446877.9	2058345.1
20个城市群占全国比例	56.23%	58.94%	62.30%	76.27%	76.90%	75.19%

20个城市群常住人口分布特征变化　　专题报告表 6-11

	2010年人口	2030年人口
极大值/极小值	293	433
首位度	1.19	1.07
前20位城市总数	17715.59	22511.24
前20位城市占城市群总人口比例	0.23	0.25

（3）城市群城市人口规模等级不断提升

从城市群人口规模等级变化来看，层级跃升明显。百万以上人口城市的数量明显增多，由2010年的76个增加到2030年的122个；200万以上城市从千万以上的城市从39个增加到55个；1000万以上城市从3个增加到8个。800个市县单元平均城镇人口规模从58万人提高到83万人，城市群城镇人口规模层级跃升明显^{（专题报告表6-12）}。

20个城市群人口规模等级体系　　专题报告表 6-12

城镇人口规模	2010年城市数量	2030年城市数量	数量变化
20万以下	293	131	−162
20万～50万	328	375	47
50万～100万	103	172	69
100万～300万	51	82	31
300万～500万	10	20	10
500万～1000万	12	12	1
1000万以上	3	8	4

（4）城市群的经济核心地位相对稳定^{（专题报告表6-13、专题报告表6-14）}

2000～2030年，20个城市群创造的GDP总量在全国的比重一直在75%以上，是全国经济发展的核心和主导。2000～2010年，城市群GDP占全国的比重从76.3%增加到76.9%，2030年略微下降到75.2%。一方面，2000年以来用GDP衡量的20个城市群的经济核心地位相对稳定，2000～2010年提高与2010～2030年下降的幅度都不大；另一方面，城市群GDP占比先增后降的趋势，表明全国层面区域经济发展水平的差距在不断缩小。城市群以外的地区，在经济发展上仍然保持旺盛的活力。

20个城市群对全国人口和经济的增量贡献比例变化　　　专题报告表 6-13

	20个城市群	全国	20个城市群占全国比例
2000–2010人口增量（万人）	8983.2	9569.3	93.9%
2010–2030人口增量（万人）	11467.0	11248.7	101.9%
2000–2010经济增量（亿元）	233021.1	301867.4	77.2%
2010–2030经济增量（亿元）	1204068.8	1611467.2	74.7%

20个城市群经济分布特征变化　　　专题报告表 6-14

	2010年GDP	2030年GDP
极大值/极小值	836	358
首位度	1.22	1.13
前20位城市总数	112261	488063
前20位城市占城市群总人口比例	0.33	0.32

城市群内区域经济差距缩小，均衡化趋势明显。城市群内的经济格局基本保持稳定，2010～2030年，GDP前20位城市占城市群GDP总量的比例，从2010年的0.33下降到2030年的0.32。核心城市和外围县经济差距明显缩小。2010年，上海市GDP是最低的潼关县GDP的836倍，2030年GDP首末位之比缩小到了357倍，贫富差距在缩小。因此城市群内部经济发展均衡化的趋势比较明显。

3. 东中西差异格局稳定，东北地区城市群地位下降^{（专题报告表6-15）}

（1）东部地区城市群核心地位显著

2000年到2030年，东部地区城市群人口占全国比重从32%提高到37%，经济占比从49.7%下降到47.6%，与全国城市群人口与经济在全国比重的变化趋势相同。东部地区城市群人口密度从2010年的每平方公里715人提高到2030年每平方公里814人，人口密集程度不断提高。2030年东部地区城市群人均GDP超过东北地区，成为人均GDP水平最高的城市群。东部城市群在我国人口与经济发展中的核心地

	全国	东北地区城市群	东部地区城市群	中部地区城市群	西部地区城市群
2000年人口（万人）	12315.8	3885.1	39434.2	13731.8	12217.8
2010年人口（万人）	132765.1	4383.1	45643.7	14620.1	13605.3
2030年人口（万人）	144013.9	4336.7	53580.3	16205.6	15596.4
2000年GDP（亿元）	145010.5	9412.3	72133.1	15570.0	13490.5
2010年GDP（亿元）	446877.9	25388.9	227807.3	47383.3	43047.6
2030年GDP（亿元）	2058345.1	76034.2	979118.8	267203.0	225340.0
2000年人口占比（%）	100%	3.15%	32.01%	9.92%	11.15%
2010年人口占比（%）	100%	3.30%	34.38%	10.25%	11.01%
2030年人口占比（%）	100%	3.01%	37.20%	10.83%	11.25%
2000年GDP占比（%）	100%	6.49%	49.74%	9.30%	10.74%
2010年GDP占比（%）	100%	5.68%	50.98%	9.63%	10.60%
2030年GDP占比（%）	100%	3.69%	47.57%	10.95%	12.98%
2010年人口密度（人/平方公里）	140	456	715	546	450
2030年人口密度（人/平方公里）	152	452	840	605	515
2010年人均GDP（元/人）	33659	57925	49910	31640	32410
2030年人均GDP（元/人）	142927	175328	182738	144482	164883

位明显，是影响全国城市群发展特征的主导力量。

（2）中西部地区城市群经济快速增长，与东部地区城市群规模与密度差距明显

2000～2030年，中部和西部地区城市群人口与GDP占全国比重有所上升，其中人口增幅有限，GDP占全国比重分别提高了2.3和1.3个百分点。2010～2030年，中部地区和西部地区城市群人均GDP提升速度较快，分别达到年均8.5%和7.9%的增速，明显高于东部和东北地区城市群。中部与西部城市群人口密度亦有所提高，但是与东部地区的人口密度差距相当明显。

（3）东北地区城市群在全国地位下降

东北地区城市群在全国地位下降的趋势在2000～2010年已经发生，2010～2030年这一趋势仍然难以避免。2010～2030年，东北地区城市群的人口和GDP占全国的比重分别下降0.3和2个百分点；人口密度从456人下降到452人，人口集聚能力下降；东北地区城市群人均GDP增速慢于其他三大地区城市群，但是人均GDP仍明显高于中部和西部城市群。

4. 城市群经济水平出现分化，空间一体化差异明显

（1）城市群之间发展水平出现分化

人口密度和人均GDP一定程度上能衡量城市群的发展阶段，分别反映城市群的人口和经济发展效率。2010年，大部分城市群整体处于较低发展水平，且分布较区间比较集中，差距不明显，其中珠三角城市群领先其他城市群，长三角、京津冀、海峡西岸城市群位于第二梯队，兰西、黔中、北部湾、宁夏沿黄等中西部地区城市群发展水平较落后。到2030年，城市群发展水平分布区间开始趋向分散，珠三角依旧处于领先地位，优势明显，武汉、成渝、长株潭等原先处于中游位置的城市群迅速崛起，进入领先行列，而山西中部、黔中、兰西、宁夏沿黄城市群则相较其他城市群发展缓慢，处于落后地位，城市群之间发展水平出现分化。同一区域内部城市群之间分化趋势更为明显，如2010年，中部地区五大城市群基本处于同一阶段，东北地区辽中南和哈长城市群差距较小。但到2030年，武汉、长株潭城市群异军突起，达到第二梯队，其他中部城市群已处于落后地位。与此同时，辽中南城市群快速发展，也拉大了与哈长城市群的差距。

（2）城市群城乡一体化水平差异明显

以城镇化率衡量城市群城乡一体化的程度，2010年，城市群整体还处于城镇化水平较低的阶段，除北京、天津、上海、广州等少数大城市达到高度城镇化阶

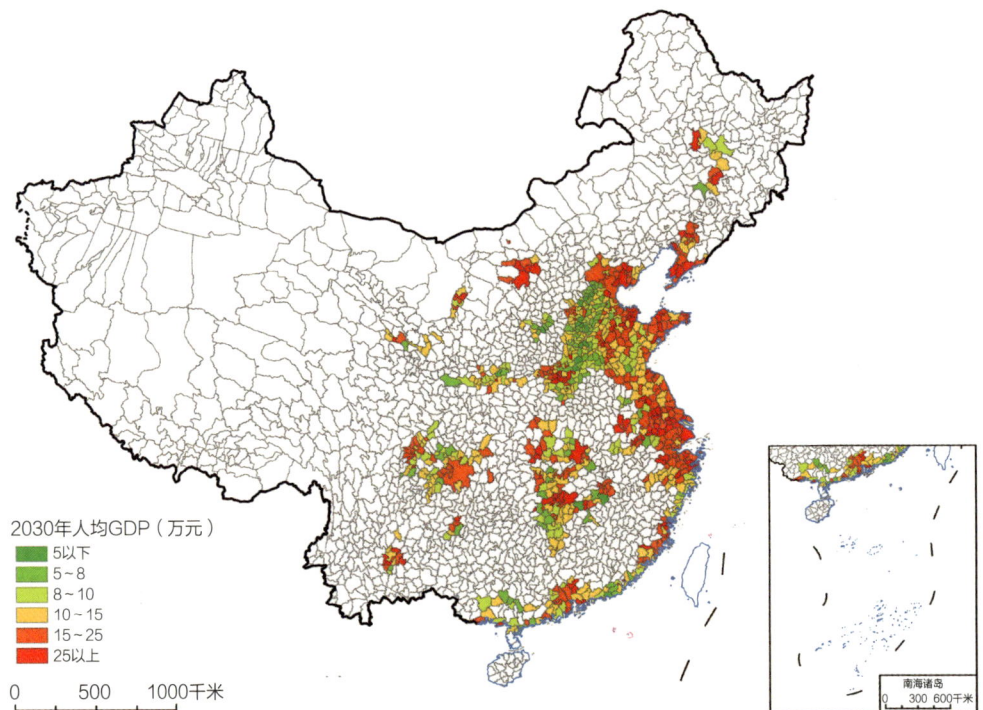

2030年人均GDP（万元）
- 5以下
- 5~8
- 8~10
- 10~15
- 15~25
- 25以上

0　500　1000千米

南海诸岛
0　300　600千米

专题报告图6-22　2030年城市群人均GDP分布

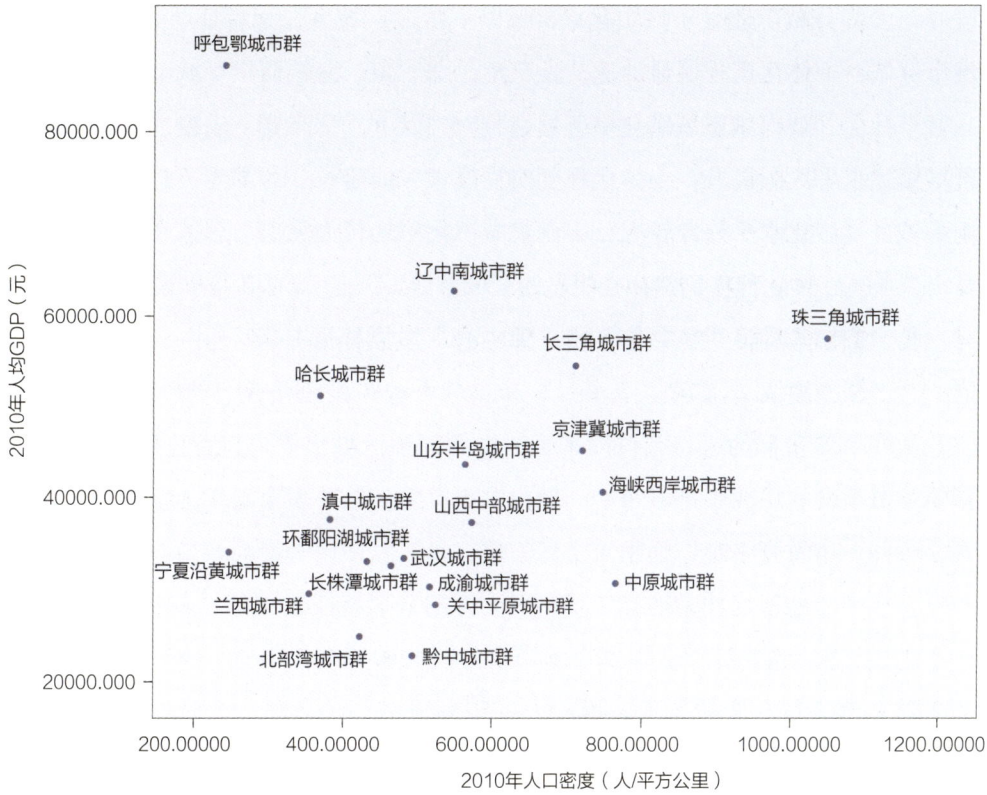

专题报告图 6-23　20 个城市群 2010 年发展水平分布

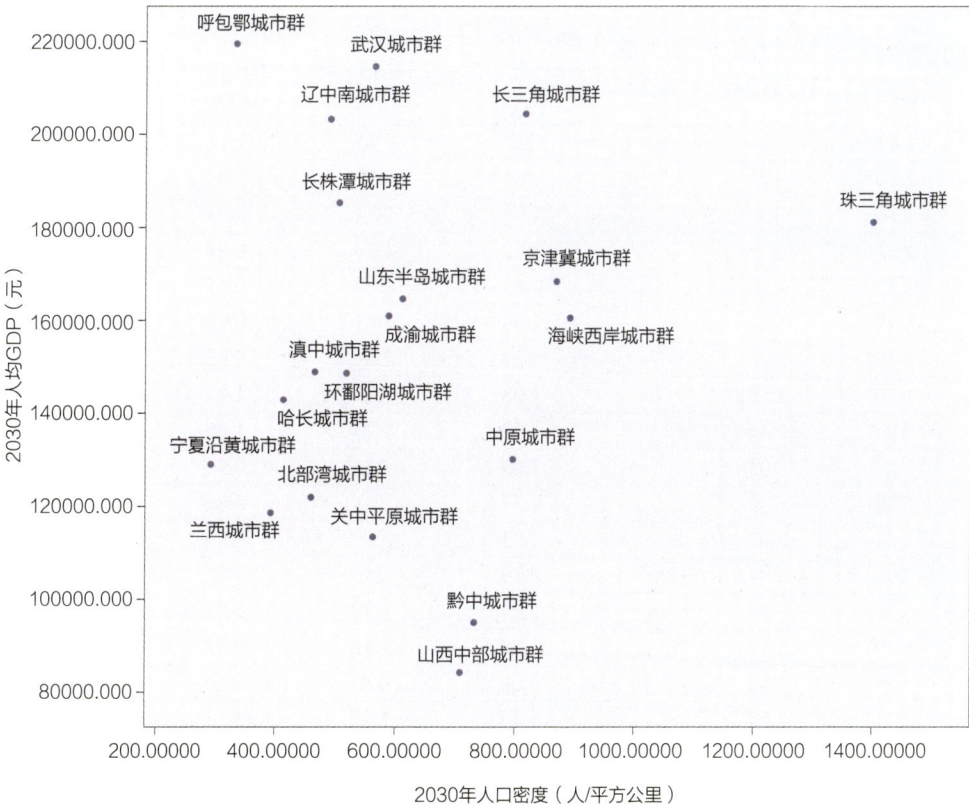

专题报告图 6-24　20 个城市群 2030 年发展水平分布

❶ 现有研究已经证明城市规模分布有分形特征，且分维数 D=1时，最大城市和最小城市人口数量之比恰好是城市数量，为最优分布，D>1，城市群中间位序发育较好，人口分布较均衡；D<1，首位城市垄断性强，人口分布差异大。伍笛笛. 基于分形理论的四川城镇体系及城市群研究[D]. 西南交通大学, 2008。

段外，大部分城市还处于城镇化率50%以下阶段，城乡二元特征明显；2030年，城市群城乡一体化进程明显加速，长三角、珠三角、海峡西岸等城市群已全面进入城市社会，群内城市城镇化率普遍达到75%以上，京津冀、成渝、长株潭城市群城镇化水平大幅提升，一体化程度明显改善，而哈长、北部湾、黔中等城市群内部城乡一体化水平差异较大，据点式城镇化格局较为突出。总体来看，2030年城市群城乡一体化程度仍然存在明显的区域差异。

5. 城市群内部"多中心"和"单中心"发展格局并存

（1）城市群人口集聚"多中心"和"单中心"模式并存（专题报告表6-16）

从20个城市群的人口首位度来看，中西部地区城市群人口首位度普遍较高，如滇中城市群、山西中部城市群、黔中城市群等，核心城市对于人口的集聚性很高，中间城市发育不足，而山东半岛、珠三角、辽中南等沿海城市群人口首位度较低，多中心的格局比较明显。城市群内部的分形特征也存在"多中心"和"单中心"模式并存的特征❶，对20个城市群进行检验发现，中原、山东半岛、长株潭等城市群人口分布较均衡，而哈长、宁夏沿黄、呼包鄂、兰西、黔中等城市群则首位城市发展较快，中小城市发育程度较低，"单中心化"态势较为明显。

20个城市群的人口首位度、规模分布及分形检验变化（2010年、2030年） 专题报告表 6-16

	2010人口首位度	2030人口首位度	首位度变化	2010年人口均值/中位数	2030年人口均值/中位数	2010年城镇人口分维数D	2030年城镇人口分维数D
北部湾城市群	1.63	1.79	+	1.2	1.45	1.12	1.13
成渝城市群	2.12	1.94	－	1.61	2.02	1.05	0.95
滇中城市群	7.16	7.4	+	1.93	2.14	0.73	0.79
关中平原城市群	4.52	5.2	+	1.62	1.73	0.87	0.92
哈长城市群	1.57	1.58	+	1.83	2.1	0.61	0.59
海峡西岸城市群	1.48	1.31	－	1.49	1.63	0.93	0.90
呼包鄂城市群	1.06	1.04	－	2.23	2.59	0.52	0.54
环鄱阳湖城市群	1.76	2.58	+	1.08	1.27	1.00	1.01
京津冀城市群	1.7	1.46	－	1.62	1.73	1.05	1.11
兰西城市群	2.19	2.03	－	1.69	1.86	0.50	0.52
辽中南城市群	1.53	1.3	－	1.57	1.9	0.81	0.83
宁夏沿黄城市群	1.78	2.41	+	1.92	2.17	0.59	0.57
黔中城市群	3.96	5.44	+	2.19	2.8	0.48	0.49
山东半岛城市群	1.17	1.17	+	1.24	1.33	1.31	1.36
山西中部城市群	5.39	5.77	+	1.78	1.72	0.83	0.92
武汉城市群	4.45	4.48	+	1.66	1.5	1.10	1.09
长三角城市群	3.11	2.62	－	1.46	1.68	1.11	1.08
长株潭城市群	2.12	3.14	+	1.06	1.15	1.29	1.28
中原城市群	2.21	2.46	+	1.09	1.2	1.30	1.38
珠三角城市群	1.07	1.17	+	2.31	2.51	0.75	0.77

（2）城市群人口极化态势加剧，"单中心"城市群更为明显^{（专题报告表6-16）}

从人口首位度的变化来看，"马太效应"非常明显，首位度高的城市群越趋向集聚。从表中可以看出，20个城市群中有13个城市群人口首位度上升，且多为"单中心"城市群，人口向首位城市集聚的趋势在加强，如滇中、山西中部、黔中、

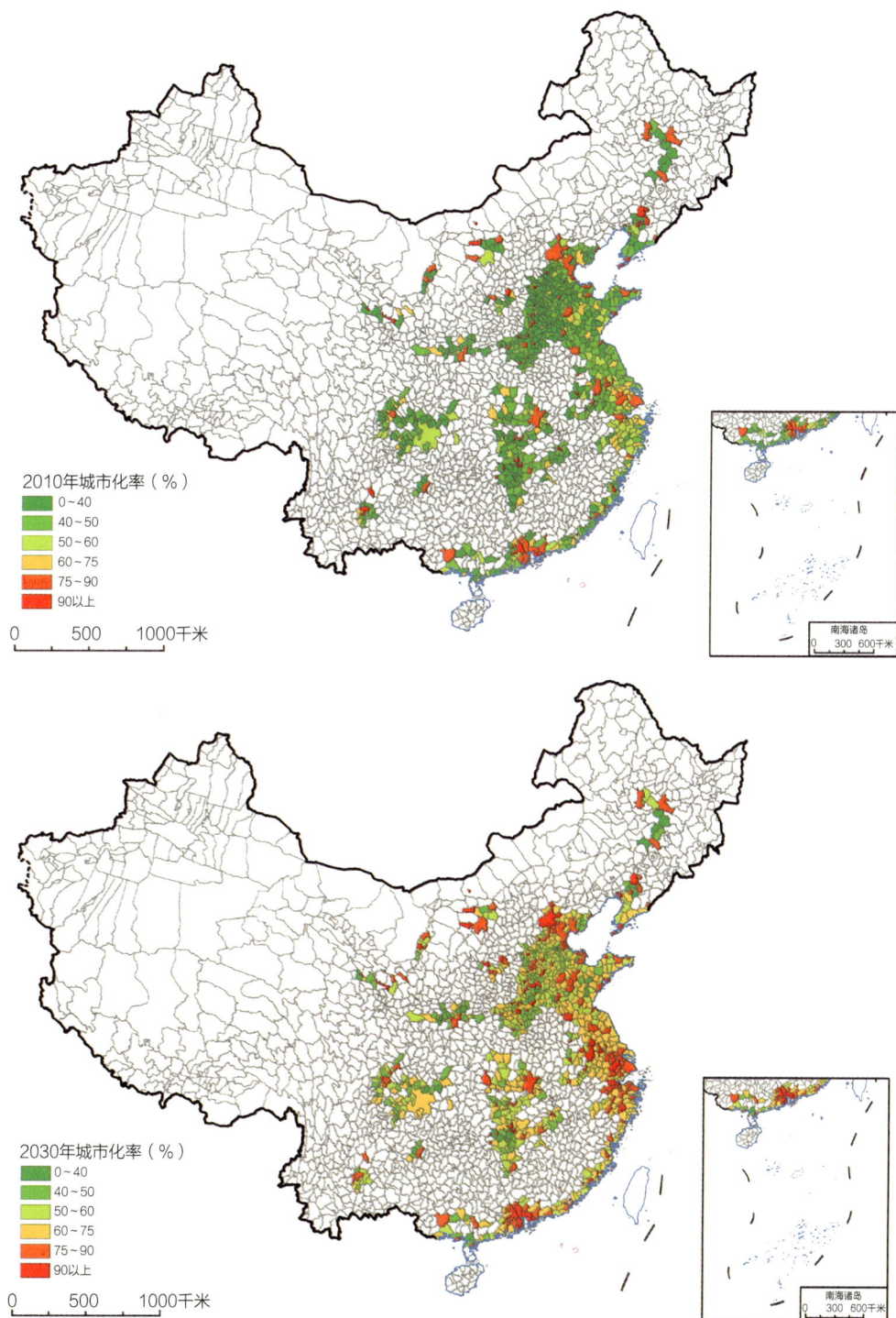

2010年城市化率（%）
- 0~40
- 40~50
- 50~60
- 60~75
- 75~90
- 90以上

0　500　1000千米

南海诸岛
0　300　600千米

2030年城市化率（%）
- 0~40
- 40~50
- 50~60
- 60~75
- 75~90
- 90以上

0　500　1000千米

南海诸岛
0　300　600千米

专题报告图6-25　20个城市群2010年和2030年城镇化率

珠三角等城市群，部分多中心城市群也存在人口向大城市集聚的趋势，如山东半岛、环鄱阳湖等沿城市群；剩余7个城市群人口首位度有所下降，如长三角、兰西、京津冀等城市群，但下降的程度均较小。另外，从城市群人口均值和中位数的比值来看，除了太原、武汉城市群之外其余城市群均呈现上升态势，即人口规模较大的城市离散分布，人口较小的城市簇群分布，人口向少数离散的大城市集中态势在加强。

（3）城市群内部经济发展趋向"多中心"均衡模式^{（专题报告表6-17）}

从20个城市群的GDP首位度来看，2030年中西部地区GDP首位度普遍较高，而东部沿海地区（除长三角城市群外）GDP首位度较低，中西部地区城市群存在较强的首位城市经济垄断现象。具体来看，GDP首位度上升和下降的城市群数量各占一半，其中中原城市群GDP首位度上升幅度较大，郑州市未来的经济集聚度仍将大幅提升，黔中、武汉城市群GDP首位度下降幅度较大，其余城市群变化幅度较小，相对稳定。从各城市群内部城市的GDP总量分布特征来看，13个城市群的GDP均值和中位数比值呈现下降状态，其中滇中、兰西、黔中、关中平原等西部的城市群下降明显；其他7个城市群中，除京津冀之外GDP均值和中位数比值上升幅度均很小，处于相对稳定状态，即京津冀城市群内核心城市的经济竞争力将进一步增强，而其余城市群核心城市的经济贡献处于相对稳定状态。可以判断，20个城市群在2010～2030年间GDP分布从"高值离散分布"向"均衡簇群分布"转变，即城市群内部经济总量规模分布在趋向均衡，除传统的经济发达市县外有新的经济大县（市）出现，经济发展"多中心化"的趋势比较明显。

20个城市群的经济首位度和规模分布检验　　专题报告表6-17

	2010经济首位度	2030经济首位度	首位度变化	2010年GDP均值/中位数	2030年GDP均值/中位数
北部湾城市群	1.26	1.70	+	1.47	1.33
成渝城市群	1.40	1.49	+	1.95	2.36
滇中城市群	3.60	3.71	+	4.07	1.34
关中平原城市群	5.09	4.76	−	2.51	2.14
哈长城市群	1.02	1.11	+	3.61	2.31
海峡西岸城市群	1.33	1.53	+	1.54	1.42
呼包鄂城市群	1.74	1.56	−	1.60	1.28
长株潭城市群	3.57	2.87	−	1.72	2.09
环鄱阳湖城市群	2.83	3.07	+	2.12	2.13
京津冀城市群	1.67	1.62	−	2.81	4.75
兰西城市群	1.99	2.02	+	3.33	1.79
辽中南城市群	1.22	1.36	+	1.55	1.30

	2010经济首位度	2030经济首位度	首位度变化	2010年GDP均值/中位数	2030年GDP均值/中位数
宁夏沿黄城市群	2.34	1.97	–	2.05	1.40
黔中城市群	8.85	4.39	–	2.72	1.59
山东半岛城市群	1.15	1.09	–	1.80	1.84
山西中部城市群	6.27	5.84	–	2.48	1.70
武汉城市群	6.53	5.30	–	1.68	2.18
长三角城市群	3.93	3.58	–	2.03	2.25
中原城市群	1.73	2.41	+	1.50	1.36
珠三角城市群	1.03	1.35	+	5.09	3.94

（六）结语

2000年以来，无论是在中国还是国外，把城市群发展作为提升国家竞争力的重要举措成为普遍共识，城市群在学术研究和政策领域的关注度都普遍提高。国内外城市群相比，无论在识别指标上还是发展实践中，中国的城市群作为城镇化战略空间的意义大于城市功能地域的实体意义，城市群规划与建设中更多采用自上而下的方式来推动。中国城镇化发展仍然方兴未艾，基础设施一体化的推进和小城镇的兴起，使城市群内部空间仍然处在不断的演化之中。

2000年以来，全国人口向沿海城市群地区和省内核心城市集中的趋势增强，东部地区是人口和土地城镇化的主体，但是中西部地区人口和土地城镇化发展势头迅猛，东北地区城镇化进程相对缓慢。长三角、珠三角、京津地区出现明显的空间连绵发展态势，山东半岛、福建沿海、成德绵、武汉周边、郑州周边、关中等地区空间连绵趋势初步呈现。我国各项交通设施建设的高速化和网络化趋势，对城镇化发展和城市群形成起到重要的支撑作用。

展望未来，全国经济增速放缓，经济发展质量不断提高，城镇化从规模扩张进入到扩容提质的新阶段，多层次广覆盖的高速交通网络将进一步促进城市群的发展。"一带一路"战略的实施，使国际型门户地区面临着重要的发展机遇。在发达地区、重点城市继续吸引外来人口集聚的同时，经济活力不足地区的人口负增长问题将日益普遍，区域人口增长与收缩的发展格局日益明显，人口密度和功能联系将成为形成城市群的重要影响因素。

在对人口、城镇化和经济发展指标进行预测的基础上，我国2030年城市群将形成5＋7＋8的发展格局，京津冀、长三角、珠三角、成渝和武汉城市群是具有国际影响力和国家核心区作用的一级都市连绵区，山东半岛、海峡西岸、长株潭、辽中南、关中、中原和环鄱阳湖城市群达到二级都市连绵区的标准，哈长、北部湾、呼包鄂、山西中部、滇中、黔中、兰西、宁夏沿黄等城市群达到联合都市区的标准。新疆和西藏仍不具备形成城市群的条件，人口密度是主要的限制因素。

未来全国城市群连绵发展态势不断增强，城市群规模和范围明显扩张，围绕省会以上城市连绵发展形成城市群的空间格局相对稳定，但城市群的外围边界将处于动态变化过程中。2030年城市群在国家人口和经济发展中的地位日益提高，2030年全国超过60%的人口和75%的GDP将集中在20个城市群地区。城市群之间发展水平将进一步分化，长三角、珠三角、京津冀城市群规模和范围继续扩大，成渝、武汉、长株潭、呼包鄂等城市群迅速崛起，成为中国新的区域增长极，部分中西部地区城市群则发展缓慢，东北地区城市群的地位相对下降。城市群内部"多中心"和"单中心"发展格局并存，城市群内部人口继续向少数大城市集聚，而经济发展则会趋向均衡，城市之间的经济差距不断缩小。

在对全国2000多个县域单元人口与经济指标预测的基础上进行城市群识别，具有很大的难度与挑战。几年中研究团队尝试了多种技术方法，先后多人参与了这一研究过程，经过多次预测方案比选才最终定稿。基于预测的2030年城市群范围识别和趋势特征，具体到特定地区或某个指标的预测结果，难免存在着误差与不当之处，特此说明。

参考文献

[1] IVAN TUROK.Limits to the Mega-City Region: Conflicting Local and Regional Needs[J]. Regional Studies,2009, 43（6）：845–862.

[2] Allen Scott, Edward Soja, Michael Storper. Global City-Regions: Trends, Theory, Policy[M]. Oxford University Press, 2001.

[3] Peter Hall. 多中心大都市——来自欧洲巨型城市区域的实验[M]. 北京：中国建筑工业出版社，2010.

[4] ANDRE'S RODRI'GUEZ-POSE. The Rise of the "City-region" Concept and its Development Policy Implications[J]. European Planning Studies, 2008，16（8）.

[5] 刘慧，樊杰，李扬. "美国2050"空间战略规划及启示[J]. 地理研究, 2013, 32（01）：90-98.

[6] 德国联邦建筑与空间规划局，中科院地理所译. 德国空间规划报告，2005.

[7] 宋家泰. 城市—区域与城市区域调查研究——城市发展的区域经济基础调查研究[J]. 地理学报，1980，（14）：277-287.

[8] Zhou Yixing. Deifinition of urban place and statistical standards of urban planning in China: Problem and solution[J]. Asian Geography, 1988（7）：12-18.

[9] 陈美玲. 城市群相关概念的研究探讨[J]. 城市发展研究，2011（3）：5-8.

[10] 胡序威，周一星，顾朝林，等. 中国沿海城镇密集地区空间集聚与扩散研究[M]. 北京：科学出版社，2000.

[11] 方创琳，姚士谋，刘盛和，等. 中国城市群发展报告2010[M]. 北京：科学出版社，2011.

[12] 方创琳，鲍超，马海涛，等. 中国城市群发展报告2016[M]. 北京：科学出版社，2016.

[13] 麦肯锡咨询公司. 迎接中国十亿城市大军[OL]. 百度文库. 2008-3. https://wenku. baidu. com/view/f1215475a417866fb84a8e09. html.

[14] 麦肯锡咨询公司. 2009年度中国消费者调查报告[J]. 江西食品工业，2009，（04）：43-50.

[15] 刘守英. 中国土地制度改革——上半程及下半程[OL]. 村庄与城市. 2017-10-1.http://mp.weixin. qq.com/s/gjPWdNp6enZfGeGsY5Swpw.

[16] 交通运输部. 2015年交通运输行业发展统计公报[OL]. 交通运输部政府信息公开. 2016-5-6. http://zizhan.mot.gov.cn/zfxxgk/bnssj/zhghs/201605/t20160506_2024006.html.

[17] 中国民航局. 2015年全国机场生产统计公报[OL]. 中国民用航空局信息公开. 2016-03-31. http://www.caac.gov.cn/XXGK/XXGK/TJSJ/201603/t20160331_30105.html

[18] 徐秀军. 逆全球化思潮下中国全球治理观的对外传播[J]. 对外传播，2017，（03）：4-6.

[19] 杨保军，陈怡星，吕晓蓓，朱郁郁. "一带一路"倡议的空间响应[J]. 城市规划学刊，2015，（02）：22.

[20] 李建民. 中国的人口新常态与经济新常态[J]. 人口研究，2015，39（01）：3-13.

[21] 魏益华，迟明. 人口新常态下中国人口生育政策调整研究[J]. 人口学刊，2015，37（02）：41- 45.

[22] 国家统计局. 中华人民共和国2016年国民经济和社会发展统计公报[OL]. 中国国家统计局. 2017-2-28，http://www.stats.gov.cn/tjsj/zxfb/201702/t20170228_1467424.html.

[23] 陈彦光，周一星. 城市化Logistic过程的阶段划分及其空间解释——对Northam曲线的修正与发展[J]. 经济地理，2005，（06）：817-822.

[24] 陈彦光. 城市化水平增长曲线的类型、分段和研究方法[J/OL]. 地理科学，2012，32（01）：12-17.

[25] 世界银行，国务院发展研究中心联合课题组. 2030年的中国——建设现代、和谐、有创造力的社会[M]. 北京：中国财政经济出版社，2012.

[26] 国务院. 国务院关于印发"十三五"现代综合交通运输体系发展规划的通知[OL]. 2017-2-28. http://www.gov.cn/zhengce/content/2017-02/28/content_5171345.htm.

[27] 国家发改委. 关于印发《中长期铁路网规划》的通知附件[OL]. 2016-7-13. http://www.ndrc.gov.cn/zcfb/zcfbtz/201607/t20160720_811696.html.

[28] 李强，张震，吴瑞君. 概率预测方法在小区域人口预测中的应用——以上海市青浦区为例[J]. 中国人口科学，2015，（01）：79-88，127-128.

[29] 伍笛笛. 基于分形理论的四川城镇体系及城市群研究[D]. 西南交通大学，2008.